조선총독부의
역사 편찬 사업과
조선사편수회

Korean History compiling project of the Government General of Joseon and The Compilation of the 'Joseonsa'

아연동북아
총서 _ 32

조선총독부의
역사 편찬 사업과
조선사편수회

| 정상우 지음 |

아연출판부
고려대학교 아세아문제연구소

| 차 례 |

| 표차례 |

| Contents |

아연동북아총서 발간에 부쳐

탈냉전 이후 동아시아의 역동적 발전은 역내의 정치-외교, 경제 질서뿐만 아니라 문화, 사상, 종교 등의 제 영역에서 새로운 변화를 추동하고 있다. 이런 변화는 일국적 차원의 고찰로는 해명될 수 없는 복잡하고도 민감한 초국가적(transnational) 현상을 낳고 있다. 특히 동북아시아는 지리적 인접성, 공통의 역사-문화적 경험, 협력과 공존의 필요성 등으로부터 연유하는 초국가적 사고와 움직임이 활성화되고 있다. 이런 동북아에 대한 이해를 심화, 확대하고 새로운 해석과 전망을 제공하기 위해서는 국가별 연구나 학문 분과의 분절적 연구를 넘어 동북아시아를 분석의 단위로 삼는 다학문적·학제적 연구가 요청된다.

동북아시아 연구가 갖는 실천적 의미는 매우 중요하다. 주지하듯이 동북아시아는 세계의 어느 지역보다도 급속한 변화와 발전상을 보여 주고 있음에도 불구하고, 여전히 근대성의 문제와 냉전의 구도에 얽매여 있는 곳이다. 20세기 전반기의 제국주의 침략과 식민 경험은 오늘에도 국가적·민중적 기억을 지배하고 있다. 냉전의 산물인 남북 분단과 북한의 핵 위협은 동북아시아의 커다란 불안 요소가 되고 있다. 국가 간 역사 및 영토 분쟁 또한 동북아의 평화로운 발전에 장애로 남아 있다. 그러나 우리는 불편한 역사적 경험과 현재의 불안정이 다른 한편으로 동북아시아의 여러 구성 요소들을 상호 긴밀히 연결시키고, 그로부터 문제 해결을 위한 공통의 기반이 마련될 수 있음에 주목한다. 동북아시아는 대립과 갈등의 무대이기도 하지만 평화와 공존의 모색을 위한 토대이기도 하다. 이제 동북아 연구는 동북아가 처한 현실을 객관적으로 진단하고, 평화로운 미래를 건설하는 시대의 요청에 부응하지 않으면 안 된다.

고려대학교 아세아문제연구소(이하 아연)는 대표적인 동북아시아 지역 종합 연구소로서 학제 간 연구를 통한 동북아 지역 연구를 이끌어 왔다. 1957년 설립된 이래 아연은 구한국 외교문서와 공산권 연구 총서 및 동아시아 연구 총서, 중국 연구 총서, 한일 공동 연구 총서, 민주주의 총서 등 연구 성과의 체계적 집성을 통해 학문적 차원에서 현실을 진단하고 바람직한 미래의 방향을 전망하는 대학 연구소의 역할을 충실히 수행해 왔다. 2008년부터는 한국연구재단의 '인문 한국'(HK) 사업 해외지역학 분야의 지원 기관으로 선정되어, '동북아시아의 초국가적 공간: 사상·사회·문화·제도의 교류와 재구성'이라는 연구 어젠다를 중심으로 10년 기간의 대규모 프로젝트를 진행하고 있다. 이제 아연은 지난 50여 년 동안 축적된 연구 경험과 현재 진행 중인 '인문 한국' 사업의 성과, 각종 동북아 지역 연구 지원, 국내외 소장 학자 교류 지원 프로그램 등을 기반으로 해 〈아연동북아총서〉를 발간한다. 이 총서의 성과가 동북아 공동의 문제를 해결하고 조율하며 바람직한 미래를 모색하는 장이 될 수 있기를 기대하면서, 관심 있는 분들의 격려와 질정을 바란다.

아세아문제연구소장 이종화

책머리에

'책머리에'를 막상 내가 쓰려니 어색하고 묘한 기분이다. 다른 연구자분들의 저작들을 읽으면서 이해가 잘 안된다거나 잠시 쉴 때 펴보던 부분이 '책머리에'였던 만큼 기분전환을 위해 무겁지 않게, 또 감사의 말씀을 올려야 하는 만큼 너무 가볍지도 않게 쓰고 싶다.

이 책은 조선총독부에서 진행했던 조선의 역사 편찬과 관련된 일련의 사업들을 조선사편수회의 사업을 중심으로 살펴본 것으로, 필자의 학위논문 「조선총독부의 『朝鮮史』 편찬 사업」을 저본으로 하여, 이후 추가로 연구한 부분들을 더하고, 논지 전개에 불필요하다고 생각된 부분들은 덜어내며 완성한 것이다. 조선총독부에서 진행했던 역사 편찬 사업을 조선사편수회를 중심으로 살펴본 것이 이 책의 주요 내용이지만 이를 통해 식민주의 역사학의 속성을 파악하고자 했던 시도였다. 그것이 얼마나 성공적이었는지는 책의 출판으로써 필자의 소관을 벗어나게 되었다. 많은 선생님들과 선배님들께서 이렇게 첫 번째 저작을 발간하는 것이 연구자로서 '일단락'을 짓는 것이라고 하셨는데, '책머리에'를 쓰는 지금 과연 나는 이른바 '일단락'을 짓고 있는 것인지 의문스럽다. 그래서 무엇보다도 최선을 다하지 못한 나 자신이 원망스럽고, 이 책에 미안한 마음이 든다.

식민주의 역사학에 대한 관심은 석사학위 논문을 쓰면서부터 시작되었다. 지도교수님의 영향으로 식민주의 담론과 정책으로써 '동화'와 '동화정책'에 관심을 가지게 되었으며, 석사학위 논문을 작성하기 위해 1910년대 『매일신보(每日申報)』를 읽어가는 과정에서 거기에 실린 많은 인류학, 역사학 관련 기사들을 접하게 되면서부터였다. 처음에는 '일선동조론'에 대한 관심에서 도오리 류우조우나 세키노 타다시 등과 같은 인류학자·건축학자들의 식민지 조선에 대한 조사들로, 이는 다시 쿠로이타 가츠미나 이마니시 류우와 같은 역사학자들의 조사와 한국사 연구로, 이는 또 다시 이들과 다른 궤적과 시각을 보인다고 생각되었던 이나바 이와키치의 만선사 연구로 확장되었다. 그렇다면 나의 이러한 관심들을 모두 포괄할 수 있는 주제가 무엇일까? 바로 조선사편수회를 중심으로 조선총독부의 역사 편찬 사업을 정리해 보는 것이었다. 그동안 관심을 가졌던 사항이 주로 조선총독부와의 관련 속에서 조선의 유물·유적·역사를 조사·연구했던 이들과 그 활동들이었으며, 특히 조선사편수회는 당시까지 관심을 가졌었던 모든 인물들, 그들에 의해 진행된 조선총독부의 사업들과 직간접적으로 관련되어 있으면서도, 이른바 '식민사학'에 대한 연구나 언급들에서 그 중추이자 핵심기관으로 거론되어 식민지기 연구자라면 누구나 그 이름 정도는 들어본 단체이기도 했다. 더군다나 이에 대한 본격적인 연구 성과를 찾아보기 어려웠다. 물론 다른 연구자들이 손을 대지 않을 때는 그만한 이유가 있을 것이라고 생각했지만 이 주제를 잡았던 것은, 좋게 말하면 괜한 승부욕 – 나의 경우 이는 과욕으로 판명되는 것이 대부분이었으며, 이번도 그러하다 - 사실을 이야기하자면 필자의 무모함이 절대적으로 큰 부분을 차지한다.

이 연구를 진행할 당시 지도교수님은 한국의 근대와 현대를 어떻게 연결하여 바라볼 수 있는가를 고민하신 것으로 기억한다. 또 내가 대학원을 다닐 당시 지금은 연구자들에게 너무나도 익숙해져 버린 '식민지적 근대',

'포스트 콜로니얼리즘'과 같은 개념과 용어들에 대한 많은 번역서가 나왔고, 이러한 관점에서 한국의 근대를 바라보고자 하는 선배님들의 연구 성과들이 제출되었다. 필자 역시 그러한 공기를 마시며 대학원을 다녔으며, 이 연구는 그 결과물이기도 하다. 근대사 전공자라면 누구나 맞닥뜨리는 첫 번째 질문, 근대란 것은 무엇인가, 식민주의 역사학에 관심을 가지게 되면서 도대체 근대 역사학이란 것은 무엇인가, 식민주의 역사학은 역사 왜곡의 측면에서만 바라볼 수밖에 없는 것인가, '식민지적 근대'를 식민주의 역사학과 관련지어 어떻게 설명할 수 있을 것인가, 더 나아가서는 근대와 현대는 질적으로 차별되는 것인가, 그렇지 않다면 근대와 현대를 단절적으로 바라보는 것이 바른 접근인가 등과 같은 질문을 품은 채 연구를 진행하였다. 물론 이에 대해 자신을 만족시킬만한 답을 가지고 연구를 진행하지 못했다. 그래서 연구 과정은 끊임없이 나의 부족한 능력을 탓해야 했던 과정이자 그 한편에서 애써 모든 학문들, 특히 인문학은 귀납적일 수밖에 없다며 나를 위로하는 과정이기도 했다.

이 책은 - '일단락'이 아니라 - 이러한 과정의 일부이다. 책의 서론과 결어에 연구의 문제의식이나 현재 수준에서 내가 내릴 수 있는 결론을 제시했기 때문에 이에 대해 재론할 필요는 없을 것이다. 다만 이 책은 일차적으로 나의 부족함을 자각하고 이를 애써 위로하는 과정이었기 때문에 책을 읽으시는 분들 역시 무언가 명쾌하지 못한 느낌을 받으실 수도 있다. 모두 필자의 능력을 넘어서서, 조선총독부에서 진행한 일련의 역사 편찬 사업과 『朝鮮史』 편수라는 주제를 선택한 과욕과 무모함이 결과한 것이다. 학위를 마치고 수 년여의 시간이 흘렀지만 명쾌한, 적어도 나를 만족시킬 수 있는 대답을 현재는 가지고 있는가라고 자문한다면 이에 대해서도 부정적인 답을 할 수밖에 없다는 것은 슬픈 일이다. 다만 인문학, 특히 그중에서도 역사학은 선학과 선배들의 연구를 읽는 것뿐만이 아니라 방대한 자료들을 정리해 가며 내가 던진 질문에 대한 답에 접근하는 과정이기 때문에 내가 던진 질문들을 잊지 않고 계속 밀어붙이고 있으며, 구체적인 것에서 추상적으로 나아가는 역사학의 본성을 생각할 때 내 질문들도 보다 개별적이고 구체적인 부분으로 늘어간다는 것은, 적어도 내 자신이 뛰어나지는 않지만 게으름을 피우지 않는다는 것을 확인시켜 주어 상당한 위안이 된다. 또한 학위논문을 작성한 이후의 연구 과정에서 이러한 이야기를 할 수 있는 선배 연구자들을 지속적으로 만나 꾸준히 함께 연구할 수 있었고, 또 이 분야에 대해 관심을 보이는 후배님들이 새롭게 등장하는 것 역시 다행스러운 일이었으며, 내 연구가 이렇게 책의 형태를 갖추고 나올 수 있었던 것은 학위 논문 이후 그러한 기회가 안정적으로 주어졌기 때문이기도 한다.

다른 분들의 '책머리에'를 읽을 때 감사한 분들이 참 많구나 하는 생각이 들었고, 나도 그럴까 했었는데, 역시 그렇다. 어찌되었든 개인적으로 이 책은 연구자를 직업으로써 선택한 지 20여 년 만에 처음 나온 단독 저서이기 때문에 나의 무모함과 부족함만이 아니라 감사를 드리고픈 많은 분들이 떠오른다.

지도교수님인 권태억 선생님께서는 근대사 연구자로서 어떻게 근대를 바라볼 것인지를, 근대사 연구자는 현대와의 관계를 고려해야 한다는 것을 일깨워 주셨으며, 내가 앞으로 나아갈 수 있도록 길을 열어 주셨다. 또 세미나를 조직하셔서 새로운 연구 성과물이나 자료들을 우리들과 함께 읽으셨고, 세미나에서도 직접 세미나 준비를 하시는 것은 물론이었다. 선생님께서 오랜 시간 행동으로 보여주신 학자로서의 부지런함은 나에게는 익숙함이 되었고, 그래서 울림은 더욱 크다. 이러한 점도 커다랗지만 나에게 선생님은 무엇보다도 따듯한 분이셨다. 학교에서 통로에 놓인 장애물이나 쓰레기들을 치우시는 모습을 본 것이 여러 번이며, 제자들을 늘 동료 연구자로서 대하셨고 의견을 경청해 주셨다. 가끔씩은 갑작스레 연락을 주셔서 관악산 주변 산책을 하자며 연구만이 아니라 우리들의 사는 이야기를 물으셨고, 선생님이 젊으셨을 때 보다 현재 연구자의 상황이 좋지 않다며, 당신 탓이 아닌데도 미안함을 전하셨다. 선생님의 이러한 모습은 나에게 칭찬과 격려 이상의 힘이었다. 한 사람의 연구자로서 권태억 선생님의 제자라는 것은 나에게 가장 다행스러운 일이며 자랑거리이다.

또 송기호 선생님, 이상찬 선생님, 김태웅 선생님, 김정인 선생님에게 감사를 드린다. 정말 보잘 것 없는 학위논문을 심사하시면서 여러 조언들을 해주셨다. 단순한 조언이 아니었다. 선생님들의 말씀을 이해하지 못해 찾아뵙거나 연락을 드려 다시 여쭈어 보면 꼼꼼히 정리해 주셨고, 이를 반영하는 과정에서 필자 혼자 고민하던 몇 년간의 시간보다 사고의 진전을 이룰 수 있었다. 또 그럴 수 있었기 때문에 학위 논문 이후의 연구 방향도 보다 선명해 질 수 있었다. 당시에는 그저 논문을 전해드리며 감사드린다는 말씀도 쭈뼛거리며 했던 것으로 기억한다. 진심으로 감사를 드린다.

학위논문을 작성할 당시에도, 그 이후 지금도 식민지기 일본인 연구자들의 역사 연구에 대한 논문들을 발표하면 종종 왜 한국근대사 전공자가 이러한 주제를 연구하게 되었는지에 대한 질문을 많이 받는다. 앞서 식민주의 역사학에 대한 관심을 언제, 어떠한 계기로 가지게 되었는지 언급했지만 신문 자료를 보았을 때 내가 왜 그러한 부분에 흥미를 가지게 되었는지, 나도 궁금했다. 그래서 나 역시 이 문제를 곰곰이 생각해 보았고, 지금은 이렇게 대답한다. 학부 시절의 경험, 특히 이경식 선생님의 말씀이 역사를 연구하는 사람으로서 내 무의식에 각인된 것 같다고. 연구자로서의 뼈

어남은 물론이시고 연구자로서, 교수로서, 선생님으로서 이경식 선생님의 일관성과 원칙을 지켜나가시는 모습은 필자가 따라갈 수 없이 아득하다. 이러한 이경식 선생님께서는 사범대생으로서 통사에 대한 지식, 한국사를 넘어 서양사와 동양사에 대한 이해가 있어야 한다는 것을 '매우 강조하셨다'라는 표현이 턱없이 부족하게 느껴질 정도로 중시하셨다. 늘 선생님을 어려워했지만 오히려 그걸 내색하고 싶지 않아 선생님께 버릇없던 제자, 능력 부족으로 그 말씀을 잘 따를 수 없는 학생을 아껴주셨던 선생님, 그래서 오히려 선생님께서 통사에 대한 이해를 강조하실 때마다 그 말씀에 대해 그 많은 것을 어떻게 하냐며 투정을 섞인 생각을 하면서도 나의 부족함을 조금이라도 메우고 싶었던 학생으로서의 욕망, 아마 이러한 것이 내 무의식에 있는 것 같다는 것이 이러한 주제 선택에 대한 질문에 대한 답이다. 물론 그렇다고 필자가 통사에 대한 지식이 많은 것은 결코 아니다. 하지만 통사에 대한 관심은 이제 나로부터 떼어버릴 수 없는 것이 되었다.

학위 논문을 작성할 당시 대학원에 함께 있던 선후배님들의 얼굴도 떠오른다. 논문 수정 마지막 자료 정리에 많은 힘을 더해주셨으며, 그분들이 있어 무사히 마칠 수 있었다. 또 현재는 교토부립대에 재직하고 계신 이노우에 나오키 선생님께도 감사를 전한다. 둘 모두 대학원에 적을 두고 있던 2002년 가을에서 2003년까지 1년 6개월여의 기간 동안 이노우에 선생님과 이마니시를 비롯한 일본인 연구자들의 고대사에 대한 연구를 함께 읽은 것은 그 자체로도 큰 도움이었고, 이후 내가 그들의 글을 읽어야 할 때 느끼는 공포감을 경감시켜 주었다. 또 학위논문 작성 이후 먼저 연락을 주셔서 내 생각을 밀어붙이고 함께 연구를 진행하며 많은 것들을 배울 수 있는 계기를 마련해 주신 윤해동 선생님, 또 그곳에서 만나 깊은 인연을 맺으며 나에게 늘 도움이 되는 말씀들을 해주시는 정준영 선생님, 장신 선생님께도 깊은 감사를 드린다. 또 내가 쓰고 내가 읽어도 이다지도 빡빡한 글을 일일이 읽어봐 주시고, 일정을 번번이 어기는 나를 참아 주시며 책이 나오기까지 힘써 주신 고려대학교 아시아연구센터의 출판 관계자 여러분께도 머리 숙여 죄송하다는 말씀과 감사를 전한다.

지금 '책머리에'를 읽으시는 분들은 이쯤에서 가족에 대한 감사의 말이 나와야 하지 않나 하실 것이다. 여러 가지 면에서 부족한 저작이지만 무엇보다도 가족에게 이 책을 드릴 수 있다는 점이 가장 기쁘다. 부모님, 누나, 처, 장모님, 우리 쌍둥이 딸들. 연구자가 아니시기 때문에 이 책의 부족함을 눈치 채시진 못 하실 것 같아 다행이다. 부모님(정윤석, 유옥자)에 대한 감사함과 죄송함은 너무나 당연하다고들 할 것이다. 두 분은 툴툴거리기만 하고 집안의 가장 큰 고민거리인 아들에게 언제나 정신적인 위안이시다. 이 책은 내 첫 번째 저작이지만 늘 건강하셔서 아들의 두 번째, 세 번째, 네 번째, 다섯 번째 저작도 받아보셨으면 좋겠다. 이 문장을 쓰며 내가 계속 정진해야 하는 이유가 또 하나 생겼다. 누나(정수진)에게도 감사함을 전한다. 다섯 살 위인 누나는 학교라는 곳에 들어간 이후로는 어려운 것을 가르쳐주는 존재였다. 대학 졸업 이후에도 비록 다른 분야를 연구하시지만 늘 나보다 앞서 계셔서 다른 가족에게 말씀드리기 어려운 연구 과정의 어려움이나 막막함을 털어 놓을 수 있었다.

앞으로의 시간을 가장 많이 함께 해야 할 반려자 최예랑. 친한 후배들이 자신들이 아는 유부남 가운데 가장 자유롭게 사는 것이 나라고 할 정도로 집사람은 연구를 위한 것이라면 늘 이해해 주었고, 그렇지 않다고 생각해도, 알면서도 속아주어 나를 더 미안하게 만드는 사람이다. 쑥스럽지만 이번 기회를 빌려 감사함을 전한다. 살갑지 못한 성격이어서 늘 장모님(조명희)에게는 죄송한 마음이다. 혼인 이후로 집사람이 나를 버텨줄 수 있었던 것은 장모님이 뒤에 계시기 때문이리라. 그걸 알면서도 결코 좋은 사위는 아니었다는 점을 알기에 한층 더 마음이 무겁다. 그분께 이 책이 조그마한 위안이 되었으면 좋겠다. 마지막으로 여기에서 언급한 분들 가운데 나와 함께한 시간이, 현재로서는 가장 짧은 두 사람, 쌍둥이 딸 수정, 다정에게도 한 마디 전하고 싶다. 아직 어려서 아빠가 무엇을 하는 사람인지 모를 것이다. 그저 아빠는 우리랑 놀아주기보다는 학교에 가서 잘 오지 않는 사람으로 생각하고 있을 것 같다. 이점이 걱정이지만 쌍둥이 자매가 약간 철이 들어 이 책의 '책머리에'를 읽는다면 아빠가 무엇을 하는 사람인지, 우리들과 함께하지 못한 시간에 무엇을 하고 있었는지 알 수 있을 것 같아 다행이다. 많은 시간을 함께하지 못한 수정과 다정에게 미안함을 전한다.

2018년 7월 31일
정상우

서 론

19세기 이래 대부분의 동아시아 국가들은 서구 제국들의 정치적·경제적 침략을 받았다. 서구 제국들에게 동아시아는 낯선 장소였으며, 미지의 장소로의 효율적인 침략을 위해 이들 지역에 대한 조사·연구는 필수적이었다. 서구 제국들은 각종 조사를 벌여 나가며 침략지의 인구, 지리, 기후, 토지, 각종 자원에 대한 현황은 물론 사회, 풍습, 역사 등에 대한 실증적인 정보·자료들을 축적하였고, 이를 활용하여 효과적인 침략을 이루었으며, 결국 대다수의 동아시아 국가들은 서구 제국의 식민지 혹은 반(半)식민지로 전락하였다. 이후에도 서구 제국들은 효과적인 지배 정책을 수립하기 위해 식민지에 대한 조사·연구 활동을 지속했으며, 결국 식민지 사회는 제국의 필요와 시선으로 정리되었다.

이러한 식민지의 조사·연구 과정에서 서구 제국들이 구축한 '근대 학문'은 적극적으로 활용되었다. 서구에서는 이미 경제학, 정치학, 사회학, 인류학, 역사학 등이 하나의 분과 학문으로서 대학이나 연구 기관에서 제도화되어 있었으며, 서구가 구축했던 근대적 분과 학문들은 식민지에 이식되어 제국이 축적한 지식과 정보들을 바탕으로 식민지 사회를 묘사·연구하며 자신들의 영역을 확장해 나아갔다.

특히 '과거'를 학문의 대상으로 하는 역사학은 식민지의 과거를 제국의 입장에서 정리해 내는 데에 최상의 학문이었다. 아직 '근대 문명'을 이룩하지 못한 식민지의 과거는 발전의 동력이 없는 퇴보의 과정으로 그려지며, 결과 서구의 침략은 근대화의 계기로서, 또 식민 통치는 근대적인 법과 제도의 이식 과정으로 묘사되었다. 즉 식민지에서 역사학의 성립 과정은 서구 제국에 의한 식민주의적 역사 담론의 생산 과정이었으며, 서구 제국들의 역사 서술은 비서구 식민지와 서구 제국의 차이와 차별을 식민지의 역사에서 도출되는 '역사적 숙명'으로 고착화시키는 것이었다.

후발 제국주의 국가였던 일본은 서구 제국의 이러한 방식을 열심히 추수하였다. 아시아의 변방에 위치하고 있던 일본 역시 19세기 이래 서구 제국주의에 의한 개항 이래 조선에 접근하여 조선을 개항시켰으며, 이후 지속적인 침략으로 결국 조선을 강점하여 1945년까지 식민지로 지배하였다. 일본 제국 역시 이를 위해, 서구 제국들과 마찬가지로, 조선의 자연·인문지리적 사항, 법, 제도, 풍습, 역사 등을 조사·연구하며 식민 지배 정책을 안출하는 한편, 자신들의 통치를 '시정개선(施政改善)' 혹은 '문명개화(文明開化)'라고 선전하며 합리화했다고 알려져 있다.[1] 이러한 태도는 서구 제국과 마찬가지로 근대 문명의 시각에서 조선의 현재를 '전근대', '야만'으로 바라보는 부정적인 조선관(朝鮮觀)에 근거한 것이었다. 이는 조선의 역사를 스스로 문명을 달성할 수 없는 쇠락의 과정으로 규정하며, 침략을 '조선으로의 문명 전달'이라고 선전하던 시혜론과 연결되었고, 이러한 인식은 현재에도 미치고 있다.

1_권태억, 「1904~1910년 일제의 한국 침략 구상과 '施政改善'」, 『韓國史論』 31, 서울대학교 국사학과, 1994.

해방 이후 19세기 후반 이래 식민지기를 거치며 일본인들이 진행했던 한국사 연구는 '식민사학(植民史學)' 혹은 '식민주의 역사학(植民主義 歷史學)'이라고 통칭되었으며, 그 청산과 극복은 학계의 당면 과제였다. 4·19의거 이후인 1960년대 초반 식민주의 역사학에 대한 문제가 처음으로 제기된 이래 한일협정으로 양국 간 국교가 재개되면서 본격적으로 전개된 식민주의 역사학의 정리·청산 문제는[2] 이후 1980년대 일본의 역사교과서 왜곡 문제가 발생했을 때 다시 한 번 학계의 이목을 집중시켰다.[3] 초기 연구에서는 식민주의 역사학 내부의 여러 분기점들을 '반도적 성격론(半島的 性格論)', '타율성론(他律性論)', '사대주의론(事大主義論)', '정체성론(停滯性論)'으로 정리하였으며, 논의와 연구의 과정에서 '일선동조론(日鮮同祖論)', '당파성론(黨派性論)' 등이 추가되었다.[4] 특히 2000년대 접어 들어 조선총독부의 통치 기

2_李基白, 「緖論」, 『國史新論』, 泰成社, 1961, pp.1~10; 金容燮, 「日本·韓國에 있어서 韓國史敍述」, 『歷史學報』 31, 1966; 洪以燮, 「植民地的 史觀의 克復 - 民族意識의 확립과 관련하여」, 『亞細亞』 3월호, 1969; 李龍範, 「韓國史의 他律性論 批判 - 所謂 滿鮮史觀의 克服을 위하여」, 同上書; 李基白, 「事大主義論의 問題點 - 〈事大主義〉라는 用語와 그 類型의 檢討」, 同上書; 金泳鎬, 「韓國史 停滯性論의 克復의 方向 - 時代區分과 資本主義 萌芽의 問題」, 同上書.

3_당시 일본의 역사교과서 왜곡이 문제가 됨에 따라 식민주의 역사학의 문제점을 지적하는 측면에서 이루어진 대표적인 논고로는 다음의 것이 있다. 李基白, 「半島的 性格論 批判」, 『韓國史 市民講座』 1, 一潮閣, 1987; 姜晋哲, 「停滯性理論 批判」, 同上書; 李泰鎭, 「黨派性論 批判」, 同上書.

4_1969년 3월 월간 『亞細亞』紙에서 기획한 '새로운 한국사상의 모색'이라는 특집에서 당시 소장학자들이었던 洪以燮, 李基白, 李龍範, 金泳鎬는 식민지기 일본인 연구자들의 한국사 인식방법을 '植民地的 史觀'이라 통칭하고, 그 내부의 분기점을 '他律性論', '事大主義論', '停滯性論'으로 명명·정리하였다. 이후 여기에 '日鮮同祖論'을 거론한 것은 李萬烈이었으며(「古代 韓·日關係論의 檢討 - '任那問題'와 '日鮮同祖論'을 중심으로」, 『文學과 知性』 16, 1974.), 1987년 『韓國史 市民講座』의 창간호에서 식민주의 역사학을 정리할 당시 李基白, 姜晋哲, 李泰鎭은 식민주의 역사학을 '반도적 성격론', '정체성이론', '당파성론'으로 제시하였다.

조였던 '동화(同化)'에 대한 연구가[5] 본격화된 이후 이를 지지해 주었다고 알려진 '일선동조론(日鮮同祖論)'에 대한 연구가 다수 이루어지는[6] 한편, 고구려사의 귀속 문제를 둘러싸고 중국과의 역사 분쟁을 거치면서 식민지기 일본인 연구자들이 제시했던 '만선사'에 대한 학계의 관심은 상당했다.[7] 시기와 주제에 따라 약간의 편차가 있지만, 이러한 연구들은 공통적으로 당시 일본인 연구자들이 진행한 한국사 연구가 제국 일본의 대륙 침략과 식

5_이는 권태억의 일련의 연구가 가장 대표적이며, 주요한 것으로는 다음이 있다. 「근대와·동화·식민지 유산」, 『韓國史研究』 108, 2000; 「동화정책론」, 『歷史學報』 172, 歷史學會, 2001; 「1910년대 일제 식민통치의 기조」, 『韓國史研究』 124, 韓國史研究會, 2004; 「1920, 30년대 일제의 동화정책론」, 『韓國史論』 53, 서울대학교 국사학과; 『일제의 한국 식민지화와 문명화(1904~1919)』, 서울대학교 출판문화원, 2014. 한편 류승렬에 따르면 '同化' 관련 연구는 1920년부터 1995년까지 39편이 이루어진 반면 1995년부터 2006년까지 10년간 96편의 연구 성과가 제출되었다고 한다.(「한국의 일제강점기 '동화'론 연구에 대한 메타 분석」, 『역사와 현실』 65, 한국역사연구회, 2007, pp.385~390).

6_旗田巍 著,이기동 譯, 『日本人의 韓國觀』, 一潮閣,1983, pp.132~134; 崔錫榮, 『일제의 동화이데올로기의 창출』,서경문화사,1997, pp.305~331; 金光林, 「日鮮同祖論 - その實体と歷史的展開」, 東京大博士學位論文, 1998; 保坂祐二, 『日本帝國主義의 民族同化政策分析』, J&C, 2002, pp.131~180; 정상우, 「1910년대 일제의 지배논리와 지식인층의 인식 - '日鮮同祖論'과 '文明化論'을 중심으로」, 『韓國史論』 46,서울대학교 국사학과, 2001; 朴杰淳, 「喜田貞吉의 韓國觀 비판」, 『國史館論叢』 100, 2002; 關根英行, 「日鮮同祖論再考」, 『人文藝術論叢』 24, 2002; 최혜주, 「메이지시대의 한일관계 인식과 日鮮同祖論」, 『한국민족운동사연구』 37, 한국민족운동사학회, 2003; 장신, 「일제하 일선동조론의 대중적 확산과 素戔嗚尊 신화」, 『역사문제연구』 21, 2009; 장신, 「3·1운동 직후 잡지 동원의 발간과 日鮮同源論」, 『역사와 현실』 73, 2009.

7_瀧澤規起, 「稻葉岩吉과 滿鮮史」, 『韓日關係史研究』 19, 2003; 寺內威太郎, 「'滿鮮史'研究と稻葉岩吉」, 『植民地主義と歷史學』, 2004; 櫻澤亞伊, 「'滿鮮史觀'の再檢討 - '滿鮮歷史地理調査部'と稻葉岩吉を中心として」, 『現代社會文化研究』 39, 2007; 박찬흥, 「滿鮮史觀에서의 한국고대사 인식 연구」, 『韓國史研究』 29, 2007; 조인성 외, 『일제시기 만주사·조선사 인식』, 동북아역사재단, 2009; 정상우, 「稻葉岩吉의 '만선사' 체계와 '조선'의 재구성」, 『歷史教育』 116, 2010; 井上直樹, 『帝國日本と'滿鮮史' - 大陸政策と朝鮮·滿洲認識』, 塙書房, 2013.

민 지배를 합리화하고 있었으며, 이를 위해 한국사를 왜곡했거나 부정적인 조선관에 입각해 한국사를 오독했음을 지적했다. 즉 이상의 연구들을 통해 식민주의 역사학은 일본 제국의 침략성이 역사학이라는 분야에서 노골화된 것임이 명확해졌다.

한편, 근대사 연구자라면 누구나 인정하듯이 후발 제국주의 국가로서 일본의 근대화는 국가 주도적인 성격을 강하게 보이며, 근대화와 제국주의화가 거의 동시적으로 이루어졌다. 그런데 이러한 경향은 학문이라는 영역에서도 나타날 수밖에 없는 것이었다. 즉 식민주의 역사학은 일본의 대륙 침략이라는 시대 상황에 규정되면서도 일본에서의 근대 역사학의 형성·확산 과정과 동시적으로 전개된 것이었다. 근대 역사학은 '민족'을 주인공으로 하여 그 '발전'의 과정을 '실증'을 통하여 증명하는 것이다. 즉 '실증'이라는 방법을 통하여 과거의 왕조, 신분, 지역과 같은 단위가 아니라 새로운 주체로 부상한 민족·국가의 통합을 위하여 '자민족·자국가'를 주어로 역사를 서술하면서 주변의 다른 민족·국가를 타자화하여 '발전/정체'의 일원적 도식 속에서 계서화하는 것이다. 일본에서 이와 같은 근대 역사학의 성립은 '동양'의 창출 과정이라고 잘 알려져 있다.[8] 즉 식민주의 역사학은 대륙 침략으로 제국 일본이 팽창하는 가운데 이를 역사적으로 합리화하는 한편, '객관성', '실증성'을 강조하면서도 일본사를 중심으로 아시아를 대상화하여 '동양'을 창출하고 그 역사를 새롭게 서술하는 과정 속에 위치하고 있는 것이다.

또, 근대 역사학은 이를 지탱해 주는 몇 가지 제도적 장치들을 필요로

8_Stefan Tanaka, *Japan's Orient: rendering pasts into history*, 1993. (박영재·함동주 譯, 『일본 동양학의 구조』, 문학과지성사, 2004).

한다. 전문성을 공인받은 전문 역사가, 연구자들의 연구를 독려하고 논쟁과 연구 발표의 장을 마련해 주는 학회, 실증성을 인정받은 자료들과 그 저장소 등이다. 식민지기는 분명히 외세의 침략과 지배가 이루어진 시기이다. 그렇지만 이와 더불어 근대적 학문이 도입·제도화되던 시기이기도 하다. 식민 지배의 과정에서 일본에서 근대적 학제를 거치며 전문 역사가로 성장한 이들이 유입되었고, 이들에 의해 한국사 연구가 진행되었을 뿐만이 아니라 – 그 이유가 일차적으로는 침략과 지배를 위한 것이었지만 – 경성제국대학(京城帝國大學, 이하 경성제대)과 같은 대학이 설립되어 근대적인 분과 학문 체계와 이를 떠 받들어 주는 제도가 도입되었다. 그리고 조선사편수회(朝鮮史編修會)와 같은 역사 편찬 기구가 설치되어 일본인 연구자들이 식민지 조선을 향하게 되는 속에서 조선의 역사 연구를 위한 사료의 수집·정리 및 발간이 집중적으로 이루어지는 한편, 경성제대와 조선사편수회의 인사들이 주축이 되어 청구학회(靑丘學會)와 같은 학회를 결성, 연구 성과를 발표하며 조선에 대한 역사상(歷史像)을 구체화하였다. 즉 식민 지배를 위해 만들어진 역사상은 이른바 '근대 역사학'의 제도화와 그 전개 과정 속에 위치하며, '근대 역사학'으로서의 성격을 가지고 있기 때문에 당대의 조선인들에게 영향을 끼치는 것은 물론 해방 이후에도 잔존할 수 있는 가능성을 내포하고 있는 것이다.

그렇다면 식민주의 역사학을 연구함에 있어 일본의 대륙 침략과 식민지 조선의 지배라는 외적 상황 – 식민주의 역사학의 성격 중 하나인 침략성 – 뿐만이 아니라 '동양'의 창출이라고 이야기되는 일본에서 근대 역사학의 성립·전개 과정, 근대 역사학을 떠 받들어 준 각종 제도적 장치들의 설치와 변화 등의 사항도 시야에 넣을 필요가 있을 것이다.

식민주의 역사학은 여러 기관과 단체 및 그곳에서 양성되었던 연구자들, 또 그들에 의해 진행된 여러 사업들을 통해 진척되었다. 이처럼 식민주의 역사학을 전개한 여러 기관과 사업 가운데 이 연구는, 식민지 조선에 있었던 조선총독부의 주도로 진행된 역사 편찬 사업을 『조선사(朝鮮史)』(이하 『朝鮮史』) 편찬을 중심으로 살펴본 것이다. 식민주의 역사학과 관련된 여러 기관이나 사업들 가운데 이 주제에 집중하게 된 것은 필자의 부족한 능력 때문이다. 그렇지만 적어도 식민지기 일본인 연구자들의 한국사 연구와 관련하여 『朝鮮史』 편찬 사업과 이를 담당했던 조선사편수회의 위상은 절대적인 것이었다. 식민지기 조선의 역사 연구와 관련하여 중심 기관을 이루었다고 이야기되는 조선사편수회와 경성제대 양측 모두에 깊은 연고를 가지고 있었던 스에마쓰 야스카즈(末松保和)는 '조선 연구의 첫 번째 근본적인 것은 조선사편수회가 커다란 것'[9]이라고 말할 정도로 조선사편수회는 당시 연구자들에게 조선의 역사 연구를 위한 가장 중요한 기관으로서 인식되었다.

이러한 편수회에서 진행했던 『朝鮮史』 편찬, 또 이것으로 대변되는 조선총독부에서 진행한 역사 편찬 사업은 식민주의 역사학이 가지고 있던 침

9_조선에서 식민주의 역사학의 형성에 있어 주요한 기관으로는 경성제국대학과 조선사편수회를 꼽을 수 있다. 末松保和는 조선사편수회 조직 이후 조선에 건너 온 이래 『朝鮮史』 편찬 사업에서 중추적 역할을 담당했으며 1933년에 경성제대 교수로 부임했다. 그는 조선에서의 생활을 회고하며 '반은 조선사편수회에서, 반은 경성제대'에 있었다며, 양자에 대하여 '京城大學에서의 朝鮮史研究 혹은 朝鮮研究에 대해 말하겠습니다. 이것은 메커니즘으로서는 朝鮮史編修會에 필적하지 못한다고 생각합니다. … 總督府가 編修會를 만들어 編修官·編修官補를 임명한 것과 같은 대규모 사업에 비하면 京城大學의 연구는 개별적이고 소규모 연구입니다. 그것을 모으면 다채롭겠지만 기구로서는 역시 조선 연구의 첫 번째 근본적인 것은 조선사편수회가 커다란 것이라고 생각합니다'라며 編修會 사업의 중요성을 거론하였다.(旗田巍 編, 『シンポジウム 日本と朝鮮』, 勁草書房, 1969, pp.80~81. 이는 1963년에 있었던 旗田巍 등과의 대담에서 末松의 발언이다.)

략성을 상징적으로 보여 준다. 서구에 의한 개항 이후 서구를 따라잡기 위해 일본은 각종 근대화=제국주의화를 위한 시책들을 국가에서 주도하였는데, 이는 침략과 식민 지배를 위한 조사·연구의 과정에서 '관변성(官邊性)'으로 나타난다. 일본 제국은 침략지에 대한 연구의 필요성을 확인하며 침략과 지배를 위한 기관들에서 그에 관한 조사·연구를 시행하는 경향이 있는데, 만주 침략의 거점이었던 남만주철도주식회사(南滿洲鐵道株式會社)나 조선 통치를 총괄하던 조선총독부 산하에 조사 혹은 연구를 위한 기구를 두어 사업을 진행했던 것은 이를 잘 보여 준다.[10] 즉 침략의 거점을 이루는 기관들에 의해 연구가 주도·진행되는 성격이 강하다는 것은 그 침략성을 상징적으로 보여 주는 것이다. 특히 역사에 대한 조사·연구 사업으로써 조선총독부 산하의 '조선사편찬위원회(朝鮮史編纂委員會)'(이하 '편찬위원회')와 '조선사편수회(朝鮮史編修會)'(이하 '편수회')에서 진행한 『朝鮮史』 편찬은 식민주의 역사학과 관계된 여타의 사업들에 비할 수 없는 17년이라는 기간 동안 진행된 최장의 프로젝트였다. 조선총독부는 식민지 조선의 최고 권력기구로서 직접 통치에 임했기 때문에 유물과 유적 혹은 문헌 자료의 조사와 수집이 가장 용이했을 뿐만이 아니라 늘 조선인의 동태와 변화를 예의주시하며 이에 대응해야 했던 만큼 조사와 연구의 필요성이 가장 절실했던 곳이다. 즉 조선총독부는 식민 통치에 직접적으로 임하고 있었던 만큼 식민지 조선의 상황 변화에 민감하게 반응해야 했으며 식민 통치의 합리화와 선전

10_金容燮, 앞의 논문,pp.129~132; 趙東杰, 『現代 韓國史學史』, 나남출판, 1998, pp.258~267; 李成市, 「黑板勝美를 통해 본 식민지와 역사학」, 『韓國文化』 23, 1999; 井上直樹, 「近代 日本의 高句麗史 - '滿鮮史'·'滿洲史'와 關聯해서」, 『고구려발해연구』 18, 2004; 櫻澤亞伊, 「'滿鮮史觀'の再検討 - '滿鮮歷史地理調査部'と稲葉岩吉を中心として」, 『現代社會文化硏究』 39, 2007.

및 한국사에 대한 연구의 필요성을 가장 직접적으로 느낄 수밖에 없는 기관이자, 가장 용이하게 자료를 수집할 수 있는 위치를 점했던 곳이었다. 때문에 『朝鮮史』 편찬으로 대변되는 조선총독부의 역사 편찬 사업은 식민주의 역사학이 가지고 있는 침략성을 식민지 사회 분위기와 통치 정책 등의 변화와의 관련 속에서 살펴볼 수 있는 좋은 창(窓)이다.

조선총독부는 통치 정책의 입안을 위해 조선의 과거를 파악해야 했으며, 그 수단 가운데 하나는 조선의 사료를 조사하는 것이었다. '구관조사사업'이라 알려진 이 사업을 위해 조선의 역사 연구를 위해 필요한 사료들도 조사·정리되었으며, 이러한 사료의 조사·정리 작업은 조선총독부 최초의 역사 편찬 사업이었던 '조선반도사 편찬사업(朝鮮半島史 編纂事業)'(이하 '반도사 편찬')[11]에서도 지속되었다. 비록 '반도사 편찬'은 중단되었지만 사료의 조사·정리는 편찬위원회 구성 이후 더욱 확대되었다. 편찬위원회와 이를 계승하며 확대·강화된 편수회의 사업 목표는 역사 연구를 위한 사료의 수집과 정리·발간이었으며, 편찬위원회와 편수회는 이전 구관조사사업(舊慣調査事業) 이래 진행되었던 삼국사기, 고려사, 조선왕조실록 등으로 대변되는 관찬 연대기류에 대한 조사·정리 작업을 더욱 확대함은 물론, 시종일관 조선의 각지에서 역사 연구를 위해 필요한 사료를 채방·정리했으며, 이는 『朝鮮史』로 귀결되었다. 즉 『朝鮮史』 편찬은 강점 이래 진행된 사료들에 대한 조사·수집 작업의 결과물이었으며, 이 과정에서 수많은 사료들이 정리·보관되며 사료로서의 가치를 확인받았다.

더군다나 이러한 작업을 진행한 이들은 이른바 '근대 학문'의 세례를 받

11_'반도사 편찬'에 대해서는 장신, 「조선총독부의 朝鮮半島史 편찬사업 연구」, 『동북아역사논총』 23, 동북아역사재단, 2009.

은 이들이었다. 조선총독부 최초의 역사 편찬 사업으로서 1915년부터 진행된 '반도사 편찬'에 참여한 쿠로이타 가쓰미(黑板勝美), 미우라 히로유키(三浦周行), 이마니시 류우(今西龍) 등은 모두 도쿄제국대학(東京帝國大學)에서 사학을 전공한 이후 도쿄와 교토의 제국대학에서 교수와 강사로서 연구와 교육을 담당했던 이들로서, 당시 일본 학계에서 '거물'이라고도 할 수 있는 이들이었다. 뿐만 아니라 『朝鮮史』 편찬 사업 개시 이후 이 사업에 참여하게 된 이들은 주로 당시 제국대학에서 사학을 전공한, 일본의 역사학계의 총아들이라 할 수 있고, 『朝鮮史』 편찬 과정에서 조선의 사료를 접하게 되면서 연구자로서 성장했다. 즉 편찬위원회와 편수회의 작업은 대학을 통해 전문 역사가로서 훈련된, '근대 역사학'을 체현하는 이들의 사료 수집·정리 작업이기도 했으며, 『朝鮮史』 35권은 그 최종 결과물이었다. 이러한 의미에서 『朝鮮史』 편찬 사업은 근대 역사학의 전개를 위해 필요한 사료의 수집·정리 작업이었으며, 이를 추진한 편수회는 식민 권력에 의해 보증되는 공문서관이었고, 근대 학문을 체현한 이들은 이곳에서의 작업을 통해 조선의 역사를 연구하며 식민주의 역사학자로 성장했던 것이다.

이렇게 볼 때 『朝鮮史』 편찬으로 대변되는 조선총독부의 역사 편찬 사업은 식민주의 역사학이 가지고 있는 '침략성'과 '근대 역사학'의 속성 – 실증성과 제도로서의 아카이브 – 을 선명하게 보여 주는 것이었다. 더군다나 이러한 이들이 1945년 이후 일본에서 한국사 연구자들을 조직하고 연구를 주도하게 된다는 점에서 조선총독부의 역사 편찬 사업을 살펴보는 것은 식민지 이후 식민주의 역사학을 살펴보기 위해서도 필요한 작업일 것이다.

무려 17년간 지속되며 35권의 『朝鮮史』라는 눈에 띄는 결과물을 산출했을 뿐만 아니라 칙령으로 조직되어 패망까지 존속했던 조선사편수회. 이러한 이유들로 지금까지 식민주의 역사학을 비판해 온 연구들에서는 편수회와 『朝鮮史』를 조선총독부 역사 편찬 사업의 핵심이자 식민주의 역사학의 중요한 부분으로서 언급하며, 이에 대한 관심을 환기시키고, 식민 통치 정책으로서 조선총독부의 역사 편찬 사업을 규명해 왔다. 꾸준한 언급과 관심을 통해 식민 통치 정책으로서 조선총독부의 역사 편찬 사업의 성격은 분명해 졌다. 하지만 이러한 성과에도 불구하고 지금까지의 연구들은 조선총독부에서 추진했던 역사 편찬 사업을 일괄하여 평가하는 한계를 가지고 있었다. 즉 편찬위원회와 편수회의 『朝鮮史』 편찬 사업을 조선총독부가 주도했던 최초의 역사 편찬 사업인 '반도사 편찬'을 계승한 것으로 파악하여, 조선총독부의 역사 편찬 사업 전체를 '동화 정책' 수립을 위한 역사 편찬으로 보는 것이다. 이러한 시각에서 편찬위원회와 편수회의 작업을 조선인의 역사 연구를 식민주의 역사학으로 유도함과 아울러 식민주의 역사학을 체계화하기 위한 것으로 평가해 왔다.[12]

'반도사 편찬'이나 『朝鮮史』 편찬은 모두 조선총독부에서 식민 통치 정책의 일환으로서 주도·전개한 역사 편찬 사업임은 분명한 사실이다. 하지만 1915년부터 계획·진행된 '반도사 편찬'이 3·1운동 이후 동력을 잃어 가던 가운데 별도의 기구로서 조선사편찬위원회와 조선사편수회가 구성되어 개시된 것이 『朝鮮史』 편찬이었다. 더군다나 '조선반도사(朝鮮半島史)'는 역사의 시작부터 강점에 이르는 과정을 서술하는 '통사(通史)'의 편찬을 지향했던 반면 조선사편찬위원회나 조선사편수회는 '사료의 수집과 편찬'을 목

12_조동걸, 앞의 책, pp.267~269; 호사카 유지, 『日本帝國主義의 民族同化政策 分析』, J&C, 2002, pp.138~143; 金性玟, 「朝鮮史編修會의 組織과 運用」, 『한국민족운동사연구』 3, 한국민족운동사학회, 1989; 李烏相, 「日本의 韓國 侵略論理와 植民主義史學」, 2001, 단국대학교 박사학위논문.

표로 하였으며, 이를 바탕으로 사료집 혹은 색인집 성격의 『朝鮮史』를 편찬했다. 즉 『朝鮮史』 편찬은 '반도사 편찬'의 실패 위에서 이루어진 것이었으며, 표방한 목표나 결과물의 성격이 상이한 것이었다. 이러한 점을 고려할 때 조선총독부의 역사 편찬 사업의 성격을 '동화 정책'이라는 틀 내에서 일의적으로 파악하고, 이를 지지하는 역사 서술로만 파악하기에는 의문이 남는다. 뿐만 아니라 조선총독부의 역사 편찬 사업을 주도하던 이들은 이른바 '근대 학문'의 담지자로서, '학자'로서의 면모를 강하게 나타내며 현실의 조선총독부의 통치 정책에 대한 언급은 그다지 즐기지 않았는데, 이러한 이들이 '동화 정책'이라는 총독부의 통치 정책에 지지만을 보냈을지, 자신들의 작업을 식민 통치를 위한 선전 수단이라고 의식했는지는 확인하기 어렵다. 더군다나 조선총독부의 역사 편찬 사업을 주도했던 이들은 조선의 역사에 대해 서로 다른 시각을 가지고 있었던 데다가 『朝鮮史』 편찬 사업의 진행 과정에서는 사업을 둘러싸고 갈등을 겪기도 하는데, 이러한 이들이 통일적인 시각이나 견해 속에서 사업을 추진하였는지 역시 의문이다.

한편 『朝鮮史』 편찬 사업, 특히 이를 담당한 기관인 조선사편수회는 식민주의 역사학의 중추로서 자주 언급되지만 편수회나 『朝鮮史』 편찬을 다룬 연구를 찾아보기는 매우 어려운 실정이다.[13] 식민주의 역사학의 중심

13_식민주의 역사학을 논하는 다수의 연구들은 대부분 조선사편수회에 대해 언급하지만 조선사편수회에 대한 전문적인 연구는 전무한 실정이다. 그나마 1989년에 발표된 金性玟의 연구가 있지만, 이 연구 역시 주로 『朝鮮史』 편찬 사업 이전의 '반도사 편찬'을 다룬 것으로 엄밀한 의미에서 편수회에 대한 것은 아니다. 한편 『朝鮮史』에 대한 본격적인 분석은 최근 몇 편이 발표되었는데, 고대사에 해당하는 『朝鮮史』 제 1, 2편에 대한 박찬흥의 연구가 대표적이다.(박찬흥, 「『朝鮮史』(朝鮮史編修會 編)의 편찬체제와 성격 - 제1편 제1권(朝鮮史料)를 중심으로」, 『史學硏究』 99, 2010; 박찬흥, 「『朝鮮史』(조선사편수회 편) 제2편(신라통일시대)의 편찬 방식과 성격 - 『삼국사기』 「신라본기」 와의 비교를 중심으로」, 『先史와 古代』 45, 2

기관으로서 조선사편수회에 대한 광범위한 인식에 반비례하는 연구 성과라는 불균형한 현상이 벌어지게 된 데에는, 모든 역사 연구에 따라 붙는 사료의 부재라는 현실, 바로 편찬위원회와 편수회의 사정을 전하는 사료의 부족과 더불어 편찬위원회와 편수회 작업의 최종 결과물인 『朝鮮史』라는 서적의 성격에서도 기인한다. '朝鮮史'라는, 일견 서술형 통사를 떠 올리게 하는 서명은 실재의 『朝鮮史』와는 전혀 부합하지 않는 것이다. 『朝鮮史』는 해방 이후 그 주요 관련자였던 나카무라 히데다카(中村榮孝)조차 '색인(索引)'과 같은 것이라고 할 정도로[14] 통사나 특정 논의를 진행시키는 연구 결과물이 아닌 조선의 역사에서 벌어진 사건들과 이에 대한 사료집 혹은 사료의 소재를 알려 주는 색인집 성격의 책자로 장절(章節) 체제를 이루지도 않으며, 앞과 뒤가 인과관계로 연결되어 특정한 역사상(歷史像)을 전달하는 연구물은 더더욱 아니기 때문이다.[15] 이렇듯 『朝鮮史』는 사료집 내지 색인집

015.)

14_『朝鮮史』 편찬 당시 편수의 골격이라 할 수 있는 朝鮮史編修要項 및 凡例를 작성했을 뿐만 아니라 4編部의 편수에 직접 참여한 中村榮孝는 1981년 대담에서 『朝鮮史』에 대해 다음과 같은 이야기를 나누었다.(中村榮孝, 「朝鮮史と私」, 『日本歷史』400, 1981, p.52.)

田中建夫: 『朝鮮史』는 客觀的인 編年體 敍述方法으로 했는데요, 우리들은 매우 恩惠를 입은 것이지만 現在 韓國에서도 높게 평가되고 있지요.

中村榮孝: 그건 그래요. 그것은 잘 알고 있습니다. … 索引 **대신이라고 생각합니다**.

15_사료집 혹은 색인집으로서의 성격이 강하기 때문에 『朝鮮史』라는 書名의 문제점 역시 제기되었다. 『朝鮮史』 편찬에 많은 영향을 끼친 일본의 경우 『朝鮮史』와 유사한 서적의 편찬의 경우 書名을 『大日本史料』, 『大日本維新史料』, 『史料綜覽』, 『維新史料綱要』 등으로, 『○○史料』로 하여 사료집이라는 점을 드러내거나, 핵심 줄거리를 적고 典據한 인용 史書의 명칭을 적은 경우의 書名은 '종합해서 본다' 혹은 '핵심 줄거리를 요약했다는 의미의 『○○綜覽』, 『○○綱要』로 한 것에 비해 사료집, 색인집의 형태를 취하면서도 『朝鮮史』라는 書名을 사용한 것은 사료집이면서도 서술형 통사인 것처럼 보이게 하기 위한 것으로 결국 식민 통치의 일환이라는 정치적인 목적을 위해 시작되었던 결과라는 것이다.(박찬흥, 앞의 논문, 2010,

성격의 책자였기 때문에 1960년대 국내에서 식민주의 역사학의 문제가 처음으로 제기되던 당시에도 여전히 연구에 이를 사용하는 이들이 있다는 지적이 나올 정도로 해방 이후에도 활용되었다.[16]

이처럼 『朝鮮史』는 통사나 특정 논의를 진행시키는 연구 결과물이 아닌 사료집 혹은 사료의 소재를 알려 주는 색인집 성격의 책자이기 때문에 이를 통해 제시하고자 했던 역사상이 무엇이었다고 명쾌한 답을 내릴 수 없는 측면이 있다. 그렇기 때문에 지금까지 편찬위원회와 편수회 사업을 '동화 정책'의 일환으로서 평가하는 가운데 『朝鮮史』에 대해서는 사료의 선택에 있어 조선을 부정적으로 그리는데 적절한 사료를 위주로 했을 것이라며 '사료집으로서 그 역할을 할 수 없는 사료집', '역사적 진실을 왜곡한 역사서'라는 사료의 취사선택에서 발생할 수 있는 문제점이 제기되었고, 이후 별다른 논증 없이 이러한 추정을 반복해 온 것이 현실이다.[17]

이렇듯 지금까지 식민주의 역사학의 전개에 있어 『朝鮮史』 편찬과 조선사편수회의 중요성은 누구나 인정해 왔지만 그 성격에 대해서는 '반도사 편찬'과의 관련 속에서 '동화', '동화 정책'과 같은 식민 담론이나 정책에 중심을 두고, 이를 지지해 주는 역사 편찬 사업으로 바라보았다고 하겠다. 이

---

p.163.)

16_1960년대 식민주의 역사학에 대한 문제제기를 하며 金容燮은 '『朝鮮史』는 單純한 通史가 아니고 하나의 史料集이었다. 日帝時代에는 論文이나 單行本을 著述하는데 往往 이 冊을 資料로서 引用하였고, 基本史料에 隘路를 느끼는 사람은 지금도 이것을 史料로서 使用한다'며 『朝鮮史』는 사료집이기 때문에 여전히 이를 사용하는 이들이 있음을 지적하였다.(金容燮, 앞의 논문, p.135.)

17_『朝鮮史』를 사료집으로서 규정하며, 사료의 취사선택의 문제를 처음 제시한 것은 앞서 제시한 1966년에 발표된 金容燮의 논문이다. 이후 『朝鮮史』에 대한 언급은 대부분 이를 전거로 제시하며 반복하고 있다. 그렇지만 이에 대한 추론이나 논증이 이루어진 적은 없다.

러한 의미에서 지금까지 조선사편수회와 『朝鮮史』로 대변되는 조선총독부의 역사 편찬 사업에 대해서는 그것이 가지고 있는 침략성을 주목해 왔다고 할 수 있을 것이다. 이와 같이 조선총독부의 역사 편찬 사업을 일의적으로 파악하다보니 막상 조선사편수회와 『朝鮮史』에 대한 연구의 빈곤을 초래한 것도 사실이다. 『朝鮮史』 편찬은 '반도사 편찬'의 실패 위에, 그와는 별개로 시작된 새로운 사업이었을 뿐만이 아니라 사업에 대해 총독부에서 표방한 목표도 달랐고, 무엇보다도 사업의 최종 결과물의 성격 역시 통사에서 사료의 수집과 간행으로 변화했기 때문에 동일한 성격의 사업이었다고 하기는 어렵다. 즉 조선총독부의 역사 편찬 사업들을 사업의 외부라 할 수 있는 '식민 정책', '식민 담론'의 측면에서 천착하다보니 총독부에서 진행한 서로 다른 역사 편찬 사업들은 식민 통치의 기조였던 '동화'를 위한 총독부의 사업이라는 일의적인 의미만을 부여받을 수밖에 없었다. 사실 우리는 사업의 먼 외부라 할 수 있는 것들로부터 '반도사 편찬'이나 편수회·『朝鮮史』 편찬을 바라보았을 뿐 사업들의 가까운 주변과 그 내부에서 접근하여 그 성격을 살펴보지는 못했으며, 이러한 연구 경향의 지속에 따라 식민주의 역사학의 침략성만을 반복적으로 강조해 왔던 것이다.

'반도사 편찬'은 물론 『朝鮮史』 편찬 과정을 말해 주는 사료의 부족, 35권 24,000여 쪽에 달하는 방대한 사료집·색인집으로서의 『朝鮮史』. 이러한 난점들이 있겠지만 조선총독부의 역사 편찬 사업을 규명하기 위해서는 거대 담론과 사업들의 외부에서만이 아니라 사업 그 자체를 중심으로 한 가까운 주변과 사업의 내부까지를 시야에 담아야 하지 않을까 한다. 이 연구는 이러한 시각에서 조선총독부의 역사 편찬 사업을 그 핵심을 이루는 『朝鮮史』 편찬 사업을 중심으로 살펴보려는 것이다. 즉 조선총독부의 역사 편찬 사업을 '반도사 편찬'에서 『朝鮮史』 편찬이라는 변화의 과정으로, 또 사업의 내부라 할 수 있는 사항들에 집중하여 조선총독부의 역사 편찬 사업을 규명하고, 그 의미를 생각해 보려는 시도이다. 그렇기 때문에 이 책에서 다룰 내용들은 총독부의 통치 정책이나 지배 담론에 대한 것이라기보다는 '반도사 편찬'의 전개와 성격, 통사에서 사료집 혹은 색인집 편찬으로의 변화 이유, 식민지의 역사 편찬 방식으로서 사료집·색인집 발간이 의미하는 것, 『朝鮮史』의 편찬 과정과 그 속에서 일어난 갈등들, 사료의 수집 과정, 구관조사 사업이나 '반도사 편찬 사업' 등과 『朝鮮史』 편찬과의 관계, 사료집·색인집을 제작할 경우 문제시 되는 사건과 사료의 선별 기준, 이러한 작업을 전개했던 이들이 조선의 역사를 바라보던 시각 등과 같은 것들이다.

이러한 사항들은 매우 건조하다. 특히 『朝鮮史』 편찬 과정은 선뜻 머릿속에 그려지지 않을 정도로 복잡할 수도, 또 사료집·색인집으로서 『朝鮮史』 각 편·권들에서 이용한 전거 자료에 대한 사항은 일차적으로 단순한 작업의 반복 결과이기기 때문에 필자의 아둔함을 탓하며 지루함을 견뎌야 할지도 모를 것이다. 그럼에도 불구하고 위에서 제시한 작업을 진행한 것은 그것이 조선총독부의 역사 편찬 사업에 대한 가장 기초적인 사항들이기 때문이며, 이러한 사항들이 해명될 때 조선총독부에서 주도한 역사 편찬 사업이었다는 상징성만을 강조하는 논의를 넘어 그것이 내포하는 침략성과 근대 역사학으로서의 속성을 함께 포착할 수 있을 것이라 생각하기 때문이다. 또 이러한 기초적인 작업이 이루어진다면 식민주의 역사학을 고정된 것이 아닌 식민지와 제국 일본의 변화 및 역사학 자체의 변화와 연동된 동적인 것으로 바라볼 수 있는 단초가 될 수 있을 것이다.

이 책은 다음과 같은 3개의 장으로 구성될 것이다.

제1장은 조선총독부 최초의 역사 편찬 사업인 '조선반도사 편찬사업(朝鮮半島史 編纂事業)'의 계획과 전개에 관한 내용이다.[18] 『朝鮮史』의 성격을 파

악하기 위해서는 그 이전부터 진행된 역사 편찬 사업인 '반도사 편찬'에 대해 살펴보고, 이 사업과의 관계를 분명히 해야 할 것이다. 이러한 의미에서 제1장에서는 '반도사' 편찬의 배경과 편찬의 중심을 이루는 편집위원(編輯委員)의 조선사 인식과 편찬 과정, 또 남아 있는 '반도사'의 목차와 원고를 바탕으로 그 편찬 방향과 실제에 대해 살펴보겠다. 또 『朝鮮史』가 사료집이었던 만큼 '반도사 편찬'을 위해 수집·준비했던 사료들은 『朝鮮史』 편찬으로 흡수되었을 가능성도 크다. 그렇기 때문에 제1장에서는 '반도사 편찬'을 살펴보며 이 사업과 『朝鮮史』 편찬의 연속성과 단절을 살펴볼 수 있는 단초를 제시하고자 한다.

제2장은 새로운 역사 편찬 사업으로서 『朝鮮史』 편찬 계획의 수립과 사업의 운영 및 그 의미에 관한 것이다. 1922년 말 조선사편찬위원회 규정이 발포되며 『朝鮮史』 편찬은 공식화되었다. 곧이어 조선사편수회로 기구가 확대·강화되면서 『朝鮮史』 편찬은 조선총독부 역사 편찬 사업으로써 안정적으로 추진될 수 있는 기반을 확보하였다. 이러한 한편 '반도사 편찬'은 1924년 말로 완결되지 못한 채 중단된다. 그런데 이는 단지 기구의 강화만이 아닌, '통사'의 서술에서 '사료의 수집과 간행'으로 사업 목표와 방식의 변화를 수반하였다. 그렇다면 총독부가 이렇게 사업의 성격과 목적을 변화한 원인은 무엇이었는지 살펴보는 것이 필요할 것이다. 쿠로이타가 지휘했다고 알려진 『朝鮮史』 편찬은 1925년 조선사편수회로 기구가 격상되는 가운데 편찬을 위해 업무를 분담·조정하고, 새로운 인력을 받아들이며 진행

18_'半島史' 편찬 사업에 대한 장신의 연구로부터 많은 도움을 얻었다.(장신, 앞의 논문, 2009.) 하지만 이는 분량의 한계로 인해, 남아 있는 '半島史'의 원고, 이후 조선총독부의 역사 편찬 사업과의 관련성 등에 대해서는 언급하지 않았다.

되었다. 사업을 총괄한 쿠로이타는 이 사업을 자신의 수중에 장악하기 위해 인사에 세심히 신경을 썼으며 이 과정에서 편수회 내 일본인 연구자들 사이에서 갈등과 알력이 일기도 하였다. 이는 당시 일본인 학자들 사이의 권력 관계나 지형을 살펴볼 수 있는 단초가 되는 것이다. 뿐만 아니라 편찬위원회와 편수회에서는 『朝鮮史』 편찬을 위하여 대대적인 사료 수집을 벌였으며, 이를 바탕으로 『朝鮮史』를 완성하였다. 그렇지만 사료의 수집 방식과 양상 등에 대해서도 관권을 이용했을 것이라는 추정만 있을 뿐 알려진 바가 없다.

한편, 사료집·색인집 성격의 책자는 침략과 식민 지배를 합리화할 수 있는 특정한 역사상을 제시하는 데에는 한계가 있는 것이다. 그렇다면 식민지의 역사를 통사가 아닌 『朝鮮史』와 같은 사료집·색인집으로 구성하는 것이 어떠한 의미가 있는 것일까. 이를 해명하기 위해서 일본의 또 다른 식민지였던 대만의 총독부에서 진행한 역사 편찬 사업을 아울러 살펴볼 것이다. 만일 대만총독부에서도 조선사편수회와 비슷한 방식으로 역사 편찬 사업이 이루어졌다면 사료의 수집과 정리는 식민지에서 제국 일본의 역사 편찬 방식이라고도 할 수 있을 것이며, 식민 모국인 일본의 역사 편찬 방식과의 비교 속에서 그 의미를 고찰해 볼 수 있기 때문이다. 제2장에서는 바로 이러한 '반도사 편찬'에서 『朝鮮史』 편찬으로 사업이 변화된 배경, 편찬위원회와 편수회의 운용 및 사료 수집의 양상, 식민지의 역사 편찬 사업으로 사료집·색인집 발간의 효과 등을 살펴보려는 것이다. 이 과정에서 당시 조선인들의 역사 인식, 일본 학계의 연구 경향이나 『朝鮮史』 편찬에 영향을 끼친 일본의 역사 편찬 사업들, 사업의 진행에 따라 발생할 수밖에 없는 구성원 사이의 이견과 갈등의 양상이라든가 『朝鮮史』 편별 담당자의 변동 사항, 대만총독부의 역사 편찬 사업 등의 내용을 정리하겠다.

제3장은 『朝鮮史』의 전체적인 구성과 그 기반을 이루는 전거 자료는 무엇이었으며, 『朝鮮史』 편찬을 담당한 이들의 이력과 조선사 인식, 『朝鮮史』 편찬 이후 편수회의 변화에 관한 것이다. 조선사편수회 관제는 회(會)의 목적을 '사료의 수집과 출간'이라고 명시하고 있으며, 편수회의 관계자들은 『朝鮮史』 편찬이 '공정한 학술적 입장'에서 진행되는 사업임을 누차 강조하였다. 시간 순에 따라 사료에 근거하여 사건을 건조하고 간략하게 전달하는 강문(綱文)과 원사료(原史料) 혹은 그 출전들을 밝히고 있는 『朝鮮史』의 편찬 방식은 편찬위원회와 편수회의 사업 목표와 '공정한 학술적 입장'을 대변하는 것이었다. 이러한 『朝鮮史』의 체제는 쉽게 분석을 허용하지 않는다. 여기서는 먼저 총 6편 35권으로 『朝鮮史』 전체적인 구성이라 할 수 있는 시대구분 – 각 편(編)의 구분 – 의 이유를 살펴보겠다. 또 『朝鮮史』가 사료를 수집·발췌하여 편찬한 것이기 때문에 『朝鮮史』를 분석하기 위해서는 우선 『朝鮮史』의 기반을 이루는 전거가 무엇인지 파악해야 할 것이다. 그래서 각 권별로 전거 자료를 추출하고, 이를 바탕으로 『朝鮮史』에 나타나는 편찬의 경향성을 살펴보고자 한다.

또 한 가지 『朝鮮史』와 관련하여 해결되지 않는 문제가 있다. 바로 사료집·색인집 성격의 책자를 발간할 경우 발생할 수밖에 없는 사료·사건의 취사선택의 문제이다. 앞서 언급했듯이 이와 관련하여 선행 연구들은 '식민 통치에 유리한 사료'만을 선별했을 것이라고 추측해 왔다. 『朝鮮史』 편찬을 위한 사료와 사건의 선별과 관련하여 조선사편수회에서는 명확한 기준을 제시하지 않았으며, 『朝鮮史』 편찬의 실제 과정을 알려 주는 자료도 남아 있질 않다. 때문에 과연 '식민 통치에 유리한 사료'만이 선별되었는지는 명확히 확인할 수 없다. 하지만 『朝鮮史』에서 활용한 전거 자료들을 파악하고 이를 과거 총독부에서 진행했던 '반도사 편찬'이나 구관제도조사사업(舊慣制度調査事業) 당시의 사료 조사·정리 상황과 비교·대조를 통하여『朝鮮史』편찬을 위한 사료 정리의 방식을 추론해 볼 수는 있다. 여기서는 이러한 작업을 통하여『朝鮮史』편찬을 위한 1차적인 사료·사건의 선별 기준을 고찰해 볼 것이다. 또 이러한 과정에서『朝鮮史』편찬과 이전 사업의 관계 역시 보다 선명해 질 것이다. 한편 조선사편찬위원회 구성 이후 각지에서 수집·정리된 사료들은 궁극적으로『朝鮮史』편찬으로 귀결되었다. 그렇다면『朝鮮史』편찬에 강력한 영향력을 행사한 이들과 1차적으로 정리된 사료들을 바탕으로 최종적으로『朝鮮史』에 실릴 사건과 사료를 선별했을 편찬자들은 어떠한 이들이었는지를 살펴볼 필요가 있다. 바로 이들의 시각 속에서 취사선택이 이루어졌을 것이기 때문이다. 즉 편찬자들의 면모와 조선사 인식은『朝鮮史』의 전제와 같은 의미를 지니는 만큼 이에 대해서도 살펴볼 필요가 있을 것이다.

1938년 3월『朝鮮史』가 모두 간행된 이후 조선사편수회는 그 후속 작업으로『朝鮮史』가 다루지 않았던 1894년 이후에 대한 편찬을 개시하고 과거와 같은 사료 수집을 진행하였다. 비록 단편적인 것들이지만 1945년 해방 이전까지 조선사편수회의 활동은 확인된다. 그런데 이뿐만이 아니다. 특히『朝鮮史』완간 이후 조선사편수회의 이름으로 2권의 연구서가 발간되기도 하였다. 즉『朝鮮史』편찬 이후 조선사편수회의 사업은 이전과 달리 특정 역사상을 제시하는 것으로 변화하게 된 것이다. 글의 마지막에서는 이와 같은『朝鮮史』편찬 이후 조선사편수회의 활동에 대해 살펴보겠다. 이를 통해 조선사편수회가 이전과는 달리 역사 서술을 지향하게 됨을 확인할 수 있을 것이다.

이상의 논의를 통해 조선사편수회와『朝鮮史』편찬을 중심으로 조선총독부의 역사 편찬 사업을 규명할 수 있다면 향후 식민주의 역사학에 대한 연구를 보다 정교하게 진행하는 것은 물론—'식민 정책' 혹은 '식민 담론'에서부터가 아니라 그 역으로—역사 편찬 사업을 통해 '식민 정책'이나 '식민 담론'에 대해서 고민해 볼 수도 있을 것이다. 또 『朝鮮史』는 해방 이후에도 한국과 일본 학계에서 활용될 수밖에 없었을 뿐더러, 특히 일본에서는 그 편찬을 위해 활약했던 이들이 이후 한국사 연구를 주도한 점을 고려할 때 해방 이후 한국과 일본 학계에서의 연구 경향이나 일본인들의 한국관 형성을 살펴보는 데에도 시사하는 바가 있을 것이다.

1장

'조선반도사(朝鮮半島史)' 편찬 사업의 추진

1. 사업의 배경과 준비

제국주의의 침략은 침략 대상에 대한 '객관적인' 지식의 확보를 동반했다. 침략을 위해서는 침략 지역에 대한 인구, 토지, 지리적 특성, 관습 등에 대한 정확한 정보가 필요했고, 이 과정에서 침략 지역에 대한 '실증적인' 정보들이 축적된 것이다.

일본 역시 강점 이전부터 조선의 제도나 관습 등을 조사하였다. 일제는 강점 이전 통감(統監)이 조선에 상주하면서 조선에서의 영향력을 확대할 수 있게 되자 내정 간섭을 '시정개선'이라는 명목으로 구체화하였는데,[1] 그 과정에서 조선의 각종 제도와 관습을 숙지할 필요가 생겼다. 즉 침략에 유리하도록 각종 법령과 제도를 침략에 유리하도록 수정하기 위해서는 조선 기존의 법, 풍습, 관습 등을 참작할 필요가 있었던 것이다. 특히 초대 통감 이

1_권태억, 「1904~1910년 일제의 한국 침략 구상과 '시정개선'」, 『韓國史論』 31, 서울대학교 국사학과, 1994.

토오 히로부미는 조선 '시정개선'의 중요 부분으로서 사법 제도의 개선에 특별한 관심을 가졌으며,[2] 조선 통치를 위해 인사법(人事法)의 정리(整理), 소유권의 확립, 세법(稅法)의 정리가 우선되어야 한다고 생각했다.[3] 이를 위해 부동산조사회(不動産調査會)와 그 뒤를 이어 법전조사국(法典調査局)을 설치하여 부동산에 관한 사항, 민형사수속법에 관한 조사를 진행하였다.

이와 같은 통감부에서 진행하던 조선의 구관조사(舊慣調査)는 강점 이후 취조국(取調局)과 참사관실(參事官室)로 인계되었고, 그 결과는 각종 정책의 수립·결정을 위한 참고 자료로 활용되었다.[4] 이렇게 지속된 구관조사사업은 1915년 4월 30일 '조선총독부 중추원관제(朝鮮總督府 中樞院官制)'의 개정을 통하여 5월 1일부로 중추원으로 이관되었고,[5] 중추원에서는 7월부터 그 관련사업으로서 조선총독부 최초의 역사편찬 사업이라 할 수 있는 '조선반도사 편찬사업(朝鮮半島史 編纂事業)'(이하 '반도사 편찬')을 공식화하였다.[6]

강점을 미화하기 위한 역사편찬의 필요는 강점 직후부터 제기되었다. 강점 직후 경성일보사(京城日報社) 사장이었던 토쿠도미 소호(德富蘇峰)는 총독에게 '병합사(倂合史)'를 편찬하고 싶다고 했지만 총독과 당시 외사국장(外事局長)으로서 총독의 최측근이었던 고마쓰 미도리(小松綠)는 '병합사'는 총독부에서 직접 편찬해야할 것이라며 이를 거절했으며,[7] 1915년에 접어

2_李英美, 「朝鮮統監府における法務補佐官制度と慣習調査事業」(一), 『法學志林』 98-1, 2001, pp. 196~198.

3_朝鮮總督府 中樞院, 『朝鮮舊慣制度調査事業概要』, 1938, p.1.

4_金泰雄, 「1910년대 前半 朝鮮總督府의 取調局·參事官室과 '舊慣制度調査事業'」, 『奎章閣』16, 1993.

5_『朝鮮總督府 官報』, 1915. 5. 1. 號外.

6_朝鮮總督府 中樞院, 『朝鮮舊慣制度調査事業概要』, 1938, p.61, p.137.

7_朝鮮史編修會, 「東京·京都·廣島·山口史料採訪復命書」, 1938.10.

들어 총독부에서 역사 편찬 사업을 시작한 것이다.

조선총독부에서 '반도사 편찬'을 개시하게 된 원인으로 거론되는 것은 『한국통사(韓國痛史)』(이하 『韓國痛史』)의 등장이다. 즉 '반도사 편찬'은 항일 무장 투쟁에 가담하던 박은식이 강점에 이르는 일본의 만행을 알리고자 저술한 『韓國痛史』의 국내 유입에 따른 총독부 당국의 대응이라고 이야기되어 왔다.[8] 『韓國痛史』는 한말 이래 고조된 자국사에 대한 관심이 강점을 거치며 확장된 것이다. 조선 후기 이래 이른바 '실학'의 등장과 더불어 실학자들 사이에서 역사의 체계를 '단군-기자-마한'으로 정립하는 삼한(마한)정통론(三韓(馬韓)正統論)[9]이 제기되는 한편, 역사지리학이 발전함에 따라 북방에 대한 관심 역시 고조되어 고구려·발해의 만주 지배와 이와 관련된 지명 비정(比定)의 문제도 중요시되었음은 주지의 사실이다.[10] 이렇게 자국사를 체계화하려는 노력은 한말에도 계승되어 이른바 '정통론(正統論)'에 입각한 국사교과서나 연구가 다수 출간되었다. 또한 신문과 잡지를 통해 만주에 대한 관심이 고조되기도 하였는데, 특히 장지연은 정약용의 『아방강역고(我邦疆域考)』를 보충하여 황성신문에 연재하였던 글을 모아 1903년 『대한강역고(大韓疆域考)』를 간행하였다. 여기서 그는 단군의 후손이 부여-고구려로 이어졌고, 이를 계승하여 발해를 세운 대조영을 높게 평가하여, 이를 자국사에 편입하였다. 뿐만 아니라 신채호는 단군-부여-고구려-발해로 이어지는 부여정통설(扶餘正統說)에 입각하며 만주를 우리 민족 형성의 구성

8_金性玫, 「朝鮮史編修會의 組織과 運用」, 『한국민족운동사연구』 3, 1989, p.125; 趙東杰, 『現代韓國史學史』, 1998, 나남, p.267.

9_이에 대해서는 韓永愚, 『朝鮮後期史學史研究』, 1989, 一志社, pp.185~227, pp.301~319를 참고.

10_정구복, 「조선 후기 사학사의 성격」, 『한국사학사학보』 15, 2007, p.154.

요소 안에 포함시키고자 하였다.[11] 여기서 더 나아가 그는 1908년 『독사신론(讀史新論)』에서 한국사의 시작은 단군이고, 한국사의 주류는 그 자손으로서 압록강 유역에서 발원하여 요동과 만주, 조선과 삼한으로 이동하며 토족(土族)을 정복하며 발달한 '부여족 일종(扶餘族 一種)'임을 명시하였다.[12]

이처럼 조선 후기 이래 자국사를 체계화하고자 했던 시도들은 한말에 이르러 역사의 기원을 단군에 두고 그 중심을 북방에서 찾고 있었던 것이다. 이러한 시각은 – 그 역사적 사실의 진위 여부는 차치하더라도 – 강점 이후에도 지속되었다. 가장 대표적인 예가 바로 『韓國痛史』를 서술한 박은식이다. 그는 1911년 5월 만주 서간도로 건너가 대종교(大倧敎) 시교사(施敎師)인 윤세복(尹世復)의 집에 기거하면서 많은 저술을 남겼는데, 『몽배금태조(夢拜金太祖)』에서는 한국사는 백두산에서 단군이 발상한 이래의 것으로 조선족(朝鮮族)과 만주족(滿洲族)은 모두 단군의 자손일 뿐만이 아니라 여진족은 발해족의 다른 이름이자 마한족(馬韓族)으로 이주가 많은 동족(同族)이라고 보았다.[13] 이러한 역사관은 『동명왕실기(東明王實記)』, 『발해태조건국지(渤海太祖建國誌)』, 『명림답부전(明臨答夫傳)』, 『천개소문전(泉蓋蘇文傳)』 등 고구려와 발해의 위인에 관한 저술로 이어졌다. '반도사 편찬'의 계기로서 거론되어 온 『韓國痛史』는 비록 고종 즉위 이래 1911년 105인 사건까지를 대상으로 하여 일제의 침략 과정에 비중을 두고 있지만, 글의 서두에 '지리의 대강'과 '역사의 대개'라는 항목을 설정해 한국사가 단군에서 발원하여

11_최혜주, 「한말의 고구려·발해 인식」, 『한국독립운동사연구』 23, 2004, pp.397~432.

12_신채호, 『讀史新論』, pp.471~489.(여기서는 丹齋申采浩先生記念事業會에서 발간한 1995년판 『丹齋 申采浩 全集』 上卷에 실린 판본을 참고하였다.)

13_박은식, 『夢拜金太祖』, pp.169~175.(여기서 인용한 박은식의 저술은 白巖朴殷植先生全集編纂委員會에서 발간한 2002년판 『白巖 朴殷植 全集』에 실린 판본을 참고하였다.)

기자를 거쳐 북부여, 고구려로 이어짐을 서술한 것은 한말 이래 체계화된 국사 체계를 분명히 하고자 한 것이다.[14]

그런데 단군을 기원으로, 북방을 아우르며 국사를 체계화한 것은 민족해방운동에 뜻을 둔 이들만이 아니라 총독부 사업에 참여하던 조선인에게서도 나타난다. 앞서 언급하였듯이 총독부에서는 취조국과 참사관실을 설치하여 각종 정책의 수립·결정을 위한 참고 자료 확보를 위해 조선의 구관(舊慣)을 조사하였는데, 이 사업의 일환으로 진행된 조선의 고문서와 도서 등에 대한 수집·정리·해제·자료의 발췌 등의 사업에 참여하고 있던 어윤적(魚允迪)은 『韓國痛史』가 발간된 1915년 경성에서 『동사연표(東史年表)』(이하 『東史年表』)를 출간했다. 그는 이 책에서 고조선을 우리나라 역사의 시발점으로 인정하고 단군에 대해서도 그 역사성을 인정하는 한편, 부여를 단군의 후예가 세운 국가로서 중요시 하고 발해를 높이 평가하여 통일신라와 함께 남북조로 설정하면서, 임나일본부와 관련된 내용은 기록하지 않았다.[15] 이처럼 강점 이후 민족해방운동에 가담하던 인물은 물론 식민 통치 기구에 포섭된 인물들조차도 조선 후기 이래의 한국사 인식 체계, 단군을 시원으로 하며 부여, 고구려, 발해를 적극적으로 평가하는 인식을 가지고 있었다.

조선인들의 이러한 역사 인식은 당시 조선을 연구하던 일본인 학자들의 결론과는 다른 것이었다. 총독부에서는 강점 직후부터 고건축물(古建築物) 가운데 활용 가능한 건물의 조사 혹은 교과서 편찬을 위한 재료 수집을 명목으로 세키노 타다시(關野貞), 도오리 류우조우(鳥居龍藏), 이마니시 류우

14_박은식, 『韓國痛史』, pp.739~741.

15_정욱재, 「『東史年表』의 간행과 그 의미」, 『장서각』 9, 2003, pp.11~14.

(今西龍), 쿠로이타 가쓰미(黑板勝美) 등과 같은 제국대학의 유수 인물들에게 촉탁하여 조선의 유적·유물을 조사하였다. 이들의 답사 결과가 일치하지는 않았지만 이들은 조사를 바탕으로 대동강 일대에서 낙랑군(樂浪郡)과 대방군(帶方郡)의 군치(郡治)를 확정하여 조선의 북방을 조선사의 범위에서 제외하고, 고인돌과 석기 유물 및 인종 조사를 통해 조선의 남부와 그에 면한 일본의 큐슈 지역의 인종적·문화적 유사성을 강조하였다.[16] 즉 조선인들의 역사 인식은 조선의 북방에서 한사군의 실체를 찾고, 조선의 남부와 일본 사이의 관련성을 확인하던 일본인 학자들의 견해와 상반되는 것으로, 『韓國痛史』나 『東史年表』의 출간과 보급은 식민 당국자나 일본인 연구자들에게 이를 환기시키는 계기가 되었을 것이며, 총독부 역시 이에 대응하지 않을 수 없던 것이다.

『韓國痛史』, 『東史年表』 같은 서적이 출간되어 그에 대한 대응이 필요해진 1910년대 중반은 조선에 대한 총독부의 통치 정책과 선전에 미묘한 변화가 발생한 시기이기도 하다. 주지하듯이 총독부의 통치 기조는 '동화(同化)'였다. 그렇지만 조선인들의 강한 민족적 정체성과 이로 인한 배일적 분위기에서 동화 정책을 강행하는 것은 반발을 초래할 우려가 있었기 때문에 1910년대의 '동화'는 대외적인 수사(修辭)일 뿐 '동화'라는 명목으로 실행된 것은 사실상 식민 통치의 기반을 구축하기 위한 기본적인 조치들이었으며, 총독부는 이를 조선의 '문명화'라고 선전하였다.[17] 하지만 '동화'를 위한

16_정상우, 「1910~1915년 조선총독부 囑託의 학술조사사업」, 『역사와 현실』 68, 2008, pp247~265.

17_정상우, 「1910년대 일제의 지배논리와 조선지식인층의 인식」, 『韓國史論』 46, 2001; 권태억, 「1910년대 일제 식민통치의 기조」, 『韓國史研究』 124, 2004; 정연태, 「朝鮮總督 寺內正毅의 韓國觀과 植民統治」, 『韓國史研究』 124, 2004.

조선총독부의 정책과 선전은 '반도사 편찬'을 전후한 1910년대 중반 보다 전면화되고 있었다.

1910년대 중반은 세계대전의 발발과 이로 촉발된 여러 변화가 일어나며 국제관계의 재편이 이루어진 시기이다. 1914년 3월 제1차 세계대전이 발발하자 영국은 중국 지역의 독일 세력을 견제하기 위하여, 영일동맹을 근거로 일본의 참전을 희망하였고, 일본은 이를 '일본국운(日本國運)의 발전(發展)에 대(對)한 다이쇼 신시대(大正新時代)의 천우(天佑)'[18]로 보았다. 세계대전에 참전한 일본은 1914년 9월 2일 산동반도 북안(北岸)에 상륙한 이래 연승을 거듭하여 1915년 중국에 21개조 요구안을 강제하기에 이르렀다. 이러한 대외적 승리는 바로 일본 경제의 호황으로 연결되어 적자를 면치 못하던 일본의 무역수지는 1915년 이후 흑자를 기록했고, 각종 법률을 정비하여 기업의 확장, 철강공업의 육성 등을 도모하였다.[19] 일본 본국의 이러한 호황과 더불어 조선총독부에서는 통치 5주년을 맞은 1915년 '시정5주년기념 조선물산공진회(施政5週年紀念 朝鮮物産共進會)'를 개최하며 자신들의 통치 성과를 정리·선전하였다. 공진회는 통치 5년의 성과를 대내외에 과시하기 위하여 기획한 대대적인 이벤트였다. 그런데 이는 상품 전시를 통한 시장 확보라는 일반적인 박람회와는 달리 총독부의 시정을 알리고자 하는 정치 선전의 장이었으며, 이를 통해 식민 통치에 대한 조선인의 자발적 동의를 이끌어 내기 위한 것이었다. 비록 관객 동원을 위한 관 차원의 각종 수단이 강구된 결과였지만, 공진회에는 100만 이상의 관중이 들었으며, 이는 식민 통치에 대한 자신감을 불어 넣었다.[20]

18_井上馨, 『世外井上公傳』 5, 1935, 井上馨侯傳記編纂會, p.367.

19_今井清一, 『日本近代史』 2, 岩波書店, 1982, pp.110~136.

… (日本은) 大帝國 建設의 理想을 實現하는 資格을 이루는데, 朝鮮의 併合에 의해 이 資格을 獲得했으며, 滿蒙을 勢力範圍에 추가하여 建設의 道程에 一步를 내딛었다. … 朝鮮을 보면 이미 五年(1915년-인용자) 始政5周年記念博覽會에서 半島의 物質的 進步의 跡을 檢査했다고 들었지만, 그 根本의 精神的 方面에 있어 能히 併合의 大旨에 부합하는가. 歐洲大戰의 教訓은 특히 吾人으로 하여금 日鮮同化一致의 必要를 認識시킨다. …[21] (밑줄은 인용자)

통감부 시기 대한제국의 재무관(財務官)과 궁내부(宮內府) 서기관(書記官)을 역임한 이노우에 마사지(井上雅二)가 1916년에 발표한 위의 인용문은 전쟁과 공진회 이후 일본인의 자신감을 잘 보여 준다. 그는 세계대전을 통해 일본이 대제국화의 일보를 내딛었다고 자부함과 아울러 공진회(共進會)를 통해 조선의 물질적 진보가 검증된 이상 이제는 조선 통치의 중심을 '물질적 방면'에서 '정신적 방면'으로 옮겨야 된다고 주장하며 '동화'에 박차를 가해야 한다고 역설하고 있다. 이러한 경향은 비슷한 시기에 조선에서 발간된 『매일신보(每日申報)』에서도 확인된다. 강점 이래 기대 이상의 진보·발전을 이루었으며 특히 산업의 개발에 있어서는 '대정4년(大正4年) 추(秋)에 개최된 조선물산공진회의 성적'으로 확인할 수 있듯이 '물질적 방면의 성공뿐으로써 만족'할 것이 아니라 '차제(此際) 조선인의 정신적(精神的)에 관하야 일층의 공부를 적(積)하야써 조선인 사상(思想)의 밀통(密通)을 촉진(促進)'할 시기라고 하는 것이나,[22] '금일에 근본적으로 조선인민의 향상발전을

20_'施政5週年紀念 朝鮮物産共進會'와 정치선전으로서의 성격에 대해서는 김태웅, 「1915년 京城府 物産共進會와 日帝의 政治宣傳」, 『서울학연구』 18, 2002를 참고.

21_井上雅二, 「朝鮮統治の根本方針」, 『新朝鮮』, 朝鮮研究會, 1916, pp.102~103.

22_三笑生, 「精神的 同化의 急」 (2)~(3), 『每日申報』, 1918. 4. 17~18.

촉진코져 함에는 우선 그 정신에 향(向)하야 적당한 양식과 활(活)한 수(水)를 여(與)' 해야 한다는 것[23]과 같이 조선인의 '정신적 방면'에 대한 정책을 수립·추진해야 할 필요성이 자주 언급되었다. 이러한 1910년대 중반의 양상은 신문과 같은 매스미디어에서만이 아니라 지방관의 취임연설에서도 나타난다.

> … 單히 物質的 恩惠를 與할 뿐으로는 同化의 實을 擧함은 도저히 不可能한 故로 更히 精神的 方面으로부터 同化의 方法을 講함이 可할지라. 新政以來 玆6年에 著大한 物質的 思想은 彼等으로 하야금 旣히 衣足食餘함에 至케한지라. 今後努力如何는 屢屢히 精神的 敎化이니 … 予는 鮮人을 精神的으로 同化하야 眞實히 日本의 忠良한 臣民되게 … [24](밑줄은 인용자)

위의 글은 1916년 10월 새롭게 충청남도지사로 부임한 우에바야시 케이지로우(上林敬次郎)가 행한 부임연설이다. 그는 '물질적'으로는 완전한 '동화(同化)'를 이룰 수 없기 때문에 '정신적' 방면에서의 '동화'를 강구하겠다고 도지사 부임 소감을 대신하고 있다.

이러한 언급이 보통 신문이나 일본인이 아닌 조선총독부의 입장과 정책을 조선인에게 선전하여 총독부의 기관지 역할을 담당했던 『每日申報』와 도지사의 입을 통해 나왔다는 것은 주목된다. 실제로 1910년대 중반 조선총독부의 정책을 보면 교육·종교 등과 같은 문화적 방면에서의 변화가 두드러진다. 교육에 대해서는 1915년 3월 24일 '개정사립학교규칙(改正私立學

23_「朝鮮의 宗敎」, 『每日申報』, 1918. 8. 28.

24_上林敬次郎, 「同化主義와 殖産事業」, 『每日申報』, 1916. 10. 31.

校規則)'을 발포하여 학교 설립 요건 및 교원의 자격과 교수 과목에 대한 규제를 강화하는 한편,[25] 1916년 1월 4일 총독 데라우치(寺內正毅)는 교사들을 상대로 '교원심득(教員心得)'이라는 훈령(訓令)을 내려 '충효(忠孝)를 본(本)으로 덕성(德性)을 함양시킬 것'을 강조하였다.[26] 또 종교에 대해서는 1915년 8월 16일 '포교규칙(布教規則)'과 '신사·사원 규칙(神社·寺院 規則)'을 발포하여 통제를 일층 강화하는 한편, 신사(神社)를 정비하고자 하였다.[27]

이와 같이 1910년대 중반 일제는 국내외적 상황 변화 및 5년간 통치 성적에 대한 자신감을 바탕으로 조선인에 대한 동화를 문화적 방면으로까지 확산시키려 하였다. '반도사 편찬' 역시 이러한 맥락에서 추진되었다.

> 百般의 制度를 刷新하여 혼돈스러운 舊態를 釐革하여 諸種의 産業을 振作하고 貧弱한 民衆을 拯濟하는 것은 朝鮮의 施政上 當面의 急務이지만 이와 같은 物質的 經營에 힘씀과 아울러 … 民의 知能德性을 啓發하여 이들을 忠良한 帝國臣民임에 부끄러움 없는 地位로 扶導함을 期해야 한다. 今回 中樞院에 命한 朝鮮半島史 編纂도 역시 民心薰育의 一端에 다름 아니다.[28]

이는 '반도사 편찬'이 구체화되어가던 1916년 7월에 정해진 반도사의 편찬 요지이다. 여기서도 역시 식민 통치에서 물질적 경영의 필요성과 아울러 조선인의 지능과 덕성에 대한 대책을 강조하고 있으며 '반도사 편찬'은 바로 이 부분의 필요를 충족시키기 위한 민심 훈육책임을 표방하고 있

25_「朝鮮總督府官報」, 1915. 3. 24.
26_「朝鮮總督府官報」, 1916. 1. 4.
27_「朝鮮總督府官報」, 1915. 8. 16.
28_朝鮮總督府, 『朝鮮半島史編成ノ要旨及順序』, p.1. 1916.

다. 즉 '반도사 편찬'은 제1차 세계대전에서의 승리 및 공진회의 성공적 개최 등으로 조선 통치에 대한 총독부의 자신감이 한층 고조되어 문화적 방면으로까지 눈을 돌리게 되는 가운데 강점 이후에도 지속·강화되고 있던 조선인들의 전통적인 역사관이 『韓國痛史』나 『東史年表』와 같은 형태로 표출되자 이를 저지함과 아울러 통치 기조로 제시한 '동화'를 달성하고자 한 문화적 사업의 일환이라 하겠다.

또한 당시 총독부에서는 '반도사 편찬'과 같은 역사 편찬의 전제라 할 수 있는 사료를 수집하고 있었다. 앞서 언급했듯이 통감부 시기부터 진행된 조선의 구관조사는 강점 직후인 1910년 9월 30일 칙령 356호로 '조선총독부취조국관제(朝鮮總督府取調局官制)'가 공포되어 취조국으로 인계되었다. 취조국의 업무는 '조선에서 각반(各般)의 제도와 일체의 구관(舊慣)을 조사하는 것' 이외에 '총독이 지정한 사회의 입법(立法)과 심의(審議)', '법령(法令)의 폐지개정(廢止改正)에 대해 의견 구신'[29] 등과 같이 통치를 위한 법령 마련을 위한 것이었지만, 이를 위해서는 조선의 관습과 법을 확인해야 했고, 이는 관련 자료의 수집·정리로 이어졌다. 취조국은 1912년 3월 31일 『관습조사보고서(慣習調査報告書)』(이하 『慣習調査報告書』)를 발간하고, 다음 날인 4월 1일 총독부 관제 개혁에 따라 폐지되었지만, 그 업무와 직원의 대부분은 참사관실로 이관되어 조선의 관습에 대한 조사는 계속되었다. 취조국과 참사관실은 조선의 구관을 조사하여 조선 통치를 위한 법령의 제정과 개폐를 위한 참고 자료를 제공하는 것이었기 때문에 주로 제국대학에서 법학을 전공한 이들로 구성되었고, 개중에는 통감부 시기부터 조선에 근무하

29_『朝鮮總督府官報』, 1910년 9월 30일, 勅令 第356號.

며 조선에 대한 사전 지식을 갖추고 있는 이들도 많았다.[30] 특히 취조국과 참사관실의 사무관으로서 『慣習調査報告書』의 발간을 주도했던 오다 간지로우(小田幹治郎)는 통감부 이래 조선의 법전 정비를 위해 파견된 우메 겐지로우(梅謙次郎)의 제자로 법무보좌관을 거쳐 법전조사국에서는 혼자 국무(局務)를 도맡아 본 인물로서 자타가 공인하는 '조선구관(朝鮮舊慣)의 권위자'였다.[31] 또 이들이 취조국과 참사관실에서 주로 조사한 항목 역시 조선의 친족, 가족, 교육, 지방행정, 생활수준과 농가 경제, 농사에 참고할 사항 등이었다.[32] 이처럼 법학을 전공한 관료적 성향의 인물들이 주를 이루어 통치에 직결되는 사안과 관련된 조선의 풍습과 관습을 조사하는 것을 통해서도 당시 구관조사의 이유가 역사의 서술·연구가 아닌 법령의 개폐를 위한 것이었다는 점은 확연히 드러난다.

그런데 이들이 조선의 구관을 파악하는 주된 방법 중 하나는 과거의 문헌을 통한 것이었다. 구관에 대한 조사는 조사원 파견을 통한 실지 조사와 더불어 전적(典籍)에 대한 조사가 병행되었는데, 이는 이후 고도서(古圖書)에 대한 정리와 새로운 수집, 도서에 대한 해제, 주요 자료에 대한 발췌 및

30_取調局과 參事官室에서 근무한 주요 일본인들에 관한 이력은 金泰雄, 앞의 논문, pp.103~111을 참고할 것.

31_李英美, 「朝鮮統監府における法務補佐官制度と慣習調査事業」(五), 『法學志林』 99-4, 2002, pp.132~134.

32_取調局과 參事官室에서의 조사 항목은 총 18가지로 다음과 같다. 1. 土地制度, 2. 親族制度, 3. 面 및 洞 制度, 4. 宗教 및 寺院 制度, 5. 書房 및 鄕校 制度, 6. 兩班에 관한 制度, 7. 四色의 起因, 沿革 및 政治上·社會上 勢力關係, 8. 四禮制度, 9. 常民의 生活狀態, 10. 朝鮮의 救貧制度, 11. 朝鮮에서 행해지는 重要舊法典의 飜譯, 12. 朝鮮의 農家經濟, 13. 朝鮮統治에 參考할 수 있는 歐美各國 屬領地와 植民地의 制度研究, 14. 舊法典調査局의 調査事項 整理, 15. 地方制度 16. 灌漑에 관한 舊慣과 制度, 17. 鴨綠江 및 豆滿江에 관한 調査, 18. 朝鮮語辭典의 編纂.(朝鮮總督府 中樞院, 『朝鮮舊慣制度調査事業概要』, 1938, pp.23~24.)

정리 등으로 확대되었다.[33] 이 과정에서 역사 편찬 및 연구를 위한 기초 작업이라 할 수 있는 사료의 수집·정리가 대대적으로 이루어졌다.

강점 직전 궁내부(宮內府)에서는 홍문관(弘文館), 규장각(奎章閣), 시강원(侍講院) 외에 적상산(赤裳山), 태백산(太白山), 오대산(五臺山) 세 사고(史庫)의 장서(藏書)와 이왕가(李王家) 역대 기록, 기타 도서 140,804책을 모았는데, 강점 이후 취조국과 참사관실에서는 이를 인계받아 대대적인 정리 작업을 벌였다. 이뿐만이 아니라 참사관실에서는 1913년 7월부터 보관된 도서와 새롭게 수집된 자료의 재정리에 착수하여 편저자에 따라 조선본과 중국본으로 구분하는 한편 특별 취급 도서를 결정하고, 이에 대한 도서 대장과 도서들에 대한 분류 및 목록 작성을 마쳤다. 또한 각 도서에 대한 카드를 작성하여,[34] '반도사 편찬'이 공표되어 인선이 진행될 즈음인 1916년 3월까지 각 도서별 카드, 분류별 목록 및 카드대장을 작성해 도서 정리를 일단락지었다.[35]

이러한 기존 도서의 정리와 더불어 참사관실은 새로운 자료의 발굴과 수집도 착수했다. 1913년 1월 이래 도서관 설립을 목표로 소장본 외의 민간의 고도서 매수, 결본 도서의 전보(塡補), 사원 및 향교 보존의 도서 목록 조사, 양반유생 소장 도서의 차수(借受)·등사 및 기부 등을 추진한 것이다.[36]

33_朝鮮總督府 中樞院, 『朝鮮舊慣制度調査事業概要』, 1938, pp.34~57.

34_이에 대한 자세한 사항은 이승일, 「조선총독부의 '조선도서 및 고문서'의 수집·분류 활동」, 『기록학연구』4, 2001, pp.105~112.

35_中樞院 調査資料, 『朝鮮舊慣及制度沿革ノ調査』 第2册. 한편 당시 取調局과 參事官室에서 이루어진 도서정리와 관련하여 도서이관 상황, 도서의 분류방식과 書架 배치의 변화, 도서목록·도서대장·도서카드의 작성 등에 관해서는 金泰雄, 「日帝 强占 初期의 奎章閣 圖書 整理 事業」, 『奎章閣』18, 1995, pp.176~190을 참고할 것.

36_中樞院 調査資料, 『朝鮮舊慣及制度沿革ノ調査』 第2册.

이를 위해 당시 정무총감이었던 야마가타 이사부로(山縣伊三郞)는 1913년 2월 각도장관(各道長官)에게 통첩하여 관아나 향교, 서원, 서당, 사찰, 누정 등에 있는 판목(板木)·편액(扁額)·경문(經文)이나 기록에 관해서도 조사·수집할 것을 지시하여[37] 왕실기록물을 넘어 민간에 존재하는 다양한 형태의 기록물의 수집을 도모하였다.[38] 그 결과 1913년 말까지 금석문 1,040여 종(신라시대 29종, 고려시대 89종, 조선시대 932종), 민간 도서 56종 191책, 고문서 67종이 수집되었다.[39] 또 지방 관아에 남아 있는 기록부책류(記錄簿册類)를 발견될 때마다 총독부로 이관하여 정리·보관하도록 하는 한편, 개인 소유 저서로 귀중하다고 판단되는 것을 매각하지 못하도록 하고 이를 등사하거나 기부를 받은 결과 '반도사 편찬' 계획이 공표된 직후인 1915년 10월에 이르러서는 구입 및 등사한 것이 678부 2,539책에 달하였다.[40]

이와 같이 정리·수집한 도서를 효과적으로 활용하기 위해서는 도서의 성격과 내용에 대한 파악이 필수적이었다. 취조국과 참사관실은 이를 위해 도서에 대한 해제 역시 일찍부터 추진하였다.[41] 식민 통치의 기초 자료로 활용하려는 의도에서 수집·정리한 도서들의 목록이 작성되는 대로 해제가 이루어지도록 독려했던 것이다. 1911년 6월 취조국에서는 도서 정리 부속 사업으로서 총독부 소장 도서 전부의 해제 작성에 착수했으며,[42] 이는 사무

37_朝鮮總督府 中樞院, 『朝鮮舊慣制度調査事業概要』, 1938, p.41.

38_이승일, 앞의 논문, p.104.

39_朝鮮總督府 中樞院, 앞의 책, 1938, pp.44~47.

40_中樞院 調査資料, 『朝鮮舊慣及制度沿革ノ調査』 第2册.

41_金泰雄, 앞의 논문, 1995, p.190.

42_초기 해제를 7명의 囑託이 담당했다고 하는데, 현재 확인되는 것은 河合弘民, 鄭萬朝, 鄭丙朝 3인이다. 參事官室로 사업이 이관된 1913년 7월 해제작업의 主任囑託으로 千葉昌胤을 임명하고 작업에도 寫字生 1명(金胤福)을 추가했다(당시 經部와 史部는 鄭萬朝, 子部는 千葉, 集部

가 참사관실로 인계된 이후에도 계속되었다.[43] 그 결과 1915년 3월, 당시까지 해제가 이루어진 1,470종의 도서에 대한 해제집 『조선도서해제(朝鮮圖書解題)』가 발간되었다.

취조국과 참사관실에서 진행한 사업 중 도서해제와 더불어 또 하나 주목되는 것이 조선왕조실록을 중심으로 한 편년사류(編年史類) 자료에 대한 발췌 작업이다. 이 역시 '관습조사 기타 각반의 조사자료 및 일반의 사료를 획득'하기 위한 것이었다.[44] 취조국 설치와 거의 동시에 시작된 것으로 보이는 실록발췌 작업은 초기에는 조사 사항에 대한 목록 작성부터 시작되었으며, 참사관실로 사무가 이관되면서 인원을 보충하여 기사(記事)에 대한 발췌까지 도모하였다. 취조국의 업무가 참사관실로 이관된 지 얼마 지나지 않아 작성된 것으로 보이는 문건에는 '선인촉탁(鮮人囑託)으로 하여금 담임하게 한 기록발췌 사무는 1913년 말 조선 태조(朝鮮 太祖)부터 철종(哲宗)까지의 실록, 이태왕(李太王) 승정원일기 및 일성록에 대해 별지(別紙) 제1호 사항의 소재를 조사하여 그 목록을 작성하고 1914년 1월부터 별지(別紙) 제2호의 사항에 부(付)하여 이미 만든 목록에 의거해 본문의 발췌를 할 것'[45] 이라는 계획이 있다. 즉 취조국 이래 조사 사항에 대한 관련기사의 목록을 만드는 것부터 시작하여 점차 기사의 발췌로 전개된 것이다. 이를 위해 참

는 鄭丙朝가 담임). 또 1914년에도 馬場是一郎(屬)과 魚允迪(囑託)을 사업에 보충하여 해제 작업을 위한 인력을 보충하였다.(中樞院 調査資料, 『朝鮮舊慣及制度沿革ノ調査』 第2册; 朝鮮總督府 中樞院, 『朝鮮舊慣制度調査事業概要』, 1938, p.32.; 朝鮮總督府, 「參事官分室事務ノ分擔及事務取扱內規(大正2年)」, 『朝鮮總督府參事官分室關係書類』 1.)

43_朝鮮總督府, 「參事官分室事務ノ分擔及事務取扱內規(大正2年)」, 『朝鮮總督府參事官分室關係書類』 1.

44_朝鮮總督府, 「各事務ノ經過(大正4年5月13日)」, 『朝鮮總督府參事官分室關係書類』 1.

45_朝鮮總督府, 「圖書整理事務進行概要報告書」, 『朝鮮總督府參事官分室關係書類』 1.

사관실에서는 왕조실록을 편찬하던 춘추관(春秋館), 사고(史庫)에 관한 사항, 왕별 왕조실록의 권수 등을 조사·정리하였으며,[46] 실록 발췌 사무를 위해 아리가 케이타로우(有賀啓太郞, 屬)를 주임(主任)으로 하여 유맹(劉猛, 이하 囑託), 구희서(具義書), 서상훈(徐相勛), 정만조(鄭萬朝), 정병조(鄭丙朝) 등의 조선인에게 업무를 분담시켰다.[47]

이들이 처음으로 한 작업은 위의 계획에 나타나 있듯이 실록의 기사들에 대한 항목별 목록을 작성하고, 관련 기사를 추출하는 것이었다. 당시 도서정리에 대한 보고서에는 기사 목록 작성을 위한 38개 항목(별지 제1호: 실록발췌 - 취조사항)과 기사 발췌를 위한 12개의 항목(별지 제2호: 실록발췌)이 제시되어 있는데,[48] 일단 작성된 목록은 본격적인 기사발췌를 위한 색인으로서 역할을 했던 것으로 보이며, 그 결과물을 책자로 묶을 계획이었다.[49] 그런데 별지에 제시한 사항들은 묘지(墓地(분묘(墳墓)), 불교(佛教)·야소교(耶蘇教)·동학(東學)·무격(巫覡), 관혼상제(冠婚喪祭)·복제(服制)·관(棺)·가옥이

46_朝鮮總督府, 「李朝ノ實錄ニ就テ」·「李朝實錄卷數調査」, 『朝鮮總督府參事官分室關係書類』 2.

47_朝鮮總督府, 「參事官分室事務ノ分擔及事務取扱內規(大正2年)」, 『朝鮮總督府參事官分室關係書類』 1.

48_朝鮮總督府, 「圖書整理事務進行概要報告書」, 『朝鮮總督府參事官分室關係書類』 1.
別紙에서 제시하고 있는 것은 대략 다음과 같은 사항이다.
別紙 第1號 - 日本, 野人, 明·淸·元, 기타 外國 관계사항(貿易 포함), 疆域, 教育, 官制, 法典, 奴婢, 田宅, 租稅, 賦役, 田制, 還上과 賑給, 兵役, 貨幣, 裁判, 妻妾子女·嫡庶의 구별, 立後, 經費, 地方制度, 契, 墓地, 堤堰과 洑, 吏胥, 佛教·耶蘇教·東學·巫覡, 風俗(冠婚喪祭·服制·棺·家屋異物), 중요 土木, 新經營事業(糖蜜·糖猪·段子織造), 官纂書, 魚鹽, 工業, 商業, 農業, 禁養, 物價, 大赦 등에 관한 사항.
別紙 第2號 - 分財, 風水說, 吏讀, 貨幣, 法典, 立後, 冠婚喪祭, 墳墓, 田制, 稅制(賦役), 山政, 地方制度에 관한 사항.

49_朝鮮總督府, 「各事務ノ經過(大正3年5月1日)」, 『朝鮮總督府參事官分室關係書類』 1.

물(家屋異物), 풍수설(風水說), 이두(吏讀)와 같은 풍속 및 종교와 관련 사항, 처첩자녀(妻妾子女)·적서(嫡庶)의 구별, 입후(立後), 분재(分財) 등의 조선의 가정과 상속과 관련 사항, 토목(土木), 신경영사업(新經營事業(당밀(糖蜜)·당저(糖猪)·단자직조(段子織造))), 어염(魚鹽), 공업(工業), 상업(商業), 농업(農業), 금양(禁養) 등 산업, 물가(物價), 제언(堤堰)과 보(洑), 조세(租稅), 부역(賦役)과 세제(稅制), 전제(田制), 환상(還上)과 진급(賑給), 화폐(貨幣), 산정(山政), 계(契), 이서(吏胥), 교육(敎育), 관제(官制), 법전(法典), 재판(裁判), 경비(經費), 지방제도(地方制度), 관찬서(官纂書), 대사(大赦) 등의 정치·경제 관련 제도에 관한 사항 등으로 구관제도조사사업의 항목과 유사하다. 이러한 발췌항목으로 미루어 볼 때 발췌 작업 역시 식민지 법제의 마련, 식민정책의 입안 등 통치를 위한 참고자료 확충을 위한 구관조사사업의 일환이었음을 짐작케 한다.

비록 이러한 도서의 정리와 수집 및 해제·발췌 작업이 역사 연구와 편찬을 1차적인 목표로 한 것은 아니었지만, 그 기초 작업인 사료의 확충이라는 측면에서 의미하는 바는 크다. 개인의 힘으로는 수집할 수 없는 다수의 자료들을 관권(官權)을 동원하여 일괄적으로 한 곳에 집결·정리하여, 그 활용이 가능해진 것이다. 참사관실의 구관조사사무(舊慣調査事務)는 '반도사 편찬'이 공표된 1915년 7월, 중추원으로 이관되었다. 즉 구관조사를 위해 수집·정리한 자료들이 '반도사 편찬'이 개시될 즈음 중추원으로 이관됨에 따라 중추원은 '반도사 편찬'을 위해 이 자료들을 쉽게 이용할 수 있게 된 것이다. 후술하겠지만 '반도사 편찬'을 담당한 중추원은 새로운 사료수집이 지지부진한 가운데 취조국과 참사관실을 거치며 수집·정리된 도서를 '반도사 편찬'에 적극 활용하려 했으며, 도서에 대한 해제와 실록발췌 역시 '반도사 편찬'의 진행과 함께 더욱 확대하였다.

조선인 '동화'를 목표로 시작된 '반도사 편찬'은 1915년 7월부터 1918년 12월까지 3년간 실시하기로 결정되었지만[50] 사업의 본격적인 착수는 1916년부터였던 것으로 보인다. 1916년 중반이 되어서야 본격적인 사업의 시작이라고 할 수 있는 인선이 완료되어 편찬의 요지가 발표되고, 역사서술의 바탕이라고 할 수 있는 사료 수집 등과 같은 작업이 나타나기 때문이다.

먼저 사업의 추진을 위한 선결과제, 즉 담당자의 선정, 인선에 대해 살펴보자. '반도사 편찬'을 위한 인선은 1916년 초반에 이루어진 것으로 보인다. 크게 자료를 수집하는 조사주임(調査主任) 15명, 편찬을 담당하는 편집주임(編輯主任) 5명, 초고를 검토하는 심사주임(審査主任) 12명이 선정되었는데, '반도사 편찬'이 중추원의 사무였기 때문에 중추원 소속의 관원들이 대거 활용되었다. 일단 사업을 총괄하는 것은 중추원 서기관(書記官)이었던 오다 간지로우였다. 그는 앞서 서술했듯이 통감부 시기 이래의 구관조사에 참여하였고, 취조국과 참사관실에서 시행된 도서의 수집·정리·수선을 총괄했을 뿐만이 아니라 1914년에는 총독 데라우치의 특명을 받아 해인사 대장경의 조사주임으로 활약했던 인물로 금석문(金石文), 고문헌(古文獻) 및 전적조사(典籍調査)에 경험이 풍부했다.[51]

한편 조사주임과 심사주임에는 중추원 소속의 조선인이 배치되었다. 먼저 자료 수집을 위한 조사주임에는 중추원의 찬의(贊議)와 부찬의(副贊議) 가운데 15명이 선발되었으며, 심사주임에는 중추원 부의장 이완용(李完用)

50_朝鮮總督府中樞院, 앞의 책, 1938, p.137.

51_中村榮孝, 「朝鮮史の編修と朝鮮史料の蒐集 - 朝鮮總督府 朝鮮史編修會の事業」, 『日鮮關係史の研究』, 1969, p.655; 李英美, 「朝鮮統監府における法務補佐官制度と舊慣調査事業」(五), 『法學志林』 99-4, 法政大學 法學志林協會, 2002, pp.134~136.

외에 고문 11인이 임명되었다. 이와 같이 중추원 소속의 조선인 26명이 선임되었는데, 총독부는 조선의 '귀족' 혹은 학식과 경험이 풍부하여 이른바 '조선의 명사'라고 불렸던 중추원의 조선인을 기용하여 보다 원활한 편찬 작업의 진척을 기대했던 것으로 보인다.[52]

조사주임의 업무는 반도사 편찬을 위한 자료를 수집하는 것이었다. 조사주임은 수집한 자료를 3개월마다 서기관장에게 제출하게 되어 있었으며, 서기관장이 수합한 자료를 편집주임에게 교부하면 편집주임은 이 자료에 근거하여 초고를 써서 서기관장에게 제출한다. 서기관장이 이 초고를 심사위원에 회부하면 심사위원은 자신의 의견을 해당 사항에 부전(附箋)하여 표시하고, 이를 편집주임 및 심사위원의 협의회에 부쳐 그 채부(採否)를 결정해 최후의 성안(成案)을 만드는 것이 반도사의 편찬과정이었다.[53]

편찬과정의 중심에서 가장 중요한 역할을 담당한 이들은 편집주임이라 하겠다. 바로 이들이 '민심훈육의 일단(一端)'로서 '민(民)의 지능덕성을 계발하여 이들을 충량한 제국신민임에 부끄러움 없는 지위로 부도(扶導)함을 기'하기 위해 기획된 반도사의 서술을 실질적으로 담당한 이들이기 때문이다. 집필을 담당하는 편집주임은 1916년 당시 5인을 임명할 계획이었고, 1916년 3월 4명의 임명을 마쳤다. 이들은 중추원 서기관으로서 사업을 총괄했던 오다 간지로우를 비롯 교토제국대학 교수 미우라 히로유키(三浦周

52_朝鮮總督府中樞院, 앞의 책, 1938, p.138. 한편 당시 調査主任과 審査主任으로 임명된 이들은 다음과 같다. (朝鮮總督府, 『朝鮮半島史編成ノ要旨及順序』, 1916, pp.8~10.) 調査主任: 南奎熙, 柳正秀, 李建春, 鄭寅興(이상 中樞院 贊議), 魚允迪, 趙秉健, 洪運杓, 朴齊瓛, 李度翼, 吳在豐, 羅壽淵, 宋之憲, 朴熙陽, 柳興世, 李晚奎(이상 中樞院 副贊議). 審査委員: 李完用(中樞院 副議長), 趙重應, 李容稙, 權重顯, 李夏榮, 李根澤, 任善準, 李載崐, 李根湘, 閔泳綺, 張錫周 (이상 中樞院 顧問)

53_朝鮮總督府, 『朝鮮半島史編成ノ要旨及順序』, 1916, pp.7~8.

行), 동 대학 강사 이마니시 류우, 도쿄제국대학 조교수 쿠로이타 가쓰미였고,[54] 미정의 1인은 타니이 세이이치(谷井濟一)로 추정되고 있지만 실제로 임명을 받았다는 기록은 없다.[55] 중추원 서기관인 오다 간지로우가 전체적인 업무를 조율하는 행정적인 부분을 전담하는 위치에 있었음을 생각해 보면 실질적인 편찬은 그를 제외한 이들이 담당했을 것이다. 당시 반도사는 신라시대·고려시대·이조시대·최근세의 4시기로 나누어 집필을 기획하였는데[56] 당시 오다를 제외한 편집주임이 4명임을 고려해 볼 때 아마도 한 사람이 한 시기를 맡아 집필을 담당하지 않았을까 추측된다.

이들은 당시 일본 학계의 주류적 위치를 점하고 있었을 뿐만이 아니라 이마니시와 쿠로이타는 강점 직후 총독부 촉탁으로서 조선에 대한 답사에도 참여했었다. '반도사 편찬'에는 다수의 조선인이 심사주임으로 임명되었다. 하지만 이처럼 당시 일본 학계에서도 인정을 받으며 조선에 대해 이른바 '학술적 조사'의 경험을 가지고 있는 이들이 '반도사'를 편찬한다면 심사주임이 수정을 요구하기는 힘들었을 것이고, 조선인 심사주임이 의견을 제출해도 그것이 수용될지는 미지수였다. 이와 같이 '반도사 편찬'에는 많은 조선인이 참여한 것으로 보이지만 실질적인 집필은 소수의 일본인 학자들이 했던 것이다.

더군다나 이들은 강점 이래 총독부의 조선 통치 기조인 '동화'를 지지한

54_朝鮮總督府, 『朝鮮半島史編成ノ要旨及順序』, 1916, pp.9~10.

55_장신, 「조선총독부의 朝鮮半島史 편찬사업 연구」, 『동북아역사논총』 23, 동북아역사재단, 2009, p.354.(이는 1917년 8월 28일자 『朝鮮新聞』의 기사 「朝鮮史編纂の方針 - 黑板博士を語る」를 근거로 한 추측이다. 이 신문기사는 친일반민족행위 진상규명위원회, 『친일반민족행위관계사료집』 V, 선인, pp.35~36에 실려 있다.)

56_朝鮮總督府中樞院, 앞의 책, 1938, p.145.

것으로 보인다. 편집주임들은 식민 정책을 입안·실행하는 관료가 아닌 학자였기 때문에 현실적인 문제에 대해서는 보통 말을 아꼈지만 종종 조선 사회에 필요한 시책을 역사에 비추어 언급했다. 특히 쿠로이타는 조선인의 성명(姓名)을 하루라도 빨리 일본식으로 고칠 것을 제안하기도 했다.[57] 이러한 그의 생각은 당시 조선총독부가 조선인의 일본식 개명을 금지하던 것을 고려해 볼 때 매우 파격적인 것이었다.[58] 쿠로이타는 '반도사 편찬'이 진행 중인 1918년, '지금은 내지인이나 조선인과 같은 구별의 칭호는 당연히 폐지되어야 하는 시기'이며 조선인과 일본인을 구별하는 것은 '병합의 의의와 매우 모순'되는 것일 뿐만이 아니라 조선인의 개명이 '일한병합의 근본의(根本義)를 달성하는 소이(所以)'라고 확신했다. 또 과거 일본에서도 '후지와라(藤原)의 누구', '하라(原)의 누구' 등으로 호칭했지만 이는 '귀족시대', '벌족시대'의 것으로 이후 '평민적 자각'에 따라 일소되었는데, '병합' 이후 모든 면에서 '개혁의 시대'를 맞은 조선 역시 평민적·국민적 자각을 이룩할 때이며, 이를 위해 조선인의 개명은 '하루라도 빨리 실행'되어야 한다는 것이다.[59] 즉 그는 '귀족·벌족 시대'인 조선은 '병합'으로 '개혁'의 계기를 마련하였으며, 일본에 병합된 이상 일본식 성명으로 고쳐 일본에 동화되는 것이 조선인과 일본인 모두의 행복을 증진시키는 길이라며, 조선통치의 기조였던 '동화'에 매우 적극적인 태도를 나타내고 있었다.

57_黒板勝美, 「同化の第一義は鮮人の改名に在り - 朝鮮人を日本式の姓名に改めよ」, 『朝鮮公論』 65, 1918, p.29.

58_1930년대 후반 창씨개명 이전의 조선인 姓名에 관한 조선총독부의 입장과 정책에 대해서는 水野直樹, 「조선 식민지 지배와 이름의 차이화 - '내지인과 혼동하기 쉬운 이름'의 금지를 중심으로」, 『사회와 역사』 59, 2001을 참고.

59_黒板勝美, 앞의 논문, p.30.

미우라는 일본에 있었던 특수부락민(特殊部落民)에 빗대어 조선인 '동화'를 언급하였다. 그는 과거 일본에는 많은 조선인 귀화자가 있었고, 이들이 일본의 자주적인 동화정책 아래에서 오랜 시간을 거쳐 일본국민에게 혼일(混一)되었다고 보았다. 특히 3·1운동 직후 조선인에 대한 차별철폐가 문제시 되던 당시 미우라는 일본의 특수부락에 대해 설명하면서 조선인이 일본민족으로서 특수부락민으로 전락하지 않기 위해서는 '합의의 병합'에 만족하고 일본의 보호를 받으면서 일본으로의 동화를 완전히 하여 정치상·사회상 각종 차별을 철폐하는 것이 유일한 길이라고 보았다. 때문에 '조선인 스스로 나아가 극력(極力)으로 동화를 구해야 한다'면서 과거의 역사를 보면 동화의 가능성이 높다며, 조선인 '동화'를 확신했다.[60]

이를 통해 보았을 때 반도사의 집필을 담당하던 편집주임들은 대체적으로 조선인 '동화'를 당연한 것으로 받아들였던 것으로 보인다. 이들은 '병합'이 '합의'에 의해 이루어진 만큼 '개혁'의 계기이고, 조선인들을 위해서 '동화'가 진행되어야만 하며, 조선인 스스로도 이를 쟁취해야 할 목표라고 인식했다.

인선이 확정과 동시에 중추원 서기관장 고마쓰 미도리는 '종래 조선의 역사 편찬이 편찬 당시의 시대사상(時代思想)에 영향을 받아 공평무사한 기술이 없'어 '정확하다고 인정하여 준거(準據)로 할 수' 없기 때문에 '현재의 입장에서 돌아보고, 냉정한 태도를 가지고 아첨하거나 깎아 내리는 것 없이 사상(史上)의 사실(史實)을 선의(善意)로 기술하여 완전무결한 조선사(朝鮮史)를 편찬'하겠다며 사업을 공식화했다.[61] 또한 그는 그로부터 수개월

60_三浦周行, 「朝鮮人は同化すべきや」, 『民族と歷史』 6-1, 1921, pp.106~112.

61_朝鮮總督府中樞院, 앞의 책, 1938, pp.138~139.

후인 1916년 7월 편찬의 목표가 '병합의 은혜'를 알려 '조선인의 정신적 동화'에 있음을 분명히 하는 동시에 다음 3가지 사안에 주안(主眼)할 것을 제시하였다.[62]

第一. 日鮮人이 同族인 사실을 밝힐 것.

第二. 上古에서 李朝에 이르기까지 群雄의 興亡起伏과 歷代의 易姓革命으로 인해 衆民이 점차 疲憊해지고 貧弱에 빠진 實況을 서술하여 今代에 미쳐 聖世의 惠澤으로 비로소 人生의 幸福을 다할 수 있었다는 事實을 詳述할 것.

第三. 編成은 모두 信賴할만한 事實을 基礎로 할 것.

'반도사 편찬'을 담당하던 중추원 서기관장의 발언이나 사업의 목표에서도 분명히 알 수 있듯이 이 사업은 '동화'라는 통치의 필요성에서 시작된 것임을 숨기지 않았다. 이는 '일선인(日鮮人)의 동족(同族)' 관계를 명시하라는 편찬의 주안점에 단적으로 드러난다. 뿐만 아니라 '군웅(群雄)의 흥망기복(興亡起伏)과 역대(歷代)의 역성혁명(易姓革命)', 즉 정치적 혼란을 부각하고 강점 이후 조선인이 '행복'을 구가할 수 있음을 서술하라는 것은 강점의 원인을 조선 내부의 역사적 과정에서 찾아 강점을 합리화하려는 것인 동시에 조선이 총독부의 '시정(施政)'으로 인하여 발전하게 되었다는, 당시 일본인들이 자임했던 이른바 '문명개화의 사명감'을 조선의 역사를 통해 확인하려는 것으로, 이러한 내용을 '신뢰할만한 자료'를 통해 진실로 보이게끔 서술하라는 것이다. 즉 '반도사 편찬'은 총독부의 통치 기조였던 '동화'를 진전시키고, 강점과 총독부의 통치를 조선의 '문명개화' 과정으로 선전했던

62_朝鮮總督府, 『朝鮮半島史編成ノ要旨及順序』, 1916, pp.1~5.

그간의 논의를, 문화적 방면이라 할 수 있는 역사학을 통해 제시하겠다는, 정치적 성격을 분명히 한 사업이었다.

이와 더불어 편찬을 위한 서술의 형식과 범위는 '연차(年次)를 따라 기술하고 상고(上古)에서 시작하여 병합(倂合)을 종말'로 할 것, 조사 사항은 '조선, 지나(支那), 일본에서의 사승(史乘),지지(地誌), 기록, 수필 등을 취하여 고문서, 금석문, 유물, 유적, 기타 고사자료(考事資料)에 대조하고 또 구미(歐美)의 문서도 참조'할 것 등과 같은 사항이 결정·발표되었다.[63] 이와 같이 인선과 편찬 요지의 확정 이후 '반도사 편찬'은 본 궤도에 오를 수 있었다.

2. 사업의 주요 관계자 – 편집위원의 조선사 인식

반도사는 신뢰할 수 있는 사실에 기초하여 '일선(日鮮)'이 동족임을 밝히고 계속된 혼란으로 인해 피폐해진 조선인민을 강점을 통해 구했다는 내용을 서술함으로써 강점을 합리화하고 '조선인의 동화'를 추구하기 위한 것이었다. 즉 동족인 조선이 정치적 혼란으로 피폐해졌으며, 강점은 그 구제의 길로, 이를 통해 조선인이 '행복'을 추구하게 되었다는 내용을 서술하는 것이 '조선인 동화'의 한 가지 방법으로 제시된 것이다. 그렇다면 '반도사 편찬'의 중추에 서 있던 편집위원들은 이를 어떻게 받아들이고 있었을까? 후술하겠지만 반도사의 집필자는 1916년 말 이래 약간의 변화를 겪게 된다. 그렇지만 편집위원들은 그 자리를 계속 유지하면서 편찬의 방향을 제

63_朝鮮總督府, 『朝鮮半島史編成ノ要旨及順序』, 1916, p.7.

시하고 다른 집필자들에게 집필과 관련된 사항에 대해 조언과 주의사항을 제시하고 있었다. 이러한 정황과 학계에서의 명성 등을 생각해 볼 때 '반도사 편찬'에 있어 편집위원의 영향력은 상당했던 것으로 추측할 수 있다.

편집위원들은 반도사에서 부각시켜야 했던 '일선의 동족'과 '조선의 피폐화와 강점'에 대해서는 동의하고 있었을까? 앞서 살펴보았듯이 편집위원들은 '조선인 동화'라는 큰 목표에는 대체적으로 동의를 하고 있었다. 이들이 '동화'를 지지할 수 있었던 것은 강점을 당연시 받아들였기 때문이다. 강점은 눈앞의 현실일 뿐만이 아니라 정치적 사안과 직결되는 만큼 편집위원들이 강점에 대해 직접적으로 언급하지는 않았지만 그 원인에 대해 상당히 공통된 인식을 보였고, 조선의 역사적 과정상 강점은 필연의 길이었다는 점에 동의하고 있었다.

앞서 언급했듯이 미우라는 조선통치의 성패는 '신부(新附) 동포의 동화'에 있다며 '동화'를 지지했으며, 강점을 '피할 수 없는 역사적 국연(國緣)에 기초한 것'이라는 평가를 내렸다.[64] 그는 조선 식민지화의 원인을 중국에 대한 '사대(事大)'에 두었던 것으로 보인다. 그는 '조선사(朝鮮史)의 대부분은 지나(支那)의 번속국(藩屬國), 즉 부용국(附庸國)'으로 '항상 지나의 정삭(正朔)을 받'들었기 때문에 '조선에서 고래(古來) 역사라면 소위 중화(中華), 즉 지나의 역사'라며 '사대는 조선의 국시(國是)'로 보았다. 미우라는 이러한 국체(國體) 아래에서 훌륭한 국사(國史)가 성립할 수 없다며 조선의 식민지화의 원인을 '사대'로 지목하기도 하였다.[65]

식민지화의 원인을 중국에 대한 '사대'에서 찾는 것은 쿠로이타에게 보

64_三浦周行, 「日韓の同化と分化」, 『歴史地理 朝鮮號』, 日本歴史地理學會, 1910, p.163, p.173.
65_三浦周行, 「朝鮮史の將來」, 『朝鮮及滿洲』 124, 1917, p.60.

다 선명하게 드러난다. 그는 '조선은 지나의 일만 잘 생각하면 우선 자국은 안전하리라는 의사(意思)를 지(持)하얏나니 이 의사가 점점 심하게 침윤'되어 '사대의 예(禮)'가 조선의 유일한 국시(國是)로 이를 통해 국민과 정부의 안전을 보장할 수밖에 없는 '가민(可愍)한 역사'라고 평가하였다. 그는 여기서 한 걸음 더 나아가 개항 이후 조선의 역사를 '사대'의 결과로 해석하였다. 즉 일본이 중국보다 작기 때문에 개항 이후에도 중국에 '사대'했으며, 청일전쟁 이후에도 조선인들의 러시아에 대한 '사대사상'으로 인해 일본 세력이 약화되었다는 것이다. 조선인들 사이에는 '일본보다 더 큰 나라가 있으면 그것에 의부하야 보겟다는 사상이 금일에도 존재'하는데, 조선인의 번영을 위해서는 가장 먼저 이러한 '사대사상'을 제거해야 하며 이는 '일한병합 외에 다른 길이 없'는 것으로, 강점을 조선인의 '사대사상을 제거하는 제일 큰 길'이라고 평가했다. 즉 강점은 사대사상 제거를 통한 조선인 행복의 길이었음을 강변하였다.[66]

이러한 태도는 학문 외적인 사안에 극히 말을 아꼈던 이마니시에게서도 엿보인다. 그는 국가의 독립을 표시해 주는 상징으로서 연호(年號)를 주목하고, 역대 조선에 존재했던 왕국의 연호에 대해서 언급하면서, 4~5세기 고구려와 백제에서 고유한 연호를 사용했지만 신라에서는 그러한 것이 없고, 이후 고려에서도 태조(太祖)가 연호를 사용했다고 하지만 이를 뒷받침해줄 금석(金石)이 없을 뿐만 아니라 이후 종종 보이는 연호 조차도 송(宋)·요(遼)·금(金)·원(元)·명(明)의 것을 응용한 것으로 독립사상을 표현하지 못했다는 것이다. 그는 이러한 조선의 국체를 '왕국주의(王國主義)'라고 지칭

66_黑板勝美, 「朝鮮의 歷史的 觀察」(4)~(6), 『每日申報』, 1921. 9. 22, 23, 26. 1면.

하며, '이조(李朝)가 되어 유학(儒學)의 융성과 함께 더욱 심해져 연호를 아예 세우지 않게 되었다'고 보았다. 반면 일본은 독립국으로서 제국이었다며, 이러한 국체를 '제국주의(帝國主義)'라고 불렀다. 조선에서는 신라왕대 이래로 '왕국주의'였으며 '제국주의'는 조금도 없었다는 것이 조선의 국체에 대한 그의 생각이었다.[67] 이처럼 이마니시 역시 연호를 통해 조선의 특징으로 '독립사상'의 부족을 꼽았으며, 이는 '사대'로 연결되는 것이라 하겠다. 즉 편집위원들은 대체로 조선의 역사에서 독립사상은 찾아볼 수 없고 '사대'를 통해 국가를 유지했던 만큼 강점은 필연적인 것이라고 보았으며, 그 연장선상에서 '사대주의'를 불식시킬 수 있는 계기로서 강점과 '조선인 동화'를 지지했다고 하겠다.

그렇지만 '일선(日鮮)의 동족(同族)'이라는 사항에 대해서는 이들의 견해가 일치하지 않았다. 특히 강점 당시 쿠로이타와 이마니시는 '동역(同域)', '일한상대동설(日韓上代同說)' 등으로 한일의 관계를 설정하는 것에 반대하고 있었다. 그렇다면 편찬의 주안점으로 제시되었던 '일선(日鮮)의 동족(同族)'은 무엇을 의미하는 것일까? 또 편집위원들은 이를 어떻게 생각하고 있었던 것일까?

'일선(日鮮)'이 '동족(同族)'인 사실을 부각하는 것은 조선과 일본, 조선인과 일본인의 관계에 관한 사항으로 둘 사이의 근친성을 강조하라는 것이다. '반도사 편찬'의 실행기관인 중추원 서기관장으로서 인선 직후 '반도사 편찬'을 대내외에 천명한 고마쓰 역시 『고사기(古事記)』와 『일본서기(日本書紀)』(이하 '記紀')의 스사노오노미코토(素盞鳴尊), 이타케루노미코토(五十猛命),

---

67_今西龍, 『朝鮮史の栞』, 1935, pp.186~189. 이는 1920년 4월 17일부터 12월에 걸쳐 13회로 이루어진 일본 財團法人 懷德堂紀念會에서 개최한 공개강연의 필기이다.

오시호미미노미코토(忍穗耳尊), 이노히노미코토(稻飯命) 등을 바탕으로 한일의 근친성을 강조하던 논의나 백제의 왕인(王仁)을 비롯하여 신라, 백제, 고구려의 왕족과 재상 등과 일본 사이에는 연결성이 있어 '일선(日鮮)이 동조동족(同祖同族)'이라는 논의를 반복하며, '일본과 조선은 서로 근접해 있고, 동일한 동양인이며, 사실상 내선인은 동일인종으로 먼 시대의 선조는 동일'하기 때문에 '동화'는 가능한 것, 또 이러한 의미에서 '병합은 형제가 재회해 일가(一家)를 이룬 것'이기 때문에 '조선을 일본의 식민지로 보는 것은 오해'로 평가했다.[68]

'반도사 편찬' 당시 중추원 서기관장 고마쓰로 대변되는 담당관료들이 생각했던 '일선(日鮮)의 동족(同族)'은 이러한 내용이었을 것이다. 이러한 류(類)의 논의가 강점을 정당화해 주는 침략의 논리인 동시에 조선총독부의 통치기조였던 '동화'를 지지해주는 언설로서 작용했다는 것은 잘 알려져 있다.[69] 이처럼 한국과 일본의 지리적, 문화적, 인종적 근친성을 강조하면서 강점을 '재회' 내지는 과거로의 '복귀'로 보는 것은 강점을 전후한 시기만이 아니라 일본인 관료들에게서는 쉽게 찾아볼 수 있는 논의로서 초대 총독인 데라우치와 그 측근 역시 이와 같은 인식을 보였다.[70] '반도사 편찬' 당시 총독부의 고위 관료들이 보였던 이러한 인식은 관료들 자신들에 의해 이루어진 것이 아닌 19세기 후반 이래 일본 학계의 연구를 반영한 것이었다. 한일의 근친성을 강조하는 논의는 에도시대 이래 존재했고,[71] 19세기 후반에

68_小松綠, 「日韓同族の考證と實蹟」(上)·(下), 『朝鮮併合之裏面』, 中外新論社, 1920, pp.8~ 28; 中樞院 書記官長 小松輸長, 「朝鮮施政의 眞義」(二), 『每日申報』, 1916. 8. 8.

69_旗田巍, 이기동 譯, 앞의 책, 1981, pp.37~38; 최석영, 앞의 책, 1997, pp.184~188. 선행연구에서는 이러한 논의를 '日鮮同祖論'이라고 명명하는 것이 보통이다.

70_정연태, 앞의 논문, 2004, pp.180~183.

일본에 들어 온 서구인들에 의해서도 제기되어 일본인 학자들에게 자극을 주었으며[72] 이후 일본인 자신의 기원을 탐색하는 과정에서 다양한 분과학문에서 끊임없이 재기되었다. 특히 청일전쟁을 전후 일본의 대외침략이 가시화되면서 시게노 야스츠쿠(重野安繹), 쿠메 쿠니다케(久米邦武), 호시노 히사시(星野恒)와 같은 제국대학 국사학과의 교수들은 물론 요시다 토오고(吉田東伍), 다케코시 요사후로우(竹越與三郞), 야마지 아이잔(山路愛山) 등과 같은 민간 사학자들 역시 일본민족의 혼합민족설에 기반하여 한일의 인종적 근친성을 강조하는 글들을 학계와 언론 지상에 대거 발표하였으며, 강점 이후 이러한 논의가 다시 등장하여 강점을 합리화해 주었다.[73] 한일의 유구한 관련성을 들어 강점을 과거의 재현으로 보았던 고마쓰 등 관료들의 견해는 이와 같은 당시 일본 학계의 논의의 연장선상에 서 있는 것이었다.

그렇지만 '반도사'의 편집위원들은 이러한 논의에 대해 서로 다른 견해를 가지고 있었다. 결론부터 이야기하자면 '일선(日鮮)의 동족(同族)'과 관련하여 미우라는 고마쓰 등 관료들의 견해에 매우 근접해 있었지만 쿠로이타와 이마니시는 거리를 두고 있었다.

미우라는 강점을 대대적으로 환영하며 태고 한일 양국의 땅이 연결되어 있었고 언어·유물이 동일계통이라는 사실이 지리학자·지질학자 및 언

71_金光林, 앞의 논문, 1998, pp.18~32.

72_Peter Duus, *The Abacus and The Sword*, University of California Press, 1995, p.414.

73_청일전쟁 전후 침략을 합리화하는 논리로서 제기된 일본민족의 혼합민족설과 이에 기반한 일선동조론적인 논의들은 쿠메의 필화사건으로 위기를 겪기도 하지만 한국 강점 이후 대거 재등장하며 일선동조론자들은 복권되었다고 한다. 19세기 후반이후 일본의 민족론 및 일선동조론의 부침과 강화에 대해서는 오구마 에지지 著, 조현설 옮김, 『일본 단일민족신화의 기원』, 2003, 소명출판, pp.121~159 및 三ツ井崇, 「'日鮮同祖論'의 학문적 기반에 관한 시론 - 한국병합 전후를 중심으로」, 『韓國文化』 33, 2004, pp.253~256을 참고.

어학자·인류학자·고고학자 등의 고증으로 명료해졌다고 주장했다. 또 그는 '일한(日韓)이 원래 지리적으로 동족(同族)'일 뿐만이 아니라 스사노오(素盞鳴尊)를 거론하며 남한지방이 일본 영유 하에 있었던 것을 확신할 만큼 태고 이래 한일의 지리적·정치적 동역을 강조했다.[74] 이렇게 기기(記紀)를 끌어들여 태고 한국에 대한 일본의 정치적 지배를 '동족(同族)'이라고 이야기 한 미우라의 생각은 그의 수학과정을 살펴보면 당연한 것이기도 하다. 1890년 도쿄제대 국사과에 입학한 미우라는 국사학과 고문서학에 관해서는 기기를 분석하여 스사노오의 한국 통치를 역사적 사실이라고 주장했던 호시노의 강의를 수강했을 뿐만 아니라 그가 최초로 발표한 논문은 역시 지도교수였던 호시노의 추천에 의한 것이었다.[75] '일선(日鮮)의 동족(同族)'과 관련된 미우라의 발언들은 그의 스승이자 대표적인 동역론자였던 호시노의 생각과 매우 유사한 것으로, 이러한 그에게 강점은 과거의 재현으로 비추어 졌을 것이다.

미우라는 이러한 시각에서 조선사의 전면적인 재편을 구상했던 것으로 보인다. 1917년 10월 '반도사 편찬'을 위해 경성에 체재했을 때 조선사 서술의 장래 방안을 이야기하면서 '조선이 이제 일본의 일부'가 된 이상 '국사(일본사)의 입장'에서 새롭게 서술되어야 한다고 주장한 것이다. 그는 조선이 일본의 일부가 되었을 뿐만이 아니라 이집트나 그리스·로마와 같이 독자적 지위를 인정할 만한 것이 없기 때문에 중국과 관련된 것은 중국사에

74_三浦周行, 「日韓の同化と分化」, 『歷史地理 朝鮮號』, 日本歷史地理學會, 1910, p.164.

75_藤井讓治·礪波護 編, 『京大東洋學の百年』, 京都大學學術出版會, 2002, pp.39~40. 三浦周行 재하 당시에는 久米武邦은 필화사건으로 인하여 교수직에서 물러나 있었을 것이며, 그렇기 때문에 직접적으로는 星野恒의 영향을 받았을 것이다.

서 취급하고 '국사'(일본사)에 관한 것은 '국사'의 일부로서 다루어야 한다며 그 독자적 존재가능성을 부정했다. 그러면서 '조선사는 오랫동안 지나의 속국이었던 관계로 모두 북방의 문화에서 출발'하는 것은 잘못되었다며 이제 역사서술이 바뀌어야 한다며 다음과 같이 언급했다.

> … 將來 國史(日本史: 인용자)의 立場에서 본 朝鮮史는 어떠한 것인가. 그것은 종래와는 완전히 다른 出發點을 취하지 않으면 안 된다고 생각한다. 從來의 朝鮮史는 오랫동안 支那의 屬國이었던 關係로부터 모두 北方의 文化에서 出發하는 것에서 一致하고 있다. 朝鮮의 開祖를 箕氏에 두는 것과 같은 것에 기반하는 것이다. 그런데 지금 國史(日本史: 인용자)의 立場에서 본 朝鮮의 歷史는 모두 南方의 文化에서 出發하지 않으면 안된다. … 日本의 神話나 傳說에서 보이고 있는 것은 이 南鮮地方과의 交涉, 關係에 다름 아니다. 支那에서는 옛날부터 北方의 雄이라고 하지만 朝鮮의 歷史에서는 오히려 南方의 雄을 인정할 수 있다. 朝鮮의 歷代 중 新羅人民만큼 강한 것은 없었으며 처음으로 朝鮮을 統一한 것도 新羅였다. 저 新羅는 가장 日本에 接近하여 交涉도 親密했고 그 氏族制度를 비롯해 勇武에서 죽음을 두려워하지 않고, 主君을 위해 犧牲하는 것과 같은 國民性이 日本의 그것에 가장 비슷하다. … 어찌되었든 將來 朝鮮史는 國史의 見地로부터 보아 크게 改造되지 않으면 안되고, 그것에는 南北 出發點을 逆轉시킨 架空的인 支那臭味를 撤去하는 등 그 主要點이 있는 것이라 하지 않을 수 없다.[76] (밑줄은 인용자)

위의 인용문에 잘 나타나 있듯이 역사의 출발을 북방에서 남방으로 바꾸는 것, 바로 이점이 미우라가 생각했던 강점 이후 새롭게 서술되어야 할 조선사였다. 태고 한일의 정치적·지리적 동역을 주장했던 미우라에게 조

76_三浦周行, 「朝鮮史の將來」, 『朝鮮及滿洲』 124, 1917, pp.61~62.

선사는 '남북 출발점을 역전시킨 가공적인 지나취미(支那臭味)를 철거'하는 데에서 출발해야 하는 것이었다. 인용문에서도 드러나듯이 그가 철거해야 한다고 하는 '가공적인 지나취미'의 하나는 바로 역사의 출발을 기자(箕子)에 두는 것이었다. 위의 글을 발표한 1917년, 미우라는 「조선(朝鮮)의 개국전설(開國傳說)」이라는 논문을 발표하였다. 여기서 그는 당시 대부분의 일본학자들이 그러했듯이 단군과 기자를 부정하였다. 그는 '지나문화(支那文化)가 농후한 북선지방(北鮮地方)의 것'인 단군과 기자의 전설은 '조선고유인 한민족(韓民族)이 서식했던 남선지방에 관계하지 않는다'며, 이것이 한국사의 출발점이 될 수 없다고 보았다. '남선지방(南鮮地方)에는 스스로 그 계통을 달리하는 지방전설(地方傳說)이 존재'하는데 조선인들이 이를 버리고서 단군과 기자의 전설만을 개국전설이라고 하는 잘못에 빠졌기 때문에 '조선역사의 개조(改造)'를 주장한다는 것이다.[77] 이처럼 그는 중국과 관련된 흔적을 지워나가면서 조선 고유의 '한민족'이 거주하는 남선지방을 중심으로 조선의 역사가 재편되어야 한다고 보았다. 그의 이러한 태도는 박은식의 『韓國痛史』와 어윤적의 『東史年表』로 대변되던, 단군과 북방의 민족을 포괄하며 자국사를 체계화하던 조선인들의 역사의식을 전면적으로 부정하는 것이자 조선의 역사를 중국에서 떼어내어 '국사'(일본사) 안으로 포섭하는 것이라 하겠다.

미우라가 그 근거로 드는 것은 남선지방과 일본과의 관계였다. 일본의 신화와 전설은 남선지방과의 관련성을 말해주는 것이고, 이 지역의 왕국인

77_三浦周行, 「朝鮮の開國傳說」, 『歷史と地理』 1-5, 1917.(여기서는 三浦周行이 자신의 논문을 묶어서 1922년에 간행한 『日本史の研究』에 재수록한 판본을 이용하였다. 三浦周行, 『日本史の研究』, 1922, p.252.)

신라는 일본과 가장 비슷한 존재였다는 것이다. 따라서 그가 구상한 '반도사'는 강점이라는 현실에 발맞추어 일본과 밀접한 관련이 있는 조선의 남부지역을 중심으로 서술하면서, 태고 일본과의 '동족(同族)'관계로 스사노오 이래 조선의 남부지역을 일본이 영유하였으나, 이후 중국에 계속된 사대의 결과 '지나취미'가 강해졌고, 강점으로 과거의 모습을 회복하게 되었다는 내용이었을 것이다.

그렇지만 쿠로이타는 미우라와 같은, 기기에 근거한 지리적·정치적 동역설에 대해서는 거부하고 있었으며 이마니시의 경우 고고학적 성과를 바탕으로 한일은 민족적으로는 별개라며 '동역설(同域說)'이나 '일한동민족설(日韓同民族說)' 등에 반대 입장을 뚜렷이 했다. 그렇다면 이들은 '일선(日鮮)의 동족(同族)'을 어떻게 받아들이고 있었던 것인가?

쿠로이타는 조선인과 일본인은 별개라고 보았다. 일본인은 다른 국민에게 없는 '선미(善美)한 국민성정(國民性情)'을 가지고 있어서 대만인이나 조선인과 같지 않다는 것이다. 그는 일본이 '도국(島國)'으로서 외국의 압박을 받은 경험이 적어 오랫동안 보존되어 국민의 단결이 강한데다가 아마테라스 오미카미(天祖大神) 이래 '만세일계(万世一系)의 황실(皇室)'을 받들었다며[78] 조선과는 구별되는 일본만의 특수성을 강조했다. 그렇기 때문에 한일의 관계에 대해 기기를 보고 스사노오나 호공(瓠公) 등을 거론하는 것, 또 이러한 이야기를 근거로 '태고초매(太古草昧)한 시대에 조선의 어떤 부분과 일본의 어떤 부분이 일국(一國)을 이루고 있었다는 것'을 수긍하기 어렵다며, 과거 한일이 정치적·지리적으로 '동족(同族)'이었다는 견해와는 거리를

78_黑板勝美, 「偶語」, 『歷史地理 朝鮮號』, 1910, 日本歷史地理學會, p.154, p.159.

두었다. 그렇지만 쿠로이타가 고대 한일의 근친성을 완전히 포기하는 것도 아니었다. 그는 고대 한일의 밀접한 관계를 '일한문명동역설(日韓文明同域說)'이라고 표현한다. 즉 같은 종족이 같은 문명·풍속·언어를 가지고 할거하고 있었으며, 그 지역은 조선 남부부터 쓰시마(對馬島), 규슈(九州), 산인(山陰) 등지에 걸치며, 이는 양지의 '교통(交通)'을 말해주는 전설들에 의해 알 수 있다는 것이다.[79] 즉 쿠로이타는 한일의 관계를 '교통(交通)'으로 표시하며, '도국(島國)', '천황(天皇)'과 같은 일본과 일본인만의 특수성을 강조하면서도 종족, 문명, 풍속, 언어 등의 동일성을 이야기하며 '문명(文明)의 동역(同域)'을 주장하여 조선과 일본을 하나로 묶으려 하였다.

한편 쿠로이타는 '반도사 편찬'이 공식화되던 즈음인 1915년 5월 초부터 7월 말에 걸치는 근 3개월간 낙동강, 섬진강, 금강 유역을 중심으로, 일본과 '문명의 동역'으로 생각되는 '남선(南鮮)' 지역을 답사했다. 그는, 조선은 '지세풍토(地勢風土)', '일본과의 관계', '역사'를 살펴볼 때 '남선(南鮮)과 북선(北鮮)'의 '발달에는 획연한 구별이 있'고, '충청, 경상, 전라도를 포함한 남조선(南朝鮮)'은 '일본과는 가장 밀접한 관계를 가진 삼한(三韓)과 같은 것이 위주(爲主)'라며 답사지 선정 이유를 밝혔다.[80] 앞서 살펴보았듯이 쿠로이타는 강점 당시부터 조선인과 일본인은 완전히 별개의 것이라고 하면서도 조선의 남부지역, 일본의 규슈, 산인 등지의 종족, 언어, 풍습 등이 동일하다는 '일한문명동역설(日韓文明同域說)'을 펴고 있었는데, 이러한 그의 생각이 답사지 선정에도 상당한 영향을 주고 있던 것으로 보인다.[81]

79_黑板勝美, 위의 논문, pp.155~157.

80_黑板勝美, 「南鮮史蹟의 踏查」(1), 『每日申報』, 1915. 7. 29. 1면.

81_한편 그의 이러한 모습은 1910년대 초반 한국의 석기유물과 체격조사를 바탕으로 한국의

이 답사에서 쿠로이타의 관심은 일본의 것과 비슷한 유적·유물을 발견하여 일본부(日本府)의 실체를 밝히고 한일의 관련성을 찾는 것에 집중되었다.[82] 더군다나 기기에 나와 있는 신화적 이야기나 전설에 근거하여 한일의 근친성을 설명하는 것에 대해 반대하고 있던 쿠로이타에게 양 지역의 관련성과 일본부의 실체를 증명할 수 있는 유물의 발굴은 매우 중요한 문제였을 것이다. 그가 주로 조사한 것은 고분과 그에 딸린 유물들이었으며, 이 과정에서 부여 능산리 고분군을 직접 발굴하기도 하였다. 그러나 이 조사에서 일본의 것이라고 할 만한 것은 나타나지 않았다. 때문에 그는 지형, 지세, 교통 관계에 의하여 일본부의 위치를 김해(金海) 주촌면(酒村面)에서 함안읍내(咸安邑內)로 이동했을 것이라고 추정하는 선에서 조사를 마쳤다.[83] 쿠로이타가 이 답사에서 한일의 관계와 관련하여 발견한 유물은 충주(忠州) 지역에서 본 불상이 유일했다. 그는 불상 광배의 명문(銘文)을 통해 이것이 백제의 것이라고 추정하고, 명문을 비롯한 불상의 양식이 일본 아스카(飛鳥)시대의 것과 매우 유사하다며, 백제와 일본의 관련성을 거론하는 것으로 당시의 조사를 마쳤다.[84]

이후 그는 '조선 남(南)의 역사가 어느 지점에서 출발하였는가 알고 싶어 다양한 조사를 하여 하천문명의 방면에서 임나(任那) 백제 문명을 관찰해

인종을 남북으로 구분하고 남부와 일본의 관련성을 설명하고자 했던 鳥居龍藏의 모습과 비슷한 것이었지만 그는 단 한 차례도 鳥居나 그의 답사에 대해서는 언급하지 않았다.

82_黑板勝美, 「南鮮史蹟의 踏査」(6), 『每日申報』, 1915. 8. 6. 1면.

83_黑板勝美, 「南鮮史蹟의 踏査」(7)~(9), 『每日申報』, 1915. 8. 7~10. 1면.

84_黑板勝美, 「南鮮史蹟의 踏査」(13), 『每日申報』, 1915. 8. 14.. 1면. 한편 그는 이 佛像에 대하여 답사한 지 10년이 흘러 정식논문을 발표하였지만(黑板勝美, 「三國時代朝鮮に於ける唯一の金銅佛」, 『考古學雜誌』 15-6, 1925.), 논의에 진전이나 변화된 부분은 없다.

보았지만 충분한 결과를 얻을 수 없었다'[85]고 회고하였다. 유적과 유물을 통해 '일한문명동역'은 물론 조선과 일본의 '교통'조차도 이야기할 수 없었고, 다만 '금후에 다수한 재료(材料)를 발견됨을 종(從)하야 상대문화(上代文化)의 적(蹟)이 천명될 시기가 유(有)할 줄 믿는'다[86]며 조선의 남부와 그에 면한 일본의 쓰시마, 규슈, 산인 등지와의 관련성을 상정하고 있을 뿐이었다.

'반도사 편찬'이 개시된 이후에도 쿠로이타의 이러한 태도는 지속되었다. 그는 여전히 『古事記』와 『日本書紀』에 근거한 논의들에 대해서는 선을 그었다. 대표적인 것이 한일의 지리적·정치적 동역을 주장하던 이들의 근거 중 하나였던 진구황후(神功皇后)의 삼한정벌(三韓征伐)에 대한 부정적 태도이다. 이에 대해 쿠로이타는 당시 일본이 조선보다도 문화가 뒤떨어져 있었을 뿐만이 아니라 인구도 적었기 때문에 진구황후 당시의 일이나 일본에서 조선으로의 이주와 같은 것은 불가능하다고 보았다. 그러면서도 '일한문명동역론'은 더욱 심화했다. 그에 따르면 『日本書紀』에 나와 있는 스사노오가 한일을 왕래했다는 신화는 조선에 면해 있는 이즈모(出雲) 지역(지금의 시마네현(島根縣))의 신화에 스사노오를 부회(附會)한 것으로, 이는 이즈모 지역과 조선의 관계가 깊다는 것을 말해 주지만 조선의 남부와 일본이 동일 국민이라고 볼 수 있는 것은 아니라며, 조선 측에서는 소시모리(曾尸茂利), 일본 측은 이즈모 지역, 규슈 북부의 어떤 곳, 이렇게 3곳에 중심점이 있는 '문명의 동역'임을 다시 한 번 강조하였다.[87]

한편 쿠로이타는 조선과 일본의 '문명의 동역' 관계를 바탕으로 일본부

85_黑板勝美, 「大同江附近の史蹟」, 『朝鮮彙報』, 1916. 11. 朝鮮總督府, p.5.

86_黑板勝美, 「南鮮史蹟의 踏査」(9), 『每日申報』, 1915. 8. 10. 1면.

87_黑板勝美, 『國史の研究 - 總說の部』, 1918, pp.270~271.

와 그 일대를 중심으로 한 양 지역의 관련성에 대한 믿음 역시 구체화하였다. 그는 여전히 일본이 '남조선'을 간섭한 곳은 삼국이 아닌 가장 약한 국가인 대가라(大加羅)였고, 여기에 일본부를 설치했다며, 이를 증명해 줄 수 있는 유물이 없는데도 그 믿음을 지속했다. 하지만 1910년대 전반 이 지역을 먼저 답사한 세키노 타다시(關野貞)의 조사뿐만이 아니라 자신이 직접 진행한 답사에서도 이를 증명해 줄 수 있는 어떠한 물적 증거도 확보하지 못하는 가운데, 그는 '일본부'라는 것은 영토적 의미가 없는, 현재의 용어로는 '통감부'에 해당하며, 병대를 보내어 백제나 신라를 견제하는 것으로서,[88] '긴메이천황(欽明天皇) 어대(御代)에 (임나부(任那府)가) 망하고 텐지천황(天智天皇)이 한토(韓土)를 방기한 이후 외교적 관계에 그쳤다'거나 혹은 신라가 당을 끌어들여 '임나관부(任那官府)가 멸(滅)'하게 되었다고 보았다.[89] 그런데 쿠로이타가 이러한 주장의 근거로써 제시했던 것은 기기도, 유물도 아닌 위지 동이전(魏志 東夷傳)이었다.[90] 당시 일본에서도 츠다 소키치(津田左右吉)와 같은 학자에 의해 기기의 신빙성을 재고하려는 움직임이 있었는데, 쿠로이타 역시 이러한 연구를 호의적으로 평가하며 기기를 사료로서는 완전히 신뢰하지 않았다.[91] 이러한 맥락에서 그는 기기에 근거하고 있는 지리적·정치적 동역설에 거리를 두면서, 중국의 사서인 위지 동이전을 '동양학자(東洋學者)가 일본과 조선을 연구함에 제1 완확(完確)한 책'이자 '일본

88_黑板勝美, 「朝鮮의 歷史的 觀察」(4), 『每日申報』, 1921. 9. 22. 1면.

89_黑板勝美, 『國史の硏究 - 總說の部』, 1918, p.279; 黑板勝美, 『國史の硏究 - 各說の部』, 1918, pp.97~99.

90_黑板勝美, 「朝鮮の歷史的觀察」, 『朝鮮』 78, 朝鮮總督府, 1921, p.58.

91_黑板勝美, 『國史の硏究 - 總說の部』, 1918, p.259; 黑板勝美, 『國史の硏究 - 各說の部』, 1918, pp.2~11.

과 조선의 고사(古事)를 연구하는데 제1 정확한 서책'으로서 평가하며,[92] 이를 통해 일본부를 중심으로 한 '남조선'과 일본의 연관성을 주장하면서도 그 의미를 '영토적'이지 않다며 '동역'설과는 거리를 두었다.

한편 1915년 '남선(南鮮)'을 답사했던 쿠로이타는 1916년에 '북선(北鮮)' 지역에 대한 답사를 실시했다. 이 조사의 목적은 대동강을 중심으로 민족의 분포 상태를 분명히 하는 것이었다.[93] 이를 위해 그는 대동강 일대, 특히 평양(平壤), 평원군(平原郡), 순천군(順天郡), 용강군(龍岡郡) 일대의 유물과 유적을 조사하였으며, 답사 이후 「대동강부근(大同江附近)의 사적(史蹟)」이라는 강연을 통해 답사의 감상과 결과를 알렸다. 여기서 그는 '조선에서 하천의 평원에서 가장 먼저 문명이 발달한 곳은 대동강'이라며 글을 시작한다.[94] 이후 그는 평양, 평원군, 순천군, 용강군에서의 주요 조사결과를 소개하며 이 지역에는 낙랑군(樂浪郡) 유적이 광범하게 존재하는데, 이는 최초로 '지나' 문명이 유입된 것이라고 결론짓는다.

쿠로이타의 이러한 설명은 민족의 이동으로 연결된다. 그는 중국으로부터 한민족(漢民族) 유입에 따라 종래 평양 부근에 있던 선주민들이 이동하게 되었으며, 이것이 조선사의 출발점이라고 하였다.[95] 그는 중국 세력

92_黑板勝美, 「朝鮮의 歷史的 觀察」(2), 『每日申報』, 1921. 9. 20. 1면.

93_朝鮮總督府 編著, 『大正5年度 朝鮮古蹟調査報告』, p.17. 黑板勝美가 조사지역을 이렇게 선정한 것은 關野貞의 영향이었을 것이다. 이 지역들은 이미 關野貞이 1911~1913년에 걸쳐 조사했던 지역으로 關野貞 일행은 당시의 답사를 바탕으로 이 일대에 帶方郡治, 樂浪郡治 등을 확정했으며, 당시 발견한 유물과 유적은 『朝鮮古蹟圖譜』를 통해 알려졌다.(정상우, 앞의 논문, 2008.) 당시 조선에서의 역사편찬과 고적조사사업에 그 누구보다도 깊숙이 간여하고 있던 黑板은 이러한 사항을 잘 알고 있었을 것이며, '南朝鮮'에 대한 조사 이후 '北朝鮮' 지역에 대한 실제 조사의 필요성을 느꼈을 것이다.

94_黑板勝美, 「大同江附近の史蹟」, 『朝鮮彙報』 大正5年 11月號, 朝鮮總督府, 1916, pp.5~6.

의 유입으로 촉발된 민족 이동이 '반도'에서 고구려, 백제, 신라라는 3국이 일어난 원인이었다며, 조선의 역사에 있어 한민족 유입의 중요성을 재차 강조하였다.[96]

> 우리들의 祖先은 朝鮮으로부터 바다를 건너 온 것이라고 생각한다. … 朝鮮半島로부터 驅逐되어 此島에 온 것이라고 생각하지 않을 수 없다. … 이는 아마 驅逐된 民族이라고 생각된다. 馬韓, 弁韓, 辰韓이라고 하는 것은 北方의 勢力이 강하지 않을 때는 매우 愉快한 생활을 南朝鮮에서 지속할 수 있었다.…이 運命은 결코 길지 않았다. … 支那勢力이 朝鮮에 들어온 것은 箕子라는 사람이 平壤에 都한 것이 朝鮮歷史의 시작이라고 많은 사람이 믿었다. 그러나 나는 이 箕子朝鮮, 箕子에 대해서는 事實的 交涉에 대해 말하지 않겠다. … 平壤의 남방에는 支那式 古墳이 많이 나온다.…. 支那에서 발견된 瓦나 무언가가 平壤부근에서 발견된다. … 支那의 勢力이 平壤을 중심으로 大同江流域 즉 平安南道에서 黃海道를 중심으로 들어왔기 때문에 이 부근에 살던 자들은 모두 驅逐되었다. … 3개의 국가 이외에 일본과 가장 관계가 깊은 장소는 약한 국가였다. … 大加羅이다. … 이것도 魏志 東夷傳에 있다.[97]
> (밑줄은 인용자)

95_黑板勝美, 위의 논문, pp.6~9, p.11.

96_黑板勝美, 「朝鮮の歷史的觀察」, 『朝鮮』 78, 朝鮮總督府, 1921, p.57.
'매우 일찍부터 支那人이 朝鮮에 來하여 春秋戰國時代에는 朝鮮에 支那人이 發展하여 植民地를 만들었다. 支那의 勢力이 平壤을 중심으로 大同江流域 즉 平安南道에서 黃海道를 중심으로 들어왔기 때문에 이 부근에 살던 자들은 모두 驅逐되었다….그렇지만 支那는 後漢時代에 분열하여 三國時代 - 魏, 吳, 蜀이 되었다. 후에도 南北朝가 되어….그 때문에 支那人이 바깥으로 精神的 發展을 이룰 수 없게 되었고 이는 아마 朝鮮에서 高句麗라는 세력이 일어나고, 百濟라고 하는 것도 일어나며, 新羅라고 하는 것도 일어나게 된 하나의 이유이다.'

97_黑板勝美, 「朝鮮の歷史的觀察」, 『朝鮮』 78, 朝鮮總督府, 1921, pp.56~58.

위의 인용문은 '반도사 편찬'이 진행될 당시 조선의 역사에 대한 그의 생각을 집약적으로 보여준다. 쿠로이타는 평양으로 한민족(漢民族)이 유입되었다는 것을 – 실증되지 않는 기자(箕子)가 아닌 – '유물'과 '유적'을 통해 이야기하였다. 이러한 유물·유적으로 증명되는 중국 세력의 유입으로 인해 대동강 유역에 살던 이들은 남쪽으로 이동했으며, 남쪽의 마한, 변한, 진한의 사람들이 '구축(驅逐)'되는 연쇄 이동을 말하고, 그 결과 일본인의 선조가 '반도'에서 건너왔다며, '남조선'과 일본의 근친성을 이야기 하였다. 그렇지만 이와 같은 주장을 뒷받침할 만한 근거는 1916년의 평안남도 지방에 대한 답사에서 얻은 중국식 유물들 이외에 별다른 것이 없었다. 즉 쿠로이타는 민족의 이동을 상정하고, 이것이 삼국 건국의 계기였다는 이야기를 가미했지만, 이에 대해서는 어떠한 근거도 제시하지 못하고 있다. 다만 삼국 외에 힘이 약한 대가라에 대한 일본의 간섭 – 일본부 –을 위지 동이전을 근거로 주장할 뿐이다.

이와 같은 인식을 보이는 쿠로이타에게 '반도사 편찬'에서 강조되었던 '동족(同族)'은 지리적·정치적 동역이 아닌 '문명의 동역'과 중국 세력의 유입으로 인한 '반도' – 삼한 – 로부터 일본으로의 인적 이동, 그 이상도 이하도 아니었을 것이다. 그가 강조한 '문명의 동역'이라는 것은 같은 종족이 같은 언어, 풍속을 가지며 할거하고 있는 것을 의미하는 것이었다. 비록 그가 일본인의 선조가 조선에서 유입되었다고 했지만 그에게 일본인은 토착인만이 아니라 아시아 대륙 각지에서 도래했으며 이들이 '우승열패(優勝劣敗)', '구축(驅逐)', '합체(合體)'의 과정을 거쳐 이루어진 것으로, '천황(天皇)', '도국(島國)'과 같은 고유한 특징을 가진 존재였다.[98] 당시 반도에서 구축된 이들은 아시아 각지에서 일본으로 도래한 많은 이들 가운데 하나의 종족 정도의 의미를 지닐 뿐이다. 그렇지만 '남조선' 일대는 일본과 '종족' 및 '문명의 동역' 관계로 인하여, 또 중국측 사료인 위지 동이전에 근거했을 때 '일본부'의 존재로 인하여 일본사 속으로 포섭될 가능성도 있는 것이다.

쿠로이타는 이러한 인식에 기초하여 '반도사 편찬'의 방향을 설정하고 있었다. 그 역시 미우라와 마찬가지로 1917년 '반도사 편찬'과 관련하여 조선에 와 있으면서 '아직 확정적이고 통일적인 논거를 마련하지 않았'지만, 1916년 답사 결과를 토대로 '대동강 부근의 사적은 작년 이맘때 조사했는데, 대체로 한족(漢族)의 반도 이입은 이 부근에서부터 이루어'졌다며, 기자 전설의 허구성을 이야기하는 한편 '반도사'의 시작을 '일본을 중심으로 하여 삼한시대부터 서술하고, 기자(箕子)나 단군(檀君) 시대는 일종의 전설로서 별론(別論)에서 다룰 작정'이라고 그 편찬 방침을 밝혔다.[99] 즉 '반도사'의 공간적 범위를 남부지역만으로 축소시키면서, 그 시작을 삼한시대로 설정하여 하향조정하는 동시에 일본사를 중심으로 포섭하는 것을 '반도사 편찬'의 기본방향으로 설정하고 있었다고 하겠다.

그렇다면 당시 일본 최초로 조선사를 전공하여 박사학위를 수여받았던 이마니시는 '일선(日鮮)의 동족(同族)'을 어떻게 생각하고, 또 '반도사 편찬'의 방향을 어떻게 잡고 있었을까? 그는 강점 이전부터 조선을 답사한 경험이 있었으며, 강점 이후에도 조선을 답사하여 뚜렷한 성과를 거두기도 하였다. 그는 1906년에 도쿄제대에서 주관하여 혈혈단신으로 경주지역을, 이후 1907년에는 김해패총(金海貝塚)을, 1909년에는 평양부근을 답사했는

98_黑板勝美, 『國史の研究 - 總說の部』, 1918, pp.289~290; 黑板勝美, 「偶語」, 『歷史地理 朝鮮號』, 日本歷史地理學會, 1910, p.154.

99_「朝鮮史編纂の方針 - 黑板博士を語る」, 『朝鮮新聞』, 1917. 8. 28.(이 기사는 친일반민족행위진상규명위원회, 『친일반민족행위관계사료집』 V, 선인, pp.35~36에 실려 있으며, 여기서는 이 자료를 활용하였다.)

데, 이는 문과 관련 학자로서는 최초의 답사였을 뿐만이 아니라 경주지역에서 작은 마제석부(磨製石斧)를 수습하기도 하였다. 즉 당시 이마니시는 학자로서 조선에 대한 경험이 가장 풍부한 이였다.[100] 그는 이러한 경험을 바탕으로 당시 일본 학계에서 조선을 둘러싸고 제시된 견해들과 대별되는 자신의 견해를 제시하였다. 특히 경주 지역을 답사할 때 발견한 신라의 고분에서 나온 토기가 일본 고분에서 나온 것과 유사하다고 인정하며, 중국 문화의 영향을 받기 이전의 것은 일본과 크게 접근해 있다고 보았다.[101] 하지만 이는 한일이 교통이나 통상 등으로 접촉한 일을 보여주는 것일 뿐, 이러한 것을 근거로 민족의 이동을 논하는 것은 '지엽(枝葉)의 말(末)'이라고 비판하였다. 뿐만 아니라 그는 자신이 강점 당시까지 '남한' 지역을 살펴보았는데 상대(上代) 일본인이 거류했던 낙동강변을 제외하면 곡옥(曲玉)이 나오지 않는 것을 근거로 일선 두 민족은 별개라고 주장하였다. 즉 곡옥을 차는 원시적인 풍속이 한민족(韓民族)에게는 없고 일본민족에서만 나타나는 것은 두 민족이 풍속을 달리하며 별개로 성립했음을 말해준다는 것이다. 여기서 더 나아가 그는 자신이 이러한 주장을 하는 이유가 '일라상대동역설(日羅上代同域說) 등에 반대하고, 또 일한동민족설(日韓同民族說)은 지금은 아직 고고학상(考古學上)으로 시인(是認)되지 않았다는 것을 서술'하기 위한 것이었음을 명확히 하였다.[102] 그에게 조선과 일본의 유사함은 표면적인 것

100_林直樹, 「今西龍と朝鮮考古學」, 『靑丘學術論集』 14, 1999, pp.53~55. 林은 여기서 今西龍은 文獻史學者로 알려져 있지만 이는 後年의 학풍이며, 학문에 발을 들여 놓은 초년인 東京帝國大學시절에는 field work을 기본으로 연구했고, 이것을 今西龍 청장년기 학문의 특징으로 꼽고 있다.

101_今西龍, 「日韓上代文化と其關係に就て」, 『朝鮮』 32, 朝鮮雜誌社, 1910, p.25.

102_今西龍, 위의 논문, pp.25~26.

으로 이는 단지 '교통'의 결과일 뿐이며, 두 민족은 원시적인 '풍속'조차 달리할 만큼 아주 오래전부터 별개로 존재했던 것이었다. 이러한 생각에서 이마니시는 강점 당시 단군을 부정하는 논의를 전개하는 가운데 조선과 일본의 인종적·지리적 '동역설'에 근거하여 일본의 신격과 단군을 합사하는 신사를 조선에 건립하려는 움직임[103]에 대해 '지금 반도는 병합되어 일한상대동설(日韓上代同說)을 주장하는 자가 날로 늘어간다. 이러한 형세로 나아가면 이후 동역론(同域論)의 응용(應用)도 행해져 수년전 합사론(合祀論)의 재연에 그치지 않을 것'[104]이라고 우려하며 조선과 일본의 인종적 동질성을 이야기하는 것에 대해 강한 반발을 표했다.

또 이마니시는 강점 직전인 1909년 겨울 평안남도 강동군 전포리(平安南道 江東郡 錢浦里), 평양군 임원역(平壤郡 林原驛) 및 대동강남에서 고분을 조사하였다. 이 조사에서 그는 다수의 유물을 채집하였고, 이를 도쿄제대로 가져갔다. 당시 이마니시는 이 고분에서 발굴된 유물을 바탕으로 '대동강남(大同江南)에는 철도선(鐵道線) 서쪽 구릉지에 다수의 고구려 고분이 산포(散布)하여 구역도 넓고 수도 천을 헤아릴 정도'라며 대동강 일대의 고분을 한사군이 아닌 고구려의 것으로 보았다.[105]

이처럼 강점 당시 이마니시는 조선의 북방에서 고구려의 흔적을 찾아가는 한편 조선의 남부와 일본은 '동역' 혹은 '지리적·정치적 일역'이라며 조선과 일본의 불가분성을 주장하는 논의와 거리를 두며 비판적인 입장에

103_이에 대해서는 최광식, 「'神宮建築地'의 내용 및 의의」, 『단군학연구』 3, 2000을 참고할 것.

104_今西龍, 「檀君說話に就て」, 『歷史地理 朝鮮號』, 日本歷史地理學會, 1910, pp.225~230.

105_今西龍, 「朝鮮平壤郡大同江南の古墳」, 『東京人類學會雜誌』 25-293, 1910, p.431; 「朝鮮平壤附近古蹟調查」, 『東京人類學會雜誌』 26-295, 1910, p.40.

있었다.

그러나 이러한 이마니시의 견해는 강점 이후, 또 '반도사 편찬'을 맡게 되면서 서서히 변해갔다. 강점 2년 후인 1912년, 그는 당시까지 대동강 유역에서 발굴한 유물을 고구려의 것이라던 자신의 의견을 '견강을 면치 못하는 것'이라면서, 이 유물들은 낙랑의 것이라는 논문[106]을 발표하고 대동강변에서 낙랑군의 흔적을 찾기 시작하였다. 이 논문을 발표한 다음 해인 1913년, 그는 9월부터 3개월 여간 당시 조선에서의 답사를 주도하던 일본의 건축학자 세키노 일행의 답사에 참여하였다. 이 답사에서 이마니시는 답사를 함께한 타니이와 함께 대동강 남안을 답사하는데,[107] 여기서 이들은 대동강남 토성동 토성에서 채취한 다량의 평와(平瓦) 파편들을 낙랑군의 것으로 보고 이 지역을 낙랑군치(樂浪郡治)로 추정했을 뿐만이 아니라[108] 용강군 어을동의 성지 부근에서 한식(漢式) 기와조각과 낙랑군이 관할하던 현(縣)의 명칭인 '점선(秥蟬)'이라는 글자가 새겨진 석비(石碑)를 발견하고, 대동강 남안 일대는 과거 낙랑군이었다고 결론지었다.[109] 이후 이들은 이 결과를 바탕으로 관련 유물 발견에 몰두하며 전곽고분의 분포, 한식 고와편 등의 분포 등을 통해 낙랑군치를 평양(대동강 북안)으로 보던 당시의 학계의

106_今西龍, 「大同江南の古墳と樂浪王氏との關係」, 『東洋學報』 2, 東洋協會調査部, 1912. pp.101~104.

107_關野貞, 「朝鮮に於ける樂浪帶方時代の遺蹟」, 『人類學雜誌』 29-10, 1914, p.380. 한편 今西龍과 谷井濟一은 강점 당시부터 조사결과에 대해 서로 전보를 주고받을 정도로 교류가 있었다.(「朝鮮平壤附近古蹟調査」, 『東京人類學會雜誌』 26-295, 1910. 이는 谷井이 한국답사 중 今西에게 보낸 전보이다.)

108_谷井濟一, 「朝鮮平壤附近に於る新たる發見せられた樂浪郡の遺蹟」上, 『考古學雜誌』 4-8, 1914, pp.22~23.

109_關野貞, 「朝鮮に於ける樂浪帶方時代の遺蹟」, 『人類學雜誌』 29-10, 1914, pp.380~386.

일반적 견해와는 달리 대동강면의 토성 일대, 즉 대동강 남안이라고 보게 된다.[110] 이처럼 이마니시는 유물과 유적을 바탕으로 조선의 북방에서 한사군의 실체를 발견하며, 낙랑군의 위치를 대동강변으로 확정하는데 결정적인 역할을 담당하였다.

이렇듯 강점 이후 조선의 북방에 대한 이마니시의 견해는 변화하게 되는데, 이러한 견해 변화는 '반도사 편찬'을 즈음해서도 나타난다. 바로 조선의 남방과 일본의 관계에 있어 곡옥의 발굴 여부로 양지를 완전히 별개로 보았던 그의 견해가 한층 완화되는 것이다. '반도사 편찬'을 위한 편집주임을 맡은 이후인 1917년 9월부터 5개월간 이마니시는 선산(善山), 달성(達成), 고령(高靈), 성주(星州), 김천(金泉), 함안(咸安), 창녕(昌寧) 등의 고분과 산성에 대한 답사를 실시하였다. 이 지역은 일본과 관련성이 강하다고 상정된 이른바 '남선' 지역으로, 쿠로이타도 일본부의 실체를 찾고자 했지만 실패했던 곳이었다. 이러한 사정은 이마니시도 마찬가지였다. 그 역시 일본부와 관련된 어떠한 것도 발견하지 못하면서도 그 존재에 대한 확신은 버리지 않았다. 그는 답사 이후 답사지에서 발견한 유물에 대한 기록과 사진을 제공하며, '任那'라는 명칭이 가야를 일컫는 것임을 논증하고 고대 일본의 조선 남부 지배의 내력을 서술한다. 그에 따르면 긴메이천황(欽明天皇)을 거쳐 텐지천황(天智天皇)에 이르는 시기는 그 세력을 잃고 회복하려던 시기이다.[111] 그렇다면 당시 일본은 어떠한 방식으로 이 지역을 지배했던 것인가.

110_谷井濟一, 「朝鮮平壤附近に於る新たる發見せられた樂浪郡の遺蹟」上, 『考古學雜誌』 4-8, 1914, pp.19~25.

111_今西龍, 「任那に就て」, 『朝鮮彙報』, 1918年 2月號, 朝鮮總督府, 1918, pp.46~53.

日本은 任那를 어떻게 經營했을까. … 단지 貢物을 取하면 좋다는 주의였고, 그 年貢取立의 代官이라는 것이 任那諸國에 두고 있었다. 歷史에 日本府라고 쓰여 있는 것은 즉 年貢取立의 代官인 것이다. … (당시 일본의 정치적 수준은 낮았기 때문에: 필자) 任那에 限하여 日本府라는 것을 둘리가 없다. … 日本府와 같은 명칭은 後代에 이르러 나타난 것이 틀림없다. … 무슨무슨 府라고 하는 官制를 설치하고 많은 兵隊를 가지고 加羅諸國 내에 城을 쌓았던 것은 아니다. 어떤 국가에서도 國王이 政治를 하고 있는데 이와 나란히 그 한편에서 많은 兵隊를 가진 日本府라는 것이 있었다고 하는 것은 常識에서 생각해 보아도 想像하기 어렵다. … 그렇기 때문에 咸安의 城跡을 日本府라고 하는 것은 크게 잘못된 것이다.[112] (밑줄은 인용자)

낙동강 일대 지역에서는 일본부의 존재를 증명할 수 있는 물적 증거가 없는 가운데 이마니시가 일본부에 대해 나름대로의 내린 답이 위의 인용문이었다. 즉 일본이 조선의 남부를 지배하는 방식은 직접 지배가 아니라 연공(年貢)을 받는 것이었으며, 이를 후대에 '일본부'라고 표기했다는 것이다. 이는 일본부와 관련된 유물·유적이 존재하지 않는 가운데 그 실체를 인정하는 방법이었다. 이러한 서술 이후 얼마 되지 않아 이마니시는 가야와 관련하여 한편의 논문을 발표했다. 이 글에서 그는 이전과 마찬가지로 임나(任那)라는 명칭에 대한 논증에서 시작하여 김해에는 금관가야가, 고령에는 대가야가 있었으며, 김해의 가야가 멸망한 후 30년 후에 고령가야가 멸망했다는 것을 밝히고, 이를 바탕으로 다른 가야국들의 위치를 비정하였다. 그는 이 글에서 일본부에 대해서는 특별히 언급하고 있지 않지만 "임나관가(任那官家)'라는 것은 웅략기 20년조(雄略紀 20年條)에 '백제국자일본국지

112_今西龍, 위의 논문, pp.60~62.

관가(百濟國者日本國之官家)'의 관가(官家)와 마찬가지로 부속국(附屬國)의 뜻이 아닐까'[113]라고만 서술할 뿐, 그 이상의 논증을 하지 않는다. 또한 답사와 관련된 것은 거의 언급하지 않으며 삼국사기, 삼국유사, 기기 그리고 중국의 고문헌 등을 바탕으로 철저한 문헌연구를 통하여 논의를 전개하였다. 그가 이렇게 문헌에 몰두하게 된 것은 답사지에서 일본부와 관련된 유물이 발견되지 않았기 때문이라고 추측할 수 있다. 앞서 살펴보았듯이 이 지역을 답사한 쿠로이타도 '일본부'와 관련된 관련유물을 찾지 못한 채 문헌 - 위지 동이전 - 을 탈출구로 삼았는데, 이러한 사정은 이마니시도 마찬가지였던 것으로 보인다.[114]

이처럼 답사를 통해 실체를 찾을 수 없었던 일본부의 존재를 인정하는 것은 '남선'과 일본의 관련성을 상정할 수 있는 길이기도 했다. 특히 '반도사 편찬'이 진행될 당시 이마니시는 한일의 관계에 대해 이전과는 다른 논의를 전개함으로서 양지의 관련성을 상정하기 시작했던 것으로 보인다. 그는 1917년 답사 이후의 강연에서 답사의 결과를 언급하며 '낙동강 유역의 고물(古物)은 (일본의 유물과) 매우 유사하다. 둘을 섞어 놓는다면 약간 경험이 있는 사람이라면 가려낼 수 있는 정도이지만 대체에 있어서는 동일하다 … 민족이 같기 때문에 같은 것인가, 다른 곳으로부터 영향을 받아서인가, 다른 곳에서 영향을 받아 동일한 것인가, 갑(甲)에서 을(乙)로 이동한 것인가, 을(乙)에서 갑(甲)으로 이동한 것인가 하는 것도 생각지 않으면 않된

113_今西龍, 「加羅疆域考」, 『史林』 4-4, 1919, p.39.

114_이 답사 후 今西龍은 더 이상의 답사를 진행하지 않은 채 철저한 문헌 연구를 통해 연구를 진행했다고 한다. 이와 같이 그가 답사와 발굴을 주로 하는 고고학적 연구방법과 결별한 것에 대해서 李進熙는 任那日本府의 실체를 발견하지 못한 것이 무관하지 않을 것이라고 보기도 한다.(李進熙, 『廣開土王碑と七支刀』, 學生社, 1980.)

다'[115]며 양측의 관련성을 언급하기 시작하였다. 이러한 변화는 그가 반도사 집필 직전인 1919년 8월 4일부터 9일까지 교토제대에서 행한 강연에서 보다 선명히 드러난다.

> 今日 朝鮮人의 先祖는 이미 半島에 定住하여 部落的 小國을 形成했다. 다만 이 朝鮮人이 어디서 왔는가, 半島의 原住民인가 後住民인가는 쉽게 결정하기 어려운 문제이다. 朝鮮人과 日本人은 人種으로서는 가장 가까운 것이라는 점은 言語·體質에 있어 의심할 것이 아니다. 人種學者는 Koreo-Japanese group을 인정하며 吾人도 여기에 異議가 없다. 그러나 日本人과 朝鮮人이 나눠진 것은 歷史時代以前 매우 오래된 것으로 겨우 그 痕迹을 言語와 體質에 남긴 것에 지나지 않아 畢竟 人種의 問題이며 歷史의 問題는 아니다. 原始時代에 日本人과 朝鮮人이 同一한 땅에 살며 同一한 言語·風俗을 가졌던 時代가 있을 수 있다. 혹은 日本에서 나뉘어 朝鮮으로 들어갔는가, 朝鮮에서 나뉘어져 日本으로 들어온 것인가, 혹은 제 3의 땅에서 나뉘어 어떤 이는 일본으로 어떤 이는 조선으로 옮긴 것일까, 완전히 不明이다. 世上의 日韓同域論者의 說과 같은 것은 채택할 수 없는 것이다.[116] (밑줄은 인용자)

이를 통해 볼 때 한일의 관계에 대한 이마니시의 생각에는 상당한 변화가 있었던 것으로 추측된다. 강점 당시 곡옥을 차는 원시적인 풍습조차 다르다며 양자의 관련성을 강하게 부정했지만 강점 이후 일본인 학자들에 의해 조선의 남부지방과 그에 면한 일본의 관련성이 거론되고 특히 1910년대 초반 도오리 류우조우와 같은 인류학자는 조선과 일본에서 발견된 석기 유물의 유사성을 근거로 하여 역사 이전부터 시작된 양지의 관련성을 제시

115_今西龍, 「任那に就て」, 『朝鮮彙報』, 1918. 2, p.65.
116_今西龍, 『朝鮮史の栞』, 1935, pp.65~66.

했을 뿐만이 아니라 이마니시 자신도 조선의 남부지역을 답사하는 가운데 위와 같이 변했던 것으로 보인다. 특히 그는 'Koreo-Japanese group'이라는 용어를 사용하며 '역사시대 이전' 한일의 인종적 근친성을 이야기하였다. 이는 1910년 이래 조선의 각지에서 석기유물을 발견하고 인종에 대한 조사 후 조선의 남부와 그에 면한 일본의 석기유물의 유사성과 인종적 근친성을 바탕으로 양지역의 관련성을 선사시대로 끌어 올렸던 인류학자 도오리 류우조우와 상통하는 것으로, 이마니시가 언급하고 있듯이 이러한 용어의 사용에는 '인종학(人種學)'의 영향이 매우 컸음을 알 수 있다.[117] 강점 이전부터 조선에 대한 풍부한 답사 경험을 가지고 있었을 뿐만이 아니라 대동강 유역에서 고고학적 성과를 거두며 대동강 일대의 고분과 유물들을 고구려의 것이라고 보던 자신의 견해를 낙랑군의 것이라고 수정했던 이마니시는 인류학과 같은 다른 분과학문을 받아들이기 용이했을 것이다. 그는 여기서 한 걸음 더 나아가 언어와 풍속도 공유하던 때가 있을 수도 있다며 그 가능성을 열어두었다. 그러나 그는 한일이 동일했던 것은 '역사시대 이전'의 일로 '역사의 문제'가 아닌 '인종의 문제'임을 분명히 하였다. 즉, 이마니시에게 '반도사 편찬'의 주안 사항이었던 '일선(日鮮)의 동족(同族)'은 인종의 차원에서 제한적으로 논의되어야 할 사항으로, 역사학의 취급 대상이라기보다는 체질인류학이나 선사고고학에서 다루어야할 문제였다.

지금까지 살펴보았듯이 '반도사'의 편찬주임들은 한일의 관계를 설정함에 있어 미묘한 차이를 드러내었다. 미우라는 19세기 후반 이래 한국으로의 침략을 정당화하고 강점을 합리화하던 한일의 정치적·지리적 '동역'설

117_鳥居龍藏에 대해서는 정상우, 앞의 논문, 2008, pp.247~253 참고.

을 대변하였다. 그렇지만 쿠로이타와 이마니시는 이러한 류(類)의 동역론에는 명확한 반대의견을 표명했다. 쿠로이타는 같은 종족이 나누어 거주하며 문화와 풍속을 공유하던 '문명동역설'을 제시한 반면 이마니시는 강점 당시 한일은 원시적인 풍속에서도 차이가 있는 별개의 것이라는 입장을 지니고 있었지만 강점 이후 한일을 인종적으로 아우르면서도 이는 역사 이전의 '인종의 문제'이며 역사학의 취급 대상이 아니라고 명언하였다. 이와 같이 편찬주임들에게 '반도사 편찬'의 주안 사항인 '동족(同族)'의 의미는 하나로 귀결될 수 없었다. 그렇지만 '일한동역(日韓同域)'으로 표현하며 정치적·지리적 동역을 상정하든, 혹은 '문명의 동역' 내지는 'Koreo-Japanese group'이라며 '인종학'에서 다룰 문제라고 하든, 조선의 남부 지방과 일본의 관련성을 상정하고, 이를 당시 발견된 유물의 수준에서 어떻게든 설명해 내려고 하였으며, 미우라와 쿠로이타는 '반도사'를 일본사의 입장에서 남부지방을 중심으로 서술되어야 한다고 구상하기에 이르렀다.

3. 편찬을 위한 사료 정리 및 기구의 확충

'반도사 편찬'에 있어 주안(主眼) 사항 3가지 가운데 세 번째 사항은 사료에 관한 것이었다. 즉 누구나 '신뢰'할 수 있는 사료를 제시하여 '일선의 동족'과 역사적 쇠퇴로 인한 인민들의 '피비(疲憊)'와 '빈약(貧弱)'을 서술하라는 것이었다. 역사를 서술함에 있어 바탕이 되는 것이 사료인 만큼 1917년은 오직 사료수집에 역점을 두고 편찬사무가 진행되었다.[118]

사료수집이라고 하면 먼저 생각할 수 있는 것은 지방을 다니며 각종 기록을 조사·수집하는 것이다. '반도사 편찬'에 있어서도 이러한 움직임이 있었던 것으로 보인다. 1916년 10월 말 미우라는 '반도사 편찬'을 위해 평양, 개성 등 평남지방에서 사료를 수집하고 있었던 것으로 확인된다.[119] '반도사 편찬'은 처음 시작할 때는 2개년을 계획했다가 3개년으로 연장하여 1918년에 그 완성을 목표로 하였지만, 이마저도 '자료(資料)가 광범위하고 수집(蒐集)에 많은 연월(年月)을 요(要)한다'는 이유로 다시 연장되기에 이른다.[120] 이러한 것을 보면 사료에 대한 조사·수집이 전개된 것으로 보이지만[121] '반도사 편찬'을 위한 사료채방이 언제, 어디에서, 얼마간 이루어졌는지를 말해주는 자료는 현재 남아있지 않다. 후술하겠지만 이후 조선사편찬위원회(朝鮮史編纂委員會)나 조선사편수회(朝鮮史編修會)에서는 지방에서의 사료 수집을 위한 내규가 정해졌으며, 출장복명서(出張復命書)를 작성·제출하여 지방에서 진행한 사료 채방의 과정과 결과를 보고하였고 경우에 따라서는 회의석상을 통해 그 결과를 알렸다. 그렇지만 '반도사 편찬'의 경우 그러한 기록이라든가 사료 수집에 있어서의 절차와 방식과 같은 규칙이 없었던 것으로 보인다. '반도사 편찬'에서 사료 수집과 관련하여 유일하게 그 흔적을 말해주는 미우라의 경우도 '겨우 수일간의 조사'에 지나지 않았으며,[122] 조사주임의 업무를 편집주임이 하는 것이기도 했다. 이러한 모습은 '반도사 편찬'에서 지방에서의 직접적인 사료 수집이 체계적으로 이루어지지 않았으며, 그 비중도 매우 낮았음을 말해준다. 뿐만 아니라 조선의 상황

118_朝鮮總督府 中樞院, 앞의 책, 1938, p.144.

119_三浦周行, 「半島史蹟調査に就て」(1), 『京城日報』, 1916. 10. 24. 1면.

120_朝鮮總督府 中樞院, 앞의 책, p.147.

121_조선에서의 고적조사와 사료수집의 어려움에 대해서는 장신, 앞의 논문, pp.368~369 참조할 것.

122_三浦周行, 「半島史蹟調査に就て」(1), 『京城日報』, 1916. 10. 24. 1면.

을 알지 못하는 가운데서 시행착오도 많았던 것으로 보인다. 미우라는 조사·수집 이후 '내지(內地 : 일본)에서 사료를 채기(採記)함에 겨우 일주일만에 행리(行李)에 가득하도록 수집하는 것이 기이한 것이 아니지만 조선에서는 1, 2개월을 써도 얻는 것은 충분치 못하다'며 일본과 비교하여 조선에서의 사료채방의 어려움을 토로하기도 하였다.[123] 그는 그 원인을 고물구사(古物舊事)를 중요시하지 않는 조선인의 경향과 역사편찬 사업에 대한 조선인의 오해에 두고 있었지만 이는 일본인으로서 낯설 수밖에 없는 조선의 상황과 조선인의 성향 등에 대한 무지에서 오는 시행착오라고 할 수 있을 것이다. 사료의 조사와 수집은 이처럼 체계를 갖추지 못한 채 조선에 대한 무지로 인한 시행착오로 소기의 목적을 달성하기 어려웠으며, 그 결과 '반도사 편찬' 역시 지연되고 있었다.

이와 같이 사료의 조사와 수집이 부진한 가운데 사료의 획득은 다른 방식을 통해 이루어졌다. 미우라는 평남지방의 사료채방에 대해서 언급하면서 채방한 사료에 대해서는 전혀 언급하지 않지만 규장각 장서 가운데 일본에서는 보지 못한 사료들이 많다며, 특히 그 중에서 조선 최고의 지리서를 발견한 것을 장황하게 설명하였다.[124] 앞서 언급했듯이 규장각에서 소장하던 도서는 강점 이후 취조국을 거쳐 참사관실에서 정리·보관되었으며, 도서와 고문서 등에 대한 수집이 확대되고 있었다. 1915년 4월 30일 총독부 관제 및 중추원 관제가 개정되어 참사관실에서 담당하던 구관제도조사사업(舊慣制度調査事業)이 중추원으로 이관되었지만 도서와 관련된 사안은

123_京大教授 三浦博士 談, 「朝鮮歷史古蹟調査에 對하야」(2), 『每日申報』, 1919. 10. 9.

124_三浦周行, 「半島史蹟調査に就て」(1)~(2), 『京城日報』, 1916. 10. 24~25. 1면. 이 地理書는 世宗實錄地理志이다.

여전히 참사관실에서 관장하고 있었다. 그렇다면 미우라가 1916년 10월에 언급한 지리서를 비롯한 사료들은 참사관실에서 보았을 것이다. 즉 사료의 조사·수집 결과가 미비한 가운데에 참사관실 도서에 중요한 자료가 많다는 것을 시사하는 것이다.

흥미로운 것은 위와 같은 미우라의 발언이 있을 즈음 고도서를 관리하던 참사관실의 도서대출 규정이 변화한다는 것이다. 1916년 6월 19일 참사관실은 내규로 '조선·중국도서 열람 및 대출의 건(朝鮮·中國圖書 閱覽 및 貸出의 件)'을 정했다. 그 주요한 내용을 보면 업무상의 필요로 다른 부국이나 관서가 도서열람이 필요한 경우 과장 이상의 명의로 해당 도서를 지정해 청구하는 경우에만 집무시간에 열람을 허락할 것, 집무상의 필요로 과장 이상의 명의로 도서 대출을 청구할 때는 5책을 넘기지 않고 대출기한은 1개월 이내로 해 차용증을 받으며 기간 만료시 반드시 반환시킬 것, 특별본(왕조실록, 승정원일기, 일성록 등의 고서)의 경우 대출하지 말고 열람 역시 참사관의 승인이 있을 경우로 제한할 것, 청구한 도서가 관서업무에 꼭 필요하지 않다고 판단되면 대출을 거절할 것, 전문학자가 도서열람을 청구할 경우 참사관에서 적당하다고 인정된 경우에 한하여 열람토록 할 것 등으로[125] 도서의 대출과 열람을 엄격하게 통제하려 했음을 알 수 있다. 그런데

125_中樞院 調査資料, 「朝鮮·中國圖書閱覽及び貸出の件」, 『朝鮮舊慣及制度沿革ノ調査』 第2册. 도서 대출에 관한 사항. (1916년 6월 19일)

1. 기본적으로 타 부국의 경우 직접 와서 열람.
2. 과장 이상 명의일 경우 5책 한도 1개월 이내.
3. 특별본은 대출 불가, 열람을 위해 참사관의 승인을 얻을 것.
4. 경성, 인천, 수원 이외의 지역에 있는 관서에는 대출하지 말고 청구에 응하여 필요한 사항을 조사하여 발췌해 송부할 것.
5. 참사관실에서 청구한 도서가 관서업무에 꼭 필요하지 않다고 판단되면 대출을 거절할

이렇게 엄격하고 까다로운 도서의 열람과 대출절차에 대한 규정은 불과 5개월 여만에 예외규정을 두게 된다. 바로 중추원의 업무 때문이다.

> 分室(參事官分室) 保管의 도서 중에서 中樞院에서 실시하는 舊慣 및 制度調査와 半島史, 人名彙考 編纂에 필요한 것은 그 수가 극히 많으므로 필요할 때마다 分室에서 열람하도록 하기가 곤란할 뿐만이 아니라, 다른 部局 및 屬廳과는 사정이 다르고, 직원 역시 兼務하고 있어 대출로 인한 망실 파손의 염려가 없으므로 특별취급본 이외는 다른 일반의 예에 따르지 않고 대출하는 것이 좋을 것입니다.[126]

위의 인용문은 '조선·중국도서 열람 및 대출의 건(朝鮮·中國圖書 閱覽 및 貸出의 件)'이 결정된 지 5개 월만인 1916년 11월 27일에 결정된 '도서대출(圖書貸出)에 관(關)한 품의(稟議)' 중 일부로 업무의 성격상 중추원에 한해서는 특별본을 제외한 조선본과 중국본 도서의 대출을 허용하면서, 그 이유를 설명한 것이다. 까다롭던 참사관실의 도서대출이 1916년 11월 말의 시점에서 중추원에게만은 허용된 것은 중추원 업무, 그중에서도 '반도사 편찬' 때문이었다. '구관 및 제도조사사업'은 1915년 4월 이래 중추원에서 진행하던 사업으로 1916년 11월말이라는 시점에서 새로울 것이 없었으며, '반도사 편찬'의 부속사업 중 하나로 시작된 '(조선)인명휘고 편찬((朝鮮)人名彙考 編纂)'은 1916년에 착수한 이래 21년이 흐른 1937년에 종료되었는데, 1917년 말까지 사료에 대한 조사는 시작하지도 않았으며 오직 인물의 선

것.

6. 전문학자가 도서열람을 청구할 경우 참사관에서 적당하다고 인정된 경우에 한하여 第1順 및 第3順에 준하여 열람토록 할 것.

126_中樞院 調査資料, 「圖書貸出に關する稟議」, 『朝鮮舊慣及制度沿革ノ調査』 第2册.

정에 집중하고 있었다.[127] 반면 1916년 11월말 당시 '반도사 편찬'의 경우 인선을 마치고 본격적으로 착수되는 가운데 미우라 등에 의해 사료 수집의 난점이 이야기되고 있었다. 이러한 정황을 살펴볼 때 참사관실에서 중추원에 도서대출을 허용한 것은 '반도사 편찬'을 위한 사료수집을 위한 것이라고 하겠다.

이렇듯 참사관실의 도서를 적극 활용할 수 있는 장치가 마련되는 한편 과거 참사관실의 사료 발췌사업 역시 '반도사 편찬' 개시를 전후하여 강화되고 있었다. 앞서 취조국 설치 이래 참사관실을 거치면서 구관조사사업의 일환으로 조선왕조실록으로 대변되는 편년자료에 대한 발췌작업이 진행되었음은 언급하였다. 그런데 '반도사 편찬'이 계획되던 1915년 중반 실록발췌작업에 변화가 생겼다. 1915년 5월, 당시 참사관실의 사무 경과 상황을 살펴보면 실록에서 필요한 기사를 발췌하는 작업 전부를 마치고 일단락을 고했지만, 종래 작업이 '(拔萃의) 사항 선정(事項 選定)이 마땅치 않았고 또 발췌방법도 적당하지 않아 겨우 기사의 소주(所住)를 보여주는 것에 그쳐, 본문을 열독할 수 없'는 것이 문제점으로 지적되었고, 같은 해 7월부터 기사를 등사한다는 계획이 수립된 것이다.[128] 바로 참사관실에서 담당하던 구관조사사무가 중추원으로 이관됨과 더불어 '반도사 편찬'의 공식화와 함께 실록의 등사까지 개시된 된 것이다.

뿐만이 아니다. 사료에 대한 발췌는 '반도사 편찬'의 진전과 더불어 왕

127_朝鮮總督府中樞院, 앞의 책, 1938, pp.156~160. 인물의 선정은 이후에도 계속되어 변경되었고 결국 1937년에 '朝鮮人名辭書'라는 이름으로 上古부터 最近世까지 人物 약 13,000명을 集錄, 出版하여 마무리 되었다.

128_朝鮮總督府, 「各事務ノ經過(大正4年5月13日)」, 『朝鮮總督府參事官分室關係書類』 1.

조실록과 같은 편년사료를 넘어 더욱 확대되고 있었다. 현재 국사편찬위원회에는 『조선반도사자료조사제서목(朝鮮半島史資料調查濟書目)』(이하 『調查濟書目』), 『조선반도사자료조사중서목(朝鮮半島史資料調查中書目)』(이하 『調查中書目』)이란 문서가 존재하는데, 이를 통해 그 일단을 살펴볼 수 있다. 이 두 문서는 작성 시기가 미상이지만 문서 제목상 조사를 마친 자료의 서목인 『調查濟書目』이 먼저 작성되었고, 조사 중인 자료의 목록인 『調查中書目』이 이후에 작성된 것임을 알 수 있다. 『調查中書目』에는 자료에 대한 조사 기일이 기입되어 있는데, 그 날짜가 가장 빠른 것이 '다이쇼(大正) 10년 7월', 가장 늦은 것이 '다이쇼(大正) 12년 4월'인 것으로 보아 『調查濟書目』은 1921년 이전에, 『調查中書目』은 1923년 4월 이후에 작성된 것으로 추측된다.

『調查濟書目』은 조사대상 자료명, 담당자를 밝히고 있는데 이를 정리하면 〈표 1〉과 같다. 이들의 조사결과는 전해지지 않지만 〈표 1〉을 통해 '반

표 1 | 『朝鮮半島史資料調查濟書目』에 나타난 調查書目과 담당자

구분	담당자	서 목
三韓以前	柳正秀(贊議) 羅壽淵(副贊議)	한국: 東國通鑑外記, 三國遺事, 箕子志, 文獻備考 輿地考, 東史綱目, 大韓疆域考, 修山集, 陽村集, 順菴集, 星湖僿說, 三國史節要, 東國史略, 牧隱集, 海東繹史, 海東繹史續, 東國輿地勝覽, 箕子外記, 箕田攷, 記言, 李相國全集. 중국: 史記, 漢書列傳, 三國志, 魏書, 唐書, 晉書, 舊唐書, 後漢書, 隋書, 梁書, 遼史, 通典, 漢魏叢書, 淮南子, 後周書.
三國	李建春(贊議) 朴熙陽(副贊議)	한국: 三國史記, 三國遺事, 三國史節要, 東國史略, 東國輿地勝覽, 桂苑筆耕, 紀年兒覽, 東國通鑑, 星湖僿說. 중국: 漢書, 後漢書, 魏書, 晉書, 隋書, 三國志, 南齊書, 史記.
新羅	南奎熙(贊議) 洪運杓(副贊議)	한국: 三國史記, 東史綱目, 海東繹史, 三國史節要, 東國史略, 桂苑筆耕, 大韓疆域考, 三國遺事.
高麗	鄭寅興(贊議) 李度翼(副贊議) 李晩奎(副贊議)	한국: 高麗史, 彙纂麗史, 麗史提綱.
李朝	趙秉健(副贊議) 宋之憲(副贊議) 吳在豊(副贊議) 柳興世(副贊議)	한국: 國朝寶鑑, 太祖實錄, 燃藜室記述, 定宗實錄, 太宗實錄, 世宗實錄.

日本圖書	黑井治德(雇員)	日本書紀, 古事記, 續日本紀, 日本後紀, 日本文德實錄, 三代實錄 .
支那圖書	倉茂範行(雇員)	史記, 漢書, 後漢書, 晉書, 宋書, 南齊書.

도사 편찬'을 위해 주요 사료들을 '삼한이전(三韓以前)', '삼국(三國)', '신라(新羅)', '고려(高麗)', '이조(李朝)', '일본도서(日本圖書)', '지나도서(支那圖書)'로 구분하고, '일본도서(日本圖書)', '지나도서(支那圖書)'를 제외한 조선의 도서에 대해서는 중추원의 찬의와 부찬의 – 바로 조사주임 – 을 통해 필요한 사항을 발췌했음을 알 수 있다.

한편 〈표 1〉의 『調査濟書目』은 관찬서(官撰書)를 중심으로 몇 개의 문집류가 있는 것으로, 개인저술의 문집은 빈약한 편이다. 이러한 한계에 따라 위의 서목들에 대한 조사를 마친 후 개인 문집류를 중심으로 한 조사가 추가적으로 진행된 것으로 보이는데, 당시 조사 대상 서목과 담당자를 밝히고 있는 것이 『調査中書目』이다. 여기에는 해당 자료의 '발췌착수년월일(拔萃着手年月日)(발췌를 시작한 연월일)'과 '발췌제년월일(拔萃濟年月日)(발췌가 끝난 연월일)'을 부기하고 있는데, 이를 담당자와 문건을 중심으로 정리한 것이 〈표 2〉이다.

표 2 | 『朝鮮半島史資料調査中書目』에 나타난 調査書目

담당자	서 목
李晩奎	寒皐觀外史, 寒岡集, 愚伏集, 宋子大全, 南溪集.
宋之憲	鰲峰集, 桃灘集, 梧陰集, 霽峰集, 牛溪集, 沙溪遺稿, 忘憂集, 漢陰集, 淸陰集, 潛谷遺稿, 畸庵集, 澤堂集, 同春堂集, 明齋遺稿, 明谷集.
柳正秀	松江集, 東岳集, 東州集, 晚悔集, 樂靜集, 文谷集, 定齋集.
朴勝鳳	東岡集, 北渚集, 浦渚集, 久堂集, 拙修齋集.
趙漢克	息庵集, 梧里續集, 一松集, 五山集, 旅軒集, 鳳村集, 石洲集, 芝峰集, 月沙集, 惺所覆瓿稿, 鶴谷集, 白江集, 孤山遺稿.
李恒稙	※人名彙考 人名選出 燃藜室記述 .
담당자 미상	四留齋集.

미착수	四溟堂集, 樂齊集, 荷谷集, 東川集, 於于集, 知退堂集, 五峰集, 睡隱集, 愼獨齋遺稿, 竹陰集, 月塘集, 東溟集, 謙齋集, 記言, 陽坡遺稿, 鶴洲全集, 雪峰集, 炭翁集, 南坡集, 石湖集, 草廬集, 魯西遺稿, 畏齋集, 退憂堂集, 息庵遺稿, 恬軒集, 止觀齋遺稿, 寒水齋集, 丈巖集, 農巖集, 芝村集, 玉川集, 竹泉集, 疎齋集, 二憂堂集, 屛山集, 陶谷集, 杞園集, 正菴集, 圃巖集, 陶巖集, 東圃集, 屛溪集, 屯庵集, 歸鹿集, 悔軒集, 大山集, 保晩齋集, 艮翁集, 樊巖集, 南塘集, 海左集, 耳溪集, 直巖集, 退軒集, 荷棲集 .

※ 굵은 글씨로 표시 된 것은 '拔萃濟年月日'이 부기되어 있는 것으로, 사료에 대한 조사가 끝난 것이다.

『調査中書目』에 따르면 조사가 완료된 문집들의 조사기간은 짧은 것은 10여일에서 긴 것은 2~3개월에 걸쳐져 있다. 조사가 끝난 것 가운데에서 가장 먼저 끝난 것은 '오봉집(鰲峰集)'으로 1921년 10월 29일에 발췌가 시작되어 11월 7일에 종료했으며, 가장 늦게 완료된 것은 '낙정집(樂靜集)'으로 1922년 12월 5일에 시작되어 1923년 3월 1일에 종료된 것으로 나타난다. 즉 '반도사 편찬'을 위하여 실록과 같은 관찬의 편년사서만이 아니라 개인 문집까지 자료의 발췌가 확대되었던 것이다.[129]

한편『調査濟書目』이나『調査中書目』은 발췌의 담당자와 진행상황은 기입하고 있지만 발췌의 기준에 대해서는 알려주지 않고 있다. 그런데 총 25쪽으로 구성된『調査中書目』의 맨 마지막 장은 다른 페이지와는 다르게 '사화(士禍)', '당쟁(黨爭)', '임진역(壬辰役)', '청군입구(淸軍入寇)', '학문(學問)', '종교(宗教)'라는 6개의 단어만이 제시되어 있으며, 이것으로 자료가 끝난다. 별다른 설명이 없기 때문에 이 6개의 단어가 정확히 무엇을 의미하는지는 불확실하지만『調査中書目』이 자료에 대한 발췌 상황을 보여주는 것이니만큼 이 6개의 단어가 발췌의 기준은 아니었을까? 이 6개의 단어 가운데 '학문(學問)', '종교(宗教)'를 제외한 4가지는 정쟁과 외세로 인한 혼란이라는, 강점

129_특히 주목되는 것은 조선사편찬위원회가 구성된 1922년 12월 이후에도 반도사 편찬을 위한 사료의 정리가 계속되고 있다는 점이다. 이는『朝鮮史』편찬에 있어 사료와 사건 선별의 기준을 추론함에 있어 중요한 사항으로, 이에 대해서는 3장을 참고하길 바란다.

을 전후하여 일본인들이 유포했던 조선에 대한 부정적인 상과 직결되는 것이라고 하겠다. 이 6개의 단어가 발췌 기준이 아니었다고 해도『調査濟書目』과『調査中書目』이 '반도사 편찬'을 위한 것임을 상기한다면 발췌의 기준이 어떠했으리라는 것은 추측할 수 있다. 바로 '반도사 편찬'에 있어 두 번째 주안점, 바로 '上古에서 李朝에 이르기까지 群雄의 興亡起伏과 歷代의 易姓革命으로 인해 衆民이 점차 疲憊해지고 貧弱에 빠진 實況을 서술하여 今代에 미쳐 聖世의 惠澤으로 비로소 人生의 幸福을 다할 수 있었다는 事實을 詳述할 것'을 고려한다면 사료에 대한 발췌는 바로 조선사의 혼란을 보여줄 수 있는 것들을 중심으로 이루어졌으리라는 것은 쉽게 짐작할 수 있다.

위에서 제시한『調査濟書目』과『調査中書目』에 나타난 조선의 서적은 모두 134건이다. 그런데 이들은 한 가지 공통점이 있다. 바로 강점 이래 취조국과 참사관실에서 정리·수집한 도서라는 점이다. 취조국과 참사관실에서 도서에 대한 수집과 정리를 진행하는 한편 이들 도서의 효과적인 활용을 위하여 1915년 1,470종의 도서에 대한 해제를 완료하여『朝鮮圖書解題』라는 책자를 발간했음은 앞에서도 서술하였다. 그런데 이 도서해제 역시, 실록발췌와 마찬가지로 구관조사사무가 참사관실에서 중추원으로 이관되고 '반도사 편찬'이 진행됨에 따라 작업이 확대되었다. 1916년 3월 해제집의 속편 간행이 계획되고 도서해제작업에 박차를 가하여 1919년 3월, 1915년에 간행한 1,470종의 해제에 1,300 여종의 도서해제를 더하여 새로운 해제집이 간행된 것이다.[130] 이 해제집은 도서를 크게 경·사·자·집(經·史·子·集)의 4부류로 분류하여 간행했는데, 1915년과 1919년에 발간된『朝鮮圖書

130_中樞院 調査資料,「朝鮮圖書解題ノ編纂」,『朝鮮舊慣及制度沿革ノ調査』第2册.

解題』 각각에 수록한 도서의 종수는 다음과 같다.[131]

표 3 | 1915, 1919년판 『朝鮮圖書解題』 部別 圖書數

간행연도	經部	史部	子部	集部	계
1915년판	107	514	215	634	1,470
1919년판	153	1,268	378	998	2,797

〈표 3〉을 보면 1915년에서 1919년 사이 추가된 1,327종의 도서 가운데 절반이 넘는 754종이 '사부(史部)'에 해당함을 알 수 있다. 이는 일차적으로는 '사부(史部)'의 도서가 많아서 이겠지만, 1915년 이래 중추원에서 진행된 '반도사 편찬'과 관련하여, 역사편찬을 위한 도서의 파악이 중요해졌던 것도 그 이유일 것이다. 또한 앞서 제시한 『調査濟書目』과 『調査中書目』에 나열된 134건의 도서 거의 대부분은 1919년판 『朝鮮圖書解題』에 소개되어 있다.[132] 이는 '반도사 편찬'을 위한 자료조사의 기반이 바로 강점 이래 취조국과 참사관실에서 수집·정리한 도서였음을 말해주는 것이다. 뿐만이 아니라 『調査中書目』에는 발췌가 끝난 도서의 경우 '도서번호(圖書番號)'를 부여·제시하고 있는데, 이는 『朝鮮圖書解題』에서 제시하고 있는 '도서번호'와 동일하여 필요한 책을 쉽게 찾을 수 있도록 하고 있다.

이상에서 확인하였듯이 '반도사 편찬'의 주안점으로 제시된 '신뢰할 만한 사실'은 강점 이후 취조국과 참사관실을 거치며 수집·정리된 도서들을 활용하는 것으로 귀결되었다. '반도사 편찬'을 위해 참사관실의 도서들에

131_실제 간행된 해제집에 실린 도서의 수를 조사한 결과 당시 사료에서 밝히고 있는 숫자와 약간의 차이가 있는 것으로 확인되며, 표는 현재 남아 있는 해제집의 목차에 실린 도서의 수를 근거로 작성하였다.

132_『調査濟書目』, 『調査中書目』의 134건의 사료들을 『朝鮮圖書解題』에서 찾아본 결과 '睡隱集', '於于集', '畏齋集', '寒皐觀外史'의 4건을 제외한 130건에 대한 해제가 실려 있는 것으로 확인된다.

대한 열람에 편의를 확보해 주었을 뿐만 아니라 취조국 이래 진행되고 있던 실록발췌는 더욱 확대되었다. 더군다나 이러한 사료에 대한 정리·발췌의 경험은 『調査濟書目』과 『調査中書目』이 보여주듯이 조사주임들에 의해 더욱 확대되고 있었다.

당시 '반도사 편찬'을 위한 사료수집에 이용한 서목은 더 이상 확인할 수 없지만 '조선사류(朝鮮史類)' 18종, '조선지지류(朝鮮地誌類)' 17종, '조선문집류(朝鮮文集類)' 11종, '조선기록(朝鮮記錄) 및 잡서류(雜書類)' 108종, '지나사류(支那史類)' 30종, '지나기록(支那記錄) 및 잡서류(雜書類)' 530종, '일본사류(日本史類)' 10종, '일본기록(日本記錄) 및 잡서류(雜書類)' 90종, '조선(朝鮮)에 관한 영서류(英書類)' 25종, '조선(朝鮮)에 관한 불서류(佛書類)' 31종, '조선(朝鮮)에 관한 독서류(獨書類)' 4종, 총 884종으로 이 안에서 시기별로 적당한 것을 선별하여 자료를 발췌한 결과 1918년 말까지 발췌한 사료는 '조선도서(朝鮮圖書)' 46종, '지나도서(支那圖書)' 72종이었다. 이뿐만이 아니라 '반도사 편찬'을 위해서 도쿄와 교토 제국대학 교수에게 위촉하여 발췌한 사료가 28책이었다고 한다.[133] '반도사 편찬'을 위한 근간, 즉 누구나 '신뢰'할 수 있는 자료는 바로 이것들이다. 지방에서의 사료의 조사와 수집이 사업주체의 미숙함과 시행착오로 인하여 부진한 가운데 기댈 수 있는 곳은 과거 참사관실에서 수집한 도서를 근간으로 하여 일본 제국대학들의 도서와 같은 기존의 자료를 활용하는 것이었다.

이렇게 사료를 정리·수집하게 되면서 '반도사 편찬'을 위한 기구의 정비도 이루어졌다. 1918년 1월 19일 중추원의 사무 분장에 대한 훈령 제3호가

133_朝鮮總督府中樞院, 앞의 책, 1938, pp.143~147.

발표되어 중추원 내에 조사과와 편찬과가 설치되었다. 조사과에서는 구관 조사사업과 다른 과에서 문의한 사항에 대한 자문 – 즉 중추원 본연의 업무를, 편찬과에서는 사료의 수집편찬 – 바로 역사 편찬과 관련된 업무를 담당한다는 것이다.[134] 즉 '반도사 편찬'을 전담·총괄하는 부서 편찬과가 새롭게 설치된 것인데, 그 과장으로 임명된 이는 오다 쇼고(小田省吾)였다. 오다는 도쿄제대 사학과를 졸업했다는 점에서 미우라, 쿠로이타, 이마니시 등과 같은 편집위원들과 공통점을 갖는다. 하지만 편집위원들이 일본에 머무르며 학자로서 명성을 쌓았다면 오다는 강점 직후 조선에 건너와 총독부 학무국 편집과장으로 교과서 편찬을 담당하며 당시까지 진행된 총독부의 각종 조사사업과 관계를 맺어 왔다. 즉 오랜 기간 조선에 머물렀던 만큼 자신의 기반을 조선에서 쌓아온 인물로, 관료로서의 면모를 보이면서도 총독부에서 진행해 온 각종 학술 정책과 관련을 맺으며 조선의 역사에 대해서도 다양한 글들을 발표하여 학자로서의 면모도 가지고 있던 이력의 소유자였다.

한편 '반도사 편찬'을 위한 집필진의 교체가 2차례 있었던 것으로 알려져 있는데, 편찬과가 설치되어 기구의 정비가 완비된 1918년 2월 집필진 역시 확정된 것으로 보인다.[135] '반도사'는 신라시대·고려시대·이조시대·최근세의 4시기로 시기를 구분하여 서술하려던 초기계획을 변경하여 상고삼한, 삼국시대, 통일 후의 신라, 고려시대, 이조시대, 최근세시대의 6편으로 나누어 집필하기로 결정됨에 따라 각 편별로 담임자를 선정했으며[136]

134_『朝鮮總督府官報』, 1918년 1월 19일, 訓令 第3號.

135_반도사의 집필진은 1916년 10월과 1918년 2월에 변동이 있는 것으로 추정되고 있다. 이에 대해서는 장신, 앞의 논문, 2009, pp.368~371을 참고할 것.

136_朝鮮總督府, 『朝鮮半島史編成ノ要旨及順序』, 1916, p.7; 朝鮮總督府中樞院, 앞의 책, 1938, p. 145.

각 편별 담당자는 다음과 같았다.[137]

표 4 | '半島史' 각 편별 집필담당자

篇	第1編 上古三韓	第2編 三國時代	第3編 統一新羅	第4編 高麗時代	第5編 李朝時代	第6編 最近世時代
擔當者	이마니시 류우(今西龍)			오기야마 히데오 (荻山秀雄)	세노 우마쿠마 (瀨野馬熊)	스기모토 쇼스케 (杉本正介)

〈표 4〉를 보면 알 수 있듯이 처음 편집주임으로 임명되었던 쿠로이타와 미우라를 대신하여 오기야마 히데오(荻山秀雄), 세노 우마쿠마(瀨野馬熊), 스기모토 쇼스케(杉本正介)가 실제로 편찬을 담당하게 되었다. 4편을 담당한 오기야마는 1909년 교토제국대학 사학과를 졸업한 이후 문부성 주최 도서관강습회를 수료하고 1914년 이왕직촉탁(李王職囑託)으로서 조선에 건너와 도서실에서 근무하다가 '반도사'의 집필을 맡았으며 1923년 이후는 주로 총독부 도서관장으로 관력을 쌓으며 총독부 도서관의 완비와 대중도서관 설치 등에 힘쓴 인물로 평가된다. 5편의 세노는 와세다대학 문학과에서 수학한 이후 1906년 12월 이후 3년간 대만총독부에서 문서편찬 및 토비토벌사(土匪討伐史) 편수 업무를 보다가 1910년 남만주철도주식회사 만선역사지리조사부에 들어가 근무한 후 1916년 10월 조선으로 건너와 조선총독부 중추원 사무 중의 하나인 조선인명사서편찬에 관계하던 중 '반도사' 집필을 맡았으며 이후 조선사편수회의 『朝鮮史』 편찬에도 참여하게 된다. 또 6편의 집필자인 스기모토는 교토제국대학에서 서양사를 전공했지만 사학보다 어학에 능통했으며 조선총독부에서 교과서 조사위원이었다가 '반도사' 집필을 맡게 된 인물이다.[138] 흥미로운 것은 세노, 오기야마, 스기모토, 특히

137_瀨野馬熊, 『瀨野馬熊遺稿』, 序, pp.2~3. (이 서문은 당시 東京帝大 教授였던 池內宏이 쓰고 있다.)

오기야마와 스기모토는 이미 조선에 건너와 조선에 머물던 기간이 상당했던 이들로 이왕직이나 교과서 조사위원 등 관료적 성향을 보인다는 점에서 오다와 유사한 면모가 드러난다는 것이다. 그렇지만 이들은 전문적으로 역사를 연구해 본 경험이 없었으며, 그나마 그러한 경험이 있던 세노 역시 조선의 역사에 대해 전문가라고 하기에는 어려운 인물이었다.[139]

그렇기 때문에 편찬에 있어 편집주임들의 영향력은 여전했던 것으로 보인다. 반도사 편찬을 위하여 편집주임은 적어도 1년에 한 차례씩은 회합을 가졌던 것으로 보이는데, 현재 1920년 4월에 있었던 회합에 대한 기록이 남아 있다. 이 회합에는 쿠로이타가 참석하지 못했던 것으로 보이지만 이마니시와 미우라는 4, 5편에 해당하는 고려 및 조선시대의 집필에 대한 자신들의 의견과 주의사항을 제시하고 있을 뿐만 아니라 편찬의 원칙 등을 수립했다.[140] 즉 집필진이 조선에 상당 기간 거주하며 조선의 사정을 어느 정도 숙지한 이들로 교체되었지만 전문 연구자로서의 면모가 부족한 가운데 편집주임들은 편찬에 있어 큰 틀을 제시하고 전체적인 내용을 조율하는, 집필의 근간을 잡아주는 역할을 담당하고 있었다.

138_荻山秀雄, 瀨野馬熊, 杉本正介에 대해서는 金性玟, 앞의 논문, 1989, pp.128~130 및 『朝鮮人事興信錄』, 朝鮮人事興信錄編纂部, 1935, p.97; 『朝鮮功勞者銘鑑』, 朝鮮功勞者銘鑑刊行會, 1935, p.79; 『瀨野馬熊遺稿』, 序, pp.2~3을 참고.

139_반도사 집필을 담당했던 것으로 보이는 瀨野馬熊, 荻山秀雄, 杉本正介 3인이 1917년 이전까지 한국사와 관련하여 발표한 연구성과는 미미했다. 瀨野馬熊은 1915년에 임진왜란 당시의 조선 수군에 대한 글 한편을 발표한 것이 전부였으며, 荻山秀雄과 杉本正介는 그 마저도 없었다. 즉 이들 3인은 반도사 집필을 담당했을 당시 한국사에 대해서는 문외한이었다.

140_이 기록은 「반도사 편찬 관련 협의사항」이라는 제목으로 『친일반민족행위관계사료집』 V, 선인, pp.39~47에 실려 있다.

이상과 같이 집필을 위한 기구가 정비되고 집필진의 진용이 갖추어지면서 '반도사'의 집필이 본격화될 수 있었을 것이다. 1920년 4월에 있었던 반도사 편찬을 위한 협의사항을 보면 반도사는 30자 원고 14행을 한 쪽으로 하는 지면에 상·하 2권으로 구성되며 각각 450쪽, 550쪽 합계 1,000쪽의 분량으로 계획되었고, 편별로는 1편 70쪽, 2·3편 합계 180쪽, 4편 250쪽, 5·6편 합계 400쪽으로 6편 최근세는 100쪽 이내, 부록(系圖, 年代, 索引) 100쪽으로 할당되었다. 기년법은 '~왕 -년'을 기본으로 하고 필요에 따라 일본 혹은 중국의 연호를 주기하며, 각왕의 기년은 1, 2, 3편은 삼국사기 연표를, 4편은 고려사 연표를, 5편은 국조보감(國朝寶鑑)을 따르는 것이 원칙이었다.[141]

4. '朝鮮半島史'의 서술 방향과 실제

'반도사 편찬'을 위한 사료가 확보되고 집필을 위한 기구의 정비 및 집필원칙이 확정됨에 따라 편찬은 본격화할 수 있었다. 그렇다면 '반도사'는 어떠한 구성을 취하고 있으며, 그 내용에 있어 두 가지 주안사항 – '일선'이 '동족'임을 밝히는 것과 조선은 계속된 '흥망기복(興亡起伏)'으로 인해 인민은 '빈약'해졌지만 강점으로 행복을 되찾았다는 것 – 은 어떻게 구현되었을까? '반도사'의 실제 내용을 살펴보는 것은 당시 총독부 차원에서 조선의 역사를 어떻게 재구성하였고, 어떠한 사항에 중점을 두어 서술하였으며, 또

141_「반도사 편찬 관련 협의사항」, 『친일반민족행위관계사료집』 V, 선인, p.39.

이를 통해 과연 식민통치를 미화하고 통치 정책을 합리화했는지를 확인하는 데에 가장 중요한 작업일 것이다.

그렇지만 '반도사'는 미완의 사업으로 그쳤고, 그 원고는 일부만 작성되었다. 현재 원고가 남아 있는 것은 이마니시가 집필을 담당한 1·2·3편('上古三韓', '三國時代', '統一 후의 新羅')과 각각 세노와 스기모토가 담당한 5·6편('李朝時代', '最近世時代')의 극히 일부이다. 다만, 비록 집필에 있어 구속력이 있지는 않았지만 집필을 위한 장절(章節)과 세부 목차(細目)가 남아 있어[142] 이를 통해 원고가 작성되지 않은 부분의 대략적인 모습을 추측할 수 있다. 원고가 남아 있는 부분과 그렇지 않은 부분을 종합하면 '반도사'의 목차는 다음과 같다.

표 5 | '朝鮮半島史'의 목차(원고 미완성 부분 포함)

제1편 상고삼한 제1기 원시시대 제1장 조선 개국의 諸 전설 제2장 고조선 제2기 漢領土時代 제1장 한군현의 설치 제2장 — 제3장 조선반도에서의 漢人의 문화 및 사회 상황 제4장 韓種族의 諸國 제5장 扶餘民族의 南下	제4편 고려 제1기 興隆시대 (태조원년(918)~성종12년(993)) 제1장 태조의 창업 제2장 성종의 守成 제3장 고려 초기의 문화 제2기 遼藩附시대 (성종13년(994)~인종말년(1146)) 제1장 고려와 契丹의 관계 제2장 德宗부터 文宗에 이르기까지의 중요 事蹟 제3장 權臣의 전횡 제4장 고려 중기의 문화 제3기 武臣專權時代 (의종원년(1147)~고종말년(1

142_'朝鮮半島史'의 章節과 細目은 「朝鮮半島史要項」과 「朝鮮半島史要項細目」으로 『친일반민족행위관계사료집』 V에 실려 있다. 章節과 細目의 작성시기는 1918년 2월~1920년 4월 사이로 추측된다. 그 이유는 집필진 구성 완료와 編纂課의 설치 시점이 1918년 2월이며 1920년 4월 반도사 편찬을 위한 협의 사항의 내용에서 고려시대와 조선시대의 주의사항의 경우 장별로 주의사항을 기술하고 있는 것으로 보아 적어도 그 이전에 章節과 細目이 정해져 있음을 알 수 있기 때문이다.

	259)) 제1장 무신의 발호 제2장 金의 흥융과 고려 제3장 몽고의 침구 제4기 元복속시대 (원종9년(1264)~공양왕말년(1392)) 제1장 최씨의 멸망 제2장 고려와 일본의 관계 제3장 고려와 원의 관계 제4장 고려의 쇠망 제5장 고려 말기의 문화
제2편 삼국 및 가라시대 제1기 — 제1장 고구려·백제의 분쟁과 일본의 백제 보호 제2장 신라의 漸興 제3장 신라의 발흥과 가라제국의 쇠미 제2기 삼국정립시대 제1장 삼국의 內政 제2장 삼국의 對峙 제3장 삼국간 전쟁의 재발과 수나라의 고구려 침입 제4장 삼국 간의 전쟁과 당태종의 고구려 정벌 제5장 신라의 고립과 唐兵의 招致 제6장 일본민족과 반도민족의 混交 제2편의 부기 - 삼국의 문물·제도·풍속 제1장 고구려 제2장 백제 제3장 신라 附 가라	제5편 조선 제1기 융성시대 (태조원년(1392)~명종말년(1566)) 제1장 창업 제2장 수성 제3장 朝臣의 내홍 제4장 조선초기의 문화 제2기 外難시대 (선조원년(1567)~인조15년(1637)) 제1장 일본과의 관계 제2장 만주(滿洲)와의 관계 제3장 당쟁(黨爭) 제4장 조선 제2기의 문화 제3기 淸 복속 시대 (인조15년(1637)~철종말년(1863)) 제1장 당쟁의 전개 양상 제2장 外戚의 專權 제3장 조선 제3기의 문화 제4장 대외 관계
제3편 통일 후의 신라 제1기 융성시대 제1장 신라와 당의 분쟁 제2장 신라의 번성기 제3장 신라 중대의 제도와 문물 제2기 — 제1장 왕위 분쟁 제2장 신라의 쇠망 제3장 신라와 외국과의 관계 제4장 제도와 문물	제6편 조선 최근세 제1기 淸세력 감퇴시대 (철종14년(1864)~이태왕32년(1895)) 제1장 이태왕의 즉위와 대원군의 擅政 제2장 대외 관계 제3장 일본과의 修交 제4장 임오의 난 제5장 갑신의 난 제6장 여러 외국과의 교섭 제7장 일·청 전쟁 제2기 독립시대 (이태왕32년(1895)~이태왕 광무9년(1905)) 제1장 국정 혁신 및 그 逆戰 제2장 韓政의 親露 경향 제3장 일러 전쟁 제3기 일본보호정치시대 (이태왕 광무9년(1905)~이왕 융희4년(191

	0)) 제1장 일·한 諸 협약의 성립 제2장 統監府 개설 제3장 통감 정치 진행 제4장 일·한 병합 제5장 문명적 시설 유입

※ 음영이 있는 부분은 원고 미완성 부분이다. 목차는 『半島史要項細目』에 의거하였다.
※ 기(期), 장(章)의 제목이 들어갈 부분에 '—'로 표시된 부분은 원고상 제목이 빠져있는 것이다.

일단 '반도사'는 조선의 역사를 크게 6시기로 구분하여 '편(編)'으로 하고, 그 아래에 시간의 흐름에 따라 몇 개의 '기(期)'를 설정하며, 그 아래에는 해당 시기의 주요 정치적 사안, 대외 관계, 제도와 문화적 내용을 다루는 '장(章)'을 병렬적으로 나열하는 구성을 취하고 있다. 그런데 전체 6편 가운데 절반에 해당하는 1, 2, 3편이 고대사에 해당하는 부분이다. 즉 전체의 구성상 '반도사'는 고대사에 비중을 두었다고 하겠다. 이처럼 고대사에 비중을 둔 것은 앞서 서술하였듯이 '반도사 편찬'의 계기 중 하나가 『韓國痛史』나 『東史年表』로 대변되는, 조선 후기의 역사인식 – 단군을 정점으로 하며 부여, 고구려, 발해를 적극적으로 평가하는 것 – 의 계승과 확대에 대한 대응이었던 점, 또 다음 장에 후술하겠지만 고대사를 중심으로 조선의 역사를 연구했던 당시 일본 학계의 연구 수준과 경향을 고려하면 당연하다고 하겠다.

그렇다면 '반도사'에서는 조선의 역사를 어떻게 체계화했는가. 먼저 조선 역사의 주체인 조선민족에 대해 다음과 같이 정의하고 있다.

> 현재 韓種族이 조선 반도 남부에서 서부에 걸쳐 定住하였으며, 이른바 濊貊族은 중국대륙에서 조선 반도 동쪽, 즉 함경도·강원도 지역에 걸쳐 定住하였던 것으로 보인다. 그러나 예맥족은 조선 반도의 구석진 지역 일부 지방만을 차지하고 있던 데 불과하며, 조선 반도의 주요 주민은 韓種族이었던 것이다.... 백제는 그 王室 및

일부 귀족은 부여족의 후예이지만, 그 백성은 마한인이어서, 어떤 의미에서는 마한인이 부여족인 왕을 받들었던 셈이다. 신라는 진한을 통일하였고, 加羅, 任那는 변한족이므로, 이들은 조선 민족의 나라이지만, 고구려의 경우에는 부여민족이 대륙을 근거지로 하여 조선 반도 북쪽에 나라를 세우면서 시작된 나라로, 후대에 이르러 고구려가 멸망하자 그 國人은 대부분 渤海로 들어갔던 반면, 신라로 들어가는 자는 적었다. 따라서 고구려는 조선 민족의 역사를 이루는 요소가 아니지만, 이를 조선 민족의 역사 속에서 다루지 않으면 복잡한 當代의 역사를 설명할 수 없으므로, 본서에서는 고구려에 대해서도 기술하고자 한다.[143] (밑줄은 인용자)

(三韓은) 土俗이 같고, 아마 개국신화도 공통점이 있을 것이다. 그리고 각각 그 동안에 自種自族이라는 생각도 약간은 가지고 있었을 것이다.... 이 三韓의 種族은 지금의 朝鮮民族을 형성한 주체이다. 그렇다면 삼한이라는 칭호는 결국 조선 반도의 지리적 칭호인 것이다. 이곳의 國人은 오랫동안 이 칭호를 사용하였다. 이 말은 특수한 용어로서 마한·진한·변한 등 세 개의 韓國이라는 뜻으로 사용되었지만, 일반적으로는 조선 민족의 국가라는 뜻이다.[144] (밑줄은 인용자)

즉 '삼한'이 현재 조선인의 기원이며, 이들이 주축이 된 조선 남부의 백제와 신라만이 조선의 역사로서, 고구려의 역사는 조선의 것이 아니라는 것이다. 이렇듯 조선의 남부에 역사의 중심을 설정하게 됨에 따라 '단군'과 '기자'는 자연히 조선의 역사적 범위 밖에 존재하는 것이 될 수밖에 없다. '반도사'에서는 '단군'을 남방에서는 찾아 볼 수 없는 '북방 여러 민족의 시

143_친일반민족행위 진상규명위원회, 「『조선반도사』 1편 원고('상고' 부분)」, 『친일반민족행위관계사료집』 V, 선인, pp.136~138.(이하 「『조선반도사』 1편 원고('상고' 부분)」으로 표시)

144_「『조선반도사』 1편 원고('상고' 부분)」, pp.159~160.

조 출생자' 가운데 하나로서 고려 인종(仁宗) 이후 존칭을 붙여 존숭된 것이며, 기자에 대해서는 '전국시대(戰國時代)의 중국에는 은나라 말의 현인 기자가 이 국가의 제후로 갔다고 전하는 사람도 있었으나, 이 전설은 아마 은나라 사람의 후예인 송(宋)나라 사람에게서 나온 것', 혹은 '낙랑·대방 사람들의 손으로 이루어진 전기 혹은 전설을 바탕으로 저술'된 자료에 의지하고 있는 것[145]이라며 부정하고, 위만조선(衛滿朝鮮)은 '한(漢)의 외번(外蕃)'이라며[146] 다음과 같은 서술을 이어갔다.

> 종래 역사가 중에는 일종의 편견에 빠져, 조선 민족이 全民族 一國家를 형성, 출현하여 나중에 分裂時代로 들어갔다가 다시 통일된 국가를 만들었다고 오해해, 출현 이후 다년간 一王國을 구성하였다고 보고 이 왕국을 王室의 變移에 따라, 단군조선·기자조선·위만조선으로 구분하여 이를 고조선이라고 부르는 사람도 있다. 또는 기자조선을 馬韓王國과 연결시키는 사람도 있다. 그밖에 이런저런 繼承說을 주장하는 사람도 있지만, 모두 비판의 대상이 된다.... 중국의 戰國時代 때에는 이미 조선 반도에 定住한 조선 민족 중에 조선·진번·진국 등으로 불리는 비교적 큰 원시적 국가가 조선 민족이 형성한 많은 部落的 국가 사이에서 출현하였으며 이들 중에 조선은 서북쪽에 漢民族과 가장 먼저 접촉할 수 있는 위치에 자리하고 있어서 기원전 3세기 후반에 이르러 조선반도 서북쪽으로 이주해 온 漢民族에게 가장 먼저 멸망되었다. 이 조선은 사실 조선 민족의 일부분이 그 북부에 형성한 小王國에 불과하다. 조선 민족 역사의 本編은 이 당시 조선 반도의 남부에서 많은 小國을 건설하고 있었으며, 韓種族으로 세상에 알려지기 시작하였다..... 이 원시적인 전설(檀君傳說: 인용자)은 神人을 아버지로 神獸를 어머니로 하는 북방 諸 민족의 始祖 출생담에 공통적으로 나타나는 전설이라고 할 수 있다.... 단군의 전설은 본래

145_「『조선반도사』 1편 원고('상고' 부분)」, p.140.
146_「『조선반도사』 1편 원고('상고' 부분)」, pp.143~147.

한민족과 아무런 관계가 없으며, 우리 한민족은 북방 민족이 가지고 있던 야비한 개국전설과 전혀 다른 매우 고상한 고유의 개국전설을 가지고 있다. 그 신화는 오늘날 완전한 형태로 전해지고 있지는 않지만, 파편으로나마 남겨진 그 전설을 살펴보면 일본 민족의 그것과 유사하여 실로 성스러운 것이다.[147] (밑줄은 인용자)

위의 인용문은 '반도사 편찬'이 겨냥하고 있었던 바를 명확히 보여준다. 먼저 고조선과 같이 모든 조선민족이 하나의 국가를 이루었다가 여러 국가로 분열했고 이후 통일의 과정을 거친다는 견해를 부정하였다. 주지하다시피 신채호의 경우 압록강 유역에서 발원한 부여족이 일부는 요동과 만주로 또 다른 일부는 조선과 삼한으로 분포하며 삼국을 성립하게 되었다는 역사 체계를 선보였다.[148] 이처럼 하나의 민족이 둘 혹은 셋으로 분열한다는 역사상은 박은식에게도 동일하게 나타난다. 만한은 원래 한 나라이고 백성은 원래 동족으로 비류와 숙신, 부여, 예맥, 옥저 등이 모두 단군의 후예로, 그로부터 갈라졌다는 것이다.[149]

'반도사'는 이러한 조선인 연구자들의 견해는 '오해'라며, 이를 '비판의 대상'으로 치부하였다. 조선민족 역사의 본류인 한종족(韓種族)은 남부에 많은 소국들을 이루고 있었기 때문에 고조선과 같은 전 조선민족을 아우르는 통일왕국은 존재할 수 없다는 것이다. 즉 '반도사'는 조선 후기 이래 자국사를 단군과 고조선에 기점을 두고 체계화하고자 했던 노력들에 대한 부정이었으며, 이를 반도 남부의 '한종족'을 중심으로 다시 쓰려했던 시도였

147_「『조선반도사』 1편 원고('상고' 부분)」, pp.139~145.

148_신채호, 『讀史新論』, pp.475~476.

149_박은식, 『大東古代史論』, pp.385~389. 여기서 박은식은 자신의 이러한 견해가 18세기 실학자 李種徽의 『東史』를 바탕으로 함을 밝히기도 하였다.

다. 이러한 맥락에서 고조선의 건국신화인 단군신화는 자연히 부정될 수밖에 없는 것이다. 부락적 소국들에서 시작한 조선에서 이 모두를 아우르는 통일적 국가와 그러한 국가의 시조(始祖)는 있을 수 없는 것이었다. 뿐만 아니라 '반도사'에서는, 신인(神人)과 신수(神獸)의 결합은 북방 민족의 시조신화에서 나타나는 특징이라면서 반도 남부의 한종족과는 무관한 것임을 강변한다. '반도사'에서 한종족의 고유의 개국전설로 들고 있는 것들은 난생전설이라는 면에서 일본의 전설들과 유사성이 보이는 신라의 박혁거세, 석탈해, 김알지, 가락국의 김수로왕 등의 개국 전설이었으며, 이를 통해 일본과의 공통성이 부각되었다.[150] 이처럼 반도사는 조선 후기 이래 형성된 역사 체계를 부정하면서 그 범위를 일본과 공통점이 인정되는 '반도의 남부', '한종족'으로만 국한시키는 것이었다.

> 신라가 고구려에 복속하여 일본에 반항적 태도를 취하고 駕洛지방 및 백제를 침략하려고 하여 끊임없이 일본의 토벌을 받은 것은 사실이지만, 고구려가 신라의 존립을 도운 것은 강대한 일본에 대한 藩屛으로 삼기 위함이었다. 한 나라의 번병이 되면 다른 나라의 토벌을 받는 것은 자연스러운 흐름이다. 만약 이 시대에 일본의 보호가 없었고 강대한 일본이 없었다면 마한·변한 종족뿐만 아니라 진한을 포함한 모든 韓種族은 북방 민족의 混種인 막강한 고구려 민족에게 유린당해 지금의 조선 민족을 만나 볼 수 없었을 것이다.[151]

위의 인용문에서처럼 '반도사'는 한종족에 대한 일본의 보호를 강조한다. 순수한 한종족은 일본의 보호가 없었다면 고구려로 대변되는 북방 민

150_「『조선반도사』 1편 원고('상고' 부분)」, p.144.
151_「『조선반도사』 2편 원고('삼국' 부분)」, p.196.

족에게 정복당했을 것이며, 그랬다면 지금의 조선도 없을 것이라는 서술에서 '반도사'가 추구했던 역사상, 즉 조선의 역사는 고구려와 같은 북방이 제외된 조선의 남부에 대한 것이며, 예나 지금이나 조선의 존립에 일본의 보호가 필수적이라는 시각을 단적으로 드러낸다. 이처럼 조선의 남부를 중심으로 역사를 재구성하고 이 지역과 일본과의 관련성을 강조하는 것은 앞서 살펴보았듯이 미우라나 쿠로이타가 구상했던 '반도사'의 서술 방향이었으며, '동족(同族)'을 역사의 문제가 아닌 인종의 문제라고 강조했던 이마니시는 '종족(種族)'의 차원에서 다른 편집위원들과 같은 방향을 바라보며 '반도사'를 서술했음을 알 수 있다.

이렇게 조선 남부의 '한종족'만을 조선 역사의 주체로서 평가하게 됨에 따라 신라 통일의 의미도 축소되었다. 이는 '(고구려까지 포함하여) 반도를 통일했다고 말할 수는 없는 것'으로 '한민족을 통일했다고 하는 것은 가능하지만 고구려까지 통일했다고 하는 것은 오류'[152]라면서, 그 의미를 당의 병사를 불러들인 '비루한 방법'에 의한 '한민족(韓民族)'의 통일에 두고 고구려로 대변되는 북방의 역사는 철저하게 배제하였다.

한편 삼국시기 남부의 한종족을 보호해 준 일본에 대해서 초기에는 '(신라가: 인용자) 일본의 의사를 존중하려고 노력했고 이전의 전례를 지켜 매년 조공특사를 파견하여 사대의 예를 갖추'었다며,[153] 문무왕 8년 사찬(沙飡) 김동암(金東巖)을 파견하여 조공을 바쳤다는 것을 거론하고, '텐무(天武), 지토(持統), 몬무(文武)의 세 천황, 신라에 대해서는 문무, 신문, 효소, 성덕의 네 왕 시기의 가장 태평한 40년간 두 나라 사이의 빈번한 왕래'가 있어 '신

152_「『조선반도사』 3편 원고('통일신라' 부분)」, p.276.
153_「『조선반도사』 3편 원고('통일신라' 부분)」, p.268.

라로부터 조공사신이 온 기록은 많이 있고 일본에서 사신을 파견한 것도 있기는 있지만' 삼국사기에는 이들 사건을 생략하고 '우리나라 국사 기사'만 기록을 전하고 있다며 일본 우위의 관계가 여전했음을 표하였다.[154] 이러한 맥락에서 성덕왕대 이후 일본과의 왕래가 소원해진 것에 대해서는 '신라가 상례(常禮)'를 잃었기 때문에, 즉 신라가 일본과의 관계에서 무례를 범하게 됨에 따라 양국의 관계가 소원해졌다고 서술하며[155] 일본 우위의 한일관계를 확인하였다. 이렇듯 '반도사'는 일본이 우위에서 한종족을 보호하고 조선은 이에 감사한다는, 조선과 일본의 밀접한 관계를 상정하고 있다.

한편 앞서 언급했듯이 편집위원들 사이에도 이견을 보인 '반도사'의 첫 번째 주안 사항인 '일선(日鮮)의 동족(同族)'은 어떻게 수렴되었을까.

> 현재의 朝鮮人은 韓族이 濊族(좁은 의미의)을 융합하여 扶余族 일부와 일본족 및 중국족 일부가 섞여 이루어졌지만, 그 대부분은 한민족의 후예라고 해야 할 것이다.…. 그러나 한민족과 일본 민족은 太古에 한 민족을 이루어 같은 한 지역에 거주하다가 大移住의 결과, 하나는 조선 반도에, 또 하나는 海島에 定住하여 그 거주를 달리하면서 많은 시간이 지나, **하나는 한민족이 되었고 다른 하나는 일본 민족이 되어 구별을 낳았으나**, 種族**이 달라지지는 않았다**. 두 민족이 조선-일본단(朝鮮-

154_「『조선반도사』 3편 원고('통일신라' 부분)」, pp.278~281.

155_「『조선반도사』 3편 원고('통일신라' 부분)」, p.282. 특히 이 부분에서 한국 最古의 史書인 三國史記의 관련기사를 거론하며 다음과 같이 기술하여 三國史記에 대한 일본인 학자들의 입장을 드러내고 있다. '사신들의 뜻은 불분명하지만 아마도 신라가 상례를 잃은 것을 힐책한 것 같다….天平 14년 신라의 사신 사찬 金欽英 등 187명이 일본에 왔다. 그런데 당시의 恭仁의 새로운 수도가 아직 완성되지 않아서 다시 다자이후에서 신라로 돌려보냈다. 삼국사기에 이 해의 기록에 '일본국의 사신이 왔으나 받아들이지 않았다'고 적고 있는 것은 그들이 我田引水격으로 잘못 기록한 것이다.'

日本團: Korea-Japanese group)을 이룬다는 사실에는 東西의 학자들도 의견이 일치한다. **한·일 上代同域論은 따르기 어렵지만 두 민족이 同種이라는 점에는 아무도 異說을 주장하지 않는다.** 조선어와 일본어는 세계 여러 언어 중에서 서로 가장 비슷한 언어이며, 용모나 체질 면에서도 또한 上代의 土俗 면에서도 이렇게까지 유사한 종족은 찾아보기 어렵다. 언어가 同一系라는 점이 국토의 인접이나 교통의 결과에 의한 것이 아니라는 사실은 한민족이 일본보다도 훨씬 더 많은 접촉과 교통을 한 중국·만주 지역의 민족과 커다란 차이가 있다는 점을 통해서도 알 수 있다.…교통의 대세가 단어를 움직이더라도 언어의 근저를 이루는 어법까지는 움직일 수 없다는 사실을 증명해 준다고 할 수 있다. 그러나 두 민족이 태고에 같은 생활을 하였다면 어느 곳에 살았는지, 어떤 이유로 조선 半島 또는 海島로 이주하였는지에 대해서는 아직 정확히 밝혀진 점이 없다. 남쪽에서 북진한 것인지, 북방에서 남진한 것인지. 이에 대해서는 **부여·예맥 등 북방 민족과의 관계를 고찰해 보아야 한다.…부여·예맥·韓·일본은 민족상 커다란 一團을 이루지만, 부여·예맥은 다시 말해 通古斯族(퉁구스족)으로 이른바 만주족으로 불러야 할 것이다. 이들과 韓·일본 사이에는 분명한 단절이 있으며** 지금 그 관계를 밝히기 위해 東西의 인종학자가 인정하는 異說없는 人種樹表를 만들어야 한다.[156] (밑줄 및 강조는 인용자)

'반도사'에서는 조선 반도의 주요 주민이자 조선인의 선조를 조선 남부에 거주하던 '한종족'으로 정의함과 아울러 한일을 '조선-일본단(朝鮮-日本團)'이라고 표현하며 하나로 묶었다. 조선과 일본은 태고에 하나의 민족을 이루고 같은 지역에 거주하다가 일부는 반도로 또 다른 일부는 열도로 이주한 결과 각각 '한민족'과 '일본 민족'을 형성하게 되었지만 종족은 동일하며 그렇기 때문에 두 민족이 '동종(同種)'이라는 것은 부정할 수 없는 사실이

156_「『조선반도사』 1편 원고('상고' 부분)」, pp.136~146.

라는 것이다. 즉 '반도사 편찬'에 있어 주안점으로 거론된 '동족(同族)'은 종족의 동일성으로 실현되었다. 이는 조선에 대한 일본의 정치적 지배 - 일본부(日本府) - 를 증명할 수 있는 물적 증거가 발굴되지 않는 가운데 반도의 남부에 거주하며 조선민족의 주류를 형성한 한종족과 일본민족과의 친연성을 드러내는 것으로, 강점 이래 쿠로이타가 주장했던 '일한문명동역론(日韓文明同域論)'이나 1910년대 몇 차례 조선을 조사한 후 변화한 이마니시 - 바로 '반도사'의 고대사 부분 집필 담당자 - 의 견해와 맞닿아 있는 것이기도 하다.

이는 일본부에 대한 서술에서도 나타난다. '반도사'에서는 일본부에 대해 장황하게 서술하지 않는다. 하지만 진구(神功)황후와 오진(應神)천황 당시 가라 지방은 일본 조정의 보호 아래에 있었으며 일본은 이 지역의 여러 왕들에게 자치를 맡기고 조세공물을 징수하였고, 여러 나라 사이에는 종종 직할지가 있어 여기에 조정에서 파견된 미코토모치(宰)를 두어 인근의 공물징수를 감독하고 유력 장군을 파견하여 약간의 병사를 이끌고 이를 통감했다고 보았다. 또 그 위치에 대해서도 일본과 교통이 편한 임나 지방에 있었지만, 이는 정제(定制)가 아닌 편의에 따라 설치된 것이기 때문에 상황에 따라 이동하는 것이라고 서술하였다.[157] 즉 '반도사'에서는 일본부를 상황에 따라 이동하던 관리나 장군의 주재소로 보았다. 앞서 서술했듯이 한일이 정치적으로 동역이었다면, 즉 일본이 한국을 직접 지배했다면 유물과 유적이 발견되어야 했겠지만 수차례의 답사에도 불구하고 일본부의 실체를 확인할 수 없었다. 일본부를 이동하던 것으로 보는 것은 그 존재를 확신

157_「『조선반도사』 2편 원고('삼국' 부분)」, pp.203~205.

하면서도 유적과 유물의 부재를 변호하는 방법이기도 했다.

조선과 일본의 종족적 동일성에 대한 근거로는 세계 다른 곳에서는 찾아보기 힘든 용모, 체질의 유사성과 언어, 토속의 공통성 – 이에 대해서 이마니시는 '반도사' 집필 직전 강연 당시에서는 가능성만을 언급했었다 – 이 제시되었고, 특히 어법이 같다는 것이 그 결정적인 증거였다. 뿐만이 아니다. 이마니시는 강점 직전 조선과 일본의 곡옥 발굴 상황을 근거로 하여 곡옥을 차는 것과 같은 원시적인 풍속에서 차이가 날만큼 한일의 종족은 별개라는 생각을 가지고 있었다. 그렇지만 '반도사'에서는 삼국의 문화와 풍속을 논하면서 '토속은 백제·신라·가라 등 한종족 국가 고유의 풍속이 많이 존재하였으며, 따라서 고구려와는 다른 점이 많았고 일본과는 비슷한 점이 많았다. 최근 신라에서 일본과 같은 곡옥·관옥을 달았다는 사실이 유물조사 결과 발견되었다는 것은 그 증거라고 할 수 있다'며 곡옥을 그 근거로 제시할 정도로 조선인과 일본인이 동종임을 깊숙이 받아들이고 있었던 것이다.[158]

한편 위의 인용문을 보면 종족적 동일성을 제시하지만 '하나는 한민족이 되었고 다른 하나는 일본 민족이 되어 구별을 낳았다'는 내용에서 알 수 있듯이 조선과 일본의 민족은 별개의 것으로 상정되어 있음을 알 수 있다. 과거 종족은 같았지만 조선 민족과 일본 민족은 다르다는 것이다. 이처럼 종족적 동일성을 이야기하면서도 민족적으로 구분하는 모습은 다음의 인용문에서처럼 '반도사' 곳곳에 나타난다.

158_「『조선반도사』 2편 원고('삼국' 부분)」, pp.251~252.

삼한 민족과 당시 중국인이 倭라고 부른 일본 민족은 동일 종족에서 갈라진 종족에 지나지 않아, 예부터 渡航하기 어려운 大海가 가로놓여 있어도 이에 상관없이 빈번하게 교통하고 왕래하면서 밀접한 관계를 가졌다.... 馬韓人의 습속은 일본과 유사한 점이 있다. 또한 魏志에 따르면 진한의 남녀는 왜와 비슷하였고.... 또한 최근 일본·조선 양쪽의 古墳 유물 조사가 진행됨에 따라 韓種族이 거주한 남부 조선의 유물은 북부 조선의 유물과 전혀 다른 종류의 것으로 일본열도에서 발견된 유물과 완전히 동일한 종류에 속한다는 것을 알게 되었다.[159] (밑줄 및 강조는 인용자)

위의 인용문은 중국측 문헌인 위지(魏志)의 기사, 강점 이래 실시된 '남조선' 조사에서 발굴된 유물 등을 거론하며 한일의 종족적 동일성을 이야기하면서도 중국인들이 삼한과 왜라는 별개의 호칭을 사용할 정도로 삼한 민족과 일본 민족은 다르다는 것을 전제하고 있다. 앞 절에서도 언급했지만 쿠로이타는 '도국(島國)', '만세일계(萬世一系)의 황실(皇室)'과 같은 일본만의 특수성을 강조하면서, 대만·조선과 '순일본(純日本)'의 사이에는 뚜렷한 구별이 존재하고 일본인은 대만인이나 조선인과는 같다고 할 수 없음을 강조했으며,[160] 이마니시 역시 강연 석상에서 조선과 대비되는 일본의 '국체(國體)'를 거론하여[161] 한일의 종족적인 유사성을 말하면서도 양자의 차이를 분명히 했다. 이러한 일본·일본인만의 특수성을 강조하는 태도가 '반도사' 서술에 있어서는 민족적 구별로 나타난 것이 아닐까 한다. '종족(種族)'

159_「『조선반도사』 1편 원고('상고' 부분)」, p.160.

160_黑板勝美, 「偶語」, 『歷史地理 朝鮮號』, 日本歷史地理學會, 1910, pp.153~155.

161_今西龍, 『朝鮮史の栞』, 1935, p.189. 이는 1920년 4월 17일부터 12월에 걸쳐 13회로 이루어진 일본 財團法人 懷德堂紀念會에서 개최한 공개강연이었다. 여기서 今西龍은 조선에 비견하여 일본의 이러한 국체를 '帝國主義'라고 표현하고 있다.

의 동질성과 '민족(民族)'의 차별성을 이야기하는 것은 '동화'에 대한 가능성을 확인하면서도 현실에서의 조선과 일본, 조선인과 일본인 사이의 차별을 설명할 수 있는 유용한 방법이었을 것이다. '반도사'에서 제시한 '일선의 동족'은 이와 같은 양의성을 띠고 있었으며 '동화' 혹은 '차별' 어느 방향의 정책이든 이를 합리화할 수 있는 잠재성을 가지고 있는 것이었다.

한편 원고가 거의 남아 있지 않은 4편 이하는 목차를 통해 보았을 때, 4편 고려시대의 경우 '홍륭시대(興隆時代)', '요번부시대(遼藩部時代)', '무신전권시대(武臣專權時代)', '원(元) 복속시대'로 구분하여 정치적 동요와 외세에 의한 혼란을 드러내고 있었다. 특히 장들의 제목을 보면 매 기(期)의 마지막 장에 해당 시기의 '문화'를 설정하고자 한 듯하지만, 이것도 3기 '무신전권시대'에는 설정하지 않고 있으며, 각 기의 마지막에 제시하고자 한 '문화' 부분을 제외하면 '거란(契丹)과의 관계', '금(金)의 홍륭과 고려', '몽고의 침구', '고려와 일본의 관계', '고려와 원의 관계'와 같이 외세와의 관계를 다루는 부분과 '권신(權臣)의 전횡', '무신의 발호', '최씨의 멸망' 등과 같은 정치적 혼란을 부각하고자 했음을 알 수 있다.

이러한 양상은 일부 원고가 남아 있는 5편 조선시대의 경우 더욱 확연하다. 기본적으로 '융성시대', '외난시대(外難時代)', '청(淸) 복속시대'로 구분하여 외세의 영향을 강조하는 있음을 알 수 있다. 각 기별로 마지막에는 해당 시기의 '문화'를 다루고자 함은 마찬가지 이지만, 이를 제외하면 '제2기 외난시대'는 '일본과 만주와의 관계'(제1·2장)와 '당쟁'(제3장)만으로 한 시기를 채우고 있으며, '제3기 청 복속시대' 역시 '당쟁의 전개'(제1장)와 '외척의 전권'(제2장)과 같은 정치적 혼란을 부각하며 '대외 관계'(제4장)를 중심으로 서술하고자 함을 드러내고 있다.

그나마 제5편에서 외세의 영향을 강조하는 명칭이 아닌 '제1기 융성시대'의 경우 그 원고가 남아 있다. 이를 살펴보면 '창업 – 수성 – 조신(朝臣)의 내홍 – 조선초기의 문화'의 4개의 장으로 구성되어 있는데 그 서술의 태도는 다음의 인용문에 단적으로 드러난다.

> 태종은 왕위를 아들 세종에게 넘겨주었는데, 이 두 왕은 모두 총명하여 뜻을 정치에 두고 많은 것을 시행했으며, 제반 제도는 대부분 당시에 정비되었다. 이조 5백 년, 반도 통치의 기초는 이들이 재위한 50년 동안 만들어졌다.... 단종은 왕위를 숙부 수양대군 瑈(즉 世祖이다)에게 넘겨줄 수밖에 없었다. 그런데 세조(제7대) 역시 마음을 정치에 두어 농업을 장려하고 무를 소중히 여기고 뜻을 제도의 정비에 두었으니, 이조의 기반은 더욱더 견고해져 成宗(제9대) 시대에는 찬란한 문화의 절정기였다고 한다. 그러나 국운쇠퇴의 징후가 점차 이 시기에 나타나 그의 아들 연산군은 무도하고 음행하여 마침내 폐위될 수밖에 없었다. 또한 이 시기에 士禍라 불리는 朝臣 간의 내분이 일어나.... 연산군 폐위 후에도 사화는 끊이질 않았고 그때마다 명사들은 화를 입어 죽임을 당한 이가 적지 않았다. 그러다가 마침내 상황은 바뀌어 외척들의 권력 쟁탈전으로 변했고, 宣祖(제14대) 시대에 또다시 상황은 바뀌어 이조 5백여 년간의 대부분을 끊이질 않는 항쟁으로 물들인 이른바 붕당간의 다툼의 형태를 띠게 되었다.[162] (밑줄은 인용자)

'융성시대'라고 하며 175년간(태조 원년(1392)~명종 말년(1566))을 대상으로 하면서도 실질적으로 태종과 세종의 50여 년간을 지나고 나면 왕위를 둘러싼 갈등, 이후 왕의 실정과 사화로 인하여 '융성시대'에 이미 '국운쇠퇴의 징후'가 나타난다. 이러한 서술은 자연스럽게 이후 정치적 혼란과 연결될 것이었으며, 조선시대는 건국 50년 이래 계속된 정치적 혼란과 외침 속

162_「『조선반도사』 5편 원고('조선 중 일부' 부분)」, pp.325~326.

에서 쇠락의 길을 걷는 것으로 이어졌다.

제6편 역시 '청세력 감퇴시대', '독립시대', '일본보호정치시대'와 같이 외세를 기준으로 주변 강대국의 역학관계를 중심으로 기를 구분하고 있다. 특히 '제1기 청세력 감퇴기시'를 '임오·갑신의 난'(제4·5장)과 같은 정치 세력간의 대립에 이어 '일청전쟁'(제7장)으로 마무리한 후, 뒤를 잇는 제2기의 명칭을 '독립시대'로 한 것은 건국 이래 중국에 사대해 온 조선을 일본이 청일전쟁의 승리로 독립시켰다는 의식을 보여주는 것이다. 제3기는 '일본보호정치시대'로 되어 있으며, 장(章)들은 통감부 개설 과정 및 통감부 설치 이후 조선의 '발전'을 드러내고자 했음을 확인할 수 있다. 특히 제4장에 '일·한 병합'을 설정하고 제5장에 '문명적 시설 유입'이라는 장(章)을 배치한 것은 계속된 외세의 침입과 정치적 혼란의 결과가 '병합'이며, 그 결과 총독부의 시정으로 행정·사법·교통운수·산업·교육·종교·의료·위생 등에서 '문명적 시설'이 유입되었다는 것을 서술하려는 것이었다.[163]

비록 실제 서술되지는 못했지만 이와 같은 구성은 '반도사 편찬' 진행 초기에 제시되었던 '편찬에 있어 주의할 사항' 가운데 두 번째 사항 – '上古에서 李朝에 이르기까지 群雄의 興亡起伏과 歷代의 易姓革命으로 인해 衆民이 점차 疲憊해지고 貧弱에 빠진 實況을 서술하여 今代에 미쳐 聖世의 惠澤으로 비로소 人生의 幸福을 다할 수 있었다는 事實을 詳述할 것' – 에 충실하고 있음을 알 수 있다. 이러한 점은 원고가 완성된 2편(삼국시대)의 서술에서도 드러난다.

163_「조선반도사 요항 세목」, 『친일반민족행위관계사료집』 V, 선인, pp.64~135.

일본과 한종족은 그 본원을 거슬러 올라가면 동일하므로, 서로 바다를 사이에 두고 떨어져 거주한 뒤 많은 시간이 경과하면서 일본과 한으로 나누어진 데 지나지 않는다. 만약 이 시대에 신라인에게 종족의 관념이 있었다면 일본과 한이 지금을 기다리지 않고 이 시대에 규슈지방이 그랬던 것처럼 일본 조정 하에 통일되었을 것이다. 이미 1600년 전에 조선 반도와 섬에 걸친 대제국을 형성한 대국가로서 대륙에 문화국을 출현시켜 끊임없이 **행복과 영예**를 향유하였을 것이다. 그러나 하나는 섬나라를 벗어나지 못하였고 다른 하나는 조선 반도를 벗어나지 못하였을 뿐만 아니라 대륙 국가의 일본에 대한 번병이 되어 형제를 배척하는 職을 받들어 그 존립을 구하고, 임금은 신하가 되고 백성은 陪臣이 되어 항상 대륙에 있는 국가들의 흥망이 있을 때마다 병화를 겪었으며, 백성은 우마와 함께 살육·약탈을 당하는 지경에 처해 있었다. 이는 함께해야 하는 자와 함께하지 않은 데서 기인한 禍이다.[164] (밑줄과 강조는 인용자)

강점은 이미 1600년 전에 있었을 수도 있었다. 그랬다면 '대륙에 문화국'을 건설할 수 있을 만큼 발전했을 것이다. 그렇지만 조선은 '함께 해야 하는 자' 일본을 알아보지 못하고 오히려 대륙 국가에 종속되어 병화와 살육·약탈을 당할 수밖에 없었다. 이와 같은 고통의 결과인 강점은 함께해야 하는 일본과 하나가 된 것으로 과거의 '화(禍)'를 종식시킬 수 있는 순리처럼 보인다.

위의 인용문에도 나타나듯이 조선과 일본이 하나가 되는 것은 '행복과 영예'로 표현된다. 또 〈표 5〉의 목차를 통해 볼 때 '반도사'의 마지막 2개의 장(章)은 '일한병합'과 '문명적 시설 유입'이다. 이는 강점은 조선이 근대화할 수 있었던 계기였다며 총독부의 식민통치를 '문명개화'로 선전하던 것과

164_「『조선반도사』 2편 원고('상고' 부분)」, p.197.

일맥상통하는 것으로, '반도사 편찬'이 식민통치에 대한 명분을 부여하는 역사서술로서 제1차 세계대전의 승리와 공진회의 성공적 개최로 고조된 식민통치 – '문명개화에 대한 사명감' – 에 대한 자신감의 발로였음을 말해준다.

이상에서 살펴본 '반도사'의 서술과 방향은 이전까지 체계화된 조선인들의 역사의식을 부정하는 것이었다. 조선 후기 이래 조선인들에 의한 자국사 서술은 양적 질적으로 도약하고 있었으며 19세기 말 국망이 가까워짐에 따라 조선의 지식인들은 민족적 정체성을 심어주고 민족의식의 강화를 위해 역사서술을 지속하였다. 이러한 경향은 민족해방운동 세력만이 아니라 총독부에 협조적이었던 조선인에게서도 나타날 정도로 광범위한 것이었다.

당시 제 1차 세계대전에서의 승리와 '시정 5주년 기념 조선물산공진회'의 성공적인 개최 이후 조선통치를 자신하며 통치의 방향을 문화적 부분으로 확대하고 있던 조선총독부는 이러한 상황을 용납할 수 없었으며, 이는 '반도사 편찬'으로 구체화되었다. '반도사'는 역사의 주류와 범위를 일본과 관계가 깊던 조선의 남부와 그 종족으로 한정시키면서 고구려를 비롯한 북방의 역사를 제외시켜 조선 후기 이래 축적된 역사 체계를 부정하고 재설정하고자 했다.

뿐만 아니라 '반도사'는 '일선(日鮮)이 동족(同族)'임을 밝히고 있다. 하지만 이를 종족적 수준으로 국한하여 '동화'를 지지하면서도 민족의 수준에서는 서로 구별된다는 점 역시 드러내어 조선인에 대한 차별 역시도 합리화해 줄 수 있는 소지를 내포하고 있다. 비록 '반도사'는 제4편(고려시대) 이하로 집필되지 않았지만 편찬의 주안점과 임시목차를 통해 볼 때 왕조의 교체는 물론 끊임없는 외세의 간섭과 정쟁을 드러내는 한편 강점이래 '문명적 시설'의 유입을 서술하여 강점을 조선사의 필연적 귀결이자 조선이 과거 '피비(疲憊)'와 '빈약(貧弱)'의 역사에서 벗어나게 된 결정적 계기로서 설정하고자 했음을 확인할 수 있다.

그렇지만 '반도사'는 완성되지 못했다. 3·1운동 이후 총독부의 통치방침 변화와 맞물려 역사 편찬을 위한 새로운 기구인 조선사편찬위원회(朝鮮史編纂委員會)가 조직되고 그 관제가 1922년 말에 공포되었던 반면 중추원 내에 '반도사 편찬'을 담당했던 '편찬과'는 1922년 말 폐지되어, 그 편찬은 실질적으로 중단되었다. 이후 '반도사 편찬'은 직원의 전출·사망 등을 이유로 1924년 말로 중단이 공식화되었다.[165]

1922년 조선사편찬위원회의 조직과 함께 총독부 주도의 역사 편찬 사업은 '반도사'와 같은 통사의 서술이 아닌 자료의 수집과 정리 및 이를 바탕으로 한 사료집의 발간으로 목표를 변경하였다.

그런데 조선사편찬위원회가 조직되고 조선총독부의 역사편찬 사업으로 『朝鮮史』 편찬이 개시된 이후에도 '반도사 편찬'의 이름 아래에서, '반도사 편찬'을 위한 사료 정리와 같은 방식으로 사료들에 대한 발췌가 이루어지고 있었던 것으로 확인된다. 앞서 언급한 『調査中書目』에 따르면 '송자대전(宋子大全)'의 경우 『朝鮮史』 편찬이 개시된 이후인 1923년 4월 1일부터 발췌가 시작되었다. 더군다나 『調査中書目』에는 향후 발췌에 착수할 예정인 다수의 서목들이 제시되어 있다.

165_朝鮮總督府 中樞院, 앞의 책, 1938, pp.147~148. 한편 朝鮮史編纂委員會가 조직된 1922년부터 '반도사 편찬'이 중단되는 1924년 말까지 두 사업은 병행되었다고 한다.(김성민, 앞의 논문, p.129.) 하지만 중추원의 관제 개정으로 '반도사 편찬'을 담당했던 '편찬과'가 1922년 10월 말에 폐지된 것을 고려하면 그 이후인 1924년 말까지 '반도사 편찬'이 진행되었다고 보기는 힘들다. 이에 대해서는 본서 제2장 1절을 참고할 것.

『朝鮮史』 편찬은 사업의 목표나 결과물의 성격 등에서 '반도사 편찬'과는 확연히 다른 것이었다. 하지만 '반도사 편찬'이 실질적으로 이루어지지 않는 가운데 이루어지고 있던 사료의 정리와 발췌는 무엇을 위한 것일까?

'송자대전(宋子大全)'을 비롯한 문제가 되는 사료들의 정리 시점이 '반도사 편찬'이 실질적으로 중단되고 『朝鮮史』 편찬이 시작된 이후였다는 사실, - 후술할 사항들이지만 - 『朝鮮史』에 수많은 자료가 동원된 것에 비해 그 편찬을 위한 시간이 부족하여 사업이 반복적으로 지연되고 있었던 점, 또 조선사편찬위원회와 이를 확대·강화한 조선사편수회가 '반도사 편찬'을 추진했던 중추원에 위치했던 것. 이러한 사항들을 생각해 보면 그 답은 추측할 수 있다.

비록 '반도사 편찬'은 중단되었으며, 향후 전개된 『朝鮮史』 편찬과 비교할 때 제시된 목표나 결과물의 성격, 또 편찬에 있어 중심을 이루는 시기 등에서 여러 가지 차이를 나타내지만 '반도사 편찬'을 위해 준비되었던 자료의 정리 방식 및 그 결과물들은 이후의 사업 - 『朝鮮史』 편찬 - 으로 이어진다고 하겠다.

2장

『朝鮮史』 편찬 사업의 전개와 의미

1. 편찬의 추진 배경

3·1운동의 결과 총독부의 조선 통치는 새로운 국면을 맞이하게 되었다. 신임 사이토(齋藤實) 총독은 '조선의 문화를 향상시키고 문화적 정치의 기초를 확립'한다며 '문화통치'를 천명한 것이다.[1]

이러한 가운데 총독부의 역사 편찬 방침도 변했다. 사료의 수집과 간행을 천명하며 『朝鮮史』의 편찬을 목표로 하는 총독부 훈령 제64호 '조선사편찬위원회규정(朝鮮史編纂委員會規程)'이 1922년 12월에 4일에 공포된 것이다. 그리고 이 사업은 1925년 6월 6일 칙령 제218호 '조선사편수회관제(朝鮮史編修會官制)'의 발포를 통해 기구가 상설화되고 사업의 위상이 강화되었다. 반면 '반도사 편찬'은 1920년 4월 편찬을 위한 협의회[2]를 마지막으로 1922년의 '조선사편찬위원회규정'의 발포와 함께 사실상 중단되었으며, 이

1_「諭告」, 『每日申報』, 1919. 9. 10. 1면

2_「半島史編纂ニ付打合事項」, 1920년 4월.(이 자료는 『친일반민족행위관계사료집』 V, pp.39~47에 수록되어 있다.)

후 역사 편찬 사업은 조선사편찬위원회와 조선사편수회가 주도하였다.

'반도사'에서 『朝鮮史』로의 변화는 기구의 신설만이 아니라 사업 목표의 변화 역시 의미한다. 중추원 편찬과에서 담당한 '반도사'의 경우 통사의 서술을 목적으로 했지만 조선사편찬위원회와 이를 계승한 조선사편수회는 '조선사료(朝鮮史料)의 수집(蒐集) 및 편찬(編纂)'을 내세우며, 즉 '반도사'와 같은 역사 서술이 아닌 사료를 정리해서 제시하는 『朝鮮史』의 발간을 목표로 했다. 이는 조선사편찬위원회와 조선사편수회의 사업내용을 규정할 뿐만이 아니라 조선총독부 주도의 역사편찬 사업의 성격을 결정지은 중대한 변화였다.

그렇다면 이러한 변화의 배경은 무엇이었는가?

먼저 조선인의 역사인식의 심화로 인하여 더 이상 '반도사 편찬'과 같은 역사서술이 식민통치책으로서 효과가 없어졌음을 들 수 있다. 조선 후기 이후의 역사의식은 20세기 조선 지식인들에게 계승되었고, '반도사 편찬'이 이에 대한 대응이었음은 앞 장에서 살펴보았다. 그러나 조선인들의 자국사에 대한 인식은 더욱 심화·확산되었다. 많이 지적되어왔듯이 박은식과 신채호로 대변되는 국외 항일투쟁세력들은 단군을 중심으로 하는 한국사 서술을 지속·강화하고 이를 교육하여 민족의식을 고취하였으며,[3] 상해임시정부 역시 국제연맹에 역사적으로 한민족의 자주독립이 당연함을 알리고자 1919년 7월 국무원 내에 임시사료편찬회를 설치하여 사료집으로서 『한일관계사료집(韓日關係史料集)』을 발간하는 등 강점과 식민통치의 불법성을

3_韓永愚, 「1910年代의 民族主義的 歷史敍述」, 『韓國文化』 1, 1980, pp.94~130; 愼鏞廈, 「한말 일제시기의 檀君思想과 獨立運動」, 『증보판 檀君 - 그 이해와 자료』, 2001, 서울대학교 출판부, pp.188~192.

역사적으로 확인하기 위한 작업들을 진행하고 있었다.[4]

이러한 한국사에 대한 관심의 고조는 국외 항일세력에 의한 것만은 아니었다. 실력양성을 통한 국권 회복을 주장한 이들도 자국사에 대한 인식을 심화하여 확산시키고 있었던 것이다. 이들은 사회진화론적 세계인식과 유기체적인 민족관을 바탕으로 문명개화를 통한 실력양성을 강조하고 있었는데 강점으로 국가가 사라진 가운데 민족의 실력양성을 위한 근대문명 수입의 토대로서 민족문화와 전통을 중요시하고 있었다.[5]

> 孔敎ᄂᆞᆫ 打破될 時代도 到來ᄒᆞ엿거니와 打破도 ᄒᆞ여야 ᄒᆞ겟도다.... 孔敎打破는 自我保護의 正當防衛요 時代의 緊急事務라. 是以로 玆에 國粹發揮를 急叫코져ᄒᆞ노니 吾人의 生命은 太白山檀木下에서 神聖出現ᄒᆞ신 大皇祖께서 創造ᄒᆞ셧ᄂᆞ니, 께옵셔ᄂᆞᆫ, 領土家屋을 開創ᄒᆞ셧스며 禮樂文物를 制定ᄒᆞ셧스며 血肉精靈을 分布ᄒᆞ셧스니 吾人의 生命을 集合ᄒᆞ면 四千年前의 渾全ᄒᆞᆫ 一體가될지요 分布ᄒᆞ면 二千萬族의 分派된 支流가 될지로다.[6]

1910년대 중반 당시 유학생이었던 송진우(宋鎭禹)는 새로운 문명의 건설을 위한 사상개혁의 첫 번째 과제로서 '공교타파(孔敎打破)와 국수발휘(國粹發揮)'를 꼽고 있는데 여기서 공교(孔敎)를 대체할 국수(國粹)의 실체는 바로 민족의 기원으로서의 단군이었다. 즉 유교와 같은 외래사상으로 인하여 민족의 건전한 발전이 저지되었기 때문에 밖으로부터의 불순물에 오염될 수 없는 민족의 기원으로서 단군을 부각하는 것이 바로 문명개화를 위한

4_국사편찬위원회 편, 『한국독립운동사 자료4 - 임정편』, 1974, pp.2~3.

5_李智媛, 「1910년대 新知識層의 國粹觀과 國粹保存運動」, 『歷史敎育』 84, 2002.

6_宋鎭禹, 「思想改革論」, 『學之光』 5, 1915, pp.2~4.

첫 걸음이었다. 민족 고유의 기원으로서 단군을 설정하고 이를 토대로 한 문명개화의 추진은 당시 유학생 사이에서도 광범위했던 것으로 보인다. 당시 유학생들의 글을 보면 자국사를 이야기할 때는 물론 조선의 미술과 문학과 같은 문화를 논할 때도 조선이 단군으로부터 발원한 고유문화를 가지고 있다며, 이를 근거로 문명개화의 가능성을 찾고 있었다.[7]

뿐만 아니라 국내에서는 단군의 실체에 관한 보다 학술적인 글쓰기가 이루어지고 있었다. 1915년 '시정 5주년 기념 조선물산공진회' 직후 이를 찬양하며 '문명개발(文明開發)'이 조선사회의 급무임을 설파했던 장지연(張志淵)과 같은 이들도 짧으나마 신문지상을 통하여 단군에 대한 사항을 언급하며 단군-부여의 연관성과 단군묘의 존재를 소개하기도 하였으며,[8] 최남선(崔南善)은 고대사 특히 단군에 대한 연구의 서막을 열었다. 최남선은 단군 중심의 고대사 연구를 1920년대 중반 이후 본격화했지만[9] 이미 1918년 「계고차존(稽古箚存)」을 발표하여 그 시작을 알렸다. 이는 신채호, 김교헌 등에 의해 선행된 고대사 연구를 계승하여[10] 민족의 기원을 송화강 주변 지역과 이곳에 거주하던 이들로 상정하고 이를 중심으로 고대사를 재구성한

7_檀香, 「歷代歌」, 『學之光』 5, 1915, p.52; 安廓, 「朝鮮의 美術」, 『學之光』 5, 1915, pp.50~51; 安廓, 「朝鮮의 文學」, 『學之光』 6, 1915, p.65; 吳祥根, 「朝鮮史의 各時代」, 『學之光』 12, 1917, p.40.

8_嵩陽山人, 「檀君辨」, 『每日申報』, 1918. 6. 16. 1면

9_壇君 및 고대사에 관련된 최남선의 주요연구의 저술시기는 대체로 不咸文化論을 집필한 1925년 이후부터 그가 朝鮮史編修會 委員이 되는 1928년 12월 말 사이에 집중되어 있다. 특히 1926년 3월 초부터 7월 말까지 『동아일보』 지상을 통해 연재한 「壇君論」은 1920년대 단군에 대한 최남선의 인식을 가장 분명히 보여준다.

10_丁曝淑, 「〈稽古箚存〉을 통해본 崔南善의 古代史論」, 『奎章閣』 6, 1982; 李英華, 「崔南善의 歷史學 硏究」, 韓國精神文化硏究院 博士學位論文, 2002, pp.107~110.

것으로, 부여, 읍루, 옥저, 예맥, 구려(句麗), 진번(眞番), 진국(辰國), 한국(韓國), 마한, 변한, 진한 등은 이들이 이동하여 주변민족을 동화시켜 가면서 건립한 국가라고 파악하였다. 이는 특히 언어학으로 대변되는 당시 최신의 연구방법을 활용하는 등 당시 학계의 사조를 흡수·이용하여 자신의 논의를 보다 설득력 있게 제시한 것이었다.[11] 최남선은 단군 시대를 제정일치 사회로, 단군은 일세일인(一世一人)의 이름이 아닌 임금에 대한 칭호로서, 그 치세는 50여대 1,500년 이상이라고 설명하여 민족사의 기원을 보다 체계적으로 이해하며, 조선민족은 단군 이래 고유한 음악, 미술은 물론 문자까지 소유한 문화민족이라고 설파하였다.[12] 이처럼 '반도사 편찬'이 진행되는 한편에서 강점 이후 지속된 국외 민족해방운동 세력의 역사 연구가 심화됨은 물론 즉각적인 독립보다는 '실력 양성'을 주장했던 유학생이나 국내 지식인까지도 단군을 중심으로 북방의 여러 민족을 포괄하면서 우리 민족사의 시발점을 찾고, 이를 서구문명의 수입과 문명개화의 기반으로 삼고자 했던 것이다.

3·1운동은 '무단통치'로 대변되는 억압적인 식민통치에 대한 직접적인

11_최남선은 太白山의 檀木 아래로 神人이 하강하여 君長이 된 古記에 나타나는 '檀君'에서 '檀'을 설명하면서 滿洲語에서 높은 산을 '哈達'이라고 하는 것에서 유추하여 '檀'을 訓讀하면 '배달' 혹은 '박달' 즉 '白山'으로 太白山을 의미하는 것으로 都地의 이름이라고 보았으며, 滿洲語의 地方語 중 하늘을 의미하는 Boa(보아), Buka(부카), Buga(부가)와의 음운적 유사성을 들어 강조하고 있다. 이렇게 북방 퉁구스어족과의 유비관계를 통해 논의를 전개하는 것은 韓民族을 북방과 관련지어 사고하던 연장에서 이루어진 것으로 생각되며, 이후 1920년대 중반 이래 不咸文化圈을 논의하면서는 滿洲語뿐만이 아니라 몽골어와 같은 다른 북방민족의 언어와의 유비관계를 통한 유사성의 확인과 이를 통한 문화권의 설정은 논의의 중요한 축을 이루게 된다.

12_崔南善, 「稽古箚存」, 『青春』 14, 1918.(『六堂崔南善全集』 2, 현암사, 1973, pp.19~20.)

반발이었고 또한 조선인의 민족적 각성을 불러일으키는 주요한 계기이자 조선인들에게 자국사에 대한 인식을 보다 확산시키는 촉매제였다. 특히 3·1운동 이후 1920년대에 접어들어 동아일보사는 단군영정을 현상 응모하는 행사를 벌이는 등[13] 단군에 대한 관심을 환기시켰고 일반인들 사이에서도 단군에 대한 인식이 계속해서 확산되어, 통치자들의 우려를 낳게 되었다.

> 獨立騷擾의 動機可否를 여기서 검토할 틈은 없지만, 이 사건에 影響한 鮮人의 思想에 관해서는 새롭게 고려해 봐야 하는 것은 물론이다.... 새롭게 損傷된 思想은 2개의 방향에서 走하고 있다고 생각한다. 一은 民族的 結束에 근거하는 歷史宣傳이 그것이다.... 附庸傳說(箕子傳說: 인용자)에서 民族中心傳說(檀君傳說: 인용자)로 이동한 경로는.... 獨立騷擾의 創痍를 염두하지 않으면 않된다.... (獨立騷擾의) 실패는 彼等의 思想을 驅하여 政治方面에서 民族方面으로 走하게 하는 경향이 있다는 것을 부정하기 어렵다.... 彼等 先覺者는 최근 同族間에 발흥해 온 교육열을 이용하여 民族結束을 企圖해야만 한다고 한다.... 여기에는 民族中心의 傳說에서 因한 歷史宣傳이 최적이라고 사유되는 것이다. 檀君傳說은 이들 사람들에 의해 최근 社會的 底面에서 급속하게 引上되고 있다.... 금일에는 朝鮮開闢의 祖는 檀君 그 사람으로 箕子는 아니며, 民族的 使命은 실로 그것에 의해 부여된다는 것으로 해석되는 것이 보통이다. 이 해석은 앞서 서술했듯이 장래 民族形成 上에 效果가 있는 것은 물론이다. 그렇지만 역사에서 보이는 民族의 由來와는 沒交涉이다. 그러나 조선의 학자

13_「檀君影幀懸賞募集」, 『東亞日報』, 1920. 4. 11. 3면. 원래 계획은 4월 30일까지 모집하여 5월 1일 발표하는 것이었지만 모집기한은 9월 말까지 연장되었고, 1920년 6월초까지 응모작품은 56점이었다.(「檀君影幀에 就하야」, 『東亞日報』, 1920. 6. 6. 3면.) 또 10월 3일을 기해 발표를 예정했지만 동아일보의 정간으로 실리지는 못했던 것으로 보인다. 한편 이 사업은 1930년 4월 1일 동아일보사 창간 10주년을 맞아 동아일보의 주요 사업 가운데 창간 첫 해를 대표하는 사업으로 꼽힐 만큼 동아일보사에서는 중요성을 두고 있었던 것으로 보인다. (「本社事業年表」, 『東亞日報』, 1930. 4. 1. 13면.)

는 이들 문제에 頓着하지 않고 역사를 써 내려가고 있다. (崔南善씨와 같이) 이들은 一切 附庸記事를 民族史로부터 삭제하여 남는 것이 없다....[14]

위의 인용문은 조선사편찬위원회 간사이자 이후 조선사편수회의 수사관으로서 『朝鮮史』 편찬을 총괄했던 이나바 이와키치(稻葉岩吉)가 조선사편찬위원회 관제가 공표되기 직전인 1922년 9월에 발표한 글의 일부이다. 그는 3·1운동 이후 독립에 실패한 조선인들의 사상이 민족의식 강화로 연결되고 있으며 조선의 '선각자'들이 교육열을 이용하여 '단군전설'을 확산시켜 그에 대한 인식이 사회의 저면에 급속히 퍼져나가고 있는 동시에 조선의 학자들이 이를 서술하고 있다고 당시 상황을 전하고 있다. 뿐만 아니라 그는 최남선과 같은 이들은 이러한 분위기에서 조선의 역사가 중국의 식민지로부터 출발되었다는 사항을 삭제하고 있다며 개탄한다. 즉 이나바는 3·1 운동으로 조선인들의 민족적 각성이 이루어진 시점에서 최남선으로 대변되는 조선인 학자들의 단군에 대한 연구와 그 대중적 확산을 우려하고 있었던 것이다. 그는 이러한 상황이 지속된다면 '민족성립의 유래조차 알 수 없을 뿐만이 아니라 일본국가의 일원이라는 이회(理會)를 가지는 것이 불가능하게'[15] 된다며 이에 대한 대책에 부심하였다.

이나바가 이러한 우려를 할 수 밖에 없을 정도로 자국사에 대한 조선인들의 인식, 특히 단군에 대한 관심은 고조되었다. 조선사편찬위원회가 구성될 즈음인 1923년에서 1924년 사이 자국사에 대한 서술이 조선 내에서 완연하게 발전되고 있는 가운데[16] 심지어는 친일단체에서 가담하고 있던

14_稻葉岩吉, 「朝鮮の文化問題」, 『支那社會史硏究』, 1922, pp.274~282.

15_稻葉岩吉, 위의 논문, pp.279~280.

이들에게조차 단군을 국조로 하는 자국사 인식체계가 나타난다. 한말 대한협회 등에서 정치운동의 세례를 받거나 일본에 유학한 인물들의 일부는 3·1운동 직후 자치청원운동을 전개하며 '유민회(維民會)'라는 단체를 결성하여 경제·사회문제에 참여하고자 했는데, 이들은 일제의 지배를 전제로 조선의회를 설치하고자 하는 자치제를 주장하였다.[17] 이 유민회에 참여했으며, 1924년 4월에는 '친일을 표방'했던 11개의 단체가 연합하여 총독부에 대한 지지를 선언한 '각파유지연맹선언식(各派有志聯盟宣言式)'에 '조선소작인상조회(朝鮮小作人相助會)' 대표로 가담한 박해묵(朴海默)은[18] 1923년 『반만년조선역사(半萬年朝鮮歷史)』를 간행하였다.[19] 이 책은 한국사를 6개의 장으로 나누어 서술하고 있는데[20] 발해를 포괄함은 물론 역사의 기원에 대해서는 다음과 같이 서술하였다.

> 東方邃初에 君長이 無함으로 立하샤 國家를 建設하고 民族을 統治하실재 神의 教

16_趙東杰, 『現代韓國史學史』, 1998, pp.159~162.

17_維民會에 대한 사항은 이태훈, 「1920년대초 자치청원운동과 維民會의 자치 구상」, 『역사와 현실』 39, 2001을 참고.

18_「親日團體의 烏合」, 『東亞日報』, 1924. 4. 11. 2면.

19_朴海默의 『半萬年朝鮮歷史』는 같은 해 보다 이른 시기에 간행한 黃義敦의 『新編朝鮮歷史』를 표절했다는 의혹으로 우리나라 최초의 저작권 소송에 휘말려 벌금 100원을 물기도 했다. (「『半萬年歷史』로 著作權侵害訴訟 - 조선에서는 처음잇는 이재판」, 『東亞日報』, 1924. 8. 17. 2면; 「『半萬年歷史』로 著作權侵事件, 벌금 백원에」, 『時代日報』, 1926. 5. 2. 2면.)

20_6개의 장은 다음과 같다. 1장 太古史(三神~기씨마한), 2장 中古史(삼국창건 ~나당전쟁과 고구려 패망), 3장 南北朝史(통일신라와 발해), 4장 高麗史, 5장 近朝鮮史(조선 건국 ~고종 즉위), 6장 最近史(고종즉위 ~1910년 병합). 이와 같은 장의 제목만 보아도 조선 후기에 성립한 마한정통설을 따르며, 신라의 삼국통일을 '통일신라'로 보면서도 '발해'를 국사 안에 포함시키고 있다.

를 設하샤.... 全世界를 理化하시며 神熊氏와 交合하사 上元甲子(距今四千三百八十年) 十月初三日에 桓儉을 誕生하시니 곳 '한배檀君'이시니라.... 距今四千二百五十五年戊辰에 全民族의 推戴로 君位에 臨御하샤....[21]

뿐만 아니라 그는 부여는 '단군의 지자(支子)'로서 지강(地疆)은 '만주 서북 모서리에 건설한 대국'이었으며 '옥저', '비류', '예맥' 등이 모두 단군의 후예였다고 하는 등[22] '반도사'로 대변되는 총독부와 일본 주요학자들의 입장과는 상반되는 역사를 서술하였다. 즉 총독부의 지배를 받아들이고 그 정책에 동조했던 이들 조차 민족의 기원으로서 단군을 명확히 인식하고 있었다.

이처럼 3·1운동 이후 활발히 표출되어 심지어는 부일적(附日的) 행태를 보였던 조선인에게조차 상식화된, 한국사의 기원으로서의 '단군'과 북방사에 대한 인식은 당시 진행되고 있던 '반도사 편찬'을 부정하는 것이었다.

檀君信仰은 輓近 二三子의 提唱에 의해 급속하게 발달하여 지금껏 돌아보지 않았던 朝鮮史硏究는 鮮人 사이에 일대 潮勢를 이루었다. 지금은 日韓同源論 등으로 해결할 수 없었기 때문에 朝鮮總督府는 더 나아가 朝鮮史編纂을 계획하여 이것이 潮勢를 정당하게 이끌고 착각하지 않게 노력하는 것을 時宜를 보아, 이에 朝鮮史編修會 勅令의 公布를 보게 되었는데, 그것은 大正14年(1925년: 인용자) 여름이다.[23] (밑줄은 인용자)

21_朴海默, 『(半萬年)朝鮮歷史』, 德興書林, 1923, pp.2~3.

22_朴海默, 위의 책, pp.10~15.

23_稻葉岩吉, 「朝鮮史硏究の過程」, 『世界史大系』 11, 平凡社, 1935, p.199.

조선사편수회 구성 당시를 회상하는 위의 인용문에서 이나바는 조선인들의 단군인식과 역사연구의 확산은 '일선동원론(日鮮同源論)'과 같이 조선과 일본의 공통성을 주장하는 것으로 저지될 수 없었으며, 이에 총독부에서 새로운 역사 편찬 사업을 계획하게 되었음을 밝히고 있다. 조선인들에게 상식화된 단군을 정점으로 하는 자국사 인식이나 이를 근거로 고유의 문화를 부각하는 것은 '일선(日鮮)의 동족(同族)'을 표방하며 일본과 밀접한 관계가 상정된 조선의 남부를 중심으로 하는 '반도사'와 같은 역사서술과 양립할 수 없는 것으로, '반도사'의 논의로는 더 이상 조선인을 설득시킬 수 없었던 것이다. 즉 3·1운동 이후 자국사에 대한 조선인들의 높아진 연구열과 역사의식의 강화는 '반도사'의 유효성을 의심케 하기에 충분한 것이었다. 그렇기 때문에 새로운 편찬 사업을 주도했던 이나바는 '동족(同族)'·'동원(同源)' 등의 용어로 식민지배를 합리화할 수 없었음을 시인하고 있는 것이다.

이러한 상황은 '일한동원사(日韓同源史)' 편찬의 진행에서도 살펴볼 수 있다. '반도사 편찬'이 진행 중이던 1920년 4월 중추원은 도쿄 제 1고등학교 교수 이마이 히코사부로(今井彦三郎)에게 촉탁하여 조선과 일본의 고사(古事) 조사를 담당케 했는데, 그 내용은 고래(古來) 조선과 일본의 친밀한 관계를 증명할 수 있는 사항에 대한 것이었다.[24] 이 조사는 3·1운동 이후 이른바 '문화정치'로 변모해 가는 과정에서 이루어진 중추원 관제개정(1921

24_'日韓同源史' 편찬을 위한 조사사항은 다음과 같았다. (1) 內鮮間에 親密한 關係가 있다는 것을 證明할 수 있는 神話·傳說 및 史乘의 事實, (2) 古來內鮮間에 移住를 하거나 往來한 人物의 閱歷 및 事蹟, (3) 內地에 있는 朝鮮人 歸化村 事蹟, (4) 言語·文字·美術·工藝·風俗·習慣·宗教·法制·遺蹟·遺物 등에서 보이는 內鮮關係.

년 4월 勅令 168號)[25] 당시 '반도사 편찬'의 부대사업으로서 1921년부터 3개년간 완성을 예정으로 '일한동원사(日韓同源史)' 편찬으로 구체화되었다. 그러나 이 사업은 미완인 채로 1924년 말 '반도사 편찬'과 함께 조선사편찬위원회 사업으로 통합되었다.[26] 그렇지만 이는 실현될 수 없는 것이었다. '반도사'와 마찬가지로 '일한동원사' 역시 역사를 서술하는 것이었던 반면 조선사편찬위원회 이후로는 사료의 수집과 발간을 목적으로 하였기 때문이다. '일한동원사'가 완성되지 못한 이유는 담당자인 이마이가 도쿄에 있어 예정대로 진행할 수 없었기 때문이었다. 담당자가 부재중이었으며 이로 인해 '일한동원'을 증명해 줄 수 있는 자료의 조사조차 이루어질 수 없었던 것이다. 말하자면 '일한동원사' 편찬은 이름뿐인 것으로 담당자가 없는 가운데 실질적인 작업들이 전개되기 힘들었던 것이다. 이렇게 '일한동원사' 편찬이 방치된 것은 조선과 일본의 '동원성(同源性)'을 강조하는 논의가 유효성을 상실하고 있었기 때문이었을 것이다.

한편 조선인들의 자국사에 대한 연구열은 고대사에만 한정되지 않았다. 1920년대에 접어들어 통사류(通史類)가 대거 나오기 시작한 것이다.[27]

25_「朝鮮總督府官報」, 1921. 4. 30. 당시 중추원 관제개정의 양상과 성격에 대해서는 김윤정, 「조선총독부 중추원 연구」, 숙명여자대학교 박사학위논문, 2009, pp.28~33.

26_朝鮮總督府 中樞院, 『朝鮮舊慣制度調査事業概要』, 1938, pp.160~161.

27_1920년대 초반에 간행된 통사로는 국외에서는 『韓國歷代小史』(김택영, 1922)이 있고, 국내에서는 『新編朝鮮歷史』(황의돈, 1923), 『朝鮮文明史』(안확, 1923), 『半萬年朝鮮歷史』(박해묵, 1923), 『朝鮮歷史要領』(장도빈, 1924), 『朝鮮留記』(권덕규, 1924) 등을 들 수 있다. 선행연구에서는 이 시기에 이와 같은 통사가 쏟아져 나오는 원인으로 3·1운동 이후 문화주의의 대두를 꼽고 있다. 즉 이전 신채호나 박은식과 같이 혼과 얼 등 역사서술에 있어 정신적 측면을 중요시했던 방식은 혼과 얼이 살아 있던 고대사에 대한 접근은 쉽게 할 수 있었지만 혼이나 얼이 쇠퇴했다고 본 시기에는 서술이 어렵기 때문에 통사서술이 어려웠지만 1920년대 문화주의의 대두와 더불어 사회의 상층구조인 '문화'의 변화를 추적하는 역사서술

물론 당시 나온 통사류는 대체적으로 사실을 나열하고 간략한 설명만을 덧붙인 채 끝나는 한계를 지니고 있었다. 또 내용 면에서도 앞서 언급한 『半萬年朝鮮歷史』와 같이 총독부의 식민통치에 협력하던 인사에 의해 서술되어 강점을 강변하던 일본인들의 논의를 반복한다거나, 당쟁의 폐해를 부각하는 경우도 있었고, 정치 중심으로 시대사를 서술하여 사회경제면이 소략한 모습을 보이기도 한다.[28] 그렇지만 근대 역사서술의 방식으로 자국사를 통사로서 정리하는 초기였다는 점이나 식민통치 하에서 총독부의 검열을 거쳐야만 했다는 점 등을 고려해 볼 때 이러한 한계는 당연한 것이기도 하다. 오히려 이와 같은 제약 속에서도 통사류가 쏟아져 나오는 것은 조선인 대중들 사이에도 자국사에 대한 관심이 고조되어, 그것이 보급되고 있었을 뿐만이 아니라 그 범위가 고대사를 뛰어 넘고 있었다는 것을 말해주는 것이다. 더욱이 이러한 가운데 역사를 발전적으로 보는 시각이 등장하게 되면서 일본인들이 국망의 원인으로 제기했던 한국사의 문제점들을 긍정적인 시각에서 바라보는 서술도 등장하고 있었다. 1923년에 간행된 안확(安廓)의 『조선문명사(朝鮮文明史)』(일명 '朝鮮政治史')가 그 대표적인 예이다. 책의 '술례(述例)'에서 '중로(中路)에 정치학(政治學)을 강구(講究)한 후(後) 다시 정치사(政治史)를 연구(硏究)함에 입(立)'[29]하였다고 밝히고 있듯이 1910년대

의 변화는 '혼과 얼' 등의 발견과 같은 제약이 없었기 때문에 역사를 통사로 정리할 수 있다는 것이다.(趙東杰, 앞의 책, pp.178~181.)

28_1922년 김택영이 간행한 『韓國歷代小史』와 1924년 권덕규가 간행한 『朝鮮留記』가 그러한 경우이다. 김택영과 권덕규의 역사서술에 대해서는 崔惠珠, 『滄江金澤榮의 韓國史論』, 1996, 한울, pp.132~157; 崔惠珠, 「1920년대 金澤榮의 중국에서의 한국사 서술」, 『史學硏究』 53, 1997, pp.138~146; 趙東杰, 『現代韓國史學史』, 1998, pp.178~181을 참고.

29_安廓, 『朝鮮文明史』, 述例.(여기서는 1994년에 발간된 권오성, 이태진, 최원식 編, 『自山安廓國學論著集』 2의 판본을 참고.)

중반 니혼대학(日本大學)에서 정치학을 전공했던 안확은 1920년부터 1922년까지 '정치(政治)'를 중심으로 한국사를 개관하였다.[30]

> 古來 朝鮮史의 出한 바 其數가 凡數百에 達한지라. 然이나 政治史의 論評은 濛濃함을 不拘하고 其著書에 記錄한 文意를 察하면 朝鮮族의 生命이 寄生的 又는 模擬的으로 言함이 多하고 獨立又特殊的文明을 發揮하야 生命을 生命으로 保치 안이한 것으로 裝置함이 다하다. 近來種種學者의 論한 바를 見할지라도 亦然하야 朝鮮人으로써 第二中國族으로 推付하야 曲見謬說을 喋함이 만흔지라.[31]

그가 극복의 대상으로 삼았던 것은 조선을 중국에 기생하던 것으로 보던 시각, 그리고 독자적인 문명을 가지지 못하고 생명을 유지할 수 없었기 때문에 결국 그 역사는 국망으로 결말지어진다는 '곡견유설(曲見謬說)'로, 이는 바로 강점 이래 일본인 학자들과 그에 동조한 일부 인사들에 의해 반복되어 오던 것이었다. 이러한 견해들에 맞서 안확은 조선 민족은 5천년 동안 외래문화를 흡수하는 한편 자발적 문화를 만들어 내며 '개선진화(改善進化)'를 거쳤다고 서술했다. 특히 서술의 주요 대상인 정치제도에 관해서 고대 그리스·로마와 비교하며 조선의 경우 단군의 건국 이래로 자치제가 있어 '동양(東洋)에 선진(先進) 또 독특(獨特)한 생활(生活)'을 영위했다고 주장하고, 법제와 문화에서는 스파르타의 헌법과 같은 '고정성(固定性)'이 있어 '잔락(殘落)'하다고 할 수 없기 때문에 '퇴보(退步)라 하기 불가(不可)'하다며 한국사를 쇠퇴의 과정으로 평가하던 의견들과는 뚜렷이 선을 그으며, 자치

30_安廓의 이력과 학문관에 대해서는 이태진, 「安廓의 生涯와 國學世界」, 『歷史와 人間의 對應』, 1985를 참고.

31_권오성, 이태진, 최원식 編, 『自山安廓國學論著集』 2, 1994, 여강출판사, p.270.

제의 발달에서 한국사의 특색을 찾았다. 특히 그는 '고려로부터 이조(李朝)에 지(至)한바 범천년간(凡千年間)의 정치와 문명은 삼국시대보다 퇴보된 자최(最)로 오인(誤認)'하고 있다면서 지금까지 부정적으로만 이해되어오던 고려와 조선시대를 발전의 시대로 인식하고자 하였다.[32] 특히 조선의 폐습이자 국망의 원인으로 일본인들에 의해 반복적으로 지목되어 오던 '당쟁'에 대해서도 인민의 정치상의 토의가 자유로워진 결과물로서 근대적 정당으로 평가하며 사회과학적 인과관계 속에서 한국사를 일관되게 발전의 과정으로 체계화하였다.[33] 이와 같이 조선인들의 자국사에 대한 관심은 고대사를 뛰어넘어 고려·조선시대로까지 확대되었고, 이를 사회과학적 방법론에 입각하여 발전적으로 인식하기도 하였다. 이는 조선의 정치 및 사회의 혼란상을 부각시키며 조선의 식민지화 원인을 조선의 역사적 과정에 두었던 일본인들의 논의와는 상반되는 것이라 하겠다.

이러한 한편에서 3·1운동 이후 일본인 가운데에서 일본인과 구별되는 조선인의 독자성을 지적하는 이들도 등장하고 있었다.

> 今日의 朝鮮人의 一部分은 日本人과 祖先을 같이 하여 日鮮同祖라고 해도 그 대부분은 오히려 支那人 其他 大陸으로부터 分派해서 온 種族의 後裔이며....가령 대부분이 古代 日鮮同族이라고 해도 幾百千年 歷史의 鍛錬陶冶에 의해 特殊한 國民性이 형성되어 있는 이상 이를 원래로 돌린다는 것은 불가능한 주장이다....朝鮮人은 자기의 文明이 日本의 文明보다 劣等하다고 생각하지 않는다. 오히려 이들은 자신의 文明이 日本의 文明보다도 과거에는 日本文明의 先輩, 教師였다고 생각한다.

32_권오성, 이태진, 최원식 編, 위의 책, pp.270~271.

33_한영우, 「韓國 近代歷史學과 朝鮮時代史 理解」, 『인문과학의 새로운 방향』, 1984, pp.151~162.

과거의 學問技藝의 盛時를 憧憬하고 있다. 오히려 儒教의 根底가 강한 朝鮮社會에서는 日本勢力이 加한 이래 西洋流의 物質的 進步 때문에 道義의 頹敗, 風俗의 破壞가 왔다고 父兄들이 慨嘆하는 것이 現時의 狀態이다.[34]

위의 인용문은 대만총독부 통신국장을 거치고 1910년대 조선총독부의 토목국장과 체신국장을 역임한 모치지 로쿠사부로(持地六三郎)가 1920년 6월 조선총독부를 사직한 이후에 사이토 총독에게 3·1운동 이후 조선통치 방책으로서 조선의회의 설치를 주장한 「조선통치론(朝鮮統治論)」의 일부이다. 모치지는 이러한 주장에 앞서 유교문화를 바탕으로 '문명'에 있어 일본에 우월감을 가진 조선인에게 일본인과의 혈연적·민족적 공통성을 주장하고, 이에 기반해 '문명개화의 사명감'을 자부했던 총독부의 태도가 조선인들의 생각과 얼마나 동떨어진 것인지를 지적하였다. 이처럼 조선인들의 독자적 특성과 일본에 대한 우월의식은 총독부 관료가 느낄 수 있을 정도로 강렬한 것이었다. 모치지가 지적하고 있듯이 고유의 국민성을 바탕으로 '문명'에 있어서도 일본에 대한 우월감을 느끼며, 총독부가 선전했던 강점 이후 '물질적 진보'를 전통의 '파괴'라고 인식하는 조선인에게 '日鮮의 同族'이나 거듭된 정치적 혼란으로 '疲憊해지고 貧弱에 빠진' 조선인들이 '今代에 미쳐 聖世의 惠澤으로 비로소 人生의 幸福을 다할 수 있었다'고 서술하여 강점을 미화하고자 했던 '반도사 편찬'은 오히려 조선인들의 반감을 살만한 것이었다.

이처럼 3·1운동 이후 조선인들의 역사 연구열이 높아지고 일본인과 구별될 정도의 조선인들만의 정체성이 확인되고 있었지만 이에 대한 총독부

34_持地六三郎, 「朝鮮統治論」, 『齋藤實文書』 13, 高麗書林, 1990, pp.716~727

의 대책은 이나바와 같은 역사가가 보기에 우려스러운 것이었다.

> 總督府 當局者가 이에 관해(조선인의 역사연구: 인용자) 얼마나 주의를 기울이는지 알 수 없다.... 總督府의 노력이 철저하다고 할 수 없다.... 日本人 全體가 朝鮮史에 대한 諒解가 今日 오히려 緊切하다고 생각한다.... 朝鮮民族의 文化에 관한 見解는 그 하나이다. 여행 중 田舍의 停車場에서 본 팜플렛에 실려 있는 某博士에 따르면 日本人은 古代 蒙昧할 당시 半島로부터 문화를 受入했다. 이는 半島가 支那에 近接하여 우리에 비해 進步한 文化를 所有했기 때문이란 것이다. 이 見解는 팜플렛의 筆者뿐만이 아닌 一般에 受入되어 있는 通論이다. 今日 日鮮關係를 考慮하는 이들 가운데는 朝鮮의 文化를 讚美하는 것에 의해 어느 정도 融和할 수 있다고 생각하는 것도 있기 때문에.... 日本人은 鮮史에 관해 適切한 諒解를 하지 않으면 않된다. 總督府가 採해야만 하는 方法은 반드시 있을 것이라고 생각하며, 그것은 現在 總督府의 修史事業을 擴充하며, 一面으로 비온 후 筍과 같이 發生하는 鮮人의 歷史編纂에 正當히 理會시키지 않으면 않된다. 現情은 불충분하다.[35] (밑줄은 인용자)

조선사편찬위원회가 구성되기 직전인 1922년에 발표한 위의 글에서 이나바는 재조일본인들이 조선사를 알지 못한 채 조선의 역사와 문화를 찬미하면 융화를 이룰 수 있다는 생각에 빠져 있다는 것을 지적하고 있다. 이나바와 같은 일본인 학자들에게 조선인들 사이에서 자국사에 대한 연구열이 달아올라 민족적 자각의식이 고조되는 반면 이러한 상황을 바로 잡고 조선인들을 이끌어야 하는 재조일본인들의 조선사에 대한 이해수준이나 조선총독부의 대응책은 매우 유감스러운 상태로 비추어졌던 것이다.

3·1 운동 이후의 이러한 정황에서 조선총독부가 과거 '반도사 편찬'을

35_稻葉岩吉, 「朝鮮の文化問題」, 『支那社會史硏究』, 1922, pp.283~286.

더 이상 유지하기는 어려웠을 것이다. 조선인들의 자국사에 대한 자각과 연구열을 고려할 때 '반도사'와 같이 조선의 역사적·문화적 독자성을 부정하고 조선의 역사를 폄하하는 역사서술은 시의성이 사라졌을 뿐만이 아니라 오히려 조선인들의 반발을 초래할 수 있는 것이었다. 총독부는 조선사에 대한 부정적인 상(像)만을 강조할 수도 없었지만 그렇다고 조선의 역사를 찬미하여 일본에 대한 조선인들의 문화적 우월감이나 자긍심을 높일 수도 없으며, 높아지는 조선인들의 역사적 자각에 아무런 대응을 하지 않은 채 방관만 하고 있을 수도 없었다.

반면 당시 일본 학계의 조선사에 대한 연구 수준은 이를 타개할 만큼 높은 학적 성취를 이루고 있지 못했다. 일본은 19세기 후반 이래 근대학문을 수용하는 과정에서 근대 역사학의 전개를 위한 각종 제도적 기반을 마련하였다. 제국대학이 설립된 지 10년째 인 1887년 사학과를 설치하고 국사과를 증설한 것(1889)은 이를 상징적으로 보여준다. 또 1889년 11월에는 학내에 '역사연구의 표준을 높이 내세우고 순수한 하나의 과학'으로 만들 것을 목표로 '사학회(史學會)'가 조직되었다. 사학회는 '공중(公衆)의 완독(玩讀)'에 기여할 목적으로 기관지 『사학회잡지(史學會雜誌)』(1892년부터는 『史學雜誌』로 개칭)를 창간하였다. 즉 학위를 소지한 전문 역사가를 양성하고, 이들의 연구를 독려하고 발표할 공간이 마련된 것이다. 뿐만 아니라 1895년에는 중단되었던 사료의 수집과 편찬을 위하여 사료편찬괘(史料編纂掛)가 제국대학 문과대학으로 이관되었다. 대학내 사학과 개설, 사학 전문 학술지의 등장 및 대학을 중심으로 한 사료의 수집 및 편찬은 일본 학계에 이른바 근대 역사학의 전개를 위한 제도적 기반이 정착되었음을 의미한다. 특히 『史學雜誌』는 일본 최초의 역사 전문 학술지로서 연구자들의 주요한 발표창구였는데 발간 이후 10년 동안 게재된 논문들은 주로 고대 일본과 아

시아 대륙의 관계에 초점을 맞추었다.[36]

이러한 학계의 분위기에서 조선의 고대사에 대한 연구 역시 활발하게 전개되었다. 19세기 후반 일본에서 조선사 연구가 활발히 이루어져 당시 『史學雜誌』에서도 조선사에 대한 논문이 차지하는 비중이 질과 양 모두에서 압도적이었다는 것은 이미 지적되고 있으며, 그 이유로는 주로 청일전쟁을 전후한 시기 일본의 대륙 침략이 본격화했던 것이 이야기되어왔다.[37]

청일·러일 전쟁으로 대변되는 일제의 조선 및 대륙 침략이 본격화하던 시기는 일본 내 근대 역사학의 전개를 위한 제도적 장치들이 도입·정착되어 일본을 중심으로 주변의 역사들을 새롭게 정리해 나가려던 때이기도 하다. '동양'의 창출이라고도 이야기되는 이 과정은 동아시아의 역사를 일본을 중심으로 재편하는 것이었다. 이를 위해 일본사 역시 새롭게 서술되어야만 했으며 역사의 출발점인 자신들의 기원을 역사적으로 해명하는 것은 중요한 문제였다. 당시 도쿄제대 국사학과 교수였던 쿠메 쿠니다케와 철학과 교수였던 이노우에 테츠지로우(井上哲次郎)의 일본의 기원과 고대 대륙간의 관계에 관한 논쟁의 초점은 일본 민족의 기원이 조선과 같은 것인가 하는 점이었다. 이렇게 일본의 기원과 조선 혹은 대륙과의 관계에 대하여 일본 근대 역사학의 최고 권위자 중 하나인 시라토리 구라키치(白鳥庫吉)도 조선의 시조인 단군은 장수왕대 이후에 창조된 것이라며 논쟁에 뛰어들었고, 이후 언어학, 지리학을 이용하며 일본의 기원을 해명하고자 했다.[38] 또

36_이렇게 19세기 말 20세기 초 과거 국가에서 주관하던 사료수집과 편찬을 제국대학으로 이관시켜 진행시킨 것에 대해 일본 사학사에서는 '아카데미즘 실증주의 역사학의 성립'이라고 평가하고 있다.(나가하라 게이지 著, 하종문 譯, 『20세기 일본의 역사학』, 2011, 삼천리, pp55~56.)

37_旗田巍, 「日本에 있어서 韓國史 硏究의 傳統」, 『韓國史 市民講座』 1, 1989, 一潮閣, pp.77~78.

한 20세기에 접어들어 전개된 2~3세기에 있었다는 야마타이국(邪馬臺國)의 위치와 성격에 관한 시라토리와 나이토 코난(內藤湖南) 사이의 논쟁은 당시 일본 학계의 주된 관심이 어디에 있었는가를 잘 보여준다.[39]

19세기 후반 일본에서 활발히 전개된 조선사에 대한 연구가 주로 고대사에 집중되는 것은 이러한 이유가 아닐까 한다. 일본사와 일본인의 기원은 일본과 인접하여 오래된 사료들에서 속출하는 '韓'이나 '朝鮮' 및 그와의 관계 등을 설명하지 않고서는 해명하기 어려운 것이었으며, 대륙 침략이라는 시대상은 고대의 조선과 일본을 설명하고, 양지의 관계를 설정하는 방식을 상당 부분 규정하였다. 즉 청일·러일전쟁을 치르며 점차 일본이 제국으로 변화해감에 따라 일본인 연구자들은 일본의 역사를 설명할 수 있는 시공간적 범위를 재설정하고자 했으며 그 출발점은 기원과 관련된 고대사 연구였다.

이처럼 일본에서 조선사에 대한 관심은 침략과 더불어 자신들의 기원을 밝힐 필요에 의한 것이었기 때문에 주로 고대사에 집중될 수밖에 없었다. 『史學雜誌』에 실린 조선사 관련 연구논저들을 살펴보아도 당시 일본 학계의 조선사 연구경향의 대강을 파악할 수 있다. 『史學雜誌』가 발간된 이래 조선사편찬위원회가 구성되던 당시까지 여기에 발표된 조선사 관련 연구는 고대사에 해당하는 것이 절대적 비중을 차지하고 있는 반면 고려시대,

---

38_史學會 창설 이후 일본 사학계의 연구경향과 당시 일본의 기원을 둘러싼 논쟁에 대해서는 스테판 다나카 著, 박영재·함동주 譯, 『일본 동양학의 구조』, 2004, 문학과 지성사, pp.113~135를 참고.

39_白鳥庫吉과 內藤湖南 사이의 논쟁의 내용과 양상에 대해서는 스테판 다나카 著, 박영재·함동주 譯, 위의 책, pp.228~251 및 五井直弘, 『近代日本と東洋史學』, 1976, 青木書店, pp.79~84.

조선시대에 대한 연구는 매우 드물다.[40] 뿐만 아니라 이마저도 대부분은 임진왜란과 관련된 사항을 중심으로 하여 조선과 일본을 축으로 하는 대외 관계에 관한 것들이다.[41] 이러한 점들을 통해 볼 때 일본 학계에서 조선의

40_1890년『史學雜誌』창간이후 조선사편찬위원회가 구성되는 1922년 말까지 33년간 조선사 관련 논문은 78편이 136회에 걸쳐 게재되었다. 그 가운데 조선의 문화, 언어 등을 다룬다거나 조선과 관련된 자료를 소개하는 17편(28회 게재)을 제외하면 61편의 논문이 108회에 걸쳐 게재된 것이다. 이중 고대사와 관련된 것은 61편 가운데 64%에 달하는 39편(78회 게재)에 달하며, 아래 표와 같다.

『史學雜誌』게재 고대사 관련 논문 목록 (1890~1922)

연번	저자	논문명	연재	호수(권-호)	연도
1	管政友	三韓文學の原始及歷史考	1	2-14	1891
2	吉田東伍	古代半島諸國興廢概考	2	2-21, 2-22	1891
3	管政友	高麗好太王碑銘考	4	2-22, 2-23, 2-24, 2-25	1891
4	林泰輔	加羅の起源	1	2-25	1891
5	坪井九馬三	新羅高句麗百濟三國史	1	3-35	1892
6	坪井九馬三	古朝鮮三國鼎立形勢考	4	3-35, 3-36, 3-37, 4-38	1892 1893
7	星野恒	七支刀考	1	3-37	1892
8	那珂通世	高句麗古碑考	2	4-48, 4-49	1893
9	林泰輔	古朝鮮三國鼎立形勢考を讀む	1	4-48	1893
10	那珂通世	朝鮮古史考	17	5-3, 5-4, 5-5, 5-6, 5-9, 5-10, 6-4, 6-5, 6-6, 6-7, 6-9, 6-12, 7-1, 7-3, 7-5, 7-8, 7-10	1894 1895 1896
11	林泰輔	加羅の起源續考	1	5-3	1894
12	坪井九馬三	三韓	1	5-5	1894
13	白鳥庫吉	朝鮮の古傳説考	1	5-12	1894
14	白鳥庫吉	朝鮮古代諸國名稱考	2	6-7, 6-8	1895
15	白鳥庫吉	朝鮮古代地名考	3	6-10, 6-11, 7-1	1895 1896
16	白鳥庫吉	朝鮮古代王號考	1	7-2	1896
17	白鳥庫吉	朝鮮古代官名考	1	7-4	1896
18	白鳥庫吉	弱手考	1	7-11	1896
19	白鳥庫吉	日本書紀に見えたる韓語の解釋	3	8-3, 8-6, 8-7	1897
20	大槻文彦	加羅先代萩の話	1	13-9	1902
21	中田薫	韓國古代村邑の稱呼たる喙評, 邑勒, 檐魯及須祇の考	1	16-8	1905
22	白鳥庫吉	中田君が韓國古代村邑の稱呼たる喙評,	1	16-10	1905

역사에 대한 연구가 활발했다고 하지만 이는 일본의 기원을 해명하는 것과 관련된 고대사 연구가 절대적인 비중을 차지하고 있었으며, 그 외의 시기는 임진왜란으로 대변되듯이 주로 일본사와 관련이 있는 부분들을 중심으로 연구되었다고 하겠다.

조선의 역사에 대한 관심이 일본사의 해명을 위한 사항에 집중되었던 만큼 대학강좌 개설을 통한 조선사 전공자의 육성 역시 늦어질 수밖에 없었다. 도쿄제대에서는 1914년 8월이 되어서야 칙령에 의해 국사·서양사·동양사 강좌에 이어 '조선사강좌(朝鮮史講座)'가 개설되었으며, 교토제대에

		邑勒, 檐魯及須祇に就きての考を讀む			
23	中田薰	韓國古代城邑の稱呼に就いて白鳥博士に答ふ	1	16-11	1905
24	白鳥庫吉	韓國古代城邑の稱呼たる忽の原義に就いて	4	16-11, 17-1, 17-2, 17-3	1905 1906
25	宮崎道三郎	喙評の原義	1	17-2	1906
26	坪井九馬三	朝鮮古地名の二三に就いて	3	20-1, 20-2, 20-3	1909
27	坪井九馬三	朝鮮古地名の二三に就いて尉耶巖條補考	1	20-3	1909
28	金澤庄三郎	日韓の古地名に就いて	1	21-1	1910
29	松井等	渤海の扶餘府並に遼の黃龍府につきての考	1	21-2	1910
30	鳥居龍藏	洞溝に於ける高句麗の遺蹟と遼東に於ける漢族の遺蹟	1	21-5	1910
31	久米邦武	倭韓共に日本神國なるを論ず	1	22-2	1911
32	樋口隆次郎	朝鮮半島に於ける漢四郡の疆域及沿革考	5	22-12, 23-2, 23-3, 23-4, 23-5	1911 1912
33	今西龍	百濟國都漢山考	1	23-1	1912
34	箭內亙	高句麗疆域沿革考	2	24-4, 24-5	1913
35	樋口隆次郎	日本百濟交涉志考	1	24-9	1913
36	白鳥庫吉	丸都城及國內城考	1	25-4	1914
37	沼田賴輔	朝鮮巴紋考	1	25-5	1914
38	鳥居龍藏	丸都城及國內城の位置に就いて	1	25-7	1914
39	關野貞	國內城及び丸都城の位置	1	25-11	1914

총 39편 78회 게재. (이 표는 史學會 編, 『史學雜誌總索引』, 富山房, 1940을 근거로 작성하였다.)

41_1890년부터 1922년까지 『史學雜誌』에 게재된 고려, 조선시대 관련 논문은 각각 3편(6회 게재), 19편(24회 게재)으로 다음과 같다.

서는 이것보다도 2년 늦은 1916년이 되어서야 '조선사강좌'가 신설되었다.[42] 이는 이전까지 조선사연구가 일본사나 중국사의 일부로서 다루어지

『史學雜誌』 게재 고려·조선시대 관련 논문 목록 (1890~1922)

연번	저자	논문명	연재	호수(권-호)	연도	대상
1	河田羆	源頼朝高麗を征しと云ふ事	1	6-12	1895	고려
2	池内宏	高麗末に於ける明及び北元との關係	4	29-1, 29-2, 29-3, 29-4	1918	고려
3	青山公亮	日元間の高麗	1	32-8	1921	고려
4	池内宏	朝鮮陣に關する一文書(加藤清正の書状)	2	8-6, 8-7	1897	조선
5	三井大作	徳川幕府初代に於ける朝鮮との修交貿易	5	9-12, 10-2, 10-3, 10-4, 10-5	1898 1899	조선
6	幣原坦	朝鮮近世史略評	1	12-10	1901	조선
7	幣原坦	朝鮮孝宗清を伐つの陰謀の淵源	1	13-4	1902	조선
8	三上次男	正確なる史料に現はれたる豊太閤	1	14-5	1903	조선
9	田中義成	豊太閤の外征に於ける原因に就て	1	16-8	1905	조선
10	阿部愿	豊臣秀吉征韓の趣意を究めて其動機に及ぶ	1	17-1	1906	조선
11	大森金五郎	秀吉の外征に就て	1	23-8	1912	조선
12	池内宏	海汀倉の戰についてに考	1	24-5	1913	조선
13	河合弘民	海汀倉の戰に關する懲毖錄の誤謬	1	24-7	1913	조선
14	池内宏	咸廷虎の言に據れる懲毖錄の記事を檢覈して河合學士の教示に答ふ	1	24-8	1913	조선
15	河合弘民	再び懲毖錄の誤謬に就いて池内文學士に答ふ	1	24-10	1913	조선
16	池内宏	京城の軍議に關する黑田家譜の記事の錯簡と軍議の時日	1	25-3	1914	조선
17	池内宏	海汀倉の戰に關して再び河合學士に答ふ	1	25-4	1914	조선
18	瀬野馬熊	倭寇と朝鮮の水軍	1	26-1	1915	조선
19	河合弘民	朝鮮に於ける黨爭の原因及當時の狀況	1	27-3	1916	조선
20	稲葉岩吉	池内博士の鮮初の東北境と女眞との關係に就いて	1	29-9	1918	조선
21	瀬野馬熊	大內義弘と朝鮮との關係に就いて	1	30-1	1919	조선
22	池内宏	伴氏の「文祿慶長の役數次の軍議」を讀む	1	33-8	1922	조선

(이 표는 史學會 編, 『史學雜誌總索引』, 富山房, 1940을 근거로 작성하였다.)

42_吉田光男, 「일본에서의 한국 중·근세사 연구교육기반」, 『한일역사 공동연구보고서』 3, 20

고 있었고, 조선사를 전공하는 이들의 배출이 그 만큼 늦어졌다는 것을 의미한다. 1922년 이마니시의 『朝鮮古史の研究』가 조선사를 대상으로 한 최초의 박사학위논문이었다. 이는 제목만으로도 알 수 있듯이 고대사에 관한 것으로 「단군고(檀君考)」, 「기자조선전설고(箕子朝鮮傳說考)」, 「가라강역고(加羅疆域考)」 등 그의 주요 논문을 묶은 것으로 단군과 기자의 부정 내지는 조선사의 기원에서 중국의 영향 혹은 고대 일본 우위의 한일관계 등을 논의하고자 했던 것이다.[43] 일본 내에서 조선사 전공자의 배출이 늦어질뿐더러 최초의 박사학위 소지자였던 이마니시의 예에서도 짐작 할 수 있듯이 조선의 역사에 대한 일본 학계의 관심은 고대사에 편중되어 있었다.

앞장에서 살펴보았듯이 총 6편 중 절반인 3편을 고대사에 할애했던 '반도사'의 구성은 당시 일본 학계의 관심과 상황을 보면 당연한 것이기도 하다. 조선의 역사를 통사로 서술하면서도 '학문적 권위'를 과시하며 '上古에서 李朝에 이르기까지 群雄의 興亡起伏과 歷代의 易姓革命으로 인해 衆民이 점차 疲憊해지고 貧弱에 빠진 實況을 서술'하는 것은 당시 일본 학계의 일차적인 관심도, 또 감당할 수 있는 것도 아니었다. 조선사편수회에서 수사관(修史官)으로서 조선시대 부분의 편찬을 담당했던 나카무라 히데다카(中村榮孝)는 1930년대에 접어들어 과거 일본에서의 조선사 연구에 대해 다음과 같은 감상을 전하고 있다.

05, pp.351~352. 東京帝大의 조선사 강좌 담당은 당시까지 동양사를 전공하던 池內宏이었으며, 이 강좌는 1932년에 동양사 강좌에 합병된 채로 池內宏이 정년퇴임하던 1939년까지 지속되지만 이후 사라진다고 한다. 한편 京都帝大의 조선사 강좌는 今西龍이 담당했으며, 이는 今西龍이 사망하는 1932년 이후에 개설되지 않았다고 한다.

43_林直樹, 「今西龍と朝鮮考古學」, 『靑丘學術論集』 14, 韓國文化硏究振興財團, 1999, p.69.

반도문화의 유래를 알고, 민족의 역사를 알고자 하는 자가 읽어야 할 사승은 거의 눈에 띄지 않는다. 게다가 고기록, 고문서의 종류로서 사료가 될 만한 귀중한 문헌도 멸실되어 왔다. 결국 조선총독부가 반도사를 편찬하려는 계획을 세운 것도 이러한 부족한 점을 보충하고자 하는 것이었다. 그러나 이것은 일본인의 작은 힘만으로 완성할 수 있는 것이 아니다.... 일본의 조선 연구는 생각 외로 오랜 연원을 갖고 있다.... 메이지 이후로 국제관계의 중심문제가 항상 조선을 둘러싸고 움직이게 되자 조선에 대한 연구는 점점 더 왕성해졌다. 조선의 역사에 대해서도 학술적으로 매우 상세해지고, 일한병합을 전후하여 적지 않은 역작이 세상에 나왔다. 그리고 이것이 일본 고대사의 연구와도 병행하여, 일선관계의 연원을 찾아 가고자 하는 시도를 한층 왕성하게 하고.... 그러나 이들을 중심으로 발전한 연구가 언어학, 역사지리, 고대사 등 각각의 방면에서 특색을 발휘하고 있다는 것은 말할 필요도 없지만, 개중에 심한 것은 일견 내선융화론을 위한 것으로 밖에 생각할 수 없는 것도 있고, 조선사의 핵심을 건드리고 있는 것은 결코 많지 않았다.... 총독부의 조선사편수사업은 때마침 이러한 때에 시작된 것이다.[44] (밑줄은 인용자)

위의 인용문은 1932년 『朝鮮史』 중 제1편 1·2권을 처음으로 발간한 것을 소개하는 글 중 일부이다. 나카무라는 당시의 조선사 연구에 대하여 조선사의 핵심을 건드리지 못한 채 '내선융화'에만 힘쓴 것이 많았다는 문제점을 지적하고 있는데, 이는 조선의 역사를 '찬미'하면 융화를 이룰 수 있다고 당시의 일본인들과 총독부의 태도를 비판했던 이나바의 언급과도 맞닿아 있다. 뿐만 아니라 나카무라는 일본에서의 조선사 연구 경향에 대하여 일본사, 특히 일본 고대사와 관련하여 병행되었음을 언급하는데, 이에 따

44_中村榮孝, 「新刊朝鮮史に就いて」, 『朝鮮』 208, 朝鮮總督府, 1932.(여기서는 친일반민족행위진상규명위원회, 『친일반민족행위관계사료집』 V, 선인, 2008. pp.528~529에서 인용)

라 자연스럽게 조선사는 일본사와의 관련 속에서 고대사에 집중될 수밖에 없었던 것이다. 또 당시 언어학이나 역사지리 역시 조선과 일본의 민족관계나 고대사에 있어 지명 비정 등의 문제와 연결되어 연구되고 있었음을 고려해 보면 일본에서의 조선사연구는 고대사와 관련된 부분의 연구가 주축이었음을 짐작할 수 있다. 이와 비슷한 언급은 이나바에게서도 확인된다. 그는 1935년대까지 일본에서 조선사에 대한 연구연혁을 정리하면서 다음과 같은 유감을 표하였다.

> 李氏朝鮮時代의 歷史硏究는 前途가 아직 遼遠하지 않다고는 말할 수 없다. 다만 故林泰輔博士가 燃藜室記述 등을 參酌하여 『朝鮮史』를 쓴 것은 그나마 慰籍이다. 실로 朝鮮時代를 정리한 著書로서는 博士의 『朝鮮史』 外에 겨우 近年 朝鮮史學會 刊行의 『朝鮮史大系』에 한정되는 것이 事實이며, (이는) 결코 現代의 要求에도 부합하지 않고 누구나 遺憾의 念을 품으며....[45]

1930년대 중반에도 이나바는 조선사 연구에 있어 조선시대에 대한 연구부족을 지적하며, 그에 관한 연구 성과로는 1901년 하야시 다이스케(林泰輔)가 저술한 『朝鮮史』(『朝鮮近世史』)[46]와 조선사학회(朝鮮史學會)에서 1927년에 발행한 『조선사대계(朝鮮史大系)』의 조선시대 부분(서술은 세노 우마쿠마가 담당) 이외에는 이렇다 할 것이 없음을 개탄하고 있다.[47]

45_稻葉岩吉, 「朝鮮史硏究の過程」, 『世界史大系』 11, 平凡社, 1935, pp.196~197.

46_林泰輔는 1892년 한국사에 대한 통사로서 『朝鮮史』를 발간하였으며, 이는 근대 역사학의 방법론으로 쓰여진 한국사에 대한 최초의 통사라고 평가된다. 『朝鮮史』의 목차를 보면 林泰輔가 처음 이를 구상할 때 통사를 지향했음을 알 수 있다. 하지만 『朝鮮史』는 고려시대까지만을 다루었으며, 조선시대에 대해서는 9년이 지난 1901년 『朝鮮近世史』라는 별도의 저작으로 발간되었다.

당시 일본 학계의 이러한 연구 수준은 '반도사 편찬'을 위한 집필진의 면면만을 보아도 알 수 있다. 앞장에서 살펴보았듯이 이마니시 외에는 조선사 연구는 고사하고 역사를 연구한 경험이나 관심이 적은 이들이었다. 당시 일본 학계의 관심과 연구경향을 생각한다면 집필자의 구성조차 어려웠을 것이다. 그렇기 때문에 '반도사'는 이마니시에 의한 고대사와 그나마 역사연구의 경험이 있었던 세노에 의한 조선시대 초기(건국~명종)만이 집필되었다. 즉 조선에 대한 연구가 양적으로 팽창하였다 해도 당시 조선의 역사에 대한 일본 학계의 관심과 연구수준은 통사 서술에 걸맞은 인력을 확보하기에도 어려웠던 것이었다. 역사서술을 위한 인선조차 곤란을 겪는 연구수준에서 조선인의 역사적 자각을 무마하면서 조선사에 대한 '찬미(讚美)'로 흐르지 않는 역사서술이 가능할 리는 없었다. 더군다나 3·1 운동 이후 총독부가 직면한 문제는 과거와 같은 조선과 일본의 공통성의 강조 및 강점과 식민지배를 합리화해줄 수 있는 역사편찬이 아니라 조선인들 사이에 확산되던 민족의식에 대한 자각을 억제시키고 식민통치체제를 안정화시키는 것이었다.

한편 앞서 살펴보았듯이 3·1운동과 이후 조선의 분위기는 이나바와 같은 역사가나 모치지와 같은 총독부관료의 예에서도 나타나듯이 일본인들에게 조선인들은 고유의 역사적·문화적 정체성을 가지고 있다는 사실을 확인시켜주는 계기이기도 하였다. 이러한 조선 고유의 독자성에 대한 인식

47_朝鮮史學會는 1923년 당시 政務總監이었던 有吉忠一을 總裁로, 小田省吾를 會長으로 하여 조직된 것으로 역사의 대중화를 목표로 하였다. 朝鮮史學會에 대해서는 박걸순, 「日帝下 日人의 朝鮮史硏究 學會와 歷史(高麗史) 歪曲」, 『한국독립운동사연구』 6, 독립기념관, 1992; 정준영, 「식민사관의 차질 - 조선사학회와 1920년대 식민사학의 제도화」, 『韓國史學史學報』 34, 2016을 참고.

은 당시 '내지연장주의'를 표방했던 하라 다카시(原敬)가 수상으로 재임하고, 새로운 조선총독으로 사이토가 부임한 시기에 주목되는 것이다. 주지하듯이 수상 하라는 식민지 장관으로 문관총독을 기용하여 식민지배기구를 내각총리대신의 감독 하에 두어 식민지에 대한 본국정부의 간섭을 강화하고자 하였다. 그는 조선총독에 대해서도 문무병용제 개혁을 추진하였는데, 이러한 와중에 발발한 3·1운동은 식민지 조선에 대한 본국 정부의 간섭을 강화할 수 있는 기회이기도 했다. 이를 위해 하라는 군벌과의 타협 속에서 해군대신을 역임하고 은퇴한 사이토를 조선 총독으로 기용하고 1906년 이래 자신과 밀접한 관계를 맺어 온 미즈노 렌타로(水野錬太郎)를 정무총감으로 등용하면서 조선 통치의 변화를 위한 인적 기초를 장악하는데, 이는 식민정책과 본국 정계를 한층 밀착시키는 것이었다.[48]

하라는 기본적으로 식민지에 본국의 간섭을 강화하기 위해 각종 제도를 전반적으로 일본과 동일하게 실시하는 '내지연장주의'를 주창했지만, 일본과 차이가 나는 조선에 대해 점진적인 동일시책의 실시를 역설하였다. 즉 점진적으로 조선을 일본의 부현(府縣)과 동일한 하나의 지방으로 제도화시키는 것을 목표로 했던 것이다. 조선총독으로 부임한 사이토 역시 이와 같은 하라의 '내지연장주의'의 전망 속에서 조선통치를 추진했던 것으로 보인다. 그는 조선은 오랜 역사와 관습이 있을 뿐만이 아니라 이를 바탕으로 조선인은 고유한 정체성을 형성하고 있기 때문에 급격한 개혁은 무리라고 보았다. 그래서 장기적인 관점에서 점진적으로 조선인의 의식과 관습을 바꾸어가는 통치를 구상했으며, 이를 '문화통치'라고 천명하였다.[49] 이는 부

48_김종식, 「1919년 일본의 조선문제에 대한 정치과정」, 『韓日關係史硏究』 26, 2007.

49_전상숙, 「1920년대 사이토오(齋藤實) 총독의 조선통치관과 '내지연장주의'」, 『담론201』 11

임 직후 발표한 그의 유고에도 잘 나타나 있듯이 조선인에 대한 임용상의 차별을 철폐하고, 조선의 문화와 전통을 존중하며, 기회를 보아 조선에서도 지방자치제도 실시하여 조선인의 민의를 수용하고 복리를 증진하겠다는 것이다.[50] 즉 조선의 전통과 문화의 독자성을 인정하면서도 점차 지방자치제도를 실시하여 일본 제국의 일부로 포섭하겠다는 것이다. 이러한 점을 고려할 때 3·1운동 이후 1920년대 일본 본국의 정계와 조선총독부는 조선의 독자성을 인정하면서 점진적으로 본국으로 포섭한다는 방향성을 제시하였다고 하겠다. 이는 조선과 일본의 공통점을 강변하며 조선의 전통과 문화를 억압하여 조선인들의 반발을 사기 보다는 조선과 일본 양국의 차이를 인정하면서도 일본 제국의 한 지방으로서 조선을 상정하여 통치제도를 본국과 연결하면서 제국의 일부로서 포섭하는 것이기도 하였다.[51]

조선총독부의 역사 편찬 사업이었던 '반도사 편찬'의 시의성이 사라지고 자국사에 대한 조선인들의 인식이 확산·강화되던 당시 조선총독부는 이상과 같은 통치방향을 설정하고 있었다. 이러한 경향은 역사 편찬 사업에도 반영되었다고 할 수 있다. '일선(日鮮)의 동족(同族)'과 같이 조선과 일본의 동질성을 강조하고 조선의 역사를 정치적 혼란을 중심으로 그려내고자 했던 '반도사 편찬'이 중지된 것이다. 1922년 10월 28일을 기하여 '반도사

-2, 2008, pp.14~26.

50_「諭告」, 『每日申報』, 1919. 9. 10. 1면.

51_駒込武는 이와 같이 3·1 운동 이후 조선과 일본의 차이 및 식민지 조선에 대한 독자성에 대한 인식이 확산됨에 따라, 비록 실현되지는 못했지만, 조선의 통치정책을 둘러싸고 일본 본국에서 등장한 교육칙어 수정론이나 조선에서 벌어진 의회설치 운동과 같은 일련의 흐름을 '다민족 국가체제의 모색'이라고 적극적으로 평가하였다.(駒込武 著, 오성철·이명실·권경희 譯, 『식민지제국 일본의 문화통합』, 역사비평사, 2008, pp.243~293.)

편찬'을 전담하기 위해 중추원 내에 설치되었던 편찬과가 폐지된 것은 사실상 이 사업의 폐기를 의미한다.[52] 그로부터 1개 여 월 후인 1922년 12월 4일 '조선사편찬위원회규정(朝鮮史編纂委員會規程)'이 공포되어 새로운 역사 편찬 사업의 개시가 공식화 되었으며, 이 사업은 1925년 6월을 기해 조선사편수회로 조직이 강화되어 이후 식민지기 내내 지속되었다. 조선사편찬위원회와 조선사편수회는 시종일관 '사료의 수집과 발간'을 목표로 내걸었고, 이를 『朝鮮史』의 편찬으로 실현하였던 것이다. 그런데 이러한 조선총독부의 역사 편찬 사업은 일본 본국의 역사 편찬 사업 바로 사료편찬괘와 유신사료편찬회(維新史料編纂會)에서 영향을 받은 것이었다. 즉 조선사편찬위원회와 조선사편수회는 본국의 역사 편찬 사업을 닮아 있었던 것이다. 그렇다면 본국의 역사 편찬 사업의 영향은 무엇이었으며, 이렇게 구성된 조선사편찬위원회와 조선사편수회는 어떻게 구성되어 활동을 전개한 것일까.

2. 새로운 역사편찬기구의 등장과 『朝鮮史』 편찬을 위한 정비

조선사편찬위원회의 결성 전해인 1921년에 작성된 것으로 보이는 문건에는 조선의 역사에 정통한 조선과 일본의 학자 40여명을 위원으로 하여 '조선사편찬위원회(朝鮮史編纂委員會)'를 구성하고, 위원장은 정무총감(政務總監)이, 부위원장은 조선인이 맡으며 간사 2명, 서기 3명을 두어 사무를 담

52_『朝鮮總督府 官報』, 1922. 10. 28. 朝鮮總督府訓令 第54號.

당케 하는 한편 약간의 고문을 조선인 가운데 선임할 것을 규정하고 있다. 또 이 문건은 1921년 7월부터 사업을 개시하여 1926년 3월에 완성을 목표로 제시하면서 연도별 목표를 할당하고 있다.[53] 이는 1922년 12월 4일 다수의 인원을 위원으로 포괄하고 사업연한도 10년으로 연장되며 조선사편찬위원회규정의 발포로 공식화되었고, 1925년 6월 조선사편수회관제에 의거해 중추원의 부속 기관에서 총독직할의 독립 기구로 격상되었다.

앞서 언급했듯이 사료를 수집하여 간행한다는 조선사편찬위원회나 조선사편수회의 사업 방식은 당시 일본에서 진행 중인 역사 편찬 사업들과 비슷한 것이다. 이와 관련하여『朝鮮史』편찬에 있어 중추적인 역할을 담당했던 스에마쓰는 다음과 같이 회상하였다.

> ① 旗田:『朝鮮史』는 매우 膨大한 것으로…. 대단한 것이라고 생각합니다. 그것은 크게 보급도 했습니다만 그러한 형태로 하는 모델이라는 것은 없었습니까?
>
> 末松: 그것은 역시 日本 東大史料編纂所의 '大日本史料'나 '大日本古文書'의 형태를 그대로 가지고 갔습니다. 특히 직접적으로는 '大日本維新史料'의 흐름을 답습한 것입니다…. 이 사업이 學問的 標榜을 했고, 역시 政策的 性格으로부터 벗어난 것은 아닙니다만…. 이것은 黑板선생에게 직접들은 이야

53_朝鮮史編修會,「朝鮮史 編纂計劃」,『朝鮮史編纂委員會 委員會議事錄』. 당시 제시된 연도별 할당 계획은 다음과 같다.
제 1년도(1921년 7월~1922년 3월): 위원회 조직과 사료 수집.
제 2년도(1922년 4월~1923년 3월): 사료 수집과 정리.
제 3년도(1923년 4월~1924년 3월): 사료 수집과 정리 및 초고 기술에 착수.
제 4년도(1924년 4월~1925년 3월): 사료 수집 補遺 및 사료 정리 완결, 초고 기술 및 심사.
제 5년도(1925년 4월~1926년 3월): 전반기에 초고 기술 완결 및 심사종료, 후반기에 인쇄.

기여서 틀림없습니다만 朝鮮史編修會官制가 만들어졌을 때 일본정부당국은 허락하지 않았습니다. 식민지의 역사를 일본인 손으로 하는 것은 統治와 정반대이기 때문입니다. 그것이 黑板선생의 한마디로 없어졌습니다. 그 한마디라는 것은 당시 內務大臣 水野錬太郞씨에게 '朝鮮史를 하지 않으면 日本史를 알 수 없다'는 것입니다.

旗田: 과연 黑板선생다운 발언입니다.

幼方:.... 編修會가 그 後續으로도, 저기(편수회: 인용자)에서는 朝鮮硏究에 관한 커다란 업적은 나오지 않았다는 의견이죠, (조선연구업적이 나온 것은: 인용자) 京城大學부터이죠. 그건 전쟁이라는 외부적인, 세계적인 것 때문은 아니고 학문적인 방법의 문제가 있었던 것이죠?

末松: 넓은 의미에서 방법이라고 할 수 있을지도 모르겠지만 그런 형태로는 더 신장하지 않는다고 생각합니다.[54]

② 末松: .... 이후 『朝鮮史』로서 나온 것은.... 史料編纂掛의 방침과 『大日本維新史料』. 저 두 가지를 혼합한 방침으로.[55]

우선 첫 번째 인용문은 1963년 하타다 타카시(旗田巍), 우부가타 나오키치(幼方直吉), 미야타 세츠코(宮田節子) 등과 스에마쓰의 대담, 두 번째 인용문은 1980년 스에마쓰의 자택에서, 그와 당시 코마자와여자대학(駒沢女子大學) 교수였던 다나카 타케오(田中健夫), 도쿄여자대학 명예교수 히라노 쿠니오(平野邦雄) 사이에 이루어진 대담의 일부이다. 이 두 대담에서 스에마쓰는 반복적으로 편찬위원회와 편수회의 사업은 일본의 '대일본사료(大日本史料)', '대일본고문서(大日本古文書)' – 사료편찬괘와 '대일본유신사료(大日本維新

54_旗田巍 編, 「朝鮮史編修會の事業」, 『シンポジウム 日本と朝鮮』, 勁草書房, 1969, pp.81~83.

55_末松保和, 朝鮮史の研究と私」, 『日本歷史』 560, 日本歷史學會, 1995, pp.29~30 (이는 1980년에 이루어진 대담을 실은 것이다.)

史料)' – 유신사료편찬회를 모델로 한 것임 밝혔다.

사료편찬괘는 앞서 언급했듯이 1895년 도쿄제대에 설치된 것으로 사료의 수집 및 간행을 표방하였으며, 1929년에는 '사료편찬소(史料編纂所)'로 명칭 을 개칭, 지금까지도 존속하고 있는 역사편찬기구이다. 반면 유신사료편찬회는 사료편찬괘보다 한참 후인 1911년 5월에 발족하였다. 이는 메이지유신에 참여했으며, 이후 일본 정계에서 '원로(元老)'로서 군림한 이들이 하나 둘 사망하는 가운데 1910년 5월 '천황'에 대한 암살 기도가 발생하자 존황사상(尊皇思想)·충군애국사상(忠君愛國思想)의 확산을 위해 야마가타 아리토모(山縣有朋), 이노우에 카오루(井上馨), 오오야마 이와오(大山巖), 마츠가타 마사요시(松方正義)와 같은 '유신(維新)의 원훈(元勳)'들이 주도하던 메이지유신에 대한 정리를 일본 정부가 흡수한 것으로, 정치적·정책적 성격이 강한 역사 편찬 사업으로 평가되고 있다.[56]

사료편찬괘와 유신사료편찬회 모두 기본적으로 사료를 수집하여 편찬한다는 공통점이 있다. 하지만 사료편찬괘는 대학 소속으로, 일본사 전체를 대상으로 하며 연한이 정해져 있지 않은 사업으로서 영구성을 띤 반면, 유신사료편찬회는 정부 기구인 문부성 소관으로, 1846년 고메이천황(孝明天皇)의 즉위부터 1871년 폐번치현(廢藩治縣)까지 25년간만을 대상으로 하

56_維新史料編纂會와 관련된 일본 학계의 연구성과들에서는 공통적으로 이 조직의 정치적 성격을 지적하고 있다.(箱石大, 「維新史料編纂會の成立過程」, 『栃木史學』 15, 2001, 國學院大學栃木短期大學史學會; 宮地正人, 「史料編纂所の歴史とその課題」, 『歴史學と史料研究』, 2003, 東京大學 史料編纂所, pp.168~172; 永島廣紀, 「日本統治期の朝鮮における〈史學〉と〈史料〉」, 『歴史學研究』 795, 2004, 歴史學研究會, pp.12~13.) 특히 箱石大의 연구에 따르면 維新史料編纂會는 조직을 구성할 당시 고문이나 위원의 선정에 있어 과거 長州·薩摩·土佐 등 明治維新을 주도한 藩閥들을 고려하며 고문과 위원의 수를 정할만큼 정치적 배려 속에서 조직되었다고 한다.

는 만큼 편찬 완료가 예정된 것이었으며, 실제로 사업 완료 이후인 1949년 '사료고본(史料稿本)'과 소장 사료, 도서는 사료편찬소로 이관되었다.

사업 추진을 위한 기구의 소속이나 사업연한과 같은 표면적인 차이 이외에 이 두 기관은 편찬물의 내용에서도 차이를 드러내었다. 양자 모두 사료를 수집하여 편찬하는 것은 동일했다. 1895년에 설치된 사료편찬괘에서는 설립 이래 일본 각지의 사료를 수집하여 이를 편년에 따라 정리한 결과를 1901년부터 『大日本史料』와 『大日本古文書』로 발간했으며, 이는 지금도 지속되고 있다. 이와 더불어 사료편찬괘에서는 『大日本史料』의 완성에는 오랜 시간이 들기 때문에 1923년부터 연구자들이 사료를 쉽게 검색할 수 있도록 『大日本史料』에서 사실(史實)의 대강을 정리한 강문과 그 아래에 사료의 서목만을 주기한 『사료종람(史料綜覽)』을 발간했다. 그렇지만 이는 연구가 배제된 것으로 완성된 역사 연구와 서술이 아니었다. 사료편찬괘의 경우 편찬 사업의 결과가 세간에 알려져 물의를 일으킬 염려가 있다는 이유로 편찬 결과의 발설을 제한하는 규정을 마련하여 『大日本史料』, 『大日本古文書』의 편찬과정에서 이루어진 성과를 개별적으로 세상에 알리는 것을 원칙적으로 금지했기 때문에 그 내부에서도 '사료편찬소(史料編纂所)는 편찬·출판(編纂·出版)의 장(場)이지 연구·교육(研究·教育)의 장(場)은 아니'며, 이는 '본말전도(本末顚倒)'라는 비판이 나왔다고 한다.[57]

반면 유신사료편찬회에서도 1938년부터 1942년에 걸쳐 메이지유신 관련 사료집으로 『大日本維新史料』 19책(册)을 발간하였다. 하지만 유신사료편

57_東京大學百年史編纂委員會編, 「史料編纂所」, 『東京大學百年史 部局史』 4, 1987, pp.562~595. 한편 사료편찬소이 연구체제가 단행된 것은 1945년 이후 대대적인 기구 개편과 더불어서라고 한다.

찬회는 사료집 출간에서 그친 것이 아니라 『大日本維新史料』를 이용하여 『유신사(維新史)』(1938~1941년 간행) 및 『개관유신사(概觀維新史)』(1940년 간행)와 같은 역사서술을 진행했다. 즉 유신사료편찬회는 메이지유신이라는 특정 사건에 대한 현창이 목적이었던 만큼 이를 효과적으로 달성하기 위해 사료의 제시만이 아니라 역사서술을 동반했으며, 소기의 목적 달성 이후 기구의 폐지는 당연한 수순이었다.[58] 특히 이와 같이 사료 수집을 기초로 한 역사서술이라는 것은 1915년부터 1942년까지, 유신사료편찬회의 대부분의 기간 동안 총재(2대)를 역임한 가네코 켄타로(金子堅太郎)에 의해 추진된 것이다.[59]

조선사편찬위원회와 조선사편수회는 특정사건을 대상으로 하는 것이 아닌 조선사 전반을 대상으로 한다는 점에서, 또 후술하겠지만 최종 출간된 35권의 『朝鮮史』 대부분의 편찬방식은 사료편찬괘에서 발간한 『史料綜覽』을 따른다는 점에서 사료편찬괘와 비슷하지만 사업의 연한이 정해져 있으며 대학과 같은 학술기구가 아닌 통치권력인 총독에 직속한다는 점에서는 유신사료편찬회와도 닮아 있다.

이러한 두 기관의 영향력 가운데에서 조선사편찬위원회에서 조선사편수회로의 기구의 강화는 유신사료편찬회를 모델로 한 것으로 보인다. 바로 조선사편수회관제가 유신사료편찬회의 것을 모방하여 이루어진 것이다. 앞선 첫 번째 인용문에서 스에마쓰는 조선사편수회 설치에 반대하는 일본 정부를, 쿠로이타가 내무대신 미즈노에게 '일본사를 알기 위한 조선사'라고 설득시키며 관철했다고 말하고 있다. 조선사에 대한 쿠로이타의 이러한 생

58_永島廣紀, 앞의 논문, pp.12~13.
59_箱石大, 앞의 논문, pp.48~49.

각은 당시 일본 학계의 조선사 연구경향을 보면 당연한 것이다. 앞서 서술했듯이 일본에서 조선사를 연구한 것은 일본의 기원이나 임진왜란과 같이 일본과 관련된 부분을 위주로, 곧 '일본사를 해명하기 위한 조선사' 연구였기 때문이며, 이러한 의미에서 쿠로이타의 발언은 당시 연구경향에 따른 학계의 필요를 집약적으로 대변하는 것이었다. 즉 쿠로이타는 정치적 의도보다는 학문을 위해서 필요하다는 입장으로 조선사편수회를 반대하는 당국자들을 설득했다는 것이며, 스에마쓰는 정책적 의도를 완전히 부정할 수는 없다면서도 쿠로이타의 이야기를 굳게 믿으며 조선사편수회 사업의 학문적 성격을 이야기 한 것이다.

편찬위원회에서 편수회로의 전환과 관련하여 1925년 4월 10일 내각총리대신 가토우 타카아키(加藤高明)는 조선사료의 수집과 『朝鮮史』 편찬 사업이 상당한 권위가 있는 조직에 의해야 한다는 내용의 '朝鮮史編纂會官制制定ノ件'을 각의에 상정하였다. 이로부터 거의 한 달이 지난 1925년 5월 6일 내각총리대신은 법제국장에게 '內閣總理大臣請議 朝鮮史編纂會官制制定ノ件'을 보내며 제일 먼저 참조사항으로 '유신사료편찬회관제(維新史料編纂會官制)'를 제시하였고, 또 정확히 한 달 후인 1925년 6월 6일자로 '천황'이 조선사편수회관제를 재가하여 공포한다는 내용과 함께 '칙령 제218호(勅令 第218號) 조선사편수회관제(朝鮮史編修會官制)'가 공포되었다.[60] 조선사편수회관제를 유신사료편찬회관제와 비교했을 때 사업을 국가권력이 직접 관장할 뿐만이 아니라 구성원을 조직하고 임명하는 방식에서도 비슷한 면이 많다. 이는 조선사편수회관제가 마련되는 것이 처음 편수회 설치 관련 논의가 각의

60_『公文類聚』 49 大正14年 卷8 第17件.(이상 3개의 문서는 모두 第17件으로 묶여 있다. 日本國立公文書館 所藏.)

에서 논의되고 한 달이 지나 유신사료편찬회의 관제를 기초로 하여 급속하게 작성되었음을 시사한다.[61]

앞서 스에마쓰는 조선사편수회와 『朝鮮史』 편찬이 일본사 연구를 위한 것임을, 즉 학문적 성격이 보다 강한 것이었음을 이야기하였다. 더군다나 쿠로이타가 사료편찬괘에서 오랜 시간 근무하였으며 조선사편찬위원회가 구성되기 직전인 1919년에서 1920년까지 사료편찬괘장이었음을 고려할 때 편수회와 『朝鮮史』 편찬에 있어 그가 우선적으로 고려했던 것은 바로 사료편찬괘의 방식이었음을 짐작케 하며 향후 간행된 『朝鮮史』의 모습은 사료편찬괘에서 1923년부터 발간했던 『史料綜覽』과 같은 것이었다. 하지만 관제 제정과 같은 정치적 사안의 결정에 있어 일본사 연구를 위해 조선의 사료 수집과 발간이 필요하다는 학술적 목표만으로 당시 일본의 정치가들을 얼마나 설득시킬 수 있었을지는 재고해 보아야 할 문제이다. 스에마쓰의 회고에서 유추할 수 있듯이 쿠로이타가 특정한 의도없이 학문을 위한 의도에서 사료의 수집과 정리라는 자세로 사료편찬괘를 모델로 하여 『朝鮮史』 편찬을 주도했다고 하더라도 관제 개정과 같은 정치적 사안은 그의 의도와는 별개의 문제이다. 또 스에마쓰는 조선사편수회에서 '조선연구'와 관련해서는 업적이 없다는 질문에 대하여 '그러한 방식'으로 사업이 전개되지 않았다며 사료의 수집과 발간을 넘어선 연구에 대해서는 편수회의 사업범위가 아니라고 하였지만, 이는 사실이 아니다. 3장에서 살펴보겠지만, 편수회도 종국에는 유신사료편찬회처럼 역사를 서술하여 성과를 제시하고자

61_한편 현재 국사편찬위원회에는 작성연대가 불분명한 『朝鮮史編修會事務報告書』라는 자료가 있다.(中 B14 62) 편수회에서 작성된 것으로 보이는 이 문서철에도 維新史料編纂會 官制가 筆寫되어 실려 있어, 편수회와 維新史料編纂會의 관련성을 짐작케 한다.

했던 것으로 보이며, 실제로 조선사편수회의 이름으로 2권의 연구서를 출간하기 때문이다. 즉 조선사편수회 관제를 둘러싼 논의가 진행되던 1925년은 유신사료편찬회가 사업의 정치적 성격을 강화한 가네코 켄타로우 체제 하에서 사무를 진행하고 있을 때로, 조선사편수회는 이러한 성격의 유신사료편찬회의 관제를 참조했던 것이다. 또 조선사편수회 역시 『朝鮮史』를 완간한 1938년 이후 유신사료편찬회와 마찬가지로 사료의 수집과 발간을 기초로 역사연구와 서술을 기획·진행했던 점 역시 조선사편수회와 유신사료편찬회의 공통점이라 하겠다.

3·1운동 이후 '문화통치' 속에서 조선인 임용에 신경썼던 당시 분위기를 반영하듯, 조선사편찬위원회와 조선사편수회의 '고문'과 '위원'에는 다수의 조선인들이 선임되었다. 1922년 12월 규정 공포 이후 같은 달 28일자로 편찬위원회의 인선을 완료한 이래 편수회에 이르기까지 변화된 인적 구성은 아래의 〈표 6〉과 같다.

표 6 | 朝鮮史編纂委員會 및 朝鮮史編修會 임원 명단(1923년~1929년)

	1923	1924	1925	1926	1927	1928	1929
會長	有吉忠一	有吉忠一	下岡忠治	湯淺倉平	湯淺倉平	池上四郎	池上四郎
顧問	權重顯 李完用	權重顯 朴泳孝 李完用	權重顯 朴泳孝 李完用	權重顯 朴泳孝 黑板勝美 內藤虎次郎 服部宇之吉	權重顯 朴泳孝 黑板勝美 內藤虎次郎 服部宇之吉	權重顯 朴泳孝 黑板勝美 內藤虎次郎 服部宇之吉	權重顯 朴泳孝 黑板勝美 內藤虎次郎 服部宇之吉
委員	劉猛 李秉韶 長野幹 李熊和 稻葉岩吉 洪憙 玄采 尹寗求 李商永 栢原昌三 松井等 鄭萬朝 魚允迪 朴泳孝 今西龍	劉猛 李秉韶 長野幹 李能和 稻葉岩吉 洪憙 玄采 尹寗求 鄭萬朝 魚允迪 今西龍 篠田治策 小田省吾 深川傳次郎	劉猛 李秉韶 李能和 稻葉岩吉 洪憙 尹寗求 鄭萬朝 魚允迪 今西龍 篠田治策 小田省吾 大塚常三郎 李軫鎬 山崎眞雄	劉猛 李能和 魚允迪 尹寗求 今西龍 篠田治策 小田省吾 李軫鎬 山崎眞雄 生田淸三郎	劉猛 李秉韶 李能和 尹寗求 魚允迪 今西龍 篠田治策 小田省吾 李軫鎬 山崎眞雄 生田淸三郎	劉猛 李秉韶 李能和 尹寗求 鄭萬朝 魚允迪 今西龍 篠田治策 小田省吾 李軫鎬 生田淸三郎	劉猛 李秉韶 李能和 尹寗求 鄭萬朝 魚允迪 今西龍 篠田治策小 田省吾 生田淸三郎 崔南善 高武公美
幹事	稻葉岩吉 金東準	稻葉岩吉 金東準	稻葉岩吉 金東準	山崎眞雄 鄭僑源	稻葉岩吉 山崎眞雄	稻葉岩吉	稻葉岩吉 孫永穆

					鄭僑源		高武公美
書記	金容廸 葛城末治 金子正潔	金容廸 葛城末治 金子正潔	金容廸 葛城末治 金子正潔	金容迪 金子正潔 小野德三 玄陽燮	金容廸 金子正潔 小野德三 玄陽燮	金容廸 金子正潔 小野德三 玄陽燮	金容廸 金子正潔 小野德三 玄陽燮
修史官	-	-	-	藤田亮策 洪憙 稻葉岩吉	稻葉岩吉 洪憙	稻葉岩吉 洪憙 中村榮孝	稻葉岩吉 洪憙 中村榮孝
修史官補	-	-	-	高橋琢二 鶴見立吉 葛城末治 李丙燾	高橋琢二 鶴見立吉 葛城末治 李丙燾	高橋琢二 鶴見立吉 葛城末治 末松保和	高橋琢二 葛城末治 末松保和
囑託	-	-	-	澁江桂藏 瀨野馬熊	澁江桂藏 瀨野馬熊 中村榮孝 朴容九	澁江桂藏 瀨野馬熊 朴容九 川口卯橘 金台斗 趙重觀	澁江桂藏 瀨野馬熊 朴容九 川口卯橘 趙重觀 崔南善
會務囑託	-	-	-	-	-		-

표 6 | 朝鮮史編纂委員會 및 朝鮮史編修會 임원 명단(1930년~1936년)

	1930	1931	1932	1933	1934	1935	1936
會長	兒玉秀雄	今井田淸德	今井田淸德	今井田淸德	今井田淸德	今井田淸德	今井田淸德
顧問	權重顯 朴泳孝 黑板勝美 內藤虎次郎 服部宇之吉	權重顯 朴泳孝 黑板勝美 內藤虎次郎 服部宇之吉	權重顯 朴泳孝 黑板勝美 內藤虎次郎 服部宇之吉	權重顯 朴泳孝 黑板勝美 內藤虎次郎 服部宇之吉	朴泳孝 黑板勝美 服部宇之吉 李允用 山田三良	朴泳孝 黑板勝美 服部宇之吉 李允用 山田三良	朴泳孝 黑板勝美 服部宇之吉 李允用 速水滉
委員	李秉韶 李能和 尹甯求 鄭萬朝 魚允迪 今西龍 篠田治策 小田省吾 崔南善 張間源四郎 今村武志 武部欽一	李秉韶 李能和 尹甯求 鄭萬朝 魚允迪 今西龍 篠田治策 小田省吾 崔南善 張間源四郎 今村武志 林繁藏	李秉韶 李能和 尹甯求 鄭萬朝 魚允迪 今西龍 篠田治策 小田省吾 崔南善 林繁藏 牛島省三 大谷勝眞 松本伊織 林茂樹	李秉韶 李能和 尹甯求 鄭萬朝 魚允廸 篠田治策 小田省吾 崔南善 林繁蔵 牛島省三 大谷勝眞 松本伊織 林茂樹	李秉韶 李能和 尹寧求 鄭萬朝 魚允迪 篠田治策 小田省吾 崔南善 林繁藏 牛島省三 大谷勝眞 松本伊織 藤田亮策 渡邊豊日子	李秉韶 李能和 尹甯求 鄭萬朝 篠田治策 小田省吾 崔南善 林繁藏	李秉韶 李能和 尹甯求 篠田治策 小田省吾 崔南善 林繁藏 大谷勝眞 藤田亮策
幹事	稻葉岩吉 嚴昌燮 張間源四郎	稻葉岩吉 嚴昌燮 張間源四郎	稻葉岩吉 嚴昌燮 松本伊織	稻葉岩吉 嚴昌燮 松本伊織	稻葉岩吉 嚴昌燮 松本伊織 上瀧基 金大羽	稻葉岩吉 金大羽 上瀧基 野世溪閑了	稻葉岩吉 野世溪閑了 新貝肇
書記	金容迪 玄陽燮 葛城末治	金容迪 玄陽燮 葛城末治	玄陽燮 葛城末治	玄陽燮 葛城末治	玄陽燮 葛城末治 可知淸次郎	葛城末治 可知淸次郎 前田耕造	可知淸次郎 葛城末治 前田耕造
修史官	稻葉岩吉 洪憙	稻葉岩吉 洪憙	稻葉岩吉 洪憙	稻葉岩吉 洪憙	稻葉岩吉 洪憙	稻葉岩吉 中村榮孝	稻葉岩吉 中村榮孝

	中村榮孝	中村榮孝	中村榮孝	中村榮孝	中村榮孝		
修史官補	高橋琢二 葛城末治 末松保和 申奭鎬	高橋琢二 葛城末治 末松保和 申奭鎬	高橋琢二 葛城末治 末松保和 申奭鎬	高橋琢二 葛城末治 末松保和 申奭鎬	葛城末治 末松保和 申奭鎬 秋浦秀雄	葛城末治 申奭鎬 秋浦秀雄 田川孝三	葛城末治 申奭鎬 田川孝三 李種明
囑託	澁江桂藏 瀨野馬熊 朴容九 川口卯橘 趙重觀 崔南善 趙漢稷 尹瑢均 秋浦秀雄	澁江桂藏 瀨野馬熊 川口卯橘 趙重觀 崔南善 趙漢稷 尹瑢均 秋浦秀雄 今村鞆	澁江桂藏 瀨野馬熊 崔南善 趙漢稷 秋浦秀雄 園田庸次郎	渋江桂蔵 瀨野馬熊 崔南善 趙漢稷 秋浦秀雄 園田庸次郎 具瓚書 田川孝三 前田耕造	瀨野馬熊 崔南善 趙漢稷 園田庸次郎 具瓚書 田川孝三 周藤吉之 武田金作 前田耕造 黑田省三 石原俊雄 松岡巖	崔南善 趙漢稷 園田庸次郎 具瓚書 周藤吉之 石原俊雄 松岡巖 李能和 黑田省三 丸龜金作	趙漢稷 園田庸次郎 石原俊雄 松岡巖 李能和 黑田省三 丸龜金作 田中半次郎 藤井誠一
會務囑託	-	-	-	-	-	渡邊豊日子 大谷勝眞 牛島省三 藤田亮策	富永文一 大竹十郎

표 6 | 朝鮮史編纂委員會 및 朝鮮史編修會 임원 명단(1937년~1943년)

	1937	1938	1939	1940	1941	1942	1943
會長	大野綠一郎	大野綠一郎	大野綠一郎	大野綠一郎	大野綠一郎	田中武雄	田中武雄
顧問	朴泳孝 黑板勝美 服部宇之吉 速水混	朴泳孝 黑板勝美 服部宇之吉 李允用 速水滉	朴泳孝 黑板勝美 服部宇之吉 速水混	黑板勝美 速水滉 閔丙奭	黑板勝美 篠田治策	黑板勝美 篠田治策	黑板勝美 篠田治策
委員	李秉韶 李能和 尹甯求 篠田治策 小田省吾 崔南善 林繁藏 大谷勝眞 藤田亮策	李秉韶 尹甯求 篠田治策 小田省吾 崔南善 大谷勝眞 藤田亮策	李秉韶 李能和 尹甯求 篠田治策 小田省吾 崔南善 大谷勝眞 藤田亮策 大竹十郎 水田直昌	李秉韶 李能和 尹甯求 篠田治策 小田省吾 崔南善 大谷勝眞 藤田亮策 大竹十郎 水田直昌	李秉韶 李能和 小田省吾 崔南善 大谷勝眞 藤田亮策 大竹十郎 水田直昌 上瀧基 李恒九	李秉韶 李能和 小田省吾 崔南善 藤田亮策 水田直昌 上瀧基 李恒九 鈴川壽男	李秉韶 小田省吾 崔南善 藤田亮策 水田直昌 李恒九 新貝肇
幹事	野世溪閑了 金秉旭	野世溪閑料 金秉旭	金秉旭 柳生繁雄	金秉旭 柳生繁雄	簡井竹雄 永田種秀	簡井竹雄 朴富陽 永田種秀	朴富陽 渡部肆郎
書記	可知清次郎 前田耕造	可知清次郎 前田耕造	可知清次郎 前田耕造	可知清次郎 前田耕造	可知清次郎 前田耕造	-	-
修史官	葛城末治	申奭鎬	申奭鎬	申奭鎬 田川孝三	田川孝三 寺谷修三	田川孝三 寺谷修三	田川孝三 寺谷修三
修史官補	申奭鎬 田川孝三	田川孝三 黑田省三	田川孝三 黑田省三	黑田省三	黑田省三	-	-
囑託	趙漢稷 園田庸太郎 黑田省三 丸龜金作	園田庸次郎 丸龜金作 中村榮孝 稻葉岩吉	-	-	-	-	-

	中村榮孝 稻葉岩吉 田保橋潔	田保橋潔 末松保和					
會務囑託	大竹十郎	大竹十郎 水田直昌	-	-	-	-	-

※ 이 표는 1923~1943년의 『朝鮮總督府 職員錄』을 근거로 하여 작성하였다.
1923~1925년은 朝鮮史編纂委員會로 會長이 아닌 委員長이다.

이러한 인적 구성의 특징으로 꼽을 수 있는 것은 중추원 관련 인사들을 대거 기용한다는 점이다. 조선사편찬위원회와 조선사편수회가 중추원에 있었던 만큼 그럴 수밖에 없었지만 이러한 경향은 조선사편수회로 변화되어 총독 직속의 독립기구화한 후에도 마찬가지였다. 초기 3명의 조선인 고문은 조선귀족으로 중추원과 관련되어 있었으며, 서기 3명은 모두 중추원 속(屬)이었다. 또 조선인 간사 김동준(金東準)은 1922년부터 중추원의 통역관으로 있다가 조선인으로서는 처음으로 중추원 서기관에 임명된 인물이었으며, 이후 조선사편수회에서도 간사나 서기와 같이 편찬과 직접 연관되지 않는 회무의 진행과 관련된 일들은 대부분 중추원 속(屬)이나 서기들이 겸임하였다. 조선사편찬위원회나 조선사편수회가 중추원에 위치했기 때문에 중추원 인사들을 기용하면 사무 진행이나 비용 절감의 측면에서 많은 편익을 누릴 수 있었을 것이다.[62]

62_편수회의 위치에 대해 총독부에서는 편수회를 중추원에 두려 했지만 본국의 정부가 이를 반대하였다며, 편수회와 중추원이 별도로 있었다고 알려져 있다.(金性玟, 앞의 논문, 139~140쪽.) 그러나 후술할 이마니시의 연구실을 편수회가 있는 중추원으로 옮기자는 간사 山崎眞雄의 발언을 보면 편수회는 중추원에 있었던 것으로 보인다. 또 편찬이 끝난 『朝鮮史』가 순차적으로 출간되던 1934년 1월 편수회와 『朝鮮史』를 소개하는 이나바의 글을 보면 '편수회는 소규모여서 … 中樞院의 一課라고 생각하는 이도 적지 않다'고 하였는데, 이를 보아도 편수회는 중추원에 위치했다고 보는 것이 타당하다.(稻葉岩吉, 1934, 「編纂の朝鮮史に就て」, 『警務彙報』 333, 56쪽.)

한편 조선사편찬위원회 구성 당시 고문을 조선인으로만 구성한 것이나 간사 2명, 서기 3명을 선임한 것, 조선인과 일본인을 안배하여 위원을 조직한 것 등은 앞서 살펴보았던 초기의 사업 구상과 일치한다. 특히 조선사편찬위원회 당시의 고문이었던 이완용(李完用), 권중현(權重顯), 박영효(朴泳孝) 등은 총독부에 매우 호의적인 인사들로, 실제 편찬위원회의 석상에 참석하는 것도 매우 드물었다. 조선사편수회로 전환되면서 조선인만으로 구성된 고문에 일본인들도 이름을 올리게 되었다. 쿠로이타를 비롯 나이토 코난(內藤湖南)과 당시 경성제대 총장이었던 핫토리 우노키치(服部宇之吉)와 같은 일본 학계의 거물들이 선임되었는데, 핫토리 이후에도 경성제대 총장은 조선사편수회 고문을 겸임하는 것이 일반적이었다.

후술하겠지만 1925년부터 고문으로 참여하는 쿠로이타는 조선사편찬위원회 구성 당시부터 사업을 진두지휘한 사업의 리더였으며, 나이토 역시 사업의 준비단계에서 많은 영향력을 행사한 인물이다. 조선인 고문들의 면면을 고려할 때 『朝鮮史』 편찬이라는 사업의 성격상 이러한 일에 경험이 있었으며, 당시 학계의 거물로서 '학문적 권위'를 과시할 수 있던 일본인 고문들의 의견은 절대적이었을 것이다.

> 末松: 이것(『朝鮮史』 편찬과 관련된 사항의 결정: 인용자)은 거의 先生(黑板勝美: 인용자)의 뜻대로 하지 않았을까? 그리고 內藤선생은 黑板선생과 함께 顧問이었습니다. 거기에 朝鮮人 權重顯이라는 顧問이 있었지만 실제적으로는 黑板선생과 內藤선생이 顧問. 內藤씨는 意見을 말하기만 하고 한 번도 오지 않으셨습니다. 그러니까 黑板선생 한 사람이죠.[63]

63_末松保和, 앞의 논문, 1995, p.28.

『朝鮮史』 편찬에서 중요한 역할을 담당했던 스에마쓰의 위와 같은 회고는 사업에서 조선인 고문의 위상을 단적으로 말해준다. 즉 고문이라는 위치에 조선인을 임명했다는 것 이외에는 별다른 의미가 없는 것이었다.

위원에는 다양한 이력의 인사들이 혼재되어 있는 것이 특징이다. 조선인 위원의 경우 최남선과 같이 3·1운동에 가담했던 이들도 있지만 대체적으로 조선총독부에 친연성이 있는 인물들이 다수 보인다. 정만조(鄭萬朝), 어윤적(魚允迪)처럼 강점 직후 참사관실에서 진행한 도서정리 및 실록발췌, 도서해제 사업에 참여했던 이들, 또 유맹(劉猛)과 홍희(洪憙)와 같이 중추원에서 참의, 구관제도조사 촉탁(舊慣制度調査 囑託)을 맡았던 이들은 물론 조선총독부 편수관(이능화(李能和)) 혹은 이왕직(李王職)과 관련을 맺으며 이후 고종·순종실록의 편찬에 관계했던 인물(이병소(李秉韶))들은 특히 그러하다. 이들 외에도 강점 이래 조선의 사회기강을 유교적인 윤리로 안정시키려는 의도에서 조직된 문예구락부(文藝俱樂部), 이문회(以文會), 대동사문회(大東斯文會)와 같은 유교 단체에 적극적으로 참여하는 등의 행적을 보인 인물들도 상당수로, 이러한 이들은 총독부와의 친연성과 더불어 상당한 한학적 소양을 갖추었다고 하겠다. 즉 과거 '반도사 편찬'에 비하면 조선인의 참여가 확대되었지만 대체적으로 조선총독부에서 진행했던 사업에 친연성을 가졌던 이들이었다. 더군다나 이들은 『朝鮮史』 편찬 초기라 할 수 있는 편찬위원회 단계에서는 사업에 대한 이해조차 결여되어 있었던 것으로 보인다. 1924년 4월 2일에 개최된 제4회 위원회에서 유맹은 이 사업이 '단순히 실록과 같은 것을 편찬한다고 생각'했음을 밝히고 있는데,[64] 이는 이들

64_朝鮮史編修會, 「第3回 朝鮮史編纂委員會 會議錄」, 『朝鮮史編纂委員會 委員會議事錄』.(1924. 4. 2.)

이 사업에 대한 이해가 부족함을 말해준다. 이처럼 사업의 성격조차 파악하지 못하는 가운데 이들의 발언이나 의견이 반영될 여지는 사실상 없는 것이었다.

이에 반해 일본인 위원들의 경우 관료출신들이 다수였다. 우선 학무국장과 중추원 서기관장은 편찬위원회와 편수회의 위원을 겸직하였는데 당시 나가노 칸(長野幹)과 오다 간지로우, 후카가와 덴지로우(深川傳次郎), 이쿠다 세이자부로우(生田淸三郞), 타케베 킨이치(武部欽一), 마츠모토 이오리(松本伊織), 이마무라 타케시(今村武志), 하야시 시게키(林茂樹), 하야시 시게조(林繁藏), 하리마 겐시로우(張間源四郞) 등이 그러한 이들이다.[65] 또 지방관으로서 이력을 갖는 이들도 다수이다. 야마자키 마사오(山崎眞雄), 코우다케 키미요시(高武公美), 가와구치 우키츠(川口卯橘), 시부에 케이조우(澁江桂藏), 시노다 지사쿠(篠田治策) 등이 그러한데, 이러한 이들은 대체로 강점을 전후하여 대한제국 정부 혹은 조선총독부에 근무하게 되면서 이력을 쌓아나가는 중 편수회에 참여하게 되었다.[66] 편수회 당시의 상황을 전하는 자료를 살펴보면 이렇게 관료로서의 배경을 가지고 있는 이들은 별다른 활동을 보이지 않는다. 위원회의에서도 발언이 없고 『朝鮮史』 편찬과 관련하여 특별한 업무를 배정받지도 않는다. 즉 이들은 편수회 사무에 거의 관여하지 않았으며, 이들에게 편수회 위원은 그저 거쳐 가는 직책으로서의 의미 외에는 없었던 것이다. 이들이 편수회 일에 관여하는 것이었다면 사료 수집시

65_조선인으로 編修會 委員을 역임한 李軫鎬의 경우도 學務局長으로서 編修會 委員을 겸한 것이다. 中樞院 書記官長이나 學務局長 혹은 이런 기관들의 事務官으로서 編修會 委員을 兼務하게 되는 경우 中樞院이나 學務局에서 떠나게 되면 編修會 委員도 그만 두며, 후임자로 대체된다.

66_中樞院과 學務局에 근무하며 편수회에 관계하게 된 인물들도 中樞院·學務局에 근무하기 이전 지방관으로서의 경험을 가지고 있는 것이 보통이다.

과거 조선 각지에서의 지방관으로서 축적한 지방에 대한 정보를 알려 주는 정도였던 것이다.

위원에는 이처럼 다수의 관료 출신의 인사들이 있었지만 오다 쇼고, 이마니시, 마쓰이 히토시(松井等), 이나바 이와키치, 후지타 료사쿠(藤田亮策), 오오타니 쇼오진(大谷勝眞) 등 학자적 성향의 인물들이 존재했다. 이들은 대학에서 역사학을 전공하고 교수 등으로서 학계에서 활발한 활동을 벌인 이들이다. 그렇지만 이들이 모두 편수회에서 활발히 활동을 벌인 것은 아니었다. 위원으로서 장기간 편수회에 간여한 인사는 이마니시와 오다 정도이며 마쓰이나 오오타니는 편찬위원회나 편수회 위원을 잠시 겸직하는 정도였고, 그나마 오랜 기간 위원을 맡은 오다나 이마니시의 경우에도 후술하듯이 편찬위원회와 편수회의 중심에서는 멀어져 갔다.

즉 조선사편찬위원회와 조선사편수회의 위원들은 실질적으로 편수회의 사무에 대해 직접적으로 관계하지 않았으며, 이러한 경향은 조선사편수회로 전환된 이후 더욱 강화되었다. 조선사편찬위원회에서 조선사편수회로의 전환은 독립기구화에 따른 위상 제고 뿐만이 아니라 기구의 상설화를 의미하는 것이었으며, 이는 운영의 변화를 수반했다. 1925년 6월에 발포된 '조선사편수회관제(朝鮮史編修會官制)'는 수사관 3명, 수사관보 4명 및 서무를 돌보는 서기 2명 총 9명의 전임직원을 둘 수 있다는 것을 규정하였으며, 표 6에서 확인할 수 있듯이 편수회는 실제로 10여명의 전임직원을 두고 있었다. 이는 기구의 상설화를 의미했고, 바로 이들 전임직원이 조직운영의 중심이 되었다. 물론 편찬위원회 당시에도 사료 수집을 비롯한 주요 업무의 진행은 이나바나 카야하라 마사죠우(栢原昌三), 홍희와 같은 소수 인원에 한정되었지만 '조선사편찬위원회(朝鮮史編纂委員會)'라는 명칭 자체가 위원들과 이들로 구성되는 위원회가 중심임을 표시하며, 편찬위원회가 존속했던 2년 6개월여 동안 5회의 편찬위원회의가 개최되었다. 이는 적어도 6개월에 1회 정도의 빈도로 위원회를 개최한 것으로, 위원회의에서는 위원들의 의견을 수합하고 업무의 진행상황에 대한 보고와 개선방향 등에 대한 논의가 이루어졌다. 이는 몇몇 편집주임들을 중심으로 진행되었던 '반도사 편찬'과 달리 위원회가 사무 진행의 중심으로 어느 정도 기능했던 것으로 '편찬위원회(編纂委員會)'라는 명칭에 상응하는 것이라 할 수 있을 것이다. 그렇지만 조선사편수회로 전환된 이후 위원회는 1년에 1회도 개최하지 않는 것이 보통이었으며, 업무의 진행과 함께 편수회의 체제가 안정화됨에 따라 편수회의 위원과 위원회의 유명무실화가 심해졌다. 위원들의 대부분은 역사에 대한 이해가 부족할 수밖에 없는 이들이었을 뿐만 아니라 관료 혹은 교수로서 자신의 업무가 있는 가운데 편수회 위원을 겸직하는 상황에서, 위원들에게 편수회의 업무를 부과할 수 없었으며, 편수회에 대한 위원들의 관심이나 참여도 낮을 수밖에 없었다.

이렇게 위원과 위원회가 유명무실했던 반면 실질적으로 편수회를 이끌어 갔던 것은 전임직원들과 - 특히 수사관이나 수사관보 - 업무의 필요에 따라 임용한 몇몇 촉탁들이었다. 이들은 홍희와 신석호(申奭鎬) 등을 제외하면 모두 일본인으로 대학과 대학원에서 사학을 전공했던 만큼 편찬위원회와 편수회가 누누이 강조하고 선전했던 '학문적 공정성'을 체현할 수 있는 경력을 갖추었다고 하겠다. 또 이들은 위원들이 겸임이었던 것에 반하여 전임으로서 편수회에 상근하는 것이 보통이었기에 편수회의 업무에 만전을 기할 수 있었다. 후술하겠지만 6편으로 구성된 『朝鮮史』 편찬에 있어 전임직원인 수사관과 수사관보는 주로 4·5·6편를 담당하게 되는데, 이들과 업무의 진행을 위해 고용한 촉탁들은 '위원회(委員會)'와는 별개인 '편수타합회(編修打合會)'를 이나바의 연구실이나 중추원의 끽연실 등에서 수시로 개최하며 편찬 원칙에 해당하는 범례를 작성하였고, 편찬이 진행됨에 따라 업무의 보조를 맞추며 『朝鮮史』 편찬을 위한 각종 사안을 진행하였다.

조선사편찬위원회 구성 당시 초대회장이었던 정무총감 아리요시 주이치(有吉忠一)는 '조선의 학자 제군을 비롯하여 사정에 정통한 분들의 원조를 받을 뿐만이 아니라 내지의 역사전문가들에게 의뢰'[67]하여 『朝鮮史』를 완성하겠다고 공언하였다. 조선인의 참여는 분명 늘어났다. 다수의 조선인 위원이 눈에 띄며 편수회 위원으로 참여하게 되는 최남선과 같은 이들은 위원회에서 적극 발언을 하기도 했다. 그렇지만 위원들의 참여는 제한적이었다. 대부분 조선인 위원들은 조선총독부의 사업에 호의적인 인사로, 그 마저도 사업에 대한 이해를 결여한 채, 조선인을 참여시킨다는 명분을 살려주는 선전물일 뿐이었다. 편찬위원회에서 편수회로의 변화는 이러한 위원의 위상을 더욱 약화시키는 것이었으며, 이후 편수회의 운영은 수사관과 수사관보로 대변되는 몇몇 '내지의 역사전문가들'에 한 두 명의 조선인이 끼어 있는 '편수타합회'를 중심으로 이루어졌다.

한편 『朝鮮史』 편찬을 위한 기본계획은 조선사편찬위원회 구성 시기부터 이미 마련되어 있었다. 당초 5년으로 구상되었던 계획은 편찬위원회의 구성과 동시에 1922년부터 1931년에 이르는 10개년으로 연장되었고, 편찬계획을 최초 3년을 사료수집, 이후 5년은 사료수집과 편찬 기고에, 최후의 2년을 고본정리로 할당하였다. 그렇지만 이는 1923년에 9월에 발생한 관동대지진으로 인한 예산긴축으로 2개년 연장되어 1933년까지 완성이 목표가 되었다.[68] 이에 따라 편찬의 진행계획도 사료수집 6년, 고본작성 4년,

---

67_朝鮮史編修會, 「第1回 朝鮮史編纂委員會 會議錄」, 『朝鮮史編纂委員會 委員會議事錄』.(1923. 1. 8.)

수정 2년으로 변경되었다.[69]

또 1923년 1월 8일에서 10일에 걸쳐 개최된 제1회 조선사편찬위원회의에서는 주요 안건으로 편찬의 형식, 시기의 구분, 체제, 문체, 사료수집의 범위, 인쇄 및 출판 등 『朝鮮史』 편찬을 위한 '편찬강령(編纂綱領)'의 결정이 주요 안건으로 상정되었다. 여기서 연월일이 분명한 사료를 우선으로 하여 편년사 체제에 따라 인용사료는 원문을 따를 것, 사료는 편찬 시대 이후에 관계된 것이라도 필요에 따라 현대에까지 미치며 조선, 일본, 중국측의 것을 포괄해 문서·기록·금석문 그 외의 일반 사적까지로 할 것 등 『朝鮮史』 편찬을 위한 기본적인 원칙이 결정되었다. 단 문제가 된 것은 시기 구분에 관련하여 단군의 수록 여부였다. 편찬위원회에서는 『朝鮮史』를 7개의 시기 - (1)삼국 이전, (2)삼국시대, (3)신라시대, (4)고려시대, (5)조선시대 전기(태조부터 선조까지), (6)조선시대 중기(광해군부터 영조까지), (7)조선시대 후기(정조부터 갑오개혁까지) - 로 나누어 편찬하는 것이 의안으로 제시되었지만 조선인 위원들은 '삼국 이전'과 '삼국시대'라는 명칭과 관련하여 단군의 수록 여부 등에 대해 질의했다. 정만조, 이능화, 어윤적을 필두로 한 조선인 위원들은 '삼국 이전'이라고 했을 때 단군이 들어가는 것인지, '삼국 이전'에 조선의 상대(上代)에는 단군 조선, 기자 조선, 그리고 위만 조선이 있으므로 '삼국 이전'을 '고대 조선'으로 하는 것이 어떠한지 등을 건의하며 단군을 수록할 것을 거듭 요청하였다. 이에 위원장 아리요시는 이능화에게 더 이상

68_朝鮮史編修會, 「第3回 朝鮮史編纂委員會 會議錄」, 『朝鮮史編纂委員會 委員會議事錄』.(1924. 4. 2.)

69_朝鮮史編修會, 「朝鮮史編修會 第1回 委員會 會議錄」, 『(朝鮮史編修會)委員會議事錄』.(1925. 10. 8~9.)

단군에 대해 논의하지 말 것을 강력하게 주의시키면서 이나바와 쿠로이타의 의견을 받아들여 이 문제는 해당 분야의 전문가인 이마니시가 출석하면 다시 이야기하자며 다만 7개의 시기로 구분하는 것만을 논의하자고 요청했다. 결국 '단군 문제는 편찬체제(編纂體制)가 결정되면 자연스럽게 해결될 것'이라는 쿠로이타의 발언과 함께 더 이상 논의가 진전되지 못한 채 7개의 시기구분은 통과되었다.[70] 이처럼 조선인 위원들에게 위원장의 주의가 내려진 가운데서 논의가 제한된 채 제시된 의안은 그대로 결정되었다.

이러한 기본 계획 속에서『朝鮮史』편찬을 위한 사료수집과 각종 업무가 진행되었는데, 업무의 진척에 따라 처음의 결정이 변경되기도 하고, 업무도 세분화되었다. 특히 조선사편수회로 전환된 이후 두 번째로 개최된 1927년 7월 12일의 제2회 편수회 위원회를 기점으로, 그 이전에 결정된『朝鮮史』편찬을 위한 기본적인 사항과 진용이 정비되었다. 당시 공표된 사항을 보면 이전 결정된 사항 가운데 다음의 두 가지가 변경되었음을 확인할 수 있다. 그 첫 번째로 들 수 있는 것은 7개의 시기로 나누어『朝鮮史』를 편찬하려던 계획 당시의 (1)삼국 이전, (2)삼국시대를 '신라통일이전(新羅統一以前)'으로 해서 하나로 합쳐 6편의 체제로 바꾼 것으로,[71] 이후『朝鮮史』는 6편의 체제로 굳어졌다. 또 하나 변경된 사항은 하나로 합쳐진『朝鮮史』1편의 편찬체제에 관한 것이다. 조선사편찬위원회 당시 기본적으로『朝鮮史』는 일본의『大日本史料』의 방식과 동일하게 연월일이 분명한 사료를 우

70_朝鮮史編修會,「第1回 朝鮮史編纂委員會 會議錄」,『朝鮮史編纂委員會 委員會議事錄』.(1923. 1. 8.)

71_朝鮮史編修會,「朝鮮史編修會 第2回 委員會 會議錄」,『(朝鮮史編修會)委員會議事錄』.(1927. 7. 12.)

선하여 편년체로 편성하기로 하였지만 제1편에 한해서는 예외를 둔다고 변경된 것이다. 이에 대해 이마니시는 이미 1926년 10월 8·9일 개최된 제1회 편수회 위원회에서 '신라시대 문무왕 이전에 있어서는 삼국 각각 특종의 기록을 가지고 상호연락을 결(缺)하여 편년법을 통용할 수 없기 때문'이라며 이유를 설명했고,[72] 이 사안은 제2회 편수회 위원회에서 『朝鮮史』는 연월일이 확실한 사료를 우선으로 한 편년체임이 최종적으로 결정되지만 제1편에 한해서는 예외적으로 '제1편은(강조점은 원문 그대로) 특히 구래편찬찬록(舊來編纂撰錄)된 기록·사적 기타의 사료를 원문 그대로 수재(收載)하며 특별히 편년체가 아니다'라고 공표되었다.[73] 이외에도 1927년 7월 12일 제2회 조선사편수회 위원회에서는 제1회 조선사편찬위원회에서 결정되었던 편찬강령이 보다 구체적으로 제시되며 재확인되었고, 『朝鮮史』의 편수범례도 공식적으로 확정되는 등 『朝鮮史』 편찬을 위한 중요사항들이 최종적으로 결정되었다.

그런데 7편에서 6편으로의 변화나 편찬체제에 있어 제1편에 한하여 예외를 비롯한 편찬강령과 편수범례 등이 공식화 된 것은 1927년 7월 12일의 제2회 편수회 위원회였지만, 실질적으로 이러한 변경이나 강령·범례 등이 마련된 것은 제2회 편수회 위원회가 개최되기 1년전 이었다. 1926년 6월 29일과 7월 3일 조선사편수회에서는 쿠로이타, 이나바, 이마니시, 홍희, 나

72_朝鮮史編修會, 「第1回 朝鮮史編纂委員會 會議錄」, 『朝鮮史編纂委員會 委員會議事錄』.(1923. 1. 8.)

73_하지만 제 1편은 1930년 12월에 개최된 편수타합회 석상에서 다시 편년체로 편성한다고 변경되었다. 이는 편년체를 포기할 경우 단군을 비롯한 북방의 역사에 대한 기록들 역시 『朝鮮史』에 수록될 가능성이 제기되었던 것이 이유였던 것으로 보인다. 이에 대해서는 다음 장을 참조하길 바란다.

카무라 등의 인사가 참여하는, 이례적으로 대규모 편수타합회가 개최되었다. 이는 『朝鮮史』 편찬을 위한 사무분담을 위한 것이었다. 6월 29일의 회의에서 당시 편수회의 간사 야마자키(山崎眞雄)는 『朝鮮史』의 편찬시기와 사무분담에 대해 문제를 제기했다. 물론 이러한 문제 제기는 사업을 전체적으로 관장했던 쿠로이타의 의중을 반영한 것이었겠지만 당시 편수회의 전체적인 사업 연한을 고려하면 1926년 후반기에는 편수회 업무의 변화가 필요했다. 즉 1922년부터 12년간 사업을 진행한다고 할 때 처음 6년간은 사료수집, 이후 4년은 고본작성, 남은 2년은 수정의 시기로 할당하였는데 1927년은 바로 사료수집의 마지막 해로서 고본작성을 위한 준비를 진행해야 할 시기인 것이다. 야마자키는 1927년까지 '채방시기(採訪時期)'로 되어 있는데 이후는 '편찬시기(編纂時期)'가 되는 것인가, 그렇다면 '편찬사무분담안(編修事務分擔案)'을 빨리 제출해야하는 것이 아닌가를 쿠로이타와 이나바에게 질문하였다.[74] 이 타합회가 폐회되고 나서 4일 후인 7월 3일 편수사무분담을 위한 협의회가 다시 한 번 개최되었다. 회의의 시작과 함께 쿠로이타는 '지난 29일 편수타합회 자리에서 의견을 이야기했습니다만 그 후 이나바 간사(幹事)와 협의한 결과 편수사무분담안(編修事務分擔案)을 작성하였고 금후에는 이에 의하여 진행'하여 '향후 약 8년의 기한 내에 완성할 것'으로, 이를 위해 '편찬사무에 최초부터 관계'한 이나바를 편찬사무 '전부의 총괄자'라며 세부적인 부분에서 실제 업무의 담당에 대해 알려주었다. 즉 협의회라고 하지만 이는 29일 회의 이후 쿠로이타와 이나바 사이에서 결정된 것을 알려주는 자리였다. 이 회의에서는 크게 조선사편수회의 사무를 '편

74_朝鮮史編修會, 「大正15年 6月 29日 朝鮮史編修會 編修事務打合會 議事錄」, 『大正15年以降 編修打合會書類綴』.(1926. 6. 29.)

찬에 관한 사무'와 '편찬상 필요한 도서에 관한 사무'로 나눈 후 '편찬에 관한 사무'는 이나바가 총괄하기로 하였다. 이후 쿠로이타는 이나바와 협의한 결과라며 각 편별로 주임과 보조를 각각 1·2·3편 이마니시(主任)·이병도(李丙燾, 補助), 4편 나카무라(主任)·츠루미 류우키치(鶴見立吉, 補助), 5편 이나바(主任)·타카하시 타쿠지(高橋琢二, 補助), 6편 세노(主任, 補助는 미정)라고 알려 주었다.[75]

이처럼 1927년 7월 12일 제2회 편수회 위원회 1년 전인 1926년 7월 초 이미 『朝鮮史』를 6편으로 구성하며, 이에 따른 각 편별 담당자까지도 정해져 있었던 것이다. 여기서도 알 수 있듯이 편수회 위원회는 편수타합회에서 이미 결정되어 진행 중인 사안을 추인하고 공식화하는 역할에 그친다고 하겠다. 이는 편수요항(編修要項)과 편찬범례(編纂凡例)의 결정에서도 마찬가지였다. 『朝鮮史』를 6편으로 구성하고 각 편별로 담당자를 선정한 이후 편찬을 위해 필요한 조치는 바로 편수요항과 편찬범례를 마련하는 것으로, 이 역시 1926년에 결정되었다. 1926년 11월 29일 『朝鮮史』 4·5·6편부의 주임과 보조가 모여 편수타합회를 진행하였다. 여기서 나카무라가 작성한

75_朝鮮史編修會, 「大正15年 7月 3日 朝鮮史編修會 編修事務分擔協議會 議事錄」, 『大正15年以降 編修打合會書類綴』.(1926. 7. 3.) 한편 당시 정해진 각편별 주임과 보조의 업무와 역할에 대해서 黑板勝美는 '修史官補는 修史官을 돕는 것이기 때문에 官補가 稿本을 作成하는 것이 당연'하다면서도 이러한 分掌은 '각 부분에 관해 打合해 進行하는 것'이라며 각 편별로 주임과 보조가 협의하여 진행할 것을 시사했다. 실로 『朝鮮史』의 제1·2편의 경우 앞서 서술하였듯이 이후 이 부분의 보조가 된 末松이 稿本을 작성해서 1~2주에 한 번 정도 今西의 집을 방문해 訂正하는 방식으로 이루어졌고, 후술하겠지만 제4편의 경우 일부는 주임인 中村이 稿本을 작성하고 다른 부분은 새로운 修史官補나 囑託을 통해 稿本을 작성하였으며, 제5편의 경우 稻葉, 瀨野, 末松 등이 稿本을 작성하는 등 각 편별로 상황에 맞추어서 稿本의 작성과 訂正이 진행된 것으로 보인다.

편수요항과 편찬범례에 대해 논의가 시작되었는데, 나카무라의 안(案)을 기초로 다음 회의에서 결정하기로 하였으며, 12월 4일과 12월 11일 두 차례의 편수타합회 결과 나카무라의 안(案)에 한 두 가지의 수정만을 가하는 것으로 이야기는 마무리 되었다.[76] 실제로 1927년 7월 12일 제2회 편수회 위원회에서 제시된 편수요항과 편찬범례는 나카무라가 작성했던 안(案)이었으며, 이는 위원회에서 별다른 이견없이 가결되었다.

한편 1926년 7월 3일의 회의에서는 '편찬에 관한 사무'를 이나바가 총괄하고 『朝鮮史』 6편별로 주임과 보조가 정해졌을 뿐만이 아니라 '편찬상 필요한 도서에 관한 사무'에 관해서도 결정이 되며 사무가 세분화되었다. 도서에 관한 사무는 나카무라가 총괄하기로 되었는데, 도서의 구입이나 차입 등의 문제는 서무를 담당하는 이들의 손을 거쳐야 하기 때문에 서무를 담당하던 편수회의 서기들과 협의하여 진행할 것으로 이야기되었다.[77]

이외에도 1927년 7월 제2회 편수회 위원회 이전 본격적인 『朝鮮史』 편찬에 앞서 필요로 하는 업무에 대한 준비가 이루어 진 것으로 보인다. 당시 회의에서 편수회에서는 『朝鮮史』 편찬을 위해 '조사부(調査部)'와 '도서부(圖書部)' 및 '심의부(審議部)'가 구성되었음이 보고되었다.[78] '도서부'는 주임이

76_朝鮮史編修會, 「第3回 編修打合會」(1926. 11. 29.)·「第4回 編修打合會」(1926. 12. 4.)·「第5回 編修打合會」(1926. 12. 11.), 『大正15年以降 編修打合會書類綴』. 한편 編修要項과 編纂凡例를 결정한 第3回 編修打合會에 불참한 今西龍도 中村榮孝의 案에 대하여 회의 하루 전인 12월 10일 문서로서 '今回 本員의 希望과 가깝게 中村 案이 제출된 것을 慶하며 오직 本員이 걱정은 中村 案에 의하여 作成해야 하는 것은 朝鮮史料의 編年的 編修이지 朝鮮編年史의 編修가 아닌 것'이라며, 사업의 성격이 '史料의 編年的 編成'임을 확인하며 수락하는 것으로 보아 中村이 제시했던 編修要項과 編纂凡例는 그대로 가결된 것으로 보인다.

77_朝鮮史編修會, 「大正15年 7月 3日 朝鮮史編修會 編修事務分擔協議會 議事錄」, 『大正15年以降 編修打合會書類綴』.(1926. 7. 3.)

나카무라인 것으로 보아 '편찬상 필요한 도서에 관한 사무'를 말하는 것이라면, 홍희가 주임을 맡은 '조사부'는 사료를 정리하여 각 편부에 배부하는 역할을 하는 것이다. 1926년 당시 유일한 조선인 수사관이었던 홍희의 주요업무는 직관표(職官表)를 작성하는 것과 아울러 일본인들이 읽을 수 없었던 비변사등록(備邊司謄錄) 등의 사료들을 등사하는 것이었다.[79] 이러한 업무를 맡고 있던 홍희는 편별 담당자를 결정·공지한 1926년 7월 3일의 편수타합회에서 쿠로이타로부터 '이조시대의 비변사등록과 같은 류(類)는 내지의 수사관(修史官)은 잘 알 수 없기 때문에 요령(要領)을 써서 각 시대로 나누고 각 편부에 배부'할 것을 지시받았으며,[80] 이 사항은 1927년 4월 6일에 있었던 편수타합회에서 재확인되었다.[81] 이처럼 '조사부'는 일본인들이 읽을 수 없었던 사료를 정리·배부하는 것이었기 때문에 이에 속한 이들은 홍희로 대변되듯이 조선인이 주를 이루고 있었다. 조선인 수사관이었던 홍희가 담당한 역할은 여기에 머물지 않았다. 같은 회의에서 쿠로이타는 '심의

78_朝鮮史編修會, 「朝鮮史編修會 第2回 委員會 會議錄」, 『(朝鮮史編修會)委員會議事錄』.(1927. 7. 12.)) 당시 이 會議에서 稻葉岩吉은 당시까지 업무상황을 보고하였는데 1926년 7월 黑板勝美가 경성에 왔을 때 職員會同이 있었음과 分擔編史가 결정되었고, 職員의 分擔을 정했으며 編修綱領과 凡例 등이 결정되었다며 위의 사항을 보고하였다.

79_朝鮮史編修會, 「大正15年 6月 29日 朝鮮史編修會 編修事務打合會 議事錄」, 『大正15年以降 編修打合會書類綴』.(1926. 6. 29.)

80_朝鮮史編修會, 「大正15年 7月 3日 朝鮮史編修會 編修事務分擔協議會 議事錄」, 『大正15年以降 編修打合會書類綴』.(1926. 7. 3.)

81_朝鮮史編修會, 「昭和2年 4月 編修會議錄」, 『大正15年以降 編修打合會書類綴』.(1927. 4. 6.) 이 會議에서 洪憙의 업무는 다음과 같이 밝혀져 있는데, 備邊司謄錄 외에 그를 거쳐야 하는 史料가 더욱 늘어났음을 알 수 있다. '洪 修史官은 特別史料의 調査·配給입니다. 各主任은 朝鮮의 記錄, 特別한 漢文, 備邊司謄錄, 承政院日記, 其他 종종 特別文書 등은 충분히 그 내용을 알 수 없기 때문에 洪 修史官에게 이러한 것을 調査하여 史料로 採用할 수 있는가 없는가를 확인하고 時代에 맞게 各編部에 配付하는 것으로....'

제도(審議制度)를 두어 2주간(週間)씩 조사편수(調査編修)한 초고의 문(文)을 합쳐 현 서기(玄 書記-玄陽燮)에게 보내고 현 서기는 거기에 언문(諺文)을 부(付)해 홍 수사관(洪 修史官-洪憙)에게 제출하면, 홍 수사관은 그것을 조사교정(調査校正)해 이나바, 홍(洪), 나카무라 각 주임이 심의·결정합니다. 이것은 편수사업의 내용을 통일해 각 편의 관계사항에 대해 연락(連絡)하고 의견교환과 함께 장래 진행계획 등을 협의·결정하는데 1개월에 2회 토요일에 심의회(審議會)를 열어 전 2주간에 조사·편수한 초고를 이나바, 홍(洪), 나카무라 각 주임이 심의·결정하여 진행하는 것'[82]이라며 '심의제도(審議制度)'를 설명하였다. 이것이 1927년 7월에 있었던 제2회 편수회 위원회에서 보고된 '심의부(審議部)'이다. 즉 홍희가 각 편부에 자료를 배분해주고, 이를 바탕으로 편별 담당자들이 편찬한 후, 여기에 일본어를 못했던 홍희를 위해 한글로 토를 달아 주면 일단 홍희가 교정하고 이나바와 나카무라가 홍희와 함께 결정을 내린다는 것이다. 다음 절에서 살펴보겠지만 심의부의 3인(이나바, 나카무라, 홍희)이 결정한 원고는 『朝鮮史』의 최종 원고로, 심의부는 사업에 있어 절대적인 권한을 갖는 것이라 하겠으며, 이렇게 소수에 의한 원고 결정 방식에 대해 편수회 내에 불만이 있었던 것이 확인된다.

한편 유일한 조선인 수사관 홍희의 업무는 매우 과다한 것이었다. 비변사등록과 승정원일기를 비롯한 방대한 자료를, 이를 읽지 못하는 일본인 수사관을 위해 정서해야 함은 물론 이들이 이를 적절히 사용했는가에 대해 검토까지 해야만 하는 것이다. 이러한 업무과다로 인해 1926년부터 편수타합회 석상에서는 홍희의 업무를 분담해줄 인력을 구해야 한다는 논의가

82_朝鮮史編修會, 「昭和2年 4月 編修會議錄」, 『大正15年以降 編修打合會書類綴』.(1927. 4. 6.)

속출했지만 조선의 고문서를 해독할 수 있는 적당한 인물이 없다는 이유로 1927년 4월까지도 적절한 사람을 구하지 못한 것으로 보이며, 특정할 수는 없지만 1927년 7월 이전에 박용구(朴容九), 육종윤(陸種允) 등과 같은 조선인을 촉탁으로 하여 사료를 정서하는 '조사부(調査部)'의 일을 맡긴 것으로 추측된다.[83]

이렇게 『朝鮮史』 편찬을 위한 준비가 하나씩 이루어짐에 따라 그 출판에 관한 사항도 논의되었다. 편찬이 끝난 『朝鮮史』에 대한 출판 문제에 대해서는 1923년 1월 제1회 조선사편찬위원회의에서 '(1) 고본, (2) 사료 중에 중요한 것, (3) 주요한 사료·사적 해제'를 출판하는 것이 이야기된 이래 단 한 차례도 언급된 바가 없었다. 이러한 출판관련 사항 역시 1926년 말에 있었던 편수타합회에서 논의되었다. 1926년 12월 20일 당시 조선사편수회장이자 정무총감인 유아사 쿠라헤이(湯淺倉平)는 쿠로이타를 비롯하여 서무를 담당하던 회무촉탁(會務囑託)과 간사 및 이나바 등을 불러 편수회 예산을 충분히 확보해 주는 만큼 연한 내에 반드시 완성할 것을 훈시하였다. 이 훈시 직후 쿠로이타는 각 편부의 주임과 보조를 불러 편수타합회를 개최하였는데, 그는 여기서 '출판할 때는 경우에 따라 본문(本文)만을 모으고 사료(史料)쪽은 오직 인용서목(引用書目)을 넣는 것만으로도 훌륭한 조선사(朝鮮史)

83_朝鮮史編修會, 「朝鮮史編修會 第2回 委員會 會議錄」, 『(朝鮮史編修會)委員會議事錄』.(1927. 7. 12.) 1927년 7월 12일에 개최된 이 회의에서 보고된 '圖書部'와 '調査部'의 구성원은 다음과 같다.

調査部 - 主任 洪憙, 囑託 朴容九·陸種允, 雇員 金重協·趙重觀

圖書部 - 主任 中村榮孝, 書記 玄陽燮, 囑託 澁江桂藏, 典寫員 趙奎植·吳禧善·元鼎漢·柳吉秀

한편 '審議部'의 구성원에 대해서는 공란이지만 1927년 4월 編修打合會의 議事錄에 의하면 審議部는 洪憙를 필두로 편찬을 총괄하면서 5편부의 편수책임을 맡은 稻葉岩吉, 圖書部 主任이자 4編部의 편수책임을 맡은 中村榮孝 3인으로 결정되었음을 알 수 있다.

가 가능'하다며 『朝鮮史』의 출판은 본문과 인용서목에 제한된다는 것을 시사하였다. 이는 쿠로이타가 '경비관계(經費關係)에 의해 사료 전체를 싣는 것은 가능하지 않아도 본문만은 작성해야만 하며, 앞서 회장도 말씀했듯이 16년(1927년: 인용자)부터 7년간 완성해야만 하기 때문'[84] 이라고 밝히고 있듯이 경비와 시간을 절약하기 위한 것으로, 이후 사료가 극히 적은 제1편부만은 예외적으로 사료의 서목만이 아니라 사료 전부를 싣기로 하여 1929년 12월 23일 제3회 편수회 위원회에서 재확인 되었다.[85] 이러한 출판방식은 1920년대 초반 일본 사료편찬괘의 작업방식과 비슷한 것이기도 했다. 앞서 언급했듯이 도쿄제대 사료편찬괘에서는 『大日本史料』의 완성에는 오랜 시간이 들기 때문에 학계의 요구를 수용할 수 없다는 이유로 1923년부터 『史料綜覽』을 출판하였다. 이는 『大日本史料』 가운데에서 사실(史實)의 대강(大綱)을 제시한 강문과 그 근거인 사료의 서목을 주기한 것으로 주요 사건에 대한 연표와 그 사건에 대한 사료검색의 지침서로서 연구에 편의를 주고자 만든 것이다.[86] 조선사편수회에서 간행한 『朝鮮史』의 간행 방식은 바로 이 『史料綜覽』과 동일한 것이었다. 즉 일본에서도 조선사편찬위원회가

84_朝鮮史編修會, 「大正15年 12月 20日 會長訓示及編修打合會 議事錄」, 『大正15年以降 編修打合會書類綴』.(1926. 12. 20.) 여기서 本文이라고 하는 것은 綱文이라고도 하는데 史料에 대한 要領을 간략하게 정리한 것이다. 引用書目은 말 그대로 '據用한 史料의 名', 즉 出典을 말하는 것이다.

85_朝鮮史編修會, 「朝鮮史編修會 第3回 委員會 會議錄」, 『(朝鮮史編修會)委員會議事錄』.(1929. 12. 23.) 출판의 방식에 대해 朝鮮人 顧問 權重顯이 질문하자 黑板勝美는 '第1編은 朝鮮·日本·支那 3國의 史料와 함께 그 要領을 揭示하는 반면 第2編 以下는 양쪽(史料와 要領 두 가지) 모두 全部를 出하면 매우 커지고 印刷費도 상당한 액수가 되어 史料를 생략하고 綱文만 印刷에 附하며, 據用한 史料의 名, 즉 出典을 분명히 注해 出版'한다고 밝혔다.

86_東京大學百年史編纂委員會編, 「史料編纂所」, 『東京大學百年史 部局史』 4, 1987, p.567.

구성될 당시 강문과 인용서목만을 출간하여 시일의 단축을 꾀하고 있었다. 일본에서 사료편찬의 경험을 바탕으로 하고 있었던 편수회의 주요 역원들 역시 이를 잘 알고 있었을 것이며, 이는 출간을 최대한 서두르고자 했던 『朝鮮史』의 출판방식의 결정에 큰 영향을 미쳤을 것이다.

이상에서 살펴보았듯이 1927년을 전후하여 『朝鮮史』 편찬을 위한 준비 작업들이 하나 둘씩 이루어졌다. 1927년 이후 새로 추가된 것은 '인쇄부(印刷部)'의 설치가 유일하다. 스에마쓰를 책임자로 하는 인쇄부는 『朝鮮史』 인쇄에 따른 각종 수속과 업무를 담당하기 위한 것으로 『朝鮮史』 인쇄가 본격화되기 직전인 1931년 8월에 설치되었으며 이후 담당업무를 개시하였다.[87] 이처럼 『朝鮮史』 편찬과 출판을 위한 큰 틀이 마련됨에 따라 편수회의 업무는 박차를 가하게 되었다. 편찬강령과 범례를 비롯 『朝鮮史』 편찬을 위해 결정된 큰 틀은 이후에도 커다란 변화를 겪지 않은 채 1933년 완성을 목표로 사업은 진행되었다.

3. 사업의 주도권을 둘러싼 조직 내부의 갈등과 봉합

편찬위원회와 편수회 사업을 맡아 진두지휘했던 이는 쿠로이타였다. 앞서 살펴보았듯이 강점 이래 총독부 촉탁으로 조선의 각지를 조사했으며,

---

87_朝鮮總督府 朝鮮史編修會編, 編輯部 譯, 『朝鮮史編修會事業概要』, 1985, 시인사, p.86. 이는 『朝鮮史』 편찬을 마치고 난 후인 1938년에 朝鮮史編修會에서 정리한 것에 근거한 것이다. 한편 1932년 7월 21일에 개최된 朝鮮史編修會 委員會의 기록에는 1932년 4월 이래 印刷部를 창설하였다고 명기되어 있다.(朝鮮史編修會, 「朝鮮史編修會 第6回 委員會 會議錄」, 『(朝鮮史編修會)委員會議事錄』.(1932. 7. 21.))

'반도사 편찬'에서도 편집위원으로 참여했던 쿠로이타는 누구보다도 조선의 사정과 역사 편찬 사업의 상황 등에도 정통해 있었으며, 일본에서도 고문서학을 수립했다는 평가받을 만큼 사료의 수집과 편찬·간행에 있어 최고 권위자였다.[88] 더군다나 쿠로이타는 조선사편찬위원회가 구성될 당시 정무총감이었던 아리요시와는 도쿄제대 동창이라는 연결고리가 있을 뿐만 아니라 아리요시가 미야자키현(宮崎縣) 지사였을 당시 그곳에서 벌인 사이토바루(西都原) 고분 조사를 담당하는 등 개인적으로도 업무상으로도 친분이 공고했었기 때문에[89] 사업을 맡기기에 최선의 인물이었을 것이다.

『朝鮮史』 편찬을 총괄하던 쿠로이타는 사업을 위한 제반 사안에 관여하였는데, 구체적인 계획의 입안과 사업을 담당할 전문학자의 인선 등에 관해서는 중국사의 권위자로서 교토제대 교수였던 나이토 코난(內藤湖南)에게 문의를 구하며 신중을 기했다고 전해진다.[90] 또 조선사편찬위원회가 구성된 직후에 개최된 제1회 편찬위원회에서 정무총감으로서 위원장을 맡은 아리요시가 위원회의 조직과 관련하여 쿠로이타와 함께 나이토를 거론하며 별도의 감사인사를 하고 있는 것으로 볼 때[91] 사업을 준비할 당시 나이토 역시 상당부분 관여하고 있었던 것은 틀림없다.

쿠로이타와 나이토는 조선사편찬위원회를 구상할 당시부터 사업 담당

88_黑板의 활동과 그에 대한 평가는 李成市, 앞의 논문; 송완범, 「식민지 조선의 黑板勝美와 修史사업의 실상과 허상」, 『동북아역사논총』 26, 2009.

89_中村榮孝, 「朝鮮史の編修と朝鮮史料の蒐集 - 朝鮮總督府 朝鮮史編修會の事業」, 『日鮮關係史の研究』, 1969, pp.660~661.

90_中村榮孝, 위의 논문, p.661.

91_朝鮮史編修會, 「第1回 朝鮮史編纂委員會 會議錄」, 『朝鮮史編纂委員會 委員會議事錄』.(1923. 1. 8.)

자의 선정에 상당히 주의했는데, 사업의 총괄자로 이나바 이와키치를 기용한 것은 그 대표적인 것이다. 조선사편찬위원회 결성을 계기로 처음으로 조선총독부와 인연을 맺게 된 이나바는 향후 15년간 편찬위원회와 편수회에 상주하면서 실질적으로 사업을 이끌어가게 된다. 그는 만선사(滿鮮史)를 체계화하려 했던 대표적인 인물로, 1922년 이전 조선에 와서 답사 및 '반도사 편찬'에 간여했던 이마니시나 쿠로이타와 비슷한 연배였지만[92] 이들과는 다른 상당히 독특한 경력을 가지고 있었다. 다른 이들이 도쿄제대라는 최상위 아카데미즘에서 수학할 당시 이나바는 전장의 한복판에 있었다. 1900년 중국이 의화단의 난에 휩싸여 있을 당시 종군하고 러일전쟁이 발발하자 다니던 회사(大阪商船會社 漢口支店)를 그만 두고 귀국한 후 자원하여 1904년 10월 육군통역으로 압록강군(鴨綠江軍) 제 1사단 사령부에 근무하였다. 이후 그는 평생의 스승으로 모셨다는 나이토의 권유로 만주지역의 연구를 위해 시라토리의 주도 하에 1908년 성립된 '만선역사지리조사부(滿鮮歷史地理調査部)'에서 설립 이래 1914년까지 근무하며 만주지역을 담당, 연구활동을 벌인다. 그렇지만 1914년 '만선역사지리조사부'의 사업이 도쿄제대으로 이관된 이후 참모본부 촉탁을 맡고, 1916년 이래 야마구치고등상업학교(山口高等商業學校) 강사와 육군대학교 동양사 강사를 겸임하였다.[93] 즉 그는 대학에서 연구에만 열중한 학자는 아니었다. 군과 함께 일본침략의 최전선에 있었으며, 이와 관련하여 연구를 하고 학생을 가르치기도 하였

92_黑板勝美는 1874년, 今西龍은 1875년, 稻葉岩吉은 1876년 출생이다. 한편 稻葉이 체계화하고자 했던 만선사에 대해서는 정상우, 앞의 논문, 2010; 정상우, 「滿鮮史와 日本史의 위상 - 稻葉岩吉의 연구를 중심으로」, 『韓國史學史學報』 28, 2013을 참고할 것.

93_『朝鮮人士興信錄』, 1935, p.44.

다. 그 스스로도 자신의 연구 초기를 '나는 다른 동료와 발신(發身)을 달리 하여 학문을 위한 학문을 한 것이 아니라 당시 지나문제(支那問題)에 자극을 받아 청조사(清朝史)를 연찬(研鑽)했다. 만철조사부시대(滿鐵調査部時代) 내가 밖으로 발표한 문자와 행동은 이를 설명해 보이는 것이라 믿는다'[94]고 밝힐 만큼 당시의 시대 정황과 밀착해 연구를 진행했음을 공공연히 언급할 정도였다. 또 그의 이력을 살펴보더라도 조선과 별다른 연고가 없었음을 알 수 있다.[95] 이러한 그가 조선사편찬위원회 구성 즈음 나이토의 권유로 조선에 부임하여 『朝鮮史』 편찬의 실무를 총괄하게 된 것이다. 그런데 이나바의 부임과 관련하여 흥미로운 사항들이 엿보인다. 바로 인선을 둘러싼 일본인 학자들 간 갈등의 양상이다.

『朝鮮史』 편찬이 마무리될 즈음인 1936년, 이나바는 회갑을 맞아 과거를 회고하며 자신이 이 일을 맡게 된 경위를 이야기했다. 그에 따르면 1922년 9월말부터 자료 수집 겸 다이렌(大連), 베이징(北京), 톈진(天津) 등지를 여행하던 중, 스승인 나이토가 자신이 머물던 다이렌의 숙소로 『朝鮮史』 편수 사업에 자신을 추천해 두었으니 서둘러 경성에 가서 아리요시 정무총감을 만나보라는 편지를 보냈다는 것이다.[96] 이나바의 이 기억은 정확해 보인다.

① 朝鮮史料의 件은 松井군(松井等: 인용자)에서 黑板군(黑板勝美: 인용자)에게까지 양해를 구해두었고, 다시 黑板兄과 상담하여 결국 大兄(稻葉岩吉: 인용자)을 추

94_稻葉岩吉, 「予が滿鮮史研究課程」, 『稻葉博士還曆記念滿鮮史論叢』, 1937, p.17.

95_稻葉 역시 사업을 참여할 당시 '半島生活은 경험이 없었지만 修史에는 다소 자신이 있었다'고 밝히기도 하였다.(稻葉岩吉, 위의 논문, p.21.)

96_稻葉岩吉, 위의 논문, p.21.

천하기로 하였습니다. 지난 달 27일(1922년 9월 27일: 인용자) 有吉총감이 저희 집으로 방문하셨을 때 이야기했고, 有吉씨는 조선에 돌아가 총독과 협의하여 걱정하지 말라는 전보를 보내주었습니다. 때문에 만일 大兄이 돌아오는 길에 경성에서 정무총감, 총독과 상의했으며 합니다. 자세한 사항은 모두 東京과 이곳(京都: 인용자)에서 熟慮할 필요가 있지만 大綱은 흔쾌히 승낙할 것을 바랍니다.[97]

위의 인용문 ①이 바로 그 편지로 추정된다. 나이토가 이나바에게 1922년 10월 7일에 보낸 것으로, 수신지가 다이렌이고, 담고 있는 내용도 이나바의 기억과 거의 일치한다. 이 편지를 받은 후 이나바는 스승의 지시대로 경성에 가서 아리요시 정무총감을 만난 후 일본으로 돌아와 나이토는 물론 쿠로이타를 만나 사업 참여를 수락했다는 것이다.[98]

위의 편지를 받은 직후 이나바는 곧바로 경성으로 간 것으로 보인다. 편지 ①을 보낸지 겨우 4일 후(1922년 10월 11일), 경성으로 나이토가 이나바에게 또 다른 편지를 보내기 때문이다. 이 편지에서 나이토는 이나바에게 사업 수락을 종용하면서 경성에서 다음의 사항을 알아보고 돌아올 것을 당부하고 있다.

② 松井君 辭退에 이어 (東京을 떠나지 않겠다는 이유로) 지난 달 27일 有吉총감을 방문했을 때 24일 黑板군과 合議하여 大兄(稻葉岩吉: 인용자)을 추천했다고 알

97_內藤湖南, 『內藤湖南全集』 14, 筑摩書房, 1976, p.539.

98_稻葉岩吉, 앞의 논문, 1937, p.21. 한편 內藤의 서간들을 확인해 보면, 중국에 있는 稻葉에게 편지를 보내기 1개월 전쯤인 1922년 9월 초부터 黑板과 함께 조선총독부에서 새롭게 계획하고 있는 역사 편찬 사업과 관련된 일을 상의하고 있음을 알 수 있다.(內藤湖南, 앞의 책, p.538.)

렸습니다…大兄이 目下 陸軍大學에 在職중이지만…職을 받아들이는 것이 마땅하다고 생각합니다. 다만 이곳(京都: 인용자)에 돌아올 때까지 경성에서 다음의 件은 알아보는 것이 좋을 것입니다.

이 사업에 대해 朝鮮人을 몇 사람, 어디에 사용하고 봉급 지출 등의 예정이 있는가 없는가.

종래 半島史編纂員은 이 사업에 들어올 예정인가 그렇지 않은가.(그럴 리 없겠지만)

編纂計劃에 대해서는 생각을 정리할 필요도 있으니 경성에서는 가능한 빨리 일단락 짓고 이곳에서 1~2일 보낼 생각으로 돌아오셨으면 합니다. 이후 東京에 가서 黑板군과도 상담하고 東大 史局(史料編纂掛: 인용자)의 사정을 참고하여 一定의 案을 마련하고 다시 조선에 건너가는 것이 좋지 않을까 합니다. 舊半島史派, 古蹟調查派 其他에 대한 관계는 상당히 미묘한 문제이므로 이번은 총독과 정무총감에 대하여 대체적인 것은 승낙하고 세밀한 계획은 뒤로 미루는 것이 좋을 것입니다.[99] (밑줄은 인용자)

일단 나이토가 궁금해 하던 것은 새로운 역사 편찬 사업에 조선인이 얼마나 기용되는지 하는 것이었다. 식민지 조선에서 식민권력에 의한 조선의 역사 편찬 사업에 조선인의 기용여부나 참여 형태에 관한 사항은 당시 사업을 기획하는 일본인 역사가로서 당연히 궁금해 할만한 사항이다.

한편 '반도사편찬원(半島史編纂員)', '구반도사파(舊半島史派)'는 '반도사 편찬'을 추진했던 인물들을, '고적조사파(古蹟調查派)'는 1916부터 조선총독부 산하에 설치된 고적적조사위원회를 가리키는 것이라 하겠다. 그런데 이들이 참여할 리는 없다거나, 이들과의 관계 설정에 세심히 신경을 쓰는 것은

99_內藤湖南, 앞의 책, pp.539~540.

의외의 모습이다. 이는 새롭게 조직되는 편찬위원회의 준비단계에서 적어도 인적인 측면에 있어서는 '반도사 편찬'의 관계자들이나 이미 조선총독부의 학술조사사업에 참여해 조선에 대한 조사와 연구에 주도권을 쥐고 있던 이들을 상당히 경계하며 새로운 사업에서 배제하고자 했던 정황을 보여준다. 이러한 흔적은 아래 편지에도 나타난다.

③ 小田군과 再交涉한 결과를 편지에서 상세하게 알려주어서 안심했습니다…小田씨가 하나의 成案을 제출했던 것이 비위에 거슬리는데 우리들을 관료배의 뜻대로 되는 것처럼 하는 것은 큰 잘못입니다…저는 다음의 件을 貴兄이 有吉씨에게 제의하여 有吉씨가 동의한다면 小田씨에게 전해주는 것은 어떨까 합니다.

一. 朝鮮人 顧問은 政治家流의 人物이 아닌 學者로서 인정되는 측의 人物을 選擇할 것.

一. 顧問 委囑은 임명의 형식을 취하지 않고 간청, 추천의 형식을 취할 것.

一. 顧問의 手當(手當 이 두 글자는 불쾌하지만), 旅費 등은 概括的으로 諸謝禮로서 그 伸縮의 實權을 貴兄(稻葉岩吉: 인용자)의 手中에 장악할 것…

또 別紙의 편지는 제가 有吉씨가 계신 곳을 모르니 부디 전달해 주길 바랍니다. 그 편지는 여기서 推薦의 건 하나가 먼저 일단락되었기 때문에 일단 교섭을 중지했으면 한다는 것과 금후의 관계는 다시 상담하길 바란다는 내용입니다. 그 이유는, 저는 黑板, 三浦(三浦周行: 인용자) 제군과 달리 종래 총독부와 관계가 없었기 때문에 어찌되었든 일단 여기에서 교섭을 중지하고, 顧問 등의 건은 三浦, 白鳥(白鳥庫吉: 인용자) 씨와 상담하지 않으면 여러 가지 분규가 생길 것이라고 생각해서 입니다. 또 저는 관료적인 방식을 신용하기 어렵다는 것을 잘 알기 때문에 처음부터 추천자로부터 顧問으로 곧장 들어가는 것보다는 잠시 권외에서 살펴 본 후에 진퇴를 결정하는 쪽이 장래에 편의가 많지 않을까 생각합니다.[100] (밑줄은 인용자)

위 인용문 역시 나이토가 이나바에게 보낸 것으로, 편지 ②를 보낸 지 한 달 후이자 조선사편찬위원회규정 발포 전인 1922년 11월 18일에 발송한 것이다. 여기서 문제의 발단을 이루는 것은 '小田군'이다. 이는 '반도사 편찬'을 추진하기 위해 마련된 중추원 편찬과의 과장으로서 '반도사 편찬'의 총괄자였을 뿐만 아니라 1921년부터는 학무국 안에 신설된 고적조사과장도 겸하고 있던 오다 쇼고로 보인다. 즉 오다는 관료적 성격을 띠면서도 총독부에서 진행해 온 역사·고적에 대한 조사·연구 사업에 가장 깊숙이 개입되어 있는, 앞서 제시한 편지 ②에서 나이토가 가장 경계하고 있던 총독부 주도의 기존 역사 관련 연구·조사사업의 주도권을 쥔 인사였다. 또 이나바가 『朝鮮史』 편찬 업무를 맡게 될 당시를 회고할 때도 나이토의 편지를 받고 경성에 와서 총독과 정무총감을 만났을 뿐만 아니라 '오다 쇼고씨에게서 반도(半島)의 수사(修史)는 하루라도 지연해서는 안된다'는 이야기를 들었다고 하였다.[101] 이는 총독부 주도 역사 편찬 사업의 과거와 미래를 대변하는 인사가 만난 것으로, 이 자리에서 또 그 이후에라도 새로운 사업에 대해 오다와 이나바가 의견을 나누는 것은 자연스러운 것이다. 이러한 정황과 편지 ③을 통해 보건데 오다가 이나바에게 무엇인가를 제안한 것은 틀림없다.

그런데 이에 대해 나이토는 매우 강한 불쾌감을 보이고 있다. 당시 오다의 구상이 무엇이었는지 확인할 수는 없지만 편지의 내용을 통해 볼 때 고문 선임에 관해 이견이 있었던 것으로 보인다. 특히 나이토는 이제껏 조선총독부와 아무런 관계가 없던 자신의 고문 위촉은 분규 발생의 소지가

100_內藤湖南, 앞의 책, p.542.

101_稻葉岩吉, 앞의 논문, 1937, p.21.

있다며 당분간은 '권외'에 있겠다고 말하고 있다. 앞서 언급했듯이 아리요시 정무총감은 사업을 개괄하며 쿠로이타 및 나이토와 상의했다는 것을 이야기할 정도로 이 둘이 사업의 준비에 커다란 영향을 미쳤다는 것은 공공연한 사실이었다. 그렇지만 이들은 편찬위원이나 고문으로 이름을 올리진 않았으며, 편찬위원회 구성 이후 한동안은 권중현, 이완용, 박영효와 같은 조선 귀족만이 고문으로 참여하였다. 새로운 사업을 실질적으로 구상·주도한 쿠로이타와 나이토가 『朝鮮史』 편찬 사업에서 공식적인 직함을 갖게 되는 것은 사업이 안정화되고 편수회로 기구가 확대·개편된 1925년 이후부터이다. 즉 쿠로이타와 나이토는 편찬위원회 구성 당시 자신들은 뒤로 물러나 다른 일본인 학자들의 견제를 피하고자 했으며, 사업이 안정화된 이후 고문으로 참여했던 것이다.

이와 같이 편찬위원회를 구성할 당시 이를 기획하던 나이토가 기존 조선총독부의 조사·연구사업의 관련인사들을 경계하던 모습은 편찬위원회가 조직된 직후 쿠로이타에게도 나타난다. 1924년 8월 5일 개최된 제4회 조선사편찬위원회의 석상에 회(會)에 아무런 공식적인 직함을 가지고 있지 않은 쿠로이타가 참석했다. 사업 초기라 할 수 있는 이 회의의 주요 안건은 당시까지 사료의 수집을 점검하고 그 문제점과 개선방안을 논의하는 것이었다. 그런데 회의의 마지막 쿠로이타는 발언 기회를 얻어 사업에서 사료 수집의 곤란함과 중요성을 역설한 후 다음과 같은 발언을 덧붙였다.

> (사료 수집과 함께) 또 하나 곤란하게 생각하는 것은 훌륭한 전문가를 초빙하는 일입니다. 조선에도 머지않아 대학이 설립되므로 대학과 관련해서 사업의 진행을 꾀하는 것도 한 가지 방법이라 생각합니다. 하지만 대학 교수는 학술을 연구하는 동시에 한편으로는 학생을 지도할 책무가 있기 때문에 편찬 사업과 같은 격무에

시달리면 사무의 진행상 지장이 있을 것입니다. 그런 까닭에 東京大學에서도 대학 교수와 사료 編纂官의 직무는 확연히 구별되어 있습니다. 이는 오랜 경험에서 나온 것입니다…대학은 연구의 "인스티튜트", 즉 장소이므로 진행상 지식을 빌릴 일도 있겠지만 사무 상으로는 확연하게 구별하는 것이 가장 좋은 방법이라 생각합니다…평소 생각하고 있던 것을 말씀드려 인사로 대신하고, 빨리 사업이 수행되기를 간절히 바랍니다.[102] (밑줄은 인용자)

쿠로이타의 이 발언이 있었던 1924년 8월은 경성제국대학의 예과가 개교한 직후로, 위의 발언은 개교 전이던 학부를 염두한 것이라 하겠다. 쿠로이타의 발언 요지는 대학의 업무와 조선사편찬위원회는 별개의 것으로 개인이 양자를 병행하기가 어려우니 경성제대 교수가 사업에 참여해서는 곤란하다는 것이다. 그러면서 『朝鮮史』 편찬의 모델이 된 도쿄제대 사료편찬괘의 예를 들고 있다. 그렇지만 사실은 이와 달랐다. 일본의 역사 편찬 사업 기구인 사료편찬괘는 도쿄제대 내부에 있었기 때문에 양자는 불가분의 관계를 맺고 있었다. 당장 쿠로이타 자신 역시 1901년 사료편찬괘의 사료편찬원이 되었고 다음해 도쿄제대 문과대학 강사를 거쳐 1905년 사료편찬관 겸 도쿄제대 조교수로 발령받았으며, 1919년에는 교수 승진과 동시에 사료편찬괘의 사무주임까지 겸하며 사료 편찬 사업을 주관하기도 했다. 뿐만 아니라 쿠로이타의 위의 발언은 앞뒤가 맞지 않는다. 『朝鮮史』는 한 번에 모든 책을 출간하는 것이 아니라 편찬이 끝난 부분부터 한 권씩 발간되었는데, 1932년 고대사에 해당하는 부분과 고려·조선왕조의 전반기에 해당하는 부분이 간행되어 세상에 모습을 드러내었다. 이처럼 이미 출판된

102_朝鮮史編修會, 「第4回 朝鮮史編纂委員會 會議錄」, 『朝鮮史編修會 事務報告書』.

부분이 있는 반면 순조 즉위이후 갑오개혁 이전까지를 다루는 부분(『朝鮮史』 제6편)은 편찬을 시작하지도 못했는데, 그 편찬을 위해 1933년 8월 다보하시 키요시(田保橋潔)가 이 부분의 편수책임자로 임명되었다.[103] 그런데 다보하시의 기용은 전적으로 쿠로이타의 추천에 의했다고 한다.[104] 흥미로운 것은 다보하시는 학부 개설 이래 경성제대 교수로 부임하여 편수회 참여 이전부터, 또 그 이후에도 시종일관 국사학강좌를 담당했다는 점이다. 즉 대학 교수의 업무 과다와 그로 인한 『朝鮮史』 편찬의 차질을 우려하여 경성제대 교수의 사업 참여가 불가하다던 쿠로이타가 앞장서서 경성제대 교수인 다보하시를 편수회에 끌어들인 것이다. 이러한 점들을 고려할 때 쿠로이타의 위의 발언은 경성제대 학부 개설 당시의 시점에서 '제대 교수'라는 직함의 전문 연구자들의 사업 참여를 저지하여 사업을 자신의 수중에서 독점적으로 진행하기 위한 것이라고 보는 것이 타당할 것이다.

『朝鮮史』 편찬에 간여하기 위해서는 조선의 역사에 대한 조예가 깊어야 했음은 당연하다. 한편 경성제대 법문학부에는 국사(일본사), 동양사, 조선사 강좌가 각 2개씩 개설되어 있었지만, 국사와 동양사 강좌는 1개만 개설될 때도 많았다.[105] 국사학 강좌는 다보하시가 담당하였는데 그의 연구주제는 19세기 후반 이래 한·중·일의 외교사였기 때문에 한국사에도 상당히 조예가 있었다.[106] 반면 동양사학 강좌를 담당한 것은 타마이 제하쿠

103_朝鮮史編修會, 「朝鮮史編修會 第7回 委員會 會議錄」, 『(朝鮮史編修會)委員會議事錄』.

104_中村榮孝, 앞의 논문, 1969, p.675.

105_학부가 개설된 이래로 1942년까지 『京城帝國大學一覽』을 살펴보면 학부 개설 당시인 1926년 1개였던 국사학 강좌는 1930년에 되어서야 제 2강좌가 개설되었다. 동양사학 강좌 역시 1개만 개설되었다가 1927년부터 제 2강좌가 개설되지만 이마저도 강좌를 담당한 鳥山喜一의 유학으로 1929년과 30년에는 개설되지 못했다.

(玉井是博), 오오타니 쇼오진, 도리야마 키이치(鳥山喜一)로 이들의 관심 분야는 중국과 만주 일대의 역사로 조선의 역사에 대해 연구 성과를 발표한다거나 조예가 있던 것은 아니었다.

이에 비해 조선사학 강좌는 학부 개설 이래 2개의 강좌가 꾸준히 개설되었으며, 이를 담당한 교수는 각각 이마니시 류우와 오다 쇼고로, 나이토 편지에서 '구반도사파(舊半島史派)' 내지는 '고적조사파(古蹟調査派)'라고 이야기 될 수 있는 이들이다. 오다가 '반도사 편찬'을 총괄했다면 이마니시는 '반도사 편찬'에 깊숙이 관계하며 유일하게 원고를 작성했을 뿐만이 아니라 1916년 이래 조선총독부 고적조사위원회에서도 활발히 활동하였다. 경성제대 사학 관련 교수들의 이러한 면모를 살펴볼 때 『朝鮮史』 편찬 초기인 1924년 8월의 시점에서 쿠로이타가 사업의 참여를 경계하고 있던 인물은 오다와 이마니시였다고 하겠다. 즉 이들은 총독부에서 진행했던 조사·연구사업의 주도자들로, 나이토의 경계대상이기도 하였다.

이렇게 이마니시와 오다로 대변되는, 쿠로이타 자신과 비슷한 연배로서 편찬위원회 이전 조선총독부와 관계를 맺으며 조선사학의 거두가 되어버린 이들은 『朝鮮史』 편찬 사업을 쿠로이타 자신의 수중에 완전히 장악하는 데에 걸림돌이 될 수 있는 이들이었기 때문에 쿠로이타는 경성제대 교수의 참여를 배제하면서 이나바와 같이 조선사편찬위원회 구상 당시까지 조선과 별다른 연고가 없는 이들을 적극 기용하고자 했던 것으로 보인다.

106_田保橋潔이 1930년대 이래 조선사편수회에 기용될 즈음에 발표한 논문을 보면 병인양요가 일본에 미친 영향, 개항 당시 조선에서 일본으로 파견된 수신사 관련 사항, 일본공사의 서울 주재와 국서문제, 임오군란 등으로 근대 한일관계사라 할 만한 주제에 집중되어 있다.

사실 이나바 이전 사업의 전담자로서 쿠로이타가 염두해 두었던 것은 마쓰이 히토시(松井等)였던 것으로 보인다. 앞서 인용한 편지 ①, ②를 보면 나이토는 마쓰이의 사퇴 이후 쿠로이타와 협의하고 아리요시 정무총감에게 이나바의 추천을 알리고 있기 때문이다. 마쓰이는 도쿄 출신으로 전형적인 엘리트 코스인 제1고, 도쿄제대 사학과를 거치고 만선역사지리조사부에서 활동하는 등 조선과는 별다른 연고가 없었다. 그런데 그는 졸업 직후 1906년부터 『朝鮮史』 편찬의 모델이 된 도쿄제대 사료편찬괘에 재직했기 때문에 『朝鮮史』 편찬과 같은 역사 편찬 사업에 익숙한 인물이기도 하다. 실제로 마쓰이는 조선사편찬위원회의 위원으로 1923년 1월 8일부터 3일간 개최된 제1회 조선사편찬위원회에 참석하여 잠시 부재중인 위원장을 대리하여 회의를 주재하기도 했다. 그렇지만 편지 ②에 나타나듯 그는 도쿄를 떠날 수 없었기 때문에[107] 『朝鮮史』 편찬과 관련 업무를 사양하였고 이를 이나바가 대신하게 된 것이다. 흥미로운 사실은 조선사편찬위원회를 구성하면서 일의 적임자로 고려되었던 마쓰이나 이나바 모두 조선총독부의 고적조사사업이나 '반도사 편찬'과 무관했을 뿐만 아니라 만철 산하 만선역사지리조사부에 몸담았다는 것이다. 마쓰이 역시 만선역사지리조사부의 설치와 함께 이곳에 입사하여 이나바와 함께 만주 부분을 담당, 시라토리의 지도를 받으며 1913년 『만주역사지리(滿洲歷史地理)』를 함께 출간했다.

한편 『朝鮮史』 편찬 사업의 초기 이나바와 더불어 편찬위원회에서 상주하며 각종 사무를 담당하고 가장 열심히 사료 수집에 나섰던 것은 카야

107_松井等은 1920년 国学院大学 教授가 되었으며 1923년에는 豫科部長과 같은 중요 보직을 맡았다. 이러한 상황에서 조선에 상주하면서 『朝鮮史』 편찬을 주관하는 것은 불가능한 일이다. 한편 松井의 이력에 대해서는 『大人名事典』 6(平凡社, 1954)을 참고.

하라 마사죠우(栢原昌三)이다. 1907년 도쿄제대 사학과 선과를 수료한 직후부터 줄곧 사료편찬괘에서 사료편찬관보로 근무한 카야하라 역시 조선과는 아무런 연고가 없었다. 비록 1924년에 사망해 오랫동안 재직하지는 못했지만 그는 『朝鮮史』 편찬의 개시와 동시에 조선에 부임하여 편찬위원회 초기 이나바와 더불어 가장 왕성한 활동을 벌였다.[108] 이처럼 편찬위원회 구성 당시 조선에 연고가 없는 새로운 인물을 기용하고자 할 때 조선사편수회와 더불어 식민주의 역사학의 확산·전개의 또 하나의 주요 기관으로 이야기되는 만선역사지리조사부에서 학문적 기반을 닦은 이들이나 편찬위원회·편수회의 모델이 되었던 도쿄제대 사료편찬괘에 몸담았던 이들을 염두하고 있었던 것으로 확인된다.

새로운 인물의 기용은 편수회로 조직이 상설화되고 전임직원을 둘 수 있게 됨에 따라 더욱 강화되었다. 바로 나카무라와 스에마쓰가 수사관과 수사관보로 부임한 것이다. 이들은 대학 졸업 직후 조선에 처음 오게 된 만큼 조선총독부의 사업들과 연고가 없었음은 물론 『朝鮮史』 편찬을 위한 사료의 수집에서 그 편수·인쇄까지 편수회에서 중추적인 역할을 담당했으며, 이 과정에서 학자로 발돋움 하였다. 그런데 이들은 '쿠로이타 문하의 준재(俊才)'[109]라고 평가될 정도로 쿠로이타가 수족처럼 움직였던 이들이다. 즉

108_栢原昌三은 특히 편찬위원회 구성 초기 사료 수집과 관련해 많은 활동을 보인다. 현재 남아 있는 편찬위원회와 편수회의 사료채방복명서 가운데 1923년의 것은 4개인데 이 가운데 3개(慶尙道, 東京·京都, 濟州道·對馬島)가 栢原이 출장한 것이다. 특히 東京와 京都의 帝大를 방문하여 주요 사료의 목록을 만든 일이나 黑板을 수행하여 對馬島에 가서 사료를 조사하고 온 것은 이후 사업 관계상 매우 중요한 것인데, 이러한 것들을 모두 栢原이 진행했던 것이다.

109_旗田巍 編, 앞의 책, 1969, pp.77~82.

쿠로이타는 자신이 통제할 수 있는 이들을 기용하여 편수회를 장악했던 것이다.

이러한 이들이 기용되면 될수록 이마니시와 오다와 같은 이들은 점차 편수회와 멀어져 갔다. 사실 편찬위원회의 학문적 위상을 과시하며 『朝鮮史』를 편찬하기 위해서는 오다나 이마니시 같은 이들의 명성과 지식이 필요할 수밖에 없다. 이 둘은 편찬위원회와 편수회의 위원으로 사업에 줄곧 참여하였다. 그렇지만 앞서 살펴보았듯이 편찬위원회·편수회에서 '위원(委員)'의 역할은 매우 제한적이었다. 편지 ③에도 나타나듯이 사업을 구상하던 이들과 오다는 사업 준비 단계부터 고문의 구성과 처우로 대변되는 인선의 문제로 갈등을 겪고 있었다. 이후 오다는 편찬위원회·편수회의 위원이었지만 어떠한 것도 책임지는 위치에 있지 못했으며, 종종 위원회에 참석해서도 사업과 관련해서 별다른 언급을 하지 않았다. 오히려 그는 편찬위원회와 편수회보다 그 외부에서 결성된 조선사학회(朝鮮史學會)[110]의 회장으로 활동하며 미완으로 끝난 '반도사 편찬'의 성과를 비롯하여 조선에 있던 일본인 학자들의 연구를 공간(公刊)한다거나,[111] 이왕직에서 추진하던 『고종순종실록』의 편찬에 힘을 기울이고 있었다.[112]

오다에 비하면 이마니시는 고대사 및 고려시대에 해당하는 『朝鮮史』 1·2·3편의 편찬을 책임지는 등 편찬위원회와 편수회에서 일정정도 역할을 맡았다.[113] 그렇지만 쿠로이타와 나이토를 대변하는 이나바는 사업에서 이

110_朝鮮史學會의 조직 구성에 대해서는 박걸순, 앞의 논문을, 또 그것의 구체적 활동과 식민주의 역사학의 전개에 있어서의 의미에 대해서는 정준영, 앞의 논문을 참고.

111_장신, 앞의 논문, 2009, pp.375~378.

112_장영숙, 「李王職의 『高宗純宗實錄』 편찬사업과 그 실상」, 『사학연구』 116, 2014.

113_앞절에서 언급했듯이 『朝鮮史』 편찬을 위해 업무를 분장하던 1927년 당시 今西는 1, 2, 3

마니시의 역할이 증가하는 것을 지속적으로 경계했던 것으로 보인다. 이는 이마니시의 연구실 위치를 둘러싼 논의에서 단적으로 드러난다.

편수회로 조직개편이 이루어진 초기인 1926년 8월 16일 수사관 이나바의 방에서 편수타합회가 열렸다. 이때는 사업 초반으로 사료수집의 단계여서 『朝鮮史』를 작성하지 않던 시점인데 이날 모임에는 이후의 편수타합회에는 거의 모습을 드러내지 않는 이마니시까지 참석하였다. 회의석상에서 편수회 간사로 행정적인 업무를 총괄하던 야마자키(山崎眞雄)가 이나바를 향해 다음과 같은 발언을 하였다.[114]

> 稻葉 幹事도 알고 있듯이 이번에 京城帝國大學이 생깁니다. 책이 中樞院 쪽에도 필요하고 編修會측에서도 필요하며, 또 帝國大學 측에서도 필요합니다…中樞院과 編修會는 함께입니다만 大學은 별개입니다. 大學에서도 책을 읽는 사람은 朝鮮史 講座를 擔任하는 측입니다. 이를 擔任하는 것은 今西 委員입니다. 今西 委員은 編修會에도 관계가 있고 大學에도 관계가 있으니 今西 委員의 硏究室을 이곳에 두는 것이 어떨까요…어떻게 생각하십니까?

앞장에서 살펴보았듯이 강점 이전부터 진행된 조선의 구관에 대한 조사는 강점 이후 구관제도조사사업으로 확대되어 취조국과 참사관실로 인계, 조선의 각종 도서는 물론 문서, 활판 등을 수집·정리했고, 사무는 1915

편의 주임이었다. 하지만 이후 그는 고려시대에 대한 제 3편의 주임을 사양해, 이 부분은 稻葉이 담당했으며, 今西가 주임을 맡고 편찬에 관계한 것은 고려시대 이전까지인 『朝鮮史』 제 1, 2편이었다.

114_朝鮮史編修會, 「大正15年 6月 29日 朝鮮史編修會 編修事務打合會 議事錄」, 『大正15年以降 編修打合會書類綴』.

년 중추원으로 이관되었다. 야마자키 간사는 조선의 각종 전적(典籍)을 필요로 하는 사항은 중추원의 구관제도조사사업, 편수회의 『朝鮮史』 편찬, 경성제대의 조선사 강좌 담당자의 강의준비와 연구 – 이렇게 3가지인데 중추원과 편수회는 함께 있지만 경성제대는 따로 있어 도서의 이용이 불편하니 고대사 부분의 편수담당자로 편수회에도 간여하고 있는 이마니시의 연구실을 편수회 쪽으로 옮겨줄 것을 제안하였다.[115] 이 발언 이후 곧바로 이마니시는 경성제대 측에서 도서를 이용하는데 제한이 있기 때문에 매우 불편하다며, 간접적으로 야마자키 간사의 발언에 동조를 표했다. 그런데 이후 이나바, 쿠로이타는 물론 그 누구도 이에 대해서는 전혀 언급하지 않은 채 『朝鮮史』 편찬을 위한 사료의 정리방안과 향후 업무분담의 시급함을 이야기하고 회의는 종료되었다.

이마니시의 연구실을 옮기는 것은 단순한 문제가 아니다. 이마니시의 연구실이 편수회로 이전된다면 이마니시가 편수회에 상근하는 모양새가 되며, 편수회에 대한 이마니시의 개입이 광범위해질 수밖에 없는 것이다. 그런데 『朝鮮史』 편찬에 과거 총독부 주도의 조사·연구사업 관계자나 경성제대 교수의 참여는 쿠로이타나 나이토가 극히 주의하던 사항이었다. 쿠로이타나 나이토가 추천한 이나바의 입장에서 야마자키의 발언은 매우 꺼려

115_今西가 『朝鮮史』의 고대사 부분을 담당하는 것은 편찬위원회가 처음 구성될 당시부터 정해져 있었던 것으로 보인다. 1923년 1월 8일부터 3일간 있었던 조선사편찬위원회 제1회 위원회의에 今西는 불참하였다. 그런데 이 회의에서 이능화 위원은 檀君 관련 사항을 꼭 수록했으면 한다는 의견을 수차례 피력하였다. 이에 대해 일본인 위원들은 이 부분을 담당할 今西가 부재하니 이후에 다시 논의하자면서 이 사안을 보류했다. 이러한 정황을 보았을 때 편찬위원회 구성 초기부터 고대사 부분은 今西가 맡는 것으로 결정되어 있던 것을 알 수 있다.

지는 내용을 담고 있었고, 때문에 이에 대해 가타부타 언급하지 않고 흘려 보낸 것은 아닐까. 여하튼 이후 이마니시는 점차 편수회에 거의 발길을 하지 않았던 것으로 보인다. 수사관보로서 이마니시를 보좌하여 『朝鮮史』 1편과 2편의 편찬에 종사한 스에마쓰는 당시 해당 부분의 편찬 방식에 대해 '이마니시 선생은 제1·2편부의 주임이셨지만 출근을 하지는 않았다. 1~2주에 한 번 내가 한 일을 선생의 집에 가져가면 보고 질문에 답해주는 것'[116]이었다고 회상하였다. 즉 이마니시는 오다에 비해 『朝鮮史』 편찬에 자기 역할이 있었지만 편수회에 거의 모습을 비추지 않은 채 개인적 연구 공간에서 고대사에 해당하는 부분에만 간여하고 있었다.[117]

이상을 통해 보았을 때 사업을 진두지휘했던 쿠로이타는 표면적으로 조선인을 비롯한 많은 인원을 대거 기용하는 모습을 보이지만 '위원'으로 대변되던 조선인과 자신이 제어하기 힘든 이들을 사업으로부터 제외하며 사업의 주도권을 공고히 할 수 있었던 것이다. 쿠로이타는 이처럼 새로운 이들을 중심으로 하여 사업을 추진했다.

이렇게 쿠로이타와 이나바에 의해 사업이 장악되고, 이들의 입장을 대변하는 편수타합회 중심으로 사업이 진행됨에 따라 이에 대한 불만이 제기되는 것은 당연한 것이었다. 앞 장에서 살펴보았듯이 1927년 7월 제2회 편수회 위원회를 기점으로 『朝鮮史』 편찬을 위한 기본적인 업무분장, 강령, 범례 등이 공식화되었으며, 사업의 중심은 사료의 채방에서 편수로 넘어가

116_旗田巍 編, 앞의 책, pp.77~82.

117_현재 확인된 자료를 볼 때 今西가 편수회에 온 것은 1년에 1회도 제대로 이루어지지 않았던 위원회에 1932년 사망 전까지 5회 참석한 것과 黑板과 몇몇 조선인 위원까지 포함하여 이례적으로 큰 규모로 진행된 編修打合會에 한 번 참석한 것이 전부이다.

고 있었다. 이렇듯 『朝鮮史』 편찬을 위한 준비가 하나 둘 이루어지고 원고 작성이 개시되었을 1928년 7월 18일 중추원 참의실에서 편수회의 고문과 위원만이 모이는 '고문·위원(顧問·委員) 회합(會合)'이 있었다. 이 회의를 통해 이마니시는 연구실 위치 문제가 거론되었던 편수타합회 이후 처음으로 편수회에 모습을 드러내어 자신의 의견을 강하게 표출하였다.

會長: 顧問과 委員 여러분은 意見이 있으시면 말씀해주십시오.

權重顯 顧問: 朝鮮史를 編修한다는 것은 극히 중대하고, 史料도 浩澣하기 때문에 會의 사람들이 여러 번 會合하여 相談해 草稿를 拜見해 完全한 歷史를 作하는 것이 좋다고 생각합니다.

會長: 다른 의견이 있으십니까?

今西龍 委員: 權 顧問의 말씀은 지극히 타당합니다. 나는 사실 작년(1927년: 인용자) 3월 辭表를 제출하여 委員도 囑託도 모두 辭職을 표했는데, 현재까지 어떠한 답변도 없습니다. 一體 委員會의 委員이라고 하는 이름뿐이고 어떤 意味가 있을까, 事務進行 報告를 받는 것만으로 委員의 직책을 다하는 것이 아니며 가능한 內容에 대해서도 充分 책임이 있기 때문에 매월은 가능하지 않을지 몰라도 적어도 2개월에 1회는 委員會 또는 事務打合會를 열어 編纂의 內容이나 實情을 보고, 各 委員은 책임을 가지고 編修의 實情을 조사·감독해야한다고 생각합니다…

黑板 顧問: 權 顧問 및 今西 委員의 말씀에 대해 한 마디 합니다 … 委員 및 顧問 여러분의 도움으로 사료수집도 過半을 마쳐 작년(1927: 인용자) 7월 會合에 의거, 편수의 體裁綱領을 정하고 그에 따라 편찬을 진행해 금일에 이르렀습니다. 현재는 原稿가 완성한 것만으로 各委員의 審議를 거치는 데까지 이르지 않았고…이 事務가 조금 진척되기 시작했을 때에는 여러분의 숨김없는 의견을 받고 싶었습니다만 사료가 浩澣하고, 그 수집정리와 아울러 편찬에서 修史官에게도 상당히 困難한 부분이 있어 충분히 考究해 먼저 完成하여 審査를 마

랬습니다. 아직 今日에는 하나 하나 의견을 받아 전달하는 데에는 나아가지 못했다고 생각합니다만 今後 委員會에 제출할 때에는 더욱 여러분의 주의와 의견을 받아 完全公正한 역사를 만들고 싶습니다.

今西龍 委員: 앞서 드린 말씀이 부족하여 보충합니다. 사무 진행의 程度를 알고 內容 및 實情을 委員이 알아야만 합니다. 환언하자면 반드시 編纂者와 委員의 關係를 밀접히 해야 하며, 적어도 2개월에 1번은 委員會를 개최해 현상을 알고 그 상황을 보는 것이 委員으로서의 本務입니다. 최후의 책임은 누가 집니까? 책임은 당연히 委員에게 있습니다. 黑板 顧問으로부터 이야기가 있었지만 일단 완성된 원고를 委員의 審議에 붙이는 것도 이미 늦어진 것입니다. 나는 작년 사표를 제출하였지만 아직 결재가 없는 이상 委員이기 때문에 다시 한마디 드립니다.

會長: 다른 의견있습니까? 지금 權 顧問과 今西 委員의 의견은 때때로 會合해 各委員의 의견을 받아야 한다는 것이라고 생각합니다. 그렇다면 어떻게 실행할 것인가는 더 많은 고려가 필요하니 오늘 이 자리에서 결정하기 어렵습니다. 때문에 他日을 보아 연구해 상정하겠습니다. 따로 의견이 없으시면 폐회합니다.[118] (밑줄은 인용자)

다소 길게 인용한 그날의 회의록을 통해 보았을 때 회의 분위기가 매우 고조되어 있었음을 알 수 있다. 사실 고문과 위원만의 회합은 편찬위원회 구성 이후 이것이 처음으로,[119] 이렇게 이례적인 자리가 마련되었다는 것 자체가 편수회에 이상기류가 흐르고 있다는 것을 시사하는 것이다.

118_朝鮮史編修會, 「顧問·委員會合議事錄」, 『(朝鮮史編修會)委員會議事錄』.

119_고문과 위원만의 회합은 편찬위원회 이래 『朝鮮史』 완간까지 17년여 동안 단 2번, 『朝鮮史』 원고 작성을 개시하던 시점인 1928년 7월 18일과 사업이 마무리되던 1936년 9월 27일에 개최된 것으로 확인된다.

포문은 조선인 권중현 고문이 열었다. 요는 편수회의 구성원들이 자주 모여『朝鮮史』원고를 검토해야 한다는 것이다. 이어 이마니시는 작심이라도 한 듯 강경한 발언을 쏟아내었다. 우선 자신은『朝鮮史』편찬을 위한 편수회 내부 정비가 일단락 된 시점인 1927년 3월 이미 사표를 던졌음에도 불구하고 그에 대해 어떠한 응답도 없다며 편수회 사무의 방만함을 꼬집은 후 편수회에서 위원이라는 신분이 어떠한 의미도 없으니 적어도 2개월에 1회는 위원회를 열어 편수회의 사무 전반을 감독해야 한다고 주장하였다. 이에 쿠로이타는 사료가 많아 수사관들의 어려움이 있어 원고를 위원들의 심사까지 거치게 하긴 어렵다는 취지의 답변을 내놓았다. 이에 이마니시는 더욱 세게 자신의 의견을 밀어붙였다. 즉 쿠로이타와 이나바가 주축이 되어 구성된 편수타합회의 몇몇 이들에게 집중된 운영방식은 권중현과 같은 고문이나 이마니시와 같은 위원들의 불만을 야기했고, 그 결과 '고문·위원회합'이라는 이례적인 모임이 개최되기에 이르렀으며, 이 석상에서 이들은 한 목소리로 편수회 구성원이 자주 모여야 하며,『朝鮮史』편찬에 관여도를 높여야 한다고 주장했던 것이다.

위의 회의록에도 드러나듯이 사업에 편수회 관련자들이 더 많이 관여해야 한다는 이들의 요구는 구체적으로『朝鮮史』원고 작성에 간여해야 한다는 것으로 수렴되고 있다. 권중현과 이마니시가 말한 원고의 검토와 관련된 부서는 이나바, 홍희, 나카무라 3인으로 구성되어 2주마다 회합하여『朝鮮史』의 초고를 심의·결정하던 '심의부'이다. 그런데『朝鮮史』원고는, '심의부에서 심의한 것이기 때문에 또 다시 위원회에는 부의(附議)하지 않고 회장의 결재만을 얻어 인쇄에 넘겨지는 것'[120]이라는 말에서도 알 수 있듯이, 심의부의 검토 이후 곧바로 출간에 들어가는 것이었다. 회의에서 권중현 고문과 이마니시가 강하게 제기한 문제는 바로『朝鮮史』의 원고를 최종적으로 결정하는 방식과 관계된 것이었다. 특히 『朝鮮史』 편수의 책임은 최종적으로 위원들에게 있기 때문에 이미 작성된 원고를 위원들이 심의하는 방식도 잘못이라는 이마니시의 주장은 심의부의 존재를 근본적으로 부정하는 것이었다.

『朝鮮史』 원고의 최종 결정 방식으로 대변되는 쿠로이타나 이나바를 중심으로 소수에게 집중된 편수회 운영방식에 대한 이마니시의 불만은 상당히 공공연했던 것으로 보인다. 아래 제시한 편지는 이마니시가 편수회에 사표를 제출하고 6개월 정도 지난 1927년 9월 말에서 10월 초, 나이토가 이나바에게 보낸 것이다.

> 곤란한 것은 今西박사가 지난 번 조선에 가기 전 來訪했을 때는 總督에게 修史會를 改善할 전망이 있으면 대대적으로 할 것이라고…貴地(조선: 인용자)로부터의 來函에서는 編修會에 모이면 흥미도 없는 기분이 든다는 것은 黑板박사와의 관계뿐만이 아니라 貴兄(이나바: 인용자)과도 성격이 맞지 않기 때문에 결국 辭職을 하게 되었다는 것입니다. 이전 同박사(이마니시: 인용자)는 貴兄이 旅費 등을 대부분 혼자 사용하는 것 등에 불평한 것도 있고 여러 가지로 貴兄에 대해서도 좋지 않은 감정을 가지고 있는 듯합니다. 이것은 貴兄으로부터 잘 懇談하는 쪽이 지당합니다…어쨌든 큰일이므로 이번에 충분히 숙고하셔야 할 것입니다.
>
> 總督이 歸任하면…가능한 今西군과 會見하기에 앞서 貴兄이 만나셔서 今西군의 意見에 대한 對策을 打合하여…今西군을 간곡히 설득하면 今西군도 아마 타협하여 진력하게 될 것이라고 생각합니다. 이번 건을 포함하여 肝要하다고 생각합니다.[121] (밑줄은 인용자)

120_朝鮮總督府 朝鮮史編修會編, 編輯部 譯, 앞의 책, pp.50~51.
121_內藤湖南, 앞의 책, pp.589~590.

위의 편지에 드러나듯이 이마니시의 사직 사유로 꼽히는 것은 쿠로이타 및 이나바와의 관계이다. 쿠로이타·이나바 중심의 편수회 운용에 대해 이마니시만이 아니라 권중현과 같은 조선인 고문 역시 불만을 가졌다는 것은 앞에서 살펴본 바와 같다. 그렇지만 쿠로이타나 이나바에게 이마니시의 불만은 좌시하고 있을 수 없는 것이었다. 중추원과 편수회의 고문이었지만 총독부에 별다른 영향력을 행사할 수 없었던 조선인 권중현과 달리 이마니시는 교토제대와 경성제대의 교수이자 조선사 연구의 최고 권위자로 여겨지던 존재였다. 이러한 이마니시가 조선의 역사를 편찬하는 최고 기구인 편수회에 사표를 던진다면 세간의 이목이 쏠릴 수밖에 없으며, 더군다나 이마니시는 사표 제출 후 총독을 만나 편수회의 개선을 언급하고 있었기 때문이다. 만일 또 다시 이러한 사태가 벌어져 편수회에 무엇인가 변동이 있다면 사업을 장악하고 있던 쿠로이타와 이나바에게는 커다란 악재가 될 것이 분명했다. 이에 나이토는 이나바에게 이마니시가 총독과 다시 만나기에 앞서 이마니시를 잘 설득해 편수회 사무에 협조를 구하라고 당부하고 있다.

사실 여기서 이마니시가, 이나바가 독점하고 있다고 말한 여비는 사료 수집을 위한 출장비를 말하는 것이다. 사료 혹은 주요 사건을 전하는 사료의 소재를 제시하는 『朝鮮史』 편찬을 위해서는 일단 사료의 수집이 시급했기 때문에 편찬위원회·편수회는 사료의 수집과 정리가 기구의 목표라고 밝혔으며 결성 이후 6년여 간은 조선은 물론 대마도, 일본의 주요 대학과 서고, 중국 등지에 흩어져 있는 사료의 수집에만 집중하였다. 즉 1927년까지 편수회의 주요 업무는 사료 수집이었다.

그런데 당시 주로 수집된 사료는 이마니시의 전공인 고대사와는 거리가 먼 것이었다. 고대사와 관련된 사료는 양이 많지 않을뿐더러 삼국시대 이래의 주요 금석문은 이미 조선총독부에서 1919년에 『조선금석총람(朝鮮

金石總覽)』을 발간하여 조사와 연구에 편의를 제공하고 있었기 때문이다. 『朝鮮史』 편찬에 특히 문제가 되는 것은 신라 이후의 시기, 특히 조선시대의 사료였다. 사료의 양이 워낙 방대할뿐더러 어디에 어떤 사료가 있는지 전혀 파악이 되지 않고 있었기 때문이다. 실제로 현재 남아있는 편찬위원회·편수회의 사료 채방복명서를 보아도 당시 수집된 사료들은 거의 대부분 조선시대의 것이었음을 확인할 수 있으며,[122] 이러한 사료 수집의 결과 간행된 『朝鮮史』를 보아도 전체 35권 가운데 24권이 조선시대에 할애될 정도로 양적인 측면에서도 편수회 사업의 방점이 조선시대에 있었다는 것은 쉽게 알 수 있다. 즉 사료의 수집과 편찬이라는 편수회의 사업 목표 자체가 조직 내에서 고대사 전문가인 이마니시의 역할이 크지 않을 것임을 예고하는 것이기도 하였다.

한편 편수회에 제출한 이마니시의 사표는 반려되었던 것으로 보인다. 이후에도 『朝鮮史』 1, 2편의 편수책임자로 거론되기 때문이다. 편수회 내부 사정이나 관련 인사들의 개인 기록이 얼마 남아 있지 않아 정확한 사정은 알 수 없지만, 쿠로이타나 이나바 등 편수회 운영을 주도하던 이들은 편수회 내에서 이마니시의 위상을 보다 강화시켜 주는 선에서 이마니시의 불만을 잠재웠던 것으로 보인다. 『朝鮮史』 원고 작성에 위원들의 역할을 강화해야 한다는 이마니시가 제기한 문제는 처음 논의된 고문·위원 회합이 개최된 지 무려 3년여나 지난 1931년 8월 25일 제5회 조선사편수회 위원회에서 안건으로 상정되었으며, 이에 대해 쿠로이타는 다음과 같이 발언하여 『朝鮮史』의 최종 원고 작성 방식을 결론지었다.

122_조선사편찬위원회와 조선사편수회의 사료채방에 대해서는 다음 절을 참고할 것.

'인쇄원고를 위원회에 附議하는 건'에 대해서는 원고를 위원회에 부의하면 적어도 매월 한 번은 위원회를 개최해야 하는 불편도 있어 도저히 불가능하기 때문에 특별히 본부에 審議部를 두고 稻葉·洪憙·中村 3명의 修史官과 今西 囑託을 심의부원으로 하여 심의케 하기로 결정 … 원고가 審議部에서 심의를 거쳤으므로 다시 위원회로 넘겨져 승인을 받은 후에야 인쇄에 돌려지는 것으로 생각하시는 분이 있지는 않을까 여겨집니다만 원고는 일단 위원회에서 승인된 방침에 따라서 작성된 것이고 다시 審議部에서 심의한 것이기 때문에 또 다시 위원회에는 附議하지 않고 바로 회장의 결재만 얻어 인쇄에 넘기는 것입니다.[123] (밑줄은 인용자)

업무의 편의를 위해 소수의 인원으로 구성된 심의부에서의 검토를 통하여 최종 원고를 완성한다는 기존의 방식은 누차 재론되며 확인되었다. 변동은 심의부에 이마니시가 포함되었다는 것이다. 이러한 쿠로이타의 의견에 대하여 이마니시를 비롯하여 회의에 참석해 있던 다른 위원들의 이견은 없었으며 그대로 결정되었다.

1930년 7월에 간행된 『조선사편수회요람(朝鮮史編修會要覽)』에도 이마니시가 심의부원으로 기록되어 있는 것으로 보아[124] 이마니시가 심의부에 포함된 것은 1928년의 고문·위원 회합 이후 얼마 지나지 않은 시점에 이루어진 것으로 보인다. 한편 1928년의 회의 이후에도 2차례의 편수회 위원회가 있었음에도 이마니시의 불만표출이나 위원·위원회의 위상에 대한 문제제기는 확인되지 않는다. 그 이유는 아마도 이마니시가 심의부에 참여하게 되어 『朝鮮史』의 최종 원고 결정에 개입할 여지가 마련되어 편수회에서 자신의 위상이 어느 정도 확보되었기 때문으로 보인다.

123_朝鮮總督府 朝鮮史編修會編, 編輯部 譯, 1985, 앞의 책, 50~51쪽.

124_朝鮮總督府 朝鮮史編修會, 『朝鮮史編修會要覽』, 1930, pp.22~23.

쿠로이타나 이나바에게 이마니시의 심의부 참여는 달갑지 않은 것이었겠지만 『朝鮮史』의 권위와 학문적 전문성을 재고하는 길이기도 하였다. 이마니시 참여 이전 심의부원이었던 이나바, 홍희, 나카무라는 주로 조선시대에 학문적 관심을 두고 있었기 때문에 고대사에 해당하는 『朝鮮史』 1, 2편에 대한 심의에는 전문성이 떨어지는 이들이었다. 즉 이마니시를 『朝鮮史』 원고의 심의에 참여시키는 것은 이마니시의 불만을 수용하여 편수회 내에 머물게 하면서 편수회와 사업의 권위를 재고할 수 있는 방법이었다. 또 달리 생각하면, 이것은 이마니시가 전문성을 발휘하여 『朝鮮史』 원고의 최종검토를 진행할 수 있는 것은 자신이 촉탁으로 담당하고 있던 『朝鮮史』 1, 2편 외에는 없다는 것이다. 뿐만 아니라 편수회에서 이마니시의 활동 반경은 제한적일 수밖에 없었다. 앞서 언급했듯이 『朝鮮史』 편찬을 위한 자료의 수집과 정리가 편수회 업무의 주요한 한 축이었으며, 이때 수집된 자료는 대부분 조선시대의 것이다. 그러다 보니 사료수집은 주로 『朝鮮史』에서 조선시대에 해당하는 4, 5, 6편부의 수사관과 수사관보가 주축이 되어 진행되었으며,[125] 이마니시는 단 한차례의 출장도 하지 않았다.

이마니시가 심의부에 참여한 이후로 『朝鮮史』가 완간되기 까지 편수회 내부의 갈등이라고 할 만한 것은 1928년 편수회 위원으로 최남선이 합류한 이후 단군, 발해 등으로까지 고대사의 수록범위를 넓혀야 한다고 주장

125_현재 남아 있는 편찬위원회와 편수회의 사료채방복명서를 보면 사료 수집을 위해 가장 자주 출장을 다닌 것은 今西를 제외한 심의부원인 稲葉, 홍희, 中村으로 모두 『朝鮮史』 4, 5편부 관련자들이었고, 1933년 6편의 담당자로 田保橋가 확정된 후 그 역시 사료채방의 흔적을 남기고 있다. 한편 『朝鮮史』 1, 2편의 修史官補인 末松 역시 몇 차례 사료채방을 나갔는데, 이는 새로 발견된 진흥왕순수비나 고대사 관련 유물을 조사하는 성격이 강했다. 이에 대해서는 다음 절을 참고할 것.

한 것 정도이며, 그 외에는 이렇다 할 잡음없이 사업은 진행되었다. 흥미로운 것은 최남선이 처음으로 단군 수록 문제를 제기했을 당시 『朝鮮史』는 조선민족 중심의 역사를 편찬하는 것이기 때문에 북방의 역사는 제외된다며 최남선을 막아선 이가 이마니시였다는 점이다.[126] 즉 편수회 내에 일고 있던 갈등은 이마니시의 위상을 강화시켜주는 것으로 봉합되었으며, 이후 이마니시는 '단군'으로 대변되는 편찬 범위에 관한 갈등을 사전에 차단했던 것이다.

이상에서 살펴보았듯이 편수회로 기구가 강화된 이후 쿠로이타와 이나바를 중심으로 한 소수에게 집중되는 사업의 운영 방식은 사업에 소외되었던 이들에게 불만을 사고 있었으며, 이는 이마니시의 사표제출과 1928년 고문과 위원의 회합 석상에서 조선인 고문 권중현과 이마니시 등에 의해 표출되었다. 권중현 고문과 같은 조선인들의 불만은 사업에 별다른 영향을 미치지 않는 것이었지만 이마니시의 사표 제출은 사업의 변화를 초래할 수 있다는 점에서 쿠로이타나 이나바에게 중대한 문제였으며, 이는 편수회 내에서 이마니시의 비중을 증가시키는 것으로 일단락 지어졌다. 사업에서 이마니시의 비중이 증가하는 것은 쿠로이타와 이나바가 경계하던 것이었지만 이마니시의 사직이 편수회에 미칠 파급력을 고려하면 이마니시를 편수회에 잔류시키는 것 역시 필요했으며, 그 방책은 바로 『朝鮮史』 원고의 최종 검토에 이마니시를 참여시키는 것이었다. 심의부원에 이마니시가 참여하는 것이 쿠로이타와 이나바에게는 그다지 유쾌한 일은 아니었겠지만 편수회 내에서 자신들의 주도권을 크게 잃는 것도 아니었다. 또 이마니시의

126_朝鮮總督府 朝鮮史編修會編, 編輯部 譯, 앞의 책, pp.47~49.

불만을 누그러뜨리면서도 『朝鮮史』의 학문적 위상을 강화시킬 수 있는 길이기도 하였다. 실제로도 앞서 언급했듯이 이마니시는 『朝鮮史』의 1, 2편 - 고대사 부분 - 만을, 그것도 편수회에 발길을 끊은 채 처리했다. 즉 쿠로이타와 이나바는 이마니시의 불만을 수용하면서도 그를 효과적으로 제어했다고 하겠다. 더군다나 이마니시는 『朝鮮史』 1, 2편도 다 끝내지 못한 채 1932년 5월 갑작스럽게 죽었다. 당시까지 발간된 『朝鮮史』는 이마니시가 편찬을 책임진 제1편의 1·2권과 1권으로만 구성된 제2편이었으며 그의 심의 역시 이 부분에 제한될 수밖에 없는 것이었다.

심의부와 관련하여, 이마니시와의 갈등을 겪은 이후 편수회 내에서는 『朝鮮史』 편찬과정에서 몇 가지 변화들이 일어났지만 심의부의 경우와 같은 특별한 논란이 없었던 것으로 보인다. 이는 쿠로이타의 의도대로 이나바를 비롯 쿠로이타 자신이 제어할 수 있는 나카무라, 스에마쓰와 같은 이들을 중심으로 편수타합회가 구성되어 『朝鮮史』 편찬의 큰 틀이 마련·진행되는 운영 체제가 안정되었기 때문일 것이다.

4. 사업의 장기화에 따른 변동과 『朝鮮史』의 완성

앞서 살펴보았듯이 1927년 『朝鮮史』 편찬을 위한 편수회 내부정비와 업무 분담이 이루어졌을 당시 1933년을 사업의 완료 시점으로 설정하고 있었다. 그렇지만 사업은 거듭 연장되었고 1927년의 예정보다 4년여가 더 지난 시점인 1938년 3월이 되어서야 『朝鮮史』는 완간되었다. 이는 『朝鮮史』 편찬이 개시된 후 17년이 지난 것으로, 이렇게 오랜 기간 동안 사업이 진행됨에 따라 전직, 사망 등의 이유로 편찬을 위한 각종 업무의 책임자들의 변동이 발생했다.[127] 이러한 변동들 가운데에서 특히 『朝鮮史』 편찬과 직결되는 편별 담당자들의 변화는 중요한 사안이라 할 수 있다. 당초 『朝鮮史』의 편별 담당자는 1926년 7월에 결정되었다. 앞서 서술했듯이 당시의 결정은 1·2·3편 이마니시·이병도, 4편 나카무라·츠루미, 5편 이나바·타카하시, 6편 세노였다. 한편 1930년 7월 조선사편수회에서 발간한 『조선사편수회요람(朝鮮史編修會要覽)』을 보면 각 편별 담당자와 배속인원이 변화해 있음을 확인할 수 있다. 그렇지만 담당자들의 변화는 여기서 끝나는 것이 아니라 그 이후로도 조금씩 변경되었다. 확인 가능한 사항을 정리하면 다음과 같다.

표 7 | 『朝鮮史』 編別 편찬담당자의 변화

	1926. 7.	1930. 7.	1933. 3. ~ 1935. 9.	1938. 3
第1編 第2編	今西龍(主任) 李丙燾(補助)	今西龍(主任) 末松保和(修史官補) 尹瑢均(囑託)	旣刊	今西龍(囑託) *末松保和*(修史官)

127_일예로 『朝鮮史』의 출판관련 사무를 담당하는 印刷部는 末松이 주임이었는데 1935년 黑田省三이 이를 대신하게 된다.(朝鮮史編修會, 「朝鮮史進行打合決議書」, 『昭和5年 12月 編修打合會議事錄』.(이 회의는 정확한 날짜는 나와있지 않지만 내용상 1935년 9월 30일 이후에 이루어진 것은 틀림없다.)) 이는 末松이 1935년 6월 京城帝大 助教授로 轉職하기 때문이다. 또 앞서 언급되었던 今西龍의 경우처럼 사망에 의한 변화로는 1935년 1월 腦溢血로 인한 洪憙의 죽음을 들 수 있다.(稻葉岩吉, 「兼山 洪憙氏の訃」, 『青丘學叢』 19, 1935, p.201.) 今西의 사망 시 그가 主裁했던 제1·2편 가운데 제1편 3권에 해당하는 '支那史料'에 대해서는 '原稿未定'인 채였지만, 해당 편부의 실제적인 편찬은 末松이 진행했었기 때문에 별다른 문제가 없었던 반면 修史官으로서 整理部와 審議部에 걸쳐 사료의 정서 및 배분, 원고 심의 등 많은 업무를 처리했던 洪憙의 공백은 곧바로 委員 李能和를 囑託으로 하여 메운 것으로 보이며, 이는 洪憙 사후 6개월이 지난 1935년 7월 5일 개최된 편수회 위원회에서 공표되었다.(朝鮮史編修會, 「朝鮮史編修會 第6回 委員會 會議錄」, 『(朝鮮史編修會)委員會議事錄』; 朝鮮史編修會, 「朝鮮史編修會 第9回 委員會 會議錄」, 『(朝鮮史編修會)委員會議事錄』.)

		韓東喆(雇員) 金永翰(典寫員)		
第3編		稻葉岩吉(修史官) 秋浦秀雄, 具瓚書 (囑託) 黑井治德(雇員) 李淇鎔, 李東燮 (典寫員)		今西龍(囑託) *稻葉岩吉*, *末松保和*(修史官) 秋浦秀雄(修史官補) 澁江桂藏, 尹瑢均(囑託)
第4編	中村榮孝(主任) 鶴見立吉(補助)	中村榮孝(修史官) 申奭鎬(修史官補) 川口卯橘(囑託) 金煥, 洪元杓(雇員) 魚龍善, 金圭洛, 洪庚孫(典寫員)	中村榮孝(修史官) 申奭鎬(修史官補) 周藤吉之, 黑田省三, 丸龜金作(囑託)	*中村榮孝*, 申奭鎬 (修史官) *潮田富貴藏, 鶴見立吉* (修史官補) 川口卯橘, 權重翼, 周藤吉之, 丸龜金作, 黑田省三, 藤井誠一 (囑託)
第5編	稻葉岩吉(主任) 高橋琢二(補助)	瀨野馬熊(囑託) 趙漢稷(囑託) 趙奎植, 任稷淳, 朴忠緖, 李悳珪 (典寫員)	稻葉岩吉(修史官) 末松保和(囑託)	*稻葉岩吉*, 洪憙, *末松保和*(修史官) *高橋琢二*(修史官補) 瀨野馬熊, 具瓚書, 趙漢稷, 石原俊雄, 李能和, 田中半次郎 (囑託)
第6編	瀨野馬熊(主任) ※ 補助는 미정	高橋琢二(修史官補) 趙承祐(雇員) 林青, 黃丙秀, 李鍾明, 李用庠 (典寫員)	田保橋潔(囑託) 田川孝三(修史官補)	田保橋潔(囑託) *高橋琢二*, 田川孝三 (修史官補) 瀨野馬熊, 園田庸次郎, 李能和, 趙漢稷(囑託)

※ '1926년 7월'은 『大正15年以降 編修打合會書類綴』에 실려 있는 「大正15年 7月 3日 朝鮮史編修會 編修事務分擔協議會 議事錄」을 근거로 하였다. 이 자료에서는 편수회에서의 직위를 표기하지 않고 단지 주임(主任)과 보조(補助)의 구분만을 두고 있다.

※ '1930년 7월'은 편수회에서 1930년 7월 31일에 발간한 『朝鮮史編修會要覽』을 근거로 하였다. 여기에 나타난 고원(雇員)이나 전사원(典寫員)은 편찬에 필요한 잡무와 자료의 정서(淨書)를 담당한 이들로 편찬에 직접 관여한 이들은 아니며, 편찬에 직접 관여한 이들은 수사관(修史官), 수사관보(修史官補), 촉탁(囑託)이다 .

※ '1933년 3월 ~1935년 9월'은 『朝鮮史編修會 委員會 議事錄』 및 『昭和5年 12月 編修打合會議事錄』에 실려 있는 「朝鮮史進行打合決議書」에 근거로 하였다.

※ '1938년 3월'은 『朝鮮史』가 완전히 간행되고 난 이후 '반도사 편찬'이래 조선사편찬위원회·조선사편수회의 경과를 총정리하기 위해 편수회에서 간행한 『朝鮮史編修會事業概要』를 근거로 하였다. 이 자료가 사업을 총괄하는 성격이 강하다는 점과 또 사망자이 성명까지 실려 있는 것으로 볼 때, 『朝鮮史』 편찬 개시 이래 잠시라도 해당 사무를 보았던 이들을 총괄하는 것이며, ( )안의 직위는 전직 혹은 사망자의 경우 조선사편수회 재임 당시 최고의 직위를, 1938년 3월에도 조선사편수회에 몸담은 이들은 그때의 직위를 기입하고 있는 것으로 확인된다.(명단 가운데 밑줄이 쳐져 있는 이들은 당시 이미 사망한 자이며, *이탤릭체*로 되어 있는 이들은 퇴관 혹은 전직한 이들이다.)

가장 눈에 띄는 변화는 종래 1·2·3편부를 편찬하기로 되어 있던 이마니시가 1·2편부만을 담당하며, 스에마쓰가 이병도를 대신하는 것이다. 제3

편의 담당자 교체는 이마니시가 불만을 제기했던 1928년 7월 18일 회의석상에서 이마니시가 1·2·3편을 담당하여 부담이 되기 때문에 새로운 담당자를 두어야 한다는 의견이 제기되었으며,[128] 이로부터 1년 후인 1929년 12월 23일에 개최된 제3회 위원회에서 이나바는 자신이 담당하고 있음을 밝히고 있다.[129] 그렇다고 3편부에 대한 모든 짐을 이나바 혼자 짊어진 것은 아니었다. 4편의 주임이었던 나카무라가 제3편 5권(忠烈王 6년~忠惠王 원년)의 일부를 편찬했으며,[130] 1928년 회의에서도 '편의상(便宜上) 제4편부(第4編部)에서 고려시대(高麗時代)의 말기(末期) 즉 공민왕(恭愍王) 이하 약 40년간'[131]을 편찬했다고 보고되는 것으로 보아 나카무라도 3편의 편찬에 관계했음이 확인된다. 여기에 대학에서 사학(史學)을 전공한 아키우라(秋浦秀雄)와 한학적 소양이 있던 구찬서(具瓚書)가 보조하며 3편은 편찬되었다.[132]

128_朝鮮史編修會, 「顧問·委員 會合議事錄」, 『(朝鮮史編修會)委員會議事錄』.(1928. 7. 18.) 이 회의는 앞서 언급한 今西가 委員會의 유명무실과 자신이 빠진 編修打合會 중심의 편수회의 운영 및 審議部 문제 등으로 강하게 불만을 제기했던 자리였는데, 今西는 편수회에서 자신의 입지가 줄어들면서도 『朝鮮史』 편찬에 있어 자신이 1·2·3편부 모두를 담당케 하여 부담이 늘어나는 것을 거부했던 것으로 추측된다.

129_朝鮮史編修會, 「朝鮮史編修會 第3回 委員會 會議錄」, 『(朝鮮史編修會)委員會議事錄』.(1929. 12. 23.) 한편 1930년 출판 『朝鮮史編修會要覽』에는 1·2편부 囑託으로 尹瑢均을 들고 있지만, 1938년 3월에 발간된 『朝鮮史編修會事業概要』에는 그가 3편부에 간여한 것으로 되어 있다. 尹瑢均은 1903년생으로 1927년 京城帝大 法文學部 史學科에 입학하여 朝鮮史學을 전공하고 1930년 3월 졸업과 동시에 4월 17일부터 조선사편수회 사무를 囑託하지만 1931년 9월 사망하게 된다. 그런데 1·2편부의 편찬에 가장 깊숙이 간여했던 末松의 회고에 尹瑢均에 대한 언급이 전혀 없다는 점과 생전에 尹瑢均이 쓴 논문은 주자학의 전래와 영향, 鄭仲夫의 亂과 같은 것이었음을 볼 때 그는 3편부의 편찬에 관계했을 가능성이 크다.(尹瑢均의 履歷과 주요논문은 尹瑢均, 『尹文學士遺稾』, 1933, 朝鮮印刷株式會社를 참고.)

130_中村榮孝, 「朝鮮史と私」, 『日本歷史』 400, 1981, p.48.

131_朝鮮史編修會, 「顧問·委員會合 議事錄」, 『(朝鮮史編修會)委員會議事錄』.(1928. 7. 18.)

이렇게 이나바가 3편의 편찬을 맡게 되면서 그가 맡아 편찬을 진행하던 5편의 편찬에도 변동이 생겼다. 사업 초기 6편(순조~갑오개혁)을 담당하기로 했던 세노가 합류된 것이다. 세노의 주된 관심은 고려 후반에서 조선시대로 실상 그는 6편의 담당자로 적합한 인물은 아니었다.[133] 사후 그의

132_朝鮮史編修會, 『朝鮮史編修會退職者履歷書綴』. 3편부를 보조한 具瓚書는 1874년생으로 근대식 교육이 아닌 漢文私塾에서 수학하고 1900년대 접어들어 漢文敎師로 지내다가 1920년대 친일유림단체인 大東斯文會에서 理事·庶務部長을 역임하였으며, 1929년부터 朝鮮史編修會 사무를 囑託한 인물이다. 반면 1905년생인 秋浦秀雄은 慶應義塾大學에서 史學을 전공하고, 졸업과 동시에 1929년 朝鮮史編修會에 들어와 3編部 담당을 命받고 1933년까지 근무하였다. 이들의 이러한 경력을 볼 때 3편의 편찬에 보다 깊숙이 간여한 것은 史學을 전공한 秋浦秀雄으로 보인다.

133_瀨野馬熊은 '黨派'에 주목하여, 이를 시기적 확장하고 정교화시킨 인물로 평가받는다.(李泰鎭, 앞의 논문, 1987, p.62.) 1874년생인 瀨野는 黑板과 동갑이지만, 早稻田大學 英文科 출신으로 역사학을 전공하지는 않았으며, 1910년 5월 南滿洲鐵道株式會社 歷史調査部에 들어가 1914년 4월 調査部가 東京帝大로 이관하기 전까지 그곳에 근무하면서 역사학에 발을 들여 놓았다. 시작이 느렸던 만큼 동년배인 黑板이나 今西, 稻葉에 비해 많은 연구성과를 발표하지 못했으며 학계의 주류적인 위치를 점하지 못했던 것으로 보인다. 瀨野는 조선사편찬위원회가 구성되기 이전인 1916년 10월 조선으로 건너와 당시 中樞院에서 '반도사 편찬'과 함께 진행하였던 '朝鮮人名辭書編纂'의 사무를 囑託받으며 조선과 관계를 맺게 된 후 1918년 2월에는 '반도사'의 조선시대 부분을 담당하며 조선총독부의 역사 편찬 사업에 발을 들여 놓았다. 특히 그는 중추원에서의 사업에 참여를 통하여 小田省吾 등과도 가까워졌으며, 小田이 중심이 되어 조직된 朝鮮史學會에 가담할 수 있었고, 결과 『朝鮮史講座 - 一般史』에서 조선시대에 해당하는 '近世史'의 집필을 담당하였다.(瀨野馬熊, 『瀨野馬熊遺稿序』, 1936, pp.2~3.) 瀨野에 대해 中村은 다음과 같이 회고하였다. '朝鮮史編修會는 計劃 처음 稻葉씨가 巨頭였어요. 거기에 栢原씨와, 내가 갔습니다. 거기서부터 瀨野馬熊씨는 그 전 「半島史編纂」 때 '李朝史'를 담당했던 사람입니다. 처음을 말하자면 그는 滿鐵調查部에서 池內선생 밑에서 일하던 사람입니다. 부지런했던 사람이었지요....그는 特色있는 사람이었습니다. 初步로부터 공부해서 滿鐵調查部에서 白鳥씨나 池內씨의 鞭撻을 받은 사람입니다.'(中村榮孝, 앞의 논문, 1981, p.53.)

한편 1936년에 간행된 『瀨野馬熊遺稿』에는 '高麗惠宗朝の內亂', '高麗妙淸の亂に就いて', '倭寇と朝鮮の水軍', '正統四年桃渚の倭寇に就いて', '今川大內二氏と朝鮮との關係', '正統癸亥約條に

행적을 정리하는 과정에서 '『朝鮮史』 편찬에서 군(君)(세노: 인용자)이 담당한 것은 조선사의 제5편 조선시대 인조부터 영조까지로 자료의 취사선택에 올바름을 얻고 또 그것을 구사해 사실의 경개(梗槪)를 서술하는 독특한 묘필(妙筆)을 이룬 결과'[134]라는 내용에서도 알 수 있듯이, 이나바가 3편을 맡게 되어 업무가 과중해 짐에 따라, 6편의 주임을 맡기려 했던 세노에게 보다 적절한 5편의 편찬을 맡아 보게 했으며, 그 시기는 이나바가 3편의 편찬을 맡게 되는 1929년 즈음으로 추정된다. 그렇지만 세노는 1935년 5월 20일 사망하였다. 당시까지 『朝鮮史』 5편의 간행분은 절반에 미치지 못했던 반면 3편은 1935년 3월에 마지막 6, 7권까지 간행이 완료되어 소속인원을 다른 편부에 배치하는데,[135] 세노 사후 5편부는 다시 이나바가 담당했다. 이와 더불어 5편부에는 촉탁으로 조선인 조한직(趙漢稷)이 배속되어 있었지만, 주로 지방관으로 재임했던 그의 경력을 미루어 볼 때,[136] 그의 기용

就いて', '朝鮮廢四郡考', '燕山朝の二大禍獄', '朝鮮黨爭の起因を論じて士禍との關係に及ぶ', '李朝實錄所在の移動に就いて', '李朝宣祖修正實錄と玄宗改修實錄に就いて' 등의 논문이 실려 있다.

134_瀨野馬熊, 『瀨野馬熊遺稿』, 1936, pp.3~4.

135_朝鮮史編修會, 「朝鮮史編修會 第9回 委員會 會議錄」, 『(朝鮮史編修會)委員會議事錄』.(1935. 7. 5.) 이 會議에서 稻葉은 '前回에 3編部는 印刷完了해 所屬人員은 他編部에 배치했다'고 보고하였다. 7권으로 구성된 『朝鮮史』 제 3편이 1935년 3월 6, 7권의 발간으로 완료된 것을 고려하면 9회 위원회에서 稻葉이 말한 '前回'는 1935년 3월에서 9회 위원회가 개최된 7월 이전 시점에 있었던 편수타합회 석상이라고 추측되지만 이와 관련된 회의 기록은 발견되지 않는다.

136_1880년 출생인 趙漢稷은 1908년 學部 主事로 官界에 들어온 이후 강점 이후에도 忠南 懷德郡·大田·天安, 京畿道 水原郡·抱川郡 등지에서 지방관으로 재임하였고, 1923년부터 中樞院 雇員으로 일하다가 조선사편수회의 발족과 함께 편수회 雇員이 된 이후 1929년 '朝鮮史 編修事務를 囑託'한 인물로 관료적 성향이 강하다고 할 수 있다.(朝鮮史編修會, 『朝鮮史編修會退職者履歷書綴』)

은 – 최대한 높이 평가해도 – 『朝鮮史』 편찬을 위한 사료해독의 필요에 있지 않을까 한다.

한편 조선시대에 해당하는 4·5편에 대해서는 편찬이 본격화되던 1928년부터 사료가 많다는 이유로 이에 대한 안배가 요청되었으며,[137] 그 후에도 사료들을 읽고 정서할 수 있는 사자생(寫字生) 증원 요구가 계속되었다.[138] 조선시대에 해당하는 4·5·6편부에 조선인 고원(雇員)이나 전사원(典寫員)이 다수인 것은 사료해독과 정서를 위한 것이었으며, 이 조선인들은 대체로 한문을 수학한 경험이 있었다.[139] 즉 자료의 해독과 정서를 위해 4·

137_'第 5編 光海·仁祖 兩朝는 그 안에 廢立의 일이 있는 것 외에 明淸의 興亡 등 大事件이 있어 史料가 극히 多數이고 그 採錄按排 등 豫期以上으로 時日을 요합니다. 一例로 仁祖即位 당시와 같은 겨우 1~2일의 本文을 구성하는 데에 100여건의 史料를 採錄하지 않으면 안된다고 합니다. 그리고 이 困難은 第 4編 末期 文祿壬辰의 役도 마찬가지로 目下 그 進行按排에 대해서도 考慮하고 있습니다.'(朝鮮史編修會, 「顧問·委員 會合議事錄」, 『(朝鮮史編修會)委員會議事錄』.(1928. 7. 18.))

138_朝鮮史編修會, 「朝鮮史編修會 第3回 委員會 會議錄」, 『(朝鮮史編修會)委員會議事錄』.(1929. 12. 23.) 일예로 5편부를 편수하는데 필요했던 光海君日記 中草本을 해독한 것은 洪憙였으며 그의 사후에는 이러한 업무를 李能和가 대신한 것이다.(『朝鮮史編修會事業一覽』에서도 洪憙나 李能和가 5편부에 간여한 것으로 실리는 것도 이러한 이유에서이다.) 洪憙가 이렇게 史料를 해독해 주었기 때문에 稻葉은 박사학위논문을 작성할 수 있었다. 稻葉은 편수회에서 재직 중인 1932년 6월 「光海君時代の滿鮮關係」로 京都帝國大學에서 박사학위를 취득하였다. 그런데 이 논문의 작성에는 조선사편수회의 사료수집 중 太白山史庫에 보관되어 있던 光海君日記 中草本을 획득한 것과 사업개시 이래 洪憙의 도움이 매우 컸다고 한다.(中村榮孝, 앞의 글, 1969, p.675.)

139_『朝鮮史』 편찬에 관계한 조선인 雇員·典寫員 가운데 이력을 확인할 수 있는 이들은 韓東喆·金永翰(1·2편), 李淇鎔(3편), 金煥·魚龍善·金圭洛(4편), 趙奎植·任稷淳·李惠珪(5편), 林靑·黃丙秀·李鍾明·李用庠(6편), 이상 13명이다. 이들은 대체로 1880년대 생으로 가정이나 私塾에서 한문을 수학했거나 1900년대 초반 進士·參奉에 합격했음을 밝히는 것으로 보아 한문에 능통했을 것이다. 한편 3편의 일본인 雇員이었던 黑井治德 역시 3년간 漢學을 修學한 인물이다.

5·6편부에는 보다 많은 조선인 고원과 전사원이 배치되었다.

다음으로 주목되는 것은 1·2편과 관련하여 스에마쓰가 이병도를 대신하며 등장한 것으로,[140] 그 시기는 1928년으로 보인다. 편수회 업무를 맡았다가 다시 일본으로 돌아갈 정도로 조선에 오고 싶어하지 않았던 스에마쓰는 스승인 쿠로이타의 명이었기 때문에 어쩔 수 없이 『朝鮮史』 편찬에 관계하게 되었지만,[141] 쿠로이타의 제자였기 때문에 편수회 내에서 쿠로이타의 뜻을 가장 잘 체현할 수 있는 인물이었으며, 그러한 만큼 편수회에서 막중한 역할을 했다. 제 1·2편을 실제로 편찬했을 뿐만이 아니라 사료채방에도 간여하고 『朝鮮史』 인쇄업무를 담당하는 등 스에마쓰는 편수회에서 중심적인 존재였다. 그는 편수회에 와서 '쭉 제 1, 2편부를 담당하며 5년 정도 일을 을 하고 난 후 배속이 전환되어 제 5편부 최후의 정조조(正祖朝) 24년 즈음의 편찬을 담당했'다고 회상하였는데,[142] 1·2편부가 1933년 3월이면 출판까지 완료되는 것으로 보아, 그는 1928년에 조선에 오자마자 이병도를

140_이에 대해 中村은 해방 이후 '修史官補 李丙燾가 속했지만 얼마 후 병으로 그만두었다'고 회고했다.(中村榮孝, 앞의 글, 1969, p.675.)

141_末松은 조선으로 가고 싶지 않았지만 스승인 黑板의 命이어서 어쩔 수 없이 가게 되었고, 결과 조선에 간지 3개월 만에 신경쇠약과 풍토병인 赤痢로 일본으로 돌아왔다고 한다. 그는 일본으로 돌아온 이후 다시 조선에 가고 싶지 않았지만 지도교수인 黑板의 命이 있었기 때문에 주변 사람들 모두 조선으로 돌아가는 것을 기정사실로 알고 있어 다른 일을 할 수 없는 상황이어서, 다시 마음을 고쳐 먹고 다음 해 3월에 조선으로 돌아갔다고 회고하였다. 末松이 1927년 대학을 졸업하였으니 그가 완전히 조선으로 온 것은 1928년임을 알 수 있다.(末松保和, 앞의 논문, 1995, pp.24~25.) 한편 『朝鮮史編修會事業概要』와 『朝鮮總督府 職員錄』에도 末松이 처음 조선사편수회에 발령을 받는 것은 1928년 3월 21일(직위는 朝鮮史編修會 修史官補)로 기재되어 있는 것으로 보아, 그는 1927년 대학 졸업직후 조선에 왔다가 병으로 낙향, 이후 1928년 초에 조선으로 완전히 건너오는 것으로 보인다.

142_旗田巍 編, 앞의 책, 1969, pp.77~78.

대신하여 제1·2편부의 일을 맡았고, 이 부분의 편찬이 완료된 1933년 이후 5편 마지막 부분의 편찬에 관계했음을 알 수 있다.[143]

4편의 경우 편수요항 및 편찬범례를 작성하고, 편수회의 도서관리를 담당하는 등 편수회에서 중요한 역할을 맡았던 나카무라가 시종일관 담당하였지만, 이를 보조하는 수사관보와 촉탁이 많이 동원되었으며, 이들에 의해서도 상당부분이 편찬되었다. 처음 이에 배속되었던 츠루미는 역사를 전공한 전문 역사가는 아니었으며 『朝鮮史』 편찬이 본격화될 즈음인 1928년 초 편수회를 그만 두었다.[144] 이를 대신했던 것은 시오다 후키죠(潮田富貴藏)였지만, 그는 조선 생활에 염증을 느끼고 곧 일본으로 돌아가고,[145] 가

143_이처럼 末松이 조선에 오자마자 李丙燾를 대신하는 것은 사전계획이 없었다면 어려운 일이었을 것이다. 특히 末松은 조선에 갔을 당시의 李丙燾에 대해 '李氏(李丙燾)는 가기 전부터 조선사편수회의 修史官補를 하고 후에 囑託이 되었지만 어느 것이나 이름뿐'이라고 밝혔으며, 그의 건강상의 문제를 이야기하기도 했다. 그렇다면 李丙燾는 건강상 문제로 편수회의 사무에 그다지 열심이지 않았고 상당히 일찍 손을 놓았던, 주변적인 인물이었던 것으로 보인다.(旗田巍 編, 앞의 책, 1969, p.84.)

144_鶴見立吉은 1870년 富山縣 출생으로 尋常師範學校를 졸업하고 1890년대 주로 小學校 訓導로 생활을 하다가 1896년 檢定試驗으로 日本歷史科에 합격하고 이후 1920년까지 자신의 고향인 富山縣의 各郡에서 郡志 및 地方史編纂委員으로 활동했다. 이후 1920년 함경북도 지방과에 근무하게 되면서 朝鮮에 오게 되었으며, 1925년 8월 朝鮮總督府 修史官補가 되어 편수회의 일을 보게 되었다. 이러한 이력에서 알 수 있듯이 그는 연구자로서의 성격이 약했으며 1928년 4월 14일자로 편수회를 그만 두었다.(朝鮮史編修會, 『朝鮮史編修會退職者履歷書綴』.)

145_이에 대해 中村은 '鶴見立吉 다음으로 潮田富貴藏이 대신했으나 얼마 있지 않아 申奭鎬·川口卯橘이 속했다'고 회고했다.(中村榮孝, 앞의 글, 1969, p.675.) 潮田富貴藏은 末松의 동기로 1924년 4월 東京帝大 文學部 東洋史學科에 입학해 1927년 3월에 졸업하자마자 末松과 함께 編修會 修史官補가 되었지만 몇 개월 후 편수회를 그만 둔다.(朝鮮史編修會, 『朝鮮史編修會退職者履歷書綴』. 이력서 상 潮田은 1927년 5월 31일 修史官補로 임명되고, 3개월 후인 8월 31일 免官되었다.) 이에 대해 末松은 潮田은 자신과 마찬가지로 조선 생활에 염증을

와구치와 신석호가 뒤를 이었으며,[146] 후술하듯이 편찬의 어려움으로 마루가메 킨사쿠(丸龜金作), 수도우 요시유키(周藤吉之), 쿠로다 쇼조(黑田省三)에게 촉탁하여 4편부는 완성되었다.

마지막으로 6편은 이전 5편의 보조를 맡았던 타카하시가 1930년에 6편의 수사관보로 온 것이 확인되지만, 그 외 수사관이나 촉탁이 없었다. 하지만 그마저도 병으로 인하여 1933년 3월 15일 '6편부(6編部)의 담임(擔任)을 면(免)'하고 퇴관했으며,[147] 같은 날짜로 경성제대 교수로 국사학강좌를 담당하고 있던 다보하시 키요시가 6편부 담임으로 임명되었다.[148] 이후 곧

느끼고 일본으로 돌아갔지만, 자신은 黑板의 제자였기 때문에 다시 조선으로 가야했던 반면 潮田은 편수회와 거리가 있었던 池內宏의 제자였기 때문에 편수회 일을 완전히 그만 둘 수 있었다고 회고하였다.(旗田巍 編, 앞의 책, 1969, p.82.)

146_1867년생이었던 川口卯橘은 『朝鮮史』 편찬자로서 이름이 올라 있는 이들 가운데 최고령이었다. 그는 33살의 많은 나이로 早稻田大學 硏究生으로 들어가 2년간 史學을 연구한 이래 東京에서 小學校의 訓導 및 校長을 역임하다가 1908년 朝鮮에 건너와 會寧普通學校의 訓導, 咸北 臨時敎員養成所長, 咸北志 編纂事務 등을 거쳐 1925년 7월 이래 朝鮮史編修會 囑託을 맡았다. 즉 그는 연구자로서의 성격이 약했으며 1931년 12월 사망하게 되는데, 이러한 그의 이력을 볼 때 4편부에서 그의 활동은 그렇게 많지는 않았을 것이다.(朝鮮史編修會, 『朝鮮史編修會退職者履歷書綴』; 朝鮮總督府 朝鮮史編修會編, 編輯部 譯, 앞의 책, p.102.) 한편 申奭鎬는 1920년 1년간 일본에서 유학하고 돌아온 후 京城帝大 豫科를 거쳐 法文學部에서 朝鮮史學을 전공한 직후인 1929년 4월 이래 편수회에 근무하였으며 修史官補로서 4편부의 일부를 직접 편찬하였으며, 『朝鮮史』가 완간된 이후인 1938년부터는 修史官으로 승진하며 편수회를 이끌었다.(京城帝國大學, 『昭和4年 京城帝國大學一覽』.)

147_高橋琢二는 1890년 廣島縣 출생으로 慶應義塾 文學部 史學科를 거쳐 1922년 3월 同 大學院에서 東洋史를 전공했다. 이후 慶應義塾 普通部 敎員으로 歷史, 漢文, 英語를 가르치다가 1924년 6월 30일 『朝鮮史』 編纂事務를 囑託했다는 것 이외에 편수회에서의 발언 혹은 저술한 논문 등과 같은 것이 알려져 있지 않으며, 1933년 3월 15일자로 退官하였다.(朝鮮史編修會, 『朝鮮史編修會退職者履歷書綴』; 中村榮孝, 앞의 글, 1969, p.677.)

148_朝鮮史編修會, 「朝鮮史編修會 第7回 委員會 會議錄」, 『(朝鮮史編修會)委員會議事錄』.(1933. 8. 14.)

바로 경성제대 졸업 후 조수로 있던 다가와 코조(田川孝三)를 보조로 선임하며 편찬을 본격화하여,[149] 1934년부터 둘이 함께 동학농민운동과 관련된 지역을 답사하는 등의 활동을 보이며 6편을 편찬·완성하였다.

이러한 변화를 거치며 『朝鮮史』 편찬은 초기 10개년 계획이 관동대지진의 여파로 2개년 연장된 이후 1933년 완료를 목표로 진행되었으며, 1933년 완성은 누차 강조되었다. 1927년 7월 제2회 위원회 이후 본격화된 『朝鮮史』 편찬은 1·4·5편의 편찬을 개시하였으며,[150] 1928년 7월 이래 2·3·6편부 역시 앞서 살펴보았듯이 편별 담당자 변화와 인원의 배치를 통하여 편찬에 들어갔다.[151]

149_田川孝三은 1933년 3월 편수회에 취직할 수 있었으며, 그달 말 田保橋潔의 연구실로 가서 인사를 했다고 회고하였다. 한편 편수회의 3, 4회 위원회에서는 6편의 편찬이 1929년부터 개시되었고, 1930년 8월경 純祖代 편찬이 계속해서 진행되고 있다고 보고되었다.(朝鮮史編修會, 「朝鮮史編修會 第3回 委員會 會議錄」(1929. 12. 23.)·「朝鮮史編修會 第4回 委員會 會議錄」(1930. 8. 22.), 『(朝鮮史編修會)委員會議事錄』) 그렇지만 田保橋와 田川이 일을 맡게 되었을 때, 편찬에 필요한 자료를 전임자가 모두 가져가, 이를 찾기 위해 田川이 전임자를 방문했지만, 자료들은 옷장에 쌓여 있는 채 전혀 정리가 되어있지 않아서 자료들을 시간 순에 따라 정리하는 것도 어려웠으며, 이에 田保橋가 사료를 다시 찾을 것을 명하여 田川은 사료에 대한 조사부터 새롭게 하였다고 회고하였다.(田川孝三ほか, 「座談會 先學を語る - 田保橋潔 先生」, 『東方學』 65, 1983, pp.177~179.) 이를 통해 볼 때 6편의 편찬은 田保橋와 田川이 담당하게 되는 1933년 3월 이후 편찬이 본격화된 것이라 하겠다.

150_1928년 7월 18일 顧問·委員會合에서 2·3·6편부는 '未着手' 상황이지만 1편은 '日本, 朝鮮 및 支那 3國에 걸쳐있고 主要한 史料를 蒐集採錄', 4편은 '編纂의 便宜上 第 4編部에서 高麗時代의 末期 즉 恭愍王 이하 약 40년간의 主要한 史料를 年次編錄하여 過半을 終了'했고 '太祖朝를 編次해 마쳤고 審議中'임이, 5편은 '便宜上 光海, 仁祖 兩朝의 各 初年부터 着手하여 各 前半을 編次하여 마치고 審議中'임이 보고되었다.(朝鮮史編修會, 「顧問·委員會合 議事錄」, 『(朝鮮史編修會)委員會議事錄』.)

151_1929년 12월 23일 제3회 위원회에 에서는 '第3編部 즉 高麗時代가 새롭게 本年(1929)부터 着手했습니다.... 從來 人員排置上 착수하지 못했지만 本年度부터 開始했으며.... 第6編도 마찬

그렇지만 사업은 편찬 초기부터 연장되었다. 1929년 12월 23일에 있었던 제3회 조선사편수회 위원회에서 쿠로이타는 사업의 1년 연장, 즉 1934년까지 완성을 제안·결정하였다. 사업 연장의 이유는 1) 조선 중기 이래 사료의 양이 급격히 늘어나기 때문에 편찬이 오래 걸릴 가능성이 있고, 2) 처음 1책을 500쪽으로 예정했지만, 사료가 많아져 예정이 실제와 부합하지 않으며, 3) 한꺼번에 많은 책을 인쇄하면 교정에 지장이 있기 때문에 처음에는 적은 양을 인쇄·교정을 하면서 능률이 올랐을 때 인쇄를 본격화해야 한다는 것이었다. 이는 결국 조선시대의 사료가 생각보다 너무 많기 때문으로 귀결된다. 쿠로이타는 사업의 1년 연장과 함께 새로운 편찬·인쇄계획을 제시했고, 이후 이에 따라 사업이 진행된 것으로 보인다. 인쇄에 즈음해서는 '30권의 책이 예정 이상으로 빨리 나오게 된 것은 매우 기쁜 일이라 아니할 수 없다'[152]고 할 정도로 순조롭게 진행되었다. 실제로 총 5책의 인쇄를 예정했던 1932년에는 6책이 간행될 만큼 예정 이상의 속도를 보였다.

그러나 사업의 진척 속도는 점차 느려졌다. 1933년과 1934년 각각 10책·15책의 인쇄를 계획했지만 6책·4책만을 인쇄하기에 그친 것이다. 이렇게 사업이 늦어지는 원인은 불명확하지만 그 첫 번째 원인으로 들 수 있는 것은 편수타합회로 대변되는 소수의 인원에게 사업이 집중되었기 때문으로 보인다. 인쇄가 진행되기 시작한 1931년 8월 29일 제5회 위원회에서 이나바는 도쿄제대의 사료편찬은 따로 교정부를 설치하고 전임자를 두어 사

가지로 本年度부터 開始했'음이 보고되었다. 또 '第4編은 2班', '第4代 世宗時代와 第10代 燕山君時代'로 나누어 진행하며 편찬에 박차를 가하였다.(朝鮮史編修會, 「朝鮮史編修會 第3回 委員會 會議錄」(1929. 12. 23.)·「朝鮮史編修會 第4回 委員會 會議錄」(1930. 8. 22.), 『(朝鮮史編修會)委員會議事錄』)

152_朝鮮總督府 朝鮮史編修會編, 編輯部 譯, 앞의 책, p.86.

무의 진척을 도모하는데 비하여 편수회에서는 '편찬측(編纂側)'들이 교정을 담당하여 '직무상 격별(格別)의 근로'를 요하기 때문에 '편찬의 진행을 저해'하고 있음을 지적하였다.[153] 이나바가 지적한 교정 업무는 앞서 살펴보았듯이 이마니시, 나카무라, 홍희, 이나바 4인으로 심의부의 업무이다. 그렇지만 인쇄 이전 심의부가 한창 활동해야 할 시기였던 1930년대 초반 이마니시의 사망에 따라 심의부는 3인 체제였으며, 이에 대한 특별한 증원이 없었던 것으로 보인다. 그렇지만 이들 3인은 편찬에 종사하거나, 사료 정서와 이후 살펴볼 사료채방도 진행했던 만큼 이들의 업무는 과중하고, 지연될 수밖에 없는 것이었다.

더군다나 이러한 상황에서 이마니시의 예처럼 편수회 업무를 담당한 이들이 사망 혹은 전직이 일어나고 있었다.

> 本會職員이 逐年 감소한 것은 매우 유감입니다. 1930년 7월 현재 편찬에 종사하는 직원은 修史官 이하 합계 50명이상이었지만 본년(1932년 : 인용자) 4월 이래는 30명 내외로 20여명이 감소했습니다. 더군다나 重要職務를 담당했던 촉탁 數名이 해직 혹은 사망하여.... 본년 5월 第 1, 2編部의 주임을 촉탁했던 今西 위원이 돌연 卒逝했습니다. 今西 촉탁은 第1, 2 兩編部을 주재했고 그 일부인 支那史料는 原稿未定으로 이를 후임자에게 인계해 第1, 2編의 소속인원은 現狀 그대로입니다.... 본회의 編修年限이 금후 2개년 남아있다면 編修側으로서는 가능한 증원을 행하여 일거에 완료하는 것을 희망합니다.[154]

153_朝鮮史編修會, 「朝鮮史編修會 第5回 委員會 會議錄」, 『(朝鮮史編修會)委員會議事錄』.(1931. 8. 25.)

154_朝鮮史編修會, 「朝鮮史編修會 第5回 委員會 會議錄」, 『(朝鮮史編修會)委員會議事錄』.(1931. 8. 25.)

위의 인용문은 1932년 7월 21일에 개최된 제6회 편수회 위원회에서의 보고내용으로, 1930년 7월 이래 조선사편수회의 직원, 특히 중요업무를 담당한 이들이 감소함을 지적하고 있다. 실로 1930년대 초반 사망 혹은 병으로 인하여 전직한 이들은 위의 이마니시 외에도 가와구치, 윤용균, 타카하시 등이 있었고, 이들의 부재가 사무에 지장을 초래했음을 위 인용문을 통해 짐작할 수 있다. 이에 따라 새로운 충원이 요청되었고 1933년을 전후하여 다보하시, 마루가메, 수도우, 쿠로다, 소노다 요지로(園田庸次郎), 다가와 등의 인사들이 사업에 관계하게 되었다. 그렇지만 이들이 전임자를 대신하여 편수회 업무나 『朝鮮史』 편찬에 익숙해지기 위해서는 어느 정도 시간이 필요했을 것이며, 이러한 담당자의 교체는 사업을 지연시킬 수밖에 없는 원인이었을 것이다.

사업의 지연의 원인으로 또 한 가지 추측해 볼 수 있는 것은 발간 분량의 증가이다. 1934년 7월 30일 제8회 위원회에서 이나바는 '편찬업무의 진행과정에서 고려시대·조선시대에 해당하는 사료가 예상 외로 대단히 많아'졌기 때문에 발간예정 총책수를 35책으로 늘리자고 제안한 결과 3편에 3책, 5편에 2책이 늘어났다.[155] 조선시대 중기에 해당하는 5편부의 경우 사료채방 등으로 사료가 너무 많아져 정리도 힘들다는 어려움이 누누이 지적되어 왔다. 3편부는 1926년 경성제대 학부 개설 이래 구규장각도서가 경성제대 도서관으로 이전하게 되면서 『고려사절요(高麗史節要)』의 판본이 새로 발견되며 이용 가능한 사료가 증가한 경우이다. 이는 당시까지 유일본이었고,[156] 실제 『朝鮮史』 3편의 편찬에서 『高麗史』와 더불어 기본자료로서 활

155_朝鮮總督府 朝鮮史編修會編, 編輯部 譯, 앞의 책, pp.61~66.

156_朝鮮史編修會, 「朝鮮史編修會 第6回 委員會 會議錄」, 『(朝鮮史編修會)委員會議事錄』.(1932. 7.

용되었으며, 이러한 사료의 증가로 인하여 3편의 편찬은 1929년 말 쿠로이타가 예정했던 1933년 후반기에서 1년 이상 늦어진 1935년 3월에야 완료하게 되는데, 이처럼 사료의 증가로 인한 편찬 책수의 증가 역시 사업 연장의 중요한 이유였던 것이다.

이렇게 사업이 지연되는 현실에서 사업의 연장은 거듭 이루어졌다. 1933년 8월 14일 개최된 제7회 편수회 위원회에서 쿠로이타는 1936년 3월까지로 기한 연장을 공식화했지만, 이마저도 이루어지지 않았다. 1935년 9월 30일, 쿠로이타·이나바·나카무라·스에마쓰 등 편수회의 주요 인사들은 그때까지 간행되지 못한 『朝鮮史』 제4편의 5·8·9·10권과 제5편의 8·9·10권 및 제6편의 4권의 초고 작성 및 수정과 인쇄 일자를 재조정하는 편수타합회를 개최하여 다음과 같이 결정하였다.[157]

표 8 | 1935년 9월 말 현재 『朝鮮史』 未刊分에 대한 결정사항

編部	초고작성 및 수정 담당	완료시기	인쇄착수시기
第4編 第5卷	周藤吉之 초고작성 中村榮孝 수정	1936년 8월 1936년 12월	1937년 1월
第4編 第8卷	申奭鎬 초고작성 中村榮孝 수정	1936년 12월 1937년 3월	1937년 4월
第4編 第9卷	黑田省三 초고작성 中村榮孝 수정	1935년 10월 1936년 1월	1936년 5월
第4編 第10卷	黑田省三·丸龜金作 초고작성 中村榮孝 수정	1936년 6월 1936년 10월	1936년 11월
第5編 第8卷	稻葉岩吉 초고작성	—	1936년 4월
第5編 第9卷	稻葉岩吉 초고작성	—	1936년 9월
第5編 第10卷	末松保和 초고작성	—	1937년 1월

21.) 한편 舊奎章閣圖書의 京城帝大 이관은 김태웅, 「日帝强占期 京城帝國大學의 奎章閣 관리와 所藏資料 활용」, 『奎章閣』 33, 1995, pp.163~170 참고.

第6編 第4巻	田川孝三·園田庸次郎 초고작성 田保橋潔 수정	1936년 9월 1937년 3월	—

※ 이 표는 朝鮮史編修會,『昭和5年 12月 編修打合會議事錄』에 실려 있는「朝鮮史進行打合決議書」에 근거하여 작성하였다.

이렇게 또 다시 사업이 지연된 이유에 대해 말해주는 자료는 없지만 앞선 사업 지연의 원인과 마찬가지로 사료가 의외로 많다는 것, 인력부족 등을 생각해 볼 수 있다. 이에 대해 나카무라와 스에마쓰는 다음과 같이 밝히기도 하였다.

① 中村: 저『朝鮮史』는 내가 만든 간단한 것. 그것은 내가 만들었다고 해도 사람들이 쓴 것을 받아서 적당히 넣었습니다.

北島: 그래도 그것이 있는 것과 없는 것은 다르지요.... 매우 의지가 되요. 길잡이가 됩니다.

中村: 그것은 꼼꼼히 하는 사람들이 초본을 만들었기 때문입니다. 저는 高麗를 쓰는 것으로부터 編纂을 시작했습니다. 그러면서 第3編 5卷의 일부분을 내가 처음으로 편찬했고, 거기부터 이번은 第4編에 관계하여 스스로 한 것은 4卷까지. 5卷은 周藤吉之군.

北島: 4編 8, 9卷에 '壬辰倭亂'에 관한 기술이 있던데요.

中村: 第4編의 끝 부분이.

北島: 第4編 9, 10입니까?

中村: 9, 10. 그것이, 나는 쓸 능력이 없었기 때문에.... 우수한 젊은이를 黑板씨

157_朝鮮史編修會,「朝鮮史進行打合決議書」,『昭和5年 12月 編修打合會議事錄』.(書名은『昭和5年 12月 編修打合會議事錄』이지만 1930년 12월의 編修打合會 이후 1935년 9월 30일까지의 編修關聯 會議의 경과니 결정사항을 간략히 싣고 있다. 이 회의는 정확한 날짜가 기입되어 있지 않지만 내용상 1935년 9월 30일 이후 개최된 것이 확실하다.)

가 소개하셨습니다. 黑田省三군과 丸龜金作군입니다. 내가 담당한 것은 진척되지 않기 때문에.[158]

② 末松: 처음 우선은 朝鮮史編修會에 대해 말씀드리고 싶습니다.…쭉 第 1編部, 第 2編部를 담당해서 5년 정도 일을 하고 나서 배속이 전환되어 第 5編部(李朝 後期의 前半) 최후의 正祖朝 24年 즈음의 편찬을 담당했는데 그 主任은 稻葉씨였습니다. 그래서 주로 第 1, 2編, 부분적으로 第 5編에 손을 대게 되었습니다….

幼方: 그럼 池內선생은 벌써 編修會에는 관계되지 않았습니까?

末松: 직접적으로는 아닙니다. 黑板선생이 의뢰하여서 제자인 周藤吉之군과 丸龜金作군 2명을 보냈습니다.[159]

4편의 경우 주임 나카무라는 자신이 능력이 없었기 때문에 5권은 수도우, 9·10권은 쿠로다와 마루가메가 편찬을 담당했음을 밝히고 있다. 한편 고대사를 주로 하던 스에마쓰는 고대사에 해당하는 제1·2편의 편찬을 마치고 나서 자신이 5편의 후반을 편수했다며, 나카무라가 언급했던 수도우와 마루가메는 이케우치 히로시(池內宏)의 추천으로 편수회에 오게 된 이들이었음을 알려 주고 있다. 이러한 언급에 앞서 나카무라는 자신이 한문 실력이 부족하여 왕조실록을 읽는 것이 어려웠다고 하며 편수회에 처음 왔을 당시 업무와 연구의 어려움을 이야기하는데, 이러한 것으로 보아 『朝鮮史』를 편찬하는 데에 적지 않은 어려움이 있었을 것이다.[160] 그렇지만 앞에서도 살펴보았듯이 편찬의 바탕이 되는 자료들은 홍희로 대표되는 조선인들

158_中村榮孝, 앞의 논문, 1981, pp.48~49.
159_旗田巍 編, 앞의 책, 1969, pp.79~82.
160_中村榮孝, 앞의 논문, 1981, pp.47~48.

이 정서해주는 경우가 많았다. 그렇다면 개인적인 능력부족 이외에 편찬이 지연되는 데에는 또 다른 이유가 있었을 것이며, 이는 당시 일본 학계의 필요와 관계된 것이 아닐까 한다.

앞서 살펴보았듯이 일본 학계의 조선사 연구는 일본사와 관계되어 있는 부분 – 특히 일본의 기원을 밝히기 위한 고대사와 임진왜란으로 대변되는 일본사와 관계된 부분에 편중되어 있었다. 편찬이 지연되는 부분 가운데에서도 4편의 9, 10권과 6편의 4권은 특히 이러한 부분이다. 즉 임진왜란기에 해당하는 선조대(宣祖代) 그리고 강점에 직결되며 조선에서의 이권을 둘러싸고 다른 열강들과 경쟁하며 조선에서의 각종 정치적 사건에 간섭하던 고종 즉위 이후 청일전쟁 직전까지의 시기는 일본사의 해명을 위해서도 관계가 깊은 부분이다. 물론 4편의 5권(成宗代)과 8권(明宗代)이나 5편의 8, 9, 10권(英·正祖代) 역시 편찬이 늦어지고 있었다. 하지만 편수회 업무가 사료채방에서 『朝鮮史』 편수로 넘어가던 1927년 당시 사업완료를 예정했던 1933년 이후에 『朝鮮史』 편찬을 위해 편수회에 새롭게 수혈된 이들이 집중적으로 배치된 것은 바로 4편의 9, 10권과 6편의 4권이었다. 즉 일본 학계가 조선사에 대해 관심을 가지고 있는 시기가 편찬이 늦어지는 경향을 보이는데, 이 부분에는 새로운 이들을 집중적으로 투입하고 있었다. 다음 장에서 후술하겠지만 『朝鮮史』에서 사용한 사료의 양을 볼 때도 이러한 부분은 다른 부분을 압도하는데, 이렇게 일본 학계의 요구가 반영되는 부분은 편찬에 더욱 주의하면서 편찬이 지연되고 있음을 시사하는 것이다.

한편 나카무라와 스에마쓰 같은 쿠로이타 문하의 인물들 외에 편수회에 직접 관계가 없었던 이케우치의 제자들이 기용되면서 『朝鮮史』 편찬이 진행되었는데,[161] 이는 당시 일본 학계 전체에서 조선사 연구의 상황을 보여주는 것이기도 하다. 일본에서 조선사에 대한 연구는 조선 침략과 함께 활성화되었지만 1930년대 대륙침략이 진행되면서 활기를 잃게 되어, 도쿄제대에서 조선사 연구자는 이케우치 단 한 사람으로 조선과 만주의 고대사를 강의하였지만 조선사를 전공하려던 학생은 거의 없었다고 한다.[162] 이에 따라 쿠로이타는 『朝鮮史』을 위한 새로운 인력을 - 자신의 제자가 아닌 - 그나마 도쿄제대에서 조선사를 강의하던 이케우치에게 부탁하여 조달받았으며 이들을 주로 임진왜란기의 편찬에 집중했던 것이다.[163] 즉 일본사의 해명에 필요한 임진왜란, 고종 즉위 이후 등의 시기에 대해서는 새로운 인력을 충원하며 편찬을 진행했던 반면 일본 학계의 요구가 상대적으로 적은 시대인 성종, 명종, 영조, 정조대는 대체적으로 기존의 인력이라 할 수 있는 신석호, 이나바, 스에마쓰를 재배치하여 편찬을 맡겼던 것이다.

결국 1927년 이래 1933년 완성을 목표로 진행된 『朝鮮史』 편수는 소수 인력 중심의 업무 진행 방식과 더불어 사료의 증가에 반비례하는 인력의 감소와 충원의 어려움 등으로 인하여 초기의 예상과는 달리 무려 5년여나 지연되며 1938년 3월이 되어서야 제6편 4권의 출간을 끝으로 35권을 완간하며 일단락되었다.

161_朝鮮史編修會, 『退職者履歷書綴』. 周藤吉之는 1907년 출생, 丸龜金作은 1905년 출생이다.

162_고길희, 『마산에서 태어난 일본인 조선사학자 - 하타다 다카시』, 2005, 지식산업사, pp.58~69.

163_이는 中村의 回顧에 언급된 黑田省三의 경우도 마찬가지였다. 1934년 4월 14일 黑板勝美는 새 인물을 넣어 편수업무를 빨리 착수하기를 기대한다며 第4編 일부를 담당할 인물로 1933년 東京帝大를 졸업한 黑田省三을 추천하였고, 黑田省三은 周藤吉之와 丸龜金作의 채용에 준하여 朝鮮史編修會에 안착하였다.(中樞院, 「武田, 周藤採用件」, 『昭和9年 書類綴』. 武田은 丸龜金作의 舊姓이다.)

5. 사료 수집의 방식과 실태

사료의 수집은 역사 편찬을 위한 기초 작업이다. '반도사 편찬'이 취조국과 참사관실에서 수집한 도서와 자료들을 중심으로 편찬이 진행되었지만 사료 수집에서 곤란을 겪으며 지연되었음을 고려해 볼 때 『朝鮮史』 편찬 사업에서는 사료 수집과 그 방안 마련은 중요시 될 수밖에 없었다. 사업 초기 『朝鮮史』 편찬을 위해 10개년을 할당할 당시부터 최초 3년을 사료 수집에, 다음 5년을 사료 수집과 편찬 기고에, 최후 2년을 고본 정리로 계획할 만큼 사료 수집에 많은 시간을 계획하고 있었다. 지방에서의 사료 수집은 편찬위원회 구성 당시부터 시작되어 『朝鮮史』가 간행되기까지 계속되었던, 편찬위원회와 편수회 업무의 한 축이었다.

1945년 이후에도 나카무라는 조선사편수회의 사료 수집은 놀라울 정도의 성과를 올렸다며, 이는 『朝鮮史』의 내용을 풍부하고 정확하게 하여 그 가치를 크게 신장시켰음은 물론 『朝鮮史』를 넘어 고문화 보존이라는 측면에서도 편수회 사업의 의의가 크다며 편수회의 사료 수집을 매우 높게 평가했다.[164]

실로 『朝鮮史』는 지방에서 수집한 다양한 사료를 포괄하며 편찬되었다. 특히 제4편의 제9·10권에서는 책의 서두에서 지방에서 사료 수집의 결과 『경연일기(經筵日記)』, 『난중일기초(亂中日記草)』, 『미암일기초(眉巖日記草)』, 『임진장초(壬辰狀草)』, 『조천일기초(朝天日記草)』, 『임진록(壬辰錄)』, 『관시록(觀時錄)』, 『정만록(征蠻錄)』, 『백세보중(百世葆重)』, 『난후잡록(亂後雜

164_中村榮孝, 앞의 논문, 1969, pp.677~678.

錄)』, 『초기(草記)』, 『징비록초(懲毖錄草)』, 『용사사적(龍蛇事蹟)』, 『용사일기(龍蛇日記)』, 『정원전교(政院傳敎)』, 『중흥헌근(中興獻芹)』, 『군문담록(軍門謄錄)』, 『운천호종일기(雲川扈從日記)』, 『약포문집초(藥圃文集草)』 등의 사료를 새롭게 발견하여 사용하였음을 과시하며 이들 사료를 곳곳에서 활용하였는데,[165] 이와 같이 사료 수집을 통해 이전까지 활용되지 못했던 사료를 활용한다는 것은 연구를 위한 사료를 제공하는 것일 뿐만 아니라, 원본의 보급이 되어 있지 않은 가운데서 이들 사료를 활용할 경우 그 '실증성'을 『朝鮮史』가 보증한다는 것이기도 하다.

조선사편수회로 기구가 격상한 1925년, 편수회에서는 과거 취조국과 참사관실의 도서, 중추원, 이왕직 장서각 및 그때까지 수집한 자료들이나 자료목록을 토대로 편찬자, 자료의 편찬 시기, 현재 소재지 등을 파악하여[166] 『朝鮮史』 편찬에 대비하였으며, 1926년에는 25,000엔을 주고 '대마도 종가문서(對馬島 宗家文書)'를 대량으로 구입하는 등 사료 수집에 열심이었다.[167]

165_朝鮮史編修會, 「凡例」, 『朝鮮史』 第4編 第9卷, 第10卷, 1937.

166_조선사편수회에서는 당시 조사결과를 1926년 3월 『朝鮮史料調査要錄』으로 묶어 자료이용의 편의를 도모했다.

167_이때 구입한 문서는 현재 국사편찬위원회에 소장되어 있다. 對馬島 宗家文書 구입당시 黑板이 주도하여 거래를 성사시키고 당시 편수회 서기였던 小野德三과 修史官인 中村과 함께 對馬島에 가서 문서를 구입하였다. 中村의 회상에 의하면 대마도에 문서 수령을 위해 갔을 때 宗家측과 黑板사이에 무엇인가 마찰이 있어 黑板은 떠난 가운데, 朝鮮에서 문서를 수령하러 온다는 소문이 퍼져서 古物商이 들어와 내용물 꺼내보는 번잡한 분위기에서 小野와 中村 두 사람이 남아 조선과 관계된 문서인지 아닌지 미처 확인하지도 못한 채 급하게 짐을 꾸려 조선에 보냈다고 한다. 특히 짐을 꾸리는 과정에서 '난장판이 되어서 그 가운데서 책 등을 던져 버렸습니다'라고 할 정도로 정신없이 문서를 포장했으며, 小野가 宗家측에 이후 整理해서 조선과 關係가 없는 것은 돌려보내겠다고 타협하며 겨우 인수했다며, 이렇

한편 편수회는 『朝鮮史』의 대부분이 간략한 강문과 사료의 전거만을 제시하는 체제이기 때문에 『朝鮮史』 편찬에 활용된 주요한 사료를 널리 알려 『朝鮮史』에 대한 일반의 이해를 높이고 학계에 도움을 준다는 취지에서 새롭게 구입 혹은 수집한 사료를 선별하여 공간하는 작업을 벌였다. 이에 따라 조선 각 지방의 '명족(名族)·구가(舊家)'의 소장물로서 『朝鮮史』에 인용된 것 중 주요한 것을 골라 『조선사료총간(朝鮮史料叢刊)』이라는 이름으로, 또 주요한 문서들의 사진을 『조선사료집진(朝鮮史料集眞)』으로 출간하는 것이 1932년 제6회 편수회 위원회에서 결정되었다.[168] 『朝鮮史料叢刊』의 출판이 결정된 다음에 개최된 제7회 편수회 위원회에서 쿠로이타가 지방에서 수집한 자료와 구규장각 소장본 가운데 중요하다고 생각한 자료의 목록을 작성하여 『朝鮮史料叢刊』의 출판계획에 대한 논의가 이루어졌다. 당시 쿠로이타가 작성한 목록은 남아 있지 않지만, 이에 대해 일본인 위원조차 대체로 임진왜란과 병자호란에 관한 것이 많으므로 다른 분야의 것을 넣는 것이 어떻겠느냐고 할 정도로 쿠로이타가 작성한 목록은 조선사에서 외침이라 할 수 있는 것에 집중되어 있었음을 추측할 수 있다.[169] 『朝鮮史料叢刊』으로 발간할 자료의 선정과 관련하여 더 이상의 논의가 진행되었는지는 확인되지 않지만 처음 사료에 대한 출판이 계획된 1932년 이후 1938년

게 인수할 수 있었던 것은 小野가 있어 가능했다고 했다. 방대한 宗家文書에서 정확히 조선의 것만 가려내어 구입하기는 어려웠겠지만, 문서의 인수과정 자체가 매우 짧은 시간 동안 번잡하고 어수선하게 이루어졌던 것으로 짐작된다.(中村榮孝, 앞의 논문, 1981, pp.53~55.)

168_朝鮮總督府 朝鮮史編修會編, 編輯部 譯, 앞의 책, pp.54~55.(사료에 대한 출간이 결정된 것은 1932년 7월 21일에 개최된 朝鮮史編修會 第6回 委員會에서이다.)

169_朝鮮總督府 朝鮮史編修會編, 編輯部 譯, 앞의 책, pp.58~61.(이와 같은 논의가 진행된 朝鮮史編修會 第7回 委員會는 1933년 8월 14일에 개최되었다.)

까지 『朝鮮史料叢刊』으로 20종의 사료와 『朝鮮史料集眞』과 『朝鮮史料集眞續』이라는 이름으로 225매의 고문서에 대한 도판이 간행되었다. 이때 출간된 『朝鮮史料叢刊』은 다음과 같다.

표 9 | 朝鮮史料叢刊 目錄

편수	서명	소장처	분량	발간연도
1	高麗史節要	旧奎章閣圖書	24册 3帙	1932
2	海東諸國記	宗家旧藏	1册 1帙	1933
3	軍門謄錄	慶北 柳氏家藏	1册 1帙	1933
4	唐將書畵帖	慶北 柳氏家藏	4册 1帙	1934
5	政院傳敎	慶北 柳氏家藏	3册 3帙	1934
6	亂中日記草·壬辰狀草	忠南 李氏家藏	1册	1935
7	事大文軌	旧奎章閣圖書	35册 3帙	1935
8	眉巖日記草	全南 柳氏家藏	5册	1936~1938
9	亂後雜錄	慶北 柳氏家藏	2册 1帙	1936
10	鎭管官兵編伍册殘卷	慶北 柳氏家藏	2册 1帙	1936
11	草本 懲毖錄	慶北 柳氏家藏	1册 1帙	1936
12	制勝方略	旧奎章閣圖書	1册 1帙	1936
13	陽村集	旧奎章閣圖書	7册 1帙	1937
14	保閑齋集	稻葉修史官藏	7册 1帙	1937
15	朝鮮賦	慶北 紹修書院藏	1册 1帙	1937
16	續武定寶鑑	朝鮮史編修會藏	2册 1帙	1937
17	紹修書院謄錄	慶北 紹修書院藏	1册 1帙	1937
18	高麗史節要補刊	蓬左文庫藏	5册 1帙	1938
19	宗家朝鮮陣文書	宗家旧藏	1卷	1937
20	正德朝鮮信使登城行列圖	宗家旧藏	1卷	1938

이처럼 사료를 발간하는 것은 연구의 활성화를 위해 필요한 일이며, 이때 발간된 자료 가운데에는 지금도 연구를 위하여 많이 활용되는 것들도 있다. 개인소장의 도서를 수집하여 공간한다는 것은 국가권력을 수반하지 않는다면 상당히 어려운 일일 것이다. 그런데 이 20종의 자료를 보면 주로 한일관계를 연구하는데 있어 필요한 자료라는 것이 눈에 띈다. 특히 『朝鮮史料叢刊』의 계획 당시 일본인 위원도 지적하였듯이 『고려사절요(高麗史節要)』, 『양촌집(陽村集)』, 『보한재집(保閑齋集)』, 『조선부(朝鮮賦)』, 『속무정보감(續武定寶鑑)』, 『소수서원등록(紹修書院謄錄)』, 『고려사절요보간(高麗史節要

補刊)』 정도를 제외하면 모두 임진왜란을 중심으로 한 한일관계 내지는 『제승방략(制勝方略)』과 같이 북방 '야인(野人)'의 침략과 관계된 것이다. 이렇게 볼 때 『朝鮮史料叢刊』의 발간은 분명 학계에 필요한 작업이었지만 당시 일본 학계의 관심을 반영하며 이루어진 것이었으며, 이러한 사료의 발간은 그러한 학계의 연구 경향을 더욱 부추겼을 것이다.

한편 『朝鮮史』 편찬을 위한 사료 수집에 있어 이전 '반도사 편찬'과 구별되는 가장 큰 차이점이자 특징은 지방에 산재해 있는 사료의 수집에 집중한다는 점이다. 과거 규장각이나 주요 사고에 있던 주요한 사료들은 이미 취조국과 참사관실을 통해 확보하고 있는 가운데 편찬위원회와 편수회는 민간에서 소장하고 있는 사료의 수집에 힘을 쏟았고, 이를 위해 편찬위원회에서는 1923년 1월에 개최된 제1회 위원회에서부터 사료채방을 위한 방안을 논의했으며, 1923년 9월에 일어난 관동대지진으로 인한 사료의 인멸, 예산문제 등의 이유로 『朝鮮史』 편찬 사업의 연한이 2개년 연장됨에 따라 1927년까지를 '사료수집기(史料蒐集期)'로 설정,[170] 그 수집에 박차를 가하였다.

조선총독부에서 주도하는 사업으로서 민간의 사료를 수집하기 위한 가장 빠른 방법은 바로 관권을 동원한 수집, 바로 지방관청을 통한 사료수집이었다. 이를 위하여 중추원에서는 관청에서 보존하는 고문서의 목록을 제작해 편찬위원회에 보내달라는 의뢰서를 발송하였으며, 각도의 지사들은 군별로 해당 관청에서 보존하고 있는 고문서에 대한 목록을 회신하였다.[171] 이와 함께 정무총감으로서 초대 위원장을 맡고 있던 아리요시는 제2

170_朝鮮史編修會, 「朝鮮史編修會 第1回 委員會 會議錄」, 『(朝鮮史編修會)委員會議事錄』.(1925. 10. 8~9.)

회 위원회가 개최되기 20여일 전인 1923년 5월 19일 도지사 회의석상에서 도지사들에게 관공서와 민간에 속하는 고기록·문서류의 보존방도를 강구하라고 지시하였다. 이 자리에서 도지사들을 통해 조선인들이 총독부의 사업에 대하여 '조선인의 역사 관념을 제거하고 자랑할 만한 과거의 문화를 몰수해 버리려는 것이 아닌가 하는 오해가 적지 않'고 '양반가로부터 고기록(古記錄)을 빌려가고 끝내 돌려주지 않았다'는 등 사료채방의 문제점들을 듣게 되며,[172] 제2회 이후 편찬위원회에서는 지적된 사항들을 비롯해 수집에서 제기되는 다양한 문제점들에 대해 위원들의 의견을 수렴하고 그에 대한 대책을 논의하였다.

당시 조선사편찬위원들이 지적했던 사료 수집의 문제점으로 가장 먼저 들 수 있는 것은 지방관료들이 사료에 대한 식견이 부족하다는 것이다.

> 제가 평안남도에 있었을 당시 사료의 散逸을 염려하여 각 군에 通牒을 발송하였더니 "해당 사항 없습니다"라는 보고를 받았습니다. 그러나 실제로 답사해 보면 의외의 사료가 있는 형편이었습니다. 이는 그 임무를 맡은 사람이 이 방면에 취미가 있는지 없는지에 상당히 관계가 있기 때문에 實地에 대해 조사하는 것은 필요합니다.[173]

위의 인용문은 1924년 4월 2일에 있었던 조선사편찬위원회 제3회 위원회에서 위원 시노다의 발언이다. 그는 1910년 강점과 동시에 조선으로

171_朝鮮總督府 中樞院 編,『古記錄文書蒐集ニ關スル件』, 1923.

172_「道知事會議에서의 朝鮮史料保存에 關한 協議」,『朝鮮史編修會 事務報告書』.

173_朝鮮史編修會,「第3回 朝鮮史編纂委員會 會議錄」,『朝鮮史編纂委員會 委員會議事錄』.(1924. 4. 2.)

건너와 평안남도 사무관으로 근무하다가 1920년부터 1922년까지 평안남도지사를 역임한 후 조선사편찬위원 및 조선사편수회 위원을 역임한 인물이다. 이러한 그의 이력으로 볼 때 앞서 언급한 중추원과 정무총감이 지방관청으로 사료 목록의 작성·회신을 요청했던 당시 도지사로서 이를 처리했을 것이며, 지방의 실정을 누구보다도 잘 알고 있었을 것이다. 이러한 이력의 그가 꼽은 문제점이 바로 지방관헌이 사료에 대한 식견이 없기 때문에 이들을 통한 조사가 실제와 다르다는 것이다. 이러한 전망에서라면 지방관청을 통한 사료의 수집은 어려울 수밖에 없다. 실제로 제1회 편수회 위원회에서 이나바는 각 도지사들에게 소속 관청의 사료를 조사·보고하게 한 것에 대해 '완전히 실패했습니다. 그 내용에는 사료라고 할 만한 것이 하나도 없으며, 각 지방에 사료가 존재하는가 아닌가를 실지에 조사하면 여기저기서 사료를 발견했다고 하거나 반대의 결과가 나타납니다'라며 지방관청을 통해 민간소장사료를 파악·수집하려던 노력을 '실패'로 규정했다.[174] 이러한 결과는 후술하듯이 결국 편찬위원회와 편수회에서 직접 지방에서의 사료수집을 진행하는 것으로 귀결되었다.

사료수집에 있어 두 번째로 지적된 난점은 조선인들의 비협조적인 태도였다. 조선인들이 사료에 대한 지식이 저급하다는 것도 지적되었지만 특히 오랫동안 지속된 당쟁으로 인해 역사편찬 역시 정쟁의 일부로 인식하여 자기가 속한 당파 이외의 사람에게는 기록을 보여주지 않는다는 것이다.[175]

174_朝鮮史編修會, 「朝鮮史編修會 第1回 委員會 會議錄」, 『(朝鮮史編修會)委員會議事錄』.(1925. 10. 8~9.)

175_朝鮮史編修會, 「第2回 朝鮮史編纂委員會 會議錄」, 『朝鮮史編纂委員會 委員會議事錄』.(1923. 6. 12.)

1925년 10월 제1회 편수회 위원회에서 이나바는 이러한 현상을 예를 들어 설명했다. 조선인들은 편수회에 대하여 색안경을 끼고 있기 때문에 편수회는 '노론(老論)인가 소론(少論)인가 어느 쪽의 역사를 편출(編出)하는가' 등을 물을 뿐만이 아니라 충청북도 지방으로 직접 사료 수집을 갔을 때 지방의 조선인의 안내로 명가를 방문했지만 안내한 조선인과 주인이 다른 당파의 사람이어서 사료를 전혀 차출할 수 없었다며, '지방에서는 이와 같은 공기(空氣)를 일향(一向) 의식하지 않'아 사료수집이 어렵다는 것이다.[176]

이에 대한 대책으로 제시된 것은 사업에 대한 선전의 강화였다. 회의 때 마다 일반에 편찬위원회와 편수회의 사업은 순수하게 학술적인 견지에서 조선의 문화를 발휘하는 데에 있다는 취지를 알릴 것이 강조되었으며 1924년 8월 5일 개최된 제4회 편찬위원회에서는 사료 수집의 결과를 보고하면서 편찬 사업이 '일본과 조선의 공동사업이며, 따라서 일본사람이 제 마음대로 기술하여 일당일파(一黨一派)의 역사를 만드는 것이 아니라는 이해를 가지게 되어' 사무진행이 용이해 졌다고 자평하기도 하였다.[177]

176_朝鮮史編修會,「朝鮮史編修會 第1回 委員會 會議錄」,『(朝鮮史編修會)委員會議事錄』.(1925. 10. 8~9.) 稻葉岩吉은 事例를 들며 제1회 편수위원회가 열린 1925년의 일이라며 이야기를 시작하는데 稻葉은 이 해 3월 11일부터 27일까지 충청남도와 충청북도로 사료 수집을 나갔으며, 이에 대한 기록은 현재『忠淸南北道史料採訪復命書』로 남아 있다. 稻葉이 언급한 예는 바로 이때의 경험으로 정확히는 1925년 3월 19일 忠北 沃川郡 靑川面에서 있었던 일이다. 沃川은 宋時烈의 출생지로서 그의 墳墓와 祠堂이 있어 이를 방문했는데 祠堂과 거기에 소장된 文書들을 보는 것을 허락되지 않아 宋時烈의 5대손인 宋煥箕의 子孫이라는 老人을 통해 依賴하였지만, 이 老人과 어떤 경위 때문인지 오히려 交涉이 複雜해 졌다고 밝히고 있다. 주인이나 안내인이 모두 같은 집안 출신인 정황을 볼 때 稻葉이 주인측과 안내인의 黨色이 달라 사료채방이 곤란했다는 것은 사실이 아닐 가능성이 있다.

177_朝鮮史編修會,「第4回 朝鮮史編纂委員會 會議錄」,『朝鮮史編纂委員會 委員會議事錄』.(1924. 8. 5.)

사료 수집의 세 번째 난점은 관헌에게 대여되면 압수될지도 모른다는 두려움, 차입한 사료의 분실 내지는 반환지연과 같은 사항이었다.[178] 과거 출판법에 따라 역사저술에 임진왜란·왜 등의 기사가 있으면 출판불허 혹은 압수조치가 취해졌었기 때문에 조선인들은 『朝鮮史』 편찬 사업에 대해서도 의혹이 많을 뿐만이 아니라 사료의 파손·분실의 염려로 인해 그 제공을 꺼린다는 것이다. 이를 해결하기 위해 위원회에서 사업의 취지를 알릴 필요를 재삼 강조함과 아울러 고관이나 명사의 편지를 지참하고 가서 협조를 구하는 방안, 위원회의 규칙을 인쇄해 군수, 면장, 학교장 등에게 배부하여 차입사료는 몰수가 아니라 반드시 반환한다는 것을 자세히 알리는 방안, 사료제공자에게 위원장의 예장(禮狀)을 발급하는 방안 등이 제시되었다.[179] 이는 커다란 논란없이 위원장의 감사장, 또 귀중한 사료라고 생각되는 것을 제공한 이들에게는 총독이 감사의 글을 전달하는 것으로 일단락되었다.[180]

이러한 여러 대책과 더불어 차입한 사료의 파손이나 분실이 없음을 확신시켜줄 뿐만이 아니라 조사시일의 단축을 꾀하고자 사료 차입에 관한 규

178_朝鮮史編修會, 「第2回 朝鮮史編纂委員會 會議錄」, 『朝鮮史編纂委員會 委員會議事錄』.(1923. 6. 12.)

179_朝鮮史編修會, 「第2回 朝鮮史編纂委員會 會議錄」(1923. 6. 12.)·「第3回 朝鮮史編纂委員會 會議錄」(1924. 4. 2.), 『朝鮮史編纂委員會 委員會議事錄』.

180_1924년 12월 23일에 개최된 제5회 조선사편찬위원회의에서는 귀중한 사료를 제공해 준 것에 대하여 '柳承佑 외 7명에게 총독의 글을 기증할 것'임이 공표되었다.(朝鮮史編修會, 「第5回 朝鮮史編纂委員會 會議錄」, 『朝鮮史編纂委員會 委員會議事錄』.(1924. 12. 23.)) 조선사편찬위원회는 1923년과 1924년 초에 집중적으로 안동지역에 대한 사료수집을 실시하였는데 柳承佑는 안동 하회 유성용 가문의 인물이다. 임진왜란의 기록으로 柳成龍이 작성한 것으로 현재 국사편찬위원회에 소장되어 있는 '亂後雜錄' 등은 당시 그가 제공한 것으로 보이며, 이렇게 사료를 제공할 시 총독은 감사의 글을 보냈다.

정을 정하여 지방에서 사료 수집을 실시하고자 했다. 이를 위해 편찬위원회 당시부터 도쿄제대 사료편찬괘의 사료 차입방법을 참작하여 사료차입규정을 마련하려 했고[181] 편수회 설립 이후인 1926년 12월 '사료채방내규(史料採訪內規)'와 차입의 절차가 정식화되었다. 당시의 규정은 다음과 같다.

〈朝鮮史編修會 史料採訪內規〉

(1) 사료채방은 일반채방과 부분채방으로 나눈다.

(2) 일반채방은 널리 일반에 걸친 것을 주로 하고, 반드시 특수한 사료만을 涉獵할 것을 요하지 않으며 우선 諸般史料의 소재를 밝히는 것을 목표로 한다.

(3) 부분채방은 특별한 조사연구와 특정사료의 채방을 위하여 이를 행한다.

(4) 사료채방계획은 매년도의 초에 토의·결정한다.

(5) 출발에 앞서 반드시 채방지역의 도청과 군청에 조회하여 사료수집 작업에 관한 지원을 의뢰한다.

(6) 채방사료의 차입방법은 史料借覽內規에 따른다.

(7) 사료채방의 결과는 반드시 별도로 정한 바의 書式에 의해 보고서를 제출한다.

지방에서의 사료 수집은 크게 '일반채방'과 '부분채방'으로 나뉘며, '일반채방'은 '널리 일반에 걸쳐 제반 사료의 소재를 밝히는 것', 즉 구역을 설정하여 조사하는 것이라면 '부분채방'은 '특정 주제나 사료를 대상으로 하는 것', 즉 점(點)을 설정한 조사라고 할 수 있다. 그렇지만 이러한 구분은

181_朝鮮史編修會, 「第2回 朝鮮史編纂委員會 會議錄」, 『朝鮮史編纂委員會 委員會議事錄』.(1923. 6. 12.)

규정이 마련되기 이전부터 존재했던 것으로 보인다. 1925년 10월 8일에 있었던 제1회 편수회 위원회에서 이나바는 그때까지의 사료 수집 상황을 보고하며 '일반채방구역(一般採訪區域)은 위원회 개시 후 겨우 함북·경북 2道, 평북·평남·충북·충남의 일부 및 대마(對馬)의 일부와 내지방면(內地方面)에서 기타는 내년도에 행할 것이지만 예정한 15·16양년(1926·27년: 인용자) 사이에 완성하는 것은 예산관계상 실행 불가능한 실정'[182]이라며, 앞서 서술한 사료 수집의 어려움을 호소하고 '일반채방'의 기간연기가 불가피함을 알렸다. 이러한 언급을 보았을 때 '사료채방내규(史料採訪內規)'가 정해지기 이전부터 지방에서의 사료 수집은 '일반채방'과 '부분채방'의 구분이 있었으며, '일반채방'의 기한은 1927년 정도였음을 추측할 수 있다.

또 매년 초에 사료 수집에 대한 계획을 세우고 이에 따라 해당 지역 관청에 협조를 구한 후 사료차입 방법은 '차람내규(借覽內規)'에 따른다고 되어있는데, 이에 따르면 사료차입 방법은 1.조사원이 먼저 군청을 방문하여 관내 사료의 존재유무를 조사하고, 2.군청직원을 동반하여 사료소장자를 면담, 사료를 열람조사하고 목록을 작성한 후, 3.귀중한 사료에 대해서는 우선 차입방법을 교섭하여 승낙을 얻어 군청직원과의 연명(連名)으로 가차람증(假借覽證)을 작성·배부하며, 4.사료를 빌려온 후에 차람기간을 3개월로 정하고 편수회에서 정식으로 차람증을 작성하여 관련군청을 경유하여 소장자에게 교부하고, 5.차람이 끝난 자료는 감사장을 첨부해 군을 경유하여 소장자에게 반환하는데, 3개월이라는 차람기간 내에 조사를 끝내지 못한 차입사료는 다시 군을 경유하여 소장자에게 연기 승낙을 얻는다는 것이

182_朝鮮史編修會, 「朝鮮史編修會 第1回 委員會 會議錄」, 『(朝鮮史編修會)委員會議事錄』.(1925. 10. 8~9.)

다.[183] 이러한 규정과 방식을 채택한 것은 차람업무의 정확성을 기하는 한편 차람기간 내에 등사와 사진촬영 등을 통하여 복본(複本)을 제작하여 업무의 신속을 기하기 위한 것이었다. 차용증을 발급하여 사료 소유자의 불안감을 불식시키려는 것은 도쿄제대 사료편찬괘의 방식과 동일하다. 그렇지만 일본의 경우 먼저 차입해야 하는 사료의 목록을 소유자에게 보내고, 소유자에게 발송목록을 받은 후 차용증을 발송하여 '위원이 직접 소유자에게서 차입하는 것은 피하고자 하는데, 꼭 가지고 돌아올 필요가 있을 때에는 임시 차용증서를 주었다가 귀임 후 다시 본 차용증서와 교환할 것'이라고 되어 있어 최대한 수집을 담당한 위원이 수집을 할 당시 직접 사료를 차입하기 보다는 미리 양해를 구하고 이후 귀임 후 차입 절차를 밟으라는 것이었다. 이러한 방식이라면 사료의 소유자는 안면이 있는 상대에게 사료를 빌려주는 것이어서 보다 더 안심할 수 있었을 뿐만이 아니라 사료차입을 거부할 수 있는 시간적 여유를 가질 수 있다. 이에 비해 사료 수집 담당자가 군청직원이라는 공권력을 대동한 상태에서 직접 차입하는 조선에서의 방식은 관권을 동원한 강제적인 분위기 속에서 이루어지는 것이었다고 할 수 있다. 뿐만 아니라 사료편찬괘의 경우 차입시간이 길면 소유자로 하여금 불쾌한 생각을 품게 하기 때문에 차람기간을 1개월을 한도로 하고 지연될 경우는 차입 연기의 수속을 취하는 것에 비해 조선은 처음부터 3개월로 하는 것은, 사료소유자에 대한 배려보다는 총독부 직속기구로서 공권력과 연계된 편수회의 편의를 우선시했음을 보여준다.[184] 더군다나 이 3개월이

183_朝鮮總督府 朝鮮史編修會編, 編輯部 譯, 앞의 책, pp.77~78.

184_東京帝大 史料編纂掛의 사료차입 방법에 대해서는 제2회 조선사편찬위원회에서 조선에서의 사료차입 규정 마련을 위한 참고로 삼기 위해 栢原昌三이 제시한 것을 참고하였다.(朝

란 시간마저도 '복본작업(複本作業)에 배치한 인원이 부족하여 시종 지체되어 원래 차입사료(借入史料)에는 기한(期限)을 부(付)하여 대체 3개월을 한(限)해 차입하지만 예정기한을 초과'하는 경우가 많을 수밖에 없었다.[185] 이상에서 살펴보았듯이 편찬위원회와 편수회는 과거의 실패를 반복하지 않기 위해 민간에서의 사료 수집에 힘을 쏟고, 관련 인사들은 조선인과 신뢰를 쌓는 것이 중요하다며 내규와 절차를 마련했다. 그렇지만 이러한 것들은 일본에 비해 사료소유자에 대한 배려보다는 사업주체의 편의를 우선시한 것이라 하겠다.

한편 채방내규에 따르면 사료를 수집한 후에는 보고서를 작성하여 제출하도록 되어 있다. 이러한 보고서의 제출은 편찬위원회 단계부터 이루어졌으며, 1926년 채방내규(採訪內規)는 이를 정식화한 것이다. 이렇듯 수집 결과를 보고하는 것은 강점 직후 촉탁들에 의한 답사나 '반도사 편찬' 당시의 사료 수집에서는 없던 새로운 측면으로, 보통 '○○○○사료채방복명서(史料採訪復命書)'라는 이름으로 제출되었다. 그렇다면 당시 지방에서의 사료 수집은 어떠한 양상을 띠었을까? 다행스럽게도 현재 국사편찬위원회에는 당시 제출된 복명서(復命書) 가운데 일부가 남아 있어 당시의 실상을 조금이나마 확인할 수 있다. 이하에서는 남아 있는 '사료채방복명서(史料採訪復命書)'를 중심으로 당시 지방에서의 사료 수집의 양상과 특징을 살펴보겠다.

현재 국사편찬위원회에서는 조선사편찬위원회 구성 이후 『朝鮮史』가

鮮史編修會, 「第2回 朝鮮史編纂委員會 會議錄」, 『朝鮮史編纂委員會 委員會議事錄』.(1923. 6. 12.))

185_朝鮮史編修會, 「朝鮮史編修會 第3回 委員會 會議錄」, 『(朝鮮史編修會)委員會議事錄』.(1929. 12. 23.) 이는 稻葉이 회의에서 작업경과와 문제점을 보고하며 언급한 것이다.

완성되기까지 25종의 사료채방복명서를 일반에 공개하고 있으며, 이를 시기순으로 배열하면 다음과 같다.

표 10 | 國史編纂委員會 所藏『朝鮮史』편찬 당시 地方史料採訪復命書

문서명	담당자	수집기간	주요 수집지역
慶尙南道史料採訪復命書	栢原昌三	1923. 2. 14. ~2. 27.	咸安郡, 晉州郡, 泗川郡, 固城郡, 統營郡, 昌原郡, 金海郡, 東萊郡
東京市史料採訪復命書	栢原昌三	1923. 5. 4. ~5. 18.	東京(5일), 京都(1일)
濟州島·對馬島史料採訪復命書	黑板勝美 栢原昌三	1923. 8. 6. ~8. 19.	濟州島, 沖島, 對馬島
平安南道料採訪復命書	稻葉岩吉	1923. 11. 12. 이후 數日.	平南 龍岡郡內 陽曲面
平安南北道史料採訪復命書	稻葉岩吉 朴容九	1924. 8. 16. ~8. 25.	樂浪時代 古蹟, 義州郡, 鐵山郡
忠淸南北道史料採訪復命書	稻葉岩吉 洪憙	1925. 3. 11. ~3. 27.	堤川, 忠州, 槐山, 淸州
內閣文庫朝鮮關係史籍調査復命書	瀨野馬熊	1925. 9. 1. 이후 數日.	東京 內閣文庫
全羅北道史料採訪復命書	稻葉岩吉 雇員 1인	1925. 12. 9. 이후 數日.	茂朱, 全州. (이때 참여한 雇員 1인의 이름은 밝혀져 있지 않다.)
慶尙北道·忠淸南北道史料採訪復命書	洪憙	1926. 7. 15. ~8. 4.	慶州, 大邱, 沃川, 大田, 論山, 洪城
京畿道史料採訪復命書	澁江桂藏 金重協	1927. 3. 24. ~3. 31.	龍仁郡, 驪州郡, 廣州郡
江原道史料採訪復命書	稻葉岩吉 朴容九	1927. 5. 16. ~6. 3.	春川, 橫城, 原州, 寧越, 江陵, 襄陽, 固城
忠淸北道史料採訪復命書	小野德三	1927. 9. 1. ~9. 10.	槐山, 忠州, 堤川 3郡
咸鏡南道史料採訪復命書	高橋琢二 朴容九	1927. 8. 15. ~9. 8.	咸興, 新興, 定平, 永興, 文川, 德源, 元山, 安邊 各府郡
黃海道·平安南道史料採訪復命書	稻葉岩吉	1927. 9. 2. ~9. 8.	平壤, 鳳山, 信川, 瑞興 各郡
全羅南道史料採訪復命書	洪憙 玄陽燮	1927. 9. 24. ~10. 6.	光州, 羅州, 咸平, 和順, 潭陽 5郡
忠淸南道史料採訪復命書	中村榮孝 玄陽燮 野村喬木 前田耕造	1928. 2. 4. ~2. 14.	忠南 牙山郡 鹽峙面
東京·京都·足利·日光·靜岡·山口地方史料採訪復命書	洪憙 小野德三 金種玉	1928. 6. 22. ~7. 18.	東京·京都·足利·日光·靜岡·山口

黃海道史料採訪復命書	稻葉岩吉 朴容九	1928. 8. 4. ~8. 17.	延白, 海州, 松禾, 載寧, 平山 5郡
平安南北道·支那史料採訪復命書	稻葉岩吉 朴容九	1928. 10. 2. ~10. 17.	平南 平壤府, 平北 新義州府, 寧邊, 熙川, 江界, 滿浦鎭, 支那對岸 輯安縣
慶尙北道史料採訪復命書	瀨野馬熊 趙漢稷	1929. 9. 2. ~9. 11.	大邱, 達成, 慶山, 淸道 등 1府3郡
慶尙北道忠淸南道史料採訪復命書	末松保和 葛城末治	1929. 9. 12. ~9. 26.	東萊, 蔚山, 慶州, 扶餘, 公州 5郡
咸鏡南北道史料採訪復命書	末松保和 前田耕造	1929. 10. 27. ~11. 9.	城津, 端川, 利原, 北靑, 咸興, 永興 6郡
京都市史料採訪復命書	稻葉岩吉 末松保和 前田耕造	1930. 3. 3. ~3. 5.	京都
忠淸南道·全羅南北道史料採訪復命書	田保橋潔 田川孝三	1934. 10. 18. ~10. 27.	忠南 太田·論山, 全北 全州·井邑, 全南 光州·長城·海南·羅州
慶尙南北道史料採訪復命書	尾崎速夫 松岡巖	1936. 6. 12. ~6. 18.	慶南 陜川郡, 慶北 慶州郡

현재 남아 있는 사료채방복명서는 시기적으로 1927년부터 1930년 전반기의 것이 14건으로 다수를 차지한다. 이는 1927년까지 계획되었던 '일반채방'이 앞서 서술한 사료 수집의 여러 난점과 경비 등의 문제로 곤란해 1923년부터 1926년까지 '4년간 지방에서의 수집은 겨우 3도(道)뿐'이었기 때문에 1926년 7월을 기해 향후 3년간 '조선 각 도에 걸쳐 거의 전부의 채방을 끝내고 또 내지·지나에 걸쳐서도 조선관계 사료를 채방'하기로 함에 따라[186] 이 시기에 집중적인 수집이 이루어진 결과일 것이다. 이렇게 서두른 결과 '일반채방(一般採訪)은 소화4년(昭和4年)(1929)으로서 각 도 및 만주(滿洲)에 걸쳐 완료'[187]될 수 있었다.

사료채방복명서를 통해 볼 때 지방에서의 사료 수집을 담당했던 이들

186_朝鮮史編修會, 「大正15年 7月 3日 朝鮮史編修會 編修事務分擔協議會 議事錄」, 『大正15年以降編修打合會書類綴』.(1926. 7. 3.)

187_朝鮮總督府 朝鮮史編修會, 『朝鮮史編修會要覽』, 1930, pp.2~3.

의 직위는 수사관(카야하라, 이나바, 홍희), 수사관보(타카하시, 스에마쓰, 가쓰라기(葛城末治)), 촉탁(박용구, 세노 등) 외에도 서기(오노 도쿠조(小野德三), 현양섭 등)나 고원(雇員)(김중협, 노무라 다카키(野村喬木), 마에다 코조(前田耕造)) 등 다양했던 것으로 나타난다. 즉 사료 수집을 특정 직위에 있는 이들에게 전담시키지는 않았던 것으로 보인다. 오히려 사료 수집의 담당자 구성에서 보이는 특징은 조선 내 사료 수집을 위해 통상 일본인과 조선인이 함께 한 조를 이루는 경향을 보이는 것이다. 물론 조선내 사료 수집에도 일본인만이 담당하는 경우도 있다.[188] 그렇지만 이는 특별한 경우의 수집이었다. 1923년 2월에 있었던 카야하라의 사료 수집의 경우 민간소장의 사료를 대상으로 한 것이 아니고 군청에 소장한 사료의 조사를 목적으로 한 것이었기 때문에 조선인을 상대할 일이 적었던 경우이다.[189] 서기였던 오노(小野德三)가 홀로 수집한 후 작성한 '충청북도사료채방복명서(忠淸北道史料採訪復命書)'에 따르면 그는 자신의 출장 목적을 '이번 용무는 지시받은 사료를 차입하는 것'이라고 밝히고 있다.[190] 또 이나바가 행한 평안남도에서의 수집도 이와 같은 경우 이다. 이것 역시 '평남 용강군내 양곡면 김씨(平南 龍岡郡內 陽曲面 金氏)의 문서채방(文書採訪)의 명(命)을 받아' 실시한 것이었다.[191] 한편 오자

188_'慶尙南道史料採訪復命書'(栢原昌三 담당, 1923. 2.), '平安南道料採訪復命書'(稻葉岩吉 담당, 1923. 11.), '忠淸北道史料採訪復命書'(小野德三 담당, 1927. 9.), '黃海道·平安南道史料採訪復命書'(稻葉岩吉 담당, 1927. 9.), '慶尙北道·忠淸南道史料採訪復命書'(末松保和, 葛城末治 담당, 1929. 9.), '咸鏡南北道史料採訪復命書'(末松保和, 前田耕造 담당, 1929. 10.), '忠淸南道·全羅南北道史料採訪復命書'(田保橋潔, 田川孝三 담당, 1934. 10.), '慶尙南北道史料採訪復命書'(尾崎速夫, 松岡巖 담당, 1936. 6.)

189_朝鮮史編修會, 『慶尙南道史料採訪復命書』.(栢原昌三 담당, 1923. 2.)

190_朝鮮史編修會, 『忠淸北道史料採訪復命書』.(小野德三 담당, 1927. 9.)

191_朝鮮史編修會, 『平安南道料採訪復命書』.(稻葉岩吉 담당, 1923. 11.)

키 하야오(尾崎速夫), 마쓰오카 이와오(松岡巖)가 함께 했던 '경상남도사료채방복명서(慶尙南北道史料採訪復命書)'의 경우 이전에도 답사를 했던 곳으로 해인사·옥산서원과 같이 이미 사료에 대한 정보를 어느 정도 파악하고 '자암집(紫巖集)'이라는 특정 자료의 수집을 목표로 하고 있었다.[192] 이러한 사례들은 민간에서 새로운 사료를 찾아내는 것이 아니라 이미 지정된 것을 수집해 오는, '부분 채방'에 해당하는 것으로, 그런 만큼 조선인을 상대할 여지는 적은 것이었다고 하겠다.

한편 이나바 혼자 사료를 수집한 후 작성한 '황해도·평안남도사료채방복명서(黃海道·平安南道史料採訪復命書)'에 따르면 이는 낙랑시대의 유물이나 한대유적을 조사하는 것이 주를 이루는 것이었던 만큼,[193] 이 역시 조선인을 상대할 일이 적었을 것이다. 이러한 양상은 스에마쓰와 가쓰라기 스에지(葛城末治)가 담당했던 경상북도·충청남도 지방으로의 출장에서도 마찬가지였다. 수집의 성과를 '신라, 백제의 고지(故地)의 역사지리학적 답사'였으며 '채방지(採訪地)의 범위는 5군(郡)이었는데, 그것은 요약하여 一. 신라의 고지(故地), 二. 백제의 고지, 三. 내선통교문호(內鮮通交門戶)의 고지 3항에 귀괄한다'며, 성과로서 '경주 체재중 경주박물관 사람들이 금관총 부근의 무명고분 1기를 발굴·조사하여 견학했고 경주에서 부여로 가는 중에 대구에서 개최중인 '신라예술전람회(新羅藝術展覽會)'를 참관한 것'을 들고 있다.[194] 또한 스에마쓰와 마에다가 담당했던 함경남북도 출장도 진흥왕순수비에 대한 조사를 주된 목적으로 하고 있었으며, 복명서의 거의 대부분은

192_朝鮮史編修會, 『慶尙南北道史料採訪復命書』.(尾崎速夫, 松岡巖 담당, 1936. 6.)
193_朝鮮史編修會, 『黃海道·平安南道史料採訪復命書』.(稻葉岩吉 담당, 1927. 9.)
194_朝鮮史編修會, 『慶尙北道忠淸南道史料採訪復命書』.(末松保和, 葛城末治 담당, 1929. 9.)

그에 대한 조사사항으로 채워져 있다.[195] 즉 이 사례들은 사료를 차입하기 보다는 실지 답사 및 유물과 유적조사가 주를 이루는 것으로, 이 역시 사료 차입에 비한다면 조선인을 직접 상대할 일이 적은 것이었다.

이상의 경우가 아닌, 처음 사료 수집을 나가는 경우 조선인과 일본인이 한 조를 이루거나 담당자 가운데 조선인을 한 명이라도 포함하는 경우가 보통이었음을 알 수 있는데, 이는 언어적인 문제 때문으로 추측된다. 즉 조선인들이 소장하고 있는 사료를 차입하기 위해서는 조선인과의 교섭과정을 거쳐야 하는데, 이럴 경우 한글에 능하면서도 편수회 소속원으로서 사업의 취지를 잘 설명하여 사료의 소유자를 설득할 수 있는 조선인들을 앞장세우는 것이 유리했기 때문이다. 나카무라는 편수회를 '완전히 일본어가 통하지 않는 역소(役所)'라고 할 정도로 소속 조선인들은 일본어를 하지 못했으며, 또 반대로 편수회에서 가장 많은 활동을 했다고 할 수 있는 나카무라 자신과 이나바는 '조선어'를 하지 못했다고 한다.[196] 이렇게 편수회의 일본인들이 조선어에 능숙하지 못한 상황에서 방언을 사용하는 지방에서 일본인만으로 사료를 수집하는 것은 여러 가지 어려움이 있었을 것이다. 그렇기 때문에 편수회에서는 처음 사료차입을 시도하는 지역의 경우 조선인과 일본인을 함께 파견했던 것으로 보인다.

지방에서의 사료 수집은 먼저 사료의 소재를 어느 정도 예상할 수 있는

195_朝鮮史編修會, 『咸鏡南北道史料探訪復命書』.(末松保和, 前田耕造 담당, 1929. 10.)

196_中村榮孝, 앞의 논문, 1981, pp.52~53. 中村은 조선사편수회에서 일할 당시 末松과 함께 조선어 공부를 시작했지만 자신은 시간이 없었기 때문에 조선어 공부를 할 수 없었다고 회고하였다. 그렇다면 당시 편수회에서 中村 만큼이나 왕성한 활동을 벌인 末松 역시 마찬가지였을 것이다. 또 稻葉은 조선어를 구사했는가하는 질문에 대해서 그는 중국어를 했다고 답하며 稻葉 역시 조선어를 못했다고 밝혔다.

장소에서부터 시작한 것으로 보인다. 수집 초기 어느 지역에 어떠한 사료가 있는지에 대한 정보가 부족한 상황에서 사료 수집의 시작은 바로 관청 소장사료 혹은 제국 일본에 있는 조선관계 사료의 파악부터였다. 1923년 6월 12일에 있었던 제2회 조선사편찬위원회의에서는 같은 해 1월에 개최된 제1회 위원회의 이후 실시된 2차례의 지방사료채방에 대한 보고가 있었다. 이는 편찬위원회 설립 이후 최초의 사료 수집에 관한 것으로 다행스럽게도 2건 모두 복명서가 남아 있다. 먼저 가장 이른 시기에 이루어진 경상남도에서의 사료 수집 목적은 다음과 같다.

> 道郡廳에 보관되어 있는 史料採訪을 겸하여 오로지 그 保管狀況을 조사하는 것을 목적으로 하는 것이어서 서원이나 문묘 또는 민간에 私藏된 사료에는 손을 데지 않았기 때문에 이 一道에 대해서는 민간사료를 採訪하지 않으면 않된다.[197]

위의 인용문은 조선사편찬위원회 구성이후 최초의 지방에서의 사료 수집에 관한 내용이다. 카야하라가 1923년 2월에 경상남도 8개군을 대상으로 하여 2주간 실시한 조사인데 현재 '경상남도사료채방복명서(慶尙南道史料採訪復命書)'로 남겨져 있으며, 전해지는 복명서 가운데 가장 오래된 것이기도 하다. 이 최초의 조사에서 카야하라는 수집이 오직 관청에 보관중인 사료를 확인하는 것임을 명시하고 있다. 앞서 서술하였듯이 조선사편찬위원회 구성 직후 위원장이었던 정무총감은 지방관청에 있는 사료의 조사를 의뢰했고, 이에 대해 지방청의 회신이 있었던 것으로 보이지만, 편찬위원회와 편수회에서는 지방청의 회신이 실재와 다르다며, 이를 '실패'로 규정하였

197_朝鮮史編修會, 『慶尙南道史料採訪復命書』.(栢原昌三 담당, 1923. 2.)

다. 이러한 가운데 지방 사료 수집의 첫 걸음은 도·군청에서 소장한 자료를 정확히 파악하는 것이었음을 알 수 있다. 수집의 목적대로 카야하라는 경상남도청을 비롯 함안·진주·사천·고성·통영·창원·김해·동래 이상 8개의 군청에 소장된 고문서의 목록을 작성하는 한편 '김해왕릉참봉가(金海王陵參奉家)에 고문서(古文書)가 있다고 들었지만 이를 열람할 편의가 없어서 유감이다'라는 식으로 고문서의 소장상황과 채방의 문제점을 알리고 있다. 특히 카야하라는 민간소장 고문서 열람의 어려움과 함께 '나는 이번 출장에서 간 곳이 많아서 사적(史蹟)을 실지 답사하는 기회를 부여받아 기쁘지만 이들 사적 또 기록문서를 사진으로 촬영하지 못해 유감'이라며 사진 촬영의 필요성을 지적하고 촬영할 만한 유물들을 밝히기도 하였다.[198] 이후 이러한 고문서의 열람방안이 강구되고 사진 촬영이 진행되었음은 물론이다.

관청과 더불어 확실히 사료를 채방할 수 있는 것은 바로 도쿄와 교토의 제국대학이다. 여기에는 사학과가 있어 상당 부분 자료를 보관하고 조선에 대한 연구가 이루어지기 때문에 사료의 수집과 협조를 쉽게 예상할 수 있으며, 더군다나 도쿄제대에는 사료편찬괘가 있어 일본의 사료 가운데 조선과 관련된 사료를 가장 빠르고 쉽게 조사·취득할 수도 있었을 것이다. 당시의 수집은 1923년 5월 7일 도쿄에 도착하여 5일간 머물며 도쿄제대 사료편찬괘를 중심으로 한 도쿄의 주요도서관을 둘러보고 교토로 건너가 1일간 교토제대 문학부에 들렀던 것이 전부였다. 이 기간 동안 카야하라가 한 일은 도쿄제대 사료편찬괘에 소장되어 있는 조선관련 사료목록을 작성하는

198_栢原昌三이 사진촬영의 가치가 있다고 한 유물은 泗川小學校에 보존되어 있는 '文祿壬辰役大砲銃丸, 馬山城跡, 中古에 日本商船의 貿易港이었던 熊川港, 金海에 있는 王陵과 壬辰城壘'이었다.

것이었다.[199]

이와 같이 사료의 존재가 확실한 곳에 가서 그 목록을 작성하는 방식의 조사는 사업 초기라 할 수 있는 조선사편찬위원회 단계의 특징이다. 1923년 8월 6일부터 10여일간 진행된 대마도 종가에서의 사료 수집 역시 그러하다. 대마도는 조선시대 이래 조선과의 무역과 외교를 담당한 곳이기 때문에 한일관계를 해명해 줄 수 있는 자료가 있을 것이라는 것은 자명한 사실이었다. 그런데 이 수집은 편찬위원회에서 계획한 것이 아니었다. 당시 쿠로이타는 '조선사편찬위원회 용무로 경성에' 있었으며 '용무가 끝나고 6일 경성을 떠나 제주도 및 대마도 여행에 나섰다. 이는 오직 선생(先生)이 고대(古代) 일선관계연구(日鮮關係研究)와 내무성(內務省)의 사적명승천연기념물조사위원회(史蹟名勝天然記念物調査委員會) 위원으로서의 조사'였다. 이 기회에 편찬위원회에서는 카야하라에게 '선생의 수행을 겸하여 사료를 채방하라는 명(命)'을 내렸으며, 이러한 연유로 아주 이른 시기에 대마도에 대한 조사가 가능했다. 대마도에서 카야하라는 소우백작가(宗伯爵家)의 서가에서 무수한 사료를 발견하고 8월 15일과 16일 이틀간 그 일부에 대한 목록을 작성하고, 향후 다시 올 때까지 타인의 손을 타지 않게 해줄 것을 확답받았다고 보고하였고,[200] 1924년 4월 2일에 개최된 제3회 편찬위원회에서도 '백작가의 장고(藏庫)에는 아직도 일선(日鮮) 관계의 귀중한 사료가 풍부하다'며 재조사의 필요성을 언급하였다.[201]

199_朝鮮史編修會, 『東京市史料採訪復命書』. (栢原昌三 담당, 1923. 5.)

200_朝鮮史編修會, 『濟州島·對馬島史料採訪復命書』.(黑板勝美, 栢原昌三 담당, 1923. 8.)

201_朝鮮史編修會, 「第3回 朝鮮史編纂委員會 會議錄」, 『朝鮮史編纂委員會 委員會議事錄』.(1924. 4. 2.)

이처럼 사료 수집 초기, 조선의 사료 현황과 수집을 위한 구체적인 계획을 세우기 어려웠을 당시 편찬위원회에서는 사료의 소재를 어느 정도 예상할 수 있는 관청이나 일본의 사료편찬괘 혹은 대마도와 같이 가시적인 성과를 거둘 수 있는 곳부터 수집을 개시했으며, 그러한 가운데 주위의 사료에 대한 정보를 확보하고 있었다. 사료 수집을 위한 몇 차례의 출장 이후 이나바는 명문구가(名門舊家)에 의외로 중요한 사료가 많다며, 이를 '지금까지의 경험을 뒤집는 것'으로 평가하고 이들 명문구가가 쇠락하기 전에 수집을 서둘러야 한다며 그 시급성을 역설하였다.[202]

또 초기의 수집이라고 할 수 있는 조선사편찬위원회 단계의 수집은 실패의 과정이기도 했다. 이나바와 박용구에 의해 1924년 8월 16일부터 10일간 진행된 평안남북도 지역에서의 사료 수집의 경우 이나바는 당초 평안북도에서 중국·만주 등지와의 무역에 종사하던 '만상(灣商)' 관계 사료 수집을 기대했다.[203] 그렇지만 '나는 이들 제기록(諸記錄)을 채방하려고 노력했지만 목적을 이루지는 못했다. 이곳의 최석하(崔錫夏)씨를 만나 그의 지시로 동군 수진면 미산동(同郡 水鎭面 美山洞)의 홍재보(洪在甫)씨를 방문했지만 만상(灣商)에 관한 것은 없었'[204]다는 기록에서도 알 수 있듯이 예상했던 사료를 확인하지 못하는 경우도 많았을 것이다. 그렇지만 이러한 경험이 쌓일수록 수집 지역의 선정이나 이후 진행은 수월해졌을 것이며, 또 사진 촬영을 함께 하는 식으로 수집의 방식이 확장되고 수집 대상 역시 민간으로

202_朝鮮史編修會, 「第4回 朝鮮史編纂委員會 會議錄」, 『朝鮮史編纂委員會 委員會議事錄』.(1924. 8. 5.)

203_朝鮮史編修會, 「第5回 朝鮮史編纂委員會 會議錄」, 『朝鮮史編纂委員會 委員會議事錄』.(1924. 12. 23.)

204_朝鮮史編修會, 『平安南北道史料採訪復命書』.(稻葉岩吉, 朴容九 담당, 1924. 8.)

확대되었던 것이다.

이렇게 사료가 있을 만한 곳을 우선적으로 조사하는 것과 더불어 수집을 위한 조사 지역을 선정함에 있어 결정적인 역할을 했던 것은 쿠로이타나 편찬위원들의 조언이었다. 위에서 언급한 대마도 종가문서 수집의 경우 쿠로이타의 직접적인 지도를 받으며 카야하라가 수행한 것이었고, 이나바가 담당한 평안남도 사료 수집의 경우 그 지역에서 오랫동안 지방관을 역임하다가 편찬위원이 된 시노다의 조언에 따른 것이었다. 이에 고무된 이나바는 위원들에게 사료의 소재를 알려줄 것을 부탁하였는데,[205] 당시 편찬위원의 다수가 지방관 출신의 관료였던 점을 생각해 보면 이러한 경우가 상당했을 것이다.

한편 초기 지방에서의 사료 수집은 앞선 카야하라의 경상남도 지역의 수집에서처럼 수집상의 문제점을 발견하는 계기였지만 이와 동시에 이미 확인된 문제점을 보완하는 과정이기도 했다.

> 가는 곳마다 歡迎會가 열렸고.... 歡迎宴에서 先生(黑板勝美: 인용자)의 강연에 앞서 약 1시간 나는 조선사편찬위원회의 사명에 대하여 선전했다.[206]

> 和順郡 道谷面 月谷里 學圃 梁朝孫의 後孫을 방문하여 사료를 조사해 學圃集·松川集 등의 기증을 권유해 기증받고 梁氏一門의 長老에게 本會의 編修本旨를 설명했다.[207]

205_朝鮮史編修會, 「第3回 朝鮮史編纂委員會 會議錄」, 『朝鮮史編纂委員會 委員會議事錄』.(1924. 4. 2.)

206_朝鮮史編修會, 『濟州島·對馬島史料採訪復命書』.(黑板勝美, 栢原昌三 담당, 1923. 8.)

207_朝鮮史編修會, 『全羅南道史料採訪復命書』.(洪憙, 玄陽燮 담당, 1927. 9.)

수집 초기의 어려움으로 지적되던 사안중 하나가 편찬위원회와 편수회에 대한 일반인의 오해였다. 즉 조선인들이 사업을 과거의 당쟁과 연결시키거나 사료의 압수로 오해하여 채방이 어렵다는 것이었음은 앞에서도 언급하였다. 그렇기 때문에 사료의 소장자들은 차입요구에 '바로 응하지 않았고, 조선사편수회 사업의 개념을 설명하고 그에 요하는 참고사료라는 취지를 말하여 차입'[208]해야만 했다. 위의 인용문은 각각 카야하라와 홍희가 담당했던 사료 수집 상황 중 일부로 이들은 조사지에서 사업을 홍보하며 사료의 기증과 차입을 적극적으로 권유하고 있다. 즉 지방 사료 수집은 조선인들이 가지고 있는 오해를 해소하고 사업을 알리는 기회의 장이기도 했다.

남아 있는 복명서에 나타난 수집 양상 중 다음으로 꼽을 수 있는 특징은 지방관청의 절대적인 협조 하에 진행되었다는 점이다. 수집 담당자들이 조사지역에 도착하여 가장 먼저 들르는 곳은 대부분의 경우 부청 혹은 군청이었다. 물론 도청에 들르는 경우도 있지만 그럴 경우에도 이후 수집 대상지역의 군청에 가서 군수나 서무주임을 만나 사료수집을 위한 각종 편의를 확보한 후 본격적인 수집을 개시했고, 경우에 따라 복명서에 편의를 제공해 준 군수의 호의를 특기하기도 했다.[209]

관청에서 사료 수집을 위해 제공한 편의 중 가장 일반적인 형태는 안내인을 붙여 주는 것이다. 보통 부속(府屬) 내지 군속(郡屬) 정도의 소속 직원을 담당자들과 동행시켰으며, 이들은 길안내를 비롯해 수집을 위한 협의와

208_朝鮮史編修會, 『忠淸北道史料採訪復命書』.(小野德三 담당, 1927. 9.)

209_『忠淸北道史料採訪復命書』(小野德三 담당, 1927. 9.)와 『咸鏡南道史料採訪復命書』(高橋琢二, 朴容九 담당, 1927. 8.)의 경우 해당 지역 郡守의 厚意를 별도로 서술하여, 관청의 협조를 강조하고 있다.

같은 일을 맡아 주었다.[210] 그런데 지방관서의 직원들만 안내인 역할을 했던 것은 아니었다.

> 특히 기록해야 하는 것은 槐山郡守의 厚意이다. 郡廳으로부터 宋氏 2명을 우리 일행에 附하였다. 이 둘은 모두 青川面의 宋氏 즉 宋時烈의 同族으로 그중 1명은 現戶主의 伯父이다....(다음 날: 인용자) 이른 아침 일행은 宋氏 및 面長의 案內로 尤庵先生 宋時烈의 墳墓, 祠堂 방문했다.[211]

위의 인용문은 홍희와 이나바가 1925년 3월에 행한 충청남북도 지역의 사료 수집 기록중 일부로 괴산 청산면(槐山 青山面)에서의 수집 정황이다. 이 지역은 송시열(宋時烈)의 분묘와 사당이 있는 곳으로 괴산군수는 이에 대해서는 특별히 군청직원이 아닌 송시열의 동족에게 안내를 맡겼던 것이다. 담당자였던 홍희와 이나바는 송시열의 분묘와 사당을 둘러보려 하였으나 주인측이 강하게 거부하여 사당을 보기가 어려웠다. 그렇지만 위에서 나타나 있듯이 담당자들은 그 집안일가의 사람들과 면장까지 대동하여 수집에 나섰으며, 이들의 부탁으로 사당을 둘러 볼 수 있었다. 이러한 사례에

210_이처럼 府屬과 郡屬을 안내로 붙여주는 것은 일반적으로 『慶尙北道史料採訪復命書』(瀨野馬熊, 趙漢稷 담당, 1929. 9.)와 『江原道史料採訪復命書』(稻葉岩吉, 朴容九 담당, 1927. 5.)·『黃海道史料採訪復命書』(稻葉岩吉, 朴容九 담당, 1928. 8.), 『慶尙北道史料採訪復命書』(高橋琢二, 朴容九 담당, 1927. 8.)가 가장 전형적이다. 담당자들은 각각 1府3郡, 7郡, 5郡, 8郡을 조사·수집했는데 府郡을 이동할 때 마다 가장 먼저 府郡廳에 들러 안내자를 배속받고 조사와 수집을 개시하였다. 평안북도에서의 사료 채방의 경우 府, 郡의 편의를 얻은 후 면장 혹은 경찰들의 안내를 받기도 하였다.(朝鮮史編修會, 『平安南北道·支那史料採訪復命書』.(稻葉岩吉, 朴容九 담당, 1928. 10.))

211_朝鮮史編修會, 『忠淸南北道史料採訪復命書』.(稻葉岩吉, 洪憙 담당, 1925. 3.)

서 알 수 있듯이 지방관청에서는 경우에 따라 단순히 관청 직원만이 아니라 수집에 적합한 인물들을 알선하여 편의를 제공했던 것이다.

지방관청은 안내인을 붙여주는 것 외에도 관청에서 소장하고 있는 자료를 기증하기도 했다. 이나바와 박용구가 진행한 황해도 지역의 수집에서 이나바는 연백군수로부터 연백군내에 있는 연성대첩비(延城大捷碑)의 탁본 1부와 새롭게 간행된 연백군지를 기부받은 것이나 해주군청에서 표승첩비 비문사진(表勝捷碑 碑文寫眞)을 기증받은 것이 그러한 예이다.[212] 이렇게 지방관청에서 직접 사료를 기증하기도 하는 한편 담당자들이 사료의 소유자로부터 자료를 기부받을 수 있는 기회를 제공하기도 했다.

> 江西面 山岱里 德山社를 방문했다. 壬辰役 당시 의병장 李彭壽의 후손 李容燮이 세운 것이다. 書籍이 많고 有志人士도 다수 모여 本修史의 목적을 설명한 후 사료를 採訪하고 기증을 받았다.... 遯岩書院에 도착, 有志諸氏의 歡迎을 받고 本史會의 목적을 설명, 사료조사를 수행하며 諸種史料의 기증을 권유하여 沙溪全書 이외 중요서적을 기증받았다.[213]

이는 1926년 7월에 있었던 경상북도와 충청남북도 지방에서의 수집에 관한 내용이다. 담당자인 홍희가 가는 곳에서 지방 유지들이 모여 방문을 환영해 주었으며, 홍희는 이들에게 편수회를 설명하는 한편 이들로부터 소장 사료의 기증을 권유하며 수집을 진행하였다. 수집을 위한 사료 조사시점에 지역유지들이 한 자리에 모인다는 것은 지방관청의 협조가 없다면 어

212_朝鮮史編修會, 『黃海道史料採訪復命書』.(稻葉岩吉, 朴容九 담당, 1928. 8.)

213_朝鮮史編修會, 『慶尙北道·忠淸南北道史料採訪復命書』.(洪憙 담당, 1926. 7.) 정확히는 1926년 7월 19, 31일의 일이다.

려운 일이었을 것이다. 즉 지방관청은 소장 사료를 직접 기증하면서 지역 유지들을 한데 모아 담당자들이 사업을 선전하고 사료의 기부를 유도할 수 있는 장을 마련해 주기도 했다.

이와 관련하여 지방관청에서 사료 수집에 제공했던 또 하나의 편의는 담당자들에게 사료에 대한 정보를 알려주는 것이었다. 그럴 경우 담당자들은 곧바로 그곳으로 출발하여 사료의 존재유무를 확인하는 것이 보통이었으며,[214] 경우에 따라서는 다음과 같은 양상을 띠기도 하였다.

> 新義州發 正午 鐵山郡 도착했다. 이에 앞서 本委員(稻葉岩吉: 인용자)은 신의주의 道廳에 부탁하여 委員倒着을 기다려 鐵山郡廳 管下인 扶西面 仁平洞 鄭氏로부터 毛文龍에 관한 기록 및 문서를 제출하여 이를 군청까지 가져다 줄 것을 의뢰하였기 때문에.... 扶西面 普通學校長 增田씨는 鄭氏 一族을 具하여 위원에 회견하게 하려고 군청에 출두하였는데 제출한 서류는 다음 5종이다.
>
> 一. 三英錄 1部 一. 梨花青龍派家乘全 1部 一. 鄭江西遺事 1部
>
> 一. 龍城?義錄 2部('?'는 해독불능) 一. 忠義錄 1部[215]

> 井邑郡廳을 방문했지만 郡守가 不在하여 內務主任 坂本秀雄씨·庶務主任 清水千義 兩氏를 만났고 겸하여 李 參與官(全羅北道廳 參與官 李鍾殷: 인용자)을 통해 의뢰해 둔 조사에 관해 打合....(다음 날 다시) 군청에 가서 군수 趙東敏씨를 만났다. 겸하

214_이러한 경우의 전형적인 예는 다음 사례를 들 수 있다

....平山郡廳에 가서 郡守, 庶務主任을 만나 採訪上 協議하였는데 同郡 馬山面 注畓里 申程씨에게 丙子胡亂 중 同人의 祖先 申璀(號 素翁)의 손으로 이루어진 丙子日記가 있다고 하여 同郡廳 池屬의 案內로 同人家를 訪問하기 위해 출발했다.(朝鮮史編修會, 『黃海道史料採訪復命書』.(稻葉岩吉, 朴容九 담당, 1928. 8.))

215_朝鮮史編修會, 『平安南北道史料採訪復命書』.(稻葉岩吉, 朴容九 담당, 1924. 8.)

여 李 參與官 및 군수의 배려로 招致한 泰仁面 泰成里 거주 前 全羅北道道會議員 宋泳權씨 및 井邑 長明里 거주 前 中樞院參議 朴興奎씨로부터 甲午亂 당시의 견문을 청취했다.... 長城郡에서 곧바로 羅州邑으로 가서 군청에 도착하여 군수 吳光殿, 邑長 金鍾彦씨를 만났다. 특히 招致한 故老 鄭湲會씨로부터 甲午年 羅州가 東學黨匪를 격퇴한 전말과 全羅南道 觀察府가 나주에서 광주로 옮긴 사정을 청취했다.[216]

위의 인용문은 각각 1924년 8월 이나바에 의한 평안북도 지역, 1934년 10월 다보하시에 의한 전라북도 지역에서의 수집 정황이다. 이들은 해당 군에 도착하기 전 도청을 통해 자신이 도착할 즈음 수집대상을 군청으로 모아달라고 의뢰하여 군청 도착과 동시에 사료를 획득하였다. 이처럼 지방관청에서 사료를 미리 군청에 모아 둔다면 수집에 소요되는 시간과 노력이 격감했을 것이라는 것은 쉽게 짐작할 수 있다.

사료 수집에 있어 지방관청이 준 도움은 여기서 그치지 않았다. 지방에서 사료 수집이 일정이나 소유자의 사정으로 인하여 당장 사료차입이 어려운 경우가 발생하기도 했다. 1926년 7월 경상북도 및 충청남북도의 사료 수집에 나선 홍희는 윤휴(尹鑴)의 후손을 방문하여 사료 조사를 하려 했지만 그 후손이 그 전 월에 사망하여 조사가 어려웠다. 이에 홍희는 해당 군수에게 조사를 위탁하고 다음 지역으로 떠난다. 이후 홍희는 김장생(金長生) 종손가를 방문하여 사계문묘(沙溪文廟)에 있는 유서와 전지 등의 사료를 조사했지만, 이를 당장 차입하는 것이 아니라 추후 차입하기로 예약하고 떠났고, 차후 방문지였던 옥산서원에서도 이언적(李彦迪)이 쓴 대학보유원고(大學補遺原稿)와 정종의 어제서문(御製序文)을 발견했지만 이 역시 차후의

216_朝鮮史編修會, 『忠淸南道·全羅南北道史料採訪復命書』.(田保橋潔, 田川孝三 담당, 1934. 10.)

차입을 예약만 한 채로 귀경하였다.[217] 이처럼 당장 조사를 할 수 없을 경우 차후 조사를 군수에게 위탁했고, 예약한 사료를 차입하기 위해 같은 곳을 방문했다는 기록이 없는 것으로 볼 때 차후 약속한 사료를 차입하여 편수회로 보내주는 일은 지방관청에서 맡아 주었을 것이다. 이러한 방식은 담당자에 의해 공식적으로 건의되기도 하였다. 1927년 3월말 1주일간 경기도 지방의 사료 수집을 담당했던 시부에는 그 결과를 알리며 조사를 떠나기 전 미리 군수에게 조사 사항을 서면으로 알려 편의를 구할 것과 담당자가 사료를 조사·수집하면서 소유자에게 직접 사료를 차입할 경우 조사 도중에 휴대가 곤란하며 분실 위험이 높아질 뿐만이 아니라 일시에 사료가 많아져 이를 처리하는 데도 오랜 시간이 소요되어 반납기한을 어기기 쉽기 때문에 휴대해야만 하는 것만을 차입하고 다른 것은 예약해 두었다가 사료가 필요할 때 차입하는 것이 좋을 것이라며, 예약 이후의 차입을 건의하였다.[218] 이러한 건의가 있은 후 채방내규에 특별한 변화가 있었던 것으로 보이지는 않는다. 하지만 이와 같은 방식의 조사와 수집은 이후 종종 나타난다. 다음은 그러한 사례이다.

> 潭陽郡 管內에 眉菴 柳希春의 手筆·日記를 조사하여 同郡守 元勛常에게 그 차입 수속 등을 위탁하고 당일 오후 출발하여 다음 8일 경성에 귀임.[219]

> 경주 도착. 군청으로 가서 古蹟保存會 大坂金太郎씨를 만나 來意를 알렸다. 그는 2달 전부터 當會의 소개로 玉山書院과 宗孫家 書閣을 정리·조사중이지만 기대했던

217_朝鮮史編修會, 『慶尙北道·忠淸南北道史料採訪復命書』.(洪憙 담당, 1926. 7.)

218_朝鮮史編修會, 『京畿道史料採訪復命書』.(澁江桂藏, 金重協 담당, 1927. 3.)

219_朝鮮史編修會, 『全羅南道史料採訪復命書』.(洪憙, 玄陽燮 담당, 1927. 9.)

紫巖集은 현재 그 서원에 소장하지 않는다고 한다.... 當會에서 경주군수를 통해 차입했던 것으로 今回 그 책을 필요로 하는 旨를 설명하고 手配方法을 의뢰하고 경주에서 1박했다.[220]

위의 인용문은 각각 1927년 3월 말 홍희, 현양섭에 의한 전라남도 지역과 1926년 6월 중순 오자키와 마쓰오카의 경상남북도 지역의 사료 수집 당시이다. 전자의 경우 귀경을 서두르는 것으로 보아 일정상의 문제로, 후자는 원하는 사료가 없었기 때문에 차입이 어려운 상황이다. 이때 담당자들은 군수에게 향후 조사와 차입을 의뢰하고 있다. 특히 후자는 출장을 가기 이전 미리 군청에 필요한 사료의 확보를 요청하고 있었으며 차후 수속을 군수에게 부탁하는 것으로 과거 건의사항의 전형을 보여주고 있다. 이처럼 지방관청에서는 미리 사료와 소장자를 수배하는 일과 더불어 담당자나 소장자의 사정으로 인하여 당장 차입이 어려운 경우 향후 자료를 대신 차입하여 『朝鮮史』 편찬을 위한 사료 수집을 지원하고 있었다.

사료채방은 지방관청의 긴밀한 협조 속에서 수월하게 진행될 수 있었다. 그렇지만 이러한 방식은 다음과 같은 부작용을 낳기도 했다.

各郡廳의 당국자는 조선사편수회 사업이 얼마나 중요한 것인가를 충분히 諒解하지 못하고, 등한시하여.... 민간에는 금일까지 조선사편수회의 존재를 알지 못하기 때문에.... 諒解를 구하는 데에 상당한 노력과 수수를 소비했다.[221]

達成郡 城北面 山格洞 방문했다. 達成郡守 申鉉求씨를 만났다. 그는 역사에 취미

220_朝鮮史編修會, 『慶尙南北道史料採訪復命書』.(尾崎速夫, 松岡巖 담당, 1936. 6.)
221_朝鮮史編修會, 『江原道史料採訪復命書』.(稻葉岩吉, 朴容九 담당, 1927. 5.)

가 있어 그 방면에서 이 지방의 사정에 정통해 있었다. 그의 의견으로 同郡 城北面 山格洞(이 지방은 達成 徐氏의 근거지라고 한다)에 徐象圭씨를 방문했는데 郡屬 門野茂씨가 동행했다.[222]

위의 두 사례는 각각 1927년 6월과 1929년 9월의 사료 수집에 관한 내용 중 일부로 군수의 태도에 따라 결과가 어떻게 차이가 나는지에 대해 확연한 대비를 이룬다. 전자의 경우, 후자에 비해 얼마나 사료 수집이 어려웠는지를 쉽게 짐작할 수 있다. 지방관청과 밀착된 사료 수집은 많은 경우 군(郡)을 단위로 했기 때문에 역사에 대한 군수의 관심에 따라 수집 성적이 어느 정도 결정되기도 했던 것이다.

이상에서 살펴본 것처럼 지방에서의 사료 수집은 지방관청과 밀접한 관계를 맺고 있었다. 물론 그것이 역사에 대한 군수의 관심과 역량에 따라 좌우될 소지를 내포하고 있었지만 관권을 빌어 각종 편의를 제공받으며 진행되었기 때문에 소장자의 입장을 고려하기 보다는 담당자의 입장에서 급속하게 집행될 수 있었을 것이다.

『朝鮮史』 편찬이 일본 사료편찬괘의 경험을 바탕으로 하며 그로부터 많은 영향을 받았음은 이미 지적되고 있으며, 사료 수집의 경우에도 '採訪內規'의 작성과 같이 그 전제를 이루는 것은 사료편찬괘의 것을 원용하였다. 그렇지만 지방관청의 적극적인 후원하에 사료를 수집하는 것은 일본에서는 찾아보기 힘든 양상이다. 일본에서의 편사사업 역시 궁내성(宮內省)에서 시작하였지만 도쿄제대 국사과 설치와 동시에 도쿄제대 문학부 하에 사료편찬괘를 설치하며 본격화되었다. 즉 관권과는 일정한 거리가 있었다.

222_朝鮮史編修會, 『慶尙北道史料採訪復命書』.(瀨野馬熊, 趙漢稷, 1929. 9.)

이에 반해 편찬위원회와 편수회는 최고 권력기구인 조선총독부 산하 기관으로 편찬의 주체가 바로 관(官)이었다. 그렇기 때문에 통치기구의 말단인 지방관청을 직접적으로 매개하여 사료 수집을 가속화할 수 있었던 것이다.

한편 지방에서의 사료 수집은 수집지역이 담당자 개인의 학문적 관심과 밀접한 관련이 있는 경우가 많다. 이는 특히 이나바와 홍희의 경우에 두드러지는데 이들은 조선사편수회에서도 중요한 위치를 점하며 가장 활발히 활동을 벌인 이들이다. 이나바와 홍희는 조선사편찬위원회 구성 이래『朝鮮史』편찬에 참여해 핵심적인 위치를 점한 이들이었던 만큼 편찬위원회 시절부터 사료 수집을 주도하였다. 조선과 만주의 불가분성을 강조하며 역사를 연구했던, 이른바 '만선사학자'였던 이나바는 조선의 북부지역을 '조선이라는 색채보다는 오히려 만주 즉 여진인의 색채가 농후'한 지역이라며[223] 조선의 북방지역과 만주·중국의 관계에 관심이 많았다.

홍희는 편찬위원회와 편수회에서 가장 왕성한 활동을 벌인 조선인으로 동료 일본인들에게도 높은 평가를 받았다.[224] 1884년생인 그는 이이, 김장생, 송시열의 학통을 이은 전우(田愚)의 문하에서 수학하고 강점 직전 구미 유학을 경험한 유학자로서 강점 이래 친일적 유교 단체에서 활동하다가 1920년 봄 이능화의 소개로 총독부 학무국 편집과장이었던 오다 쇼고를

223_稻葉岩吉,「咸鏡道の地方色」,『警務彙報』336, 1934, p.50.

224_1935년 1월 洪憙가 죽었을 때 稻葉은 洪憙에 대해 '天資가 극히 聰明하고 또 謙虛하며, 經學에 뛰어나 史才가 풍부'하다며 그의 죽음을 아쉬워했으며(稻葉岩吉,「兼山 洪憙氏の訃」,『青丘學叢』19, 1935, p.201.), 中村은 '朝鮮學界의 巨星'인 田愚의 古弟로 日本語나 外國語에 능통하지는 않았지만 '才·學·識을 겸비'했으며 '近代科學에도 通'했고, 특히 '修史事業에서 洪 修史官의 寄與는 극히 컸다는 것을 잊을 수 없다'(中村榮孝,『朝鮮 - 風土·民族·傳統』, 吉川弘文館, 1971, pp.214~215.)며 만년에도 洪憙를 높게 평가하였다.

알게 되어 그의 권유로 중추원 구관제도조사 촉탁을 맡게 되면서 총독부와 인연을 맺게 된 인물이다. 그는 이후 편찬위원회의 구성과 동시에 사업에 참여하여 1935년 죽을 때까지 편수회에서 정력적인 활동을 벌였다. 특히 전우의 제자로서 성리학에 대한 이해가 상당했던 그는 '당파(黨派)'를 학문적 견해 차이에서 생기는 것이자 성리학 이념에 따라 정비된 조선왕조가 갖는 독자성으로 바라보고, '당쟁(黨爭)'을 야기한 학술사에 대한 해명을 자신이 연구해야 할 주제로 정하고 있었다고 한다.[225]

현재 확인할 수 있는 이나바의 사료 수집을 위한 출장은 1923년 1월부터 1928년 10월에 걸쳐 총 8차례였으며, 홍희 역시 『朝鮮史』 편찬 초기였던 1924년 4월 이래 1928년까지 6차례 사료 수집을 위해 출장했음을 확인할 수 있다.[226] 이들의 출장 지역을 살펴보면 이나바의 경우 평안남북도, 함경북도, 충청남북도, 강원도, 황해도, 간도(間島), 훈춘(渾春), 지안현(輯安

225_洪憙에 대해서는 田中隆二, 「兼山 洪憙의 생애와 활동」, 『韓日關係史硏究』 5, 1996 및 田中隆二, 「兼山 洪憙의 유학사상과 일본유학관·역사관」, 『지역과 역사』 4, 1997을 참고.

226_조선사편찬위원회 단계에서는 栢原昌三, 稻葉岩吉, 洪憙 3명만이 사료채방을 나선 것으로 보인다. 그 마저도 栢原昌三의 사후인 1924년 4월 이래로는 稻葉과 洪憙 둘 만이 종사했다. 둘의 조사지역 사운데 공통적으로 나타나는 忠淸南北道의 사료채방은 栢原昌三 사후부터 조선사편수회 설립 이전인 1925년 3월에 이루어진 것으로 이 둘이 함께한 유일한 채방으로 확인된다. 한편 확인가능 한 稻葉의 8차례 채방 가운데 7차례는 채방복명서를 통해 확인 할 수 있다. 1건은 채방복명서가 남아 있지 않지만 조선사편찬위원회의록을 통해 확인 가능하다. 稻葉은 1924년 12월 23일에 개최된 제 5회 조선사편찬위원회의에서 자신이 咸鏡北道 全道, 慶北의 安東, 間島, 渾春 지역을 채방했다고 보고하였는데, 이로 미루어 볼 때 제 4회 위원회(1924년 8월 5일) 이후인 1924년 하반기에 1차례 함경북도를 포함한 중국의 접경지역 역시 채방했던 것은 확실하다. 洪憙의 경우 채방복명서를 통해 4차례, 조선사편찬위원회의록(제 4, 5회)을 통해 2차례, 총 6차례의 사료 채방 활동을 확인할 수 있다. 제 3회 위원회가 1924년 4월 2일에 개최되었으므로 그는 이후 채방을 시작했음을 알 수 있다.

縣)과 같이 만주·중국과 접경을 이루는 조선의 북부지역에 편중되었던 반면 홍희는 경상북도, 충청남북도, 전라남도와 같은 유래 성리학적 전통이 강한 조선의 남부지역 및 일본의 도쿄·교토·아시카가(足利)·닛코(日光)·시즈오카(静岡)·야마구치(山口) 지방이었다.

사료 조사·수집을 위한 출장 지역만으로도 이들의 학문적 관심이 사료 조사에 강하게 투영되어 있음을 짐작할 수 있다. 뿐만 아니라 조사 지역에서 이들이 벌인 활동을 보면 이들의 사료 수집은 『朝鮮史』 편찬을 위한 사료 수집이었을 뿐만이 아니라 자신의 관심을 해명해 줄 수 있는 자료의 조사였음은 분명해 진다.

이나바의 사료 수집 활동을 보면 김경서(金景瑞) 관련 문서의 차입(제4회 조선사편찬위원회의록 및 『平安南道史料採訪復命書』), 중국을 상대로 무역을 했던 '만상(灣商)' 관련 기록 탐문, 모문룡(毛文龍)에 관한 기록·문서와 북관지(北關志) 차입(『平安南北道史料採訪復命書』 및 제5회 조선사편찬위원회의록), 병자호란 중 씌어졌다고 하는 병자일기(丙子日記) 탐문(『黃海道史料採訪復命書』) 등과 같은 것으로, 그는 조선과 중국·만주의 관계를 해명해 줄 수 있는 사료를 찾는 것에 열심이었다. 사료의 탐문과 조사·차입만이 아니었다. 이나바는 출장지에서 낙랑시대 유물조사 및 참관(『平安南北道史料採訪復命書』), 한대(漢代) 연호가 새겨진 벽돌 조사, 동진(東晋) 시대 고분 참관(『黃海道·平安南道史料採訪復命書』), 지안현(輯安縣)에서의 고구려시대 유적조사(『平安南北道·支那史料採訪復命書』)와 같이 조선과 대륙의 연결을 확인해 줄 수 있는 유적과 유물의 조사를 병행하였다.

이러한 양상은 홍희에게서도 두드러진다. 그가 처음으로 조사·수집에 나선 곳은 충청남도 지역이었는데 그 조사결과를 보고하며 이 지역을 '조선시대 중기 이후 양반 및 당파의 근거지'[227]라고 소개하고 있다. 이 출장의 결과를 임진왜란 당시 일어난 '이몽학의 난' 관련 자료들과 주로 '당파(黨派)'와 관련된 자료라며 문계록(聞啓錄), 근와고(芹窩稿), 근와년보초본(芹窩年譜草本), 계상종유록(溪上從遊錄), 이동성리설원고(李東性理說原稿) 등을 알렸다. 이후 홍희는 출장지에서 주로 조선시대 문인들의 후손을 찾아가 가문 소장의 사료를 조사·차입했다.[228] 수암 권상하(遂菴 權尙夏)의 후손·류근(柳根)의 후손·송시열의 종손과 문중 사람들(『忠淸南北道史料採訪復命書』), 이언적(李彦迪)의 종손·윤휴(尹鑴)의 후손·김장생(金長生)의 종손·김상용(金尙容)의 후손(『慶尙北道·忠淸南北道史料採訪復命書』), 고경명(高敬命)의 종손·박상(朴祥)의 후손·임제(林悌)의 후손·나세찬(羅世纘)의 후손·정개청(鄭介淸)의 후손·정식(鄭軾)의 후손·양팽손(梁彭孫)의 후손·조대중(曺大中)의 후손·송순(宋純)의 후손(『全羅南道史料採訪復命書』) 등이 그가 찾아가 사료를 조사한 대표적인 가문이다. 일본으로의 사료 채방도 이러한 맥락에 있는 것이었다. 편찬위원회나 편수회에서는 몇 차례 일본으로 사료 채방을 떠나지만 그럴 경우 담당자는 일본인들로만 구성되었다. 여기에서 유일한 예외는 1928년 6월 22일 이래 실시된 일본으로의 사료 채방이다. 이 사료 채방에는 홍희가 참여했을 뿐만이 아니라 이를 주도했다. 왜냐하면 이 출장의 주요한 목적이 조선에서 발간되었지만 절본된 사료를 일본에서 찾아내는 것과 함께 일본유학과 조선유학의 연결성을 찾아내는 것이었기 때문이다. 한문으로 된 자료의 해독능력에서나 성리학적 소양에서나, 이를 수행할 수 있는 인물은

227_朝鮮史編修會, 「第5回 朝鮮史編纂委員會 會議錄」, 『朝鮮史編纂委員會 委員會議事錄』.(1924. 12. 23.)

228_名門의 후손을 찾는 것은 다른 담당자에게서도 나타나지만 洪憙의 경우는 조사일정 자체가 名門의 後孫 내지는 宗孫가 혹은 그와 관련된 書院이나 祠堂을 찾아다니는 것으로 짜여진 경우가 대부분이다.

홍희뿐이었다.[229]

이처럼 자신의 학적 관심과 관련된 지역과 대상을 조사하고 사료를 수집한다면 다른 이들이 알아보지 못한 사료의 발견이 가능했을 것이다. 그렇기 때문에 이나바는 평안북도에서 조사할 때 의주에서는 기대했던 대로 조선과 만주의 무역관계 관련 사료를 발견하지 못했지만 철산에서는 몇 개의 자료를 확인하고 사료가 더 있을 것을 짐작하여 모문룡 관련 문서를 발견·차입할 수 있었으며, 함북지역에서는 우연하게도 '깊은 산 험한 골짜기 사이의 빈한한 집'에서 북관지와 같은 자료를 식별해낼 수도 있었던 것이다.[230] 또 충청남도 아산과 부여지방의 수집을 담당한 홍희 역시 다른 어느 위원보다도 원활하게 사료를 알아볼 수 있는 인물이었다. 그는 성리학적 소양을 바탕으로 조선시대 문인들의·가문에서 조선시대의 정치와 사상 등에 대한 대화가 수월했을 것이며, 경우에 따라서는 그의 학통이 사료에 대한 접근을 용이하게 했을 것이다. 또 일본인들에게는 어려웠던 조선시대 성리학자들의 기록을 읽을 수 있는 사료해독 능력을 갖추고 있었을 뿐만이 아니라 이들 개인의 기록을 조선시대의 정치상황이나 학적 성향 속에서 맥락화시켜 명문가 소장의 기록들의 사료적 가치를 감별할 수 있는 시각의 소유자이기도 했기 때문에 주로 명문가 후손들이 그의 조사대상이 되었다. 이러한 수집지역의 선정은 이나바, 홍희 개인에게나 편수회에게나 최적의

229_조선사편수회에서 洪憙는 일본인이 備邊司謄錄과 같이 읽기 어려웠던 자료를 謄寫하는 일을 전담했으며, 사료를 총괄하고 분배하는 역할을 담당하고 있었다.(朝鮮史編修會, 「大正15年 6月 29日 朝鮮史編修會 編修事務打合會 議事錄」, 『大正15年以降 編修打合會書類綴』.(1926. 6. 29.))

230_朝鮮史編修會, 「第5回 朝鮮史編纂委員會 會議錄」, 『朝鮮史編纂委員會 委員會議事錄』.(1924. 12. 23.)

선택이었다. 수집을 담당한 이들은 자신의 관심사와 관련된 지역에서 사료를 조사·수집하면서 『朝鮮史』 편찬을 위한 자료를 모으는 동시에 개인적 연구의 진전을 이룰 수 있었을 것이다.[231]

개인의 학문적 관심과 더불어 『朝鮮史』 편찬에서 담당한 역할 역시 수집 지역과 대상을 결정하는 주요한 고려요소였다. 특히 스에마쓰와 다보하시에게서 이러한 양상이 두드러진다. 대학 졸업 직후 편수회에 부임한 스에마쓰는 대학시절에는 일본사, 그 중에서도 에도시대를 대상으로 학부 졸업논문을 작성했지만,[232] 편수회에서는 『朝鮮史』의 제 1, 2편에 해당하는 통일신라 이전과 신라통일시대의 편찬을 담당했고, 이후 한국고대사에 관한 많은 연구를 발표했다.

고대사의 경우 사실상 지방을 돌아다니면서 수집할만한 사료가 없는 부분이다. 그렇지만 『朝鮮史』의 고대사 부분 편찬에 관계하게 된 스에마쓰는 사료수집에 나섰으며, 현재 1929년 9월에서 다음 해인 1930년 3월에 걸치는 반년여의 짧은 기간 동안 3차례 사료의 조사와 수집을 위해 출장한 것으로 확인된다. 그 가운데에서 1930년 3월의 출장은 이나바와 함께 하였는데, 이는 일본 교토에서 1929년 이래 오노 겐묘(小野玄妙)에 의해 이루어

231_특히 稲葉의 경우 1925년 북부 조선에는 女眞語의 잔재가 많이 남아 있으며 이는 地名에서 뚜렷이 드러난다는 논문 「北鮮に於ける女眞語の地名」을 작성하여 자신의 평소 주장인 '滿鮮一家論'을 전개하였는데, 이 글의 副題인 '咸北을 旅行하고'에서도 알 수 있듯이 함경북도에 대한 답사 이후 서술한 것이다.(이 논문은 稲葉이 1925년 9월에 간행한 『朝鮮文化史硏究』에 실려 있다.) 그런데 글의 발표시기를 고려해 볼 때 咸北 여행은 바로 조선사편찬위원회의 사료 채방을 위한 것이었음을 알 수 있다. 稲葉岩吉의 함경북도 사료채방은 1924년 8월에서 12월 사이에 이루어 진 것이었으며 채방조사 후 논문을 작성하여 1925년 9월에 발간한 것으로 추측된다.

232_末松保和, 앞의 논문, 1995, pp.22~24.

진 장경조사(藏經調査)를 시찰하는 차원에서 단 3일간 이루어진 것으로 『朝鮮史』 편찬을 위한 사료 수집으로서의 성격이 약한 것이었다. 그런데 이를 제외한 1929년 9월과 10월, 2차례의 출장은 모두 고대사와 관련이 깊은 지역이었다. 먼저 9월에 있었던 조사는 경북과 충남의 일부(동래, 울산, 경주, 부여, 공주의 5군)를 대상으로 한 것이었다. 그렇지만 이 지역은 현재 확인할 수 있는 복명서만으로도 이미 홍희에 의해 한 두 차례 채방이 이루어 진 곳이다. 그런 만큼 스에마쓰는 이 출장에서 이전의 보고에 근거하여 사료의 소재를 확인하는 경우가 많았다. 물론 당시 그는 향교를 찾기도 하고, 경주 보문리에 있는 구가(舊家)를 찾아가 사료를 수집했으며, 부여에서는 김시습(金時習)의 영정 3본을 수습하기도 하지만 이 출장의 목적은 다른 곳에 있었던 것으로 보인다. 스에마쓰는 가는 지역마다 고대사와 관련된 의미를 찾고 이를 답사하였다. '고대(古代) 내지와의 관계에 있어 교통의 요충지'로서 '내선(內鮮)의 평화로운 수교관계'의 고지인 동래와 '비참한 교쟁과 화란의 고전장'인 울산을 거쳐 경주로 들어가 불국사와 경주읍 안팎의 고적을 답사하고 금석문을 판독하는 한편 이후에는 '백제 멸망의 땅' 부여에 가서 관련 유물을 보고나서, '백제 당시 2번째 수도' 공주에서는 읍내외 답사를 실시한 것으로 조사를 종결하였다. 특히 이 출장에서 스에마쓰는 경주에서 금관총 부근의 이름없는 고분에 대한 발굴을 견학한 것과 경주에서 부여로 이동 중 대구에 들러 '신라예술전람회(新羅藝術展覽會)' 보게 된 것을 이번 출장에서 가장 다행스러운 것으로 꼽았을 뿐만 아니라 수집을 위한 출장 소감을 다음과 같이 전하고 있다.[233]

233_朝鮮史編修會, 『慶尙北道忠淸南道史料採訪復命書』.(末松保和, 葛城末治 담당, 1929. 9.)

이번 2주간의 채방출장은 擔當編部의 關係로 신라, 백제의 故地의 역사지리학적 답사를 가미할 수 있었다. 採訪地의 범위는 5군이었는데, 그것은 요약하여 一. 新羅의 故地, 二. 百濟의 故地, 三. 內鮮通交門戶의 故地 3項에 歸括한다고 생각하며, 그 사이에 收得한 無形의 暗示는 文獻採訪의 實際에서 주는 幾多의 啓發과 함께 적지 않다고 믿는다. (밑줄은 인용자)

위의 소감에서도 나타나듯이 이 수집은 사료조사라기 보다는 고대사 관련 유적과 유물에 대한 답사로서의 성격이 짙다. 이러한 성격은 스에마쓰가 행한 같은 해 10월 함경남북도 일대의 조사·수집에서도 나타난다. 이 출장 역시 직전 9월의 경우와 마찬가지로 각종 문적을 조사하면서 고대사 관련 유적에 대한 조사를 빼 놓지 않고 있다. 바로 2개의 진흥왕순수비에 대한 조사였다. 스에마쓰는 가장 먼저 이원군(利原郡)에 가서 이틀간 '새로 발견된 진흥왕순수비(眞興王巡狩碑)'에 대한 조사와 촬영을 실시하였다. 이 비는 1929년 9월 최남선이 발견했다고 알려진 마운령비로, 편수회는 발견된 지 얼마 지나지 않은 시점에서 발 빠르게 조사를 지시한 것이다. 이를 조사하기 위하여 스에마쓰는 이전 출장에서 돌아온 지 정확히 1개월 만에 다시 조사를 떠났다. 마운령비에 대한 조사를 마치고 그는 성진군(城津郡)에서 석기시대 유적에 대한 이야기를 듣고 단천군(端川郡)과 북청군(北靑郡)에서 몇 가지 사료조사를 마치고 성진군으로 갔다. 성진군에 대해 스에마쓰는 '이미 1회 채방이 이루어졌기 때문에' 몇 가지 유물에 대한 사진촬영 후 또 하나의 진흥왕순수비의 조사와 촬영에 돌입하였다. 바로 현재 황초령비로 알려진 것이다. 비(碑)에 대한 조사 후 영흥군(永興郡)으로 이동하였는데, 이 곳 역시 '제 2회'의 채방이었던 만큼 몇 가지 촬영과 조사 후 '낙랑식 와편(樂浪式 瓦片)이 풍부하게 산재(散在)한 구릉을 답사'하게 된다. 스에마쓰는 이를 보고 '남아 있는 것과 지형으로부터 생각해 보아도 현토군시대(玄菟郡時代)의 유적이라는 것은 인정'된다며 출장을 종료했다.[234] 이 출장 역시 사료 수집을 겸한 고대 유물조사라는 성격을 갖는다. 특히 마운령비는 발견된 지 1개월여 밖에 되지 않았던 것으로 고대사 연구나 『朝鮮史』 편찬을 위해 빠뜨릴 수 없는 유물이다. 편수회는 해당 부분 편찬에 종사하던 스에마쓰를 파견하여 이를 조사함과 더불어 이미 알려져 있던 황초령비까지 다시 한 번 조사의 기회를 준 것이다. 이 출장에서 진흥왕순수비 조사에 얼마나 많은 비중을 두고 있었는지는 스에마쓰가 출장 후 제출한 복명서의 대부분이 비(碑)에 대한 보고라는 사실에서 쉽게 짐작할 수 있다. 『朝鮮史』 제1편이 1932년부터 출간되었음을 볼 때 1929년 스에마쓰의 출장은 그 출간이 얼마 남지 않은 시점에서 담당자에게 고대사 관련 유물과 지역을 직접 둘러보면서 문헌이 주지 못하는 '무형(無形)의 암시(暗示)'를 느낄 수 있는 기회를 제공해 준 것이었다.

한편 다보하시와 다가와는 『朝鮮史』 제6편, 즉 조선 말기라 할 수 있는 19세기의 편찬을 담당했던 이들이다. 앞 절에서 살펴보았듯이 이들이 『朝鮮史』 편찬에 관여하게 된 것은 1933년부터였으며, 그렇기 때문에 현재 확인할 수 있는 복명서 가운데 『朝鮮史』 편찬이 완료되기 이전 다보하시와 다가와의 사료채방은 1934년의 단 1건뿐이다. 이들은 6편 편찬을 위해 긴급 수혈되었던 만큼 6편과 관련하여 1934년 11월 21일 이래 10일간 충청남도와 전라남북도 일부 지방에서 사료 조사와 수집을 진행하였다. 그런데 이들은 출장기간 10일 중 8일을 정읍, 전주, 장성, 해남, 부안, 나주에서 소

234_朝鮮史編修會, 『咸鏡南北道史料採訪復命書』.(末松保和, 前田耕造 담당, 1929. 10.) 이 復命書의 절반 이상은 眞興王巡狩碑에 대한 調査報告書로 채워져 있다.

비하였다. 여기서 이들이 조사한 문서는 오직 고산 윤선도(孤山 尹善道)의 후손을 만나 관련 문서 약간을 차입한 것뿐이었다. 대신 이 조사는 특이하게도 대부분 답사와 청취로 이루어졌다. 이는 동학농민전쟁의 전후 사정을 알기 위한 것이었다. 이들은 동학농민전쟁의 시작을 이룬 고부(古阜)를 찾아가 백산(白山), 만석보(萬石洑) 등을 둘러보고 황룡면(黃龍面)에서는 1894년 4월 농민군이 관군을 물리친 전장을 답사했다. 특히 가는 곳마다 도청과 군청의 소개로 농민전쟁을 경험한 노인들을 면담하고 그들로부터 농민전쟁과 전봉준(全琫準)에 관한 견문담을 청취하는 것이 주된 사료수집이었다. 『朝鮮史』 제6편이 청일전쟁 직전까지를 대상으로 했기 때문에 1차 동학농민전쟁은 수록대상이었다. 조선의 근대사에 관심이 지대했던 다보하시에게 이러한 조사는 개인적 연구의 진전의 기회, 다가와에게는 학자로서 성장의 계기로서 작용했을 것이며, 수집 결과를 『朝鮮史』 편수에 활용할 수 있었을 것이다.

이처럼 지방에서의 사료 수집은 『朝鮮史』 편찬을 위한 것이었던 만큼 담당자가 편찬을 직접 담당할 경우, 해당 부분과도 상당한 연관성을 가지며 이루어지고 있었던 것이다. 또한 지방에서의 사료 수집은 『朝鮮史』 편찬을 위한 사료 수집의 의미뿐만이 아니라 담당자들에게 개인의 연구를 진전시킬 수 있는 계기로도 작용했던 것이다.

이상에서 살펴보았듯이 『朝鮮史』 편찬을 위해 조선사편찬위원회 설립 이래 실시되었던 지방에서의 사료 수집은 1938년 『朝鮮史』의 간행으로 일단락 지어졌다. 이에 소요된 시간은 총 2,800 여 일, 수집된 사료는 4,950책을 헤아리며, 그 외에도 사진 4,510매, 문권(文券)·화상(畵像)·편액(扁額) 453점을 수집했다고 한다.[235] 이렇게 방대한 사료의 집적이 가능했던 것은 사료 수집이 총독부 권력과 밀착하여 각종 편의를 제공받으며 진행되었기 때문이다. 즉 『朝鮮史』 편찬을 위한 편찬위원회와 편수회의 사료 조사는 지방관청의 적극적인 협조 속에서 이루어진 것이다.

군청에서는 조사 지역에 대한 정보, 안내자 등을 제공하는 것은 물론 편수회의 요청을 받아 사료 채방 이전에 사료를 수집해 주기도 했고, 편수회 인사가 사료 채방 당시 미처 차입하지 못한 사료를 후속 조사해 주기도 했다. 뿐만 아니라 사료 채방을 위해 출장을 온 편수회 인사들에게 직접 사료를 기증하거나 해당 지방의 인사들로부터 기증받을 수 있는 기회를 마련해 주기도 하였다.

편수회 관련자들은 기회가 있을 때마다 사업의 공정함을 주장했으며, 사료에 대한 수집과 그에 근거한 『朝鮮史』의 실증성을 해방 이후에도 자부했다. 그렇지만 『朝鮮史』 편찬을 위한 사료 수집은 관권과 결탁되어 급속도로 진행되었다. 더군다나 일본에 비해 장기간의 차입기간을 설정하고, 이마저도 연장이 잦았다는 것은 사료를 소장한 이들보다는 편수회의 편의를 우선적으로 고려하고 있었음을 보여주는 것이기도 하다. 이와 더불어 사료 수집 과정에서 담당자의 학문적 관심이나 『朝鮮史』 편찬에서의 역할 등이 세심하게 고려되었으며, 이를 통해 담당자들은 자신의 학문적 욕구를 충족시키며, 학자로 성장해 갈 수 있었다.

235_朝鮮總督府 朝鮮史編修會編, 編輯部 譯, 앞의 책, pp.76~77. 한편 조선사편수회는 1937년까지 차입한 사료에 대해 『地方史料借入目錄』을 작성하여 서명, 분량, 소장자를 제시하였다.

6. 편년에 따른 사건·사료 배열의 효과
– 대만총독부와 일본의 역사편찬 사업과의 비교

지금까지 살펴보았듯이 3·1 운동 이후 '반도사 편찬'은 중단되었으며, 이를 대신하여 조선사편찬위원회와 조선사편수회가 결성되어 새로운 역사 편찬 사업으로서 『朝鮮史』 편찬이 개시되었다. 이 사업을 기획·주도한 쿠로이타는 이나바 등과 같이 과거 총독부 주도의 연구·조사 사업과 무관한 인물들을 기용하여 사업의 중심적 역할을 담당케 했으며 특히 사업의 추진 기구가 조선사편수회로 상설화되어 전임직원을 둘 수 있게 되자 전임직원인 수사관과 수사관보를 중심으로 업무를 재편하며 『朝鮮史』 편찬을 추진하였다. 이 과정에서 이마니시와 갈등을 겪기도 하였지만 사업에서 그의 위상을 어느 정도 확보해 주며 사업은 안정화되었다. 그렇지만 사업이 예정 이상으로 장기화되어 기존 인사들의 사망, 전직 등이 속출하게 되면서 새로운 인물의 기용은 계속되었다.

한편 『朝鮮史』는 태고 이래 강점까지의 역사 서술을 목표로 했던 '반도사'와는 달리 사료집 내지는 색인집 성격의 책자로, 편찬위원회와 편수회는 시종일관 '사료의 수집과 정리'를 통한 '『朝鮮史』 편찬'을 회(會)의 목표로 내걸었다. 실로 조선사편찬위원회와 조선사편수회는 – 그 방식의 시비 여부는 차치하고 – 조선을 중심으로 일본·중국 등지에서 직접 사료를 조사·수집하는데 진력하였으며, 이렇게 수집한 사료들을 편년에 따라 정리하여 『朝鮮史』를 완성하였다.

즉 조선총독부에 의해 이루어진 식민지 조선의 역사편찬은 역사서술을 통한 특정 역사상(歷史像)을 제시하는 것이 아니라 사료 혹은 사건과 이를 전하는 사료의 목록을 편년에 따라 나열하는 방식으로 이루어진 것이다.

이와 같은 사료의 편찬에서도 사료를 선별하는 과정을 피할 수는 없다. 때문에 통치자의 입장과 필요를 대변할 수 있는 사료들이 선택될 수 있다. 즉 편찬자들에 의한 사료의 취사선택 문제가 발생할 수 있는 것이다. 하지만 전후 맥락 없이 사료 내지는 사건과 이를 전하는 사료 목록만을 시간 순으로 나열한 것으로 이를 읽는 이들이 편찬자가 해당 사료를 선택한 이유를 정확히 파악하기는 어려울 것이다. 이러한 의미에서 조선사편수회에서는 편찬의도를 전달하기 어려운 방식으로 식민지 조선의 역사 편찬 사업을 전개했다고 할 수 있을 것이다. 한편 사료 혹은 사건과 사료의 출처에 대한 목록이 있다면 연구에 다대한 편의를 제공할 수 있을 것이다. 그렇기 때문에 편찬위원회와 편수회는 누누이 사업의 학술성을 과신했던 것이다. 그렇다면 식민지의 역사편찬 방식으로써 사료 또는 사건과 이를 전하는 사료의 목록을 편년에 따라 나열하는 것은 어떠한 의미가 있는 것일까.

지금까지 식민지기의 일본인들에 의한 한국사 연구에 대해서는 많은 연구가 이루어졌으며, 이를 통해 당시 연구들의 침략성 및 역사 왜곡의 측면이 밝혀졌다. 그렇지만 사업내용이 사료의 수집과 편찬이었던 총독부의 『朝鮮史』 편찬 사업에 대해서는 사업의 침략성과 허구성을 선험적으로 언급하거나 주요 관계자들에 대한 사항들을 규명하는 것이 주를 이루어 왔다. 이러한 방식으로 연구가 진행된 것 역시 35권 24,000여 쪽에 달하는 『朝鮮史』의 방대한 분량과 더불어 편찬 의도를 명확하게 판단하기 어려운, 사료 정리를 통해 편년에 따라 사료 및 사료의 소재지를 알려주는 편찬위원회와 편수회의 작업 방식에서 기인하는 것이 아닐까.

이와 같이 『朝鮮史』는 편찬 의도를 명확히 파악하기 어려운 구성 방식을 취하고 있지만 그 의미를 생각하는 데에 몇 가지 참조점이 있다. 제국 일본의 또 다른 식민지였던 대만총독부에서 대만의 역사를 정리하던 방식과 일본 본국의 역사 편찬 사업이다.

앞서 살펴보았듯이 조선사편찬위원회와 조선사편수회는 메이지 유신 이후 일본 정부의 역사 편찬 사업으로부터 영향을 받았다. 조선사편수회관제는 일본 정부가 주도하던 유신사료편찬회(維新史料編纂會)의 그것을 원용하여 만들어졌으며, 사료를 모으고 편년에 따라 정리하여 공간한다는 것은 도쿄제대 사료편찬괘의 『大日本史料』 및 『史料綜覽』과 유사했다. 즉 일본 본국의 역사 편찬 사업과 식민지 조선에서의 그것은 동형성을 띄고 있었다. 그런데 만약 대만총독부에서 식민지 대만의 역사를 정리했으며, 그 방식이 일본 본국이나 조선사편수회와 비슷한 사료의 정리와 공간이었다면 이러한 역사편찬방식은 제국 일본의 방식이라 할 수 있을 것이다. 또 이러한 역사편찬방식의 의미를 대만총독부와 제국 일본의 예를 통하여 살펴볼 수도 있을 것이다.

흥미롭게도 식민지 조선에서 조선사편찬위원회가 구성될 무렵인 1920년대 초반 대만총독부에서도 대만의 역사를 정리하기 위한 사업을 벌이고 있었다. 대만총독부의 역사 편찬 사업은 조선사편찬위원회가 구성된 1922년에 시작되었다. '대만총독부사료편찬위원회(臺灣總督府史料編纂委員會)'가 구성된 것이 그것으로, 조선총독부 최초의 역사 편찬 사업인 '반도사 편찬'이 1915년에 개시된 것에 비할 때 오히려 식민통치의 기간이 길었던 대만에서 7년 늦은 시점에서 역사 편찬 사업이 처음으로 입안된 것이라 하겠다. 이는 대만의 역사적 특성에서 연유한 것이 아닐까 한다. 독립 왕조로서 장구한 역사와 조선인이라는 역사적 정체성, 독자적인 역사서술의 전통을 가지고 있던 조선과 달리 독립된 국가가 아닌 중국의 일부로서 식민지화 당시 '대만인'이라는 정체성이 약할 수밖에 없었던 대만에서는 조선에서와 같은 자국사 서술과 교육을 통해 민족적 결집과 민족해방운동의 역량을 강화하고자 했던 움직임이 보이지 않는다. 즉 식민 통치자의 입장에서 식민지의 역사를 편찬할 필요성이 상대적으로 적었던 것이다. 때문에 1922년 대만총독부에서 개시된 사업은 통치의 선전을 위한 것 - 바로 3년 앞으로 다가 온 대만통치 30년(1925)을 기념하기 위한 사업의 일환으로서의 성격이 짙다.[236]

3개년 사업으로 입안된 이 사업은 1922년 5월 14일 '대만총독부사료편찬위원회규정(臺灣總督府史料編纂委員會規程)'(이하 '사료편찬위원회 규정')이 공포되고, 주요 임원에 대한 서임이 같은 해 7월 19일로 완료되면서 '대만총독부사료편찬위원회(臺灣總督府史料編纂委員會)'(이하 '사료편찬위원회')가 조직되며 공식화 되었다. 그렇지만 사료편찬위원회는 규정 발표 한 달여 전인 4월 1일에 이미 조직되었던 것으로 추측된다. 규정의 부칙(附則)에 '대정11년(大正11年) 4월 1일부터 적용한다'는 것을 밝히고 있으며, 주요 임원에 대한 서임 역시 4월 1일부터로 소급적용되고 있기 때문이다.[237]

사료편찬위원회 규정에 따르면 사료편찬위원회는 위원장 이하 약간의 위원을 둘 수 있었으며(제2조), 서무관련 사무를 담당하는 '서무부(庶務部)'와 사료의 조사 및 편찬에 관한 사무를 담당하는 '편찬부(編纂部)'로 구성되었다. 위원장과 서무부장은 총독에 이어 대만총독부의 2인자인 총무장관(總務長官)이 겸임하였고(제3·4조), 서무의 진행을 위해 대만총독부 고등관 가운데 간사를 임명하였으며, 위원장의 자문역으로 총독부 고등관, 육해군 소속 직원이나 '민간에서 적당한 자를 촉탁(囑託)하'여 평의원(評議員)으로

236_吳密察, 「臺灣總督府修史事業與臺灣分館館藏」, 『館藏與臺灣史研究論文』, 臺北·國立中央圖書館臺灣分館, 1994, pp.48~49.

237_『臺灣總督府府報』, 1922. 5. 14. 訓令 第101號 및 1922. 7. 19. 敍任及辭令.

두었다.(제5·6조) 한편 같은 해 7월 14일 규정의 일부를 개정하여 고등관이나 민간에서 적당한 자를 촉탁하여 편찬고문(編纂顧問)도 몇 명 둘 수 있게 하였다.[238]

이러한 규정 하에 조직된 사료편찬위원회는 편찬을 총괄하는 편찬부장(編纂部長)에 모치지 로쿠사부로(持地六三郎)를 임명하는 동시에 간사 4명, 평의원 33명, 위원 28명, 편찬고문 21명, 서기 5명, 촉탁 5명을 두었다.[239]

238_『臺灣總督府府報』, 1922. 7. 14.

239_사료편찬위원회 조직 당시 구성원은 다음과 같다.(『臺灣總督府府報』, 1922. 7. 19. 敍任及辭令.)

幹事: 宇野英種(總督府警視), 下村充郎(總督府 參事官), 松田三德(總督府 秘書官), 大澤清高(總督府 事務官).

評議員: 新元鹿之助(總督府 鐵道部長), 末松偕一郎(總督府 內務局長), 吉田平吾(總督府 遞信局長), 相賀照鄉(總督府 警務局長), 富島元治(高雄州知事), 高田富藏(臺北州知事), 阿部滂(總督府 財務局長), 常吉德壽(臺中州知事), 吉岡荒造(臺南州知事), 池田幸甚(總督府 專賣局長), 梅谷光貞(新竹州知事), 喜多孝治(總督府 殖産局長), 市來半次郎(臺東廳長), 江口良三郎(花蓮港廳長), 和田一次(總督府 法務部長), 佐藤小次郎(臺灣軍 參謀長 陸軍小將), 立野德治郎(海軍大佐), 李春生, 林熊徵, 高木友枝, 中川小十郎, 赤石定藏, 木村匡, 鄭拱辰, 辜顯榮, 吳德功, 坂本素魯哉, 富地近思, 津田毅一, 許廷光, 陳中和, 藍高川, 古賀三千人.

委員: 田原禎次郎(編纂部主查), 尾崎秀眞, 鼓包美(總督府 參事官), 東鄉實(總督府 技師), 法水了禪(總督府 飜譯官), 小川尚義(總督府 飜譯官), 生駒高常(總督府 事務官), 水越幸一(總督府 事務官), 古木章光(總督府 事務官), 富田松彥(總督府 事務官), 深川繁治(總督府 事務官), 今川淵(總督府 事務官), 淺野安吉(總督府 事務官), 近藤十郎(總督府 技師), 池田季苗(總督府 技師), 倉岡彥助(總督府 技師), 宇野英種(總督府警視), 和田一次(總督府 事務官), 佐藤才郎(總督府 鐵道部 事務官補), 松下芳三郎(總督府 專賣局 事務官), 國府小平(總督府研究所 事務官), 田阪千助(總督府 州事務官), 武藤針五郎(總督府市尹), 岡本佃(總督府 州事務官), 本山文平(總督府 州事務官), 伊藤兼吉(總督府 州事務官), 大橋毅(總督府 州理事官), 森岡皐(臺灣軍幕僚附陸軍步兵大尉).

編纂顧問: 井村大吉, 石坂莊作, 伊能嘉矩, 林知義, 王慶忠, 矢野猪之八, 山口透, 小松吉久, 洪以南, 三村三平, 三好德三郎, 鈴木三郎, 陳信齋, 十屋達太郎, 蔡蓮舫, 陳鴻鳴, 藤野幹, 鈴村讓, 今井周三郎, 蘇雲英, 高山仰.

사료편찬위원회는 규정 제1조에 그 업무를 '대만총독부(臺灣總督府) 사료를 조사, 편찬'하는 것으로 밝히고 있다. 한편 사업 개시 당시 총무장관으로서 사료편찬위원회의 위원장을 맡았던 가쿠 사가타로우(賀来佐賀太郎)는 1922년 7월 24일, 사료편찬위원회 조직 이후 처음으로 개최된 위원회의에서 역사 편찬 사업을 벌이게 된 이유를 '통치의 성적을 종합대관(綜合大觀)할만한 저작이 아직 없'어 '대만통치(臺灣統治)의 사적(史蹟)을 후곤(後昆)에게 수(垂)함에 깊이 유감'스럽기 때문이라고 밝혔다.[240] 이러한 규정과 위원장의 언급을 보면 사료편찬위원회는 일본의 대만통치를 미화하기 위하여 식민통치 이후를 대상으로 대만총독부에서 소장하고 있는 사료의 수집과 편찬을 목적으로 한 것으로 보인다.

그렇지만 사료편찬위원회의 내실은 그렇지 않다. 위원회가 개최되기 2개월 전인 1922년 5월 29일의 시점에서 편찬부장 모치지는 사료편찬위원회의 편찬물을 '신대만사(新臺灣史)'라고 지칭하며, 이를 '전기 1권(前紀 1卷), 본기 2권(本紀 2卷), 지 2권(志 2卷)으로 구성'할 것과 더불어 서술의 방향을 밝혔다. 이에 따르면 전기(前紀)에는 '영유이전(領有以前) 역사의 개략을 서술하고 특히 일본과의 고래(古來)의 관계를 상세히 하여 대만영유(臺灣領有)가 우연이 아닌 소이(所以)'를 밝힐 것을, 본기(本紀)에서는 '영유이후(領有以後) 일본통치의 정신, 노력, 성적을 지상(紙上)에 약여(躍如)하는 것을 기'하

書記: 柳瀨馨(總督府 屬), 豊原瑞穗(總督府 屬), 大槻綱彦(總督府 屬), 塩谷新(總督府 屬), 柘大雄(總督府 屬).

囑託: 藤田忠四郎(總督府 屬), 橫尾善夫(總督府 技手), 中山孝太郎(總督府 屬), 中野洋(總督府 屬), 小川清(總督府 屬).

240_賀来佐賀太郎, 「史料編纂に關する賀來委員長の告辭 - 大正11年 7月 24日 臺灣總督府史料編纂委員會職員會議に於て」, 『臺灣時報』 37, 1922, p.22.

여, '시대를 특장(特長)하는 중요사항을 게(揭)하여 통치의 정신, 노력, 성과를 보여 사적진화(史的進化)의 대세(大勢)'를, 지(志)는 통치와 관련된 '각 전문사항을 상세히 기술하는 것'을 편찬의 요지로 제시하였다.[241]

뿐만 아니라 7월 개최된 위원회의에서 모치지는 사업에 대해 설명하며 사료수집의 범위를 대만총독부에서 발간한 저작물만이 아니라 '개인 저작물, 대만과 관련된 중국·영국·프랑스·독일·네덜란드·스페인 등지에서의 저작물, 믿을 수 있는 인사(人士)와의 질의(質疑) 및 청취서(聽取書) 등'이라고 밝혔는데, 이는 대만총독부 소장 사료를 벗어나는 것이었다. 이와 더불어 모치지는 '신대만사(新臺灣史)' 편찬은 '대정11년(大正11年)에서 13년'에 이르는 3개년 사업이며, 편찬목적에 대해 다음과 같이 발언하며 연설을 마쳤다.

> 本史가 主眼하는 바는 日本의 臺灣統治의 史蹟을 編述하는 데에 있기 때문에 本紀, 志類의 相待로 그 史實을 밝히는 것이지만 改隷以前의 史實을 揭記하는 것은 前後關係를 아는 데에 由이기 때문에 <u>前紀에서 臺灣開闢以來 沿革의 大要를 略敍하고, 특히 日本과 臺灣의 過去 關係를 명료히 하고자 하는 것이다</u>.[242] (밑줄은 인용자)

즉 '신대만사(新臺灣史)'의 편찬 목적은 일본의 대만통치를 미화하기 위한 것이었다는 점에는 이견이 없었지만, 적어도 편찬을 총괄했던 모치지는

241_「新臺灣史目錄起草ノ要旨」『臺灣總督府史料編纂委員會關係資料』. 이는 사료편찬위원회의 編纂顧問이었던 伊能嘉矩가 소장하던 문서이다. 현재'臺灣大學深化臺灣硏究核心典藏數位化計劃'에서 원문을 제공하고 있다.(http://dtrap.lib.ntu.edu.tw/DTRAP/)

242_1922년 7월 21일에 있었던 사료편찬위원회의에서 편찬부장 持地의 연설은 같은 해 발간된 「於史料編纂委員會持地編纂部長之演述」, 『臺灣時報』 37, pp.140~141을 참조.

사업 당초부터 일본의 대만통치 이전부터의 대만사를 서술할 계획을 가지고 있었으며, 이를 회의석상에서 공언하였던 것이다. 또 대만연구가였던 이노우 카노리(伊能嘉矩)를 편찬고문으로 위촉하면서 『청조치하(清朝治下)의 대만(臺灣)』의 편찬을 위탁하였는데,[243] 이 역시 일본의 대만통치 이전에 대한 서술을 고려하고 있었음을 확인시켜준다. 이러한 점들을 고려할 때 '신대만사(新臺灣史)' 편찬은 일본에 의한 대만의 식민지화를 대만과 일본의 역사적 관계상 '필연'으로 보이게 끔 하고, '지나(支那)에서의 정치흥폐(政治興廢)의 사실(史實)을 비교대조함으로서 독자로 하여금 일본에 의한 대만통치의 문화적 가치를 알'[244]리기 위하여 대만의 역사에 대한 통사(通史)의 서술을 목표로 한 사업이었다고 하겠다.

그렇지만 이러한 통사를 서술하는데 사료편찬위원회의 구성은 적합하지 않은 것이었다. 우선 100명에 육박하는 거대한 조직이었지만 업무의 분담이나 편찬의 담당자가 명확하지 않다. 편찬에 따른 서무를 담당할 서무부장이나 간사를 제외해도 90명 정도 인데 사업 진행 당시 업무의 분담은 밝히고 있지 않다. 다만 1920년대 말 사료편찬위원회의 사업을 알리는 신문기사에서 '영대이후(領臺以後)는 持地씨, 동이전(同以前)은 田原씨가 집필하기로 정했으며, 기타는 사료의 수집자문(蒐集諮問)을 맡았다'[245]는 것을 볼 때 본기(本紀)는 편찬부장이었던 모치지가, 전기(前紀)는 편찬부주사(編纂部主査)였던 다하라 테이지로우(田原禎次郎)가 맡았음을 확인할 수 있다.

그런데 모치지나 다하라가 역사를 서술할 역량이 있었는가는 의문이

243_吳密察, 앞의 논문, p.48.

244_「於史料編纂委員會持地編纂部長之演述」, 『臺灣時報』 37, 1922, p.141.

245_「復活に決した「臺灣府史」の編纂」, 『臺灣日日新報』, 1929. 4. 26.

다. 모치지가 통치 초반 10여년간 대만총독부에 근무하면서 교육정책을 입안하고, 통신국장도 역임한 것을 볼 때 대만의 사정에 밝았겠지만 전문적인 역사학자는 아니었다.[246] 다하라 역시 1895년 『대만일일신보(臺灣日日新報)』의 주필로 대만에 부임한 이래 오랜 기간을 대만에서 생활했지만 학자 내지 역사가로 보기 어려운 인물이다. 그나마 편찬고문이었던 이노우 정도가 대만에 대한 학술적 관심을 가지고 연구를 진행한 인물이었지만, 그 역시 주된 관심은 인류학적인 것이었다.[247]

한편 '사료의 수집자문'을 맡은 평의원, 위원, 고문 가운데 대만인은 16명에 불과했으며, 대부분은 총독부 관료들로(일본인 78명 가운데 50명은 총독부 관료였으며, 3명은 군인) 역사편찬과 같은 문화적 사업에 어울리지 않는 이들이었다. 물론 일본의 대만영유 이후의 통치성적과 대만통치 초반 이른바 '토비(討匪)' 관련 사항을 다루는 지(志)의 편찬은 총독부의 관료들이나 군관계자를 통해 어느 정도 가능했겠지만, 대만영유 이전을 포함하는 대만사 서술이 요원한 것임은 사료편찬위원회의 인적 구성과 이들의 이력을 보아도 알 수 있다.

246_持地는 東京帝大 법학과에서 정치학을 전공한 후 大藏省과 內務省에서 근무했다. 이후 1900~10년 사이에는 대만총독부에서, 1912~20년에는 조선총독부에서 토목국장, 체신국장으로 근무하였고, 다시 대만으로 재부임하였다. 즉 이력을 볼 때 그는 식민지 사정에 밝은 관료로서의 성격이 짙다.

247_田原禎次郎은 東京에 있는 獨逸學協會學校(현재 獨協大學)에서 법과 문학을 공부했으며, 1895년 대만 民政長官으로 부임한 後藤新平에게 발탁되 대만에 오게 되어 『臺灣日日新報』의 주필로 등용되었다. 한편 伊能嘉矩는 주로 조선과 만주지방에서 인류학적 조사와 연구를 진행했던 鳥居龍藏과 동기로 東京帝大에서 坪井正五郎 문하에서 人類學을 배웠다. 伊能은 1895년 대만총독부의 雇員으로 대만에 대한 인류학적 조사를 진행하였으며, 대만총독부에서는 그 결과를 『臺灣蕃人事情』이라는 제목으로 간행하였다.

이처럼 사료편찬위원회가 관료위주의 조직으로 '신대만사(新臺灣史)' 편찬에 적합한 인적 구성이 아니었을 뿐더러 실질적으로 편찬을 담당한 이들 역시 전문적인 역사 연구의 경험이 없는 이들로 채워졌던 것은 당시 일본 본국의 학계 상황을 보면 어쩔 수 없는 선택이었다. 도쿄와 교토에 제국대학이 설립되고 사학과가 개설되었고 조선사 강좌가 한동안은 유지되었으며, 고대사와 한일관계사와 관련해서는 그나마 연구가 진행되었음은 앞에서도 언급하였지만 대만의 역사와 관계된 강좌는 어떤 학교에도 마련되어 있지 않았던 것이다. 즉 당시 일본에서도 대만의 역사를 전문적으로 연구하고 있던 이들은 없었다고 해도 좋을 정도로 대만의 역사에 대한 연구 상황은 조선사에 비해서도 훨씬 열악했다. 그나마 간혹 발표되었던 당시 일본 사학계에서의 대만 관련 연구 성과는 대만 자체에 대한 관심에서가 아니라 일본과 대만 혹은 대만을 교역로로 한 네덜란드, 포르투칼, 멕시코 등 지와의 대외관계에 관한 관심에서 비롯된 것이었다.[248] 이와 같은 당시 일본 학계의 정황을 보면 '신대만사(新臺灣史)'를 편찬하는 것은 요원한 것이라 하겠다.

248_당시 일본에서 대만사 연구의 동향은 1889년 東京帝大 사학과를 중심으로 구성된 일본 최초의 역사학회인 史學會에서 발간한 『史學雜誌』에 실린 대만 관계 논문의 추이를 통해 살펴볼 수 있을 것이다. 창간된 1889년부터 1940년까지 『史學雜誌』에 실린 대만 관계 논문은 모두 7편으로 저자는 메이지기 이래 중국사 연구자로 학계의 거두였던 市村瓚次郎을 필두로, 강점 전후 한국의 학정참여관 및 문부성의 시학관, 東京帝大 교수를 역임하고 臺北帝大의 초대총장을 지낸 幣原坦, 村上直次郎 및 村上의 후배로 臺北帝大에서 村上의 뒤를 이어 '南洋史講座'를 담당했던 岩生成一 정도이다. 또 이들의 연구주제 역시 '臺灣新港文書'(村上直次郎, 1897), '豐臣秀吉の臺灣征討計劃に就いて'(岩生成一, 1927)에서 알 수 있듯이 무역, 대일관계가 주를 이루고 있었다.(『史學雜誌』 수록 논문녹록은 史學會 編, 『史學雜誌總索引』, 富山房, 1940을 근거로 함.)

더군다나 편찬을 주도했던 다하라와 모치지가 1923년 4월과 8월에 사망한데 이어, 1925년 9월에는 이노우 마저 사망했다. 뿐만 아니라 사업 개시 당시의 총독으로 사업을 후원했던 덴 겐지로(田健治郎) 총독이 1923년 9월 2일부로 총독을 사직한 이후 본국의 내각변화와 맞물려 총독의 교체가 빈번한 가운에 1924년 9월 1일자로 부임한 이자와 타키오(伊沢多喜男) 총독은 본국 내각의 행정정리정책을 받아들여 대만총독부에서도 대대적인 행정정리와 긴축재정을 단행하였다.[249] 이처럼 주요 관계자가 연이어 사망한데 이어 긴축재정이 단행되면서 새로운 인적 지원이 이루어지지 않는 상황에서 사업은 유야무야하고 말았다.[250]

사료편찬위원회 구성 이후 '신대만사(新臺灣史)' 편찬 과정은 조선총독부의 '반도사 편찬'과 닮아 있다. 식민지화를 역사적 경과의 결과로 그려내고, 식민통치를 발전의 계기로 위치지우려는 통사의 서술을 목적으로 한 점, 그렇지만 이를 서술할 만한 학계의 역량이 갖추어지지 않은 채 사업이 진행되었으며 결국 통치방책의 변화와 맞물려 중단되었다는 면에서도 그러하다.

이렇듯 '신대만사(新臺灣史)'라는 통사의 서술을 목표로 했던 사료편찬위

249_정당정치가 이루어진 이른바 '다이쇼 데모크라시'기에는 집권당의 교체에 따른 내각변화가 빈번했으며, 이는 대만총독을 비롯한 총무장관 및 고위관료의 경질로 이어졌다. 伊沢多喜男 총독은 본국에서 加藤高明 내각의 성립과 함께 이 내각의 중핵인 憲政會와 연고가 깊은 내무관료출신이었다. 당시 대만총독의 교체와 본국 내각과의 관계에 대해서는 岡本眞希子, 『植民地官僚の政治史』, 三元社, 2008, pp.338~366을 참고.

250_실제로 사료편찬위원회 관련 사항은 1924년 이래 드러나는 것이 없다. 다만 사료편찬위원이었던 尾崎秀眞이 '臺灣總督府史料編纂委員'(또는 '臺灣史料編纂委員')이라는 직함으로 1925년 전반기 8회에 걸쳐 『臺灣時報』에 「臺灣4千年史の研究」를 게재한 것이 유일한 것으로 확인된다.

원회의 사업은 실패로 끝났지만 1929년 4월 26일 '대만총독부사료편찬회규정(臺灣總督府史料編纂會規程)'(이하 '사료편찬회규정')이 공포되어[251] '대만총독부사료편찬회(臺灣總督府史料編纂會)'(이하 '사료편찬회')가 구성되며 대만총독부의 역사편찬 사업은 재개되었다. 규정 상 사료편찬회는 이전 사료편찬위원회처럼 서무부와 편찬부로 업무가 분담되며, 간사, 평의원, 서기 등을 이전과 같은 방식으로 둘 수 있었다. 그렇지만 사료편찬회는 서무부장(庶務部長)을 문교국장(文教局長)이 담당하는 것으로 하여 사업이 대만총독부 문교국(文教局)의 소관임을 명시하였다.(제3조) 한편 사료편찬회는 사료편찬위원회 당시 자문역으로 조직의 대다수를 차지했던 편찬고문(編纂顧問)과 평의원(評議員)을 두지 않았다. 편찬고문에 대해서는 규정 자체가 없고, 평의원은 과거와 동일하게 규정하고 있지만(제6조) 단 한명의 선임도 이루어지지 않았다. 즉 조직의 대대적인 축소가 이루어진 것이다. 그렇지만 사료의 조사, 편찬에 종사할 인력으로 편찬원(編纂員) 약간 명을 둘 수 있도록 하였다.(제5조) 규정에 나타나듯이 편찬원은 편찬을 담당할 이들로, 조직을 대폭 축소하면서도 이러한 직책을 둔 것은 전문 인력의 부족으로 제대로 진행할 수 없었던 과거 사료편찬위원회의 실패경험에서 나온 것으로 보인다.

이는 편찬부장과 편찬원의 인사를 보면 잘 드러난다. 사료편찬회규정 발포와 더불어 같은 해 4월부터 6월에 걸쳐 편찬부장과 편찬원이 선임되었는데, 특히 주목되는 것은 편찬의 총괄책임자인 편찬부장으로 타이페이제국대학(臺北帝國大學) 교수 무라카미 나오지로(村上直次郎)가 임명된 것이다.[252] 무라카미는 도쿄제대 사학과에서 수학했으며, 졸업 후인 1896년에

251_『臺灣總督府府報』, 1929. 4. 26. 訓令 第29號.

252_『臺灣總督府府報』, 1929. 5. 1. 敍任及辭令. 村上의 발령일자는 편찬회 규정이 공포된 4월 2

서 1897년에 걸쳐 척식무성(拓殖務省)에 촉탁으로 용빙되어 대만의 역사를 조사·연구한 경험이 있다. 특히 당시 조사에서 그는 타이난(臺南) 부근의 신항사(新港社)에서 네덜란드 문자와 대만 원주민의 번어(蕃語)로 작성된 토지계약서(이른바 '新港文書')를 발견했는데, 이는 대만 연구의 필수적인 사항인 원주민의 언어를 해독하는 단초를 제공한 것으로 무라카미 개인과 학계 모두에게 매우 중요한 계기를 이루었다. 이후 유럽 유학을 거쳐 도쿄제대 강사, 도쿄외국어학교(東京外國語學校) 교수 및 교장을 역임하다가 1928년 타이페이제국대학 창립과 동시에 사학과 교수로 부임하여 1935년까지 남양사학강좌(南洋史學講座)를 담임했던 무라카미는 대만과 그 주변의 역사에 있어 당대 최고 권위자였다.[253] 무라카미 외에도 타이페이제국대학의 교수인 쿠보 덴즈이(久保天隨 혹은 久保得二), 역시 타이페이제대 조교수였던 칸다 키이치로(神田喜一郎) 및 타이페이고등학교(臺北高等學校) 교수 히타노 키요타로(波多野清太郎)가 편찬원으로 선임되었다.[254] 즉 사료편찬회는 과거 사료편찬위원회와는 달리 명예직에 가까운 직책을 정리해 조직을 축소하는 한편 학계의 인사 – 특히 1928년 개교한 타이페이제국대학의 인사를 주축으로 편찬의 진용을 정비하여 전문성을 재고하였다.

한편 이상과 같은 진용이 짜여진 직후인 1929년 6월 신문지상을 통해

6일이었다. 이와 동시에 편찬회 사무를 담당할 幹事 2명(臺灣總督府事務官 山本理一, 臺灣總督府編修官 浮田辰平)과 書記 4명(臺灣總督府屬 宗藤大陸, 高岡義雄, 鹿田憲士, 山下若松)에 대한 발령도 이루어졌다.

253_村上直次郎의 주요 활동에 대해서는 葉碧苓, 「村上直次郎的臺灣史研究」, 『國史館學術集刊』, 2008, pp.4~11을 참조.

254_『臺灣總督府府報』, 1929. 5. 4·9. 및 6. 7. 敍任及辭令. 발령일자는 久保得二는 4월 30일, 神田喜一郎은 5월 7일, 波多野清太郎은 6월 4일이었다.

추가된 인사들과 더불어 편찬의 분장 상황이 공개되었다. 이에 따르면 1901년 이래 『臺灣日日新報』의 기자였으며 사료편찬위원회에도 관계한 오자키 호츠마(尾崎秀眞)와 이노구치 야스키(猪口安喜), 시오미 헤이노스케(鹽見平之助) 등의 인사가 편찬원에 추가되었으며, 사업은 3년 예정으로 진행될 것임을 알 수 있다. 이와 더불어 편찬 업무의 분담, 편찬물의 성격에 대해서도 언급하고 있는데, 이를 인용하면 다음과 같다.

> 編纂의 一般方略으로서는 領臺前과 領臺後로 나누고, 領臺前을 다시 日本·西洋 및 支那 각 部로 나누어 日本과 西洋을 村上 박사가 擔任하고, 支那部는 久保天隨씨가 담당하게 되었다. 이를 위해서는 和蘭이나 支那에서 圖書館 기타 古文書의 筆記 등도 행하여, 領臺 以前의 臺灣狀況과 모습이 어떠했는가는 이들 領臺前의 史料에 의해 今後 明瞭하게 될 것이다. 領臺後의 부분은 일부는 이미 陸軍에서 간행했던 것이 있지만 이것 외에 總督府에는 領臺 以後의 古文書가 산과 같이 保存되어 있기 때문에 이것들로부터 정확한 史料를 모아 단지 史料로서 刊行하여 그 體裁도 『大日本史料』의 방식을 본떠 편찬하지만 『大日本史料』는 50년 이상이 걸렸지만 臺灣의 史料가 3년간 완성할 수 있는가 아닌가 의문시된다.[255] (밑줄은 인용자)

먼저 편찬은 크게 '영대전(領臺前)'과 '영대후(領臺後)'로 나누어 이루어지며, '영대전(領臺前)'은 무라카미(일본과 서양의 대만관계 자료)와 쿠보(중국의 대만관계 자료)가 담당한다는 것을 명시하고 있는 것으로 보아, '영대후(領臺後)'는 이들 외의 편찬원이 담당했음을 알 수 있다. 특히 '영대후(領臺後)'의 편찬과 관련해서는 일부가 육군에 의해 간행된 데다가 총독부에 관련 사료

255_「陣容漸く整へる臺灣史編纂會 - 仕事は既に始められている. 完成は相當長引かう」, 『臺灣日日新報』, 1929. 6. 4.

가 많다는 것을 언급한 것으로 보아 사료의 수집이나 편찬에 어려움이 있었던 것은 '영대전(領臺前)'이었다고 추측되며, 이런 이유로 타이페이제대 교수로서 학문적 권위가 가장 높으며, 이 부분의 연구자였던 무라카미와 쿠보가 이를 담당했던 것으로 보여진다.

한편 편찬물의 체재는 『大日本史料』와 같은 방식이었음을 알 수 있다. 즉 사료편찬회의 사업이 『大日本史料』를 모델로 한다는 것은 대만총독부의 역사 편찬 사업 역시 통사의 서술에서 사료 수집과 편찬이라는 방식으로 선회했음을 말해 준다. 더군다나 무라카미는 이러한 방식의 역사편찬에 익숙했다. 그는 제대 교수로서 학적 권위를 드러낼 수 있을 뿐만 아니라 1903년 도쿄제대 사료편찬괘의 사료편찬원이 된 이래 1920년대까지도 사료편찬관을 겸직하고 있었으며, 심지어 타이페이제대 교수이자 사료편찬회 편찬부장을 맡고 있던 1931년에도 사료편찬소 - 도쿄제대 사료편찬괘는 1929년 '사료편찬소(史料編纂所)'로 개칭되었다 - 의 편찬업무를 촉탁받고 있을 정도로 『大日本史料』 편찬과 불가분한 관계를 맺고 있었기 때문에 『大日本史料』를 모델로 한 사료편찬회의 사업을 진행하기에 가장 적합한 인물이었다.[256]

이후 사료편찬회의 사업경과에 대해서는 그다지 알려진 바가 없지만 사업은 순조롭게 진행된 것으로 보인다. 예정된 3년이 지난 1932년까지 소기의 성과를 거두기 때문이다. 총 59책으로 이루어진 사료편찬회의 결과물은 크게 7책(册)으로 이루어진 『대만사료잡찬(臺灣史料雜纂)』과 고본(稿本, 27册)·강문(綱文, 25册)으로 이루어진 『대만사료(臺灣史料)』로 구성되어 있

256_村上의 이력은 岩生成一 等, 「先學を語る - 村上直次郎博士」, 『東方學』 57, 1979, pp.171~173을 참고.

다. 『臺灣史料雜纂』은 사료편찬회 구성 초기 '영대전(領臺前)'으로 계획했던 부분으로 바타비아(지금의 자카르타)에 본부를 두고 있던 네덜란드 동인도회사가 아시아 각지로부터 본국(네덜란드)로 보낸 방대한 보고서에서 일본, 대만에 관한 부분을 무라카미가 뽑아 번역한 『바타비야성(城) 일지(日誌)』와 『Cornelis Reijersen 사령관일기(司令官日記)』 및 쿠보와 칸다가 중국과 대만의 사료들에서 대만 관계 사료를 발췌·수록한 『개례전지나사료(改隷前支那史料)(淸代及以前之中國史料)』로 이루어졌다. 한편 계획 당시 '영대후(領臺後)'라고 했던 것이 바로 『대만사료(臺灣史料)』이다. 이는 1895년부터 1919년까지를 대상으로 '일청전사(日淸戰史)', '육군막료역사초안(陸軍幕僚歷史草案)', '총독부공문류찬(總督府公文類纂)', '총독부사무성적제요(總督府事務成績提要)', '평대기념록(平臺紀念錄)', '치비지(治匪誌)' 및 기타 공문서에 근거하여 중요사항을 발췌한 후 연, 월, 일 순으로(편년체로) 묶은 것으로, 사료까지 포함한 것을 고본(稿本), 여기에서 사료를 빼고 '연월일·건명(年月日·件名)(事項)·출전(出典)'만을 기재한 것을 강문(綱文)이라고 명명했다. 이러한 편찬물의 간행과 함께 1933년 5월 1일 사료편찬회는 공식적으로 해체되며, 대만총독부의 역사 편찬 사업은 일단락 지어졌다.[257]

이처럼 대만총독부에서 진행한 역사 편찬 사업 역시 조선사편수회가 그러했던 것처럼 일본 본국의 사료편찬괘와 접점을 갖는 인물, 바로 무라카미가 주도하는 가운데 『大日本史料』와 같은 사료의 수집·정리 및 간행이라는 방식으로 실현되었다. 이러한 역사 편찬 방식은 조선총독부 및 일본 본국의 역사 편찬 방식과 매우 유사한 것이다. 그렇다면 사료를 정리하여

257_『臺灣總督府府報』, 1933. 5. 1. 訓令 第29號.

편년에 따라 이를 편찬하는 것은 제국 일본이 추진한 역사 편찬의 방식이라고도 할 수 있을 것이다. 그렇다면 '사료의 수집과 편찬'은 과연 침략과 식민통치의 합리화라는 정치적 목적을 방기한, 사업 담당자들이 주장했듯이, 과연 순수한 학술적 목적을 위한 것이었을까. 역사편찬 방식으로서 중앙 권력에 의한 사료의 수집과 편찬은 어떠한 의미가 있는 것일까.

이에 대한 해답은 조선과 대만의 총독부에서 진행한 역사 편찬 사업의 원형이라 할 수 있는 메이지유신 이래 일본 본국의 역사 편찬 사업의 변화와 그로 발생된 역사연구의 추이를 통해 시사받을 수 있다.

왕조에서 사국(史局) 혹은 사관(史官)을 두고 국가의 궤적을 '正史'로서 기록하여 정통성의 근거로 삼은 것은 유교적 전통을 지닌 동아시아 국가의 역사편찬 방식이다. 일본에서도 이른바 율령국가로 불리는 나라(奈良)·헤이안(平安) 시대에는 이와 같은 정사(正史)로서 『日本書紀』에서 『삼대실록(三代實錄)』에 이르는 6종의 사서(六國史)가 편찬되었다. 그렇지만 이후 막부에 의한 무가정치가 이루어짐에 따라 정사 편찬은 사라졌다. 메이지유신 이후 정부에서는 '육국사(六國史)' 이후 끊어진 정사편찬의 필요성이 제기되었으며, 메이지 일왕은 '만세불후의 대사(大事)이자 조종(祖宗)의 장거'인 정사편찬이 『三代實錄』 이후에 단절된 것은 큰 잘못이라며, 이를 이은 정사편찬을 명하였다. 이에 따라 1869년 3월 사료편집국사교정국(史料編輯國史校正局)이 창설되었으며, 이는 얼마 지나지 않아 태정관정원(太政官正院)으로 이관되어 역사 편찬 사업이 개시되었다. 그렇지만 메이지유신 이후 서구화 정책이 진행되는 가운데 사회사상이나 역사관은 과거의 유교적 관념, 서구 사상과 윤리, 국체론이 뒤섞여 어느 것 하나가 주도권을 잡지 못한 혼란스러운 상황이었고, 이는 역사 편찬의 방향을 설정함에 있어서도 마찬가지였다. 이와 같은 사상적 혼란 속에서 1875년 4월 직제개정(職制改正)에 따라 역사 편찬 사업을 위한 기관은 80명의 소속직원을 수용한 수사국(修史局)으로 개편되었지만 그 편찬 방식을 둘러싸고 사료의 수집과 편찬을 주로 할 것인가 정사의 서술을 목표로 할 것인가, 편찬체제는 어떻게 할 것인가, 한문으로 해야 할 것인가 일본어로 해야 하는가 등의 문제를 둘러싼 이견과 대립은 계속되었다. 더군다나 수사국은 개설된 지 2년 만인 1877년 1월에 재정난으로 인하여 관원을 절반으로 줄이며 수사관(修史館)으로 재편되기에 이르렀다. 하지만 이 과정에서 수사관의 주도권은 시게노 야스츠구(重野安繹), 쿠메 쿠니다케(久米邦武), 호시노 히사시(星野恒) 등 고증학에 기반을 둔 한학자들이 잡게 되었다. 편찬의 방침은 이들에 의해 동아시아에서의 역사편찬 방식에 입각하고 과거 '육국사(六國史)'를 계승하여 1318년부터 1867년까지를 다루는, 한문으로 서술된 편년체 역사서인 『대일본편년사(大日本編年史)』를 편찬하는 것으로 결정되었다. 이후 태정관의 폐지와 내각의 설치(1885년 12월), 제국대학의 국사과 창설 계획(1888년 10월) 등에 따라 편찬기관은 내각부치 임시수사국(內閣附置 臨時修史局), 제국대학 본부 직속의 임시편년사편찬괘(臨時編年史編纂掛)로 소속과 명칭이 변화하였지만 편찬 사업의 주역이었던 시게노, 쿠메, 호시노가 제국대학 국사학과 교수로 취임하여 여전히 사업의 주도권을 장악한 가운데 한문으로 서술된 편년체 역사서인 『大日本編年史』를 편찬한다는 방침은 변동되지 않은 채 진행되었다.[258]

그렇지만 이러한 상황은 쿠메의 필화사건으로 급변하였다. 1891년 쿠메는 '신도는 제천의 고속(神道ハ祭天ノ古俗)'이라는 논문을 발표했는데, 여

258_메이지유신 이후 1890년대 초반 메이지 정부의 역사 편찬 사업에 대해서는 東京大學百年史編纂委員會編, 「史料編纂所」, 『東京大學百年史 部局史』 4, 1987, pp.543~554 및 나가하라 게이지 著·하종문 譯, 앞의 책, pp.24~32를 참고.

기서 그는 신도(神道)가 하늘에 제사를 지내는 옛 풍속일 뿐이기 때문에 신도를 국체(國體)라며 묵수하는 것은 문명개화에 방해가 된다는 내용을 기술했다. 그런데 이는 국체와 교육칙어를 무시하며 결국 '천황'의 존엄성을 훼손한다는 이유로 국체론자와 신도학자들에게 엄청난 비판을 받게 되었다. 결국 쿠메는 1892년 '휴직' 처분을 받고 제국대학에서 쫓겨났으며, 그가 한 축을 담당하던 임시편년사편찬괘 역시 1893년 4월 10일 폐지되어 『大日本編年史』 편찬은 중단되었다.[259]

하지만 메이지정부의 공식적인 역사 편찬 사업은 1895년 제국대학 문과대학내에 '사료편찬괘'가 설치되며 재개되었다. 그런데 이때에는 편년체 역사서가 아닌 편년체 사료집을 편찬하는 것으로 사업 목표가 수정되었으며, 이에 입각하여 편년체 사료집으로써 『大日本史料』와 고문서를 8세기 이후 순차편년으로 집성하는 『大日本古文書』의 간행이 착수되었다.[260] 이에 따라 과거 『大日本編年史』 편찬을 위하여 진행된 사료의 조사와 수집은 『大日本史料』와 『大日本古文書』로 수렴되었으며, 편년체 사료집의 간행이 목표였던 만큼 사료에 대한 수집은 더욱 강화되었고,[261] 수집된 사료를 바

259_宮地正人, 「史料編纂所の歴史とその課題」, 『歴史學と史料研究』, 東京大學 史料編纂所, 2003, pp.163~167; 나가하라 게이지 著·하종문 譯, 앞의 책, pp.46~54. 한편 제국대학에서 쫓겨난 쿠메는 제국대학으로 돌아오지 못한 채 도쿄전문대학(와세다대학의 전신)으로 옮겼으며, 시게노 역시 臨時編年史編纂掛가 폐지된 1893년 제국대학을 떠났다.

260_加藤友康, 「東京大學 史料編纂所에 있어서의 史料蒐集과 史料集의 編纂」, 『東亞細亞 歷史編纂의 傳統과 各國의 史料研究·編纂』, 2002, p.34.

261_역사 편찬을 위한 사료 조사는 1873년 宮城縣을 대상으로 한 조사와 수집이 최초였다. 이후 1885년 전국 각지의 사료에 대한 조사가 필요하다는 修史館에서의 의견이 받아들여지면서 지방에서의 사료 조사·수집이 본격화되었고, 사업이 東京帝大 史料編纂掛로 인계된 이후인 1898년에는 전국 各 府縣에 대한 1차적인 조사와 수집이 일단락되었지만 1회의 조사로는 파악하기 어려운 사료가 상당히 존재했기 때문에 이후에도 京都와 奈良를 중심

당으로 1901년부터 『大日本史料』가 간행되었다. 『大日本史料』는 '육국사(六國史)'편찬 이후 중단된 정사(正史) 편찬을 이른바 근대국가에 의해 개시한다는 인식 아래에서 편찬과 간행이 이루어졌으며,[262] 이러한 작업은 현재까지도 지속되고 있다.

이와 같은 메이지유신 이후 일본의 사료 편찬 사업의 추이와 방식을 고려할 때 조선과 대만의 총독부에서 실행했던 역사 편찬 사업은 식민 본국의 그것과 비슷한 궤적을 보인다고 하겠다. '朝鮮半島史' 혹은 '新臺灣史'와 같은 통사의 서술에서 사료의 수집을 통한 편년체 사료집(혹은 색인집)으로서 『朝鮮史』 내지 『臺灣史料雜纂』·『臺灣史料』의 간행으로의 전환은 일본에서의 역사 편찬 사업의 추이와 유사하다. 또 일본에서의 역사 편찬 경험이 조선총독부의 역사 편찬 사업에 직간접적으로 영향을 끼쳐왔음은 앞 장에서 이미 살펴보았으며,[263] 대만총독부사료편찬회의 경우 『大日本史料』를 모델로 한 사업이라는 것을 공공연하게 밝혔다. 더군다나 앞서 밝혔듯이 조선·대만 총독부의 역사 편찬 사업을 총괄했던 쿠로이타와 무라카미는 도쿄제대 사료편찬괘에 몸담으며 사료의 수집 및 정리를 통한 역사 편찬에 익숙한, 이러한 방식의 역사 편찬을 식민지에서 실현하는데 최적이라고 할 수 있는 이들이었다.

한편 메이지유신 이후 일본의 역사 편찬 사업은 과거 '번(藩)'으로 대변

으로 철저한 조사가 지속되었다.(東京大學史料編纂所, 『東京大學史料編纂所史 史料集』, 2001, pp.555~556.)

262_坂本太郎, 『日本の修史と史學』, 至文堂, 1983, p.238.

263_朝鮮史編纂委員會와 朝鮮史編修會의 역사편찬이 일본의 역사 편찬 사업 가운데서도 특히 사료편찬괘의 『大日本史料』와 『大日本古文書』 편찬에서 많은 영향을 받았다는 것은 자주 언급되어 왔다.(李成市, 앞의 논문 ; 송완범, 앞의 논문.)

되는 지방분권적 국가에서 '천황'을 중심으로 하는 중앙집권화와 더불어 새롭게 정비된 체제의 정통성을 밝히기 위한 것이기도 하며 그 결과물은 『大日本史料』라 하겠다. 그런데 이러한 역사 편찬 사업은 일본 각지의 지방사 연구와 서술을 촉진·변화시켰다. 앞서 서술했듯이 일본에서는 헤이안 시대의 '육국사(六國史)' 편찬 이후 메이지유신 이전까지는 이렇다 할 중앙정부 차원의 역사편찬은 없었다. 헤이안 시대 이후 막부를 중심으로 한 지방분권적 체제를 유지해 온 일본의 역사적 과정을 고려하면 이는 당연한 것이다. 때문에 일본의 역사 편찬 역시 지방적인 수준에서 이루어졌으며, 특히 에도 시대 이래 각 번(藩)에서는 경쟁적으로 다이묘의 가계(家系)나 가신(家臣)들의 계보, 번을 위해 활약한 인물이나 번의 명예를 높인 인물에 대한 연구가 활발히 이루어지는 가운데 지방사 편찬의 전통이 강화되었다고 한다.[264]

그런데 『大日本史料』가 간행되기 시작한 1900년대 이래 간행된 지방사지(地方史誌)에서는 이전에는 찾아볼 수 없었던 새로운 양상이 나타난다고 한다. 지방의 시조나 위인을 기술함에 있어 이전의 지방사지에서는 보이지 않던 이들, 주로 '천황'과 관련된 이들이 등장한다는 것이다. 이는 번(藩)이 아닌 '천황'을 정점으로 하는 국가와의 관련 속에서 지방의 의미가 부각되는 것이라 하겠다.

또 한 가지 흥미로운 것은 이렇게 '천황'과의 관련 속에서 그 지방의 시조나 위인으로서 지방사지에 새롭게 등장하는 이들의 역사적 실재를 보증해 주는 근거들이 바로 『大日本史料』에 실려 있는 사료였다는 점이다.[265]

264_현명철, 「일본 지방사연구의 현황과 과제」, 『지방사와 지방문화』 1, 1998, pp.99~103.

265_남상호, 「근대 地方史誌 편찬과 鄕土意識」, 『근대일본의 제문제』, 경기대학교 출판부, 2006, pp.183~187. 이 연구에서는 埼玉縣 粕壁町(현재 春日部市)의 지방사지의 편찬과 지방의

이는 지방사의 연구와 편찬에 있어 『大日本史料』를 이용하여 학문적 실증성을 높이는 것이라 하겠다. 지방사의 실증성을 중앙정부에서 간행한 '正史'가 보증하는 것이다. 그런데 이러한 경향은 지방사의 학문적 가치 - 실증성 - 를 높여주는 한편 국사에 대한 지방사의 추종, 나아가서는 지방사 연구 배후에 있는 향토의식을 국가에 귀속시키는 것이라고도 할 수 있는 것이다. 즉 지방사 편찬에 따른 지방 차원의 역사적 독자성을 인정하면서도 이를 중앙정부 차원에서의 사료의 수집과 편찬이 보증하는 가운데 지방은 중앙정부에 종속적으로 연결되는 양태가 되는 것이다.

'사료의 수집과 편찬'이라는 조선총독부와 대만총독부 역사 편찬 사업의 목표는 지방에 대한 독자성을 인정하고 연구에 대한 실증성을 보증하면서도 장기적으로는 지방을 중앙정부에 포섭하고 중앙사에 종속된 지방사를 가능케 했던 일본의 역사 편찬 사업을 닮아 있다. 즉 식민지 조선과 대만의 총독부에서 진행한 역사 편찬 사업은 일본과의 혈연적 공통성 혹은 역사적으로 밀접한 관계를 강변하여 초래될 수 있는 식민지인들의 반발과 총독부 권위의 훼손을 미연에 방지함은 물론 역사학의 기반인 사료를 최고 권력체에서 장악하여 학문적 권위를 부여하는 것이다. 또 이렇게 총독부라는 제국의 권력에 의해 수집·편찬되어 실증성을 보증받은 사료들은 역사

시조 인식 및 지방 유적과 축제의 변화 사례를 들고 있다. 이에 따르면 1903년 이 마을에 있는 最勝院의 주지로 鷲尾諦仁師가 부임한 이래로 마을 시조로서 이전에 간행된 지방사지에 보이지 않았던 春日部重行이란 인물이 부각되었으며, 결국 이후에 간행된 지방사지에는 역사적 사실로서 실린다는 것이다. 그런데 그 근거는 『大日本史料』 제6편에서 春日部重行 관계의 後醍醐天皇 綸旨 2통을 발견한 것이었다고 한다. 즉 『大日本史料』에 실린 사료를 근거로 春日部重行이 역사적 인물로 부각된 것이다. 뿐만 아니라 鷲尾諦仁師는, 도쿄제대 사학과 졸업 후 이 마을의 粕壁中學校長으로 있었던 松崎求己의 조력을 받아가며 불분명한 春日部重行의 묘까지 확정했다고 한다.

연구와 서술에 있어 우월한 지위를 차지하고 보다 쉽게 이용될 수 있었음은 물론이다. 이를 이용한 연구가 장기적으로 이루어진다면 조선과 대만의 역사는 결국 제국 권력에 의해 실증성을 인정받은 사료들로 구성되었을 것이며, 일본의 역사 편찬 방식과 지방사 편찬의 흐름을 볼 때 총독부에 의해 실증성을 보장받은 사료를 이용하여 역사 서술이 이루어지는 것은 결국 조선과 대만의 역사를 일본 제국의 지방사로서 위치지우는 것이라고도 할 수 있지 않을까. 조선사편수회에서 진행했던 『朝鮮史』 편찬이 거의 마무리 될 무렵, 그 편찬에 있어 핵심적인 역할을 담당한 스에마쓰는 '한국(韓國)이 우리 국가에 병합되어 그 이름도 조선(朝鮮)으로 고친 것과 동시에 그 전영토(全領土)는 우리 국가의 일부분이 되었다. 그 이래 조선의 역사는 순연한 국사(國史)의 일부분을 이루고 이미 국사의 바깥에 조선사(朝鮮史)는 존재하지 않는 것'[266]이라고 하였는데, 이는 당시 편찬관계자이자 주요한 역사가가 식민지였던 조선사의 위상을 어떻게 설정하였는가를 단적으로 보여준다. 즉 일본의 침략에 따라 확대되는 '國史'(일본사)의 일부분으로서 식민지의 역사를 사고하는 것으로, 조선과 대만 총독부의 역사편찬은 - 오랜 시간이 걸리겠지만 - 이를 실현시킬 수 있는 방책이었다.[267]

266_末松保和, 「朝鮮史」(1) 『朝鮮行政』 1-9, 帝國地方行政學會, 1937, p.201.

267_한편 이와 관련하여 최근 『朝鮮史』 출간 이후 조선총독부 산하 지방청에서 발간한 지방사들에 대한 분석이 주목된다. 각각 1942년과 1943년에 발간된 『全州府史』와 『大邱府史』의 경우 이 지역의 역사적 특성을 한일관계사의 맥락에서 찾으면서 그 사료적 근거를 『朝鮮史』에서 구하고 있다는 것이다. 즉 대구와 전주는 한일관계사의 맥락에서 역사적으로 조명되고, 새로운 의미를 부여받으며, 식민지 중앙권력의 역사 편찬 사업은 그 실증성을 보장한다는 것이다.(정상우, 「일제강점 말기 관찬 지방사에서의 지방 구현 - 『大邱府史』를 중심으로」, 『동북아역사논총』 45, 2014; 정상우, 「일제 하 '全州' 지방의 지방사 편찬 - 『全州府史』를 중심으로」, 『한국문화』 71, 2015.)

한편 조선과 대만 총독부의 역사 편찬 사업은 서술이 아닌 사료의 수집과 편찬이기 때문에 식민지 대중에 대한 확산성이 낮을 수 있지만 그 생명력은 강인한 것이었다. 즉 당시에 축척된 사료 및 이를 바탕으로 편찬된 『朝鮮史』, 『臺灣史料』 등은 식민지 이후까지도 해당 사회에 온존한 것이다. 해방 이후 한국에서는 과거 조선사편수회에서 수집된 자료를 인계하여 '국사관(國史館)'이 발족되었으며, 이는 다시 '국사편찬위원회(國史編纂委員會)'로 이어졌다.[268] 또 현재 대만의 역사 자료를 다수 소장하고 있는 대만의 '국립중앙도서관 대만분관(國立中央圖書館 臺灣分館)'이 이들 자료들을 소장할 수 있게 된 계기는 바로 대만총독부의 역사 편찬 사업이었다. 당시 역사 편찬을 위해 수집된 사료들은 대만총독부 도서관에 보관되었으며, 이것이 1945년 이후 '대만분관(臺灣分館)'으로 이관되었기 때문이다.[269] 이러한 자료들은 해방 후 역사 연구에 귀중한 자료로서 활용되었음은 당연하다. 즉 사료를 수집·편찬하는 식민지기 총독부의 편찬 방식은 특정의 역사서술을 하지 않았다는 점에서 직접적으로 침략과 지배를 합리화하는 기능은 약했을 수 있지만 식민지 사회에 깊숙이 뿌리를 내려 식민지 이후까지도 온존할 수 있었다.

268_國史編纂委員會, 『國史編纂委員會史』, 1990, p.4.
269_吳密察, 앞의 논문, p.39.

3장

『朝鮮史』의 구성과 편찬자들의 조선사 인식

1. 『朝鮮史』의 구성 - 특히 제 1편의 체제 변화를 중심으로

사료를 수집하여 간행한다는 것은 역사 연구의 전제로 오랜 시간이 들며 많은 인력이 동원되는 작업이지만, 이것만으로는 역사 연구가 아니다. 그런데 조선사편찬위원회와 조선사편수회는 사료의 수집과 간행을 목표로 하였다. 이는 연구의 기반을 제공하는 것이지만 그 자체로는 연구의 완결이 아니다. 『朝鮮史』 편찬 관계자들은 이 사업을 '조선 전토(全土)의 자료를 집대성하고, 각 방면에 걸쳐 매우 공평한 학술적 견지에서 진행시켜 나가'는 것이라며, 사업이 '학술'을 위한 '공평'한 것임을 강조했다.[1] 즉 역사서술을 통하여 특정 역사상(歷史像)을 제시하는 것이 아니라 연구의 기반이 되

1_朝鮮史編修會, 「第1回 朝鮮史編纂委員會 會議錄」, 『朝鮮史編纂委員會 委員會議事錄』. 인용문은 1923년 1월 8일에 있었던 제1회 조선사편찬위원회의에서 政務總監으로서 委員會長을 맡은 有吉忠一이 式辭로서 향후의 사업이 사료의 수집을 통해 학술적 견지에서 진행되는 것임을 제언하고 있으며, 이는 編纂委員會規程이나 編修會官制에서도 반복적으로 나타난다.

는 사료의 수집과 정리 및 간행에 집중하면서 『朝鮮史』 편찬이 정치적 목적에서 이루어진 것이 아닌, 학술적 성격의 사업임을 기회가 있을 때마다 누누이 강조 · 선전했던 것이다. 그래서였는지 편찬위원회와 편수회 사업에 대한 조선인들의 발언은 드물며, 오히려 사업에 대해 조선인들의 언급이 없는 것에 대해 아무런 '자극(刺戟)과 감분(感奮)이 업스신 꼴'로 이는 '조선인이 이미 최후의 정신적 파산까지 하려는 것'이라는 염려가 나올 정도였다.[2]

『朝鮮史』는 연도순에 따라 사건을 알려주는 간략한 강문과 이 사건을 전하는 전거 자료들만 제시하고 있어 앞과 뒤가 인과관계로 맺어져 있지 않기 때문에 특정한 역사상을 제시하지 않는다.[3] 즉 『朝鮮史』의 모든 항목은 편수요항과 편찬범례에 따라 '간지(干支), ○○왕 ××년 (□□월 △△일)'을 밝히고, 이에 해당하는 주요 사건의 대강을 간략하게 요약하여 기술한 강문(綱文)과 이를 전하는 전거들을 나열하는 형식을 띠고 있다. 단 고대사에 해당하여 사료가 적은 제1편의 경우 강문에 대한 사료까지 모두 싣고 있으며 제2편 이하에서는 하나의 강문마다 이를 전하는 다수의 전거를 기재하고 있는 형식을 취하고 있다.

강문의 작성요령은 '『朝鮮史』 편수범례'에 '사료를 기준으로 사건의 요점을 서술, 사건의 경과와 추이를 정확히 제시하는 것을 원칙으로 하고, 서술은 되도록 간단명료하게 할 것, 일상의 공사(公事)·행사(行事) 등은 특수한 경우에 해당하는 것이 아니면 그러한 행사가 치루어 졌음을 열거하는데

2_「我史人修의 哀 - 最後의 精神的破産」(下), 『東亞日報』, 1925. 10. 22. 1면.

3_『朝鮮史』가 目次가 없는 것은 아니지만 目次로서 제시된 것은 연도순으로 '干支 ○○王 △△年'이기 때문에, 목차 역시 어떠한 인과관계가 성립하지 않는다.

그치고, 기사의 구체적인 내용은 기록하지 말 것[4]으로 정해져 있다. 즉 최대한 간단하게 사건의 기본적인 정보만을 제공할 수 있도록 작성할 것이 규정되어 있었으며, 『朝鮮史』의 강문들은 이러한 범례에 의거하여 간략한 형태로 기술되어 있는 것이 보통이다.

편년에 따라 이러한 원칙하에 작성된 강문과 전거로 구성된 『朝鮮史』는 분석과 비판을 쉽게 허용하지 않는 체제이지만 편찬의 역점을 어디에 두었는가는 『朝鮮史』의 구성을 통해 드러난다. 『朝鮮史』의 구성에 있어 가장 먼저 눈에 띄는 것은 '조선시대'에 대한 편중이다. 『朝鮮史』는 박혁거세 원년인 기원전 57년에서 1894년 6월까지 약 2000년의 시간을 6편으로 나누어 서술하고 있는데, 각 편은 제1편 '통일신라이전' 3권, 제2편 '신라통일시대' 1권, 제3편 '고려시대' 7권, 제4편 '조선시대전기'(太祖~宣祖) 10권, 제5편 '조선시대중기'(光海君~正祖) 10권, 제6편 '조선시대후기'(純祖 이후) 4권으로 구성되어 있다. 분량상 전체 35권중 24권이라는 절대적인 부분을 조선시대에 할애하고 있는 것이다. 이러한 양상은 『朝鮮史』 편찬 이전 진행되었던 '반도사 편찬'이 고대사에 해당하는 부분에 1/2에 해당하는 3편을 할애했던 것과는 상반되는 것이라 하겠다. 물론 이는 조선시대의 사료가 가장 많기 때문이기도 하지만 당시 조선시대에 대한 연구의 필요성에 비해 연구가 부족했던 일본 학계의 필요에 의한 측면도 있는 것이다.

> 朝鮮史編修會가 편수하고 있는 『朝鮮史』가 第1編에서 第6編까지 나뉘어져 있다는 것은 이미 주지하는 것이지만 당국의 당사자도 一般世人도 모두 최대의 기대를 걸고 있는 부분, 또 학술로부터 말해도 이 사업에서 가장 의의가 있다고 할 수 있

4_朝鮮總督府 朝鮮史編修會編, 編輯部 譯, 앞의 책, p.72.

는 부분은 第4編 이하 第6編에 이르는, 즉 李氏朝鮮時代이지 않을 수 없다....『朝鮮史』 全冊數의 3분의 2가 第4, 第5, 第6 3編에 할당되어 있기 때문에 완성 즈음의 위용은 상상할 수 있다.[5]

위의 인용문은 『朝鮮史』 고대사와 조선중기 부분(1, 2, 5편) 편찬에 직접 관여했던 스에마쓰가 조선시대를 다루는 『朝鮮史』 제 4편의 첫 권 발간에 즈음하여 발언한 것으로 편찬의 역점이 어디에 있었는가를 단적으로 보여준다. 뿐만 아니라 앞장에서 서술하였듯이 편수회의 실질적인 운영기구였던 '편수타합회'가 『朝鮮史』의 4·5·6편부의 편찬자들로 구성되어 있었으며, 편찬위원회와 편수회 사업의 또 다른 한 축이었던 시료 수집 역시, 민간에 있는 고대사 관련 사항이나 고려시대 사료는 거의 금석문 외에는 존재하지 않았던 것을 생각하면, 주로 조선시대 사료에 대한 채방이라 할 수 있다. 이렇게 볼 때 편찬위원회와 편수회 사업은 조선시대에 집중하고 있었다고 하겠다. 조선시대는 강점에 직결되는 만큼 이 시기 당쟁이나 정치적 부패, 그로 인한 혼란은 국망의 원인으로 자주 이야기되었지만, 앞서 살펴보았듯이 나카무라는 『朝鮮史』 발간 이전까지 당시 일본 학계의 조선사 연구경향이 일본고대사와 관련된 부분임을 밝혔고, 이나바 역시 조선시대에 대한 연구가 부족함을 개탄하였다. 즉 스에마쓰가 밝히고 있듯이 『朝鮮史』는 이와 같았던 일본 학계의 필요에 부응하는 측면이 강했다고 하겠다.

이와 같은 6편의 구성은 조선의 역사에 대한 시대구분이라고 할 수 있는 것이다. 시대구분은 역사의 시작과 끝을 이룬다고 할 만큼 역사학에 있어 가장 중대한 문제 가운데 하나로, 대상에 대한 찬자(撰者)의 인식을 집약

5_末松保和, 「書評 朝鮮史 第4編 第1卷」, 『青丘學叢』 11, 1933, pp.166~167.

해서 보여주는 것이다. 특히 통치를 위한 역사편찬으로서 정치적 성격을 공공연히 드러내었던 '반도사 편찬'이 실패한 이후 통사의 서술을 포기하고 이른바 '학술적 입장에 서서 공정한 서술'을 반복적으로 강조하며 사료집과 색인집으로서 『朝鮮史』를 출간함에 있어 『朝鮮史』의 구성, 즉 시대구분의 방식은 조선의 역사에 대한 인식을 단적으로 보여주는 것이다.

『朝鮮史』를 6편으로 구성한 것에 대하여 편찬자들은 그저 '편수의 편의상 6편으로 나누어 신라통일이전을 제1편, 신라통일시대를 제2편, 고려시대를 제3편, 조선시대전기를 제4편, 중기를 제5편, 후기를 제6편으로' 했다고 밝혔다.[6] 이러한 시대구분은 앞 장에서도 서술하였듯이 1923년 조선사편찬위원회가 처음 구성될 당시 7시기 – (1)삼국이전, (2)삼국시대, (3)신라시대, (4)고려시대, (5)조선시대 전기, (6)조선시대 중기, (7)조선시대 후기 – 구분에서 한 차례 변화를 거친 것이다. 그런데 편찬의 가장 기본이 되는 사항인 시대구분의 문제에 대해 편찬위원회나 편수회의 구성원이 모두 모이는 위원회에서는 어떠한 논의도 이루어지지 않은 채 이미 정해져 있는 성안(成案)으로서 제시되었다. 이러한 구분을 회의에 와서 처음 접하게 된 조선인 위원들은 앞서 서술했듯이 '삼국이전'의 의미와 수록 내용, 특히 단군의 수록여부를 둘러싸고 편찬위원회 당시부터 문제를 제기하기도 하였다. 이러한 정황을 살펴보았을 때 『朝鮮史』 편찬을 위한 시기 구분은 쿠로이타와 이나바 사이의 내응을 통해 결정·제시되었을 가능성이 크다. 조선사편수회의 많은 사안들이 1차적으로는 이 두 사람에 의해 결정되는 것과 더불어 조선인 위원의 질문에 답변을 하던 것도 이 둘이었기 때문이다. 사

6_中村榮孝, 「彙報 『朝鮮史』の出版」, 『青丘學叢』 9, 1932, p.160.

업 초기 단군의 수록 여부에 관한 조선인 위원들의 문제제기에 대해 이 둘은 이 분야를 담당하는 이마니시가 출석한 이후에 논의하는 것으로 마무리 지었다. 그러나 이후 『朝鮮史』의 시대구분에 대해서는 별다른 논의가 되지 않는 가운데 6시기로 결정되었으며, 단군의 수록 여부로 대변되는 1편의 내용범위는 이후 개최된 회의에서 해당 부분의 편찬방식에 대한 이마니시의 발의로 잠재워졌던 것으로 보인다.

처음 제시된 7시기 구분이나 최종 6시기 구분은 기본적으로 '(삼국) - 통일신라 - 고려 - 조선'으로 구분하는 것으로 왕조중심의 시대구분이라고 할 수 있다. 왕조 혹은 왕을 중심으로 하는 시대구분은 시대를 구분하는데 있어 가장 오래된 방식 가운데 하나로 지배층을 비롯한 정치적 변화를 명료히 하는 장점이 있는 구분법이자, 왕조의 교체라는 뚜렷한 변화가 보이는 만큼 『朝鮮史』 편찬자들이 이야기 했던 '편수상의 편의'가 있는 방식이기도 하다. 그렇지만 보편성이 결여된 채 일국의 특수성인 왕가(王家)의 변화에 따른 구분이라는 문제점이 있는 것이기도 하다. 상고·중고·근세와 같이 보편성을 추구하는 시대구분에 대해서 '조선사에는 그 필요가 없을 뿐만이 아니라 역사의 실제와 적합하지 않'기 때문에 '굳이 구분하면 신라의 멸망과 고려의 발흥' 정도로 '2개의 시대로 구분하는 것이 당연'하다던 이마니시의 발언[7]에서도 알 수 있듯이 낙후된 조선의 역사에서 시대구분이란 것 자체가 불가능하다는 전제 속에서 그나마 변화가 감지되는 왕조에 따라 시대구분이 이루어졌음을 추측할 수 있다.

뿐만 아니라 왕조중심 시대구분의 장점인 정치적 변화를 명시할 수 있

7_朝鮮史編修會, 「朝鮮史編修會 第1回 委員會 會議錄」, 『(朝鮮史編修會)委員會議事錄』.(1925. 10. 9.)

다는 것은 당시 『朝鮮史』 편찬자들이 가지고 있었던, 일본과 대별되는 조선사의 특징을 잘 구현해 줄 수 있는 방법이기도 했다. 주지하듯이 강점을 합리화하고자 했던 일제가 조선의 정치적 혼란을 부각시키고 있었으며, 조선총독부에서는 이를 '반도사'로서 서술·정리하고자 했다. 1장에서 살펴보았듯이 쿠로이타나 이나미시는 일본의 국체(國體)를 '만세일계(万世一系)의 황실(皇室)', 또는 '독립국(獨立國)으로서 천황이 존재하는 제국(帝國)'으로서 '제국주의(帝國主義)'라고 표현하면서 조선의 왕조교체를 '왕국주의(王國主義)'로 표현하기도 하던 것을 고려한다면 『朝鮮史』 편찬에 직결되어 있던 일본인 학자들에게 조선의 왕조교체가 어떠한 의미였는지를 단적으로 보여준다. 다음 절에서 자세히 살펴보겠지만 『朝鮮史』 편찬과 관련된 모든 사안에 관여하며 전체 사업을 조율하던 이나바 역시 조선사의 특징으로 '사대(事大)'를 꼽았는데, 그 원인을 잦은 정권의 변화로 들었다. 이처럼 왕조의 변화를 중심으로 한 시대구분은 『朝鮮史』 편찬을 위한 시대구분에 있어 편리한 방식이었을 뿐만이 아니라 사료집으로서의 한계 속에서 당시 일본인들이 생각하던 조선의 국체이자 조선사의 특징을 드러내는 데에 가장 적합한 구분 방식이었을 것이다.

한편 『朝鮮史』의 전체적인 구성과 체제는 대체로 사업 초기의 결정 사항에서 크게 변동되지 않았지만 2가지 사항에서 변화가 있었다. 전체적인 구성과 관련하여 총 7편으로 계획되었던 것이 6편으로 된 것, 또 이러한 변동 이후 제6편 '조선시대후기'의 시작 시점을 정조(正祖) 즉위에서 순조(純祖) 즉위로 낮추어 잡은 것이 그것이다.

제 6편의 시작 시점에 대한 변화는 편수회 내에서도 별다른 문제 제기나 이견이 없이 쿠로이타의 제안에 따라 이루어졌다. '조선 후기'로 명명되어 순조 즉위년(1801) 7월부터 고종(高宗) 31년(1894) 6월까지의 95년간을

4권으로 편찬한 『朝鮮史』 제6편은, 편찬 당시로 보면 최근세사라고 할 수 있는 부분이다. 『朝鮮史』 편찬 초기 원래 제6편은 정조의 즉위에서 시작하려고 했지만, 편찬이 본격화하던 시점인 1929년 12월 제3회 편수회 위원회에서 쿠로이타가 수사관의 의견과 사료를 볼 때 '순조(純祖)의 즉위는 서력(西曆)으로는 1801년에 해당하며, 크리스트교 문제가 시끄러워져 이후 점차 서양제국(西洋諸國)과의 관계가 계속해서 일어나기 때문'에 '순조(純祖)의 즉위년을 6편의 시작으로 하는 것이 좋다'는 의견이 제시·결정된 것만이 알려져 있다.[8] 즉 정조 재위 당시까지는 주로 활용되는 '사료의 성질'이 조선시대의 사료이지만 순조 즉위 후로는 순조 즉위 직후 벌어진 '신유사옥(辛酉邪獄)'에서도 드러나듯이 서학(西學)이나 서구의 접근에 따른 외국과의 접촉이 빈번해지는 만큼 새로운 면모가 드러나며 그에 따라 외국사료를 활용하므로 제6편의 시작을 순조의 즉위에 두겠다는 것으로, 이는 어떤 이견이나 반대 없이 가결되었다. 한편 『朝鮮史』 편찬이 진행되던 초기인 1924년, 조선시대에 대한 연구가 부족했던 상황에서 일본인에 의한 조선시대 통사가 출간되었다. 바로 조선사학회(朝鮮史學會)에 발간한 『조선사강좌-일반사(朝鮮史講座 - 一般史)』의 '근세사(近世史)'로, 그 집필은 '반도사 편찬'에도 참여하고 『朝鮮史』 제5편의 일부 편찬에 가담한 세노가 담당했다. 그런데 그는 여기서 『朝鮮史』 제6편에 해당하는 시기에 대해 '외척의 발호가 재현되어 철종대(哲宗代)에 이르러 조선은 완전히 위미부진(萎靡不振)의 상태로 전락한다'[9]는 인식을 드러내었다. 이는 조선시대에 대해 임진왜란과 같은

8_朝鮮史編修會, 「朝鮮史編修會 第3回 委員會 會議錄」, 『(朝鮮史編修會)委員會議事錄』.(1929. 12. 23.)

9_瀨野馬熊, 「近世史」, 『朝鮮史講座 要項號』, 朝鮮史學會, 1923, pp.4~5.

일본사와의 관련된 부분 혹은 대륙침략에 따라 조선과 내륙과의 관계에 관한 사안 이외에 별다른 연구가 진척되지 않은 가운데 '조선 후기'에 대한 일본인들의 인식을 보여주는 것이라 하겠다. 즉 순조대(純祖代)부터를 제6편으로 하여 '조선 후기'로 구분하는 것은 당시 일본인들이 가졌던 조선시대에 대한 상(像)을 가장 잘 투영한 구분이기도 했다.

한편 또 한 가지 변화인 총 7편으로 구상되었던 『朝鮮史』가 6편으로 된 것은 제1편의 범위와 관계된 것이었다. 제6편의 시작 시점의 변동과 달리 이 부분은 편수회의 위원들, 특히 조선인 위원들의 문제제기가 이루어진 부분이다. 2장에서 살펴보았듯이 『朝鮮史』의 전체적인 구성, 즉 시대 구분과 관련하여 조선인 위원들의 문제제기는 제1편과 관련된 것들 - 단군의 수록 여부와 수록 내용의 범위에 집중되어 있었다. 뿐만 아니라 앞서 서술했듯이 제1편은 다른 부분과 다르게 편년체를 따르지 않기로 했던 부분이기도 하다. 즉 역사의 시작에 해당하는 제1편은 조선사의 시공간적 범위를 확정한다는 의미를 가진 것으로 그 범위와 체제에 대한 문제 제기와 변동이 가장 심했던 부분이다. 당시 조선인 위원들의 문제 제기는 해당 부분의 담당자이자 당시 최고 전문가였던 이마니시가 차후 회의에 출석하여 답변하는 것으로 미루어졌다.

정확히 이에 대한 답변은 아니지만 이마니시는 1925년 10월 9일에 있었던 제1회 편수회 위원회에 참석하여 제1편의 편찬방식에 대해 언급하며, 관련사항 역시 거론하였다. 그런데 이때 7편으로 구성하기로 했던 『朝鮮史』를 6편으로 하는 것으로 변경되어 있었다. 정확히 언제, 왜 이러한 변화가 있었는지 말해주는 자료나 회의 기록이 남아 있지 않지만 '(1)삼국 이전, (2)삼국시대, (3)신라시대'를 신라에 의한 삼국통일을 기점으로 하여 '이전'과 '이후'로 구분한다는 것으로서 그 시기 연구의 최고 전문가로서 편찬을 담당한 이마니시는 다음과 같이 그 이유를 설명하며 조선인 위원의 반발을 잠재웠다.

山崎 위원: 今西 위원이 제출한 議案을 낭독하겠습니다.

新羅 文武王 이전은 編年에 의하지 않고 주로 舊來 編纂된 記錄史書를 類聚한다.

今西 위원: 朝鮮의 歷史에 限하지 않고 각국의 上代史에는 편찬자의 의견이 더해진 것이 많습니다. 그것은 史料로 推定하여 쓰기 때문에.... 그것을 編年體로 하고 또 事項別로 하는 것도 記事가 僅少하기 때문에 이것 역시 곤란합니다.

또 古代에는 다양한 의론이 많고 개인의 출판이라면 어찌되었든 公의 간행하는 것을 의견으로 쓰는 것은 좋지 않고 또 그 의론 모두를 채록하는 것도 불가능합니다. 역사는 '서술하나 만들지 않는다'고 하지만 다시 나아가 '모아서 서술한다'고 할 정도라면 공평하다고 생각합니다. 예를 들어 檀君과 같은 것도 여기에 관한 재료를 수집제공하여 독자 각자의 使用判斷에 맡기는 것이 좋은 방법이라고 생각합니다. 朝鮮史의 연대는 高句麗는 廣開土王·長壽王, 百濟는 肖古王·仇首王, 新羅는 眞興王경부터 점점 判明해 믿음을 두기에 충분합니다만 이것을 中途로부터 끊기는 불가능합니다. 때문에 文武王의 新羅統一 前後에 區別하여 구래 편찬된 記錄文書를 類聚하는 것입니다.... 그러나 編年體이기 때문에 三國統一로 區別하여 統一以後를 編年體로 하고 그 以前은 編年에 의하지 않고 記錄文書를 類聚하는 것이 가장 좋은 방법이라고 생각합니다.[10] (밑줄은 인용자)

10_朝鮮史編修會, 「朝鮮史編修會 第1回 委員會 會議錄」, 『(朝鮮史編修會)委員會議事錄』.(1925. 10. 9.)

위의 인용문은 1925년 10월 9일 제1회 편수회 위원회에서 이마니시의 건의안으로 신라 문무왕 이전인 제1편을 편년체로 구성할 수 없다는 것이다. 그는 자신의 이러한 의견을 개진하는 가운데 편년체를 포기하고 '모아서 서술한다'는 방식으로 하면 단군과 관련된 사항도 『朝鮮史』에 실을 수 있을 것이라고 발언하고 있다. 이는 단군만이 아니라 고대사와 관련된 다양한 내용에 대한 수록의 가능성을 열어두는 것이기도 하였다. 이러한 이마니시의 발언에 조선인 위원들은 별다른 이의를 제기하지 않고 찬성을 표했다. 이와 더불어 그가 제1편에 한하여 편년체를 취할 수 없다고 하는 근본적인 이유로 제시한 것은 백제는 3세기, 고구려는 4세기, 신라는 6세기가 되어야 신빙할 수 있는 기년(紀年)을 사용할 수 있다는 것이다. 그렇기 때문에 신라통일을 전후하여 이전은 편년체로 편찬할 수 없으며, 이후는 편년체로 편찬하면 된다는 것이다.

고대사에 있어서 기년 문제는 당시 많은 학자들이 연구했지만 서로 다른 의견을 제시했을 뿐 통일된 기준은 없었다. 특히 기년 문제는 『三國史記』 백제, 신라 관련기사에 신빙성 문제와 관련하여 더욱 복잡한 양상을 띠었는데, 『朝鮮史』 편찬에 직접 관여했던 이마니시와 스에마쓰는 각각 진흥왕과 법흥왕 이전의 기사는 믿을 수 없다는 입장을 보였다.[11] 이는 다른 일본인 학자들에 비해서도 『三國史記』에서 믿을 수 있는 시기를 가장 늦게 설정한 것이었다. 이들의 의견대로라면 6세기 이후가 되어서야 신빙할 수 있는 기사를 토대로 하여 한·중·일 기록의 기년을 조정할 수 있기 때문에, 3국

11_당시 紀年과 관련하여 일본인 학자들의 논의에 대해서는 崔在錫, 「三國史記 初期記錄은 과연 造作된 것인가 소위 '文獻考證學'에 의한 三國史記批判의 正體」, 『韓國學報』 38, 1985, pp.13~41을 참조.

의 사료를 편년체에 의거하여 편찬할 수 있게 되는 것이다. 즉 이마니시의 발언은 문무왕 이후가 되면 신빙성이 제일 떨어지는 신라에 관한 기사도 믿을 수 있어 기년도 비교·대조를 통하여 확인할 수 있기 때문에 대략 신라통일을 기점으로 삼아 이전과 이후로 나누면 된다는 것으로, 이는 이견 없이 결정되었다.

이처럼 『朝鮮史』 제1편과 제2편이 각각 '신라통일이전', '신라통일시대'로 명명되었던 것은 조선의 남부 지방 - '신라'를 순수 한종(韓種)에 의한 국가로 현재 조선의 기원으로 보았던 일본인 연구자들의 인식과 더불어 기년의 통일 문제와도 관련된 것이라 하겠다. 그런데 제1편과 제2편은 실상 고구려의 멸망인 신라 문무왕8년(668)으로 구분되는 것이다. 즉 『朝鮮史』의 구분은 조선의 역사에서 신라를 강조하고 있지만 사실상 고구려의 멸망에 방점을 찍고 있다. 1·2편의 이러한 구분은 기년의 통일 문제와 더불어 편수회에서 중심적 역할을 한 이나바의 영향도 있었던 것이 아닐까 한다. 이나바는 이른바 '만선사'를 체계화했던 인물로 조선의 역사에 대한 그의 인식은 쿠로이타나 이마니시와는 극명한 대비를 이룬다. 1장에서 살펴보았듯이 쿠로이타와 이마니시는 강점 이래 조선의 역사를 이끈 주류는 일본과 종족적으로 동일하며 친연성이 있는 조선의 남부인들을 상정하고, 이를 바탕으로 조선의 역사를 재구성하고자 했다.

이에 반해 이나바는 '고구려·백제·신라의 삼국분립시대를 고찰하면 만주방면(滿洲方面)의 이주민이 아닌 것이 없'고, 신라도 '북방의 동호민족계(東胡民族系)에서 나타나는 난생전설(卵生傳說)이 있'을 뿐만이 아니라[12] '남

12_稻葉岩吉, 「滿鮮不可分の史的考察」, 『支那社會史硏究』, 1922, pp.303~304.

부 우수리, 블라디보스톡 부근의 석기와 조선에서 발견되는 석기가 유사하다'는 고고학적 결과를 통해서도 조선의 주류는 북방계임을 주장하였다.[13] 조선의 남부와 일본의 친연성을 강조하는 다른 학자들의 주장이 반복되었지만 이나바는 이러한 주장은 불확실하다며 적어도 삼국시대 2/3은 만주지방의 민족이 이동한 것으로, 조선민족 중에는 다수의 만주 방면의 민족이 포함되어 있다며 조선인의 주류를 북방의 만주계로 바라보았다.[14] 일생을 통해 만선(滿鮮)의 불가분성을 강조했던 이나바의 주된 관심 대상은 북방의 민족들이었으며 조선 역시 그 연장선에서 파악되었던 것이다. 조선인의 주류를 북방에서 찾았던 이나바의 눈에 띄는 것은 고구려였다. 고구려는 만선에 걸쳐져 강력한 왕국을 이루어 '만선일가(滿鮮一家)의 이상'을 실현했기 때문이다.[15]

고구려의 멸망과 그에 이은 신라의 삼국통일은 조선민족의 주류를 반도 남부의 한종족(韓種族)이라고 본 이마니시 등의 연구자에게는 중요한 사건이었다. 일본과 종족적으로 동일한 한종족에 의해 한종족의 영역이 통일된 사건이기 때문이다. 그런데 신라의 삼국통일은 고구려의 멸망이라는 관점에서 이나바에게도 중요한 기점을 이루는 일대 사건이었다. 고구려 멸망 이후 조선은 지역적으로 대동강 이남에 국한되어 '동북의 함경도조차 방기'하게 되는, '만선일가(滿鮮一家)의 이상에서 일대 균열'이 발생해 만주는 만주, 조선은 조선이라는 대립적 형세가 나타나게 되며 '민족적 혐오'를

13_稻葉岩吉, 『朝鮮民族史』, 朝鮮史學會, 1925, pp.8~16.

14_稻葉岩吉, 「朝鮮의 領土問題, 民族問題 及 鮮滿文化關係에 就하야」(1), 『朝鮮』 121, 1927, pp. 9~10.

15_이러한 의미에서 稻葉에게 '민신사의 출발점'은 고구려시였다고 평가하는 연구도 있다.(박찬홍, 앞의 논문, 2007.)

품게 되어, 자신들은 '기자(箕子)의 후예'이며 저들을 오랑캐로 부르며 적대하게 됨에 따라 만선의 분리가 노정되어 '아연별개(俄然別個)의 방면'으로 역사가 전개되기 때문이다.[16] 이후 조선은 중국과 밀접한 관계를 맺게 되어 만주와 멀어져 갔으며, 이러한 경향은 시간의 경과에 따라 더욱 강해져 '만주인을 배척하는 주자의 학문을 채(採)한 조선인은 만주인의 사(事)는 아무리 하야도 관계없다는 경멸일방(輕蔑一方)에 편(偏)'하여 만선의 분리라는 '불미(不美)한 사(事)'가 이루어졌고,[17] 조선왕조는 개창 이래 명에 더욱 밀착하여 만주에 대한 이회(理會)를 잃은 채 왜란이나 호란과 같은 '화란(禍亂)'을 입게 되었을 뿐만이 아니라 조선의 모든 것은 '지나적(支那的)'이 되어 정체되고 타락했다는 것이 이나바의 설명이다.[18] '만선일가'를 이상으로 생각했던 이나바에게 고구려의 멸망은 조선이 만주에서 떨어져 중국에 대한 '사대(事大)'와 '모방(模倣)'의 출발점으로서 중요한 의미를 지니는 것이라 하겠다.

『朝鮮史』 1·2편의 구분점을 고구려 멸망의 해인 문무왕 8년에 설정한 것은 반도 남부의 한종족(韓種族) 중심으로 조선의 역사를 구상했으며, 고대사와 관련된 조선의 역사서의 기년은 6세기 이후가 되어야 신빙할 수 있다고 생각했던 이마니시와 만선의 불가분성을 상정하며 조선의 역사에 미친 대륙-만주의 영향을 강조했던 이나바 모두를 만족시킬 수 있는 것이다. 이는 조선의 역사를 계속된 침체과정으로서 보이게끔 할 뿐만 아니라 '신

16_稻葉岩吉, 「滿鮮史體系の再認識」(上), 『靑丘學叢』 11, 1933, p.9.

17_稻葉岩吉, 「朝鮮의 領土問題, 民族問題 及 鮮滿文化關係에 就하야」(2), 『朝鮮』 122, 1927, p.14.

18_稻葉岩吉, 「朝鮮의 領土問題, 民族問題 及 鮮滿文化關係에 就하야」(1), 『朝鮮』 121, 1927, pp.10~11.

라 - 고려 - 조선'으로 계보화하여 '반도'에 한정시키는 것으로, 조선사의 중심을 남부에 두던 이마니시와 북부에서 찾던 이나바가 화해할 수 있는 지점이었다.

한편 편수회에는 총독부 통치에 호의적인 조선인을 가담시켰지만, 이는 편수회 운영과 각종 결정사항에 거의 어떠한 영향도 끼칠 수 없는 '위원'에만 한정된 것이었다. 그러나 『朝鮮史』 제1편에서 다루어야 하는 역사의 기원과 범위를 규정하는 문제만은 거의 유일하게 조선인 위원들의 질문과 요구가 있었던 부분이었다. 이는 당시 조선인이라면 단군을 정점으로 삼아 역사를 체계화하며 일본과는 다른 역사적·문화적 고유성을 확인하고 있었던 만큼, 그 인식이 확고했기 때문일 것이다.

앞 장에서 살펴보았듯이 1923년 1월 8~10일에 개최된 제1회 조선사편찬위원회 위원회의에서 단군의 수록 여부에 대한 정만조·이능화·어윤적 등 조선인 위원들의 질문에 대해 쿠로이타는 '편찬체제'가 결정되면 자연스럽게 해결될 문제이며, 이 부분의 주임인 이마니시가 회의에 불참이니 이마니시의 의견을 구할 것이라며 즉답을 피했다. 앞선 인용문, 바로 1925년 10월 9일 조선사편수회 제1회 위원회에서 이마니시의 발언대로 『朝鮮史』 제1편이 편년체로 구성되지 않는다면 단군을 비롯하여 연월일이 불분명한 많은 사항들이 『朝鮮史』에 실릴 수 있는 가능성이 열리며 이마니시 역시 단군의 수록 가능성을 시사하고 있다. 이마니시의 제안은 1927년 7월 12일에 개최된 제2회 조선사편수회 위원회에서 결정되었다.

그런데 이마니시는 『朝鮮史』 제1편의 인쇄에 즈음한 1930년 말 이례적으로 편수타합회에 출석하여 자신이 제안했던 방식, 바로 제1편을 편년체가 아닌 사료를 모아 제시하는 식으로 작업해 본 결과 문제점이 발생한다며 다음과 같은 변경안을 제시하였다.

第1·2編을 인쇄하게 되었는데 그 體制에 관해 缺點을 발견하였습니다.... 第1編은 編年體로 하지 않고 書物을 그대로 收錄합니다. 이것은 처음부터 第1編은 編年體로 할 수 없다고 생각했기 때문이지만 그에 의해 편찬한 것을 보면 體制를 이루지 않을 뿐만이 아니라 동일한 記事가 疊出하여 같은 事項을 일일이 반복해.... 그렇지만 이를 編年體로 하면 어느 정도 정리가 됩니다. 물론 최초의 檀君·箕子·衛滿朝鮮 및 三韓 등은 編年體로 하는 것이 어렵지만 그 이후가 되면 그다지 어렵지 않아.... 朝鮮側 史料인 三國史記·三國遺事도 역시 그대로 수록하지만 그 體制를 고쳐서 編年體로 해야 한다고 생각합니다.... 전에는 第1編은 編年으로 할 수 없다고 생각해서 史料를 書物別로 그대로 수록한다는 것입니다. 지금까지 이 방침으로 초고를 준비했는데 이를 보면 생각하지 못했던 점이 많았습니다.... 동일한 記事가 몇 번이나 반복해서 나옵니다. 그래서 여러 가지를 생각해 본 결과 지금 이것을 編年體로 고쳐 쓰자는 것입니다.[19] (밑줄은 인용자)

즉 사서별(史書別)로 정리하다보니 동일한 것이 반복되는 문제점이 발생하기 때문에 이를 편년체로 정리하겠다는 것이다. 이러한 방식은 이마니시 자신도 밝히고 있듯이 초기에 편찬의 구분과 체제를 결정할 당시부터 연월일이 불명확한 사건들 – 대표적으로 단군 관련사항을 배제하는 방식이기도 했다. 이 회의에 참석한 최남선은 '후인(後人)의 설(說)'의 채록 여부와 편년체 속에 수록되지 않는 것은 별편(別編)으로 수록되는지에 대해 질문했지만 이에 대해서 그럴만한 여유는 없을 것 같다는 답변만을 듣는다.[20] 한편 이마니시는 제안과 동시에 그러한 방식으로 작성한 원고의 견본을 제시

19_朝鮮史編修會, 「昭和5年 12月 編修打合會議事錄」, 『昭和5年 12月 編修打合會議事錄』.(1930. 12. 5.)

20_朝鮮史編修會, 「昭和5年 12月 編修打合會議事錄」, 『昭和5年 12月 編修打合會議事錄』.(1930. 12. 5.)

하였는데, 이는 제1편에 해당하는 사료를 사료의 생산지에 따라 크게 '조선사료(朝鮮史料)', '일본사료(日本史料)', '지나사료(支那史料)'로 대별하여 각각에 해당하는 사료를 편년에 따라 수록한 것이었다. 이러한 제1편의 변경에 대해 회장을 비롯한 일본인 위원들은 편찬체제를 변화시켜도 예정 기한 내에 일을 마칠 수 있는가 하는 것만을 우려했다. 이는 제1편부의 보조로서 실제 편찬을 담당했던 스에마쓰가 '그다지 귀찮은 것이 아니어서 예정된 기한 내에 충분'하다는 것으로 불식되었다. 단 회장은 이번 회의에 불참한 쿠로이타의 의견을 듣는 것이 어떠냐며 최종 결정을 내리지는 않았지만 다른 일본인 위원의 지지 속에서 회의는 종료되었다.[21]

기년의 문제로 편년체 편찬이 어렵다던 1925년에서 사료중복을 피하기 위하여 사료의 생산지에 따라 편년체를 취해야겠다는 1930년 사이에, 6세기 이전 '조선', '일본', '지나'의 기년들을 일치시킬 수 있는 방법이 제안된 것도 아니었다. 그렇기 때문에 『朝鮮史』 제1편은 '조선사료'·'일본사료'·'지나사료'를 각 1권으로 해서 각 권을 편년체로 편찬한다는 방식이 되었다. 이렇게 각국별로 사료를 편년에 따라 배열하여 별개의 권으로 묶는 방식으로의 전환은 한·중·일 삼국의 기년을 통일시킬 수 없는 가운데 사건과 사료의 중복을 피하기 위한다는 것이 공식적인 이유였다. 그렇지만 1925년 당시 『朝鮮史』 제1편에 한하여 편년체가 어렵다던 이마니시의 발언에서 또 한 가지 이유를 찾아볼 수 있다. 즉 편년체를 포기함에 따라 조선사의 기원과 범위와 관련해 단군으로 대변되는, 일본인 학자들이 부정하고 있던 내용들이 다수 포함될 여지가 넓어지는 것이었다. 각국의 사료에 나타나는

21_朝鮮史編修會, 「昭和5年 12月 編修打合會議事錄」, 『昭和5年 12月 編修打合會議事錄』.

기년을 통일시킬 수도 없었던 가운데에서 자신들이 부정하고자 했던 내용들 - 단군과 단군조선 관련 사항들, 조선민족을 거대 단일민족으로 설정하던 조선인들의 역사체계화 방식에 따른 숙신(肅愼)을 비롯한 여러 민족들에 대한 사항들 - 을 배제할 수 있는 방법은 편년체로 하면서도 서로 조정이 불가능한 각국의 사료를 별개의 책으로 묶어 따로 취급하는 것이었다. 최종적으로 출간된 『朝鮮史』 제1편은 1930년 12월의 편수타합회에서 제시된 것과 동일하게 '조선사료', '일본사료', '지나사료'를 각각 1권씩 하여 3권으로 구성되어, 각국의 자료를 편년에 따라 나열하여 다른 편부와는 다른 모습을 띄고 있다.

이렇게 제1편의 편찬체제 결정된 이후 『朝鮮史』의 구성과 체제에 대한 변동은 없었으며, 기왕의 결정에 의거하여 편수가 이루어졌다. 결국 이러한 과정을 거쳐 편찬된 『朝鮮史』는 편년에 따라 주요 사건을 제시하고 이를 보여주는 사료집(제1편) 혹은 사건들과 이를 보여주는 사료들의 출처를 알려주는 색인집(제2편 이하)으로서 출간된 것이다.

그렇다면 『朝鮮史』 안에는 어떠한 사료들이 사용되었을까. 또 모든 시기가 균질적으로 편성되었을까, 아니면 특정시기에 보다 역점을 두지는 않았을까. 사건과 사료의 선별기준은 무엇이었을까. 이러한 의문들에 대한 답을 알려주는 자료는 남아있지 않다. 그렇지만 『朝鮮史』에서 활용한 전거자료들을 각 권별로 추출하여 그 밀도와 과거 구관조사사업이나 '반도사편찬'과 연관지어 본다면 이를 추정해 볼 수도 있을 것이다.

2.『朝鮮史』의 전거 자료를 통해 본 편찬의 역점과 사건·사료 선별의 기준

편찬위원회와 편수회는 시종일관 사료의 수집과 정리를 통한『朝鮮史』 편찬을 회(會)의 목표로서 제시했으며, 사업 기간 내내 지방에서의 사료 수집에 부심했고, 그 결과는『朝鮮史』로 귀결되었다. 사료집·색인집으로서의 성격을 띠는『朝鮮史』는 실로 방대한 사료를 근거로 하고 있다. 그렇다면『朝鮮史』의 근간을 이루는 사료들은 무엇이었으며, 어느 부분에 집중되어 있을까. 이를『朝鮮史』의 각 편권별로 살펴보자.

먼저 편찬체제와 관련하여 변동이 있었던 제1편은 다음과 같은 사료들에 근거하여 편찬되었다.

표 11 | 『朝鮮史』 제1편(文武王 8年까지) 각권별 전거 자료 목록

권	시기	전거사료	종수
1 (732쪽)	朴赫居世 元年 (B.C.57) ~ 文武王 8年(668)	三國史記, 三國遺事, 三國史節要, 東國李相國全集, 海東高僧傳, 新增東國輿地勝覽, 大覺國師文集, 高麗史. 高句麗好太王碑, 新羅文武王陵碑, 慶州栢栗寺石幢記, 昌寧新羅眞興王拓境碑, 磨雲嶺新羅眞興王巡狩碑, 黃草嶺新羅眞興王巡狩碑, 北漢山新羅眞興王巡狩碑, 藍浦聖住寺朗慧和尙白月葆光塔碑.	16
2 (352쪽)	素戔嗚尊이 出雲國을 떠난 것 ~ 文武王 8年 (日本天智天皇 7年(668))	古事記,日本書紀, 續日本紀, 日本後紀, 續日本後紀, 播磨風土記, 出雲風土記, 肥前風土記, 古語拾遺, 上宮聖德法王帝說, 家傳, 新撰姓氏錄, 扶桑略記, 釋日本紀, 元亨釋書, 日本國現報善惡靈異記, 元興寺伽藍錄起幷流記資財帳, 入唐求法巡禮行記, 善隣國寶記, 仙覺萬葉集抄, 塵袋, 袖中鈔, 顯戒論, 三國佛法傳通緣起, 日本三代實錄, 聖德太子傳曆, 釋迦佛造像記, 本朝文粹.	28
3 (808쪽)	箕子東來 ~ 唐高宗總章 元年(668)	史記, 漢書, 後漢書, 三國志, 晉書, 宋書, 梁書, 陳書, 魏書, 周書, 隋書, 南史, 北史, 唐書, 舊唐書, 資治統鑑, 戰國策, 山海經, 水經注, 通典, 唐會要, 尙書, 毛詩, 尙書大傳, 說文解字, 方言注, 潛夫論, 管子, 翰苑, 太平御覽, 册府元龜, 高僧傳, 續高僧傳, 大唐西域求法高僧傳, 弘贊法華傳, 法華經傳記, 釋門自鏡錄, 三寶感應要略, 天地瑞祥志, 文館詞林, 文苑英華, 南齊書, 北齊書, 宋高僧傳.	46

		扶餘 唐平百濟碑, 扶餘 唐劉仁願紀功碑.	

※ 한국: 16종(문헌 7, 금석 9), 일본: 28종, 중국: 46종(사서 44, 금석2).

기년을 통일시킬 수 없었기 때문에 제1편의 제1권 '조선사료(朝鮮史料)'는 삼국사기의 기년을, 제2권 '일본사료(日本史料)'는 일본서기의 기년을, 제3권 '지나사료(支那史料)'는 자치통감(資治統鑑)의 기년을 기준으로 하였다. 고대사에 해당하는 제1편의 경우 조선인들의 인식이 강했을 뿐만 아니라 사료 역시 『三國史記』나 『三國遺事』 이외에 일본이나 중국의 사료를 제외하면 그다지 많지 않았기 때문에 역사를 연구하던 학자라면 그 정도의 사료는 숙지할 수 있었을 것이다. 즉 조선인들이 보아도 당장 사료의 취사선택이 문제시될 수도 있기 때문에 편년이 확실한 사료를 거의 망라하여 인용하였던 것으로 보인다.[22] 특히 앞장에서 서술하였듯이 편수회에서는 사료 수집의 과정에서 금석자료에 대한 조사 역시 실시했던 것으로 확인되는데, 이러한 금석자료를 포함한 것은 연구의 편의를 제공하는 것이라 할 수 있을 것이다.

『朝鮮史』 제1편 제1권 '조선사료'는 삼국사기를 중심으로 표에 열거된 자료들을 편년에 따라 배열하며, 가장 오래된 것으로 기원전 57년의 신라의 시조 박혁거세의 기사를 싣고 있다. 제2권은 '일본사료'는 일본서기를 중심으로 제1권과 동일한 방식으로 편찬된 것이다. 그런데 '일본사료'의 경우 간지나 연도를 제시하지 않은, 연대를 알 수 없는 스사노오노미코토(素

22_박찬홍, 앞의 논문, 2010. 이는 비록 『朝鮮史』 제1편 제1권에 대한 분석이지만, 이 부분이 대체적으로 활용가능한 사료를 망라하고 있다고 밝히고 있다. 물론 몇 개의 기사를 제외시켰지만, 빠진 부분을 채워 넣어도 일본인들이 가지고 있던 한국사의 인식체계에 변동을 줄 만한 것이 아니었기 때문에, 몇 개의 기사가 빠진 이유는 작업상의 실수 정도로 추측되고 있다.

戔嗚尊)의 기사를 '신대(神代)'라는 항목으로 설정하여 시작하고 있다. 이러한 모습은 제3권의 '지나사료'에도 마찬가지이다. 제3권 역시 제2권처럼 간지를 제시하지 않고 '고조선(古朝鮮)'이라는 항목 아래 『사기(史記)』를 근거로 하여 은(殷)으로부터 기자(箕子)의 동래(東來)를 전하는 기사로 시작되는 것이다. 이 2가지는 『朝鮮史』의 전체에서 유이하게 간지가 없는 것인데, 이는 『朝鮮史』의 전체적인 일관성을 스스로 깨고 있는 것일 뿐만 아니라, '박혁거세(朴赫居世)'와 더불어 '스사노오노미코토(素戔嗚尊)', '기자동래(箕子東來)' 관련 기사가 『朝鮮史』의 첫머리를 장식한다는 당시 조선의 역사에 대한 기본적인 시각을 상징적으로 보여주는 것이기도 하다.

한편 『朝鮮史』 편찬과 관련하여 가장 많이 회자되었던 것은 단군의 수록 여부였다. 단군이 수록된다면 『朝鮮史』 제 1편 1권인 '조선사료'에 담겨야 하지만, 이는 신라-고구려-백제의 순으로 기사들이 수록되는 가운데 박혁거세의 기사가 가장 앞에 오게 되었음은 이야기한 대로이다. 그렇다고 단군에 대한 사항이 전혀 없는 것은 아니었다. 단군에 대한 사항이 '갑자 신라 시조혁거세거서간 21년 고구려 시조동명성왕 원년(甲子 新羅 始祖赫居世居西干 21年 高句麗 始祖東明聖王 元年)' 항목, '是歲, 新羅, 金城ヲ築ク. 高句麗, 始祖高朱蒙立ツ'라는 강문 아래 관계 사료로 삼국사기와 삼국유사의 기사가 실려 있는 것이다.[23] 즉 단군에 대한 사료가 고구려 건국과 관련된 동명왕 기사 다음 부분에 제시되어 있다. 그런데 이러한 사료의 배치는 해당 부분

23_朝鮮史編修會 編, 1932, 『朝鮮史』 第 1編 第1卷, 8~12쪽. 『朝鮮史』 第 1編은 정사라고 할 수 있는 삼국사기, 그 가운데에서도 신라의 기사를 가장 먼저 제시하는 것이 편찬 범례였다. 단군 관련 기사는 '是歲, 新羅, 金城ヲ築ク. 高句麗, 始祖高朱蒙立ツ'라는 강문에 대한 기사로서 1) 三國史記 신라본기와 고구려 본기, 2) 三國遺事 王曆이 혁거세 관련 기사와 고구려 동명왕 기사를 제시한 이후 三國遺事의 단군 기사를 제시하는 형태이다.

의 편찬 주임인 이마니시의 생각과 일치하는 것이기도 했다.

이마니시는 강점 당시 단군의 실재를 부정하는 짧은 논문을 발표하였다. 여기서 그는 평양 지역의 일개 신인(神人)인 '선인왕검(仙人王儉)'에 고려 중반에 '단군'이라는 존호(尊號)가 붙여지며 창시의 신인으로 여겨졌다고 보았다.[24] 뿐만 아니라 1장에서 살펴보았듯이 이마니시는 '반도사' 원고에서도 조선의 역사를 일본과 종족적으로 동일한 반도 남부의 한종족(韓種族)을 중심으로 서술하는 가운데 단군을 남부 지역에서는 찾아 볼 수 없는 북방의 전설로 보았다. 이렇게 단군을 평양 지역, 혹은 북방과 관련짓는 시각은 1929년에 발표한 「단군고(檀君考)」에서 확대·강화되어 나타났다.[25] 여기서 이마니시는 '단군전설(檀君傳說)'은 역사적 형성물이라며, 이러한 전설이 만들어진 연혁을 추적하였다. 그는 단군을 전하는 전승은 여러 가지이지만 이러한 전승들은 모두 '관련 지방이 고구려의 구지(舊地)였던 곳이고, 그 관계도 퉁구스족인 부여종족(扶餘種族)에 관계하고 있으며, 현대 조선민족의 선조인 한종족(韓種族)에는 관계가 없다'고 보았다. 또 '단군전설'과 같이 '시조신인(始祖神人)이 신수교혼(神獸交婚)의 생자(生子)'와 같은 전설은 아시아 북방대륙 민속에 공통되지만 '일한족(日韓族) (Koreo- Japanese groups)을 이루고 부여종·여진(扶餘種·女眞) 등 소위 퉁구스종과 대립'하는 이들에게서는 나타날 수 없다는 것이 이마니시의 생각이었다. 즉 단군은 고구려-퉁구스종과 관계된 것으로, 신수교혼으로 위인이 탄생하는 것은 조선과 일

24_今西龍, 1910, 「檀君の說話に就いて」, 『歷史地理 朝鮮號』, 三省堂書店, 224~230쪽.

25_今西龍, 1970, 「檀君考」, 『朝鮮古史の研究』, 3쪽. 『朝鮮古史の研究』는 이마니시의 박사학위 논문으로 한국 고대사와 관련된 각종 논문들을 모은 것이다. 「檀君考」는 그 중 하나로, 이마니시는 서문에서 '大正 9년(1920) 여름에 쓴 舊稿를 증보·수정했다'고 밝히고 있으며, 이 수정된 원고가 발표된 것은 1929년이었다.

본을 이루는 종족들과는 무관하며, '신화전설에 비추어 보아도 한민족(韓民族)의 신인(神人)은 혹은 천(天)에서 내려오고 정지(淨地)에서 나오는 등 일본의 것과 유사하다'는 것이다.[26] 이러한 북방민족의 '전설'인 단군이 『朝鮮史』의 첫머리에 실릴 수 없었던 것은 당연한 것이었다.

『朝鮮史』 제1편의 편찬이 한창 진행 중이던 1930년 8월 22일 개최된 제4회 편수회의에서 『朝鮮史』의 시작에 해당하는 제1편의 포괄 범위, 보다 정확히는 '반도와 매우 밀접한 관계를 가지고 있는 민족', '조선사의 기원과 밀접한 관계가 있는 숙신족', 또 발해는 어떻게 기재할 것인지에 대한 최남선의 질문에 이마니시는 『朝鮮史』 '제1편은 민족을 중심으로 편찬'하며, 고구려의 경우 '중심이 되는 민족(韓民族: 인용자)의 이동에 관계가 있고, 이를 설명하는데 필요'하기 때문에 집어넣지만, '숙신은 연대문제 상 역사학에서 취급하기 보다는 인류학·민족학의 연구범위'이며, '발해도 조선사에 관계가 없기' 때문에 생략한다고 답변하였다.[27]

이러한 답변은 일본과 조선의 동일성을 종족 차원이라 말하면서 그에 관한 연구는 인종학이나 언어학의 분야로 넘겨 버린 후 조선의 역사를 반도 남부의 한종족(韓種族)의 역사로 국한시키는 한편 고구려로 대변되는 북방의 역사를 조선의 역사 범위는 아니지만 이를 제외시키면 당대의 역사를 설명하기 어렵기 때문에 함께 서술한다는 '반도사 편찬' 당시의 태도와 동일한 것이다. 뿐만 아니라 『朝鮮史』에서 단군과 관련된 사료들을 고구려의 동명왕 기사와의 연관 속에서 제시한 것은 단군이 고구려와 관련된 사항으로 읽히도록 사료를 배치한 것으로, 단군에 대한 이마니시의 생각과 정확

26_今西龍, 위의 논문, 22~23쪽.

27_朝鮮史編修會 編, 編輯部 譯, 1985, 『朝鮮史編修會事業概要』, 시인사, 47~48쪽.

히 일치하는 것이기도 하다.

이러한 『朝鮮史』 제 1편에 대해 수사관보로서 편찬의 실무를 담당했던 스에마쓰는 '종래의 모든 고간본(古刊本)과 교정본(校定本)을 참조해 문자(文字)의 이동(異同)을 난외(欄外)에 주기(注記)'했으며,[28] '사기 조선전·한서 지리지(史記 朝鮮傳·漢書 地理志) 이하 신당서 예악지·지리지·동이전·북적전(新唐書 禮樂志·地理志·東夷傳·北狄傳)에 미치는 역대 정사(正史)의 조선반도(朝鮮半島)를 중심으로 하는 주위의 제족·제국(諸族·諸國)의 기사 전문(記事 全文)을 각각 채(採)하고, 정사(正史) 이외에는 통전(通典)의 변방문 기사(邊防門 記事)가 대표적으로 부가되어'[29] 있다며 그 완벽함을 자신했다. 특히 그는 제1편 제2권 '일본사료'에 대해서는 '분량면에서 조선사료의 절반에 지나지 않을 정도로 소략한 것이지만…. 금후 이용이 가장 많을 1권'으로, 그 간행은 '축복'이라며, 조선인들에게 일본의 사료를 제공하여 활용의 기회와 편의를 제공한 것을 의미있게 평가하였다.[30]

이와 더불어 편찬자들이 제1편에 대해 또 하나 자부하고 있던 것은 '고래(古來) 세인(世人)에게 가까운 금석문(金石文)'을 포괄했다는 점과 각국별 사료 특히 '조선사료'와 '지나사료'에 대해서는 '지나사적(支那史籍)으로부터 전인(轉引)된 구(句)도 일일이 주기(注記)'하여 '대조해야할 조(條)를 명시'했다는 점이었다. 그렇지만 이는 '삼국사기의 사료 가치의 일단(一端)을 알리'기 위한 것이었다. 즉 '그것(金石文: 인용자)과 삼국사기·삼국유사와의 관련이 거의 인식되지 않지만 삼국사기·삼국유사가 연구사료로서 맹신해서는

28_末松保和, 「書評 朝鮮史 第1編 第1卷」, 『青丘學叢』 9, 1932, p.138.
29_末松保和, 「書評 朝鮮史 第1編 第3卷」, 『青丘學叢』 12, 1933, p.180.
30_末松保和, 「書評 朝鮮史 第1編 第2卷」, 『青丘學叢』 9, 1932, p.138.

않되는 것을 말하는 동시에 고대의 조선은 삼국사기 등으로부터 생각할 때와 금석(金石)으로부터 상상할 때 큰 차이가 있음'을 알리며 '지나사료'와 '조선사료'의 비교를 통해 금석문을 보았을 때의 '기이한 느낌'을 주기 위한 것이었다.[31] 즉 『朝鮮史』의 편찬방식 내에서 『三國史記』를 위시한 '조선사료' – 조선의 문자사료 – 가 금석문이나 '지나사료'에 비할 때 사료적으로 가치가 떨어지기 때문에 신빙할 수 없다는 것을 보여주고자 했던 것이었다.

제2편 이하는 사료를 싣는 것이 아니라 '강문(綱文)'을 싣고 그 출전을 밝히는 형식으로 작성되어 있다. '신라통일시대'라고 명명되어 단 1권으로 구성된 제2편은 제1편 제1권 '조선사료'와 마찬가지로 삼국사기의 기년을 기준으로 편찬되었으며, 편년에 따라 사건을 알려주는 강문과 그 뒤에 이를 싣고 있는 한·중·일 3국 사료의 출전을 제시하고 있다. 고대사에 해당하여 사료가 절대적으로 부족한 이 부분 역시 사료의 배제가 어려운 시기라 하겠다.[32] 제2편에서 사용한 전거 자료는 다음과 같다.

표 12 | 『朝鮮史』 제2편(文武王9年 ~高麗太祖18年) 전거 자료 목록

편	시기	전거사료	종수
2 (457쪽)	文武王 9年 (669) ~ 高麗 太祖	한국 : 三國史記, 三國遺事, 新編諸宗教藏總錄, 祖堂集, 桂苑筆耕集, 高麗史, 高麗史節要. (7) 高句麗泉男生墓誌, 高句麗泉男産墓誌, 新羅文武王陵碑, 百濟扶餘隆	74

31_末松保和, 「書評 朝鮮史 第1編 第1卷」, 『青丘學叢』 9, 1932, p.138.

32_박찬홍, 「『조선사』(조선사편수회 편) 제2편(신라통일시대)의 편찬 방식과 성격 - 『삼국사기』 「신라본기」와의 비교를 중심으로」, 『先史와 古代』 45, 2015. 『朝鮮史』 제 2편과 삼국사기 신라본기의 기사를 대조한 이 연구에 따르면 『朝鮮史』 제 2편은 비교적 충실히 원사료를 정리했지만 의도적인 삭제와 축약도 많이 보인다고 한다. 왕의 혈통과 왕비 등의 가족관계, 왕의 詔書나 敎書, 중국과의 관계, 일본에게 불리한 표현 등이 빠지거나 축약된 반면 대외관계, 일본과 밀접한 역사적 관계를 보여주는 부분은 강조되었다는 것이다.

	18年(935)	墓誌, 慶州高仙寺誓幢和上塔碑, 山寺彌勒菩薩造像記, 甘山寺阿彌陀如來造像記, 高城鉢淵寺眞表禪師藏骨塔碑, 新羅聖德王神鍾銘, 丹城斷俗寺神行禪師碑, 高仙寺誓幢和上塔碑, 慶州 鍪藏寺阿彌陀如來造像事蹟碑, 雙溪寺眞鑒禪師大空塔碑銘, 谷城 大安寺寂忍禪師照輪淸淨塔碑, 始興 中初寺幢竿石柱記, 長寶林寺普照禪師彰聖塔碑, 原州興法寺廉巨和尙塔誌, 藍浦 聖住寺朗慧和尙白月葆光塔碑, 昌林寺無垢淨塔願記, 忠州 月光寺圓朗禪師大寶禪光塔碑, 鐵原 到彼岸寺毗盧遮那佛造像記, 慶州 崇福寺碑, 長興 寶臨寺普照禪師彰聖塔碑, 聞慶鳳巖寺智證大師寂照塔碑, 奉化 太子寺朗空大師白月栖雲塔碑, 康津無爲岬寺先覺大師遍光靈塔碑, 雲峰 深源寺秀澈和尙楞伽寶月塔碑, 海州 照寺眞澈大師寶月乘空塔碑, 寧越 興寧寺澄曉大師寶印塔碑, 忠州 淨土寺法鏡大師慈燈塔碑, 砥平 菩提寺大鏡大師玄機塔碑, 長湍龍寺法鏡大師普照慧光塔碑, 江陵 地藏禪院朗圓大師悟眞塔碑. (33) 중국 : 舊唐書, 資治統鑑, 唐會要, 新唐書, 册府元龜, 宋高僧傳, 文苑英華, 神僧傳, 佛祖歷代通載, 全唐文, 昌黎先生集, 白氏長經集,五代會要,五代史, 舊五代史, 遼史, 佛祖統紀. (17) 일본 : 日本書紀, 續日本紀, 懷風藻, 萬葉集, 日本後紀, 續日本後紀, 日本紀略, 類聚三代格, 日本逸史, 賀常宮神社藏晋州蓮池寺鐘記, 對馬木坂村八幡宮舊藏竅興寺鐘記, 日本三代實錄, 扶桑略記, 本朝文粹, 文德實錄. (15)	

※ 한국: 40종(문헌 7, 금석 33), 중국: 17종, 일본: 15종.

위의 표에서도 나타나 있듯이 33종의 금석자료를 제시한 것, 일본과 중국의 관련사료도 망라하고, 같은 사항을 제시할 경우 하나의 강문 아래에 해당 사료의 소재를 알려주는 방식은 사료의 수집과 발간이라는 편수회의 사업목표에 충실한 것이며, 연구에 편의를 제공한다는 점에서 의의를 둘 수 있다.

그렇지만 제2편 역시 사료의 비교·대조를 통해 조선사료의 불확실성 내지는 사료로서 신빙성을 의심하는 것은 제1편과 마찬가지였다. '신라통일시대라고 하면 당문화(唐文化)의 수입과 모방 그리고 당(唐)으로의 정치적 기미관계(羈縻關係)에 의해 화(華)하고 성대하다고 생각하지만 사료로부터 말하면 일본의 나라·헤이안(奈良·平安) 양조(兩朝)에 걸친 시대에 비할 것도 없는 암흑한 시대이다. 본서에 기입하고 있는 일본사료에 근거한 기사가 전후(前後)의 삼국사기 등에 의한 기사와 어떻게 부조화(不調和)한가를 보면

요연(瞭然)하다'는,[33] 수사관보로서 실제 제2편을 편찬한 스에마쓰의 언급은 어떠한 자세로서 『朝鮮史』 제2편을 구성했는지를 단적으로 말해준다. 이처럼 사료의 선택과 배제가 힘들었던 제1·2편의 경우, 편찬자 스에마쓰는 조선사료와 일본·중국의 사료의 대조를 통하여 조선사료, 특히 그 골자를 이루는 『三國史記』의 불신감이 드러나기를 바라고 있었다.

뿐만 아니라 제2편을 '신라통일시대'라고 명명하는 것에서도 알 수 있듯이 발해와 관련된 사항은 제외되었다. 실로 『朝鮮史』 전체에서 '발해' 두 글자는 전혀 나오지 않는 것으로 확인된다. 제1장에서 살펴보았듯이 쿠로이타·이마니시 등은 조선민족의 주류를 '반도의 남부'에서 찾는 한편 북방의 역사를 포괄하며 역사를 체계화한 조선인들의 역사인식을 부정했던 만큼 『朝鮮史』 제2편에 북방의 역사인 발해사가 끼어들 틈은 없었다.

다만 조선과 대륙의 관계를 중요시하며 조선민족의 주류를 북방의 민족에서 찾았던 이나바와 같은 이들이라면 발해사를 『朝鮮史』에 수록할 여지가 없는 것은 아니었다. 실제로 『朝鮮史』 편찬 초기인 1923년 1월의 제1회 조선사편찬위원회 석상에서 이나바는 단군이나 발해 등의 수록 여부에 대한 조선인 위원의 질문에 대하여 '발해는 신라에 대해 서술하는 곳에 발해 및 이와 관련 있는 철리(鐵利) 등의 기사도 수록할 예정'이라며 발해의 수록 가능성을 시사했다. 그렇지만 이나바는 이 부분의 편찬을 담당하는 이마니시가 회의에 참석하지 않았기 때문에 '이대로 보류'하자며 확답을 하진 않았다.[34] 이러한 사정을 고려할 때 『朝鮮史』제2편에 발해가 등장하지 않는 것

33_末松保和, 「書評 朝鮮史 第2編」, 『青丘學叢』 9, 1932, p.139.

34_朝鮮史編修會, 「第1回 朝鮮史編纂委員會 會議錄」, 『朝鮮史編纂委員會 委員會議事錄』.(1923. 1. 9.)

은 이마니시의 결정에 따른 것으로 보는 것이 합리적일 것이다. 물론 이나바는 발해사에 대해 관심을 가지고 있었다. 그가 조선에 부임하기 이전인 1915년에 저술한 『만주발달사(滿洲發達史)』에서도 발해에 대한 언급과 서술이 등장하기 때문이다.[35] 하지만 이는 만주사의 일부로서 발해사를 서술한 것으로 조선의 역사에 대한 사료집·색인집인 『朝鮮史』에 이마니시를 설득하여 발해 관련 자료를 삽입하는 것은 어려운 일이 아니었을까 한다.[36]

사료가 부족한 것은 고대사에 해당하는 부분만이 아니라 고려시대에 해당하는 『朝鮮史』 제3편의 경우에도 마찬가지였다. 이 시기 사료의 부족은 조선사편수회 설립이후 처음으로 열렸던 1925년 10월 8일 위원회에서 사료채방의 결과 '고려시대의 것이 절무(絶無)하다는 것'이 보고될 정도였다.[37] 이렇게 사료의 부족이 지적되던 가운데 규장각도서를 경성제대로 이관하는 중에 '고려사절요(高麗史節要)'를 발견하게 되어 원래 예정보다 1년 여 지난 1935년 3월이 되어 발간이 완료되었다. 고려 태조가 신라의 마지막 경순왕

35_稻葉은 만선역사지리조사부 퇴사 직후 그곳에서의 연구 경험을 바탕으로 몇 권의 저작을 발표하였는데, 그 가운데 하나가 1915년 발간한 『滿洲發達史』이다. 이 책은 만주에 대한 최초의 통사라 할 수 있는 것인데, 여기서 稻葉은 '渤海及び黑水靺鞨'이라는 항목을 고구려의 흥망과 거란의 건국 사이에 설정하여 발해의 역사에 대해서도 서술하였다.

36_한편 稻葉이 체계화하고자 했던 滿鮮史는 러일전쟁 이후 일본의 대륙침략과 맞물려 발생·전개되었던 것으로, 일본의 조선지배를 공고히 하기 위해 遼東半島 역시 아울러 지배해야 함을 역사적으로 증명하는 것을 목적으로 했다는 시각에서 요동반도를 통치하지 않았던 발해는 稻葉의 관심대상이 아니었으며, 때문에 그가 구상한 만선사 체계에서 발해가 전혀 언급되지 않았다는 견해도 있다.(井上直樹, 「日露戰争後の日本の大陸政策と「滿鮮史」」, 『洛北史學』 8, 2006, pp.75~76.) 하지만 만주사 연구자로서 稻葉은 1915년의 저작 『滿洲發達史』에서 이미 발해를 서술했으며, 이는 1935년 이 책을 증보할 때도 등장한다. 이를 고려할 때, 稻葉의 만선사 체계화와 발해의 관련성은 재고해볼 문제이다.

37_朝鮮史編修會, 「朝鮮史編修會 第1回 委員會 會議錄」, 『(朝鮮史編修會)委員會議事錄』.(1925. 10. 8.)

으로부터 양위를 받은 '병신 즉위 19년(丙申 卽位 19年)'(936) 2월부터 시작하여 공양왕 3년(1392) 임신(壬申) 7월까지 약 450여년의 기간을 7권으로 구성하고 있는 제3편의 각권은 다음의 자료를 바탕으로 편찬되었다.

표 13 | 『朝鮮史』 제3편(高麗 太祖 19年~恭讓王 4年) 각권별 전거 자료 목록

권	시기	전거사료	종수
1 (530쪽)	高麗 太祖 19年 (936) ~ 高麗 宣宗 元年 (1083)	한국 : 高麗史, 高麗史節要, 東國通鑑, 櫟翁稗說, 補閑集, 益齋亂藁, 新高麗史, 三峯集, 修山集, 野史之流, 東史綱目, 釋苑詞林, 三國遺事, 東文選, 三國史記, 東城全集. 廣照寺眞澈大師寶月乘空之塔碑, 毘盧庵眞空大師普法之塔碑, 菩提寺大鏡大師玄機之塔碑, 地藏禪院郎圓大師悟眞之塔碑, 興法寺眞空大師塔碑, 淨土寺法鏡大師慈燈之塔碑, 五龍寺法鏡大師普照慧光之塔碑, 興寧寺澄曉大師寶印之塔碑, 大安寺廣慈大師碑, 無爲岬寺先覺大師遍光塔碑, 玉龍寺洞眞大師寶雲之塔碑, 太子寺朗空大師白月栖雲之塔碑, 鳳巖寺靜眞大師圓悟之塔碑, 高達寺元宗大師慧眞之塔碑, 皇龍寺幢竿記西院鐘記, 斷俗寺眞定大師塔碑, 普願寺法印國師寶乘之塔碑, 玄化寺碑, 開城柳邦憲墓誌, 淨土寺弘法國師實相塔碑, 興國寺石塔碑, 浮石寺圓融國師碑, 靈通寺大覺國師碑, 法泉寺智光國師玄妙塔碑, 僊鳳寺大覺國師碑, 金山寺慧德王師眞應塔碑, 興王寺大覺國師墓誌.	43
		중국 : 舊五代史, 五代史, 冊府元龜, 遼史, 資治通鑑, 宋史, 海東金石苑, 文獻通考, 宋高僧傳, 佛祖歷代通載, 佛祖統紀, 續資治通鑑, 開元釋敎錄, 契丹國志, 遼東行部志, 宣和奉使高麗圖經.	16
		일본 : 日本紀略, 百練抄, 朝野群載, 本朝續文粹, 古今著聞集, 續古事談, 江談抄, 和漢合運, 權記, 承天寺朝鮮鏡記, 鎭西要略.	11
2 (600쪽)	高麗 宣宗 2年 (1084) ~ 高麗 毅宗 元年 (1146)	한국 : 高麗史, 高麗史節要, 東國通鑑, 事蹟略錄, 東文選, 益齋亂藁, 三峯集, 新高麗史, 東國通鑑, 世祖實錄(朝鮮王朝實錄), 大覺國師文集, 高麗圖經, 補閑集, 權適墓誌, 新增東國輿地勝覽, 慧因寺志, 益齋亂藁, 修山集, 李相國集, 櫟翁稗說, 破閑集, 三國史記, 釋苑詞林, 東師列傳, 新編諸宗敎藏總錄. 通度寺國長生石標, 通度寺舍利袈裟, 靈通寺大覺國師碑, 般若寺元景王師碑, 僊鳳寺大覺國師碑, 密陽武安里國長生石標, 金山寺慧德王師眞應塔碑, 興王寺圓明國師墓誌, 興王寺大覺國師墓誌, 文殊院重修碑, 朴景仁墓誌, 雲門寺圓應國師碑, 崔思全墓誌, 淸平息庵刻字, 淸平仙洞刻字, 高麗文公墓誌, 李坦之墓誌.	42
		중국 續資治通鑑, 資治通鑑, 大宋僧史略, 宋史, 遼史, 契丹國志, 金史, 東坡全集, 金史詳校, 直齋書錄, 中州集, 東京夢華錄, 石林燕語, 十駕齋養新錄, 重廣會史, 說文正字, 文獻通考, 佛祖歷代通載, 佛祖統紀, 遼道宗仁聖孝文皇帝哀册, 通典印文, 說文正字印文, 重廣會史印文, 姓解印文.	24
		일본 : 東寺年代記.	1
3 (581쪽)	高麗 毅宗 2年 (1147) ~	한국 : 高麗史, 高麗史節要, 東國通鑑, 高麗圖經, 補閑集, 櫟翁稗說, 益齋亂藁, 新高麗史, 三峯集, 順菴集, 新增東國輿地勝覽, 治平要覽,	51

	高麗 高宗 10年 (1222)	東文選, 梅湖遺稿, 謏聞瑣錄, 李相國集. 金誠墓誌, 元沆墓誌, 李坦之墓誌, 洪圓寺教雄墓誌, 李仁實廟誌, 尹誧墓誌, 朴脩墓誌, 李仁榮墓誌, 文公元墓誌, 朴得齡墓誌, 智勒寺廣智大禪師墓誌, 崔誠墓誌, 林景軾墓誌, 崔允仁墓誌, 崔允儀墓誌, 金永錫墓誌, 寧國寺圓覺國師碑, 李應璋墓誌, 盧卓儒墓誌, 瑞峯寺玄悟國師碑, 張忠義墓誌, 李文著墓誌, 咸有一墓誌, 白任至墓誌, 靈通寺住持智偁墓誌, 柳公權墓誌, 金純墓誌, 金鳳毛墓誌, 張允文墓誌, 朴仁碩墓誌, 李侃墓誌, 任益淳墓誌, 崔忠獻墓誌, 柳光植墓誌, 寶鏡寺圓眞國師碑.	
		중국 : 金史, 中州集, 宋史, 元朝祕史續集, 皇元聖武親征錄, 元高麗紀事, 元史, 元史新編, 二十二史, 國朝文類, 吉林省龍偵村城子山土古青銅板.	11
		일본 : 吾妻鏡, 古今著聞集, 成吉思汗實錄.	3
4 (550쪽)	高麗 高宗 11年 (1223) ~ 高麗 忠烈王 5年 (1278)	한국 : 高麗史, 高麗史節要, 東國通鑑, 東國李相國集, 新增東國輿地勝覽, 益齋亂藁, 松廣寺眞覺國師圓, 東國兵鑑, 止浦集, 東文選, 櫟翁稗說. 任益惇墓誌, 崔甫淳墓誌.	13
		중국 : 元史, 元史新編, 元朝祕史續集, 元高麗紀事, 永樂大典, 二十二史, 潦東志, 國朝文類, 冂北三廳志 .	9
		일본 : 吾妻鏡, 吉川本吾妻鏡, 皇帝紀抄, 百練抄, 明月記, 成吉思汗實錄, 元享釋書, 皇王編年記, 北條九代記, 吉續記文, 伏敵編, 五代帝王物語, 一代要記, 歷代皇記, 善隣國寶記, 帝王編年記, 關東評定傳關東評定衆傳, 螢蠅抄, 南都東大寺尊勝院藏本蒙古國牒狀·高麗國書, 南都東大寺尊勝院藏本高麗國信使書·蒙古國牒狀奧書, 靖方溯源引用書目錄解題(八幡愚童記), 八幡愚童記, 日蓮上人註畫讃.	23
5 (543쪽)	高麗 忠烈王 6年 (1279) ~ 高麗 惠王 元年 (1330)	한국: 高麗史, 高麗史節要, 東國通鑑, 天下同文前甲集卷七高麗國大藏移安記, 益齋亂藁, 益齋先生年譜, 牧隱文藁, 拙藁千百, 野史之流, 慧因寺志, 稼亭先生文集, 新增東國輿地勝覽, 益齋集附錄恭愍王時文簡公本傳, 櫟翁稗說, 通度寺舍利袈裟事蹟略錄. 麟角寺普覺國尊靜照塔碑, 桐華寺弘眞國尊應塔碑, 洪奎配金氏墓誌, 閔頔墓誌, 元忠墓誌.	20
		중국 : 元史, 新元史, 元史新編, 元高麗紀事, 二十二史, 口北三廳志, 聖朝通制, 國朝文類, 皇元故敦武校尉管軍上百戶張成墓碑銘.	9
		일본 : 伏敵編, 一代要記, 歷代皇記, 北條九代記, 皇代略記, 關東評定傳關東評定衆傳.	6
6 (479쪽)	高麗 忠惠王 2年 (1331) ~ 高麗 恭愍王 24年 (廢王元年, 1374)	한국 : 高麗史, 高麗史節要, 東國通鑑, 稼亭先生文集, 拙藁千百, 益齋亂藁, 東文選, 新增東國輿地勝覽, 牧隱文藁, 金石總覽, 中京誌, 益齋先生年譜, 益齋先生行狀, 治平要覽, 櫟翁稗說, 新高麗史, 星湖僿說, 傭齊叢話, 槿域書徵, 三國遺事, 太祖實錄(朝鮮王朝實錄), 槿域書畵徵, 列聖御製肅宗題恭愍王天山大獵圖.	23
		중국 : 元史, 新元史, 皇明實錄, 宋學士全集, 高皇帝御製文集.	5
		일본 : 善隣國寶記, 對島編年略.	2
7 (483쪽)	高麗 廢王(禑王) 2年 (1375) ~ 高麗 讓王 4年	한국 : 高麗史, 高麗史節要, 東國通鑑, 治平要覽, 星湖僿說, 圃隱先生集, 太祖實錄(朝鮮王朝實錄), 新增東國輿地勝覽, 牧隱文藁, 牧隱詩藁, 牧隱先生文集, 陶隱先生詩集, 龍飛御天歌, 海東佛祖原流, 傭齊叢話, 海東金石總目, 遁村雜詠, 新高麗史, 陽村集, 昆侖集, 柳巷集.	22

		青龍寺普覺國師碑銘.	
	(1392)	중국 : 新元史, 皇明實錄, 高皇帝御製文集, 禪林寶訓, 遼東志.	5
		일본 : 伏敵編, 本朝高僧傳(周佐), 異稱日本傳, 朝鮮通交大紀.	4

※ 한국: 142종(문헌 60, 금석 82), 중국: 55종, 일본: 39종
高麗史, 高麗史節要에서 사용한 踰年稱元法과 달리 卽位年稱元法을 사용.

제3편의 골자를 이루고 있는 사료는 『高麗史』와 『高麗史節要』 및 『동국통감(東國通鑑)』이다. 제3편의 모든 기사는 거의 대부분이 이 세 자료를 바탕으로 하고 있으며, 여기에 고려 후기와 조선 전기 인물들의 개인문집과 중국·일본의 자료가 덧붙여지는 형태로 편찬되었고, 금석자료 역시 게재하고 있음은 1, 2편과 마찬가지이다.

가장 먼저 눈에 띄는 것은 450여 년간 지속된 고려왕조의 거의 절반에 해당하는 210여 년의 역사를 1권과 2권 두 권에서 다루고 있다는 점이다. 더군다나 이 시기는 조선의 역사에서 '사대'와 '혼란'을 드러내는 소재로 이용할 수 있는 요·금(遼·金)과의 대외관계와 전쟁이 빈번했던 시기이기도 하다. 그렇지만 이는 당시를 전하는 사료의 부족에서 기인하는 바가 크다. 『朝鮮史』의 편찬자들도 앞의 두 권으로 상대적으로 긴 시기를 포괄한 것에 대해 '태조(太祖)부터 현종(顯宗)까지 70여 년간의 사료가 현종조(顯宗朝) 거란병(契丹兵)의 침입으로 병화(兵火)의 재(災)를 받'아 사료가 적다고 해명했다.[38] 한편 고려 후반에 해당하는 5권부터는 제3편 편찬의 중심사료인 고려사·고려사절요의 내용이 충실할 뿐만이 아니라 '고려조 말기의 문집으로 유명한 가정집(稼亭集), 익제집(益齋集) 등이 이용할 수 있는 범위에 들어'와 이용 사료가 증가했음을 밝히고 있으며,[39] 이는 『朝鮮史』 제3편의 각 권

38_末松保和, 「書評 朝鮮史 第3編 第1卷·第2卷」, 『靑丘學叢』 11, 1933, pp.164~165.
물론 당시의 사료 부족이 거란군에 의한 소실때문인지는 의문이다.

별로 활용한 사료에도 반영되어 있다.

고려시대의 사료에 대해 이렇게 설명하는 가운데 고려 전기와 관련된 사료가 적기 때문에 – 그 이유가 거란의 침입 때문이라는 것은 의심스럽지만 - 초반 두 권이 상대적으로 긴 기간을 다룰 수밖에 없었음을 밝히는 것은 어느 정도 수긍할 만하다. 그런데 이처럼 사료 부족을 이유로 1·2권에 고려시대의 절반 정도를 다루면서 편찬 관계자들이 이 시기의 특징으로 들었던 것은 대외관계, 특히 북방민족과의 관계였다.

> 太祖卽位 當初에는 渤海人의 投化, 女眞討伐, 遼·宋 間의 高麗, 계속하여 金·宋 間의 高麗, 高麗가 사이에서의 役割은 容易했다고 할 수 없다. 이로서 그 후에 올 것 – 元·宋 間의 고려, 日·元 間의 高麗와 비교해 보아도 이 兩卷에서 담은 이들 諸國에 관한 豊富한 記事에 의해 분명히 밝혀질 것이다. 이는 단지 高麗와 諸外國의 關係에 관해서만 보는 것이 아니라 예를 들어 宋과 遼, 宋과 金의 關係 推移가 흥미 깊게 보여지는 것이다.[40]

『朝鮮史』 제 3편 1·2권에 대한 위와 같은 평가는 1·2권만이 아니라 편찬 관계자들이 제3편을 편찬함에 있어 어디에 방점을 찍고 있었는가를 여실히 드러낸다. 특히 제3편의 주임인 이나바는 대표적인 만선사학자로,[41] 그가 구상한 만선사가 만주와 조선의 일체성만을 강조하는 것이 아니라 한

39_末松保和, 「書評 朝鮮史 第3編 第5卷」, 『靑丘學叢』 17, 1934, p.210.

40_末松保和, 「書評 朝鮮史 第3編 第1卷·第2卷」, 『靑丘學叢』 11, 1933, pp.164~165.

41_稻葉은 『朝鮮史』 편찬이 한창인 1930년대 초·중반 「滿鮮史體系の再認識」(上·中の一·中の二·下 , 『靑丘學叢』 12~15, 1933)이라는 논문을 연속적으로 게제하며 만선사의 체계화를 시도하였다. 이는 만선사를 체계화하려했던 유일한 시도이기도 하다.

민족(漢民族), 몽고민족(蒙古民族), 동호계 민족(東胡系 民族) 3자의 관계 속에서 동아시아의 역사를 설명하면서, 전쟁을 만선을 연결하는 주요 기재로서 인식하던 것이었음을 고려할 때[42] 위와 같이 송(宋-漢民族)·원(元-蒙古民族)·금(金-東胡系 民族)과 고려의 관계에 집중하는 편찬 태도는 지극히 만선사적인 것이라고 하겠다.

고려에 대한 원(元)의 침략과 간섭이 있던 시기를 다루는 『朝鮮史』 제3편의 후반은 이나바의 시각이 보다 선명히 나타난다. 고종 11년(1223)부터[43] 충렬왕 5년(1278)까지를 다루는 4권에 대해 이나바는 직접 이 책의 서평을 쓰며 몽고 세력의 강화를 이 시기의 특징으로 꼽았다. 이와 함께 그는 4권 편찬에서 주로 원사(元史) 및 원사 고려전(高麗傳)의 원본(藍本)인 '원고려기사(元高麗記事)', '원사신편(元史新篇)', '국조문류(國朝文類)(元文類)'등의 중국측 자료를 활용했다는 것을 특필하며, 이 시기에 있어 가장 중요한 사건으로 다음을 강조했다.[44]

42_정상우, 앞의 논문, 2010, pp.7~13.

43_한편 고려시대에 해당하는 『朝鮮史』 제3편의 경우 紀年의 방식은 제3편의 골자를 이루는 高麗史·高麗史節要의 紀年法과 다르다. 조선시대에 편찬된 高麗史와 高麗史節要에는 조선시대에 주로 사용되던 踰年稱元法을 따르고 있지만 『朝鮮史』 제3편은 踰月稱元法을 採用하고 있다. 이에 따라 '卽位年'의 개념이 없기 때문에 보통 'ㅇㅇ왕 3년'이라고 하는 것이 『朝鮮史』 제3편에는 'ㅇㅇ왕 4년'으로 표시되어 있다. 이에 대해 당시 편찬자들은 '高麗時代의 金石文 기타 稱元法 - 즉 高麗時代의 現行法 -을 復活시킨 것'으로 '『朝鮮史』 第3編이 高麗史 등 成書에 의거하고 成書를 超越해 편찬되었다는 것을 보이는 점'이라며 자부하였다.(末松保和, 「書評 朝鮮史 第3編 第1卷·第2卷」, 『青丘學叢』 11, 1933, p.164.) 그렇지만 이는 제3편에서 高麗史만큼 자주 거론되는 '東國通鑑'의 稱元法이자, 일본에서 사용하는 방법으로, 末松의 언급은 억지스러운 것이라 하겠다

44_稻葉岩吉, 「書評 朝鮮史 第3編 第4卷」, 『青丘學叢』 14, 1933, p.188.

元宗8년 이하에는 本編(제3편: 인용자)의 主要部分이라고 생각되는 日元關係가 次第로 展開되었다. 世祖의 懷柔手段은 效果를 보이고, 黑山水道는 探査되어 濟州의 耽羅國主는 大都에 朝貢했으며, 더욱 日本招諭의 준비였다. 史料로서 元高麗記事를 忠實하게 수록하는 것이 特色이어서 각별히 奈良東大寺尊勝院 所藏 蒙古國牒狀을 寫眞으로 挿圖한 것과 같이, 종래 學界에 아직 공개되지 않은 부분에 대해서 노력했다고 해도 좋다.

위의 인용문에서 드러나듯이 이나바가 『朝鮮史』 제3편에서 가장 중요시 한 것은 고려와 원의 관계 혹은 삼별초로 대변되는 고려의 저항이 아닌 '일원관계(日元關係)'였다. '흑산수도(黑山水道)의 탐사(探査)', '탐라국주(耽羅國主)의 대도(大都) 조공(朝貢)'과 같은 원의 대 고려 정책을 모두 '일본초유(日本招諭)'를 위한 것, 즉 원과 일본의 관계라는 맥락에서 파악하면서, 이를 충실히 소개한 것과 이러한 사실을 보여주는 '몽고국첩장(蒙古國牒狀)'을 게재한 것을 자랑하고 있다.

이는 제3편의 5권도 마찬가지이다. 충렬왕 6년(1279)에서 충혜왕 원년(1330)까지 52년간을 다루는 5권을 소개하며 편찬 관계자들은 고려시대를 다루는 앞부분에 비해 많은 사료를 활용할 수 있게 되었다고 밝히면서 이 시기의 '대사건(大事件)'으로 꼽은 것은 바로 원의 제 2차 일본정벌이었다.[45] 실제로 위의 인용문에서 제 3편 후반부의 주요부분이라고 제시한 원종 8년 이하의 부분에서 몽고의 사신이 고려의 정부를 통하여 일본에 압력을 가하고 정벌한 것에 대한 사항은 강문이 매우 자세하게 기술되어 있음을 확인할 수 있다.

45_末松保和, 「書評 朝鮮史 第3編 第5卷」, 『青丘學叢』 17, 1934, p.210.

이와 관련하여 흥미로운 것은 원과 일본의 관계를 해명하는 데에 필요한 고려시대의 사료를 주요하게 다룬 『朝鮮史』 제3편의 후반부가 발간되었을 즈음 이나바 역시 『일려관계(日麗關係)』(1934, 岩波講座)라는 연구서를 출간한 것이다. 이 책은 '몽고습래(蒙古襲來)'에 가장 많은 지면을 할애하고 있다. 이에 따르면 당시 남송(南宋)의 정벌에 사활을 걸었던 쿠빌라이가 가장 우려한 것은 송이 일본과 연결되는 것이었으며, 원이 고려에 대해 흑산도의 수도(水道)를 조사한다거나 탐라총관부를 설치한 것은 모두 송과 일본의 연락을 막아 해상의 안전을 도모하기 위한 조치라는 것이다. 이처럼 당시 원의 대 고려 정책은 모두 송이 일본에 도움을 구할 수 있는 통로를 차단하기 위한 것이었으며, 그 과정에서 일본에 대한 회유(招諭)와 정벌이 나타난다는 것이다. 이는 당시 일본이 원에 필적할 수 있는 강자였음을 말하는 것인데, 이러한 이나바의 연구 내용과 당시 그를 비롯한 『朝鮮史』 편찬 관계자들이 제3편에서 강조하고 있는 사항은 놀라울 정도로 일치한다.[46]

한편 『朝鮮史』 제3편의 편찬 역점은 사용하고 있는 사료들의 특징에서도 드러난다. 〈표 13〉에서도 나타나듯이 사료가 상대적으로 부족한 고려 전반부(『朝鮮史』 제3편의 1·2권)에 는 한국측 사료가 다른 부분에 비해 상대적으로 많이 이용되었다. 이는 다양한 금석문을 활용했기 때문이다. 그런데 고려시대 금석문은 고려 후반에 해당하는 것이 다수이며, 이는 당시에

46_『朝鮮史』 제3편에서 元과 고려, 고려를 매개로 한 元과 일본의 관계에 대한 부분은 사료를 거의 그대로 기술했다고 할 수 있을 정도로 자세하게 綱文을 작성하였다. 또 쿠빌라이의 초상과 國朝文類, 당시 학계에 공개되지 않았던 '奈良東大寺尊勝院 所藏 蒙古國牒狀'을 『朝鮮史』의 중간에 사진으로 제시하였다.(朝鮮史編修會 編, 『朝鮮史』 第3編 第4卷의 圖版 7, 8, 9. 특히 奈良東大寺尊勝院 所藏 蒙古國牒狀은 특별한 크기로, 사진 그 자체만으로도 내용을 판독할 수 있도록 3페이지에 걸쳐 그 모두를 제시하고 있다.)

도 잘 알려진 사실이었다.[47] 그렇다면 고려의 후반기에 해당하는 제 3편 3권 이하에서 금석문의 활용은 늘어나야 할 것이다. 그렇지만 후반부로 가면 갈수록 금석문의 활용은 감소하는 반면 외국 사료의 활용은 늘어난다. 특히 원과 고려, 원과 일본의 관계에서 종종의 사건이 발생한 시기를 다루는 제 4권의 경우 일본측 사료의 활용이 격증한다. 금석문을 통해 확인할 수 있는 사항이 주로 고려 내부의 정치·사회 등의 사정임을 고려해 볼 때, 고려 후기로 갈수록 풍부해지는 금석문의 활용은 줄고 오히려 외국 사료, 특히 일본 사료의 활용이 늘어난다는 것은 『朝鮮史』 제3편의 방향성을 짐작케 하는 것이다. 뿐만 아니라 편찬 관계자들이 『朝鮮史』 제3편을 소개하면서 제3권 이하에 해당하는 의종 이래 공양왕까지 240여년 간의 주요 사건으로 최씨 일가의 집정과 강화도로의 천도(4권), 충선왕대 및 충숙왕 말년에 구체화된 행성(行省) 설치 찬부 논의(5권), 충숙·충혜왕의 복잡한 왕위계승, 왜구로 인한 조운의 경색(6권), 홍건적의 난, 충렬왕 이후 원·고려의 관계 및 정치도감(整治都監)과 정동행성 이문소(征東行省 理問所)와의 충돌(6권), 공민왕 즉위후 반원친명정책으로 인한 명과의 관계 발생(6권) 등을 들고 있는 것은 편찬자들이 부각하고자 한 것이 정권의 혼란과 고려에 드리워진 외세의 영향력이었음을 말해준다.[48]

47_1919년 조선총독부에서 간행한 『朝鮮金石總覽』에는 244종의 고려시대 금석문을 싣고 있는데, 『朝鮮史』 제3편에서 활용한 금석문 82종 가운데 73종은 『朝鮮金石總覽』에 실려 있다. 즉 당시 알려진 고려시대 금석문 중 170여 종의 금석문은 활용되지 않았다고 할 수 있는데, 고려시대 후반기에 해당하는 것들이 많다.

48_稻葉岩吉, 「書評 朝鮮史 第3編 第4卷」, 『青丘學叢』 14, 1933, pp.188~189; 末松保和, 「書評 朝鮮史 第3編 第5卷」, 『青丘學叢』 17, 1934, pp.210~211; 丸龜金作, 「書評 朝鮮史 第3編 第6卷」, 『青丘學叢』 20, 1935, pp.177~179.

『朝鮮史』에서 가장 많은 분량을 차지하며 편찬의 중심을 이루는 부분은 앞서 언급하였듯이, 바로 조선시대에 해당하는 제4·5·6편이다. 이렇게 『朝鮮史』에서 중심적인 부분인 조선시대의 편찬에 대해서는 제1편에서와 같은 조선인 위원을 비롯한 다른 위원들의 질문이나 반발이 나타나지 않았다. 이는 사료가 방대하여 편찬자들 이외에 조선인들이 사료를 보기 어려웠던 사정도 작용했을 것이다. 즉 오히려 사료가 적고, 많은 이들에게 알려져 있어 사료의 취사선택이 눈에 띌 수 있는 제1·2편에 비해 문제제기가 어려운 측면이 있다. 조선시대에 해당하는 제4·5·6편은 조선왕조실록을 비롯하여 17세기 이래 비변사등록, 승정원일기와 18세기 후반에는 일성록과 같은 관찬 편년자료는 물론 지방에서의 사료채방의 결과 방대한 사료가 존재하는 시기이다.

이러한 사료의 방대함은 편찬자들에게도 어려운 문제였다. 조선시대의 첫 권에 해당하는 『朝鮮史』 제4편 제1권을 발간할 당시 인쇄주임이었던 스에마쓰는 '본편(本編)(제4편: 인용자) 이하, 즉 조선시대를 통하여, 이를 거슬러 올라 제3편·제2편 등에 비교하여 사료의 종류가 다방면(多方面), 분량이 다수다량(多數多量)'이기 때문에 '본권(本卷)이 포함한 사항은 동시대에 관한 사료 전체로부터 하면 실로 그 기분(幾分)에 지나지 않을 것'이라면서 사료의 방대함과 편찬의 한계점을 언급하였다. 그렇지만 그는 다음과 같은 발언을 덧붙였다.

> (조선시대에 해당하는 『朝鮮史』 제4편 이하는: 인용자) 高麗時代에 관해 高麗史·高麗史節要가 있는 것에 비할 수 없을 뿐만 아니라 諸記錄文書를 정리하여 公刊하는 것이 거의 없는 현재 朝鮮時代 編年史의 前途가 멀다하지 않을 수 없다. 이런 예상처럼 곤난한 가운데 『朝鮮史』 第4編 이하가 如何한 一路를 개척하여 如何한 程度까

지 성공(비교적 성공)을 보이는가는 흥미있는 문제가 아닐 수 없다.[49]

고대사에 해당하는 『朝鮮史』 제1·2편은 사료가 절대적으로 부족한 부분이기 때문에 편찬자들은 『朝鮮史』 편찬에 있어 관련된 모든 자료를 망라했음을 자신했다. 고려시대에 해당하는 제3편은 고려사와 고려사절요가 있어 제1·2편에 비해 상대적으로 자료가 풍부한 시기이지만 사료의 양에서 조선시대에 비할 것은 아니었다. 위와 같은 언급은 사료의 과다로 인한 조선시대 편찬에 어려움과 자부심, 동시에 향후 편찬에 대한 기대감이 나타나 있다.

한편 당시 조선시대를 특징지웠던 일본인들의 인식은 '당쟁'이라는 두 글자로 요약될 수 있다.[50] 당시 『朝鮮史』 편찬을 담당했던 이들 역시 조선시대의 여러 자료들은 '당쟁'과 관련하여 '윤색'이 심했기 때문에 편찬에 있어 이 점도 배려하고 있음을 밝혔다.

> 朝鮮時代의 編年史가 諸王實錄을 근간으로 편찬되었다는 것은 이의가 없지만 이 實錄도 이미 일부분에 소위 '改修實錄'이지 않으면 않되었던 것과 같이 일종의 編修物이다. 편수의 시대와 편수한 사람의 윤색을 면치 못했던 것이다. 여기에(『朝鮮史』 제4편 이하: 인용자) 배합되어 있는 諸家의 文集이나 野乘과 같은 것에 이르러서는 이 경향이 더욱 농후하지 않을 수 없다…. 目的的인 윤색의 요소를 추출하지

49_末松保和, 「書評 朝鮮史 第4編 第1卷」, 『靑丘學叢』 11, 1933, pp.166~167.

50_19세기 후반 이래 일본인들이 조선의 쇠약과 국망의 원인으로 조선시대의 정치적 혼란, '黨爭'을 꼽았으며, 이후 幣原坦 등의 학자들에 의해 이러한 역사인식이 하나의 역사관으로서 확고해졌음은 주지의 사실이지만, 식민지기 일본인 학자들의 제시했던 이른바 '당파성론'에 대한 전문적인 연구는 李泰鎭의 「黨派性論 批判」(『韓國史 市民講座』 1, 一潮閣, 1987) 외에는 전무하다싶을 정도이다.

않을 수 없다. 本卷을 通覽하여 사건이 두드러지게 풍부한 것에 비해 個個各條의 記事(綱文:인용자)가 오히려 간단하다고 생각될 정도로 節略된 것은 이러한 위험을 피하는 것이 이유의 하나이다.[51]

앞서 언급하였듯이 강문은 간략하게 기술하는 것을 원칙으로 하고 있었다. 그런데 제4편 이하의 부분은 전거 자료의 대부분이라 할 수 있는 '제가(諸家)의 문집(文集)이나 야승(野乘)과 같은 것'은 개인적인 목적을 가지고 '윤색'되어 있기 때문에, 이러한 부분을 제거하고 강문 작성에 주의하여 최대한 간략하게 썼다는 것을 자신하고 있다. 이처럼 편찬 관계자들은 『朝鮮史』의 중심을 이루는 제4편 이하의 편찬에 대하여 방대한 사료를, 사료가 담고 있는 '윤색'의 부분까지 주의하여 사건을 정확하게 전달하는 방식으로 최대한 간략하게 강문을 작성하며, 편찬에 심혈을 기울였음을 자신하였다.

『朝鮮史』 제4·5편 편찬의 바탕이 되는 자료는 조선왕조실록으로, 모든 강문에는 기본적으로 실록이 전거로서 제시되어 있다. 또 인조대 이후로는 실록과 더불어 승정원일기가, 정조대에는 일성록이 실록과 더불어 일군(一群)을 이루어 제시되는 경우가 대부분이다. 그런데 실록을 제외하고 승정원일기나 일성록만이 전거로 제시되는 경우는 많지 않다. 이는 편찬에 있어 실록을 먼저 정리하고 그에 해당하는 사항을 승정원일기와 일성록에서 찾아 전거로 제시했음을 말해주는 것이다.

하지만 조선왕조실록만으로도 엄청난 양이며, 실록만을 정리하는 일도 큰 사업이라 하겠다. 그렇지만 『朝鮮史』 편찬에 직면하여 이 방대한 분량의 실록의 정리를 시작한 것은 아니었다. 1장에서 살펴보았듯이 강점 직후 구

51_末松保和, 「書評 朝鮮史 第4編 第1卷」, 『青丘學叢』 11, 1933, p.167.

관제도조사를 위해 설치된 취조국과 참사관실에서는 사업의 일환으로 실록에 대한 발췌 작업을 진행하였으며, 이는 '반도사 편찬'의 진행과 함께 주제별 목록 작성을 넘어 기사의 등사로 확대되고 있었다. 또 이와는 별개로 진행된 '반도사 편찬'을 위한 자료발췌의 대상 서목(書目)(〈표 1〉『朝鮮半島史資料調査濟書目』)을 보면 태조실록에서 세종실록까지는 발췌가 완료되었음을 알 수 있다. 그 가운데 '법제(法制)'와 관련된 '실록발췌(實錄拔萃)'에 실려 있는 56개의 기사 가운데 37개의 기사는『朝鮮史』에 해당 전거가 기재되어 있다.[52] 이러한 사례를 보면『朝鮮史』는 그 편찬시 구관제도조사와 '반도사 편찬'을 위하여『朝鮮史』 편찬 사업이 구상되기 전부터 진행한 '실록발췌'를 이용하며 이루어진 것임을 어느 정도 추측할 수 있다. 물론 왕조실록의 모든 기사에 대해 발췌가 진행되었고,『朝鮮史』가 이 발췌만을 바탕으로 이루어진 것인지는 확인할 수 없지만, 적어도 사업 개시 당시 모든 실록에 대한 정리부터 시작한 것은 아니었으며,『朝鮮史』 편찬 이전부터 진행된 결과물들을 활용하며, 업무의 양과 시간을 단축할 수 있었을 것이다.

이처럼『朝鮮史』의 중심자료인 조선왕조실록의 경우 구관제도조사사업이나 '반도사 편찬'을 위한 발췌와 같은 자료를 통해 편의를 확보할 수 있었겠지만,『朝鮮史』는 왕조실록으로 대변되는 관찬서 이 외에 수많은 개인

52_현재 규장각에 소장되어 있는 자료 가운데 '實錄拔萃'라는 書名의 자료들이 있는데, 이는 이때 이루어진 결과물로 추정되며 여기서 비교대상으로 삼은 것은 바로 이 자료이다. 실록발췌이 있는 기사 가운데『朝鮮史』에서 전거로서 제시하지 않는 것은 주로 왕이 비슷한 내용의 命을 반복적으로 내렸을 경우, 신료들이 특정인에 대한 처벌 혹은 법적인 조처를 왕에게 건의했으나 왕이 수용하지 않은 경우가 대부분이다. 한편 구관제도조사를 위한 '실록발췌'가『朝鮮史』 편찬과 밀접한 관련이 있을 것이라는 것은 김태웅, 앞의 논문, 1995, pp192~196에서도 거론하였다.

저작을 활용하였다. 앞장에서 살펴보았듯이 『朝鮮史』 제4·5·6편의 편찬은 사료의 방대함을 이유로 계속해서 지연되었으며, 제4·5·6편에서 전거로 사용한 자료의 수는 방대하다. 먼저 10권으로 구성된 제4편에서 전거로 제시된 사용한 자료들을 열거하면 다음과 같다.

표 14 | 『朝鮮史』 제4편(太祖元年 ~宣祖41年) 각권별 전거 자료 목록

권	시기	전거사료	종수
1 (556쪽)	太祖 元年 (1392) ~ 太宗 10年 (1410) (19년간)	한국(관) : 高麗史, 太祖實錄, 定宗實錄, 太宗實錄, 國朝寶鑑, 龍飛御天歌, 新增東國輿地勝覽, 增補文獻備考, 世宗實錄地理志, 璿源系譜記略, 春官志.	11
		한국(사) : 間居漫錄(閑居漫錄), 慶尙道地理志, 京城帝國大學所藏文書 康舜龍告身, 慶州偰氏族譜 文貞公事實, 攷事撮要, 國朝人物志, 記言草本(記言), 寄齋雜記, 老峯遺稿, 端川 青松沈氏所藏文書 沈之伯告身, 東閣雜記, 東門選, 東師列傳, 東人詩話, 列聖誌狀通紀, 勉菴集, 牧隱集, 默齋記聞錄, 文化柳氏世譜, 厖村遺蹟, 別洞集, 北青 青海李氏所藏文書 李和尙開國原從功臣錄券(北青 青海李氏所藏文書), 三峰集, 象村集, 西厓集, 釋王寺事記(釋王寺記), 松窩雜說, 宋子大全, 肅齋集, 勝國新書, 陽村集, 燃藜室記述, 燕巖集, 五山說林草藁, 慵齋叢話, 耘谷詩史, 月汀漫筆, 李王職所藏文書 田畓賜給狀, 紫海筆談, 朝鮮金石總覽, 朝鮮佛教通史 上編 所收 收願成大藏御製文, 朝鮮寺刹史料, 中京誌, 芝峯類說, 芝湖集, 晋山世稿, 振威 奉化鄭氏所藏文書 鄭津開國原從功臣錄券, 車文節公遺事, 青坡集, 青海李氏家乘 卷上(開國功臣3等39人 會盟錄, 會盟祭文, 太宗大王賜給御筆教文, 青海李氏新譜) 卷下 (神道碑銘幷序, 鳳山西湖坊影堂奉幀記, 惠安宅書), 秋江集, 春亭集, 稗官雜記, 平壤志, 圃隱集, 楓巖輯話, 筆苑雜記, 荷潭破寂錄, 海東佛祖源流, 海東樂府, 海東雜錄, 海東諸國記, 混一疆里歷代國都之圖跋, 弘齋全書.	64
		중국 : 皇明實錄, 明史, 中山傳信錄, 明詩紀事, 明一統志, 遼東志, 大明會典.	7
		일본 : 善隣國寶記, 大內氏實錄, 岐阜今西氏 所藏文書 開國定社佐命三功臣盟簇刊本.	3
2 (516쪽)	太宗 11年 (1411) ~ 世宗 5年 (1423) (13년간)	한국(관) : 高麗史, 太宗實錄, 定宗實錄, 世宗實錄(世宗實錄地理志), 燕山君日記, 中宗實錄, 諡號都監儀軌, 國朝寶鑑, 經國大典, 新增東國輿地勝覽, 璿源系譜記略, 東國文獻備考.	12
		한국(사) : 慶州偰氏族譜 弁錄恭厚公事實, 攷事撮要, 國朝人物志, 老松堂日本行錄, 東閣雜記, 牧隱集, 別洞集, 勝國新書, 冶隱先生言行拾合(冶隱續集), 陽村集, 燃藜室記述, 慵齋叢話, 月汀漫筆, 諛聞瑣錄, 至德誌, 叢海筆談, 秋江集, 春亭集, 筆苑雜記, 海東名臣錄, 海東雜錄, 弘齋全書, 皷山集, 龍泉談寂記, 彛尊錄, 東文選, 晦陰集, 宋子大全, 星湖僿說, 默齋記聞錄, 楓巖輯話, 朝鮮金石總覽, 列聖誌狀通紀.	33
		중국 : 皇明實錄, 明史, 明朝紀事本末.	3
		일본 : 若狹國稅所今富名領主代代次, 朝鮮通交大紀, 滿濟准后日記, 看聞御記, 善隣國寶記.	5
3 (683쪽)	世宗 6年 (1424)	한국(관) : 高麗史, 國朝寶鑑, 太宗實錄, 世宗實錄, 成宗實錄, 璿源系譜紀略, 新增東國輿地勝覽, 農家集成, 增補文獻備考.	9

	~ 世宗 24年 (1442) (19년간)	한국(사) : 敬齋遺稿, 慶州偰氏族譜, 國朝寶鑑, 國朝人物志, 蘭溪遺稿, 老松堂日本行錄, 大東韻府群玉, 東文選, 東儒師友錄, 文化柳氏世譜, 奉化鄭氏族譜, 西征錄, 勝國新書, 新註無冤錄, 新增鷹鶻方(鷹鶻摠論), 陽村集, 燃藜室記述, 慵齋叢話, 益齋亂藁, 諸家註柳先生集, 朝鮮金石總覽, 晋山世稿, 春亭集, 平壤志, 筆苑雜記, 海東名臣錄, 海東雜錄, 海東諸國記, 檜軒逸稿.	29
		중국 : 詩人玉屑, 皇明實錄, 欽定四庫全書總目提要, 明史.	4
		일본 : 善隣國寶記, 建內記, 蔭涼軒日錄, 續史愚抄.	4
4 (756쪽)	世宗 25年 (1443) ~ 世祖 12年 (1466) (24년간)	한국(관) : 世宗實錄, 文宗實錄, 世祖實錄, 端宗實錄, 成宗實錄, 孝宗實錄, 肅宗實錄, 英祖實錄, 正宗實錄, 新增東國輿地勝覽, 通文館志, 璿源系譜紀略, 月印釋譜, 東國兵鑑, 國朝榜目, 朝鮮寺刹史料, 國朝寶鑑, 璿源續譜 , 經國大典, 進高麗史箋, 東國通鑑(進東國通鑑箋), 釋譜詳節, 左翼願從功臣錄, 治平要覽, 皇華集, 兵將說, 世祖大王南巡錄.	27
		한국(사) : 看聞日記, 康富記, 慶州李氏世譜, 高峯先生論思錄, 管見記, 觀音現相記, 交隣志, 國朝人物志, 金文節公集(金文節公逸稿), 蘭溪遺稿, 南陽洪氏世譜, 魯陵志, 訥齊集, 大東韻府群玉, 大方廣圓覺修多羅了義經, 東閣雜記, 東文選, 東儒師友錄, 同春堂集, 童土集, 懶隱先生文集, 綾城具氏族譜, 晚靜堂集, 明齊遺稿, 夢遊桃源圖, 文化柳氏世譜, 潘南朴氏世譜, 半山精華, 厖村集, 白沙先生集, 栢巖先生文集, 別洞集, 保閑齊集, 奉化金氏派譜, 北關志, 北征錄, 四佳詩集(四佳文集補遺), 私淑齊集, 山堂集, 象村先生集, 西溪集, 西厓集, 西河先生集, 禪宗永嘉集, 成謹甫集, 星湖僿說, 昭代紀年, 續東文選, 俗離山大法住寺史蹟, 俗離山福泉寺史蹟, 松江原集, 松窩雜記, 首楞嚴經諺解, 時房記, 藥泉集, 漁溪集, 嚴興道敎旨祭文, 旅軒集, 易學啓蒙要解, 燃藜室記述, 列聖誌狀通記, 五臺山上院寺重修勸進文, 五臺山上院寺重創勸善文, 五山說林草藁, 涪溪紀聞, 慵齊叢話, 龍洲先生遺稿, 龍泉談寂記, 雩沙集, 月沙先生集, 柳川箚記, 遺閑雜錄, 六先生遺稿, 陰崖集, 音註全文春秋左傳句讀直解, 耳溪集, 李珥經筵日記草(經筵日記), 彝尊錄, 紫海筆談, 莊陵志, 長貧居士胡撰, 赤松記, 佔畢齊集(佔畢齊年譜草, 佔畢齊先生年譜), 朝鮮金石總攬, 朝鮮佛敎通史 所木龍門寺鐘記, 芝峯類說, 知退堂集, 芝湖集, 晉山世稿, 昌寧成氏族譜, 滄洲先生遺稿, 青莊館全書, 青坡集(青坡劇談), 秋江集, 恥齊遺稿, 太虛亭文集(太虛亭詩集), 稗官雜記, 平山申氏譜略申編, 楓巖輯話, 筆苑雜記, 鶴峯先生文集續集, 寒水齊集, 海東名臣錄, 海東雜錄, 海東諸國記, 海印寺所藏朝鮮世祖畵像題文, 海印寺重修記, 慧琳音義, 檜軒逸稿, 謏聞瑣錄.	110
		중국 : 皇明實錄, 奉使朝鮮唱和詩卷, 明史.	3
		일본 : 朝鮮通交大紀, 日鮮通交史 所引文書, 南朝紀傳, 宗氏世孫私記, 善隣國寶記.	5
5 (1,038쪽)	世祖 13年 (1467) ~ 燕山君 3年 (1497) (31년간)	한국(관) : 世祖實錄, 國朝寶鑑, 新增東國輿地勝覽, 璿源系譜紀略, 國朝榜目, 睿宗實錄, 經國大典, 成宗實錄, 通文館志, 三國史節要, 成宗戊申皇華集, 治平要覽, 東國通鑑, 樂學軌範, 燕山君日記.	15
		한국(사) : 慶尙北道 高靈郡 善山金氏所藏 時政記, 攷事撮要, 國朝人物志, 錦南集, 己卯錄, 寄齋雜記, 訥齋集, 大東韻府群玉, 東文選, 東儒師友錄, 文化柳氏世譜, 眉巖集, 丙辰丁巳錄, 保閑齋集, 涪溪記聞, 不憂軒集, 四佳集, 私淑齋集, 思齋集, 逍遙齋集, 松都記異, 燃藜室記述, 列聖御製, 列聖誌狀通紀, 五山說林草藁, 容齋集, 慵齋叢話, 月沙集, 月汀漫筆, 仁川世稿, 樗軒集, 全羅北道 益山郡 延安李氏所藏 佐理功臣李崇元賞勳教書, 佔畢齋集, 朝鮮金石總覽, 竹窓閑話, 知退堂集, 青坡集, 秋江集, 濯纓	48

		集, 太虛亭文集, 稗官雜記, 風月亭集, 筆苑雜記, 海東名臣錄, 海東雜錄, 海東諸國記, 虛白堂集, 謏聞瑣錄.	
		중국 : 皇明實錄.	1
		일본 : 善隣國寶記, 續善隣國寶記.	2
6 (563쪽)	燕山君 4年 (1498) ~ 中宗 10年 (1515) (37년간)	한국(관) : 成宗實錄, 燕山君日記, 中宗實錄, 經國大典, 接待倭人事例, 國祖榜目, 新增東國輿地勝覽, 續三綱行實圖, 春官志, 璿源系譜記略, 通文館志, 增補文獻備考.	12
		한국(사) : 遣閑雜錄, 高峯集, 攷事撮要, 國祖人物志, 己卯錄, 己卯遺蹟, 記言草本, 寄齋雜記, 懶齋集, 鹿苑日錄, 大峯集, 陶菴集, 東儒師友錄, 慕齋集, 木溪逸稿, 丙辰丁巳錄, 涪溪記聞, 思齋集, 西厓集, 星湖僿說, 篠叢遺稿, 續武定寶鑑, 松窩雜說, 順興安氏族譜, 陽谷集, 燃藜室記述, 列聖誌, 嶺南人物考, 容齋集, 慵齋叢說, 龍泉談寂記, 牛溪集, 陰崖集, 二樂亭集, 長貧居士胡撰(大東野乘 수록), 佔畢齋集(佔畢齋年譜), 靜菴集, 朝鮮金石總覽, 知退堂集, 眞一齋集, 青坡集, 秋江集, 冲齋集, 濯纓集, 稗官雜記, 楓巖輯話, 寒岡集, 翰林葫蘆集, 海東名臣錄, 海東野言, 海東雜錄, 海東諸國記, 虛白堂集, 花山逸稿, 華海彙編, 謏聞瑣錄.	56
		중국 : 皇明實錄, 明史.	2
		일본 : 寬政重修諸家譜, 宗左衛門大夫覺書, 續善隣國寶記, 朝鮮通交大紀.	4
7 (642쪽)	中宗 11年 (1516) ~ 中宗 35年 (1540) (35년간)	한국(관) : 嘉靖己亥皇華集, 嘉靖壬午皇華集, 嘉靖丁酉皇華集, 簡易辟瘟方, 江界志, 經國大典, 國朝榜目, 璿源系譜紀略, 新增東國輿地勝覽, 燕山君日記, 仁宗實錄, 中宗實錄.	12
		한국(사) : 經筵日記, 谿谷集, 攷事撮要, 關西問答錄, 掛一錄, 國朝人物志, 圭庵集, 己卯錄, 己卯錄別集, 己卯錄補遺, 己卯遺蹟, 寄齋雜記, 聾巖年譜(聾巖文集), 訥齋集(訥齋續集), 大東野乘, 大東韻府群玉, 大典續錄, 大典後續錄, 東閣雜記, 東儒師友錄, 慕齋集, 武陵雜稿, 樊巖集, 丙辰丁巳錄, 赴京日記, 涪溪記聞, 思齋集, 西崖集, 蘇齋集, 續東文選, 松溪漫錄, 松窩雜說, 松齋集, 順興安氏族譜, 鵝洲雜錄, 陽谷集, 燃藜室記述, 列聖誌狀通紀, 容齋集, 龍泉談寂記, 憂亭集, 韻會玉篇, 月沙集, 月汀漫筆, 柳川箚記, 遣閑雜錄, 栗谷全書, 乙巳傳聞錄, 陰崖集, 二樂亭集, 吏文續集輯覽, 自菴集, 紫海筆談, 長貧胡撰, 佔畢齋集(佔畢齋年譜), 靜菴集, 朝鮮金石總覽, 竹窓閑話, 芝峯類說, 知退堂集, 清江思齋錄, 清江詩話, 秋江集, 冲庵集, 恥齋遺稿, 退溪年譜, 稗官雜記, 圃隱集, 楓巖輯話, 寒岡集, 海東名臣錄, 海東野言, 海東雜錄, 海東諸國記, 湖陰雜稿, 華海彙編, 晦齋集(晦齋年譜), 訓蒙字會, 頤菴遺稿.	79
		중국 : 皇明實錄, 明史.	2
		일본 : 續善隣國寶記.	1
8 (772쪽)	中宗 16年 (1541) ~ 宣祖 4年 (1571) (31년간)	한국(관) : 仁宗實錄, 明宗實錄, 中宗實錄, 宣祖實錄, 宣祖修正實錄, 英祖實錄, 新增東國輿地勝覽, 承政院日記, 國朝榜目, 璿源系譜記略, 經國大典, 大典後續錄, 續武定寶鑑, 制勝方略, 嘉靖丁酉皇華集.	15
		한국(사) : 甲辰漫錄, 遣閑雜錄, 經筵日記, 高峯論思錄, 高峯集, 攷事撮要, 掛一錄, 龜巖集, 國朝儒先錄, 圭庵集, 己卯錄, 己卯錄補遺, 己卯錄續集, 畸翁漫筆, 寄齋雜記, 企齋集, 南溪集, 南冥集, 訥齋集, 德溪集, 東園集, 東儒師友錄, 聾巖集, 柳川箚記, 晩靜堂集, 明齋遺稿, 慕齋集, 木齋集, 武陵雜稿(別集), 撫松小說, 眉巖日記, 白沙集, 樊巖集, 丙辰丁巳錄, 蓬萊詩集, 涪溪記聞, 四聲通解, 思庵集, 思齋集, 象村雜錄, 西厓文集, 紹修書院謄錄, 松江別集, 松溪漫錄, 松都記異, 松窩雜說, 壽春雜記, 鵝洲雜錄, 野潭, 藥泉集, 藥坡漫	107

		錄, 藥圃集, 陽谷集, 燃藜室記述, 列聖誌, 列聖誌狀通紀, 五山說林草稿, 梧陰雜說, 龍門集, 慵齋叢話, 愚伏集, 雩沙集, 寓庵集, 尤菴集, 雲巖雜錄, 韻會玉篇, 月沙集, 月汀漫筆, 栗谷全書(栗谷集), 乙巳傳聞錄, 二大源流, 吏文續集覽, 紫海筆談, 潛溪遺稿, 長貧居士胡撰, 全羅南道海南郡海南尹氏家藏瑞葱臺親臨宴會圖序, 靜庵集, 竹溪志, 竹窓閑話, 芝峯類說, 知退堂集, 芝湖集, 淸江詩話, 淸江集, 淸江鯸鯖瑣語(淸江瑣語), 聽松集, 淸蓮集, 淸虛集, 冲庵集, 冲齋集(冲齋系譜), 恥齋遺稿, 退溪集(退溪年譜), 稗官雜記, 楓巖輯話, 河西集, 寒岡集, 寒水齋集, 海東名臣錄, 海東野言, 海東雜錄, 湖陰雜稿, 花潭集, 華海彙編, 晦齋集(晦齋年譜), 訓蒙字會, 穌齋集, 頤庵遺稿.	
		중국 : 皇明實錄, 明史.	2
9 (677쪽)	宣祖 5年 (1572) ~ 宣祖 25年 (1592) (21년간)	한국(관) : 明宗實錄, 宣祖實錄, 宣祖修正實錄, 宣廟寶鑑補遺, 春官志, 國朝榜目, 璿源系譜記略, 列聖誌狀通紀, 京畿邑誌, 光海君日記, 東萊府邑誌, 文苑黼黻, 梁山郡邑誌, 梁大司馬實記, 嶺南邑誌, 嶺南人物考, 政院傳敎, 皇華集, 宣廟寶鑑, 慶尙道邑誌, 關東邑誌, 東國新續三綱行實忠臣圖.	22
		한국(사) : 艮翁集, 簡易集, 葛庵集(葛庵別集), 葛川集, 甲辰漫錄, 剛齋集, 江漢集, 黔澗集, 謙庵集, 經山集, 慶尙北道安東郡豐山柳氏所藏光國功臣賞勳敎書, 經筵日記, 癸甲錄, 癸甲日錄, 谿谷集, 癸未記事, 癸未搢紳風雨錄, 孤潭逸稿, 高峯集, 攷事撮要, 孤山遺稿, 鼓山集, 公私聞見錄, 觀時錄, 掛一錄, 龜岩集, 國朝故事, 國朝人物考, 國朝人物續考, 國朝獻徵錄, 葵史, 畸菴集, 記言(記言草, 記言別集), 寄齋史草, 寄齋雜記, 己丑錄, 己丑實錄, 駱村遺稿, 亂中日記草, 亂後雜錄, 南溪集(南溪續集, 南溪外集), 南冥集(南冥別集), 來庵集, 魯陵誌, 老峯集(老峯遺稿), 魯西遺稿, 論思錄, 農圃集, 多聞院日記, 黨議通略, 大谷集, 大東韻府群玉, 德溪集, 陶谷集, 陶庵集, 挑灘集, 獨石集, 東岡集(東岡年譜), 桐溪集, 東皐遺稿, 東史摭實, 桐巢漫錄, 東園集, 東儒師友錄, 東洲集, 東川集, 東賢奏議, 東湖集, 旅軒集, 雷淵集, 栗谷牛溪年譜, 晩全集, 萬竹軒集, 忘憂集, 俛宇集, 聞韶漫錄, 文化柳氏世譜, 眉巖日記(眉巖集), 閔氏壬辰錄, 裵三益呈文, 裵三益草記, 栢谷遺事行狀(林希茂撰)·諡狀(兪最基撰)·神道碑文(宋煥箕撰), 栢谷集, 栢潭集(栢潭集年譜), 白麓丫湖續集, 白沙集, 百世葆重(百世葆重別輯), 栢巖集年譜, 白雲齋實記, 百拙齋年譜, 白洲集, 樊巖集, 屛溪集, 屛山集, 秉燭譚, 普聞集, 涪溪記聞, 北關志, 北路紀略, 沙溪遺稿, 四留齋集, 思庵集, 象村集, 西坰集, 西厓集(西厓別集, 西厓年譜, 西厓年譜草記), 宣廟中興誌, 仙巢稿, 惺所覆瓿藁, 蘇齋集, 續精忠錄, 松江原集(松江別集, 松江續集), 宋子大全, 松巖龍蛇事蹟, 松窩雜記(松窩雜說), 守菴遺稿, 順菴遺稿, 崇節祠三忠錄, 習齋集, 時政非, 息庵集年譜, 愼獨齋遺稿, 鵝溪年譜, 我我錄, 鵝洲雜錄, 樂全堂集, 藥圃集, 燃藜室記述, 燕巖集, 淵泉集, 列聖誌狀通紀, 梧里續集, 五峯集, 鰲山名人錄, 梧陰文稿(梧陰遺稿), 玉溪集, 龍潭集, 龍蛇日記, 龍洲集(龍洲遺稿), 寓林集, 愚伏集, 尤庵集, 雲峯縣邑誌, 雲巖雜錄, 月沙集(月沙別集), 月汀集, 月川集, 柳川箚記, 栗谷全書(栗谷集, 栗谷別集), 隱峯全書, 乙巳傳聞錄, 義順館迎詔圖, 二大源流, 李相國日記, 李忠武公全書, 李忠定公章疏, 一松集, 林塘遺稿, 臨淵齋集, 壬辰錄, 壬辰狀草, 紫海筆談, 潛谷遺稿, 再造藩邦志, 全羅南道光州郡長興高氏所藏霽峯手草檄文, 全羅南道南原梁氏所藏梁大樸倡義檄文捷書草, 全羅南道潭陽郡東萊鄭氏家藏松江先生遺筆, 接倭歷年考抄撰, 正氣錄, 征蠻錄, 定齋集, 鄭忠壯實記, 霽峯集(霽峯年譜, 霽峯遺集), 制勝方略, 朝鮮金石總覽, 朝野記聞, 朝野輯要, 朝野僉載, 足徵錄, 竹川集, 竹泉集, 重峯朝天日記, 重峯集(重峯年譜), 中庸九經衍義, 中庸栗谷諺解, 芝峯類說, 芝山集年譜, 遲川集, 知退堂	238

		集, 芝湖集, 懲毖錄(懲毖錄草), 蒼石集, 陟州誌, 淸江集, 淸潭集, 靑野漫輯, 靑蓮集, 淸陰集, 菁川日記, 淸虛堂集, 草澗集, 春坡堂日月錄, 忠烈錄, 忠烈祠志, 忠武公家乘, 冲菴年譜, 忠淸南道公州郡延安李氏所藏延平壬辰日記, 苔泉集, 澤堂集(澤堂別集), 土亭集, 退溪年譜, 八谷集, 平壤續志, 圃巖集, 浦渚集, 楓崖集, 楓皐集, 荷谷集, 荷潭破寂錄, 下廬集, 鶴峯集(鶴峯續集), 鶴松集日記, 寒岡集(寒岡年譜), 寒水齋集, 漢陰文稿(漢陰文稿附錄), 海東名臣錄, 海東雜錄, 海西邑誌, 海行摠載, 湖南邑誌, 湖南節義錄, 弘齋全書, 華海彙編, 黃岡實記, 悔軒集, 蘆沙集, 豐墅集, 頤菴遺稿, 黙齋日記.	
		중국 : 經略復國要編, 萬曆三大征考, 明史藁本紀, 明史, 明朝記事本末, 兩朝平壤錄, 皇明實錄, 皇明自治通紀, 皇明從信錄.	9
		일본 : 加藤淸正家藏書, 鷄林拾葉, 高麗船戰記, 鍋島文書, 鍋島直茂譜, 寬政重修諸家譜, 九鬼文書, 舊典類從18征韓錄, 九州道の記, 九州御動座記, 群書類從, 紀州德川家所藏文書, 吉見元賴朝鮮陣日記, 吉野甚五右衛門覺書, 吉川家譜, 當代記, 大曲記, 對馬國記, 大日本古文書(家わけ第二 淺野家文書), 大閤秀吉朝鮮征伐起本, 德富猪一郞氏所藏文書, 藤龍家譜, 毛利家記, 毛利文書, 武家事紀, 栢冶遺事黃潤縣秋風陣日記, 白川文書, 甫菴太閤記, 本山河內覺書, 本願寺文書, 富岡謙三氏所藏文書, 薩藩舊記, 三藐院殿御記, 相良文書, 釋天荊西征日記, 續善隣國寶記, 松井家譜, 松浦記, 秀吉公より義智様え被下候御朱印御書之寫, 僧是琢朝鮮日記, 僧俊岳陣中詩卷, 新納忠增朝鮮渡海之記, 御湯殿上日記, 言經卿記, 嚴島文書, 右武衛殿朝鮮渡海之雜藁, 陰德太平記, 伊達成實記, 伊達政宗記錄, 梨羽紹幽物語, 日韓書契編年考略, 日向記, 前田侯爵家所藏文書, 全浙兵制考, 征韓偉勳錄, 朝鮮國租稅牒, 朝鮮送使國次之書契(覺印冠之跡付元龜3年壬申3月, 覺天正8年庚辰國次印官之引付冠), 朝鮮日日記, 朝鮮征伐記, 朝鮮陣記拔書, 朝鮮陳御實記, 朝鮮陣朱印類, 朝鮮通交大紀, 宗文書, 宗氏家譜, 宗氏年譜, 竹內吉兵衛覺書, 中外經緯傳, 淸正記, 淸正行狀寄, 晴豐公記, 萩藩閥閱錄, 秋月家譜, 筑紫古文書, 泰長院文書, 土佐國蠹簡集, 楓軒文書纂, 下川兵大夫淸正高麗陣覺書, 脇坂家譜, 脇坂家傳記, 脇坂烈祖垂統編, 黑田文書, 黑田長政記, 黑田貝原家譜, 榊原家所藏文書.	85
		기타 : Histoire de l'Eglise du Japon. (프랑스)	1
10 (1,218쪽)	宣祖 25年 (1593) ~ 宣祖 41年 (1608) (26년간)	한국(관) : 光海君日記, 國朝榜目, 軍門謄錄, 東國新續三綱行實圖, 文獻備考, 史閣形止案四 史册奉安形止案, 事大文軌, 宣廟寶鑑, 璿源系譜紀略, 宣祖修正實錄, 宣祖實錄, 嶺南人物考, 懿仁王后殯殿魂殿都監儀軌, 懿仁王后山陵都監儀軌, 政院傳教, 朝鮮國辨誣奏文, 尊周彙編, 春官志, 向化人謄錄, 海行錄, 扈聖功臣賞勳教書(鄭崐壽, 柳成龍), 扈聖宣武淸難三功臣都監儀軌, 休靜登階敎旨, 宣武功臣賞勳教書(李舜臣),李舜臣起復授職教書, 李舜臣賞勳追賜教書, 李舜臣贈職教書, 李舜臣贈號職封教書.	28
		한국(사) : 家世集遺, 簡易集, 葛庵集, 監司公(崔沂) 朝天日記, 甲辰漫錄, 江漢集, 黔澗集 辰巳日錄, 謙菴年譜, 慶尙北道安東郡興海裵氏所藏 宣祖實錄草本斷簡, 慶尙北道安東郡豊山柳氏所藏 唐將詩畵帖, 慶尙北道安東郡豊山柳氏藏 柳成龍具注 皇明大統曆 丙申年 戊戌, 癸甲錄, 谿谷集, 癸巳年謄書錄, 攷事撮要, 公私見聞錄, 關北紀聞, 國朝人物考, 國朝人物志, 權元帥實蹟, 歸鹿集, 近始齋集, 芹曝集, 記言別集, 己丑錄, 紀效新書節要, 吉昌君銀臺日記, 樂全堂集, 亂中日記草(亂中日記), 亂中雜錄, 亂後雜錄, 南溪集, 南冥集, 魯西遺稿, 農圃集, 大庵集, 陶谷集, 獨石集, 東岡集, 東園集, 東儒師友錄, 東州集, 來庵集, 柳川遺稿, 晩全集, 晩翠堂實記, 明齋遺稿, 武藝通志, 戊午錄,	168

		嘿守堂集, 默齋日記, 文谷集, 聞韶漫錄, 閔氏壬辰錄, 方德龍日記, 柏谷集, 白沙集, 百世葆重, 栢巖集, 白雲齋實紀, 百拙齋遺稿, 樊巖集, 鳳溪逸稿, 涪溪記聞, 北關誌, 北路紀略, 北崖詩稿, 奮忠紓難錄, 沙溪全書, 四留齋集, 象村集, 西坰集, 西厓集(西厓年譜), 西原府院君鄭公行狀稿, 西河集, 宣廟中興誌, 星湖集, 昭代紀年, 松江(原)集, 松塘集, 松窩雜記, 睡隱看羊錄, 睡隱集, 息菴集, 愼獨齋遺稿, 鵝溪遺稿, 鵝洲雜錄, 藥圃集, 旅軒集, 淵泉集, 列聖誌狀通紀, 列朝通紀, 梧里續集, 五峯集, 梧陰遺稿, 容谷集, 龍蛇日記, 龍洲遺稿, 牛溪(續)集, 愚伏(別)集, 尤庵集, 雲石遺稿, 雲巖雜錄, 雲川扈從日記, 蔚山郡邑誌, 月沙別集, 月汀集, 游齋集, 栗谷牛溪年譜, 隱峯全書, 李相國日記, 李承旨政院日記, 李氏壬辰錄, 李忠武公章疏, 李忠武公全書, 日本往還日記, 一松集, 壬辰錄, 壬辰狀草, 壬辰筆錄, 紫海筆談, 潛谷遺稿, 再造藩邦志, 征蠻錄, 朝鮮金石總覽, 朝野記聞, 朝野僉載, 朝野會通, 竹窓閑話, 中外經緯傳, 中興獻芹 政院傳敎, 芝峯集, 芝川集, 知退堂集, 辰巳錄, 晋興君姜紳日記, 懲毖錄草(懲毖錄), 昌臺鄭公實記, 蒼石集, 淸潭集, 靑陸集, 淸陰集, 淸州鄭氏行蹟, 菁川日記, 楸灘遺稿, 春坡堂日月錄, 忠武公家乘, 忠淸南道 公州郡 延安李氏 所藏 延平壬辰日記, 忠淸南道牙山郡南陽洪氏所藏 淸難功臣賞勳敎書, 苔泉集, 澤堂集, 退門諸子錄, 八谷集, 平壤續志, 圃翁家譜略叙艸稿, 楓巖輯話, 荷潭破寂錄, 鶴谷集, 鶴峯續集, 鶴沙集, 鶴湖集, 寒岡集, 漢陰文稿, 海東名臣錄, 湖南節義錄, 混定編錄, 弘齋全書, 穌齋集.	
		중국: 建夷授官始末, 建州私志, 經略復國要編, 東夷考略, 東夷奴兒哈赤考, 萬曆武功錄, 萬曆三大征考 倭上, 滿洲實錄, 明史, 明史藁, 明朝紀事本末, 牧齋初學集詩註, 武備志, 撫安東夷記, 博物典彙, 山中聞見錄, 昭代武功編, 兩朝平壤錄, 征東實記, 皇明實錄, 皇明從信錄, 皇明通紀輯要.	22
		일본 : 僧是琢朝鮮日記, 加藤光泰貞泰軍功記, 慶長見聞錄案紙, 慶長日件錄, 高山公實錄, 鍋島直茂譜考補, 菅氏世譜, 關原始末記, 寬政重修諸家譜, 九鬼文書, 舊典類聚, 吉見元頼朝鮮(陣)日記, 吉野甚五衛門覺書, 吉川家譜, 羅山先生文集, 南禪舊記, 鹿苑日錄, 當代記, 大曲覺書, 對馬國紀, 大日本古文書(家わけ第11 小早川家文書, 家わけ第九 吉川家文書, 家わけ第五 相良家文書, 家わけ第二 淺野家文書, 家わけ第八 毛利家文書), 大村家覺書, 大河內秀元 朝鮮記, 島津家譜, 東文書, 藤堂家覺書, 藤原有馬世譜, 立入宗繼記, 立齋舊聞記, 立花家藏感狀記, 毛利家記, 武家事紀, 方長老口上覺書, 普聞集, 甫菴太閤記, 譜牒餘錄, 本山豊前守安政父子戰功覺書, 山口縣山口市 粟屋直衛氏所藏 (萱島木兵衛告身/慶尙道觀察使洪履祥傳令)·粟屋氏略系傳書判物奉書寫, 薩藩舊紀後編, 仙巢稿, 細川家記, 小早川什書, 歷朝來聘慶長乙未韓使來聘記, 續善隣國寶記, 續善隣國寶外記, 松浦家舊記, 宇都宮高麗歸陣物語, 原富太郎氏所藏文書, 義演准后日記, 異國日記, 伊達成實記, 伊達氏四代治家記錄, 伊達政宗記錄事蹟考記, 梨羽紹幽物語, 異稱日本傳, 隣交始末物語解, 隣交徵書, 日韓提要, 征韓錄, 征韓偉勳録, 朝鮮陣古文, 朝鮮陣記拔書, 朝鮮陣御實記, 朝鮮通交大紀, 宗(家)文書, 竹內吉兵衛覺書, 天野源右衛門覺書, 天野源左衛門 立花朝鮮記, 淸正記, 淸正行狀, 通航一覽, 豊臣玄以都督僉知箚付, 楓軒文書纂 所收 韓陣文書, 下川兵大夫 淸征高麗陣覺書, 脇坂家傳記, 黑田文書, 黑田長政記, 黑田貝原家譜, 面高連長坊高麗日記, 朝鮮日日記.	80
		기타 : Francisco Colin, Labor Evangélica.(스페인)	1

※ 한국(관): 82종, 한국(사): 528종 중국: 33종, 일본: 147종, 기타: 2종

『朝鮮史』 제4편 - 조선시대전기 - 은 태조 원년에서 선조 41년에 이르

는 227년간에 대한 사항이다. 즉 조선시대 최대의 전쟁, 더군다나 일본과 관련되어 있기 때문에 조선시대에 대한 일본 학계의 부진한 연구 속에서 주목받았던 임진왜란이라는 외침을 하나의 구분점으로 설정하고 있다.

그런데 위의 표를 보면 조선 건국에 해당하는 제1권 이래 정치·경제·사회·문화 등 사회의 모든 방면에서 융성했다고 평가되는 세종의 치세기에 대해서는 전거로서 활용한 자료의 수가 다른 권에 비했을 때 급감하다가 왕위계승으로 혼란스러웠던 세조 즉위 이래 활용한 자료의 수가 다시 증가함을 알 수 있다. 특히 기묘사화와 삼포왜란이 발생한 중종대에는 전거 자료의 수가 격증하며, 또 동서분당이 벌어지고 뒤이은 정여립 반역사건과 기축옥사(己丑獄死)로 양측의 대립과 정권쟁탈전이 첨예했던 선조대 전반과 임진왜란이 있었던 선조대 후반은 전거로서 활용한 자료의 수가 폭증하여 정점을 찍고 있다. 이를 통해 제4편의 편찬에 있어 어디에 비중을 두고 있었는지 짐작할 수 있다.

이는 단지 제4편에서만이 아니라 이후 살펴볼 5, 6편에서 활용한 전거 자료의 수와 비교해 보아도 이 부분에 사용된 전거 자료의 양은 그 어떤 권보다도 압도적이다. 즉 조선사편수회에서는 『朝鮮史』 제4편 제9·10권의 편찬을 위해 가장 많은 자료를 수집·선별했으며, 앞 장에서 살펴보았듯이 이러한 이유로 이 부분의 편찬은 가장 지연되었던 부분이기고 했다. 이는 이 지점이 『朝鮮史』 편찬의 핵심이었음을 말해준다.

더군다나 앞장에서 살펴보았듯이 선조대인 제9·10권은 그 편찬을 위해 마루가메를 충원했을 뿐만 아니라, 그것으로도 부족해 1934년 쿠로다를 채용하여 편찬을 담당하게 하고,[53] 이를 다시 나카무라가 수정하는 형식으로 진행한 것에서도 알 수 있듯이 편수회에서도 그 편찬을 위해 가장 많은 인력을 보강한 부분이다. 또 선조대 편찬을 위해서 '종가문서(宗家文書)', '종씨가보(宗氏家譜)' 등과 같은 대마도 구입 문서 등을 필두로 하여 다른 권의 전체 전거 자료의 수를 상회할 정도로 상당한 양의 일본측 자료가 활용되었음을 알 수 있다. 이와 더불어 앞서 제시한 '〈표 9〉 조선사료총간 목록(朝鮮史料叢刊 目錄)'에서도 나타났듯이 편수회에서 간행한 사료들의 대다수는 일본인 위원들도 임진왜란에 너무 집중되어 있다는 점을 지적할 정도였음을 상기해 볼 때, 조선사편수회는 『朝鮮史』라는 이름으로 사료를 수집·간행하였지만 일본 학계의 관심, 바로 '일본사를 알기 위한 조선사'라는 맥락을 그 무엇보다도 우선시하였으며, 『朝鮮史』 제 4편 9·10권의 압도적인 사료 활용은 이를 보여주는 것이라고 하겠다.

전거 자료의 수는 조선중기에 해당하는 제5편 역시 상당하다. 제4편과 마찬가지로 10권으로 구성된 제5편의 각권별 전거 자료를 정리하면 다음과 같다.

표 15 | 『朝鮮史』 제5편(光海君 卽位年 2月~正祖 24年) 각권별 전거 자료 목록

권	시기	전거사료	종수
1 (538쪽)	光海君 卽位年 (1608) 2월 ~ 仁祖 3年 (1625) (18년간)	한국(관) : 光海君日記, 仁祖實錄, 承政院日記, 事大文軌, 璿源系譜紀略, 通文館志, 迎接都監軍色儀軌, 東國輿地勝覽, 新增 東國輿地勝覽, 制勝方略, 文苑黼黻別編, 東國新續三綱行實圖跋, 火器都監儀軌, 備邊司謄錄, 接待事目錄抄.	15
		한국(사) : 燃藜室記述, 漢陰先生文稿, 大東野乘, 苔泉集, 春坡堂日月錄, 朝野僉載, 朝野會通, 明倫錄, 白沙先生集, 白沙先生北遷日錄, 月沙先生集(月沙先生別集), 象村先生集, 恬軒行狀, 愚伏先生集, 寒崗先生文集, 梧里先生文集(梧里續集), 明齋遺稿, 牛溪先生年譜補遺, 隱峯全書, 月汀先生集, 攷事撮要, 朝野記聞, 谿谷先生集, 中山傳信錄, 黨議通略, 澤堂集, 淸陰集(淸陰先生集), 東醫寶鑑, 宋子大全, 李恒福神道碑, 國朝人物志, 記言別集, 名臣錄, 公私見聞錄, 石洲先生集, 陶谷集, 遲川先生集, 明谷集, 龍洲先生遺稿, 潛窩遺稿年譜, 愼獨齋先生遺稿, 樂全堂全集, 白洲先生集, 忘憂先生文集, 疎菴先生集, 桐溪先生文集, 北渚先生集, 赤城誌, 東州先生文集, 晩全先生文集, 漫浪集, 海行摠載, 醒翁先生遺稿, 桐巢漫錄, 月灘	82

53_朝鮮總督府 朝鮮史編修會編, 「黑板顧問の手紙」, 『昭和九年 庶務綴』.

		年譜, 楸灘先生集, 紫巖先生文集, 金將軍遺事, 惺所覆瓿稿, 定齋集, 忠烈錄, 樊巖先生集, 竹陰先生集, 孤山遺稿, 耆老所宴會圖, 恕菴集, 浦渚先生集, 南溪先生集, 昆侖集, 雜同散異, 李忠定公章疏, 梅山先生集, 瑣編, 沙溪先生遺稿, 來庵先生文集, 翰苑草記, 西征錄, 青陸集, 翠軒疏箚, 韓史綮.	
		중국 : 皇明實錄, 明史, 清太祖實錄, 兩朝從信錄.	4
		일본 : 朝鮮通交大紀, 通航一覽, 對馬島武田氏所藏文書職帖 .	3
2 (482쪽)	仁祖 4年 (1626) ~ 仁祖 15年 (1637) (12년간)	한국(관) : 仁祖實錄, 璿源系譜紀略, 承政院日記, 文苑黼黻, 光海君日記纂修廳儀軌, 迎接都監儀軌, 同文彙考, 通文館志, 崇德2年丁丑12月 迎接都監軍色儀軌, 接待事目錄抄, 號牌事目, 新增 東國輿地勝覽, 詔勅謄錄.	13
		한국(사) : 朝鮮金石總攬, 李時發家狀 月城李氏家乘, 北清先生集, 李忠定公章疏, 愚伏先生集, 谿谷先生集, 清陰先生集, 大東野乘, 春坡堂日月錄, 知守齋集, 谿谷漫筆, 公私見聞錄, 恬軒集, 玄洲集, 晚雲集, 鄭江西遺事年譜[鄭江西遺事遺藁],鐵山郡鄭容默家藏教書[鐵山郡鄭容默家藏諭書], 少爲浦倡義錄, 瑣編, 姜虜傳, 賜姓金海金氏世譜, 月沙先生集, 象村先生集, 澤堂先生別集, 星湖僿說, 遲川先生集, 龍洲先生遺稿, 大東紀年, 寶城宣氏五世忠義錄水使公瀋陽日記, 魏廷喆瀋陽日記, 西教奉褒, 沙溪先生年譜, 愼獨齋先生遺稿, 宋子大全, 同春堂集, 畸菴集, 梧里先生文集, 樊巖集, 藥泉集, 燃藜室記述, 桐溪先生文集, 鶴谷集, 潛谷先生遺稿, 浦渚先生集, 吳忠烈遺稿, 市南先生文集, 朝野僉載, 桐巢漫錄, 南漢日記(扈從錄), 丙子錄, 羅山文集(羅山文詩集), 江都錄(仁祖朝江都錄), 江華府誌, 東州先生文集, 朝野記聞, 瀋陽日記, 江漢集, 瀋陽狀啓, 昭代紀年, 明谷集, 海行摠裁.	62
		중국 : 兩朝從信錄, 明史, 清太祖實錄, 清太宗實錄, 朝鮮國來書簿, 各項稿簿, 清內閣大庫檔案.	7
		일본 : 通航一覽, 寬永13年丙子朝鮮信使記錄, 朝鮮通交大記, 柳川調興公事記錄, 本邦朝鮮往復書, 交隣知津錄.	6
3 (584쪽)	仁祖 16年 (1638) ~ 孝宗 8年 (1657) (20년간)	한국(관) : 仁祖實錄, 仁祖實錄廳儀軌, 孝宗實錄, 同文彙考, 承政院日記, 國朝寶鑑, 通文館志, 備邊司謄錄, 接待事目錄抄, 國朝寶鑑, 新增 東國輿地勝覽, 璿源系譜記略, 春官通考.	13
		한국(사) : 艮齋集, 江漢集, 谿谷漫筆, 孤山遺稿, 昆侖集, 公私見聞錄, 久堂先生集, 國朝人物志, 歸岩集, 畸菴集, 記言, 南溪先生集, 南坡先生文集, 恬軒集, 老峰先生遺稿(老峯文集), 魯西先生遺稿, 大東野乘, 大事編年, 臺山集, 東里集, 桐巢漫錄, 東州先生文集, 同春堂先生文集(同春先生年譜), 樂全堂集, 漫浪集, 梅山集, 明谷集, 木齋先生文集, 文谷集, 白江先生年譜(白江集), 白洲先生集, 樊巖先生集, 北行日記, 西溪先生集, 恕菴集, 西坡集, 星湖僿說, 星湖先生文集, 昭代紀年, 小華外史, 松溪集, 松谷先生年譜, 宋子大全, 瑣編, 市南先生文集, 息菴先生遺稿, 息庵遺稿, 愼獨齋先生全集, 瀋陽日記, 瀋陽狀啓, 樂全堂集, 冶谷集, 藥泉集, 陽坡年紀, 燃藜室記述, 畏齋集, 龍洲先生遺稿, 尤菴年譜(尤庵集), 月塘先生集, 游齋先生集, 隱峯全書, 耳溪集, 林忠愍公實記, 潛谷先生遺稿, 丈巖集, 靜觀齋先生集, 正教奉褒, 朝野僉載, 尊周錄, 尊周彙編, 增正交隣志, 芝陽漫錄(芝陽謾錄), 遲川先生集, 芝湖集, 滄洲先生遺稿, 清陰先生年譜(清陰集·清陰先生集), 聽天堂集, 草廬先生文集, 忠憲公年譜(忠憲公遺稿), 台溪先生文集, 澤堂先生別集, 八松年譜(八松文集), 鶴谷集, 鶴洲先生全集, 韓山李氏7世行狀崇祿大夫行議政府左參贊兼知經筵弘文館提學韓平君行狀, 海東名臣錄, 海行摠裁, 湖洲先生集, 晦谷先生集(晦谷文集), 晦陰集.	90

		중국 : 朝鮮國來書簿, 滿洲名臣傳, 明淸史料, 淸內閣大庫檔案, 蒙古游牧記, 淸太宗實錄, 淸三朝實錄採要, 淸史稿, 明史, 朔方備乘, 皇明従臣錄, 東華全錄.	12
		일본 : 本邦朝鮮往復書, 朝鮮來聘記, 德川實記.	3
		기타: Historica Relatio de Ortu et Progressu Fidei Orthodoxae in Regno Chinensi per Missionarios Societatis Jesu, 1581~1669. (Jonais Adami Schall 저술, 프랑스), Le Christianisme en Chine, en Tartarie et au Thibet (프랑스, 파리에서 1857년 간행), Sperwer en van het wedervaren der schipbreukelingen op het eiland Quelpaert en het vasteland van Korea(1653~1666). (Hendrik Hamel 저술, 네덜란드)	3
4 (546쪽)	孝宗 9年 (1658) ~ 顯宗 14年 (1673) (16년간)	한국(관) : 孝宗實錄, 國朝寶鑑, 承政院日記, 備邊司謄錄, 同文彙考, 通文館志, 璿源系譜記略, 顯宗實錄, 顯宗改修實錄, 孝宗宣文章武神聖顯仁大王哀册文, 倭館移建謄錄.	11
		한국(사) : 謙齋先生文集, 孤山遺稿, 公私見聞錄, 果齋集, 久堂先生集, 歸溪遺稿, 記言(記言別集), 南坡年譜(南坡先生文集), 老峯先生文集, 魯西先生遺稿, 農巖集, 堂獄文獻樂, 大事編年, 臺山集, 陶谷集, 東里集, 桐巢漫錄, 同春堂先生文集(同春堂先生年譜), 明谷集, 明齋遺稿, 木齋先生文集, 文谷集(文谷年譜), 渼湖集, 磻溪隧錄, 白江先生集, 白湖集, 四友堂先生集, 西河先生集, 石湖先生遺稿(石湖集), 星湖僿說, 疎齋集, 損庵集, 松溪集, 松谷先生集(松谷先生年譜), 宋子大全, 瑣編, 睡谷先生集, 市南年譜, 息庵先生遺稿, 藥泉集, 燃藜室記述, 燕巖先生文集, 龍洲先生遺稿, 尤菴先生年譜, 尤庵年譜, 迂齋集, 六谷先生遺稿, 李忠武公全書, 林下叢話, 潛谷先生遺稿(潛谷先生年譜), 全羅南道大同事目首條, 接待事目錄抄, 靜觀齋先生集, 朝野僉載, 竹西集, 芝陽謾錄, 芝湖集, 直齋集, 草廬集, 忠憲公年譜, 炭翁先生集, 退憂堂集, 鶴洲先生全集, 韓史綮, 寒水齋先生集.	66
		중국 : 淸三朝實錄, 皇明從信錄, 淸史稿.	3
		일본 : 本邦朝鮮往復書, 島中失火謄錄, 移館記錄.	3
5 (634쪽)	顯宗 15年 (肅宗 卽位年) (1674) ~ 肅宗 15年 (1689) (16년간)	한국(관) : 顯宗實錄, 顯宗改修實錄, 顯宗大王行狀·哀册文·諡册文·崇陵誌, 肅宗實錄, 肅宗實錄補闕正誤, 肅廟寶鑑, 璿源系譜記略, 國朝寶鑑, 承政院日記, 備邊司謄錄, 同文彙考, 通文館志, 推案· 鞫案, 接待事目錄抄.	14
		한국(사): 葛庵集, 甲乙錄, 庚己錄, 庚申日錄, 昆崙集, 公私見聞錄, 交隣志, 國朝人物志, 歸巖集, 己巳錄, 記言(記言別集, 記言續集), 懶隱集, 南溪集, 南坡集, 恬軒集, 老峰遺稿, 農巖集(農巖續集), 農隱遺稿(農隱遺稿別集), 大東野乘, 大事編年, 臺山集, 陶谷集, 陶庵三官記, 陶庵先生集, 桐巢漫錄, 同春堂先生年譜, 晩靜堂集, 梅山集, 明谷集, 明齋先生年譜(明齋遺稿), 明村雜錄, 夢囈集坤, 文谷年譜(文谷集), 朴正字遺稿, 博泉集, 百源先生文集, 白湖集, 樊巖集, 汾厓遺稿, 俟百錄, 三淵集, 西溪集, 西坡集, 西河先生集, 星湖先生文集, 損庵集, 宋子大全, 睡谷集, 水村文集, 是窩遺稿, 息菴先生遺稿, 息庵遺稿, 鵝洲雜錄, 藥泉集(藥泉年譜), 與猶堂集, 燃藜室記述, 燕巖集, 玉吾齋集, 玉川先生文集, 尤庵先生年譜, 迂齋集, 游齋先生集, 李元禎家狀, 林下叢話, 丈巖集, 靜齋集, 定齋集(定齋別集), 拙修齋集, 增正交隣志, 芝陽謾錄, 芝村集, 芝湖集, 直齋集, 聽天堂先生文集, 草廬先生文集(草廬先生年譜), 楚山日記, 打愚遺稿, 通州康氏世譜楚冠堂自述, 退憂堂集, 荷塘集, 鶴庵集, 韓史綮, 寒水齋先生年譜(寒水齋先生集), 漢陰先生文集, 海行摠載, 黃江問答, 厚齋集(厚齋先生別集).	86
		중국 : 華夷變態吳三桂檄文, 淸史稿, 朔方備乘(羅刹方略), 黑龍江述略.	4

		일본 : 本邦朝鮮往來書, 通航一覽, 天和信使記錄, 和館事考.	4
6 (810쪽)	肅宗 16年 (1690) ~ 肅宗 36年 (1710) (21년간)	한국(관) : 肅宗實錄(肅宗實錄補闕正誤), 肅廟寶鑑, 國朝寶鑑, 承政院日記, 同文彙考, 通文館志, 備邊司謄錄, 推案·鞫案, 侍講院日記, 新增 東國輿地勝覽, 璿源系譜記略, 大報壇謄錄, 高麗史, 接待事目錄抄.	15
		한국(사) : 間居漫錄(閑居漫錄오기), 艮齋漫錄, 葛庵集, 甲乙錄, 絅菴集, 慶州李氏金石錄, 昆侖集, 坤輿圖屛子序文, 交隣志, 國朝故事, 國朝人物志, 歸鹿集, 金石錄, 南溪續集, 農巖集, 黨議通略, 大事編年, 德浦遺稿, 陶谷集, 陶庵三官記, 陶庵集, 桐巢漫錄, 遯窩遺稿, 晩靜堂集, 梅山集, 明谷集, 明齋遺稿(明齋先生年譜), 夢囈集坤, 夢窩集, 文谷年譜, 朴正字遺稿, 樊巖集, 屛溪集, 北軒集, 謝氏南征記, 三淵集, 三憂堂集, 西溪集(西溪遺著戒子孫文), 西堂集, 恕菴集, 星湖僿說, 疏齋集, 宋子大全, 睡谷集, 隨聞錄, 鵝洲雜錄, 藥石集, 藥泉集(藥泉年譜), 藥坡漫錄, 養窩集, 燃藜室記述, 玉音齋集, 雩沙集, 尤菴先生年譜, 二憂堂集, 莊陵志, 丈巖集, 在澗集, 貞菴集, 霽月堂集, 竹泉集, 知守齋集, 芝陽謾錄, 斥李景奭朴世堂疏草, 打愚遺稿, 寒水齋先生年譜(寒水齋先生文集), 厚齋別集(厚齋先生年譜).	67
		중국 : 淸史稿 .	1
		일본 : 本邦朝鮮往復書, 善隣通交事考, 元綠9年因幡國え朝鮮人致渡海候付豊後守様一御伺被成候次第並御返答之趣其外始終之覺書, 信使集書.	4
7 (852쪽)	肅宗 37年 (1711) ~ 英祖 2年 (1726) (16년간)	한국(관) : 肅宗實錄(肅宗實錄補闕正誤) 肅廟寶鑑, 肅宗己亥進宴廳儀軌, 景宗實錄, 景宗修正實錄, 英宗實錄, 承政院日記, 備邊司謄錄, 同文彙考, 璿源系譜紀略, 國朝寶鑑, 通文館志, 新增 東國輿地勝覽, 推案·鞫案, 白頭山定界碑拓本.	15
		한국(사) : 家禮源流, 艮齋漫錄, 江漢集, 謙齋集, 慶州李氏金石錄, 昆侖集, 國朝人物志, 槿域書畵徵, 南塘先生文集, 丹巖私錄, 黨議通略, 大事編年, 陶谷集, 陶庵三官記, 陶庵先生集, 東麟錄, 桐巢漫錄, 遯窩遺稿, 梅軒集, 明谷集, 明齋先生年譜(明齋先生遺稿), 夢窩集, 聞見箚記, 渼湖集, 白下集, 屛溪集, 保晩齋集, 普菴集, 北漢志, 三淵集, 西堂先生集墓誌銘, 星湖僿說類選, 疏啓錄, 疎齋集, 睡谷集, 辛壬紀年提要(續編·原編·彙考), 藥泉年譜(藥泉集), 藥坡漫錄, 練藜室記述, 燕行錄, 雲谷實記, 雲石遺稿, 柳下集, 李景奭神道碑文草, 一菴先生遺稿, 朝鮮名臣錄, 朝鮮人物號譜, 竹室集, 竹泉集, 增正交隣志, 知守齋集, 芝陽漫錄(芝陽謾錄), 進宴儀軌, 天鑑錄, 耽羅紀年, 韓史綮, 寒水齋先生文集(寒水齋先生年譜), 寒圃齋集, 厚齋先生年譜, 海行摠載.	60
		중국 : 大淸聖祖仁皇帝聖訓, 淸史稿.	2
		일본 : 本邦朝鮮往復書, 新井白石全集, 通航一覽, 享保信使記錄, 正德信使記錄拔書.	5
8 (1,043쪽)	英祖 3年 (1727) ~ 英祖 25年 (1749) (23년간)	한국(관) : 景宗實錄, 英宗實錄, 承政院日記, 備邊司謄錄, 國朝寶鑑, 國朝續五禮儀, 同文彙考, 璿源系譜紀略, 續大典, 推案·鞫案, 通文館志.	11
		한국(사) : 艮齋年譜, 江漢集, 慶州李氏金石錄, 國朝人物志, 歸鹿集, 杞園先生年譜(杞園集), 訥隱先生文集, 丹巖私錄, 大事編年, 大韓疆域考, 德村集, 陶谷集, 陶庵先生集, 斗南集, 雷淵集, 萬姓大同譜, 梅山先生文集(梅山先生集), 渼湖集, 白下集, 樊巖先生集(樊巖集), 保晩齋集, 西堂先生集(西堂集), 星湖先生文集, 藥坡漫錄, 燕巖集, 淵泉集, 阮堂集, 雲谷實記, 鄭氏所傳文書, 貞菴集, 朝鮮名臣錄, 朝鮮佛敎通史, 朝鮮人物號譜, 從政錄坤, 中京誌, 增正交隣志, 知守齋集, 芝陽謾錄, 直菴集, 蒼霞集, 圃菴集, 韓史綮, 海左先生文集, 悔軒集, 厚齋先生年譜, 豐墅集, 漢京識略, 碩齋集, 星	54

		湖僊說類選, 沖齋先生文集, 老洲集, 屛溪先生集, 明美堂集, 耳溪集.	
		중국 : 淸史稿.	1
		일본 : 本邦朝鮮往復書, 通航一覽, 延亨信使記錄, 享保信使記錄.	4
9 (784쪽)	英祖 26年 (1750) ~ 英祖 51年 (1775) (26년간)	한국(관) : 英宗實錄, 正宗實錄, 承政院日記, 備邊司謄錄, 國朝寶鑑, 同文彙考, 通文館志, 均役廳事目, 均役事實, 均役事目會錄, 璿源系譜紀略, 推案·鞫案, 東國文獻備考.	13
		한국(사) : 江漢集, 慶州李氏金石錄, 國朝人物志, 歸鹿集, 紀年便攷, 紀年便覽, 金陵集, 雷淵集, 大事編年, 待闡錄, 櫟泉先生文集(櫟川先生文集), 鹿門先生文集, 立齋先生文集, 梅山先生文集, 某年記事, 渼湖集, 樊巖先生集, 屛溪先生集, 保晩齋年譜, 保晩齋集, 本菴集, 奉敎嚴辨錄, 書筵日記, 性齋集, 星湖文集, 松湖集, 樹彝錄, 藥坡漫錄, 燕巖集(朴燕巖先生文集), 潁翁續藁, 梧川年譜, 雲谷實紀, 耳溪集, 日觀記, 貞菴集, 朝鮮名臣錄, 朝鮮佛敎通史, 朱子語類, 竹下日錄, 中京志, 增正交隣志, 知守齋集, 芝陽謾錄, 直菴集, 晋菴集, 纂圖互注周禮, 蒼霞集, 忠憲公年譜, 快雪俞氏幽冤錄, 楓皋集, 荷棲集, 韓史綮, 海行總載, 玄皋記.	54
		중국 : 大明崇禎十年大統曆跋文.	1
		일본 : 本邦朝鮮往復書, 通航一覽, 寶曆信使奉行方記錄, 宗氏年譜略	4
10 (1,016쪽)	英祖 52年 (正祖 卽位年) (1776) ~ 正祖 24年 (1800) (25년간)	한국(괸) : 英宗實錄, 正宗實錄, 日省錄, 承政院日記, 備邊司謄錄, 璿源系譜記略, 同文彙考, 通文館志, 內閣日曆, 增補 文獻備考, 華城城役儀軌, 崇禎三己酉式年司馬榜目, 貢膳定例, 弘齋全書.	14
		한국(사) : 羹墻錄, 經山集, 慶州李氏金石錄, 果菴集, 果齋集, 葵史, 老洲集, 臺山集, 待闡錄, 東師列傳, 東華續錄, 梅山先生集, 夢梧集(夢梧金公年譜), 樊巖集, 闢衛編, 保晩齋集, 北學議, 性齋集, 樹彝錄, 雅亭遺稿, 燕巖集(朴燕巖先生年譜), 淵泉集, 玉燅堂韓公行狀, 雲石遺稿, 雲坡大師碑銘, 耳溪集, 人岳和尙行狀, 定齋集, 朝鮮名臣錄, 竹下日錄, 天學問答, 太湖集, 楓皐集, 豊墅集, 下廬先生文集, 海隱遺稿, 海左集, 玄皋記, 黃嗣永帛書, 悔軒集.	40
		일본 : 本邦朝鮮往復書.	1
		기타: Carta do Excellentissimo e Reverendissimo Bispo de Pekin(포루투갈, 1808), Nouvelles Lettres Edifiantes des Missions de la Chine et des Indes Orientales. Tome 2, 5(프랑스, 1818, 1820), Le Christianisme en Chine, en Tartarie et au Thibet(프랑스, 1858), Dallet Historie de l'Eglise de Coree(프랑스 1874), A Voyage of Discovery to the North Pacific Ocean(영국, 1804).	5

※ 한국(관): 45종, 한국(사): 348종, 중국: 20종, 일본: 23종, 기타: 6종

광해군에서 정조대에 이르는 193년간을 10권으로 나누어 편찬한 제5편 – 조선시대중기 – 은 이른바 '하멜의 표류'와 서학의 전파와 관련해서는 프랑스, 영국, 네덜란드, 포르투갈에서 간행된 서적을 이용한 것이 이채로우며, 이렇게 중국과 일본 이외 국가들의 자료 이용은 제6편에 가면 더욱 증가한다.

한편 전거 자료를 통해 보았을 때 광해군대, 인조대, 숙종대에 해당하는 1, 3, 5권에 많은 자료를 동원하였음을 알 수 있다. 이 시기는 잘 알려져 있듯이 후금(後金)의 성장으로 인한 동북아시아 국제 정세의 변동, 서인의 주도에 의한 반정과 뒤이은 전쟁 및 수습과정에서 북벌론의 등장, 또 경신·기사환국이라는 정치적 분쟁이 발생한 시기로, 특히 병자호란에 해당하는 제3권의 경우 다른 부분에서 사용하지 않는 '동화전록(東華全錄)', '만주명신전(滿洲名臣傳)', '몽고유목기(蒙古游牧記)', '삭방비승(朔方備乘)'과 같은 청(淸)에서 편찬된 자료들을 이용하였다. 19세기 후반 이래 일본인 학자들이 조선의 역사에 관심을 보이면서 '반도'라는 조선의 지리적 성격과 그로 인하여 중국, 만주, 몽고, 일본 등 여러 세력의 침략과 압력으로 인하여 비참한 역사를 지속했다며, '외침'을 강조했음은 주지의 사실이다.[54] 특히 제5편의 편찬과 완결에 조선의 역사에 드리워진 대륙-만주와의 관련성을 해명하고자 했던 이나바가 깊숙이 관여했던 점을 고려하며 전거 자료의 양을 볼 때 『朝鮮史』 제5편은 이나바로 대변되는 일본인들의 관심을 충실히 반영하며 작성되었다고 할 수 있을 것이다.

또 〈표 15〉를 보면 북방의 민족과 관련이 있는 부분에 대해서는 많은 자료를 활용하고 있는 반면 8, 9, 10권에 들어서면 활용하고 있는 전거 자료의 수가 급감함을 알 수 있다. 특히 조선 문예의 중흥기로 알려진 정조대의 편찬을 위해 새롭게 사용된 자료들은 '규사(葵史)', '벽위편(闢衛編)', '북학

54_조선의 역사를 외압과 외침의 연쇄로 규정하는 것은 식민주의 역사학이 가지고 있는 침략성을 단적으로 보여주는 것으로, 그 문제점은 식민주의 역사학에 대한 비판이 개시된 초기부터 지적되었다.(李基白, 「緖論」, 『國史新論』, 泰成社, 1961; 李基白, 「半島的 性格論 批判」, 『韓國史 市民講座』 1, 一潮閣, 1987.)

의(北學議)', '황사영백서(黃嗣永帛書)' 등 수 종에 지나지 않는다. 앞장에서 『朝鮮史』 편찬에 있어 조선시대에 해당하는 부분은 사료의 폭증으로 인하여 편찬이 계속해서 지연되었으며, 제5편의 경우 특히 제8·9·10권은 제4편의 5·8·9·10권과 더불어 1935년 9월말까지도 편찬을 이루지 못해 별도의 담당자를 선정하여 편찬하였음은 서술하였다. 또 제4편의 미완부분, 특히 선조대의 편찬을 위해서 새로운 인력이 충원되었으며, 이들이 작성한 것을 나카무라가 감수하는 형식으로 진행되었음도 살펴보았다. 이에 비해 끝까지 완성되지 못했던 제5편의 제8·9·10권은 특별한 인력충원 없이 8·9권은 이나바가, 10권은 고대사 부분인 제1·2편을 편찬한 스에마쓰가 편찬하는 것으로 결성되었고, 별도의 감수자도 선정하지 않았다. 더군다나 1935년 9월 스에마쓰가 제5편 제10권의 편찬을 담당하게 되었을 당시, 그는 이미 편수회를 떠나 경성제대의 교수로 전임한 상태로, 그는 대학에서의 강의 및 업무와 제10권의 편찬을 병행해야만 했던 것이다. 이는 일본 학계나 편찬을 담당한 이의 관심이 떨어지는 제5편 후반부의 편찬은 제4편의 후반부에 비해 졸속적으로 진행되었으며, 사업의 담당자들은 제4편 9, 10권에 상대적으로 높은 관심과 노력을 기울였음을 말해준다. 즉 『朝鮮史』는 전체적으로 볼 때 질적으로 균질하지 않았다.

그렇지만 『朝鮮史』에 수많은 자료가 활용되었다는 것은 부정할 수 없다. 이러한 방대한 자료를 추출하기 위해서는 일정한 원칙이 있었겠지만, 이에 대해서는 특별한 자료가 남아있지 않다. 다만 『朝鮮史』의 본격적인 편찬이 전망되던 시점에 나온 '『朝鮮史』 편수범례'에 『朝鮮史』에서 제시할 사건의 선택 범위는 '각 분야에 걸쳐 역사상 중요한 사건은 모두 제시한다'며, 그 대강의 예시로서 '정치(왕위, 궁실, 법제, 내정(중앙·지방행정·재판·군사), 기타)', '경제(재정, 산업, 상업, 교통, 토목)', '문화(학문, 종교·도덕, 예술)',

'사회(사회조직, 풍속)', '전기(傳記)(정치·경제분야의 인물, 문화적·사회적 인물)'를 들고 있는데,[55] 이러한 기준은 사회의 모든 분야를 망라하는 것으로, 사실상 사건 선택의 기준이 없었다고 보아도 무방한 것이었다.

또 방대한 자료를 정리하기 위해서는 막대한 시간이 소요될 수밖에 없는 것이다. 관찬사료의 경우 이전부터 진행되어온 발췌사업이란 바탕이 있었지만, 이상에서 살펴본 제4·5편의 전거 자료에서도 드러나듯이 방대한 개인문집들도 전거로 제시되고 있다. 그런데 이러한 개인문집 역시 과거의 성과를 활용하며 이루어졌던 것으로 보인다. '반도사 편찬' 당시 사료정리 상황을 보여주는 '표 2 『朝鮮半島史資料調査中書目』'에 나타난 '조사서목(調査書目)'은 관찬자료만이 아니라 개인문집에 대한 발췌가 진행 중이거나 진행완료 내지는 진행예정임을 보여준다. '반도사 편찬'은 공식적으로 1924년 말에 중단되었지만, '반도사 편찬'을 담당했던 중추원의 편찬과가 1922년 10월 28일을 기하여 폐지된 것으로 보아,[56] 실질적으로는 1922년 11월 이래 '반도사 편찬'은 중단되었다고 할 수 있을 것이다. 그런데 1922년 11월 이후에도 '만회집(晩悔集)'(1922년 11월 착수), '낙정집(樂靜集)'(1922년 12월 착수), '명제유고(明齋遺稿)'(1923년 2월 착수), '문곡집(文谷集)'(1923년 3월 착수), '송자대전(宋子大全)'(1923년 4월 착수) 등의 서적은 발췌에 들어갔으며, 이외에도 다수의 발췌예정 도서명을 제시하고 있다. 즉 '반도사 편찬'이 사실상 1922년 11월을 기해 중단되었고, 다음 달인 12월 새로운 역사 편찬 사업을 위해 조선사편찬위원회가 구성되었음에도 불구하고 개인문집에 대한 정리·발췌는 여전히 진행중이거나 예정된 상태였던 것이다. 그럼 이것

55_朝鮮總督府 朝鮮史編修會編, 編輯部 譯, 앞의 책, pp,71~72.

56_『朝鮮總督府 官報』, 1922. 10. 28. 朝鮮總督府訓令 第54號.

은 무엇을 위한 것일까?

'반도사 편찬'은 중단되고 새로운 사업으로서 『朝鮮史』 편찬이 공식화된 시점에서 이를 계속한다는 것은 『朝鮮史』를 위한 것이었을 가능성이 가장 높다고 하겠다. 더군다나 『朝鮮史』 편찬의 진행초기라 할 수 있는 조선사편찬위원회는 '반도사 편찬'을 담당했던 중추원 산하의 기구였으며, 독립기구화한 조선사편수회 역시 중추원에 위치했다. 당시 문집류 발췌를 담당한 이들도 중추원의 조선인들이었음을 보면 당시의 작업이 『朝鮮史』 편찬을 위한 것임을 알 수 있다. 비록 당시 문집류의 발췌기준은 분명하지 않고, 또 실록발췌처럼 당시의 작업결과로 추정되는 결과물이 없기 때문에 비교·대조는 불가능하지만, '표 2 『調査中書目』'에서 제시하고 있던 문집류 103종과 개인문집을 집중적으로 사용한 『朝鮮史』 제4·5편에서 들고 있는 전거와 비교해 보면 85종이 일치하고 있다.

편찬이 지연되고 있으며 『朝鮮史』의 완성이 독촉되는 가운데 이미 정리·발췌된 사료를 활용하지 않고 기초적인 사료의 정리와 발췌부터 새롭게 시작하며 작업을 개시했을까? 당시 편찬담당자들의 한문 해독 능력은 그리 높지 않았던 것으로 보인다. 제4편의 편찬 책임자였던 나카무라는 자신이 본격적으로 조선의 역사에 대해 공부를 시작한 1924년 당시 조선왕조실록 해독의 어려움을 이야기하기도 했다.[57] 이러한 어려움은 조선의 사료를 처음 접했을 수도우나 마루가메와 같은 이들에게도 마찬가지였을 것이다. 뿐만 아니라 조선의 사료 가운데 많은 부분은 해서(楷書)가 아닌 행서(行書) 혹은 초서(草書)로 쓰여 있어 일본인 편찬자들이 해독하는 것은 거의

57_中村榮孝, 앞의 논문, 1981, p.48.

불가능했다. 그래서 앞장에서 서술했듯이 편수회 내에는 조선인 위주로 '조사부(調査部)'를 구성하여 사료를 정서해 각 편부로 나누어 주도록 하였다. 이러한 한편 정서한 사료를 모아 부본(副本)을 작성했는데, 그 작업이 매우 더디고 부담스럽다는 것이 『朝鮮史』 편찬 초기부터 문제시 되었다.[58] 뿐만 아니라 다음 절에서 살펴보겠지만 편찬담당자들이 편수회에 부임하여 『朝鮮史』 편찬을 담당할 당시 자신이 편찬을 맡은 부분에 대한 학적인 관심도 그다지 높지 않았으며, 그러한 만큼 사전지식도 충분치 않았다. 즉 편찬자들은 혼자의 힘으로는 읽기도 어려운 한문으로 쓰여진 생소한 시대의 사료들을 접해야만 했던 것이다. 그럼에도 불구하고 1935년 9월까지 초고도 작성되지 못했던 『朝鮮史』 제4·5편의 7권의 책이 1년 만에 초고가 작성되어 1937년 즈음이면 편찬을 끝마칠 수 있었던 것은 구관제도조사사업과 '반도사 편찬' 이래 정리·발췌된 사료들을 이용했기 때문에 가능했다고 보는 것이 타당할 것이다.

이처럼 『朝鮮史』 편찬에 활용된 개인편저작의 자료들 역시 관찬저작물과 마찬가지로 『朝鮮史』 편찬 이전부터 그 정리와 발췌가 진행되고 있었으며 『朝鮮史』, 특히 방대한 개인 편저작을 이용한 『朝鮮史』 제4·5편은 이러한 기반위에서 진행되었던 것이다.

쿠로이타가 '사료의 성질'이 변한다며 시작 시점을 순조대로 조정했던 제6편에서 활용한 전거 자료를 살펴보면 그가 지적했듯이 서양 자료도 제5편의 제10권에 비해 급격히 늘어날뿐더러 특히 일본측 자료의 활용이 두드러짐을 알 수 있다. 총 4권으로 구성된 『朝鮮史』 제6편에서 활용한 전거 자

58_朝鮮史編修會, 「朝鮮史編修會 第1回 委員會 會議錄」, 『(朝鮮史編修會)委員會議事錄』.(1926.10. 8.)

료를 들면 다음과 같다.

표 16 | 『朝鮮史』 제6편(純祖卽位年 7月~ 高宗31年 6月) 각권별 전거자료 목록

권	시기	전거자료	종수
1 (720쪽)	純祖 卽位年 7月 (1800. 7.) ~ 純祖 20年 (1820) (21년간)	한국(관) : 健陵誌, 大學類義, 同文彙考, 文苑黼黻, 文祖東宮日記, 文祖世子受册時册禮都監儀軌, 文祖神貞后嘉禮都監儀軌, 備邊司謄錄, 璿源系譜記略, 璿源譜略, 璿源續譜, 純祖純仁后嘉禮都監儀軌, 純祖辛未別謄錄, 純祖壬申璿源譜略修正儀軌, 純宗(純祖)實錄, 承政院日記, 御製景春殿記, 御製慈慶殿記, 御製忠獻公神道碑銘, 元陵誌, 仁陵紀事, 仁政殿營建都監儀軌承傳, 仁祖實錄, 日省錄, 資憲大夫禮曹判書兼知經筵義禁府春秋館事五衛都摠府都摠管延安李公諡狀, 貞純王后國葬都監儀軌承傳, 正宗大王刪節廳儀軌, 正宗大王實錄廳儀軌, 正宗大王實錄廳儀軌校正廳校讐廳謄錄, 正宗大王實錄廳儀軌纂修廳謄錄, 推鞫日記, 通文館志, 通信使謄錄, 通信使草謄錄, 獻敬惠嬪喪禮都監儀軌, 孝安殿日記, 孝元殿日記.	37
		한국(사) : 剛齋先生集, 經山集, 關西辛未錄, 廣瀨集, 金陵集, 金井山城復設碑, 老洲集, 梅山集, 俛庵集(別錄), 方暉齋西征日記, 闢衛編, 守窩集, 巡撫營謄錄, 燃藜室記述, 淵泉集, 雲石遺稿, 耳溪集, 李審度疏稿, 李堯憲行狀, 李參奉集, 一广遺稿, 朝鮮金石總覽, 趙鎭寬墓表, 趙鎭寬神道碑銘, 增正交隣志, 陣中日記, 惕齋先生年譜, 忠獻公墓誌銘, 楓皐集, 海石日錄, 黃嗣永帛書, 熙朝軼事, 嘉山邑誌, 洪景來傳, 忠義集, 雲岡雅言文類定州圍城圖記, 玄駒紀聞, 全恩編, 歸恩堂集, 止山日記, 定州忠義壇事蹟碑, 永興邑志(烽燧), 泣血錄, 金石過眼錄, 阮堂集, 漫錄祖考領議政府君家狀, 書雲觀志, 惕齋集 .	48
		중국 : 清史稿 .	1
		일본 : 交隣知津錄, 通航一覽, 文化信使記錄, 本邦朝鮮往復書.	4
		기타 : Ch. Dallet : Histoire de l'Ééglise de Corée.(프랑스, 1874), Nouvelles lettres edifiantes des missions de la Chine et des Indes orientales.(프랑스, 1820), Evariste Regis Huc : Le Christianisme en Chine, en Tartarie et au Thibet.(프랑스, 1858), Carta do Excellentissimo e Reverendissimo Bispo de Pekim D. Fr. Alexandre de Gouvea ao Illustrissimo e Reverendissimo bispo de Calandro.(포르투갈, 1808), Basil Hall : Account of a voyage of discovery to the west coast of Corea, and the great Loo-choo Island.(영국, 1818), John M'Leod : Narrative of a voyage, in His Majesty's late ship Alceste, to the Yellow Sea, along the coast of Corea, and through its numerous hitherto undiscovered islands, to the Island of Lewchew.(영국, 1818), Henry Ellis : Journal of the Proceedings of the late Embassy to China.(영국, 1818)	7
2 (710쪽)	純祖 21年 (1821) ~ 憲宗 6年 (1840) (20년간)	한국(관) : 健陵誌, 內閣日曆, 道光十七年三月嘉禮都監儀軌, 同文彙考, 文祖東宮日記, 備邊司謄錄, 璿源系譜記略, 綏陵誌, 純宗(純祖)實錄, 純宗大王國葬都監儀軌, 純宗大王殯殿魂殿都監儀軌, 純宗大王實錄儀軌校讎廳謄錄, 純宗大王實錄儀軌校正廳謄錄, 純宗大王實錄儀軌刪節廳儀軌, 純宗大王實錄儀軌纂修廳謄錄, 純宗大王仁陵山陵都監儀軌, 承政院日記, 時囚册, 列聖皇后王妃世譜, 右捕廳謄錄, 翼宗大	42

		王追崇都監儀軌, 翼宗代聽時日錄, 仁陵誌, 日省錄, 正祖健陵遷奉都監儀軌, 正祖孝懿后國葬都監儀軌, 推鞫日記, 推案·鞫案·獄案(己丑大逆不道罪人魯近鞫案, 己丑罪人金守溫推案, 己丑罪人宜學宋守謙等鞫案, 丙申罪人姜時煥鞫案, 辛酉罪人李家煥等推案, 甲午犯上不道罪人奎欽獄案, 丙申逆賊公彦膺中慶中憲周獄案, 丁酉大逆不道罪人大益鞫案, 己亥邪學謀叛罪人洋漢進吉等案), 忠淸監營啓錄, 通文館志, 平安監營啓錄, 憲廟記事, 憲宗東宮日記, 憲宗實錄, 顯穆綏嬪入廟都監儀軌, 顯穆綏嬪葬禮都監儀軌, 顯穆綏嬪徽慶園園所都監儀軌, 顯思宮別墓營建都監儀軌, 孝明世子殯宮魂宮都監儀軌, 孝明世子延慶墓墓所都監儀軌, 孝明世子入廟都監儀軌, 孝明世子葬禮都監儀軌 .	
		한국(사) : 剛齋集, 經山年譜, 經山日錄, 經山集, 國朝人物志, 歸恩堂集, 葵史, 金履喬行狀, 긔히일긔, 梅山集, 藩槎日記, 闢衛編, 上宰相書, 雪岳日錄, 守約齋稿, 辛巳辨誣始末, 燕轅直指, 淵泉集, 潁翁再續藁, 五洲衍文長箋散稿, 雲石遺稿, 有名朝鮮右議政惕齋李公墓碣銘, 孺子稿, 隱峰全書(附錄), 朝鮮金石總覽, 尊華錄, 增正交隣志, 止山日記, 惕齋先生年譜, 秋齋詩集, 楓皐集, 楓石全集(金華知非集), 韓客巾衍李書九, 海石日錄 .	34
		중국 : 皇明實錄, 東華全錄 .	2
		일본 : 本邦朝鮮往復書.	1
		기타 : Ch. Gutzlaff, Journal of three Voyages along the Coast of China, in 1831, 1832, 1833 with Notices of Siam, Corea, and the Loo-Choo Islands.(영국, 1834), Ch. Dallet : Histoire de l'Ééglise de Corée.(프랑스, 1874)	2
3 (697쪽)	憲宗 7年 (1841) ~ 哲宗 14年 (1863) (23년간)	한국(관) : 嘉禮都監儀軌, 慶尙右兵營關牒, 國朝寶鑑, 國朝寶鑑監印廳儀軌, 內閣日曆, 同文彙考, 釐整廳謄錄, 備邊司謄錄, 璿源系譜記略, 璿源續譜, 純元王后國葬都監儀軌, 承政院改修日記, 承政院日記, 睿陵山陵都監儀軌, 睿陵志狀, 右捕廳謄錄, 義州府狀啓謄錄, 日省錄, 全羅監司金景善啓錄, 左捕廳謄錄, 哲宗記事, 哲宗大王國葬都監儀軌, 哲宗大王行錄·行狀, 哲宗實錄, 推案·鞫案·獄案(甲辰逆賊晋鏞遠德等獄案, 戊申罪人李穆淵李承憲鞫案, 哲宗壬戌逆賊順性兢善獄案), 忠淸兵營啓錄, 通文館志, 海西文牒錄, 憲廟記事, 憲宗國葬都監儀軌, 憲宗己酉朝報, 憲宗大王殯殿魂殿都監儀軌, 憲宗大王昇遐時朝報(憲宗薨去時朝報), 憲宗大王昇遐後筵說, 憲宗實錄, 憲宗實錄廳儀軌, 湖南右四邑繡啓別單附, 孝顯王后國葬都監.	38
		한국(사) : 嘉梧藁略, 感歎錄, 經山日錄, 經山集, 鼓山集, 苟菴遺稿, 苟菴集, 國朝人物志, 葵史, 긔히일긔, 大東輿地圖, 大東地志, 島遷錄, 東山日記, 里鄕見聞錄, 梅山集, 名人號譜, 闢衛編, 小華外史, 淵泉集, 五洲衍文長箋散稿, 阮堂先生全集, 龍湖間錄, 雲石遺稿, 有名朝鮮領敦寧府事豊恩府院君贈議政府領議政忠敬趙公石厓神道碑銘, 朝鮮金石總覽, 鍾山集, 鑄字事實帖, 增正交隣志, 止山日記, 靑丘圖, 初庵集, 瓛齋先生集 .	33
		중국 : 東華全錄, 薛箖唫館鈔存奉使朝鮮驛程日記, 中西事務紀要, 東華續錄 .	4
		일본 : 本邦朝鮮往復書, 御國西海に異國船追々漂候付爲堅廻村に被	3

		差下候, 異國船洲進狀寫.	
		기타 : Captain Sir Edward Belcher:Narritive of the Voyage of H.M.S. Samarang, during the Years 1843-46;Employed surveying the Island of the Eastern Archipelags;Accompanied by a Brief Vocabulary of th e Principal Languages.(영국, 1848), Ch. Dallet : Histoire de l'Ééglise de Corée.(프랑스, 1874)	2
4 (1,016쪽)	高宗 卽位年 12월 (1863. 12.) ~ 高宗 31年 6月 (1894. 6.) (32년간)	한국(관) : 各國交涉文字, 各國約章合編, 各道監營兵營關子草, 開國四九三年八月統理軍國事務衙奉諭書, 京畿水營啓錄, 京畿水營關報牒謄錄, 慶尙右兵營關牒, 京水關報牒啓錄, 鏡營啓錄, 鏡營關報牒, 啓下咨文册, 公文謄錄, 公車日錄, 公忠兵營措語頭辭, 交隣考北關日本船狀啓草, 國書啓下册, 國照會謄錄, 奇別丙寅年(平安兵使李容象)啓錄, 箕營關牒, 德案, 東宮日錄, 東來府啓錄, 同文彙考, 隣交謄錄, 美國通商實記, 美案, 法案, 丙子年奇別(正月十三日副官尹滋承與彼人問答記狀啓, 正月十四日議政府啓, 正月十七日午時宴餉問答, 十八日問答記, 二十日接見官啓, 大院位抵廟堂書, 教文差使員所傳, 江華約條時仁川府使狀啓), 朝記事, 釜山港關草, 備邊司謄錄(議政府謄錄), 書契啓下册, 璿源系譜記略, 修信使謄錄, 修信使書契謄錄, 修信使日記謄草, 巡撫營謄錄, 承政院改修日記, 承政院日記, 神貞王后國葬都監儀軌, 俄案, 兩湖招討謄錄, 英案(英信), 睿陵山陵都監儀軌, 倭使問答, 倭使日記, 右捕廳謄錄, 義國公信, 義州府謄錄, 李案, 日本公使答照會, 日本聞見別單(日本內務省及農商務省視察書啓(朴定陽編), 日本文部省視察記(趙準永編), 日本內務省視察記(朴定陽編), 日本農商務省視察記(朴定陽編), 日本工務省視察記(姜文馨編), 日本稅關視察記(李鑄永編), 長崎稅關規式抄(李鑄永編), 日本司法省視察記(嚴世永編)), 日本聞見事件(日本外務省視察記(閔種默編), 日本各國條約(閔種默編), 日本陸軍總制(洪英植編), 日本陸軍操典(洪英植編)), 日使文字, 日省錄, 日案(日信, 日原案), 全羅南道潭陽長興高氏所藏文書, 全琫準供草, 電案, 政府甘結册, 宗親府謄錄, 左捕廳謄錄, 增補文獻備考, 鎭營關牒報, 斥邪綸音, 哲宗記事(拾遺己百), 哲宗大王國葬都監儀軌, 哲宗實錄, 清國北洋通商大臣李鴻章咨文, 草記與三港設置事目, 總函拾遺, 推案·鞫案·獄案(李太王辛未逆賊昌實汝江等鞫案, 戊辰邪學罪人在誼等鞫案, 戊辰邪學罪人演承等鞫案, 戊辰謀反大逆罪人德基等鞫案, 己巳逆賊晦行等鞫案, 辛未逆賊弼濟岐鉉等鞫案, 壬申逆賊應龍潤根等鞫案, 癸酉罪人崔益鉉義禁府鞫案, 癸酉罪人朴遇賢義禁府鞫案, 丙子罪人哲均鞫案, 庚午晋州罪人等鞫案, 罪人在鶴鞫案, 辛巳大逆不道罪人驥永等鞫案, 李太王辛巳罪人李晩孫姜晋奎等鞫案, 壬午大逆不道罪人長孫等鞫案, 癸未大逆不道罪人春永永植鞫案, 癸未大逆不道罪人煜等鞫案, 癸未罪人樂寬鞫案, 丙寅罪人種三鳳周等鞫案, 甲申謀反大逆不道罪人喜貞等鞫案, 壬辰謀反罪人弘根等鞫案, 乙酉大逆不道罪人春永永植鞫案, 乙酉謀反大逆不道罪人景純等鞫案, 丙戌謀反大逆不道罪人仁默等鞫案, 丁亥罪人申箕善鞫案), 統理交涉通商事務衙門日記, 統理交涉通商事務衙門草記, 通文館志, 統椽日記, 八道四都三港口日記, 平安監營關牒, 平安監營謄錄, 韓國條約類纂, 漢城遭難詩紀, 咸鏡監營啓錄, 湖南啓錄, 華案, 黃閣攷事, 黃海監營啓錄, 黃海兵營啓錄.	88

		한국(사) : 嘉梧藁略, 甲申日錄, 甲午實記, 江上隨錄, 經山集, 苟菴集, 國朝人物志, 金若濟日記, 紀年便攷, 大淸欽使筆談錄, 大韓北輿要選, 東山日紀, 鈍翁隨草, 龍湖間錄, 李文忠公全書, 勉庵先生文集, 明美堂集, 眉山先生文集, 民齋私稿, 伴接使洪祐昌問答, 卞晰攷證八條, 性齋集, 星槎錄, 隨聞要抄, 信使滯京日記, 沁行日記, 雙忠集, 禦洋隨錄, 庸菴文編, 雲養集, 陰晴史, 異國問答記, 李是應書牘, 以政學齋日錄, 日本人問答雜錄, 全齋先生年譜, 政治日記, 趙秉世日記, 朝鮮策略, 鍾山集, 從政年表, 從宦日記, 贈左承旨李公學承殉義碑, 池錫永履歷書, 滄槎紀行, 天津談草, 浿江錄, 漢城旬報, 洪陽紀事.	49
		중국 : 籌辨夷務始末, 淸光緖朝中日交涉史料, 東華續錄, 問議紀行, 適可齋紀行, 中朝約章合編(中朝常民水陸貿易章程, 中國代辨朝鮮陸路電棧續款合同), 調査延吉邊務報告書, 朝鮮國王公文 .	8
		일본 : 本邦朝鮮往復書, 宗重正履歷集, 再撰朝鮮尋交摘要, 平山圖書頭古賀筑後守渡韓奉命, 大日本外交文書, 朝鮮交際始末書, 逃民領來記錄, 朝鮮關係考證彙集, 宮本大丞朝鮮理事始末, 明治十年代理公使朝鮮日記, 明治二十年在朝鮮國公使館來翰拔萃, 明治二十七八年在韓苦心錄, 明治十三年十四年辨理公使朝鮮事務撮要(國書捧呈, 小銃贈進, 嶺儒建白), 自明治十四年至明治十五年朝鮮國仁川開港一件, 善隣始末, 明治十五年朝鮮激徒暴動顚末記, 秘書類纂朝鮮交涉資料, 子爵花房義質君事略, 明治十五年京城變動後之始末書, 花房公使復命書, 曾根大尉煙台日記, 花房公使朝鮮全權大臣李裕元副官金弘集ト談判大意(明治15年8月28日), 漢城之殘夢, 井上角五郎略傳, 福澤諭吉傳, 亂變事實, 竹添所送事實, 甲申年奇別(新聞紙所出件, 督辨鎬致公使竹添進一郎照會寫), 朝鮮京城事變始末書, 甲申政變關係文書, 釜山領事館京城事變ニ關スル機密上申報告書, 釜山領事館京城變動ニ關スル往復電報, 甲申事變ノ前後(故紙羊存第六), 明治二十七年外交文書彙纂件別類輯, 金玉均(第四章金玉均ノ亡命及最後), 大阪國事犯公判傍聽筆記, 朝鮮近史(朝鮮ノ近史), 典圜局回顧談(三上豊典圜局回顧談), 全羅道高阜民擾日記, 伊藤博文秘錄, 明治二十七八年日淸戰史, 二十七年海戰史, 蹇々錄, 天佑俠 .	44
		기타 : The Korean Repository.(vol 2, 미국, 1895), Ch. Dallet : Histoire de l'Église de Corée.(프랑스, 1874), E. Oppert, A Forbidden Land ; Voyage to the Corea.(영국, 1880), Papers relating to the foreign relations of the United States 1867.(미국, 1868), A. Piacentini, Mgr Ridel, d'après sa correspondence.(프랑스, 1890), China Imperial Maritime Customs. Treaties, Regulations, etc., between Corea and other Powers. 1876-1889.(미국, 1891), H.N. Allen. Korea : Fact and Fancy.(미국, 1904), Correspondence respecting the Temporary Occupation of Port Hamilton by Her Majesty's Government.(미국, 1887), 中東戰紀本末 .(미국, 1896)	9

※ 한국(관) : 169종, 한국(사) : 131종, 중국 : 13종, 일본 : 49종, 기타 : 17종

제6편에서는 무엇보다도 관찬서적과 관(官)에서 작성한 문건들을 다수 사용하고 있는 특징을 보인다. 물론 개인편저작의 자료들도 사용하고 있지

만 제4·5편에 비하면 그 수가 급감한 반면 관찬이라 할 수 있는 성격의 자료들은 급증하고 있음을 알 수 있으며, 개항기를 다루는 만큼 다른 편에 비하여 외국측 자료가 많이 사용되는 점 역시 제6편의 특징이라 하겠다.

특히 제4권은 그 이전과는 활용하는 사료의 측면에서 다른 성격을 보이며, 전거로서 활용한 자료의 종수만을 보아도 제6편 편찬의 중심이 여기에 있었음을 쉽게 알 수 있다. 바로 고종 즉위에서 갑오개혁 이전까지를 다루는 제4권은 개항기를 포함하고 있으며 임오군란이나 갑신정변의 경우처럼 외국과의 관련 속에서 진행·종결되는 경우가 많기 때문에 외국 관련 자료, 또 사건 관계자들의 처벌과 관련된 추국안(推鞫案)이나 옥안(獄案)과 같은 자료가 다수 활용되었음을 알 수 있다. 특히 개항이 일본에 의해서 이루어졌을 뿐만 아니라 이후 조선 내의 여러 사건들은 일본과 연루된 것이 많기 때문에 이 부분은 일본사에 직접 관계된 부분이다. 이러한 사정으로 일본의 자료, 특히 외교관련 자료가 대거 활용되었는데 『朝鮮史』 전체 35권을 통틀어 동서분당과 임진왜란기인 선조대를 다루는 제4편 제9·10권 다음으로 가장 많은 종류의 전거 자료를 활용하고 있다.

이렇게 외교적 사안과 연동되어 있는 사료들의 소재를 알고 모을 수 있었던 것은 제6편의 담당자가 다보하시였기 때문일 것이다. 제2장에서 살펴보았듯이 그는 경성제대 교수로서 경성제대 도서관에 소장되어 있던 규장각 도서 등의 열람에 한층 더 편의를 제공받을 수 있었을 것이다. 다음 장에서 보다 자세히 살펴보겠지만 다보하시는 『朝鮮史』 제6편을 일본 학계의 필요에 따라 편찬해 낼 수 있는 인물이었으며, 『朝鮮史』 제6편은 그의 학적 관심이 큰 영향을 끼쳤을 것이다.

앞서 〈표 8〉에서도 드러나듯이 제6편 제4권은 1935년 9월까지도 편찬이 완료되지 못한 8권 중 하나였다. 그 편찬을 위해 다가와 쿄죠와 소노다

요지로 2인이 1936년 9월까지 편찬을 마치고, 6개월 후인 1937년 3월까지 다보하시가 감수할 것이 계획되었음은 앞에서 살펴본 대로이다. 특히 일본에 의한 조선의 개항 이후를 다루는 제6편 제4권은 임진왜란이 벌어진 시기에 해당하는 제4편 제10권과 더불어 초고작성에 2명의 인력이 배치된 유이한 부분으로 일본사와의 관련성이 그 어느 시기보다 높은 부분이었다. 더군다나 개항 이후는 조선의 식민지화와도 직결되는 시기였기 때문에 그 편찬은 더욱 주의를 요했을 것이다. 1935년 9월에도 인쇄 시기의 결정이 이루어지지 않았던 제6편 제4권은 1938년 3월에 출간되는데, 이는 『朝鮮史』 전체 35권 중 제일 마지막이었다.[59]

이렇듯 일본에서의 역사편찬과 강점 이래 총독부에서 진행한 구관제도조사나 '반도사 편찬'과 같은 과거의 경험을 바탕으로 방대한 전거 자료를 활용하여 편찬된 『朝鮮史』는 1938년 3월 제6편 제4권의 발간으로 종결되었으며, 그로부터 2년 후인 1940년에는 인명, 지명, 주요 관직명 등에 대한 색인집을 발간하여 이용의 편의를 도모하였다.

이상에서 살펴보았듯이 총 35권 24,111쪽으로 구성된 『朝鮮史』는 그 자체로도 방대한 분량이지만, 전거로 활용한 자료는 더욱 커다란 분량이다. 이러한 작업이 가능했던 것은 구관제도조사사업이나 이전 '반도사 편찬' 준비에서 이루어진 결과를 수합하며 이루어졌기 때문이며, 이 과정에서

59_朝鮮史編修會, 「朝鮮史進行打合決議書」, 『昭和5年 12月 編修打合會議事錄』. 1935년 9월 회의는 그때까지 편찬이 되지 않은 부분에 대한 원고작성과 감수의 담당자와 그 시일을 결정한 것인데, 앞서 본문에 서술하였듯이 제5편의 후반부는 아예 감수 자체를 생략하였던 것으로 보이며, 4편의 후반부의 경우 감수기간은 3~4개월인데 비해 제6편 제4권의 경우 감수에도 무려 6개월의 시간을 할애하고 있다. 이는 그만큼 이 부분의 중요성과 더불어 편찬의 어려움을 말해주는 것이다.

사료의 발췌가 계속되었다. 책의 서두에서도 지적하였듯이 『朝鮮史』에 대하여 지금까지는 바로 이 사료발췌의 과정에서 발생하는 취사선택의 문제가 반복적으로 제기되어 왔다. 즉 '한국사의 본질적인 문제나 민족 문제 그리고 그들에게 불리한 것은 수록하지 않았'다는 것이다. 이는 앞서 서술한 단군 관련 사료의 배치, 발해사의 제외 등으로 확인될 수 있는 것이다. 이러한 사료의 배치·배제에 대해서 또 하나의 예로 들 수 있는 것이 고려시대 대장경(大藏經) 조판 관련 사항이다. 편찬 관계자인 스에마쓰는 1933년 고려시대 전반기에 해당하는 『朝鮮史』 제3편 1·2권이 발간되었을 당시 대장경 조판 사안이 수록되지 못한 것에 대해 언급하였다. 고려시대 대장경 조판은 조선의 역사를 연구하기 위해서만이 아니라 일본불교사나 사상사를 해명하는 데에 중요한 사안이었기 때문에 일본 학계도 관심을 기울이고 있었으며 교토에서는 1929년 1월 하순부터 경장(經藏)에 대한 대대적인 조사가 진행되기도 하였다. 편수회에서는 이에 발맞추어 당시 학계에서도 정확한 결론이 나지 않은 고려시대 대장경 조판이 2회 였는가 3회였는가에 대해 시사점을 찾고 사료를 수집하기 위해 1930년 이나바와 스에마쓰를 보내 조사에 나섰지만 소기의 성과를 달성하지 못했다.[60] 이렇듯 일본 학계 뿐만이 아니라 편수회에서도 대장경 조판에 관한 사항은 주요관심 대상이었지만 완성된 『朝鮮史』에는 대장경에 대한 사항이 빠져 있다. 이에 대해 스에마쓰는 '불만을 느낀다. 명확한 연월 불명(不明)의 사업이기 때문에 이러한 종(種)의 편년사(編年史)에 이들의 기사(記事)를 채입(採入)하는 것이 곤란한 것은 틀림없지만 또 반드시 불가능한 것은 아니'라며, '편자(編者)의

60_朝鮮史編修會, 『京都市史料採訪復命書』.(1930. 3.)

태도여하'에 따라 대장경 관련 사항을 넣을 수도 있었을 것이라고 보았다. 뿐만 아니라 그는 대장경 조판 관련 사항이 빠진 것만으로 이야기 하자면 제3편이 '깊이 주의하여 편찬되었다고 할 수 있을까'라며 『朝鮮史』가 완전하지 않다는 것을 시인하였다. 그러면서도 스에마쓰는 '연월일'이 불확실한 것을 제외한다는 일관된 입장에서 『朝鮮史』가 편찬되었다며 『朝鮮史』의 '공정성'을 재차 강변하였다.[61] 이러한 예에서도 알 수 있듯이 조선의 문화적 역량을 보여주는 대장경 조판과 같은 사항은 편찬자들이 제시한 '근대적 실증'의 기준 – 연월일이 분명한 사료를 우선하여 싣는다 – 에 부적합하다는 이유로 제외된 것이다. 하지만 대장경 관련 사항의 배제와 같은 몇 가지 예를 들어 『朝鮮史』 전체의 성격을 평가하는 것 성급한 것이다. 실제로 『朝鮮史』에는 편찬자의 의도를 파악하기 어려운 부분, 예를 들어 관료들의 인사이동이나 호구조사의 결과, 전쟁과 관련하여 병력의 이동 혹은 사신(使臣)의 파견 등에 대해서는 매우 정확하게 기술하고 있으며, 강문들은 매우 건조하게 기술되어 있기 때문이다.

이상의 고찰을 통하여 『朝鮮史』는 수많은 자료의 집적을 기반으로 했으며, 그 정리·발췌를 통하여 1차적으로 선별된 자료 위에서 편찬이 진행되었음을 확인하였다. 이는 과거 구관제도조사와 '반도사 편찬'을 위한 발췌물을 포함하는 것으로, 앞서 살펴보았듯이 '반도사 편찬'을 위한 사료 발췌는 '반도사 편찬'이 사실상 중지되고 조선사편찬위원회가 구성되어 『朝鮮史』 편찬이 공식화된 이후로도 같은 방식으로 계속 이루어지고 있었음을 확인할 수 있었다. 또 이러한 기반 위에서 이루어진 『朝鮮史』는 전거 자료

61_末松保和, 「書評 朝鮮史 第3編 第1卷·第2卷」, 『青丘學叢』 11, 1933, pp.164~165.

를 통해서 확인해 보았을 때 편찬자들도 반복적으로 말하듯이 방대한 자료를 수집하였으며, 가장 편찬에 역점을 둔 조선시대의 경우 정치적 분쟁이 뚜렷한 시기와 임진왜란과 병자호란으로 대변되듯이 전쟁 혹은 그와 관련된 외교적 사안이 문제시 된 시기가 다른 곳에 비해 상대적으로 많은 자료들을 기반으로 하고 있었음도 확인할 수 있었다.

이는 『朝鮮史』가 포괄하고 있는 구관제도조사와 '반도사 편찬'을 위한 사료 발췌물의 성격을 고려해 본다면 상당부분 예견되는 것이기도 하다. 비록 『朝鮮史』 편찬을 위한 사료발췌의 기준이 알려지지 않았지만 『朝鮮史』에 과거 구관제도조사사업과 '반도사 편찬'을 위한 사료의 발췌·정리가 활용되었고, 비슷한 방식으로 작업이 계속 되었기 때문에 구관제도조사와 '반도사 편찬'을 위한 사료 발췌의 기준을 통해 『朝鮮史』 편찬을 위한 사료 정리의 기준을 추측해 볼 수 있는 것이다.

제1장에서 서술하였듯이 취조국 설치 이후 구관제도조사를 위하여 상당히 이른 시기부터 조선의 사료, 특히 실록으로 대변되는 관찬 편년체 사료에 대한 발췌가 개시되었다. 이러한 발췌는 식민통치정책 수립에 참고를 목적으로 구관을 조사한 것이었기 때문에 발췌의 기준 역시 이에 좌우되는 것이며, 조선에 대한 정확한 실정을 파악하는 것이 우선적으로 고려되었을 것이다. 당시 발췌의 기준을 살펴보면 '日本, 野人, 明·淸·元 등과의 외교 및 무역 관계사항'을 제외하면 구관조사가 진행될 당시의 현안이었던 조선민사령(朝鮮民事令)과 형사령(刑事令), 묘지규칙(墓地規則) 등의 제정이나 각종 제도 개정을 위해 필요한 사항들(法典, 裁判, 妻妾子女·嫡庶의 구별, 立後, 分財, 冠婚喪祭, 墳墓, 墓地, 山政, 官制, 經費, 兵役, 地方制度, 還上과 賑給, 吏胥, 大赦 등)과 산업 개발을 위한 각종 경제 관련 사업과 제도에 관한 사항들(租稅, 賦役, 田制, 堤堰과 洑, 契, 新經營事業 - 糖蜜·糖猪·段子織造, 貨幣, 物價, 중요 土木, 魚鹽,

工業, 商業, 農業, 田宅) 등이 주를 이룬다. 그런데 외교적 사항을 제외하면 이러한 발췌 기준들은 조선 내부의 상황을 알려주는 각종 제도 관련 사항으로, 이는 일본과 관련된 사안을 중심으로 조선의 역사에 대해 관심을 표하던 당시 일본 학계의 관심에서는 거리가 있는 것이다. 또 이러한 제도적 사항을 중심으로 하는 항목은 사료를 발췌하는 담당자의 의도가 개입되기 어려운 것이다. 조선에 대해 부정적인 상(像)을 가지고 있는 사람이 발췌를 하든 긍정적인 상(像)을 가지고 있는 사람이 발췌하든 결과가 비슷해질 수밖에 없는 것들이라고 할 수 있을 것이다.

반면 1장에서 제시한 표 2의 『朝鮮半島史資料調査中書目』을 통해 '반도사 편찬'이 중단된 후에도 유사한 방식으로 『朝鮮史』 편찬을 위해 관찬 편년사류를 넘어 개인 편저작물까지 범위가 확대되며 사료발췌가 지속되었음을 확인할 수 있다. 이는 '반도사 편찬'을 위한 사료 정리의 경험이 이후에도 지속되고 있음을 보여준다. 즉 '반도사 편찬' 당시의 발췌 성과물은 물론 작업 방식·경험은 『朝鮮史』 편찬을 위해 새롭게 수집된 자료의 정리에 선행하는 것으로서 이후의 사료 발췌나 정리 방식에 영향을 주었을 가능성 역시 매우 높다고 하겠다. 그렇다면 구관제도조사를 위한 사료 발췌 기준만이 아니라 '반도사 편찬'을 위한 사료 발췌의 기준도 『朝鮮史』 편찬을 위한 사료 정리에도 상당부분 유효한 것이다. 제1장에서 언급하였듯이 '반도사 편찬'을 위한 사료 발췌는 『朝鮮半島史資料調査中書目』의 마지막 쪽에서 제시하고 있는 '사화(士禍)', '당쟁(黨爭)', '임진역(壬辰役)', '청군입구(淸軍入寇)', '학문(學問)', '종교(宗敎)'라는 6개의 단어를 기준으로 했던 것으로 보인다. 이 가운데 '학문(學問)', '종교(宗敎)'를 제외한 4개의 단어는 일본의 역사학자들이 19세기 후반 이래 조선의 식민지화의 원인을 조선의 역사적 과정에서 찾기 위하여 정치적 혼란과 '반도'라는 지리적 성격으로 인한 외세의 개입을 강조하며 제시했던 조선에 대한 부정적인 상(像)들과 직접적으로 연결되어 있는 것이라고 할 수 있다. 이러한 기준으로 발췌된 사료를 전제로 한다면 『朝鮮史』가 조선의 정치적 다툼과 전쟁으로 위시되는 외교적 사안이 중요하게 부각되는 시기에 확연하게 많은 전거 자료를 제시하는 것은 당연한 것이다.

설령 이 6개의 단어가 '반도사 편찬'을 위한 사료발췌의 기준이 아니라 해도 '반도사 편찬'의 주안점이 바로 조선의 정치적 혼란과 이로 인한 '중민(衆民)'의 '피비(疲憊)'와 '빈약(貧弱)'이라는 조선에 대한 부정적인 상(像)을 드러내는 것이었음을 생각해 보면, '반도사 편찬'을 위한 사료 발췌의 기준은 충분히 예상할 수 있다. 또 이렇게 조선에 대한 부정적인 상(像)을 드러내기 위한 사료 발췌라면 사료를 발췌·정리하는 사람의 주관에 따라 그 결과가 좌지우지 될 수도 있는 것이다.

『朝鮮史』는 편찬을 담당했던 이들이 편찬 당시에나 해방 이후에나 주장하고 있듯이 편년에 따라 조선의 다양한 사건들을 그 시기와 근거가 확실한 것들만을 싣고 있다. 그렇지만 수많은 사건들로부터의 선택 기준은 이미 과거 구관제도조사사업과 '반도사 편찬'에 의해 규정되는 측면이 강하다. 그런데 구관제도조사사업의 경우 사료의 발췌는 그 목적과 기준부터 발췌의 담당자가 전제하고 있는 조선에 대한 상(像)과 관계없이 발췌될 수밖에 없는 것들이 대부분으로, 특정 역사적 시기에 집중되지 않는 제도적인 사항들이 대부분이다. 이는 당시 일본의 역사가들과 학계의 관심사에서도 비켜난 것들이었다. 반면 '반도사 편찬'은 역사 편찬 사업으로서 당시 일본 학계의 한국사 연구 상황을 반영하고 있었으며, 부정적인 역사상(歷史像)을 제시하기 위한 것이었기 때문에 사료의 발췌 기준 역시 조선의 역사에서 '혼란'을 보여주는 데에 적합한 사건들일 수밖에 없다. 또 이러한 사항들은 주로 전쟁이나 정치적 분쟁과 같은 것들로 특정한 시기에 국한되는 것들이다. 이상의 논의를 통해 살펴보았듯이 『朝鮮史』는 이러한 결과 발췌·정리된 자료와 발췌의 방식을 이어 받고 있었다. 『朝鮮史』에서 정치적 분쟁이나 외세의 침략에 해당하는 시기에 전거 자료의 수가 급증하는 것은 이러한 이유에서 기인하는 것이 아닐까 한다.

『朝鮮史』는 1차적으로 위와 같은 기준들에 의해서 발췌된 사료들을 바탕으로 이루어졌다. 이렇게 1차적으로 발췌·정리된 자료를 기반으로 편찬에 직간접적으로 관계했던 이들이 완성한 것이 『朝鮮史』인 것이다. 그렇다면 편찬에 깊숙이 관계했던 이들의 면모와 조선의 역사에 대한 인식을 살펴볼 필요가 있을 것이다. 특히 나카무라나 스에마쓰 등 편찬에 깊숙이 관계한 이들은 1945년 이후에도 『朝鮮史』 편찬의 객관성과 공정성을 이야기했을 뿐만 아니라 편찬을 진두지휘한 쿠로이타도 『朝鮮史』 편찬에 임하여서는 그것이 '일본사를 위한 조선사'라는 '학술적 목적' 사업이라는 인식도 보이고 있다. 즉 『朝鮮史』의 편찬에 있어 최종적으로 사건과 사료에 대한 선택을 담당했던 이들이 말했던 '공정성'과 '학술성'의 전제를 이루는, 편찬 관계자들의 조선의 역사에 대한 인식을 살펴보아야 할 것이다.

3. 편찬자들의 면모와 조선의 역사에 대한 인식

『朝鮮史』는 24,000여 쪽이 넘는 방대한 분량에 무수한 사건 – 비록 그것이 '취사선택'의 결과겠지만 – 과 방대한 전거 자료를 제시하고 있다. 수많은 전거 자료에서 최종적으로 『朝鮮史』에 수록될 사항을 결정한 이들은 바로 편찬에 직접적으로 관계한 이들일 것이다. 이들 중에서도 그 누구보다『朝鮮史』편찬에 절대적인 영향력을 행사할 수 있던 이는 사업을 기획하고 시종일관 진두지휘한 쿠로이타일 것이다. 그는『朝鮮史』가 간행될 때까지 담당자의 인선, 인원의 보충, 인쇄 방식, 사업의 일정 등을 조절하는 등 사업의 큰 틀을 제시했다. 쿠로이타와 더불어『朝鮮史』편찬에 커다란 영향력을 미칠 수 있는 인물은 바로 편찬주임으로서『朝鮮史』편찬 관련 사무를 총괄한 이나바이다. 그는 조선사편찬위원회의 조직과 동시에 편찬위원회에 상주하며 사업을 총괄할 인물로서 조선에 온 이래『朝鮮史』편찬이 진행된 16년이라는 긴 시간동안『朝鮮史』편찬의 주무로서 활약했다. 그는 편찬위원회 단계에서부터 사료의 수집을 도맡았었을 뿐만 아니라 계속해서 변농하는 편찬 담당자들 가운데에서 시종일관 편찬을 총괄하는 편찬주임으로서 제3편의 적절한 편찬자가 없자 자신이 이를 담당했을 뿐만 아니라 제5편도 상당부분 직접 편찬했다. 이처럼 이나바는 사료 수집에서 편찬에 이르는 거의 모든 과정에 참여하고 있었다. 그는 편수회 내에서 쿠로이타와 다른 이들의 가교로서 사업을 조율·진행하는 역할을 하고 있었던 것으로 보인다. 당시『朝鮮史』편찬을 위한 제반 준비 – 일례로 업무분담과 담당자 선정과 같은 것은 이 두 사람의 의견교환을 통해 1차적인 결정이 이루어졌다. 이러한 결정은 주로 이나바의 연구실에서 편수회에 상근하던 4, 5, 6편부 주임과 보조들이 참여하는 편수타합회에 전달되고, 이후 편수회 위원회나 위원들까지 참여하는 타합회에서 커다란 이견없이 최종적으로 확정되는 경우가 많은데, 이를 보면 편수회의 의사결정에서 이나바의 위치와 영향력이 어느 정도인지 짐작할 수 있다.

또 이들과는 조금은 다른 의미에서 편수회에서 자신의 영역이 확고했던 인물로는 이마니시를 들 수 있다. 이마니시는 강점 이전부터 조선의 역사에 다대한 관심을 가지고 있었으며, 강점 이후 조선을 직접 답사하고 '반도사 편찬'에도 깊숙이 관여했었다. 뿐만이 아니라 조선사를 전공한 최초의 박사학위 소지자로서 학적인 측면에서도 가장 안정적인 기반을 가지고 있던 인물이었다. 비록 이마니시는 쿠로이타와 이나바가 주축이 된 편수회와 불화하며 사업에서의 영향력이 감소했지만 단군 수록 문제로 대변되는 편찬의 범위문제에 대한 조선인 위원들의 이견을 잠재운 것이 그였던 것에서도 알 수 있듯이, 『朝鮮史』 편찬을 일본인 연구자들의 견해대로 진행할 수 있게 기초를 닦은 인물 중 하나였다. 『朝鮮史』 편찬에 관계한 많은 이들 가운데 바로 이 3인이 당시 일본 학계를 대표하며 『朝鮮史』 편찬에 가장 큰 영향력을 행사했다고 하겠다.

> 田中: 第1編은 編年史料로 하지 않고 朝鮮史料, 日本史料, 支那史料의 3本으로 되었습니다. 이것은 先生의 생각이십니까?
>
> 末松: 그것은 내 의견이라기보다도 黑板선생과 今西 선생의 合議. 거기에 稻葉 선생의 의견도 있지 않을까 합니다. 上層部의 合議 결과입니다.[62]

앞 절에서도 살펴보았듯이 『朝鮮史』 제1편부의 편찬 체제는 다른 편부와 차이가 있다. 이러한 편찬체제의 결정에 대한 질문에 스에마쓰는 쿠로이타, 이마니시, 이나바 이들 셋을 '상층부(上層部)'라고 하며, 이들의 합의 결과임을 밝히고 있다.

이들 3인은 『朝鮮史』 편찬에 관여한 시기면에서도 길었지만, 『朝鮮史』 편찬 이전 혹은 편찬의 과정에서 박사학위를 취득한, 박사학위 소지자였다. 이를 정리하면 다음과 같다.

62_末松保和, 앞의 논문, 1995, p.28.

표 17 | 『朝鮮史』 편찬 관련 주요 관계자 3인의 이력

성명	출생연도	출신학부	박사학위문 취득기관, 연도, 논문명
쿠로이타 가쓰미(黑板勝美)	1874	東京帝大	東京帝大, 1905, 「日本古文書様式論」
이마니시 류우(今西龍)	1875	東京帝大	京都帝大, 1922, 「朝鮮古史の硏究」
이나바 이와키치(稻葉岩吉)	1876	東京外国語学校	京都帝大, 1932, 「光海君時代の滿鮮關係」

※ 이 표는 永原慶二·鹿野政直 編著, 『日本の歷史家』(日本評論社, 1978); 朝鮮史編修會, 『朝鮮史編修會退職者履歷書綴』; 『靑丘學叢』 등의 관련기사 등을 근거로 작성하였다.

쿠로이타는 1936년 쓰러져 이후에는 별다른 활동을 벌이지 못하게 된다. 이마니시는 1932년 5월 뇌일혈로 사망했다.

이나바는 東京外国語学校 졸업 후 1900년 국비유학생으로 중국에서 유학하며 정계나 학계의 많은 이들과 교유했으며, 평생의 스승으로 모시게 되는 나이토 코난(內藤湖南) 역시 이러한 과정에서 만나게 된다. 이후 京都帝大 동양사학과에 나이토가 교수로 부임하고, 이나바는 이곳에서 박사학위를 취득하였다. 한편 그는 1937년 편수회 퇴관 후 滿洲建國大學 敎授로 부임했다.

〈표 17〉에서 제시한 것처럼 이들 3인은 비슷한 연배로서 조선사편찬위원회가 구성될 당시에는 이미 40대 중반을 넘긴 나이였고 다수의 연구성과를 가지고 있었다. 특히 쿠로이타와 이마니시는 강점을 전후한 시기부터 총독부와의 관련 속에서 조선을 연구했으며, 이마니시는 일본 최초로 조선사를 주제로 박사학위를 받았던 만큼 조선사 최고의 전문가였다. 그렇지만 이나바가 조선에 대한 연구를 본격적으로 한 것은 조선사편찬위원회의 설치와 거의 비슷한 시기, 즉 그가 조선에 오게 되면서 부터인것으로 보인다. 이나바 스스로 이야기하듯이 그는 당시의 시대정황과 밀착하여 만주-'청조사(清朝史)' 연구를 시작하였고, 남만주철도주식회사 역사조사부에 재직할 당시에도 한(漢) 및 명(明)·청초(清初) 만주의 역사지리를 담당했으며,[63] 그 성과를 바탕으로 1915년 『만주발달사』를 출간하는 등 주된 관심은 만주방면에 두고 있었다. 그는 편찬위원회가 성립되던 1922년 정치·경제·민족 등의 관계 상 만주와 조선이 불가분이라는 「滿鮮不可分の史的考察」 등을 발표하며 조선에 대한 본격적인 저술 활동을 시작하였다. 이후 그는 이른

63_稻葉岩吉, 「予が滿鮮史硏究課程」, 『稻葉博士還曆記念滿鮮史論叢』, 1937, p.14, p.17.

바 '만선사' 체계를 공고히 하는 한편 '정체'된 조선의 역사를 부각시키며 조선과 일본의 차별지점을 선명히 하려는 많은 논문을 발표하였다.[64]

한편 『朝鮮史』를 편찬함에 있어 이들 3인 외에 중요한 위치를 점한 것은 각 편권의 편찬을 담당했던 이들이다. 해방 이후 스에마쓰는 『朝鮮史』에 대한 평가는 각 편별로 해야 한다는 의견을 밝히기도 하였는데, 이는 각 편을 담당한 이들에 따라서 『朝鮮史』가 규정됨을 시사하는 것이다.[65] 이들 편찬 담당자들은 비교적 이른 시기인 1930년대 이전 편수회에 수사관보(修史官補)로서 자리잡는 나카무라, 스에마쓰, 신석호와 같은 인물과 1930년대 접어들어 편찬의 본격화됨에 따라 촉탁으로서 편찬을 담당했던 아키우라 히데오(秋浦秀雄)(1933년 사직), 수도우, 마루가메, 쿠로다, 다보하시, 다가와 등 이다. 이들 가운데에서도 나카무라와 스에마쓰는 다른 이들에 비한다면 비교적 이른 시기부터 편수회에 관여하였다. 특히 나카무라는 『朝鮮史』 편찬을 위한 강령(綱領)과 범례(凡例)를 작성하였고, 도서 관련사항을 총괄하며 사료 수집에도 참여하면서 3편의 후반부와 4편의 상당부분의 편찬을 담당했다. 나카무라에 대해 스에마쓰는 '편수회 사업을 주재했던 것은 이나바였지만 참모로서 사업 진행에 추진력과 같은 역할을 했던 것은 나카무라였다'라고 회고하였는데, 이는 편수회에서 나카무라의 역할을 단적으로 말해준다.[66] 또 스에마쓰는 쿠로이타의 직계제자로서 이마니시가 편찬 책임을 맡던 1·2편부를 그의 지도를 받으며 편찬하였고, 사료 수집에도 열심이었으며, 『朝鮮史』의 인쇄와 관련된 사무를 총괄하였다. 이러한

64_稻葉의 만선사 연구과정은 정상우, 앞의 논문, 2013.

65_旗田巍 編, 앞의 책, 1969, p.80.

66_旗田巍 編, 앞의 책, 1969, p.77.

나카무라와 스에마쓰의 역할을 보면 이 둘이 다른 이들에 비해 편수회에서 차지하는 위상이 높았음을 알 수 있다. 나카무라와 스에마쓰 이외의 신석호, 수도우, 마루가메, 쿠로다, 다보하시, 다가와 등의 인물들은 편찬의 진행에 따라, 특히 별다른 연구가 이루어지지 않았던 조선시대의 편찬에 대거 관여하였다. 이들의 면면을 정리하면 〈표 18〉과 같다.

표 18 | 『朝鮮史』 주요 편찬자들 이력

姓名	출생 연도	출신학부	주요 이력	재직 시기	비고
세노 우마쿠마 (瀬野馬熊)	1874	早稻田	영문학 전공. 滿鐵 근무로 역사학 시작. '반도사 편찬'에 참여.	1925 ~1935	5편
다보하시 키요시 (田保橋潔)	1897	東京帝大	국사학(일본사) 전공. 維新史料編纂會 史料編纂官으로 4년 근무. 京城帝大 教授로 '國史學 제1강좌' 담당.	1933 ~1945	6편
나카무라 히데다카 (中村榮孝)	1902	東京帝大	동양사학 전공. 학부 졸업 후 곧바로 편수회 취직.	1927 ~1937	4편
스에미쓰 야스카즈 (末松保和)	1904	東京帝大	국사학(일본사) 전공. 학부 졸업 후 곧바로 편수회 취직. (학부 졸업논문은 에도시대 크리스트교 관련)	1928 ~1935	1·2편
수도우 요시유키 (周藤吉之)	1910	東京帝大	동양사학 전공. 학부 졸업 후 곧바로 편수회 취직. (학부 졸업논문은 중국 宋代)	1933 ~1936	4편
마루가메 킨사쿠 (丸龜金作)	1905	東京帝大	동양사학 전공. 학부 졸업 후 곧바로 편수회 취직. (학부 졸업논문은 중국 宋代)	1933 ~1936	4편
쿠로다 쇼죠 (黑田省三)	1908	東京帝大	국사학 전공. 학부 졸업 후 곧바로 편수회 취직.	1934 ~1945	4편
아키우라 히데오 (秋浦秀雄)	1903	慶應義塾	사학 전공. 학부 졸업 후 곧바로 편수회 취직. 1932년 8월 3편부 담당을 命, 1년만에 해촉.	1930 ~1933	3편
申奭鎬	1904	京城帝大	조선사학 전공. 학부 졸업 후 곧바로 편수회 취직. (학부 졸업논문은 신라하대 관련)	1930 ~1945	4편
다가와 코죠 (田川孝三)	1909	京城帝大	조선사학 전공 학부 졸업 후 京城帝大 助手 → 편수회. (학부 졸업논문은 '毛文龍'을 주제로 함)	1933 ~1945	6편

※ 이 표는 『瀬野馬熊遺稿』; 「座談會 先學を語る - 田保橋潔 先生」(田川孝三ほか, 『東方學』 65, 1983); 「座談會 先學を語る - 周藤吉之 博士」(中嶋敏ほか, 『東方學』 88, 1994); 『(朝鮮史編修會)委員會議事錄』; 『昭和九年 庶務綴』(朝鮮史編修會編); 『朝鮮史編修會事業概要』(朝鮮史編修會編); 『朝鮮史編修會退職者履歷書綴』 등을 근거로 작성하였다. 세노는 1935년 사망했다. 나카무라는 1937년 학무국 수사관으로 전임하지만, 1945년 4월 편수회 사무를 다시 맡았다. 스에마쓰는 1935년 중반 경성제국대학 법문학부 조교수로 전임했다.

이들의 면면을 살펴보면 제국대학 출신자가 절대다수라는 점을 알 수 있다. 위에서 언급한 나카무라와 스에마쓰를 필두로 수도우, 마루가메, 쿠로다는 모두 도쿄제대 동양사학과와 국사학과 출신으로 1933년 즈음 대학 졸업과 함께 조선사편수회로 오게 된 이들이었다. 또 한축은 경성제대 관련자 혹은 출신자들로 다보하시, 신석호, 다가와가 있다. 다보하시의 경우 1921년 도쿄제대 국사학과를 졸업하고 일본 유신사료편찬소(維新史料編纂所)에서 편찬관보·편찬관으로 재직하다가, 1924년 경성제대 예과 설립 당시 강사로 부임한 후, 1926년 조교수, 1928년 교수로 승진했으며, 경성제대 법문학부 개설 이래 시종일관 국사학 제 1강좌를 담당하며 1933년부터 『朝鮮史』 편찬에 관여하여 제 6편을 담장했다. 반면 신석호와 다가와는 경성제대에서 조선사학을 전공하고 각각 1930년, 1933년부터 편수회에 근무하게 된 이들이다. 즉 당대 최고의 대학들에서 분과학문으로서 자리 잡은 '(근대) 역사학'으로 무장된 이들에 의해 『朝鮮史』는 편찬되었다.

또 하나 이들에게 나타나는 공통점은 대체적으로 1900년대 이후에 출생하여, 연령상으로 대학 졸업 직후 20대에 편수회에 참여했다는 점이다. 즉 조선사편찬위원회 설치 이래 사업을 주도했던 쿠로이타나 이나바를 비롯한 이마니시, 세노 등 초기부터 참여한 이들과 사업의 진행에 따라 새롭게 충원된 대다수의 편찬자들 사이에는 1세대 정도의 격차가 있으며, 편찬의 진행 과정에서 이마니시, 세노와 같은 이들은 자신의 담당 편부를 미처 편찬하지도 못한 채 사망하게 됨에 따라 이들의 빈자리가 젊은 세대들에 의해 메워진 것이다. 바로 이러한 젊은 세대들이 직접 사건과 사료를 선별하며 『朝鮮史』를 묶어내는 중요한 위치를 점하고 있다고 하겠다.

그렇다면 이러한 젊은 세대들은 왜 조선에 와서 『朝鮮史』 편찬을 담당하며, 조선의 역사를 연구하게 된 것일까? 더군다나 이들은 『朝鮮史』 편찬을 위해 조선의 사료를 일상적으로 다루었기 때문에 편수회 재직시 개인적 연구를 진행, 발표하고 있었다. 그렇다면 이들은 조선의 역사에 대해 어떠한 인식을 보였을까?

앞 장에서 살펴보았듯이 일본에서 조선사 연구는 고대사 위주로 이루어져 고려시대나 조선시대에 대한 연구는 임진왜란과 같은 일본사 관련 사항 혹은 조선을 매개로 이루어진 일본과 대륙의 관계와 같은 부분 이외에는 거의 이루어지지 않고 있었다. 편수회에서는 특히 연구가 부진했던 고려·조선시대의 경우 나카무라를 비롯하여 신석호, 수도우, 마루가메, 쿠로다 등 젊은 연구자들을 충원하여 『朝鮮史』 편찬을 진행하였다.

이른바 '근대 역사학'이 도입되고 대학이 설립되며 그 안에 사학과가 설치되는 한편 대륙으로의 침략을 감행하던 19세기 말 20세기 초 일본에서 조선사 연구가 활발히 이루어졌던 것은 주지의 사실이며, 이러한 성과를 바탕으로 일본의 제국대학들에서는 조선사 강좌가 정식으로 개설되어 조선사 연구 및 교육을 위한 기반이 마련되었다. 바로 도쿄제대와 교토제대에서 각각 1916년 이래 조선사강좌가 개설되고 이케우치와 이마니시가 이를 담당하게 된 것이다. 『朝鮮史』 편찬을 위해 새롭게 충원된 한 세대 젊은 학자들은 바로 이러한 토양 위에서 훈련된 이들이다. 그렇지만 이들은 조선의 역사에 대한 관심에서 『朝鮮史』를 편찬했던 것은 아니었다. 당시 일본 학계에서 조선의 역사에 대한 관심은 '전무'하다고 할 정도로 급감했으며, 이는 제국대학 강좌의 폐강으로 이어졌다. 당시 조선사를 전공하는 학생이 없었기 때문에 교토제대의 경우 1932년 이마니시의 사망 이후 강의는 폐강되었다고 한다.[67] 이러한 사정은 도쿄제대 역시 마찬가지였다. 특히 강좌를 담당했던 이케우치는 1914년 『文祿慶長の役 正編 第1』을 출간하는 등 조선사 연구를 진행했으며, 『朝鮮史』 편찬을 위해 조선에 왔던 수도우나 마루가메와 같은 이들은 이케우치의 추천으로 일을 맡게 된 이들이었다. 그렇다면 적어도 당시 도쿄제대 출신자들은 이케우치의 영향 하에서 조선사에 대한 관심을 키울 수 있었을 것이다. 그렇지만 이케우치의 강의가 학생들을 조선사 연구로 이끌지는 못했던 것으로 보인다. 다음은 나카무라가 자신이 조선의 역사를 연구하게 된 계기와 영향을 준 이들 및 초기 연구 과정을 회상한 것이다.

> 田中健夫(田中): 선생님이 조선사 연구에 관련을 갖게 된 것은 어떠한 계기인가요?
>
> 中村榮孝(中村): 조선이라는 것에 관심을 갖은 것은 완전히 우연입니다.…어떤 관심도 없었습니다.…池內선생의 영향을 받은 것은 『文祿慶長の役』은 아니었습니다. 내가 선생의 영향을 받은 것은 전후가 되어서 나온 고대사의 神功皇后紀批判.…내가 학교에서 들은 강의는 『金史世紀』의 비판과 같이 만주관계의 것이 주였습니다. 그래서 『文祿慶長の役』과 같은 것은 영향을 받지 않았습니다.
>
> 田中: 그 즈음에 池內선생이 담당하셨던 것은 滿鮮史라는 강좌입니까?
>
> 中村: 滿鮮史講座입니다. 그리고 내가 영향을 받은 것은 오히려 和田清선생입니다. 和田씨의 '清朝史'라는 것이 있었습니다. 그런데 수강생이 없었기 때문에.… 쓸쓸했습니다.…이 강의는 나중에 이익이 되었습니다. 당시 영향을 받은 것은 리포트를 쓸 때 몇 가지 문제 가운데 '萬曆朝鮮の役'이 있었습니다.…(이 리포트를 쓰기 위해: 인용자) 상담을 해 주셨던 것이 渡辺世祐선생님입니다.…나는 리포트 때에 방문했습니다. 집이 가까웠거든요.…방문했을 때 조선 문제에 흥미를 가지고 있다는 것을 말씀드렸습니다. 선생님은 당신께서는 잘 알지 못한다면서 黑板군이 조선에서 역사편찬에 관계하고 있으니까 빨리 가서

67_江上波夫 編, 『東洋學の系譜』 2, 1994, p.62, p.85; 吉田光男, 앞의 논문, pp.351~352.

지도를 받으라고 하셨습니다.... 당시는 조선사편찬위원회라는 것이 있었고.... 黒板선생의 생각은 특히 중세를 하는 데에는 『李朝實錄』을 읽지 않으면 않된다는 것인데.... 저쪽에(조선에: 인용자) 가서 방학에 공부하라는 것이 가장 처음이네요....(그때가: 인용자) 3학년 때(1925년: 인용자). 2학년 때부터 갔지만 연구경험이 없었기 때문에. 실록을 읽으면서 베꼈습니다.[68]

나카무라는 자신이 조선사를 연구하게 된 계기가 이케우치의 영향은 아니었다고 확실히 밝히고 있다. 이케우치의 강의는 주로 만주관계의 것이었으며, 자신은 이케우치의 강의보다는 와다 키요시(和田清)가 담당하던 강의 - 이 강의조차 수강생이 없었다고 이야기하고 있다 - 의 과제를 하면서였다. 더군다나 위의 인용문에 나타나 있듯이 나카무라가 조선사에 관심을 밝히자 그의 선생들은 조선으로 건너가 쿠로이타를 찾아가라고 권하고 있으며, 나카무라는 그러한 스승의 뜻을 따라 대학교 2학년(1924년) 이래 조선으로 건너가 쿠로이타의 지도 아래에서 수학하였다는 것이다.

편수회에 몸담은 적은 없지만 당시 도쿄제대 동양사학과에는 조선사와 관련하여 학부 논문을 작성한 이가 있었다. 바로 하타다(旗田巍)이다. 하타다는 1931년 졸업 당시 고려시대의 토지공유제도에 관한 졸업논문을 작성하였다. 그런데 당시 동양사학과에서 조선사를 전공하려는 사람은 거의 없었기 때문에 논문에 대해 상담할 수 있는 사람이 한 명도 없었다고 한다.[69] 이러한 예는 조선사에 대한 관심이 현격히 떨어졌음을 단적으로 말해주는 것이며, 결국 도쿄제대의 조선사 강좌도 1939년 이케우치의 정년과 함께

68_中村榮孝, 앞의 논문, 1981, pp.46~48.
69_고길희, 앞의 책, pp.62~63.

사라진다.

이러한 상황에서 조선의 역사에 관심을 가지고 조선으로 건너 온 나카무라가 오히려 이례적인 경우라 하겠다. <표 18>에서 정리하였듯이 도쿄제대 출신으로 『朝鮮史』 편찬을 맡게 된 이들은 학부졸업논문으로 조선과는 상관없는 주제를 선택하고 있었다. 이중 가장 대표적인 예는 나카무라와 더불어 『朝鮮史』 편찬에 중추적 역할을 담당한 스에마쓰이다. 국사학(일본사학)을 전공했기 때문에 그는 학부졸업논문으로 에도시대 크리스트교와 선교사를 주제로 삼았다. 말년에 그는 조선에 오게 된 것은 순전히 지도교수였던 쿠로이타의 명령 때문이었고 자신은 조선에 머무는 것조차 싫었었다는 것을 여러 차례 회고할 정도로 편수회에 처음 왔을 당시 조선에는 전혀 관심이 없었다.[70] 스에마쓰처럼 조선사에 대한 관심이 없는 상태에서 편수회와 인연을 맺고 『朝鮮史』를 편찬하는 것은 1930년대에 등장하게 되는 수도우, 마루가메의 경우도 마찬가지였다. 이 둘은 1930년에 도쿄제대 동양사학과에 들어간 만큼 이케우치의 강의를 수강했다. 그렇지만 학부졸

70_해방 후 末松은 편수회나 조선에서의 생활을 회고할 기회가 있을 때마다 자신이 얼마나 편수회에 오는 것을 싫어했는지에 대해 언급하였다. 末松은 旗田巍와의 대담에서 자신이 처음 편수회에 왔을 때 적응할 수 없어 노이로제 증상을 보였고 赤痢까지 걸려 일본에 되돌아갔지만 스승인 黑板이 洋行 중이어서 어쩔 수 없이 조선에 다시 왔다고 하였다.(旗田巍 編, 앞의 책, 1969, pp.77~78.) 또 末松은 赤痢로 일본에 잠시 돌아왔을 때 조선에 다시 가기 싫어, 어떻게 해서든 일본에 머무르려고 선배들이나 다른 선생들에게 취직자리를 알아보았지만, 이들 모두 黑板이 주선해 준 조선에 돌아가는 것을 당연시하고 있었으며, 마지막으로 京城帝大에 있던 田保橋에게 자신의 처지와 편수회를 그만두고 싶다는 편지를 보냈지만 田保橋로부터 편수회를 그만 두거나 다른 곳에 재취직하지 않는 것이 좋으니 다시 생각해 보라는 답장이 왔으며, 이 편지가 자신이 조선으로 돌아갈 수밖에 없다는 최후의 결심을 내리는데 결정적이었다고 회고하였다.(田川孝三ほか, 「座談會 先學を語る - 田保橋潔 先生」, 『東方學』 65, 1983, pp.173~174.)

업논문은 모두 중국사 – 송대(宋代)를 대상으로 한 것으로 조선과는 거리가 있었다. 이러한 이들이 편수회에 오게 된 것은 취직 때문이었다. 이 둘과 대학동기이며 수도우와는 1974년 『五代と宋の興亡』을 공동저술 한 나카지마 사토시(中嶋敏)는 수도우와의 대학시절과 수도우, 마루가메가 조선사편수회에 가게된 것에 대해 다음과 같이 기억하였다.

> 지금 생각난 이야기로 周藤씨와 관계된 이야기입니다. 1930년 池內 선생의 東洋史學演習은 '魏志 高句麗傳', 그것이 텍스트였습니다….(周藤吉之와 함께 강의를 들었으며, 周藤吉之가 우수한 학생이었다는 내용의 회고: 인용자)….周藤선생의 졸업논문은 '宋代의 農民生活'이었는데요, 그 自身은 池內선생과는 그다지 관계가 없고 加藤선생(加藤繁: 인용자)과 관계가 깊다고 생각했습니다만 朝鮮史編修會 거기에 就職한 것은 池內선생의 推薦입니다. 그것은 就職難이지요…周藤씨는 池內선생의 추천으로 朝鮮史編修會에 가서, 그 해에 취직했습니다….周藤선생이 就職의 제 1호가 아닐까 합니다. 함께 武田金作, 姓을 고쳐서 丸龜金作, 두 사람이 갔는데요, 그도 대단한 졸업논문을 썼지요. 宋代 酒의 專賣라는 것인데 周藤씨의 論文과 前後해서 『史學雜誌』에 나왔는데요, 卒業論文이에요, 그것은. 이 두 사람이 就職 제 1호인데 그것은 오직 池內선생의 추천입니다.[71] (밑줄은 인용자)

위의 회고에서 알 수 있듯이 수도우나 마루가메가 편수회에 오게 된 것은 이케우치의 추천에 의한 것이었지만, 이케우치나 그의 강의로부터 직접적인 학문적 영향을 받은 것은 아니었다. 즉 앞선 나카무라의 회고에서 드러난 것과 비슷하게, '만선사강좌(滿鮮史講座)'를 담당했던 이케우치는 만선사학자들이 중요시했던 고구려사에 관한 내용을 다른 강좌(東洋史學演習)에

71_中嶋敏ほか, 「座談會 先學を語る - 周藤吉之 博士」, 『東方學』 88, 1994, pp.187~188.

서도 진행하였지만, 이것이 학생들을 조선사 연구로 이끌었던 것은 아니었다. 이들은 조선사에 대한 학문적 관심은 그다지 없었지만 '취직난(就職難)'의 시대에 취직을 위하여 조선사편수회를 택하고 『朝鮮史』 편찬을 담당하게 된 것이었다. 남아있는 자료가 소략하여 수도우나 마루가메와 같이 그 이력을 자세히 알 수는 없지만, 이들과 거의 비슷한 궤적을 보이는 쿠로다의 경우도 이들과 비슷했을 것으로 추측된다.

이러한 회고들을 통해 보았을 때 편수회 성립 이래 이곳에 와서 『朝鮮史』를 편찬하게 되는 도쿄제대 출신자들은 나카무라만을 제외하면 조선에 오기 전까지는 조선의 역사에 대해 별다른 관심을 기울이고 있지 않았다고 해도 좋을 것이다.

이에 비해 『朝鮮史』 편찬을 맡게 될 당시 경성제대 교수였던 다보하시나 조선사학을 전공한 신석호와 다가와는 조선의 역사에 대한 관심과 연구 경험을 가지고 있었다. 유신사료편찬회(維新史料編纂會)에서도 수년간의 근무 경험이 있으며, 경성제대 교수로서 국사학 제 1강좌를 담당했던 다보하시는 편수회에 관여하기 전인 1930년에 이미 『近代日支鮮關係の硏究』를 발표하는 등[72] 조선과 관계된 학적 성과를 내었다. 즉 1933년 편수회에 발을 들였을 때 다보하시는 역사 편찬 사업에 대한 경험과 학계로부터 인정받을 수 있는 조선에 대한 연구 경력 및 경성제대 교수라는 안정적인 기반을 확보하고 있었다. 이러한 점에서 다보하시는 젊은 세대의 다른 이들과는 차별되는 인물이었으며, 다음 절에서 살펴보듯이 1938년 이후 편수회의 사업

72_田保橋의 이 저작은 1894년 청일전쟁부터 1895년 5월 3국간섭에 이르는 청일관계사를 조선을 중심으로 고찰한 것이다.(金義煥, 「田保橋潔教授의 韓國學上의 功過檢討」, 『韓國學』 11, 중앙대학교 한국학연구소, 1976, p.10.)

을 주도하게 된다.

경성제대에서 조선사학을 전공한 신석호와 다가와의 대학졸업논문은 「新羅王朝に衰亡に就いて」(신석호 1회 졸업), 「毛文龍と朝鮮との關係について」(다가와, 3회 졸업)였다.[73] 그렇지만 조선사에 대한 이들의 관심이 『朝鮮史』 편찬에 얼마나 연결될 수 있었을 지는 미지수였다.

> (田保橋선생은:인용자) 編修官은 아니었고 編修會에서는 囑託이었습니다. 昭和8年(1933: 인용자)부터입니다. 제6편은 어떻게 해도 진행되지 않아서 전임자가 그만두었기 때문에 그때 선생이 들어가셨습니다. 그때 나(田川: 인용자)는 大學의 助手였습니다. 法學部의 助手이지요. 昭和6年(1931: 인용자)에 졸업했는데 就職難이 시작된 시대여서 갈 곳이 없었습니다.... 國際公法, 私法, 外交史가 하나의 그룹을 이룬 泉哲선생(京城帝大 교수, 國際公法講座 담당: 인용자)의 방이었습니다. 2년 기한이 되어 그만 두게 되었을 바로 그 때, 종종 藤田(亮策)선생의 연구실에서 일을 봐주었습니다. '君은 朝鮮史編修會에 가게 되었네. 田保橋군 아래에서 일하게. 인사를 드리게'라고 말씀하셔서 선생의 연구실로 가서 인사를 드렸습니다. 昭和8年 3월말입니다. 나는 그때 囑託이었습니다. 선생은 大學이 本官이시기 때문에 역시 囑託이셨습니다.... 總督府 관리 아래에 있던 奎章閣 문고가 大學으로 이관된 것이 昭和5年부터여서 19세기 후반 조선측 사료를 선생은 여러 가지 섭렵한 것은 아닐까 생각합니다. 編修會에 들어갔지만 나는 全然 그 방면으로는 해 본적이 없었기 때문에 전혀 史料를 알 수 없었습니다. 그래서 선생께 부탁드려 3개월 정도 매일 京城大學의 圖書館에 가서 朝鮮의 史料를 쭉 메모했습니다. 하나의 사료에 대해 내

73_京城帝大 史學會, 「史學科 卒業生 論文題目」, 『(京城帝大) 史學會報』 1, 1931, p.32. 한편 이들 외에도 京城帝大에서 조선사학을 전공하고 편수회에서 근무한 이로는 尹瑢均이 있지만, 그는 편수회에 들어간 지 얼마 되지 않은 1931년 9월 사망하였기 때문에 편수회에서의 활동은 거의 없었던 것으로 보인다.

용은 몇 년부터 몇 년까지 어떠한 문제를 다루었는가를 메모했는데 『朝鮮史』를 편찬할 때 이를 참고했습니다....[74] (밑줄은 인용자)

위의 인용문은 다가와가 자신이 편수회에 근무하게 된 전후사정과 다보하시의 지도하에 『朝鮮史』 6편을 편찬할 당시에 대한 기억이다. 경성제대에서 조선사학을 전공한 이들에게도 '취직난'은 마찬가지였으며 2년 기한의 대학 '조수'보다는 편수회에서 근무하는 것이 보다 나은 길이었던 것으로 보인다.[75] 다가와는 학부시절 지도교수 이마니시의 추천으로 별도의 출판을 할 정도의 뛰어난 졸업논문을 작성했지만[76] 취직난을 피할 수는 없었고 대학의 조수로 지내다가 편수회에 취직하게 되었다. 그런데 편수회에 들어간 이후 다가와는 완전히 새로운 준비를 해야만 했다. 그는, 비록 조선의 역사를 전공한 학생이었지만, 알지 못하는 시기에 대해 자료의 정리부터 다시 해나가며 『朝鮮史』를 편찬했음을 밝히고 있다.[77] 신석호의 대학 시

74_田川孝三ほか, 「座談會 先學を語る - 田保橋潔 先生」, 『東方學』 65, 1983, pp.177~178.

75_申奭鎬가 졸업한 1929년 3월, 京城帝大 法文學部 1회 졸업생부터 田川孝三이 졸업한 3회 1931년 3월 졸업생까지 史學 전공자는 19명이었다. 1931년 이들 19명의 취업상황을 보면 教諭 10명, 朝鮮史編修會 근무 2명(申奭鎬 - 修史官補, 尹瑢均 - 囑託), 京城帝大의 研究室 조수 2명(田川孝三 - 國際法研究室 助手, 嚴武鉉 - 東洋史學研究室 助手), 총독부 관료 1명(金昌均 - 學務局 編輯科 근무), 무직 4명이었다.(京城帝大 史學會, 「史學科 卒業生 論文題目」, 『(京城帝大) 史學會報』 1, 1931, p.33.)

76_田川의 졸업논문은 1931년 12월 青丘說叢 3권으로 출판되었다. 田川의 지도교수였던 今西는 '印刷費로 유감스럽게 氏 스스로 多大한 省略과 削除를 하였다....나는 指導해야 하는 教授의 地位에 있으면서 指導다운 指導를 할 수 없어 氏의 研究를 拱手傍觀했음에도 불구하고 이 논문을 作成한 것에 대해 歡喜를 표시하는 바이다'라는 序文을 통해 기쁨을 표했다.(田川孝三, 「青丘說叢3卷に就いて」, 『毛文龍と朝鮮との關係について』, 1931.)

77_田川의 경우 19세기 이후인 제6편의 편찬을 담당하고 있었지만 『朝鮮史』 편찬 당시 그가 발표한 연구를(「瀋獄問題に就いて」(上), 『青丘學叢』 17, 1934) 볼 때 학문적 관심은 여전히

절이나 편수회 시절에 대해서는 별다른 회고나 자료가 남겨져 있지 않기 때문에 어떻게 연구했고, 『朝鮮史』를 편찬했는지에 대해서는 확인할 수 없다. 하지만 다가와와 비슷한 시기를 살았던 만큼 신석호 역시 취직은 어려웠을 것이며, 최상의 선택지였던 편수회에 근무하게 된 것이 아닐까 한다. 또 졸업논문에서는 고대사에 대한 관심을 보였지만 연산군 4년(1498)에서 선조 4년(1571)에 이르는 16세기(『朝鮮史』 제4편 6·7·8권)의 편찬을 담당한 것, 즉 논문의 관심 시기와 『朝鮮史』 편찬에서 담당 시기가 불일치하는 점 역시 다가와와 마찬가지였던 만큼 『朝鮮史』 편찬 당시의 상황도 비슷했을 것이다.

이처럼 『朝鮮史』를 편찬한 이들의 다수는 조선에 오기 전에는 조선의 역사에 대한 관심을 보이지 않는 경우가 많았기 때문에 조선사는 낯선 대상이었을 것이다. 경성제대에서 조선사학을 전공한 이들은 일본에서 온 이들만큼의 낯설음은 없었겠지만, 이들 역시 자신들의 관심과 『朝鮮史』에서 자신이 담당한 부분이 일치하지 않았기 때문에 편수회 업무는 새로운 분야로의 접근이었다. 이러한 이들에게 선배 학자들 - 특히 조선사편수회에 직접 관여하며 몸담고 있던 쿠로이타나 이나바, 이마니시 등의 영향력은 상당했을 것이다.

> 조금 넘치게 말하면 大學院에 들어간 것 같은 생활이었는데, 이러한 것은 稻葉선생과 今西선생 2분 아래에서 공부했기 때문입니다.... 경향이 다른 두 분의 선생님을 대하여 朝鮮史의 오래된 바를 공부하는 것이 허락된 셈입니다.[78]

학부시절과 마찬가지로 16·17세기의 한중관계였던 것으로 짐작된다.

78_旗田巍 編, 앞의 책, 1969, p.78. 또 앞서 살펴보았듯이 黑板과 末松은 사제관계였으며, 中村

조선사편수회 시절에 대한 스에마쓰의 회상은 편수회에 먼저 몸담고 있었던 선배학자들의 영향력을 잘 말해주고 있다. 연령상으로도 한 세대 정도의 시차 – 사제관계 정도의 차이가 났으며, 조선사에 대한 최고의 전문가 중 하나였던 이마니시나 편수회의 각종 사항을 처음부터 담당하며 『朝鮮史』 편찬을 총괄하던 이나바는 『朝鮮史』 편찬이라는 새로운 업무를 접하게 된 이들의 선생님이자 안내자인 것이다.[79] 즉 일본 본국에서 조선사에 대한 관심이 떨어지고 있는 가운데 조선사편찬위원회와 조선사편수회의 설치는 나카무라와 같이 조선사에 관심을 가지게 되는 소수의 인원을 흡수하거나 새롭게 충원된 이들을 조선사 연구의 길로 안내하면서 조선사 연구자들을 결집·교육하는 역할도 담당했던 것이다.[80]

『朝鮮史』 편찬을 담당한 이들은 대체로 편수회에 오기 전까지는 조선의 역사에 대해 관심이 없었거나 그렇지 않더라도 자신의 학부 시절 관심

역시 조선사를 전공하기로 하고 조선에 오게 된 이후로 黑板을 스승으로 삼았고, 이후 末松과 中村은 '黑板門下의 俊才'로 지칭되기도 하였다.

79_실로 京城帝大를 졸업한 申奭鎬나 田川에게 今西는 실제로도 지도교수였을 것이다. 京城帝大에서 朝鮮史學을 전공하고 1931년에 졸업한 田川은 당연히 今西의 강의를 들었을 것이며, 그가 1964년 저술·발간한 『李朝貢納制の研究』에서 今西를 '恩師'라고 지칭하고 있다. 申奭鎬의 경우에는 京城帝大 시절에 대해 이렇다 할 기록이 남아있지는 않지만 그의 졸업논문이 新羅의 衰亡에 관한 것이었던 만큼 학부졸업논문을 작성하며 今西에게서 지도를 받지 않았을까 한다.

80_더군다나 1923년 관동대지진으로 인하여 東京帝大 圖書館이 소실로 인해 왕조실록을 비롯한 사료가 산일되었던 반면 편수회에서는 채방을 통해 많은 사료를 축적하여 연구의 기반을 다지고 있었다. 더군다나 京城帝大에는 朝鮮史學 전공자들이 배출되고 있었으며, 이들을 중심으로 조선에서 각종 연구모임과 학회가 결성되는 등 조선사 연구의 중심은 조선이 되어갔다. 이에 대해서는 장신, 「경성제국대학 사학과의 磁場」, 『역사문제연구』 26, 2013, pp.56~62 및 정상우, 「『朝鮮史』(朝鮮史編修會 간행) 편찬 사업 전후 일본인 연구자들의 갈등 양상과 새로운 연구자의 등장」, 『사학연구』 116, 2014, pp.173~186.

과 편찬을 담당한 시기가 일치하지 않아 새로운 학습을 해야 했지만 편수회에 몸담게 된 이후로 조선사에 대한 개인적인 연구성과들을 주로 『청구학총(靑丘學叢)』을 중심으로 발표하였다. 이들이 발표한 논문들은 조선의 역사 전반이나 한 시대를 개괄적으로 설명하기보다는 세부적인 주제에 대한 접근이었고, 특히 그동안 연구가 부족했던 고려 말 이래 조선시대에 대한 것이 많다.[81]

주로 제국대학 출신이었던 이들 연구의 가장 큰 특징은 '실증'에 있다고 하겠다. 일본에서는 1880년대 이후 도쿄제대 사학과의 설립과 함께 역사서

81_1930년 8월 1호부터 1939년 10월까지 총 30호까지 발간된 『靑丘學叢』에 게재된 논문 편수는 총 212편이었다. 그 중 가장 많은 논문을 발표한 이는 稻葉岩吉(16편, 22회)이며, 다음으로는 中村榮孝(12편, 13회)와 末松保和(13편, 13회)였다. 이들 외 『朝鮮史』 편찬을 담당한 이들의 논문 발표 횟수는 瀨野馬熊 3회, 田保橋潔 9회, 申奭鎬 3회, 尹瑢均 1회, 田川孝三 2회, 周藤吉之 2회, 丸龜金作 4회, 黑田省三 4회, 秋浦秀雄 4회로 총합 80회에 이른다. 이를 제시하면 다음과 같다.

『朝鮮史』 주요 편찬자들이 『靑丘學叢』에 게재한 논고들

필자	논문명	발간연도(호)	비고
稻葉岩吉 (16편, 22회)	北靑城串山城女眞字磨厓考釋	1930(2)	研究
	元の開元路退毁昏鈔印の出土に就て	1931(3)	研究
	滿洲開國傳說の歷史的考察 (上), (下)	1931(3, 11)	研究
	古逸本杜工部詩史補遺に就て	1932(7)	研究
	高麗宣光版禪林寶訓書後	1932(8)	僉載
	吾妻鏡の女眞字の新研究	1932(9)	研究
	黃草嶺新羅眞興王斷碑の出現	1932(9)	僉載
	塗改木清太祖實錄殘卷及び其年代	1932(10)	研究
	滿鮮史體系の再認識 (上), (中), (中の二), (下)	1933(11, 12, 13, 14)	研究
	朝鮮孝宗朝に於ける兩次の滿洲出兵に就いて(上), (下)	1934(15, 16)	研究
	鐵嶺衛の位置を疑ふ(和田教授の明初の滿洲經略)	1934(18)	僉載
	近獲蒙古人の撰述2種 (上), (下)	1935(22), 1936(25)	僉載
	麗末鮮初に於ける家禮傳來及び其意義	1936(23)	研究
	金靜庵氏著渤海國志長篇を讀みて	1936(23)	僉載
	滿洲史研究の現狀	1937(27)	僉載
	申忠一書啓及び圖記	1937(29)	研究

술에 있어 '실증'을 중요시해왔으며, 1890년대 중반 이래 사료편찬과를 중

中村榮孝 (12편, 13회)	朝鮮經濟史雜考 (1)	1930(1)	僉載
	滿鮮關係の新史料(清太宗朝鮮征伐に關する古文書)	1930(1)	僉載
	歷史上の開城	1930(2)	僉載
	太平記に見えた高麗人來朝の記事に就いて	1931(4)	僉載
	鮮初受圖書人考 (上), (下)	1932(7, 8)	研究
	鮮初の文獻に見えた日本の地名に就いて (上)	1932(9)	僉載
	鮮初に於ける歲遣船定約 (上)	1932(10)	研究
	高麗史節要の印刷と傳存	1933(11)	僉載
	漢江と洛東江	1933(12)	研究
	慕夏堂金忠善に關する史料について	1933(12)	僉載
	所謂朝鮮王族金光の送還に就いて	1933(13)	僉載
	蘭船の朝鮮漂着者と日鮮の交涉	1936(23)	僉載
末松保和 (13편, 13회)	太平御覽に引かれた倭國に關する魏志の文に就いて	1930(1)	僉載
	魏志倭人傳解釋の變遷(投馬國を中心として)	1930(2)	僉載
	高句麗攻守の形勢	1931(5)	研究
	高麗文獻小錄(三國史記) (1)	1931(6)	僉載
	高麗文獻小錄(三國遺事) (2)	1932(8)	僉載
	新羅王代考略	1932(9)	研究
	逸新羅竅興寺鐘銘釋文	1933(11)	僉載
	高麗文獻小錄(新編諸宗教藏總錄) (3)	1933(12)	僉載
	日本上世紀年考批判	1933(13)	研究
	新羅諸王紀年存疑	1933(14)	研究
	新羅昌林寺無垢淨塔願記について	1934(15)	僉載
	百濟の故地に置かれた唐の州縣について	1935(19)	僉載
	梁書新羅傳の啄評について	1936(25)	研究
瀨野馬熊 (3편, 3회)	「燕山朝の二大禍獄」	1931(3)	研究
	「李朝實錄所在の移動に就て」	1931(4)	僉載
	「李朝宣祖修正實錄と顯宗改修實錄に就いて」	1932(10)	研究
田保橋潔 (9편, 9회)	欝陵島 その發見と領有	1931(3)	研究
	欝陵島の名稱に就いて(補)(坪井博士の示教に答ふ)	1931(4)	僉載
	清同治朝外國公使の覲見	1931(6)	研究
	李太王丙寅洋擾と日本國の調停	1933(11)	研究
	丙子修信使とその意義	1933(13)	研究
	壬辰役雜考(第1回)	1933(14)	研究
	近代日鮮關係史の一節 (公使駐京及び國書捧呈に就いて)	1934(15)	研究
	明治維新期に於ける對州藩財政及び藩債に就いて	1934(16)	僉載
	壬午政變の研究	1935(21)	研究
申奭鎬 (2편, 3회)	屛虎是非に就いて (上), (下)	1930(1), 1931(3)	研究
	己卯士禍の由來に關する一考察	1935(20)	研究

심으로 사료의 수집과 간행이 이루어져 왔음은 앞서 살펴본 대로이다. 편수회에서 『朝鮮史』 편찬에 관계했던 이들은 바로 이러한 학문 풍토에서 성장한 이들이었다. 그런데 이들이 편수회에서 담당한 업무는 바로 조선의 역사를 설명해 줄 수 있는 사료의 수집과 정리였다. 새로운 자료의 발견과 접근이 그 누구보다도 용이한 위치에 있었던 것이다. 그렇기 때문에 이들은 광범위한 사료에 근거해 더욱 세분된 주제, 당시까지 사료의 부재로 연구가 어려웠다거나 '실증'되지 못했던 부분에 대한 연구를 진행할 수 있었다.

특히 편수회의 설립과 동시에 『朝鮮史』 편찬업무를 담당하게 된 나카무라나 대학졸업 직후인 1930년에 편수회에 들어온 신석호는 지방의 사료 수집이 이루어지던 시기에 편수회에 몸담게 되면서 사료 수집에도 참여했는데, 이들은 자신의 출장 당시 발견한 사료를 바탕으로 연구를 펼쳐나갔다. 신석호의 경우 1929년 늦은 가을 편수회의 사료 조사로 안동군에 출장했을 당시 발견한 자료를 바탕으로 순조대 이래 약 80년간 영남의 유림이 병론(屛論)·호론(虎論) 2파로 나뉘어져 벌어진 '병호시비(屛虎是非)'에 대한

尹瑢均 (1편, 1회)	高麗毅宗朝に於ける鄭仲夫亂の素因とその影響	1930(2)	僉載
田川孝三 (2편, 2회)	辛未定州城攻圍圖に就いて	1934(16)	僉載
	瀋獄問題に就いて (上)	1934(17)	研究
周藤吉之 (2편, 2회)	麗末鮮初に於ける農莊に就いて	1934(17)	研究
	鮮初に於ける奴婢の辨正と推刷とについて (上)	1935(22)	研究
丸龜金作 (3편, 4회)	元·高麗關係の一齣(瀋王に就いて)	1934(18)	研究
	高麗の十二漕倉に就いて (1), (2)	1935(21, 22)	研究
	鳥嶺小考	1936(25)	僉載
黑田省三 (3편, 4회)	所謂服部傳石衛門朝鮮陣覺書に就いて	1934(17)	僉載
	義順館迎詔圖に就いて	1934(18)	僉載
	封册日本正使李宗成の奔還に就いて (上), (下)	1935(20), 1936(24)	僉載
秋浦秀雄 (2편, 4회)	「高麗肅宗朝に於ける鑄錢動機に就て」(上), (中), (下)	1932(7, 8, 9)	研究
	「高麗光宗朝に於ける國際事情を檢覈す」	1933(12)	研究

연구를 진행하였다.[82] 또 나카무라 역시 자신이 출장했던 1930년 3월의 만주지역에 대한 사료 조사에서 획득한 병자호란 관련 사료를 소개하기도 하고, 1933년 1월 경상북도 달성군 가창면 우록동에서 획득한 사료를 바탕으로 임진왜란 당시 일본인 귀화자에 대한 기존의 연구를 뒤엎는 연구를 발표하기도 하였다.[83] 그런데 이들의 연구는 과거 연구의 한계와 문제점을 극복하는 것이었다. '병호시비(屛虎是非)'는 지방에서 이루어진 논쟁으로 중앙에는 기록이 전무했기 때문에 『朝鮮史』 편찬을 위한 지방에서의 사료 수집이 있기 전까지는 연구되기 어려웠던 부분으로써, 신석호의 논문은 연구의 폭을 확장한 것이었다면, '항왜(降倭)'에 대한 나카무라의 연구는 이전까지 일본인 학자들의 의견을 부정하는 것이었다. 나카무라는 자신이 우록동의 김상옥(金相玉)씨에게서 수집한 '김충선(金忠善)' 관련 문서에 대한 분석을 바탕으로 일본인 귀화자 김충선은 실재한 인물임을 밝혀냄은 물론 '降倭'의 수는 매우 많았을 것이며, 이들은 대부분 김해를 본관으로 하는 김씨라는 것까지도 '실증'하며, '항왜(降倭)'와 관련된 문헌은 모두 '위서(僞書)'라며 임진왜란 당시 '항왜(降倭)'의 존재를 부정하던 가와이 히로타미(河合弘民)나 시데하라 타이라(幣原坦) 등이 제시한 그때까지의 정설을 뒤엎었다.

이처럼 『朝鮮史』 편찬을 담당한 이들에게 편수회의 사료 수집과 정리는 '실증'의 토대였으며, 이러한 기반을 바탕으로 이들은 조선의 역사에 대한 '실증'을 자신할 수 있었을 것이다. 그렇지만 '실증'이라는 것은 연구의

82_申奭鎬, 「屛虎是非に就いて」(上)·(下), 『靑丘學叢』 1·3, 1930·1931.

83_中村榮孝, 「滿鮮關係の新史料(淸太宗朝鮮征伐に關する古文書)」, 『靑丘學叢』 1, 1930; 中村榮孝, 「慕夏堂金忠善に關する史料について」, 『靑丘學叢』 12, 1933. 慕夏堂 金忠善은 임진왜란 당시 조선으로 귀화했다고 알려진 일본인 武將 '沙也可'의 한국식 이름이다.

방법이지 연구의 시각 혹은 연구의 방향성을 제시해 주지는 않는다. 이들이 이전의 연구한계를 넘어선 것은 새로 발견된 사료에 대한 '실증'을 통해서이지 관점의 전환에 의한 것은 아니었다. 그렇지만 편수회는 이들에게 연구의 방법을 적용할 수 있는 대상을 제공하는 기반이었을 뿐만이 아니라 연구의 시각을 배울 수 있는 곳이기도 했다. 앞서 스에마쓰의 회고에도 나타나듯이, 이들이 『朝鮮史』 편찬이나 조선의 역사를 연구함에 있어 쿠로이타, 이마니시, 이나바와 같은 선배학자들은 얼마 안되는 조언자이자 참고대상이었다. 특히 새로운 세대에게 가장 큰 영향을 끼쳤던 것은 일본에 체재하던 쿠로이타나 편수회에는 거의 발길을 주지 않던 이마니시보다는 편수회에서 매일 얼굴을 맞대며 편찬과 관련된 사항을 지시받았던 이나바였을 것이다.

스에마쓰의 표현을 빌리자면 조선사편수회의 '상층부(上層部)' 중 하나인 이나바는 러일전쟁 종군, 만철 산하 만선역사지리조사부 근무, 일본 육군대학교 동양사 강사 등을 거치며 경력을 쌓았으며, 본인이 직접 시대정황과 밀착하여 연구를 하게 되었음을 밝힐 정도로 순수 학문적 자세를 표방했던 여타의 연구자들과는 다른 면모를 보인다.[84] 또 쿠로이타와 이마니시는 강점을 전후하여 촉탁으로서 조선을 조사하기도 하고, '반도사 편찬'에 참여 하는 등 상대적으로 이른 시기부터 조선에 대한 연구를 진행했지만 이나바는 주로 만주사를 연구하며, 조선과 별다른 연고가 없는 가운데 『朝鮮史』 편찬을 위해 조선에 부임하게 되면서 조선의 역사에 대한 연구를 본격화했다는 것은 앞에서 언급한 대로이다.

84_稻葉의 이력과 만선사관 및 조선의 역사에 대한 인식은 정상우, 앞의 논문, 2010 및 2013 참고.

이력에서도 기존의 조선사 연구자들과 차이를 보이는 이나바는 조선의 역사에 대해서도 이마니시 등과는 관점을 달리했다. 앞서 언급했듯이 이마니시는 조선사의 주체는 종족적으로 일본과 동일한 반도 남부의 '한종족(韓種族)'이라며 고구려로 대변되는 북방의 역사를 조선의 역사에서 배제하였다. 이에 반해 이나바는 조선의 역사에 대한 연구 초기부터 조선은 만주-북방과 민족적·정치적·경제적으로 불가분의 관계라고 천명하는 한편 당시 일본인 연구자들은 '조선사를 일본사적(日本史的)으로 관찰하는 편견'에 빠져 있다며 조선의 문화를 바르게 이해하기 위해서는 '지나 및 만몽방면(滿蒙方面)의 문화사' 및 '대륙방면의 기록'을 비교·참작해 조선의 역사를 '동양사화(東洋史化)'해야 한다고 보았다.[85] 즉 이나바는 1920년대 중반까지 일본인 연구자들이 조선의 역사를 '일본사'의 범주에서 취급한 것은 오류라며 조선사를 대륙-만주와의 관련 속에서 관찰하여 '동양사'의 일부로 취급해야 한다고 주장한 것이다. 그는 조선의 역사를 연구한 초기부터 조선의 민족은 '만주 방면의 이주민'임을 확신했으며, 이후에도 조선의 주류민족은 만주계임을 주장했다.[86] 이러한 주장은 이마니시와 같은 선행 연구자들과는 정반대에 있는 것이기도 하다.

그런데 『朝鮮史』 편찬 진행 초기인 1925년, 이나바는 「(朝鮮)民族史)」라는 저술을 발표했다. '(조선)민족의 성립과 발달을 환경으로부터 타산(打算)해 그 시대를 고찰하고, 이 민족과 교섭한 외족(外族)의 문화를 고구하며, 문화를 수용한 민족(조선민족: 인용자)의 능력을 관찰'하여 '문화생활의 내용을 평론'[87]하는 것을 목적으로 한 이 저작에서 그는 민족 형성에서 가장 중

85_稻葉岩吉, 序, 『朝鮮文化史硏究』, 雄山閣, 1925, pp.1~2.
86_한국의 민족 구성에 대한 稻葉의 논의에 대해서는 정상우, 2010, 앞의 논문, 16~18쪽.

요한 요소는 '토지', 즉 지리적 관계가 미치는 영향력이라며[88] 조선의 민족에 대해 다음과 같이 기술하였다.

> 조선민족의 주체를 이룬 것은 韓種이라는이름으로알려져있다. 이들 종족이東胡系에 속하는 것은 의심할 것이 없다. 그러나 韓種은 금일의 조선민족 전체인 것은 아니다. 東胡系의 다른 분파나 그것과 전혀 계통을 달리하는 漢民族도 들어와, 半島의 鑄型에서 陶冶된 것이 지금의 조선민족과 민족성이다. 반도는 어디까지나 반도이며 대륙이 영향은 緊切하다.... 결국 環境에 交涉을 가지고 있다.... 반도와 반도 주위의 민족 관계를 대략 서술하자면.... 반도는 滿蒙의 延長이라는 것이 오히려 적절하다.... 滿蒙방면에 근거를 가진 민족이 어떤 기회를 타고 남쪽으로 옮거 반도를 발견한 것이라고 판단된다.... 서구 학자가 서술했듯이 '토지는 민족이다'라는 해석에서 생각해 보면 금일 반도의 남북에 차이가 있다 해도 역사적 대세를 부정할 수는 없다.[89] (밑줄은 인용자)

여기서 잘 드러나듯이 이나바는 '조선민족'의 주체를 - 이마니시와 동일한 용어인 - '한종(韓種)'이라고 표현했지만 그가 보기에 이는 북방의 동호계였다. 뿐만 아니라 '조선민족'은 한종이 중심이지만 이 외에도 여러 종족들이 반도라는 환경에 영향을 받아 형성되었다는 것이 이나바의 견해였다. 즉 조선의 민족은 기본적으로 북방계일 뿐만 아니라 이러한 민족과 민족성을 형성시키는데 가장 중요한 것은 '토지', 바로 환경이 미친 영향이기 때문에 조선의 민족과 이들의 역사적 전개를 파악하기 위한 첫 번째 고려 요소

87_朝鮮史學會, 『朝鮮史講座 - 要項號』, 1923, p.8.

88_稻葉岩吉, 「朝鮮民族史」, 『朝鮮史講座 - 分類史』, 1925, p.1.

89_稻葉岩吉, 위의 논문, 1925, pp.8~30.

는 '대륙의 영향이 긴절(緊切)'한 '반도'라는 '토지'임을 역설한 것이다.

이렇듯 대륙-만주와 조선의 관계를 중요시했던 이나바에게 『朝鮮史』 편찬은 학자로 진일보하는데 중요한 계기였다. 앞에서도 살펴보았듯이 이나바는 『朝鮮史』 편찬을 위한 사료 수집의 과정에서 조선의 각지 – 특히 북방지역 – 를 다니며 조선과 대륙의 관계를 설명할 수 있는 사료의 수집에 열심이었으며, 만선사의 체계화를 시도하는 한편 『朝鮮史』 제3편(고려왕조시대)을 편찬한 당시에는 원과 일본의 관계를 규명한 저작을 발표했다. 뿐만 아니라 『朝鮮史』 제5편(광해군~정조)의 편찬 책임자였던 이나바는 편찬 과정에서 '光海君日記'를 비롯한 다양한 자료를 섭렵하며 1932년 「光海君時代の滿鮮關係」라는 논문으로 교토제대에서 박사학위를 취득하였다. 이는 광해군대의 만주에 대한 외교정책을 조선 내의 정치적 정황이나 붕당과 연결하여 설명한 것으로 조선은 만주와 연결되어야 한다는 만선사관에 바탕한 것이라고 평가되는데,[90] 『朝鮮史』 제5편 가운데에서 특히 광해군대와 병자호란을 다루고 있는 1권과 3권이 다른 권에 비하여 활용한 전거 자료의 수가 많다는 것은 『朝鮮史』 5편에 그의 학적 관심이 투영되어 있음을 시사하는 것이다.

이처럼 이나바는 이마니시를 비롯하여 조선의 역사를 연구한 일본인 연구자들과 다른 시각을 보였지만 조선의 역사적 특징으로 '사대'을 중요시했던 것은 이마니시와 마찬가지였다. 이마니시가 일본과 조선의 국체를 각각 '제국주의', '왕국주의'라면서 조선의 독립정신 부족을 거론하고 '사대'를

90_稻葉의 박사학위논문의 내용에 대해서는 한명기, 「폭군인가 현군인가, 광해군 다시 읽기」, 『역사비평』 44, 1998; 허태구, 「이나바 이와키치(稻葉岩吉)의 丁卯 · 丙子胡亂 관련 주요 연구 검토」, 『朝鮮時代史學報』 81, 2017을 참고.

조선사의 특징으로 꼽았던 것처럼 이나바 역시 조선의 역사에는 일본사에 없는 왕조교체가 나타난다며, 이를 중국에 대한 '사대'와 연결하여 설명하였다.

> 세계의역사를 통람해 볼 때, 대부분은 他民族의 점거에 의해서 그 국토가 구성되고, 幾多의 혁명을 거치지 않은 것은 아니지만, 우리 일본은 太古草昧부터 一元的이었으며…. 一元이기 때문에 국민의 祖先은 반드시 이를 皇室에서 구하고, 충량한 정신은 이들 祖先에 대한 추억의 정과 일치하여 이탈할 수 없는 특색이 있다. 조선에서는 완전히 그렇지 않다…. 조선에는 귀족이 있고, 이를 통일하는 皇族이라고 할 만한 것이 없어서…. 元首는 강력하다고 하지만 귀족이라는 점에서는 다른 이들과 同列이녀, 同列의 한 사람으로 운이 좋아 王位를 취득한 것에 지나지 않기 때문에 언제 그 지위를 찬탈당할 지도 모르며, 이를 보장하는 것은 宗主國의 册封에 의하지 않으면 않되는 것이다. 즉 우리 반도에서는…. 다만 힘에 의해 元首를 획득하여 다시 이에 持久的 性質을 부여하기 위해 '事大'를 필요로 하는 것이다.[91]

이나바 역시 '황실'의 존재에 의거하여 조선과 일본의 차이점을 설명하고 있다. 그는 여기서 더 나아가 '황족(皇族)'이 없는 조선은 '귀족(貴族)'들에 의한 왕위 쟁탈과 획득한 왕위의 수호를 위한 강대국에 대한 '사대'가 필연이라며, 이를 조선의 역사적 특징으로 꼽고 있었다.

조선의 국체를 '사대'로 규정하고 있던 이나바는 편수회 사무 초기인 1925년 조선과 일본을 비교하며 조선이 일본에 비해 5~600년 뒤떨어진 사회임을 주장한 이래 이를 반복하면서 조선사회의 기본적 속성을 '정체(停滯)'로 규정했으며,[92] 그 원인에 대해 천착했다. 이나바는 사회 전 부문에

91_稲葉岩吉, 「内鮮文化の差別」1, 『警務彙報』 311, 1932, pp.64~65.

걸쳐 조선의 낙후와 정체를 이야기하지만 그가 특히 주목했던 것은 조선의 '가족제도'였다. 왜냐하면 이 가족제도야 말로 '민족이 단체적 조직(團體的組織)으로 나아가는 데에 장애'를 주어 조선사회의 정체를 지속시키는 주범이었기 때문이다.[93] 그는 조선의 가족제도는 중국으로부터 가례(家禮)의 전례에서 유래했으며, 성리학과 표리를 이루는 가례가 조선에 유입되어 '지나문화(支那文化)의 반도정복(半島征服)'도 가능했다고 보았다. 가례가 발원한 중국은 오히려 빈번한 사회혁명으로 이를 그대로 따르지 않았던 반면 조선은 이를 묵수하며 대가족주의(大家族主義)를 형성하게 되었는데, 이로 인해 조선인들은 존장(尊長)과 종가(宗家)에 대해 의뢰심이 크다는 것이다. 이나바는 조선인에게 일반적으로 나타나는 저축심 결핍이나 근면성 부족은 바로 가족주의로 인한 의뢰심 때문에 나타난다고 보았다.[94] 이처럼 이나바는 조선의 경제적 정체의 원인을 가족주의에 두고 있었다. 뿐만 아니라 19세기 이래 일본인들이 강조했던 조선의 정치적 미발달과 혼란 – 과도한 수탈과 그에 따른 민의 피폐화 – 의 원인 역시 가족주의에서 찾았다.

반도의 社會單位는 개인이 아닌 가족....정치는 家族制와 관계를 갖지 않는 것

92_稲葉岩吉, 「日鮮文化の歴史的差別」, 『朝鮮文化史研究』, 1925; 稲葉岩吉, 「內鮮文化の差別」1~5, 『警務彙報』311~315, 1932.

93_稲葉岩吉, 「日鮮文化の歴史的差別」, 『朝鮮文化史研究』, p.161, 167; 稲葉岩吉, 「麗末鮮初に於ける家禮傳來及び其意義」, 『靑丘學叢』23, 1936. 이 외에도 조선의 가족제도에 대한 회의적인 견해는 稲葉의 글 거의 모든 곳에서 발견할 수 있다.

94_稲葉岩吉, 「朝鮮の文化問題」, 『支那社會史研究』, 1922, p.292; 稲葉岩吉, 「朝鮮社會史の一斷面」, 『朝鮮文化史研究』, 1925, p.67; 稲葉岩吉, 「朝鮮の傳說及思想の解放について」, 『朝鮮文化史研究』, 1925, pp.134~135; 稲葉岩吉, 「朝鮮民族と族譜」, 『朝鮮』128, 朝鮮總督府, 1926, pp.92~93.

이 없으며.... 반도에서는 변함없이 大家族制度의 색채가 농후하며.... 동일혈연의 범위가 극히 광범위하여 출자 즉 祖先을 같이 하는 家族은 백대를 지나도 2백대를 지나도 종속관계를 갖는다.... 이렇게 종속관계를 확대하고 강화하게 되면, 이 體型을 유지하기 위한 노력은 막대하여 소위 族內道德만이 기형적으로 발달.... 族內道德에 대해 族外道德 즉 孔子의 仁이라고 할 수 있는 公共道德도 肝要하다.... 家族과 國家의 관계에서 반도와 같이 家族狀態가 강화확대된 사회에서는 國家 즉 超家族的精神은 쉽게 발달하기 어렵다. 무릇 이와 같이 大家族制의 발달을 지속했다는 것은 정치불안과 밀접한 관계가 있다. 법도에 권위가 없고, 관리는 부패하며, 도적이 횡행하여 내란이 끊이지 않는 사회의 특징으로 이러한 家族制度의 강화확대가 보인다.[95] (밑줄은 인용자)

중국으로부터 수입된 가례와 그로 인한 강고한 가족주의가 경제적 정체만이 아니라 가족 단위를 벗어나는 관념과 정신의 배양을 저해하여 조선 사회의 정치 불안을 초래했다는 것이다. 이나바의 이러한 견해는 조선사의 특징으로 중국에 대한 사대와 모방을 들던 논의들을 '성리학적 대가족주의'로 구체화시킨 것이라 하겠다. 바로 이러한 관점 – 중국에 대한 '사대' 및 중국의 막대한 영향력, 그에 따른 중국 모방과 이로 인한 사회의 '정체'와 같은 조선사에 대한 시각은 『朝鮮史』 편찬에 따라 새롭게 충원된 이들도 공유하고 있었던 사항이다.

와세다 출신으로 제3편(고려시대)의 편찬을 담당했으며 1930년부터 1933년까지 편수회에 몸담았던 아키우라는 편수회 재직 당시 고려 숙종조의 주전(鑄錢)에 대한 연구를 발표하였는데, 논문은 '유래 반도의 문화가 항상 지나모방(支那模倣)을 전통적 기조로 하며 전개했다는 것은 주지의 사실

95_稻葉岩吉, 「朝鮮社會の諸問題」 『朝鮮』 268, 1937, pp.7~8.

이며, 태조 이래 고려왕조에서도 그 전통을 보지했다'는 것으로 시작된다.[96] 즉 '반도'에 미친 중국의 영향력이 고려 숙종조의 주전을 사고하는 데에 전제가 되는 것이다. 한편 조선 성종대인 제4편 5권의 편찬을 맡았던 수도우는 편수회 재직 시절 고려사나 왕조실록 및 지리지 등의 방대한 문헌을 정리하여 여말선초에 발달한 '농장(農莊)'의 지역별 분포와 추이 및 경제적 의미 등을 밝힌 논문을 발표하였는데, '이렇게 여말선초(麗末鮮初)에 중요한 의의를 갖는 농장(農莊)도 결국 지나문화의 모방 내지 영향에 의해 발달한 것에 지나지 않는다는 점에서 지나문화가 조선사회에 미친 영향은 단지 표면적인 것이 아니라 근본적인 것이라고 생각한다'며 글을 마친다.[97] 나카무라 역시 '(조선의) 모든 사회적 통제에는 문공가례(文公家禮)가 채용되어 사례(四禮)를 비롯 모든 것이 그에 칙(則)되었다. 가묘제(家廟制)를 비롯해 사대부의 특권계급적 차별을 수립하여 결국 가격(家格)이 고정되어 대가족제도(大家族制度)가 오랫동안 계속되는 요건이 갖추어져 성족(姓族)의 결속을 보았으며, 사회는 족보세보(族譜世譜)를 중심으로 발전하는 정세였다. 그래서 이러한 사회를 기초로서 영년(永年)에 걸쳐 당벌논쟁(黨閥論爭)의 세(世)를 현출(現出)하는 것이다. 사회각반(社會各般)의 사상이나 문화 모든 것은 이 중심주류(中心主流)를 도외시하고는 고찰할 수 없다'며[98] '당쟁'의 근원으로서 - 이나바와 동일하게 - 중국에서 영향받은 '대가족제도'를 꼽았다. 이처럼 조선의 역사에 깊게 드리워진 중국의 영향력은 『朝鮮史』 편찬을 담당했던 이들이 조선의 역사를 연구·정리함에 있어 시작과 끝을 이루는 일

96_秋浦秀雄, 「高麗肅宗朝に於ける鑄錢動機に就て」(下), 『青丘學叢』 9, 1932, p.63.
97_周藤吉之, 「麗末鮮初に於ける農莊に就いて」, 『青丘學叢』 17, 1934, pp.72~73.
98_中村榮孝, 「漢江と洛東江」, 『青丘學叢』 12, 1933, p.54.

종의 상수였다.

한편 『朝鮮史』 편찬을 위해 새롭게 충원된 젊은 세대들에게는 조선과 일본의 근친성에 대한 언급을 찾아보기 어렵다. 위에서 서술한 이들의 연구 시각에서도 드러나지만, 조선사의 특징으로서 이들이 거론하는 것은 주로 중국에 대한 사대와 모방, 그로 인한 정체였다. 이는 이들의 주된 연구 대상이 고려 말 이래의 시기였기 때문이기도 하겠지만 『朝鮮史』 제1·2편을 편찬하고 고대사 관련 연구를 진행한 스에마쓰에게서도 쿠로이타나 이마니시가 이야기했던 조선과 일본의 친연성 – '문명 동역(文明 同域)', '일한족(日韓族)' 등과 같은 언급은 찾아 볼 수 없다. 이들이 『青丘學叢』과 같은 학술잡지를 통하여 연구를 발표하던 1930년대는 만주사변 이래 총독부에서도 '내선융화(內鮮融和)'를 표방하며 '동화정책'의 실시에 박차를 가하고 있던 때임에도 불구하고 이를 지지해 줄 수 있는 '일선동원(日鮮同源)'과 같은 논의에 대한 이들의 무관심은, 이들의 연구와 당시 총독부의 정책 사이의 거리감을 시사해 준다.

그렇다면 이렇게 조선의 역사적 특징으로서 '정체', '사대' 등을 거론한 이들은 총독부의 통치를 어떻게 평가했을까? 이들은 현실의 문제에 대한 언급은 그다지 즐겨하지 않았지만 이나바는 조선의 식민지화는 정체를 타계할 수 있는 좋은 계기였음을 표명하는 한편 현실의 정책에 대해서도 종종 발언하였다. 일본이 조선을 통치한 이래 '자본주의(資本主義)'와 '상현주의(尙賢主義)'로 통치하기 때문에 지난 500년간 성리학과 가족주의를 지키며 특권계급화한 '양반'들의 정치적·경제적 특권을 척결하고 새로운 계층의 대두를 초래하여 정치·경제적 방면에 걸쳐 조선사회의 발전을 촉진한다는 것이다.[99]

이처럼 이나바는, 강점이 조선사회를 발전으로 이끌 계기라고 보았지만 총독부의 통치정책에 호의적이지 않았다. 그가 편찬위원회에 부임할 즈음인 1920년대에는 일본에서 '내지연장(內地延長)'이라는 구호 아래 조선에도 일본의 법령을 적용해야 한다는 의론이 일어나며 조선과 일본 간의 차별철폐가 이야기되고, 조선인 사이에서도 참정권에 대한 논의가 제기되고 있었다.[100] 이나바에게 '내지연장(內地延長)'은 나쁜 것은 아니지만 역사적 사실에서 생각해 볼 때 '내선(內鮮)의 차별'은 쉽게 제거될 수 있는 것이 아니었다. 민사령(民事令) 개정을 비롯 '조선의 전도(前途)에 참정권 문제, 산업개발 등과 같은 종종의 중요문제'가 놓여 있는 시점에 조선에 대한 조사 없이 법령을 내어놓아도 소기의 목적을 달성할 수 없다는 것이다. 즉 일본에 비해 크게 뒤떨어진 조선사회에 대한 철저한 조사와 연구가 선행되어야 하며, '내선차별철폐(內鮮差別撤廢)'와 같은 문제는 조사·연구 결과 밝혀지는 조선과 일본의 '역사적 차별(歷史的 差別)'에서부터 풀어나가지 않으면 조선과 일본 모두에게 불행만을 초래한다는 것이다.[101]

조선을 일본에 비해 5~600년 뒤쳐졌다고 본 이나바에게는 조선에 일본의 법을 그대로 적용하고 조선인에 대한 차별을 철폐하는 것은 어불성설이었을 것이다. 그의 이러한 생각은 1930년대에 접어들어 총독부에서 '내선융화(內鮮融和)'를 강조하던 시기에도 여전했다. 그는 자신과 같이 '내선차별(內鮮差別)'을 강조하는 것이 '내선융화(內鮮融和)'가 고조되는 시기에 생각이 없고, 융화에 방해가 된다는 오해가 있지만, 강점한지 20여년이 흘렀

99_稻葉岩吉, 「朝鮮社會史の一斷面」『朝鮮文化史研究』, 1925, pp.84~86.

100_이승일, 「1910, 20년대 조선총독부의 법제정책 - 조선민사령 제11조 '관습'의 성문화를 중심으로」『東方學志』 126, 2004; 김동명, 『지배와 저항, 그리고 협력』, 경인문화사, 2005, pp.94~97.

101_稻葉岩吉, 「日鮮文化の歷史的差別」『朝鮮文化史研究』, 1925, pp.171~173.

어도 '내선인(內鮮人)의 정신생활(精神生活)'이 조화와 안정을 이루지 못한 현실에서는 서로의 본질을 이해하는 것, 즉 조선인에 대한 차별을 인식하는 것이 융화를 이루는 시작이라며, 역사적 과정에서 기인하는 조선의 낙후성에 대해 거듭 강조하였다.[102] 이나바는 이러한 생각을 이후에도 한동안 지속했던 것으로 보인다. 1930년대 들어 일본은 만주사변과 국제연맹 탈퇴 등으로 국제적 고립이 심화되고 군부에 의한 쿠데타가 연이어 발생하는 속에서 '일본-조선-만주'를 연결하는 하나의 영역을 구축하여 단일한 정치·경제·문화권으로서의 결속력을 강화할 필요가 제기되었으며, 조선총독부에서도 이에 호응하여 1935년 이른바 '심전개발(心田開發)' 정책을 입안하였다. 이는 조선인을 '정신적 안정'과 '건선한 사상'으로 유도하는 것을 목표로 하여 신앙심 양성에 비중을 두고 있었으며, 특히 일본과 밀접한 관련이 있는 조선 불교를 부흥시키는 데에 역점을 두었다.[103] 하지만 일본 제국의 위기의식 속에서 출발한 이러한 정책에 대해서도 이나바는 부정적이었다. 그는 조선의 불교가 일본과 밀접한 관계가 있다는 견해에 대해 과거에는 그랬을지 몰라도 조선왕조에 접어들어 불교를 극도로 배격한 결과 지난 500여 년간 불도(佛徒)의 사회적 존재의의는 희박해졌고 조선인들은 승려를 천시하기 때문에 조선의 불교에 적절한 사회적 지위를 보장해주는 것조차 어려운 일이라고 보았다. 뿐만 아니라 조선의 지식계급은 불교만이 아니라 일체의 종교를 배척하는 유학자들이기 때문에 이들의 '종교심(宗敎心)' 배양은 극히 어려운 문제로, '심전개발'이라는 것은 '개발(開發)'이 아니라

102_稻葉君山, 「內鮮文化の差別」 1, 『警務彙報』 311, 1932, p.62.(君山은 稻葉岩吉의 號.)
103_한긍희, 「1935~37年 日帝의 '心田開發'정책과 그 성격」 『韓國史論』 35, 서울대학교 국사학과, 1996.

'배양(培養)'해야 할 것이라며 '심전개발' 정책에 회의감을 품었다.[104]

이와 같이 이나바는 조선의 '정체'에 방점을 찍으며 강점을 '정체'를 해소할 수 있는 계기로서 긍정적으로 바라보았지만 일본법의 조선적용, '내선융화', '심전개발' 정책 등과 같은 '동화정책'에 대해서는 부정적이었다. 이는 당시 조선의 역사적 특성으로 '정체'를 거론하며 총독부의 역사 편찬 사업을 담당하던 이들이 조선총독부가 제시했던 '동화'와 그를 위한 정책에 대해 호의적이지만은 않았음을 시사해 준다.

한편 '정체', '사대', '모방', '가족주의' 등과 같은 조선의 역사에 대한 부정적인 상(像)을 가지고 있던 『朝鮮史』의 편찬자들에게 또 하나의 특징은 조선과 일본 혹은 조선과 다른 민족들 사이의 '관계사(關係史)'에 대한 편중된 관심을 보인다는 것이다. 이는 이나바에게서 부터 뚜렷하게 나타난다. 그는 1925년에 집필·발표한 「(朝鮮)民族史」에서 조선 민족을 이야기하기에 앞서 동북아시아의 여러 민족을 크게 '자발적인 문화를 가진 민족'과 '자발적인 문화를 가지지 못한 민족'으로 구분한다. 자발문화를 가진 민족은 한(漢)민족과 몽고(蒙古)민족 뿐이다.[105] 이들의 다른 편에는 '자발적인 문화를 가지지 못한 민족'이 존재했다. 그 가운데 가장 주요한 것은 몽고계 민족인 흉노와 대항하며 우월한 지위를 점하기도 했지만 결국 패퇴하여 '대륙의 실

104_稻葉岩吉, 「朝鮮社會の諸問題」 『朝鮮』 268, 1937, pp.16~18.

105_稻葉岩吉, 『朝鮮民族史』, 朝鮮史學會, 1925, pp.3~7. 稻葉의 의하면 漢民族은 자발문화를 가지고 자발문화의 기조 아래에서 진보를 이루어 一大民族系를 이루었으며, 蒙古民族은 '匈奴'라고 알려진 이들로 기원전 3세기 이래 이민족의 통일을 이루어 一大民族系를 이루고 중앙아시아 방면으로 교통하고, 漢民族의 생활양식에 많은 변화를 주기도 한 민족이다. 이들 두 민족이 '무력뿐만이 아니라 문화에 있어서도 쌍방이 함께 相讓'한 '동아대륙의 2대 주인공'이다.

패자'가 되는 동호계 민족이다. 그런데 조선 민족은 바로 만몽방면에 근거를 둔 동호계 민족으로, 이러한 의미에서 조선은 '만몽(滿蒙)에 있다고 하는 것이 적절'하다는 것이었다.[106] 이러한 그의 시각은 편수회 재직 기간 더욱 구체화되었는데, 당시 그는 조선의 역사를 조선 민족에 의한 것으로만 해석하는 것을 '국부적 견해(局部的 見解)'라고 비판하며 넓은 의의에서 '동양사의 일부'로 보는 '전국상 주의(全局上 注意)'를 기울여야만 한다며, 한·몽고·동호계 세 민족의 역학관계 속에서 바라볼 것을 주장했다.[107] 그는 한사군의 설치나 고구려와 수·당의 전쟁, 삼국의 통일, 고려와 송·거란·여진·원과의 관계, 조선의 건국과 전란 등 조선의 역사의 주요한 사건들을 한·몽고·동호계 민족은 물론 일본민족과의 관계 속에서 설명하였는데,[108] 이러한 이나바의 시각은 – 그에게서 많은 것을 배웠다고 회고했던 스에마쓰에게도 상당한 영향을 준 것으로 보인다. 『朝鮮史』 제1편의 편찬 중이었을 1931년 8월 스에마쓰는 고구려의 멸망을 신라의 통일과정에서만이 아니라 수·당의 요동경략이라는 측면에서도 관찰할 수 있다며, 중국 제국이 고구려를 정벌한 것은 중국이 통일되어 강력한 국가가 수립됨에 따라 '북적(北狄)–돌궐'과 '요동(遼東)–고구려'의 연결·동맹을 막고 '북적(北狄)'을 견제하기 위한 것이라고 해석하였다.[109] 즉 이나바와 스에마쓰는 대륙과의 관계 속에서 조선의

106_稻葉岩吉, 『朝鮮民族史』, 朝鮮史學會, 1925, pp.13~15. 이는 朝鮮史學會에서 행한 '朝鮮史講座' 중 分類史 講座 중 하나로 稻葉岩吉이 행한 '朝鮮民族史'의 내용이다.

107_稻葉岩吉, 「滿鮮史體系の再認識」(上), 『青丘學叢』 11, 1933, p.4.

108_稻葉岩吉, 「滿鮮史體系の再認識」(上)·(中の一)·(中の二)·(下), 『青丘學叢』 11·12·13·14, 1933. 이는 稻葉이 시도한 '만선사'의 체계화와 관련된 것이기도 하다. 이에 대해서는 정상우, 앞의 논문, 2013을 참고할 것.

109_末松保和, 「高句麗攻守の形勢」, 『青丘學叢』 5, 1931, pp.148~150.

고대사가 의미를 가질 수 있다는 시각을 공유했다고 하겠다.

다보하시 역시 조선사에 대한 관심은 '관계사(關係史)'라 할 수 있는 것이었다. 도쿄제대에서 국사학(일본사)을 전공하고 경성제대에서도 국사학 강좌를 담당하면서 『朝鮮史』 제6편을 편찬했던 그의 이력에서 알 수 있듯이 그의 관심은 일본사에서 출발하여 조선으로 확대된 것이라 하겠다. 다보하시는 사후에도 경성제대 국사학강좌를 담당한 이래 계속해서 '오로지 조선근대사(朝鮮近代史)의 업적(業績)을 쌓아 올렸'다고 평가되었다. 그가 이렇게 '조선근대사' 연구에 열중한 이유는 이 부분이 '연구의 처녀지(處女地)'였을 뿐만이 아니라 '조선근대사를 알지 못하면 일본근대사도 일본근대외교사도, 동양국제관계사(東洋國際關係史)도 알 수 없다'는 이유에서였다.[110] 즉 그는 일본사를 중심으로 조선, 더 넓게는 동양의 역사를 사고했던 것이다. 그런데 2장에서 살펴보았듯이 쿠로이타는 '일본사를 위한 조선사'라며 본국 정치인들을 설득해 『朝鮮史』 편찬 사업을 추진하였다. 제6편이 포괄하는 시기는 일본사와 직접적으로 관련이 있기 때문에 '일본사를 위한 조선사'라는 입장에서 가장 중요한 시기 중 하나로, 국사(일본사) 연구자로서, 일본사를 중심으로 한·중·일의 관계에 몰두하여 연구를 진행·발표했던 다보하시는 이를 수행할 수 있는 가장 적합한 인물이었다. 뿐만 아니라 편수회 당시 다보하시는 자신의 박사학위논문(「近代日鮮關係史の硏究」)도 준비하였는데, 이에 대해 편수회와 경성제대에서 시종일관 그를 지켜보았던 스에마쓰는 '저 거대한 저작(著作)은 田保橋씨의 스케일에서 쓰여진 것은 사실이지만 사료의 베끼기와 같은 것은 조선사편수회의 기구(機構)를 사용했습니

110_그렇기 때문에 '『朝鮮史』 第6編의 진행을 위해서는 그(다보하시)의 지식을 빌리지 않으면 불가능하다'며 쿠로이타가 직접 교섭하여 囑託했다고 한다.

다'[111]라고 회고하였다. 이처럼 『朝鮮史』 편찬이 자신의 학위논문을 위한 준비가 되는 것은 이나바의 경우와 마찬가지로, 다보하시에게도 『朝鮮史』 편찬은 학자로서 진일보할 수 있는 지름길이었다.

그의 연구는 한·중·일의 사료를 섭렵하고 근본사료라 할 수 있는 조선과 일본 정부의 미공개 문서들을 바탕으로 했기 때문에 실증의 측면에서는 어느 정도 인정을 받으면서도, 조선과 일본의 국제교섭이나 운요호 사건, 강화도조약 체결에 대해서는 일본측의 기록을 주로 하고 한국측 기록을 종으로 하여 조선의 개항을 조선측의 과실로서 서술한다고 평가되기도 한다.[112] 이처럼 일본사의 입장에서 조선사를 다루는 태도는 그가 『朝鮮史』 편찬을 담당할 당시의 발표했던 연구에서도 마찬가지이다. 그는 1876년 조선에서 근대문물 입수의 큰 기대 속에서 파견된 병자수신사(丙子修信使)는 그 구성, 활동 및 당시 상황에서 오는 한계 등으로 인하여 별다른 성과

111_黑板과 田保橋에 대한 末松保和의 발언은 旗田巍 編, 앞의 책, 1969, pp.84~86. 한편 田保橋의 박사학위논문은 통과되지 못했는데, 그 이유는 그가 논문에서 청일전쟁은 '日本陸軍의 陰謀'라는 견해를 밝혔기 때문이었으며, 이로 인해 이후 그는 양심적인 학자로 평가되곤 하였다. 하지만 최근 연구에 따르면 그의 논문이 거부된 이유는 논문에 일본의 국익에 반하는 내용이 담겨서가 아니라 학위논문으로 제출한 「近代日鮮關係の硏究」가 경성제대에서 조선총독부 중추원 이름으로 기발표한 것이었기 때문에 학위수여 자격이 문제시된 결과라고 한다.(하지연, 「다보하시 기요시(田保橋潔)의 『근대일선관계의 연구』와 한국근대사 인식」, 『崇實史學』 31, 2013, pp.170~171.)

112_金義煥, 「田保橋潔敎授의 韓國學上의 功過檢討」, 『韓國學』 11, 중앙대학교 한국학연구소, 1976, pp.12~14. 한편 최근에 田保橋에 대한 연구가 다수 발표되었다. 이들 연구는 田保橋의 저작 가운데 『近代日支鮮關係の硏究』(1930)와 『近代日鮮關係の硏究』(1940)를 주요 분석대상으로 하여 고종대의 조선의 정치에 대해 매우 비판적이었을 뿐만 아니라 일본의 침략을 합리화하기 위해 사료가 선별·해석되었음을 논증하였다.(하지연, 위의 논문; 박찬승, 「다보하시 기요시(田保橋潔)의 근대한일관계사 연구에 대한 검토」, 『한국근현대사연구』 67, 2013.)

를 거둘 수 없었음을 논증하였다.[113] 아울러 근대 조약과 국제정치의 관행에 대해 무지했던 조선을 일본의 '花房 공사(公使)가 난국을 맞아 완미한 구식외교를 타파하고, 신시대를 맞이하려는 정치가를 지도하여, 꾸짖을 것은 꾸짖고, 양보할 것은 양보'하여 근대화나 개항, 국제정치 등에서 '곤란한 조선국(朝鮮國)을 이끈' 것은 일본이라고 서술하였다.[114] 이는 기본적으로 통치자 – 일본사의 입장에서 근대 '일선관계(日鮮關係)'를 서술하여 '국사(國史)'의 범위를 조선으로 확장하는 것이었다고 할 수 있을 것이다.

이렇게 조선의 역사를 대외관계를 통해 바라보는 태도는 1930년대 들어서『朝鮮史』편찬을 맡게 되는 젊은 세대의 학자들에게도 뚜렷하다.『朝鮮史』제4편 10권(조선 선조대 중 임진왜란기)의 편찬을 담당한 마루가메는 고려 말의 대원(對元) 관계에 관한 논문을 발표하였다. 여기서 그는 '적폐누약(積弊累弱)한 원(元)이 고려를 동쪽의 방비로 삼아 정치적·사회적으로 문란한 고려를 이용억제(利用抑制)함으로써 겨우 그 여천(餘喘)을 보(保)하였다'[115]며 원(元)의 입장에서 고려와 원의 관계를 서술하고 있다.『朝鮮史』제4편 9·10권(조선 선조대)의 편찬을 맡았던 쿠로다는 임진왜란을 기본적으로 중국과 일본간의 전쟁이라는 전제 속에서 명(明)과 일본의 강화협상이라는 연구주제를 선택하여 임진왜란을 고찰하였다.[116]

이렇게 편수회에 부임하면서 조선의 역사를 연구하게 된 이들 뿐만이 아니라 대학시절부터 조선의 역사에 대하여 관심을 보였고 이를 계기로 편

113_田保橋潔,「丙子修信使とその意義」,『青丘學叢』13, 1933, pp.65~68.

114_田保橋潔,「近代日鮮關係史の一節(公使駐京及び國書捧呈に就いて)」,『青丘學叢』15, 1934, pp.66~67.

115 丸龜金作,「元·高麗關係の一齣(瀋王に就いて)」,『青丘學叢』18, 1934, pp.46~47.

116_黑田省三,「封册日本正使李宗城の奔還に就いて」(上)·(下),『青丘學叢』20·24, 1935·1936.

수회에 관여하게 된 나카무라도 '일선관계(日鮮關係)' 관련 사항에 관심을 집중하고 있었다.『朝鮮史』편찬이 진행될 당시 발표한 글들을 보면 그의 관심은 시종일관 조선과 쓰시마(對馬島)를 중심으로 한 양국의 관계와 임진왜란 당시 일본인 투항자, 포로 교환과 같은 문제였다.[117] 흥미로운 것은 그가 조선의 역사, 그 중에서도 양국의 관계사를 연구하게 된 계기이다. 말년의 나카무라는 왜 '일선관계사(日鮮關係史)'를 선택하게 되었느냐는 질문에 대해 '별다른 것은 없고 자연스럽게' 이 주제를 하게 되었다고 답했다.[118] 이는 당시 일본인 연구자들이 조선의 역사를 연구한다는 것은 곧 양국의 '관계사(關係史)' 연구, 바로 일본사를 해명하는 데에 우선적으로 필요한 부분을 연구한다는 분위기가 있었던 것은 말해주는 것은 아닐까?

앞 장에서도 언급했듯이 일본 학계에서 조선사에 대한 연구는 고대사를 제외하면 거의 이루어지지 않았지만 임진왜란으로 대변되듯이 양국의 관계 혹은 조선과 대륙의 민족들과의 관계 등과 같이 일본사의 해명에 관련된 부분만 연구되는 경향이 존재했다. 이러한 연구풍토 속에서 조선의 역사에 대한 접근은 스에마쓰의 경우처럼 '고대사' 아니면 – 나카무라의 대답처럼 '자연스럽게' – '관계사(關係史)'일 수밖에 없었을 것이다. 조선사에 대한 접근이 주로 고대사와 관계사를 통해 이루어지던 사정은 경성제대에서 조선사학을 전공하고 편수회에 관계했던 신석호나 다가와의 졸업논문 주제에서도 잘 드러난다. 더군다나 대학 졸업과 거의 동시에 편수회에 관

117_中村榮孝,「鮮初受圖書人考」(上)·(下),『青丘學叢』7·8, 1932; 中村榮孝,「鮮初に於ける歲遣船定約」(上),『青丘學叢』10, 1932; 中村榮孝,「所謂朝鮮王族金光の送還に就いて」,『青丘學叢』13, 1933.

118_中村榮孝, 앞의 논문, 1981, p.47.

여하게 된 비교적 젊은 세대들은 『朝鮮史』 편찬의 과정에서 이나바나 다보하시와 같이 학적 성과가 뚜렷한 이들에게 직간접적으로 영향을 받을 밖에 없는 상황은 이러한 경향을 더욱 부채질했을 것이다.

『朝鮮史』의 편찬자들이 일본사의 해명을 위해 다른 민족 혹은 국가들과의 관계 속에서 조선을 바라본다는 것은 이들의 시각과 연구가 일본을 중심으로 새로운 역사 공간 – '동양사'를 서술하고자 했던 메이지 이래 일본인 연구자들의 연구 과정 속에 위치하고 있음을 말해주는 것이다. 뿐만 아니라 '사대', '정체' 등으로 조선의 역사에 대한 상(像)을 내면화했던 『朝鮮史』의 편찬자들에게 조선은 그 자체만으로 인식할 수 없는 대상일 수밖에 없었을 것이다. 조선의 역사를 이해하기 위해서는 '사대'의 대상을 함께 고려해야 하며, '정체'된 사회에서의 변화는 외부로부터의 자극과 충격에 의해서만 가능하기 때문이다. 이러한 의미에서 이들의 시각과 연구에는 일본사를 해명하기 위한 조선사 연구, 식민지로서 조선의 역사에 대한 연구라는 두 가지 측면이 동시에 내재한다고 하겠다.

지금까지 살펴보았듯이 『朝鮮史』의 편찬자들은 당시 최고 학부에서 역사학을 전공했으며, 조선에 대해 '사대', '정체'와 같은 상(像)을 내면화하고, 조선의 역사를 주변과의 관계 속에서 파악했던 이들이었다. 이러한 이들에 의해 『朝鮮史』는 편찬되었다. 이들이 내면화한 조선의 역사상과 인식은 『朝鮮史』의 편별 구성에 반영되었다. 앞 절에서 살펴보았듯이 임진왜란, 병자호란, 개항을 포괄하는 시기의 『朝鮮史』(제4편 10권, 제5편 3권, 제6편 4권)가 다른 부분에 비해 활용하고 있는 전거 자료가 월등하며, 편찬 기간도 길었던 데에는 이러한 이유가 작용했던 것이다. 비록 『朝鮮史』는 강문과 전거로만 구성되어 있지만, 의식적으로든 무의식적으로든 일본 학계 및 당시 편찬자들의 조선의 역사를 바라보던 방식과 관심이 투영되어 있는 것이다.

그렇지만 사료의 정리와 제시는 자신들의 방식과 관심을 투영해도, 이를 이용자들에게 전달하는 데에 한계가 분명한 것이었다. 즉 의식적이든 무의식적이든 편찬자의 관심과 의도 아래에서 정리된 자료라 할지라도, 이용자가 해당 자료를 다른 맥락에서 사용해 버리며 필요한 사항에 대해 『朝鮮史』에서 제시된 전거 자료를 확인하며 연구를 진행한다면 『朝鮮史』 이면의 사항들은 전달될 수 없기 때문이다.

당시 편찬자들이나 관계자들 역시 이러한 한계를 인식했던 것으로 보이며, 『朝鮮史』가 발간된 이후에도 편수회는 지속하며 새로운 성격의 사업을 전개해 나아갔다. 다음 절에서는 마지막으로 『朝鮮史』 편찬 이후 편수회의 변화에 대해 살펴보겠다.

4. 『朝鮮史』 편찬 이후 朝鮮史編修會의 변화

1938년 3월 『朝鮮史』 제6편 제4권의 발간으로 1922년부터 진행되어 온 『朝鮮史』 편찬은 완료되었다. 1922년 12월 조선사편찬위원회규정의 제1조에서도, 또 1925년 6월 조선사편수회로 조직을 강화하며 관제를 발포했을 때도, 그 첫머리에 '『朝鮮史』의 편찬(編纂) 및 조선사료(朝鮮史料)의 수집을 담당한다'고 규정하고 있듯이 『朝鮮史』의 완간은 소기의 목적을 달성하여 편수회의 존재 이유가 사라졌음을 말하는 것이다. 실로 편수회에서는 1938년 6월 『조선사편수회사업개요(朝鮮史編修會事業概要)』를 발간하여 '반도사 편찬' 이래 지속된 역사 편찬 사업에 대하여 그 추이와 성과를 총정리하였다.

『朝鮮史』의 편찬자들은 1945년 이후에도 조선사편수회와 『朝鮮史』에 대해서는 상당한 자부심을 가지고 있었던 것으로 보인다.

> 조선사편수의 사업은 編年體史의 편수로 내용을 요약한 부분을 日本文으로 '綱文'으로 하고, 거기에 '史料'를 덧붙인 형태의 것인데.... **『朝鮮史』는 일본의 조선통치에서 두고 온 하나의 선물**인 것은 틀림없습니다.... 이 『朝鮮史』 편찬 사업은 朝鮮統治**의, 즉 정치의 일부분으로서** 『朝鮮史』 **편수**입니다. 여기에 하나의 **모순**이 있습니다. 그 모순이 무엇이냐면 식민지의 역사를 통치자의 손에 의해 편찬된다는 것은 통치의 한 가지 방편으로서는 유효한 방법입니다. 즉 총독부는 조선의 역사를 밝게 한다, 조선의 사료를 수집한다, 조선의 역사를 쓴다는 것에서 일부의 조선인을 기쁘게 했습니다. 반면 그것은 빠르게 한계를 드러냈습니다. **조선사 연구를 한다는 것은 조선 민족이나 조선 문화라는 것을 소생시켜 의식하게 하는 유력한 길**입니다. 그것은 처음에는 정치의 일환으로서 착수되었고, 또 인정받는 사업이었습니다만 진행됨에 따라 정치의 일단이 아닌 역방으로 즉 **逆效果를 초래**하지 않은 것은 아닐까 생각합니다.[119] (밑줄 및 강조는 인용자)

위의 인용문은 스에마쓰의 회고이다. 그는 여기서 『朝鮮史』는 일본이 조선에 준 '선물'이라며, 그 이유를 사업이 지닌 '모순'에서 찾고 있다. 식민 통치의 일환으로 시작되었지만 사업의 진행에 따라 오히려 조선인들의 민족의식을 각성시키게 되는 '역효과'를 초래한다는 것이다.

조선의 역사에 대해 부정적인 인식에 바탕하여 사건과 사료를 선택하더라도 사건에 대한 평가를 배제한 채 강문과 사료(또는 사료의 출처)만을 제시하는 것은 어떠한 역사상이나 사건과 사료의 선택 의도를 전달하는 데에는 한계가 뚜렷한 것이다. 또 식민지라는 상황에서 연구를 위한 사료를 총독부

119_旗田巍 編, 앞의 책, 1969, pp.79~80.

에서 장악하고 있었기 때문에 조선인들은 『朝鮮史』를 이용할 수밖에 없었을 것이다. '연월일이 분명한 사료'를 중심으로 제작된 『朝鮮史』에서 제시한 사료를 이용하여 – 그것이 식민통치를 위한 취사선택에 의한 의도성에 의한 것이라도, 해당 사료를 다른 맥락에서 사용해 버리며, 또 필요한 사항에 대해 『朝鮮史』에서 제시된 전거 자료를 확인하며 연구를 진행하는 것은 이른바 일본인 학자들이 그토록 강조한 연구 방법으로서의 '실증'을 확보하는 지름길이었을 것이고, 결과 '역효과'가 일어나기 쉬운 것이기도 하다.[120]

하지만 1945년 이후, 과거를 회상함에 있어 오히려 '역효과'를 초래한 것은 편찬에 깊숙이 관계한 사람에게 다행이라고 받아들여질 수도 있었다. 스에마쓰가 말한 '역효과'는 일본인 식민통치자에게 해당되는 것이기 때문이다. 스에마쓰는 위의 언급에 이어 다음과 같이 말하였다.

> 식민지에 있어 그 나라의 역사를 지배자·통치자가 쓴다는 것은 모순입니다. 출발은 정치의 방편이어도 최후에는 그렇지 않게 되는 쪽으로 점점 발전하게 되는 것은 아닐까 생각합니다. 이러한 점에서는 총독부 관리가 조선통치를 하는 것과 역사가가 조선의 역사를 편찬하는 것은 크게 입장이 다르다고 생각합니다. 총독부의 食祿을 받는 역사가는 '御用學者'라는 이름을 頂戴했지만 그것은 전면적으로 올바르다고 생각할 수 없습니다..... 나는 편수회에서 반을, 경성대학에서 반을 있었습니다.... 다른 면에서 보면 **경성대학에서의 조선 연구**는 각각 전문의 일반적인 이론을 가진 사람이 그것을 배경으로 **특수적인 조선 연구**를 한다는 것이기

120_『朝鮮史』 편찬에 관하여 조선인의 언급은 조선사편수회가 구성될 당시라고 할 수 있는 1925년, 1926년에 걸쳐 진 다음 3개의 사설이 전부인 것으로 확인된다.(「朝鮮史編纂計劃에 對하야」, 『東亞日報』, 1923. 6. 13; 「我史人修의 哀」(上, 下), 『東亞日報』, 1925. 10. 21~22; 「朝鮮史問題」, 『朝鮮日報』, 1926. 8. 8.)

때문에 **조선사편수회에서는 할 수 없었던 다방면의 업적**이 있습니다.....제가 다행이라고 생각하는 것은 총독부 손으로 朝鮮史를 한다는 것에는 한계가 있고 모순이 있는데, 그 모순이 그다지 발전하지 않고 구체화되지 않은 속에서 일본의 통치시대가 끝났다는 것입니다.[121] (밑줄은 인용자)

경성제대와 조선사편수회에서 8년 여, 경성제대에서 9년 여를 보냈던 스에마쓰는 양자를 비교하며 편수회가 '특수적인 조선연구'로 나아가지 않았다는 것을 다행스러워 하고 있다. 역사학자로서 스에마쓰가 말한 '특수적인 조선연구'는 바로 특정한 주제에 대한 역사 연구나 특정한 역사상을 제시하는 역사서술을 이야기하는 것이라고 할 수 있을 것이다. 결국 그가 1945년 이후의 시점에서 진정으로 하고 싶었던 말은 다른 식민통치책과 조선사편수회는 성격이 다르며, 편수회 사업은 조선의 역사에 특정한 역사상을 덧씌우는 것이 아닌 학문적 성격이 강한 것으로 조선인의 민족의식 강화에 자극을 주었다는 것이다. 때문에 스에마쓰는 자신을 비롯 '총독부의 식록'을 받았던 역사가들에게 덧붙는 '어용학자'라는 말을 잘못된 것이라고 하고 있다.

그렇지만 편수회가 '특수적인 조선연구'로 나아가지 않은 채 해방을 맞이했다는 스에마쓰의 언급은 잘못된 기억이 아니라면 사실에 대한 의도적인 왜곡이라고 볼 수밖에 없다. 편수회는 『朝鮮史』가 편찬된 이후에도 계속 존속하며 새로운 사업으로서 '특수적인 조선연구'를 진행했기 때문이다.

사업의 한편으로 각각 전문으로 하는 분야에 따라서 조선사와 관련한 과제를

121_旗田巍 編, 앞의 책, 1969, p.81.

설정하여 연구를 시도하고.... 이러한 형식의 編修 또는 硏究論文을 발표한 것은 계속 사업이 된 이후의 눈에 띄는 특색이며, 당초 『朝鮮史』 편수의 시대에 비교하여 큰 차이가 있었다. 修史事業이 개시되었을 때, 黑板박사는 이것이 국가사업이라는 것을 엄격하게 고려하여 『朝鮮史』의 편수에 대해서는 綱領 및 凡例를 정하여 형식과 내용 모두 이에 걸맞게 했으며, 이 사업에 종사하는 사람에게는 『朝鮮史』의 완성을 목표로 정력적으로 오로지 이 사업에 집중할 것을 요청하면서 편수에 동반되는 고증이나 연구과정을 발표하는 일에 대해서도 私見에 의해 公的인 입장에 累를 끼치지 않도록 신중을 기했다. 이러한 방식의 편수사업으로서는 당연한 것이었고 이때는 사료 수집을 목적으로 한 사업이었기 때문에 목록의 公刊이나 사료의 출판 등이 이루어져야 했던 것인데, 이는 편수사업으로서는 당연한 것이지만, 이번(『朝鮮史』 편찬이 끝난 이후의 업무: 인용자)은 대상으로 한 시대의 특수성 때문에 그 방향이 아닌 **현저한 硏究機關으로서의 성격**을 보이게 되었다.[122] (밑줄 및 강조는 인용자)

위의 인용문은 나카무라가 1953년에 서술한 조선사편수회에 관한 사항 가운데 『朝鮮史』 편찬 이후 편수회에 관한 내용이다. 여기서 나카무라는 앞서 스에마쓰가, 편수회는 연구업적을 내는 형태로 나아가지 않았다고 한 것과는 상반된 이야기를 하고 있다. 나카무라 역시 『朝鮮史』 발간 이전의 편수회에 대해서는 편수회가 연구 방면으로 나아가지 않은 것을 다행스러워 했던 스에마쓰와 같은 이야기를 한다. 하지만 나카무라는 『朝鮮史』 편찬 이후 편수회 사업의 가장 큰 특징이자 이전과 구별되는 점으로 '연구를 시도'한 것을 꼽았다. 특히 쿠로이타는 편수회에서 고증과 연구를 진행하는 것을 좋아하지 않았지만[123] 『朝鮮史』 편찬 이후로는 편수회가 연구를

122_中村榮孝, 앞의 논문, 1969, p.690.

진행·발간하는 '연구기관(研究機關)'으로서의 성격을 현저히 드러내었다며, 스에마쓰가 전하지 않는 이야기들을 하고 있다.

사실 『朝鮮史』가 완성될 즈음 『朝鮮史』의 주요 관계자들은 거의 편수회에 남아 있지 않았다. 2장에서도 언급했듯이 『朝鮮史』 제1·2편의 편찬을 책임졌던 이마니시는 이미 1932년에 사망했으며, 시종일관 편찬을 지휘한 쿠로이타는 편찬이 마지막 단계에 이른 즈음인 1936년 11월 군마현 다카사키시(群馬県 高崎市)의 사적조사 중 뇌일혈로 쓰러져 사망하는 1946년까지 투병생활을 해야만 했고,[124] 이나바는 『朝鮮史』 편찬이 사실상 끝나고 출판만이 남은 1937년 6월 26일 편수회를 사임하고 만주건국대학(滿洲建國大學)의 교수로 부임하하기 위해 조선을 떠나게 된다. 이들 외에 편찬에 깊숙이 관계했던 스에마쓰는 이미 1935년 경성제대에 조교수로 부임했고 나카무라 역시 1937년 6월 조선총독부 학무국으로 옮겨가며, 『朝鮮史』 편찬에서 중심적 역할을 담당한 이들은 모두 편수회에서 떠났다.

이러한 가운데 편수회의 실질적인 리더가 된 것은 다보하시였다. 『朝鮮史』 제6편의 편찬을 담당했던 다보하시는 이나바가 사임한 지 4일 후인 1937년 6월 30일 '조선사 편찬주임(朝鮮史 編纂主任)'으로 임명되어 이후 편수회 사업을 주관하게 된 것이다. 우선 『朝鮮史』 제6편을 편찬할 당시 자신을 보조했던 다가와를 수사관으로 하고, 역시 『朝鮮史』 제6편 4권의 편찬에 관계한 소노다를 수사관보로 하여 사업 진행을 위한 진용을 갖춘 다보

123_인용문에서도 中村은 黒板이 『朝鮮史』의 완성 - 사료의 수집과 정리·발간 - 에 영향을 주지 않도록 특정한 역사상을 제시하여 논쟁에 휘말릴 수 있는 개인적인 연구발표에 대해 신중한 입장이었다고 하는데, 이는 편찬과 관련된 사항의 외부발설을 꺼리며 연구와 고증의 외부발표를 금지하고 있었던 史料編纂掛와 비슷한 것이라 하겠다.

124_永原慶二·鹿野政直 編著, 『日本の歴史家』, 日本評論社, 1978, p.136.

하시는 당시 중추원 서기관으로서 편수회의 서무를 담당한 노세타니 간료(野世溪閑了)와 함께 새로운 사업을 계획하였다.[125]

다보하시가 주임이 된 이후에는 회의록이 전혀 남아 있지 않아 내부 논의 과정이나 어떠한 사업들을 계획·진행했는지는 알 수 없다. 그렇지만 앞서 인용한 나카무라의 회고에서도 드러나듯이 편수회가 연구기관으로서의 성격을 나타내게 되었으며 실제로 식민지배 말 조선사편수회의 이름으로 2권의 연구 성과가 제출되었다. 즉 『朝鮮史』 완간 이후 편수회의 사업은 연구서의 발간으로 변화한 것이다.

그렇지만 『朝鮮史』 발간 이후 편수회에서 연구서의 발간만을 진행한 것은 아니었다.

> 1938년 7월 11일 本會 第14委員會에서 朝鮮史編纂으로서 明治27年(1894년: 인용자) 日淸戰役부터 明治43年(1910년: 인용자) 韓國併合에 이르는 朝鮮近代史 編纂의 件이 上議되어, 그 準備로 이 年代에 관한 史料의 採訪·蒐集을 進行하기로 決定되었습니다.[126]

위의 인용문은 『朝鮮史』가 완간된 지 7개월 여 후인 1938년 10월 편수

125_中村榮孝, 앞의 논문, 1969, pp.688~689. 한편 野世溪閑了는 1897년 생으로 1922년 東京帝大 法學科(獨法)를 졸업했다. 田保橋와 野世溪閑了는 나이가 동갑이고, 東京帝大 동문이라는 공통점이 있다. 野世溪閑了는 대학졸업 직후인 1922년 11월 高等文官試驗에 합격하고 바로 조선총독부 全羅南道廳에 발령을 받은 이래 江原道 警察部 警務課長, 忠淸北道 警務部長, 總督府 警務局 등 경찰관계 부서에서 근무하다가 1934년 11월 中樞院 事務官을 맡게 되어 朝鮮史編修會 幹事로 편수회 일을 맡아 보게 된 인물이다.(朝鮮史編修會, 『朝鮮史編修會退職者履歷書綴』.)

126_朝鮮史編修會, 『東京·京都·廣島·山口史料採訪復命書』.(1938. 10.)

회에서 진행한 일본에서의 사료 수집에 대한 복명서의 일부이다. 이에 따르면 이번 사료 수집은 지난 7월 11일 회의에서의 결정사항, 바로 『朝鮮史』 이후의 시기인 청일전쟁부터 강점에 이르기까지를 대상으로 하는 '朝鮮近代史' 편찬을 위한 것임을 알 수 있다. 이 때 계획한 '朝鮮近代史'가 『朝鮮史』와 같이 사료를 수집·정리하여 발간하는 것인지 불분명하다. 하지만 『朝鮮史』 편찬의 후속작업으로서 사료 수집을 결정하고, 실제로 조사·수집활동을 벌인 것을 보면 '朝鮮近代史'는 『朝鮮史』와 같은 형태였을 것으로 추측된다. 즉 『朝鮮史』 편찬 이후 편수회의 사업은 과거와 같은 사료의 수집과 간행과 더불어 새로운 사업으로서 조선사에 대한 '연구서'의 간행, 2가지 방향으로 나아가는 것이었다.

『朝鮮史』 편찬의 연장이라고도 볼 수 있는 '朝鮮近代史' 편찬은 과거와 비슷하게 사료 수집을 우선적으로 진행했던 것으로 확인된다. 현재 국사편찬위원회에는 『朝鮮史』 출간이 끝난 이후의 '지방사료채방복명서(地方史料採訪復命書)' 3건이 소장되어 있다. 이를 시간 순으로 나열하면 다음과 같다.

표 19 | 國史編纂委員會 所藏 『朝鮮史』 편찬 이후 地方史料採訪復命書

문서명	담당자	수집 기간	주요 수집지역
東京·京都·廣島·山口 史料採訪復命書	田保橋潔	1938. 10. 13.~11. 8.	東京·京都·廣島·山口
吉林·新京·旅順·大連·奉天 史料採訪復命書	田川孝三	1939. 8. 16.~9. 2.	吉林·新京·旅順·大連·奉天
北支及中支出張復命書	田保橋潔 田川孝三 前田耕造	1942. 2. 26.~3. 27.	天津, 北京, 張家口, 濟南, 徐州, 南京, 上海, 杭州

이상의 사료 수집은 다보하시가 복명서에서 수집과정과 진행을 설명하면서 은연중에 '근대조선사(近代朝鮮史) 사료수집', '본회(조선사편수회: 인용자)가 계획하는 근대조선사(近代朝鮮史) 내용을 설명했다'라거나 '근대 조선사 편찬(近代朝鮮史 編纂)'과 같은 표현을 쓰고 있는 것으로 보아 편수회에서

기획한 연구서를 위한 것이라기 보다는 『朝鮮史』의 후속으로 계획한 '朝鮮近代史' 편찬을 위한 것이라 하겠다.[127]

'朝鮮近代史' 편찬을 위한 사료 수집은 단 3건에 대한 기록 밖에 남아 있지 않지만 〈표 19〉를 통해 보았을 때 다보하시와 다가와가 사료 수집을 주도했던 것으로 보이며, 조선 내 사료 보다는 주변 외국에서의 수집이 많았음을 추측할 수 있다. 주변 외국에서 사료를 수집하려는 것은 다보하시의 학문적 관심과 무관하지 않았을 것이다. 앞서도 언급했듯이 다보하시의 학문적 관심은 근대 한·중·일의 관계사였으며, 이를 위해서는 중국과 일본 등지에 대한 사료 수집이 간절했을 것이다.

남아 있는 복명서에 나타난 '朝鮮近代史' 편찬을 위한 사료 수집의 특징은 주요 도서관이나 관계 관청의 소장기록에 대한 조사가 많다는 점이다. 후술하듯이 수집을 담당한 이들의 주요 활동은 출장 지역의 주요 관공서와 도서관의 자료를 파악, 등사하는 것이었다. 이러한 양상은 『朝鮮史』 편수를 위한 사료채방 초기, 관청 소장 사료를 채방하던 당시와 비슷한 모습이라고도 하겠다. 그렇지만 '朝鮮近代史'의 대상시기인 1894년 7월부터 1910년까지는 채방 당시의 시점에서 멀지 않은 시기여서 당시를 살았던 이들이 생존해 있는 경우가 많았기 때문에 조사 과정에서 그들로부터 '실역담(實歷談)'의 청취를 도모하는데, 이러한 양상은 『朝鮮史』 편찬 당시에서는 찾아볼 수 없었던 모습이다.

가장 먼저 시도한 조사는 1938년 10월 근 한 달간 도쿄·교토·히로시마·야마구치에서 이루어진 다보하시의 조사·수집이다. 이 한 달여의 조사

127_朝鮮史編修會, 『東京·京都·廣島·山口史料採訪復命書』.(1938. 10.)

에서 다보하시는 1910년을 전후하여 한국 병합을 주도했으며, 조선통치에 가담했던 니시요츠쓰지 긴타카(西四辻公堯), 고마쓰 미도리(小松綠), 시데하라 타이라(幣原坦), 하야시 곤스케(林權助), 고다마 히데오(兒玉秀雄) 등의 인사를 직접 만나 편수회 사업의 필요성을 설명함과 아울러 1910년 전후의 사정에 대한 이야기를 듣는 한편 주요 사료의 소장 정보를 입수한다. 이러한 청취와 함께 그는 도쿄제대 사료편찬소, 문부성 유신사료편찬회, 궁내성 도서료(圖書寮), 외무성, 재단법인 미츠이문고(三井文庫), 사법성, 해군성, 데라우치문고(寺內文庫) 등 주요 관청과 사료보관소를 방문하는데 외무성, 미츠이문고, 사법성, 해군성 등지에서는 사료 열람에 많은 곤란을 겪었다. 궁내성의 경우 사료 열람의 허가를 얻는 데에만 4일이 소요되었다. 그나마 이렇게 허가라도 얻을 수 있었던 것은 운이 좋은 경우였다. 이노우에 카오루(井上馨)의 전기(世外井上公傳) 편찬에 사용한 사료 전부와 '이등박문비서류찬(伊藤博文秘書類纂)'에 이용된 사료의 일부가 인도되었다고 알려진 미츠이문고의 경우 이미 편수회에서 열람의 편의 제공을 요청했지만 답이 없던 상태였으며, 다보하시가 직접 방문하자 신청한 모든 사료들은 외무성에 있다며 교섭을 피했다. 외무성의 경우 사정이 더욱 좋지 못했다. 이미 외무성에서 진행하고 있던 '대일본외교문서(大日本外交文書)'의 편찬경과를 알게 된 다보하시는 열람의 어려움을 예상하여 외무성 방문 3일전 귀족원의원 남작(男爵) 시데하라 키쥬우로(幣原喜重郞)에게 부탁하여 외무성 보존기록열람에 관한 의뢰장을 받고 외무성을 방문하지만 사료열람을 거절당했다. 여기서 포기하지 않고 다보하시가 편수회에서 구상하는 사업에 대해 설명하고, 사료열람을 허가해 준 곳의 예를 들면서 사료 열람을 고집하였지만 결과는 열람을 희망하는 자료의 목록을 제시하고 돌아가 연락을 기다리라는 것이었다. 이로부터 2일이 지나서야 제시한 목록 가운데 '일한교섭약사(日韓交

涉略史)'와 '조선국 방곡사건 각서 및 방곡사건 부속서류(朝鮮國防穀事件覺書及び防穀事件附屬書類)' 2부만 열람 허가를 받았다. 이에 다보하시는 향후 외무성에서 '근대일본외교사(近代日本外交史)'를 편찬할 때 조선총독부와 조선사편수회, 경성제대에서 적극 돕겠다며 열람 허가를 요구했지만 이번에 결정할 수는 없다는 답변만을 들은 채 다음 해 협의를 기약하고 돌아서야만 했다. 이와 같은 지난한 교섭과정을 거치느라 다보하시는 이곳저곳으로 불려 다녀야 했으며, 이로 인하여 열람 허가를 받은 궁내성 자료도 1/3 정도만 조사를 마친 채 귀경하게 된다.[128]

이렇게 일본에서 '朝鮮近代史' 편찬을 위한 편수회의 사료채방이 어려웠던 이유는 무엇이었을까? 이는 대상 시기가 강점의 과정이기 때문이었던 것으로 보인다. 외무성의 요구대로 다보하시는 열람을 희망하는 목록을 제시했다. 그렇지만 외무성에서는 2부만을 허락했는데, 이 2부의 열람이 허가된 이유는 '조선총독부에서 등사해도 지장이 없다'는 것이었다. 그렇다면 나머지 열람이 허가되지 않은 자료들은 조선총독부 등과 같은 곳으로 유출되면 곤란하다는 것이다. 다보하시가 제시한 목록을 확인할 수는 없지만 그의 교섭과정을 살펴보면 '세외정상공전(世外井上公傳)'과 '이등박문비서류찬(伊藤博文秘書類纂)'의 편찬에 사용된 사료라는 것을 알 수 있다. 이노우에 카오루와 이토오 히로부미는 당시의 일본의 정치·외교에도 그림자를 드리운 이들이자 조선으로의 침략을 진두지휘한 인물들이다. 이들의 비밀자료에는 일본에서도 알려지면 곤란한 정치비사는 물론 조선으로의 침략과정이나 강점의 내막, 일본이 감추고자 했던 이면사를 다수 포함할 가능성이

128_朝鮮史編修會, 『東京·京都·廣島·山口史料採訪復命書』.(1938. 10.)

높지 않았을까. 이러한 이유로 일본에서의 채방은 지지부진할 수밖에 없었던 것으로 보인다.

반면 중국에서의 사료 수집은 매우 원활하게 진행되었다. 약 2주간의 길림·신경·여순·대련·봉천 등 만주 주요지역에 대한 조사와 수집에서 다가와는 봉천국립도서관, 봉천이나 대련에 있는 만철도서관, 여순의 고등법원을 중심으로 사료를 조사하였다. 특히 여순의 고등법원에서는 안중근 관계자료를 대거 조사·차입한 것이 최대의 수확이었다. 이외의 자료는 주로 봉천국립도서관에 모여 있었지만 이는 주로 '민국(民國) 이래'인 1911년 이후의 것이었기 때문에 1910년까지를 대상으로 한 당시의 편수 사업과는 관련이 적은 데다가 정리가 되지 않은 채 쌓여 있어서 정확한 조사는 불가능했다. 다가와는 다만 이러한 상황을 '만주는 최근에 점차 사료수집의 제1단(第1段)에 진입하여 이들 정비사업 등은 장래를 기다리고 있다'며 상황을 정리하고 '그 속에 간도 문제, 조선 서북 국경에서 유민 문제와 아울러 일청·일로전역(日清·日露戰役) 등 관계의 것도 있을 것'이라며 자신의 생각을 밝히며 출장을 마쳤다.[129]

다보하시와 다가와가 함께한 1942년 3월 근 한 달간의 사료 수집은 현재 확인할 수 있는 마지막 사료 조사이다. 둘은 천진, 북경, 장가구, 제남, 서주, 남경, 상해, 항주 등지에 있는 일본영사관이나 대사관을 방문하여 소장사료를 중심으로 조사를 진행하였으며, 그러한 과정에서 '구대한민국 상해가정부기록(舊大韓民國 上海假政府記錄)'을 열람하기도 하였다. 특히 문서에 대한 조사·수집과 함께 영사관, 대사관의 알선으로 해당지역의 조선인들

129_朝鮮史編修會, 『吉林·新京·旅順·大連·奉大史料採訪復命書』.(1939. 9.)

을 면담하거나 좌담회를 열어 조선인 사정에 대한 청취를 반복했던 것이 특징이다. 이 출장에 대해 다보하시와 다가와는 이전 만주 지방에서와 마찬가지로 사료가 거의 '미정리 상태'였으며 '출장일수가 짧아 북경·남경·상해에서 각종의 자료는 다행히 목록을 조제(調製)한 것에 불과'하다는 한계를 지적하면서 다음과 같은 말로 출장을 종결했다.

> 이들 대사관·총영사관·조사소에는 在支朝鮮人의 民族運動과 아울러 그에 따른 日支간의 외교교섭에 관한 풍부하고 귀중한 사료를 소장하였는데 거의 미정리 상태여서 本府에서도 다시 완전한 조사를 하여 부본을 작성한다는 것은 本會의 사업수행 상 긴요한 것일 뿐만이 아니라 조선통치 상에도 급무이다.[130]

이와 같이 1894년부터 1910년까지의 사정을 알려주는 사료의 조사·수집을 목적으로 했던 1938년 이후의 사료 수집은 앞선 일본에서의 채방처럼 오히려 당시로부터 그리 멀지 않아 당대와 직결되었던 만큼 채방의 어려움을 겪기도 했다. 그렇지만 담당자들은 간도 문제라던가 조선인의 민족해방운동에 관한 자료를 수집하면서, 이를 역사편찬만이 아닌 '조선통치 상 급무'라고 할 정도로 담당자 자신이 주도적으로 현재와의 관련 속에서 조사를 수행했던 것이다.

그렇지만 '朝鮮近代史'를 위한 사료 수집 사정을 알려주는 자료는 더 이상 남아 있지 않다. 태평양 전쟁 발발 이래 모든 예산과 물자들이 전쟁으로 집중되는 가운데 편수회 역시 사업을 위한 예산 확보도 어려웠을 것이며, 이는 '朝鮮近代史' 편찬에도 지장을 초래했을 것이다. 더군다나 당시

130_朝鮮史編修會, 『北支及中支出張復命書』.(1942. 3.)

편수회를 진두지휘하던 다보하시가 1945년 2월 26일 병으로 사망했다. 청일전쟁 이래 강점에 이르는 기간의 역사 편찬에 최적임자인 그의 죽음은 '朝鮮近代史' 편찬의 난항을 의미하는 것이기도 했으며, 다음 달 3월 전쟁의 격화에 따라 총독부의 사업들이 대거 정리되는 과정에서 '朝鮮近代史' 편찬은 중단되었다.[131]

'朝鮮近代史' 편찬은 다보하시의 죽음과 총독부 사업 정리로 중단되었던 반면 당시 편수회가 기획했던 또 하나의 사업, 바로 연구서의 발간은 실현되었다. 1944년 '조선사편수회연구휘찬(朝鮮史編修會硏究彙纂)'이라는 기획으로 2권의 연구서가 발간된 것이다. 이처럼 편수회가 연구기관으로서의 성격을 드러내는 데에 가장 큰 영향을 미친 인물 역시 다보하시였다. 다음의 인용문은 다보하시에 대한 스에마쓰의 언급이다.

> 田保橋씨는 연구자로서의 능력이 있을 뿐만이 아니라 役所의 관료적 성격을 좋아했던 사람입니다. 이쪽에서는(조선에서는: 인용자) 어떻게 해서라도 囑託같은 것 말고 主任이 되고 싶어 했던 사람입니다. 『朝鮮史』의 인쇄도 종료되었고 稻葉씨는 滿洲의 建國大學으로 갔으며, 中村군은 총독부 학무국의 편수관이 되었고, 저는 대학으로 갔기 때문에 田保橋씨가 편수회의 주재자가 되었습니다. 그때부터 자신의 방침으로 편수사업을 했습니다.[132] (밑줄은 인용자)

다보하시가 편수회와 『朝鮮史』 편찬에 어떠한 관계가 있느냐는 질문에

131_中村榮孝, 앞의 논문, 1969, pp.691~692.

132_旗田巍 編, 앞의 책, 1969, p.85. 1933년 田保橋가 『朝鮮史』 제6편의 편찬을 총괄하게 되었을 때, 修史官 정원이 다 차있었기 때문에 編修會와 관계를 처음 맺었을 때는 囑託으로 임명되었다.

스에마쓰는, 다보하시는 '관료적 성격'을 지닌, '주임'에 대한 욕심이 있었던 사람으로 묘사하며, 주임이 된 이후 '자신의 방침'을 관철했음을 시사하고 있다. '朝鮮近代史' 편찬이 『朝鮮史』와 시기만 달리하지 같은 성격과 방식의 사업임을 생각해 볼 때, 다보하시가 관철했던 '자신의 방식'은 연구서의 발간으로 보는 것이 타당할 것이다.

한편 2장에서 살펴보았듯이 조선사편수회 관제 작성시 그 원안이 되었던 것은 바로 유신사료편찬회관제(維新史料編纂會官制)였다. 그런데 편수회가 유신사료편찬회에서 받은 영향은 관제만이 아니었다. 편수회가 『朝鮮史』를 완간했을 즈음, 이 유신사료편찬회는 사료의 수집과 편찬을 넘어 메이지유신에 대한 연구서의 발간을 진행하고 있었으며, 이는 다보하시에게 영향을 주고 있었다. 이는 스에마쓰와 하타다의 대화와 더불어 다보하시의 이력과 1938년 이후 그의 행적을 살펴보면 보다 분명히 드러난다.

> 末松: 이 사업이(『朝鮮史』 편찬 사업: 인용자) 학문적 표방을 했고, 역시 정책적 성격으로부터 벗어난 것은 아닙니다….
>
> 旗田: 그 점에서 維新史料(維新史料編纂會: 인용자)를 모델로 하는 것과 무엇인가 관계가 있다고 생각합니다. 維新史料라는 것이 金子堅太郎인가 누군가가 그러한 형태로, 대단한 사람의 직속기관으로서 했습니다. 그러한 文部省 가운데, 史料編纂(史料編纂掛: 인용자)과 별개의 형태로 한 것입니다.
>
> 末松: 그래서 저 편찬 사업의 정치성이랄까, 그것은 부정할 수 없습니다.[133]

위의 인용문은 편수회가 정책적 성격으로부터 완전히 자유로울 수 없

133_旗田巍 編, 앞의 책, 1969, p.82.

다는 것에 대한 스에마쓰와 하타다의의 대화이다. 여기서 주목되는 것은 하타다의 발언이다. 하타다는 가네코 켄타로(金子堅太郞)와 같은 거물 정치인이 유신사료편찬회를 총괄했을 뿐만 아니라 사료편찬괘와 같은 대학부치가 아니라 '문부성'이라는 국가기관이 사업을 담당했다는 것을 이야기하며 유신사료편찬회와 사료편찬괘의 차이점을 지적하며, 편수회의 정책적 성격은 바로 이러한 유신사료편찬회를 모델로 하기 때문이 아닌가 하는 질문을 하였다. 이에 대해 스에마쓰 역시 정치성을 배제할 수 없다는 말로 답을 대신하였다.

한편 유신사료편찬회 역시 처음에는 사료의 수집과 정리를 목적으로 했지만 어느 시점에서부터인가 연구서를 발간했다. 1911년 유신사료편찬회가 처음 조직되었을 당시 총재는 이노우에 카오루였는데,[134] 그가 사망한 1915년부터 1942년까지 총재로서 유신사료편찬회를 이끈 것은 이토오 히로부미의 측근으로 메이지 정부에서 사법대신, 농상무대신, 추밀고문관 등 요직을 두루 거친 백작 가네코 켄타로였다. 바로 위의 인용문에서 하타다가 '대단한 사람'이라며 유신사료편찬회를 사료편찬괘와는 '별개로' 했다는 바로 그 인물이다. 그런데 유신사료편찬회에서 사료의 수집·발간을 넘어 통사(通史)로서 『維新史』를 편찬하게 된 것은 바로 총재 가네코가 강행한 것이었다.[135] 유신사료편찬회에서는 1938년 이래 『維新史』를 발간하고 있었음에도 1940년 이른바 '기원 2,600년'을 맞아 『개관유신사(概觀維新史)』를 발간하는데, 총재 가네코는 이에 대해 '기원 2,600년을 당(當)해 감히 이를 간행하여 조야(朝野)에 추천하고자 한다. 만일 세상 사람들이 이 책을 읽

134_「維新史料編纂局」, 『每日申報』, 1911. 4. 2.

135_箱石大, 앞의 논문, pp.48~49.

고 나서 메이지천황(明治天皇)의 광모(廣謨)를 배(拜)하고 유신지사(維新志士)의 심혼(心魂)에 촉(觸)하여 정신작흥(精神作興)의 자(資)로 삼는다면, 이는 나의 기쁨만이 아니라 실로 국가의 대행(大幸)'이라며 그 의의를 밝혔다.[136] 즉 전쟁이 한창이던 1940년, 소위 '기원 2,600년'을 기하여 일본국민들에게 충군애국사상을 고취하기 위하여 메이지유신에 대한 역사서술에 박차를 가했던 것이다.

대학졸업 후 다보하시의 이력은 바로 유신사료편찬회부터 시작된다. 1921년 3월 31일 도쿄제대 국사학과를 졸업한 다보하시는 바로 다음날 유신사료편찬회 사료편찬관보(史料編纂官補)로 발령받았으며, 1년 후에는 사료편찬관으로 승진하여 1924년 8월 15일까지 근무하였다.[137] 유신사료편찬회관제에 따르면 사료편찬관과 관보(官補)는 도합 12명 뿐인데, 다보하시는 유신사료편찬회의 중심적인 위치에서 3년 반 동안 편찬을 진행한 것이다.

다보하시와 유신사료편찬회의 끈은 그가 조선사편수회를 주재하게 된 이후에도 지속되었다.

10월 20일

文部省 維新史料編纂會에 가서 維新史料編纂官 大塚武松·藤井甚太郎·森谷秀亮·丸山國雄 諸氏를 만났다. 이곳에서는 이전 大日本維新史料稿本의 編纂에 從事한 것이 거의 30년이지만 올해부터 舊稿本을 整理하여 『大日本維新史料』를 印刷公刊하기로 결정하여 이미 그 제1편 제1권은 校了, 제2권을 인쇄중이다. <u>이와 동시에 『維新史</u>

136_維新史料編纂事務局, 『概觀 維新史』, 1940, pp.4~5.
137_朝鮮史編修會, 『朝鮮史編修會退職者履歷書綴』.

』 전6권, 『概觀 維新史』 1권, 『維新史綱要』 전10권을 편찬중이다. **이 事業은** 本會(朝鮮史編修會: **인용자)에 참고가 될 것이다.** 또 藤井・丸山 兩編纂官에게 현재 東京 各官廳 혹은 團體에서 明治時代의 記錄・傳記 등의 編纂事業 現狀을 듣고 필요한 기관과 연락을 취해달라고 부탁했다.[138] (밑줄 및 강조는 인용자)

위의 인용문은 앞서 살펴보았던 '朝鮮近代史' 편찬을 위해 1938년 10월 13일부터 11월 8일까지 근 한 달간 다보하시가 진행한 일본에서의 사료 수집 당시의 상황으로, 출장 후 그가 제출한 복명서의 일부이다. 10월 20일 그는 자신이 과거에 근무했던 유신사료편찬회를 방문하여 사료편찬관들을 만나 유신사료편찬회의 근황, 바로 메이지유신에 대한 사료집이 아닌 연구서를 발간한다는 것을 확인하며, 이러한 방식이 편수회의 사업에도 참고가 될 것이라고 생각하고 있다. 이러한 생각을 공문서인 복명서에 기재한 것은, 복명서의 수신자가 조선사편수회장이자 정무총감인 오노 로쿠이치로(大野綠一郎)였음을 생각해 볼 때, 사업의 변화 – 연구서의 발간을 간접적으로 건의하는 것이기도 하다. 또 당시 출장에서 다보하시는 일본의 다양한 기관을 둘러보는데 그러한 기관에 줄을 데는 것도 바로 유신사료편찬관들의 도움을 통해서 였다. 즉 다보하시는 편수회의 주임이 된 이래 자신이 과거 거쳐 온 유신사료편찬회를 연결고리로 하여 사료 수집에서의 편의를 확보할 뿐만이 아니라 새로운 사업으로서 연구서의 발간도 구상・건의하게 된 것이다.

이처럼 『朝鮮史』 편찬 이후 조선사편수회는 『朝鮮史』의 한계 – 강문과 전거만으로 구성되어 역사상을 제시할 수 없었던 점을 뛰어 넘을 수 있는

138_朝鮮史編修會, 『東京・京都・廣島・山口史料採訪復命書』,(1938. 10.)

연구서의 발간을 진행하는데, 이는 국가주도의 정책적 성격을 분명히 했던 유신사료편찬회의 사료편찬관을 경험한 다보하시를 매개로 하여 유신사료편찬회의 사업을 참조하며 이루어진 것이었다.

1944년 편수회는 지금까지 간행한 서적들 - 사료집, 색인집 - 과는 성격을 달리하는 2권의 연구서를 출간하며, 정책적 성격을 명시적으로 드러내었다. 『근대조선사연구(近代朝鮮史硏究)』(朝鮮史編修會硏究彙纂 第1輯)과 『조선통치사논고(朝鮮統治史論稿)』(朝鮮史編修會硏究彙纂 第2輯)가 그것이다.

『近代朝鮮史硏究』는 다보하시의 「近代朝鮮に於ける政治的改革 (第1回)」, 데라타니 슈조(寺谷修三, 신석호)의 「朝鮮成宗時代の新舊對立」, 다가와의 「近代北鮮農村社會と流民問題」, 이상 3편의 논문을 싣고 있으며, 『朝鮮統治史論稿』는 다보하시가 총독부에서 강연·발표했던 것을 잘라 옮긴 것이었다.[139] 다보하시, 신석호, 다가와, 이들 3인에 의해 편수회의 연구서 발간 계획이 실현된 것이다. 조선사편수회 최초의 연구서인 『近代朝鮮史硏究』에서 당시 정무총감으로서 조선사편수회장을 맡았던 다나카 다케오(田中武雄)는 '근대 동아사 연구상(近代東亞史 硏究上) 귀중한 노작일 뿐만이 아니라 조선통치상(朝鮮統治上) 얻기 어려운 참고자료'라며 편수회에서 연구에 힘써 '연구보국(硏究報國)의 성(誠)을 다하기를 기대한다'는 서문을 통해 편수회의 연구서 출판사업의 의미를 다시 한 번 확인하였다.[140]

『近代朝鮮史硏究』와 『朝鮮統治史論稿』에 실린 글은 식민주의 역사학으로 우리에게 알려진 역사상을 제시하고 있다. 위에서 언급했듯이 다보하시는 2편의 글을 발표하였는데, 제1집에 실린 논문은 갑오개혁을 다루고 있

139_田川孝三ほか, 「座談會 先學を語る - 田保橋潔 先生」, 『東方學』 65, 1983, p.181.

140_朝鮮史編修會 編, 『近代朝鮮史硏究』, 朝鮮史編修會硏究彙纂 第1輯, 1944, pp.1~2.

다. 그는 여기서 갑오개혁을 '일청전쟁(日清戰爭)에 따라 시국이 긴박해지자 조선관료 중 혁신분자(革新分子)가 일본국 정부(日本國 政府)의 전면적인 원조를 얻어 척족민씨(戚族閔氏)의 사대정치를 청산하고 메이지유신을 모방한, 이씨(李氏) 5백년 구체제(舊體制)를 타파하여 근대국가다운 태세로의 정비를 기도한 사업으로서, 근대조선사상(近代朝鮮史上) 최대의 사건'일 뿐만이 아니라 그 실패가 15년 후 '한국병합의 전제'라고 평가하였다.[141] 특히 그는 개혁이 대원군과 같은 수구세력에 의해 난항을 겪자 일본공사 이노우에 카오루가 내정개혁강령 등을 제시하였으며,[142] 이에 따라 김홍집·박영효 내각이 성립하였고 여기서 각종 내정개혁과 지방제도 및 군제 개혁이 이루어 졌음을 논하였다. 이렇게 일본에 의해 왕권을 제한하며 시작된 갑오개혁을 높게 평가하며 일본의 후원 아래 이루어 졌음을 논증함에 있어 다보하시는 갑오개혁과 관계있는 전교(傳教), 법률 등을 뽑아 근거로 제시하며 '실증성'을 높이고자 하였다. 그의 이러한 논의는 『朝鮮史』 편찬 당시 개항 이후 근대 문물의 수입이나 근대 국제정치에 대한 무지를 일본이 일깨워 주었음을 설파한 자신의 선행 연구들[143]의 연장선에서 그 시기를, 『朝鮮史』 편찬 이후 조선사편수회가 편수하려했던 '朝鮮近代史'의 대상 시기이기도 한, 1894년 6월 이후의 갑오개혁으로 확장한 것이라 하겠다.

반면 『朝鮮統治史論稿』는 강점에서 제3대 사이토 총독이 부임하여 이른바 '문화통치'를 표방·시행하던 시기까지를 대상으로, 주로 1910년대의 총

141_田保橋潔, 「近代朝鮮に於ける政治的改革(第1回)」, 『近代朝鮮史研究』, 朝鮮史編修會研究彙纂 第1輯, 1944, pp.2~3.

142_田保橋潔, 위의 논문, pp.122~141.

143_田保橋潔, 「丙子修信使とその意義」, 『青丘學叢』 13, 1933; 田保橋潔, 「近代日鮮關係史の一節(公使駐京及び國書捧呈に就いて)」, 『青丘學叢』 15, 1934.

독부의 각종 정책 – 구왕가(舊王家)와 조선귀족에 대한 대우, 총독부의 설치, 중앙관제, 지방관제, 문화적 제도, 산업 발달 등의 사항 등을 간략하게 두루 다룬 것이다. 이 『朝鮮統治史論稿』에 대해 다가와는 당시 총독부의 통치를 비판한 것이라며 높게 평가하였다.[144] 실제로 다보하시는 1910년대 학교 수의 부족이나 중추원 회의를 소집하지 않은 것을 조선인의 열망을 무시한 것이라고 서술하기도 하였다. 그렇지만 산업의 발달, 의료 시설 등에 있어서는 당시의 발달상황을 높게 평가하는 한편 사이토 총독 부임 이후 1910년대의 문제점들이 개선되었다는 논지를 전개하였다. 다보하시는 3·1운동 이후 총독문관제가 확립되었고 사이토 부임 이후로는 경찰권의 축소, 헌병경찰제 폐지, 중추원 회의의 개최, 언론활동 보장 등이 이루어졌다며[145] 총독부의 통치를 진보와 개선의 과정으로 서술하였다.

특히 이 책에 나타난 조선과 조선인을 바라보는 다보하시의 기본적인 관점은 주목된다. '조선은 일본의 식민지가 아니기 때문에 소위 식민정책이론을 조선에 적용할 수 없다'는 것이다. '조선인은 2천 년 전 과거로 돌아가 만세일계의 천황(天皇)을 봉대(奉戴)하여 일본인과 일체를 이루어 동등한, 충성용무(忠誠勇武)한 황국신민으로 복귀'한다는 '조선통치의 이념'이 '식민정책이론과 도저히 상용(相容)할 수 없'기 때문이다.[146] 이와 같은 서술은 『朝鮮史』 편찬 당시 다보하시 뿐만 아니라 다른 편찬자들에게도 찾아보기 힘든 것으로, 마치 강점 초반 조선과 일본의 지리적·인종적·문화적 근접성을 들어 '동화'를 합리화하고자 했던 1910년대 관료들의 발언과 비슷하다. 즉

144_田川孝三ほか, 「座談會 先學を語る - 田保橋潔 先生」, 『東方學』 65, 1983, pp.181~182.
145_田保橋潔, 『朝鮮統治史論稿』, 朝鮮史編修會研究彙纂 第2輯, 1944, pp.171~208.
146_田保橋潔, 위의 책, pp.1~3.

당시 전쟁 수행을 위하여 조선인에 대한 인적·물적 수탈이 자행되던 상황을 '천황'을 받들던 과거 '황국신민'으로의 '복귀'라고 선전하는 것이다.

한편 『近代朝鮮史硏究』에 실려 있는 신석호와 다가와의 논문은 조선시대에 대한 것으로 조선의 정치적 혼란을 부각하며 주변 국가들과의 외교관계를 중심으로 조선의 역사를 포착하던 당시의 연구 경향에 서있는 것이었다. 『朝鮮史』 제4편 가운데 중종대를 편찬하면서 기묘사화의 기원이 성종대 사림의 등장 이후 훈구세력과의 정권다툼에 있음을 논증했던 신석호는[147] 그 연장선에서 성종대 대의명분을 중요시하는 주자학을 수학하고 초야에서 일어난 신진사류(新進士類)와 고식적인 보수파였던 훈구재상(勳舊宰相)의 충돌이 연산군대의 무오·갑자사화를 낳는다는 것을 보여주고 있다.[148] 그가 말하고 있는 성종대 사림의 등장과 그로 인한 충돌이 훗날 사화의 발단을 이룬다는 것은 현재에도 받아들여질 수 있는 견해이기도 하다. 그런데 '조선은 유학(儒學)에 편중하여 대간·홍문관(臺諫·弘文館)과 같은 제도가 있었기 때문에 사화나 당쟁이 일어나기 쉬웠다'[149]는 결론은 조선이라는 국가가 마련한 대간과 홍문관이 유학 편중으로 인한 제도적 결함이며, 사화와 당쟁의 원인이 국가 제도에 내재해 있음을 의미하는 것으로도 읽혀진다.

다가와의 경우 19세기 이후를 대상으로 하는 『朝鮮史』 제6편의 편찬에 종사했지만 모문룡(毛文龍)과 조선의 관계를 다룬 학부졸업논문이나, 그가

147_申奭鎬, 「己卯士禍の由來に關する一考察」, 『靑丘學叢』 20, 1935.

148_寺谷修三, 「朝鮮成宗時代の新舊對立」, 『近代朝鮮史硏究』, 朝鮮史編修會硏究彙纂 第1輯, 1944, pp.304~305.

149_寺谷修三, 위의 논문, p.406.

『朝鮮史』 제6편 편찬 당시 발표한 논문[150]에서도 알 수 있듯이 학문적 관심은 조선과 대륙과의 관계에 있었다. 또 앞서 살펴보았듯이 1939년 만주지역(吉林·新京·旅順·大連·奉天)에 대한 사료 수집 당시 '간도 문제', '조선 서북 국경에서 유민 문제'에 대한 관심을 표명하기도 하였다. 그의 이러한 관심들은 「近代北鮮農村社會と流民問題」로 귀결되었다. 19세기 후반(哲宗 말에서부터 高宗代) 만주 지역으로의 유민을 소재로 한 이 논문에서 다가와는 당시 조선의 유민을 '조선인의 북방 진전'이라며, '시간적으로 양적으로 한인(漢人)의 만주 진출에도 충분히 대비'를 이룬다고 전제하고 있다. 다가와는 조선인들의 '북방으로의 진전'이라는 '발전적 기초'가 놓인 것은 '이태왕시대(李太王時代) 이주민에 의한 경제적 개발'이었지만 그 단서를 연 것은 철종 말년부터 발생한 '월경 유민 문제'라며 논문의 의의를 거론하고, 이러한 유민 발생의 원인에 대해 고찰하는 것이 논문의 목표임을 밝혔다.[151] 한편 다가와는 유민 발생의 원인을, 조선과 같이 '농업자연경제를 그 경제적 기초로 하는 봉건귀족사회'에서 지배계급이 농민을 자신들의 '생존적 조건으로서만 인식'한 채 '계급적 착취'를 거듭한 결과라고 지목했다.[152] 특히 조선의 북방지역은 '여진의 유종(遺種)'이 섞여 있는 지방이어서 중앙정부는 이 지역에 '격절주의(隔絶主義)'로 임했으며, 이로 인해 '북선(北鮮)'은 문화, 경제의 발달을 억압당하는 속에서 지방 지배계급의 '횡폭무단(横幅武斷)'이 극성을 이루었다는 서술은 – 그 진위를 차치하고서라도 – '북선'의 지역적 특

150_田川孝三, 「瀋獄問題に就いて」(上), 『青丘學叢』 17, 1934.

151_田川孝三, 「近代北鮮農村社會と流民問題」, 『近代朝鮮史研究』, 朝鮮史編修會研究彙纂 第1輯, 1944, p.409.

152_田川孝三, 위의 논문, pp.409~411.

성에 착목한 것으로 매우 흥미로운 것이다. 다가와는 이러한 '북선'의 지역적 특성이 그 지역 농민의 만주 이주를 이끌었으며, 순조 이후 정치의 문란과 기강의 쇠이로 범월(犯越)에 대한 정부의 정책이 무의미해진 결과 광범위한 유민이 발생했다고 보았다.[153] 즉 '유민의 범월'은 '북선'의 지역성 - 중앙 정부의 '격절주의(隔絶主義)'로 지방 지배층의 전횡이 극성인 지역 - 과 19세기 이래 조선의 정치적 혼란 - 왕권의 약화로 인한 지방에 대한 지배력의 이완 - 이 결합하는 가운데 발생했다는 것이다. 이러한 설명 역시 조선의 정치적 혼란을 식민지화의 원인으로 꼽았던 일본인들의 시각과 근접해 있다. 그런데 특히 주목되는 것은 이렇게 발생한 유민으로 인하여 '청정부(清政府)와 문제' 바로 '영토귀속문제'가 일어났다며 만주에 대한 영유권 문제를 암시하는 글의 결론이다.[154] 19세기 후반 만주로 떠난 조선의 유민을 한족(漢族)의 만주 유입과 대비시키며, 조선 유민에 의해 만주의 경제적 개발이 이루어질 수 있었다는 것은 만주에 대한 일본의 영유권을 주장하는 데에 근거로 작용할 수 있는 사항이기도 하다. 즉 그는 조선의 유민을 조선에 대한 부정적인 상(像)과 연결하면서도, 이를 통하여 만주에 대한 일본의 영유권이 정당하다는 것도 동시에 이야기했던 것이다.

이처럼 조선사편수회에서 발간한 연구서가 담고 있는 내용들은 필진들이 과거부터 진행해 오던 작업과 관심의 연장선에 있으면서도 사화·당쟁, 정치적 혼란으로 인한 만주로의 유민 발생, 개항을 전후로 하여 국제정세와 근대 문명에 무지했던 조선에 대한 일본의 지도 등과 같이 강점 이래 일본인들에 의해 제기된 조선에 대한 역사상을 정교화한 것이기도 하였다.

153_田川孝三, 위의 논문, pp.618~619.
154_田川孝三, 위의 논문, p.624.

앞서 언급했듯이 '朝鮮近代史' 편찬은 중단되었던 반면 연구서의 발간은 계속 진행되었다. 다보하시가 사망하자 학무국에 근무 중이었던 나카무라에게 편수회 업무를 담당케 하면서까지 연구서의 간행을 지속했던 것이다. 나카무라는 당시에 대해 이때는 전쟁의 막바지로 모든 것을 전쟁수행에 집중했기 때문에 실시가 불가능한 지방에서의 사료 수집은 중단했지만 '유의의(有意義)한 연구'는 계속하여 '일선관계사(日鮮關係史)'를 비롯하여 '조선국제정치사(朝鮮國際政治史)', '조선민족사상사(朝鮮民族思想史)', '조선동란사(朝鮮動亂史)' 등 중요한 과제를 채택하고, 편수회 수사관으로 승진해 있던 신석호·다가와 및 수사관보 쿠로다·소노다가 각각을 분담하여 연구를 개시했다고 한다. 이에 따라 '조선편수회연구휘찬 제3편(朝鮮史編修會硏究彙纂第3輯)'으로 다보하시의『近代日鮮交涉史硏究 - 甲午改革より韓國併合まで』·쿠로다의『中世日鮮貿易の本質』의 출간을 진행하였다고 했다. 이렇게 전시하에서도 연구 사업만은 지속될 수 있었던 이유에 대해 나카무라는 '총독부 당국자에 의해 조선의 시국적 지위가 중요해져 그 정치, 문물이 내외의 관심을 불러일으키던 때여서 기본적 연구의 발표는 '연구보국(硏究報國)'의 취의(趣意)에 들어맞는 것이라고 이해되었기 때문'[155]이라고 밝혔다. 즉『朝鮮史』 편찬 이후 전쟁이 격화되는 가운데 조선사편수회 사업의 중심은 '학술적 성격'만을 강조했던 사료의 수집·정리에서 '보국(報國)'으로서 연구서의 발간, 바로 현실의 합리화를 위한 연구 주제의 선택과 서술로 옮겨졌으며, 이러한 가운데 편수회의 '정치적 성격'은 분명해 졌다.

155_中村榮孝, 앞의 논문, 1969, pp.691~692.

결 론

지금까지 조선총독부의 역사 편찬 사업을 조선사편수회의 『朝鮮史』 편찬을 중심으로 살펴보았다. 이를 정리하면 다음과 같다.

강점 이후 5년이 채 안된 1915년 7월 조선총독부는 '朝鮮半島史' 편찬 사업을 개시하였다. 당시 한말 이래 거세진 조선인들의 역사의식은 『韓國痛史』, 『東史年表』 등으로 표면화되고 있었다. 제1차 세계 대전의 승리나 공진회의 성공적인 개최로 조선통치를 자신하게 된 조선총독부는 '정신적 동화'를 강조하며 교육·종교와 같은 문화적 방면에 대한 정책을 강화하는 가운데 조선인의 역사인식을 부정하면서도 통치기조인 '동화'를 합리화하고, 식민지화의 원인을 조선의 역사에서 찾으며, 식민통치를 '문명개화'로서 평가하고자 '반도사 편찬'을 개시했다. 이를 위해 쿠로이타 가쓰미, 이마니시 류우, 미우라 히로유키와 같은 당시 일본 학계의 대가들을 편집위원으로 임명하여 편찬의 중심을 잡게 했다.

'반도사 편찬'은 '신뢰할 만한 사실을 기초'로 '일선(日鮮)이 동족(同族)'임과 '상고(上古)에서 이조(李朝)에 이르기까지 군웅(群雄)의 흥망기복(興亡起伏)과 역대의 역성혁명(易姓革命)으로 인해 중민(衆民)이 점차 피비(疲憊)해지고 빈약(貧弱)에 빠진 실황을 서술하여 금대(今代)에 미쳐 성세(聖世)의 혜택으로 비로소 인생의 행복을 다한 수 있었다는 사실을 상술(詳述)'하는 것에 주안점을 두었다. 편찬을 위한 자료 수집이 난항을 겪는 가운데 과거 구관조사사업을 위해 취조국과 참사관실에서 수집했던 도서를 자료로서 활용하고, 기왕의 도서 해제와 사료에 대한 발췌 작업을 확대하여 사부(史部)의 도서를 중심으로 1,300여 책의 해제가 추가되는 한편 '왕조실록'과 같은 관찬 편년사서 뿐만이 아니라 개인 문집류에 대해서도 사료의 발췌가 진행되었다.

편찬의 중심을 이루었던 편집위원들은 일본과 밀접한 관계가 인정되는 남부 조선을 중심으로 조선의 역사를 재편하면서 단군이나 고구려로 대변되는 북방의 역사를 조선사에서 배제하려는 태도를 보였다. 특히 고대 조선과 일본의 관계에 대한 편집위원의 이견은 종족적으로는 동일하지만 민족적으로는 구별된다는 수준에서 정리가 되었는데, 이는 '동화'에 대한 가능성을 확인하면서도 현실에서의 조선인에 대한 차별을 설명할 수 있는 것이었다. 비록 완성되지 못하여 국망의 필연성과 식민통치의 의의가 어떻게 서술되었는지는 확인할 수 없지만 임시목차를 통해 보았을 때, 외세에 의한 혼란과 사대를 강조하여 국망의 필연성을 도출하면서 총독부 통치 이래 각종 제도에서 '문명개화'가 이루어졌음을 부각하고자 했음을 알 수 있다. 이는 사업의 목표만이 아니라 서술에서도 '반도사 편찬'의 정치적 성격을 분명히 보여주는 것이다.

그렇지만 3·1 운동이후 『朝鮮史』 편찬이 공식화됨에 따라 '반도사 편찬'은 중단되었다. 3·1운동은 조선인들에게 민족정신을 일깨우는 중요한 계기였지만 일제 역시 조선인들의 민족적 정체성을 확인하게 되었다. 특히 조선인들의 자국사 연구는 더욱 고조되어 민족 고유의 역사적·문화적 기원으로서 단군에 대한 인식은 상식화되었을 뿐만 아니라 발전적 시각에서 역사를 체계화하고자 하려는 시도도 나타났다. 총독부 관료나 일본인 역사가들도 더 이상 조선과 일본의 '동족'을 강조하거나 조선의 역사를 폄하하는 것이 조선에 대한 통치정책이 될 수 없다는 것을 확인하게 되었다.

이후 조선총독부의 역사 편찬 사업은 조선사편찬위원회가 구성되고 곧 이어 조직이 조선사편수회로 승격·강화되며 진행되었다. 그런데 이는 '반도사'와 같이 특정 역사상(歷史像)을 제시하는 통사(通史)의 서술이 아닌 조선의 사료에 대한 수집·정리와 이를 바탕으로 한 『朝鮮史』 편수를 목표로 한 것이었다.

조선사편찬위원회와 조선사편수회의 사업은 메이지유신 이후 일본의 역사 편찬 사업 – 바로 사료편찬괘(史料編纂掛)와 유신사료편찬회(維新史料編纂會)의 영향을 받으며 이루어졌다. 특히 사업을 지휘한 쿠로이타는 도쿄제대 교수로서 사료편찬괘와 밀접한 관계를 맺고 있었다. 쿠로이타는 사업을 준비하며 교토제대 교수 나이토 코난과 상의하며 사업을 자신의 수중에 두기 위하여 새로운 역사 편찬 사업을 담당할 인물의 인선에 세심히 신경썼다. 『朝鮮史』 편찬 이전까지 조선과 별다른 관계가 없던 이나바 이와키치가 사업의 실무를 총괄하게 된 것을 시발점으로 하여 나카무라 히데다카, 스에마쓰 야스카즈 등 '쿠로이타 문하의 준재'라고 평가되는 제국대학 출신의 새로운 인물들이 사업에 속속 가담하여 편수회의 중추를 이루게 된 것이다. 이처럼 새로운 인물들이 사업을 주도하게 됨에 따라 이전 총독부에서 진행했던 연구·조사사업에서 중심적인 역할을 했던 오다 쇼고나 이마니시 류우 등의 입지는 줄어들게 되었으며, 이는 결국 편수회 내에서 갈등을 야기했고, 이마니시의 사표제출로 폭발하기도 하였다. 그렇지만 쿠로이타나 이나바는 이마니시를 『朝鮮史』 편찬의 마지막 작업인 '심의(審議)'에 참여시키며 편수회 내에서 그의 위상을 어느 정도 확보해 주는 것으로 무마하며 지속적으로 사업을 장악하였다.

사업은 본격적인 『朝鮮史』 편찬이 계획되었던 1927년 즈음 편찬을 위한 역할분담이나 범례 등이 정해지고, 이에 따라 1932년 『朝鮮史』 제1편 제1·2권이 발간된 이래 한 권씩 간행되었다. 그렇지만 소수의 인원을 중심으로 업무가 진행된 데다가 사료의 조사·수집에 따라 사료가 증가하는 데에 반해 관계자들의 사망·전직 등으로 인력이 감소하는 어려움 등으로 1938년 3월이 되어서야 제6편 제4권의 발간을 끝으로 『朝鮮史』 간행은 일단락 지어졌다.

한편 '반도사 편찬' 당시 사료 수집에 어려움을 겪은 데다가 새로운 편찬 사업이 사료의 수집과 간행을 표방했던 만큼 조선사편찬위원회와 조선사편수회에서는 사료의 수집에 많은 시간과 노력을 할애하였다. 직접 지방에 가서 사료를 수집하는 것이 일반화되고, 일본 사료편찬괘의 사료 수집 규정을 참고하며 '사료채방내규(史料採訪內規)'를 만들어 일괄적인 수집을 추진하였으며, 사료 수집을 위한 출장 이후에는 복명서를 제출하여 채방과정과 결과를 알렸다.

사료 수집은 초기 그 소재에 대한 정보가 없는 가운데 시행착오를 거치며 관청과 같은 가시적인 성과를 낼 수 있는 곳을 대상으로 하다가 점차 민간으로 확대되었다. 민간에서의 조사는 언어 문제를 해결하기 위해 조선인과 일본인이 한 조로서 이루어지는 경우가 많았고, 지방관청의 도움과 협조 속에서 이루어졌다. 조사 지역에 가면 가장 먼저 지방관청-보통은 군청(郡廳)-에 들러 협의 후 수집에 나섰으며, 지방관청은 안내인 알선, 관청 소장 자료의 기증을 비롯하여 지역유지를 소집해 사업을 알리고 사료 기증을 독려할 기회를 만들어 주었다. 뿐만 아니라 사료소장자에 대한 정보를 알려주거나 담당자들이 도착하기 전 사료를 미리 군청에 모아 두기도 하고, 사정상 당장 차입이 곤란할 경우 사후 이를 대행해 주는 등의 조치를 취했다. 이처럼 군청과 밀접한 관계 속에서 채방이 이루어지다보니 역사에 대한 군수의 관심에 따라 채방 성적이 좌우되는 경우도 있었지만 관권과 결탁한 채방은 많은 편의가 있는 것이었다.

조사 지역의 선정은 담당자의 관심 혹은 『朝鮮史』 편찬에서의 업무를 고려하여 이루어졌다. '만선사가'로서 자신을 위치지었던 이나바의 경우 주로 조선의 북부지역이나 그에 접한 만주 지역을 담당하였으며, '당쟁'을 야기한 학술사의 해명에 관심이 있었던 홍희는 충청·전라·경상도 등 주로 성리학적 유래가 깊은 곳을 조사하며 이른바 '명문구가'의 자손들을 만났다. 이처럼 자신의 학적 관심과 관련된 지역을 조사함에 따라 사료의 발견은 보다 쉬웠다. 또 『朝鮮史』 편찬에서 고대사 부분인 1, 2편을 담당했던 스에마쓰는 주로 고대사 관련 유적과 발굴현장을 조사하고 유물 전람회 등을 시찰하며 사료 수집을 진행했으며 6편을 담당했던 다보하시, 다가와는 동학농민전쟁과 밀접한 충남과 전라도 일부를 담당했는데, 이들은 그와 관련된 장소를 답사하고 당시의 상황을 청취하며 수집을 진행하였다. 이러한 사료 수집은 『朝鮮史』 편찬을 위한 것임은 물론 담당자 개인에게 연구 진전의 계기로 작용했을 것이다. 『朝鮮史』 편찬 과정에서 수집·정리된 자료를 바탕으로 이나바와 다보하시가 박사학위논문을 작성한 것이나 편찬을 담당한 이들이 수집된 자료를 바탕으로 『靑丘學叢』의 지면을 빌려 발표한 연구 논문들은 이를 잘 보여준다. 이렇게 진행된 편찬위원회와 편수회의 사료 수집 결과 『朝鮮史』 간행 당시까지 4,950책(冊)과 4,510매(枚)의 사진, 453점의 문권(文券)·화상(畵像)·편액(扁額)을 수집하여 편찬에 활용할 수 있었다.

그런데 사료를 수집·정리하여 간행하는 역사편찬의 방식은 역사 연구의 전제가 되는 사료를 집대성하여 제시할 뿐 특정한 역사상(歷史像)을 그려내지는 않는다는 점에서 사업의 학술성 내지는 공정성을 과시할 수는 있지만 침략과 식민통치를 합리화하는 데에는 한계가 분명한 것이기도 했다. 흥미로운 것은 제국 일본의 또 다른 식민지였던 대만의 총독부에서 진행한 대만의 역사 편찬 사업도 조선총독부의 그것과 동일한 궤적과 방식 - 바로 일본 사료편찬괘에서 간행한 『大日本史料』의 방식과 비슷하게 사료의 수집과 정리라는 방식으로 이루어졌다는 점이다. 즉 식민제국이었던 일본은 식민지의 역사 편찬 사업을 본국과 같은 방식, 바로 사료의 수집·정리 및 간행을 통하여 이루어내었던 것이다.

일본에서 역사편찬과 서술의 과정, 특히 지방사 서술의 추이를 보면 중앙 권력이 주도하여 사료를 수집하고 편년에 맞게 정리해 간행하는 역사편찬의 방식은 지방분권의 전통이 강한 일본에서 지방의 역사적 독자성을 인정하면서도 그에 대한 역사적 근거를 중앙에서 '실증성'을 보장한 사료가 담보해 주는 것이었다. 즉 지방사의 실증성을 중앙정부에서 간행한 정사(正史)가 보증하는 것으로, 지방사의 학문적 가치 - 실증성 - 를 높여주는 한편 국사에 대한 지방사의 추종, 나아가서는 지방사 연구 배후에 있는 향토의식을 국가에 귀속시키는 것이라고도 할 수 있는 것이었다.

이러한 점을 고려할 때 '사료의 수집과 편찬'이라는 식민지 조선과 대만의 역사 편찬 사업은 일차적으로 침략과 식민통치를 합리화할 수 있는 역사상을 제시할 경우 발생할지도 모르는 식민지인들의 반발을 미연에 방지하면서 사업의 학술성과 공정성을 선전할 수 있는 방식임은 물론 조선사와 대만사 서술에 있어 총독부라는 중앙권력이 역사학에서 요구하는 실증성을 담보해주는 것으로, 식민지의 역사 연구를 식민권력에 의존시키며 장기적으로 식민지의 역사를 제국의 지방사로서 포섭할 수 있는 가능성을 연 것이라 하겠다.

특히 조선에서 이러한 역사편찬방식은 식민지에 대한 본국의 간섭을 강화하고자 표방된 '내지연장주의' 아래에서 신임 총독 사이토가 제시한 조선의 문화·관습의 존중과 장래의 지방자치 실시라는, 이른바 '문화통치'에도 부합하는 것이었으며, 당시 일본 학계의 조선사 연구의 수준에도 적합한 것이었다. 또한 사업은 연구 기반이자 관권이 동원될 때 효과적인 사료의 수집과 발간에 주력하면서 처음부터 '공정한 학술적 입장'을 표방하며 진행되었고, 조선인들의 반발 역시 잠재울 수 있었다.

수많은 사료들을 바탕으로 편찬된 『朝鮮史』는 '신라 혁거세 거서간 원년(新羅 赫居世 居西干 元年)'인 B.C 57년부터 청일전쟁 전인 1894년 6월까지를 6개의 시기로 구분해 총 6편 35권으로 구성되어 있다. 이 중 4·5·6편에 해당하는 24권은 조선시대에 해당한다. 이는 똑같은 6편으로 구성하려 했지만 그 중 3편을 고대사에 해당하는 사항으로 채웠던 '반도사'와는 다른 양상으로, 『朝鮮史』의 편찬관계자들 역시 『朝鮮史』 편찬에서 가장 주의를 기울인 것이 조선시대임을 밝혔다.

한편 『朝鮮史』는 왕조를 중심으로 시대를 구분하여 '신라-고려-조선'으로 조선사를 체계화하였다. 고대사에 관한 사항들은 조선과 일본 양측 모두에서 연구가 활발했기 때문에 『朝鮮史』 1·2편에 해당하는 '단군'으로 대변되는 기원문제나 '발해'의 수록 여부를 둘러싸고 조선인 위원들의 질문과 이견이 있었다. 해당부분의 편찬 담당자인 이마니시는 1편만은 편년체로 편찬하지 않는다며 '단군'을 비롯한 연월일이 불명확한 다양한 사항들의 수록 가능성을 내비치며 조선인 위원들의 질문을 잠재웠지만, 결국 다시 편년체에 따라 '조선', '일본', '중국' 각각의 사료를 간행하는 것으로 변경하며 '단군' 등의 사항을 고구려와 관련된 것으로 치부하였다. 또 고대사 해당 부분은 사료의 양이 절대적으로 적어, 사료의 취사선택이 금방 드러나기 때문에 자신들이 정해 놓은 편년체라는 틀 안에 최대한 수록하지만, 조선 사료의 신빙성을 떨어뜨리는 방식으로 사료를 배열했다.

고대사만큼은 아니지만 사료의 분량이 많지 않다고 지적되어 온 고려시대에 해당하는 『朝鮮史』 3편의 경우 7권으로 구성되었는데, 고려의 정치·사회 등의 내부 사정보다는 송·요·금·원과 고려의 관계를 해명할 수 있는 사료에 집중한 것으로 보인다. 특히 고려를 통한 원과 일본의 관계는 제3편의 편찬자들이 가장 중요시했던 사항이었으며, 이는 제3편의 편찬을 총괄한 이나바의 시각 및 관심과 일치하는 것이기도 하였다.

『朝鮮史』에서 가장 많은 부분을 차지할뿐더러 편찬자들이 가장 심혈을 기울인 조선시대는 크게 전기·중기·후기 3편으로 나누어 총 24권으로 구성되었다. 그런데 『朝鮮史』에서 활용한 전거 자료의 수를 보면 동서분당이 이루어지고 임진왜란이 발발한 선조대, 병자호란을 전후한 광해군·인조대, 환국과 같은 정치적 변동이 심했던 숙종대, 개항을 전후하여 일본을 비롯한 외국과의 접촉이 많던 고종대가 다른 시기에 비해 상대적으로 많다. 이는 당시 편찬에 있어 심혈을 기울인 부분이 어디였는지를 보여주며, 각 편의 편찬자들의 관심 사항이 벌어진 시기에 더 많은 전거 자료가 활용된다는 공통점을 보인다.

한편 강점 이래 구관조사사업의 일환으로 조선왕조실록 등의 관찬 편년사서, 또 '반도사 편찬'을 위해 개인 문집류에 대해서도 발췌작업이 진행되었다. 『朝鮮史』의 전거 자료를 이들과 비교해 보면 상당부분 중복되는 것을 알 수 있다. 이는 『朝鮮史』가 구관제도조사사업이나 '반도사 편찬'과 목적, 형태와 방식을 달리하지만 과거 사업의 결과 위에 서 있음을 말해주는 것이다. 특히 '반도사 편찬'을 위한 사료발췌 상황을 보면 '반도사 편찬'이 실질적으로 중단되고 『朝鮮史』 편찬이 공식화된 이후에도 진행되는 것을 확인할 수 있는데 이는 과거 사업을 위한 사료 정리의 결과물이나 방식이 『朝鮮史』로 수렴되었음을 보여준다. 즉 '반도사 편찬'과 『朝鮮史』 편찬 사업은 사업의 중심인물도 다르고, 사업의 목표와 성격이 전혀 다른 사업이지만, 역사 편찬 사업으로서 사업을 위해 수집한 사료, 또 그러한 사료의 정리 방식이라는 측면에서는 연속성을 갖는다고 하겠다.

『朝鮮史』에 실려 있는 수많은 사건들의 선별기준을 확인할 수 없지만 『朝鮮史』가 과거 사업의 기반위에 서있다는 것은, 그것이 1차적으로 과거 사업의 사료 선별기준의 영향 하에 있다고 하겠다. 구관조사사업은 법령의 개폐를 위한 참고자료를 위한 것이었기 때문에 사료 발췌의 기준은 제도적인 사항이 주를 이루는 반면, '반도사 편찬'은 조선사의 부정적인 면모를 부각하는 역사서술을 위해 '사화(士禍)', '당쟁(黨爭)', '임진역(壬辰役)', '청군입구(淸軍入寇)' 등과 같은 사항들을 중심으로 발췌가 진행된 것으로 보인다. 즉 『朝鮮史』는 이러한 기준에서 1차적으로 선별된 사건과 사료들을 바탕으로 편찬된 것이다.

이렇게 1차적으로 선별·정리된 사건과 사료들에서 최종적으로 『朝鮮史』에 실릴 내용을 선택하는 것은 편찬 관계자들이었다. 이들은 편수회를 주도한 쿠로이타, 이나바, 이마니시 및 이들과는 사제관계로 표현되는 이들이었다. 그런데 이들 대부분은 조선의 역사에 대한 관심에서 편수회에 오게 된 것은 아니었다. 하지만 사료를 직접 다루며 조선에 대한 많은 연구를 발표했으며, 이 과정에서 조선사 연구의 중심은 자연스럽게 - 일본이 아닌 - 조선으로 이동하는 가운데 식민주의 역사학은 지속적으로 연구물을 생산하며 연구의 실증성을 높이고 그 연구 시기와 주제를 확장하였다. 이들은 주로 일본 학계에서 연구가 미진했던 고려와 조선시대를 연구했던 만큼 강점 초기와 같이 한일의 인종적·문화적 근친성을 강조하지는 않았다. 또 새로운 사료의 발견을 통하여 그간 연구되기 어려웠던 사항들을 밝히기도 하고 당시의 통설을 반박하기도 하였다. 그렇지만 조선사의 특징으로 '정체'를 꼽고, 그 원인으로 '사대', '중국문화의 조선정복', '가족주의' 등에 두었다. 그렇기 때문에 '정체'되어 일본 사회와는 현격히 차이가 나는 조선을 일본화시키려던 총독부의 정책에 호의적이지만은 않았으며, '내선의 차별'을 강조하기도 하였다. 한편 이들은 대외관계사라 할 수 있는 부분을 주로 연구하였는데, 이는 조선의 역사를 통해 일본사를 확인하자 했던 일본인 연구자들의 관심과 '정체'된 조선의 역사는 외부와의 관계 속에서만 변화를 인식할 수 있다는 태도의 발로였다.

1938년 3월, 제6편 제4권의 발간으로 『朝鮮史』 편찬은 일단락 지어졌다. 그렇지만 이후에도 편수회는 지속하며 새로운 사업을 펼쳤다. 다보하시의 주도 하에 『朝鮮史』 이후인 청일전쟁부터 1910년까지를 대상으로 하는 '朝鮮近代史'의 편찬에 착수하며 사료 수집을 전개한 것이다. 남아 있는 당시 사료채방복명서를 볼 때, '朝鮮近代史'를 위한 사료 수집은 강점과 직결되는 부분을 다루기 때문에 사료의 공개가 꺼려지는 등 이전과는 다른 어려움이 있었고, 전시 체제 하에서 조선인의 민족해방운동에 관한 자료를 수집하면서, 이를 '조선통치 상 급무'라고 표현할 정도로 통치정책으로서의 성격을 노골화했다.

뿐만 아니라 이때의 편수회에서는 연구서의 발간을 계획·실현하였다. 이는 『朝鮮史』와는 달리 직접적으로 특정 역사상을 제시하려는 것이다. 이러한 변화는 일본 유신사료편찬회(維新史料編纂會)의 사업 변화와 동일한데, 이는 유신사료편찬회와 밀접한 관계가 있던 다보하시에 의한 것이었다. 이후 조선사편수회에서는 『近代朝鮮史研究』, 『朝鮮統治史論稿』라는 2권의 연구서를 발간하였다. '연구보국(研究報國)'을 표방하면서 출간된 이들 도서는 다보하시, 신석호, 다가와가 저술한 것으로, 그 주제를 보면 이전 자신들의 학문적 관심의 연장선에서 연구를 진행했다는 것을 알 수 있다. 주된 내용을 보면 무지한 조선에 대한 일본의 지도, 조선 멸망의 필연성과 조선에 발전을 가져 온 총독부 통치, 진보와 개선의 과정으로서의 총독부 통치, 사화와 당쟁, 조선정부의 제도적 허점 같은 조선에 대한 부정적인 상(像)을 다시 한번 강조하고 북방에 대한 관심을 영토문제와 연결시키는 등 전시체제 하에서 '연구보국'이라는 정책적 성격을 드러내었다. 즉 연구물의 출간을 통해 편수회 사업은 사료의 수집과 간행을 넘어 특정 역사상을 제시하는 것으로 나아가며 전시체제에 부응하였다. 이러한 연구서 발간은 이 두 권에 그치는 것이 아니라 연속된 사업이었지만 해방을 맞아 중단되고 조선사편수회 역시 사라지게 되었다.

이상에서 살펴보았듯이 조선총독부의 역사 편찬 사업, 특히 1910년대의 '반도사 편찬'과 3·1 운동 이후의 조선사편찬위원회와 조선사편수회의 사업은 사업의 목표와 성격, 주요 관계자가 다른 만큼 일괄적으로 '동화정책'을 지지하기 위한 역사편찬으로 보기는 어렵다. 오히려 『朝鮮史』 편찬 사업은 중앙에서 사료를 수집하여 지방의 역사편찬을 보증하는 가운데 중앙사와 지방사의 유대를 강화시켰던 당시 일본의 역사편찬 방식을 모방하면서 이루어진 측면이 크다. 또한 관찬 사료뿐만이 아니라 지방의 사료 수집을 바탕으로 편찬된 『朝鮮史』는 사료에 대한 접근이 곤란하여 연구가 어려웠을 당시, 연구에 '실증성'을 보증해 주는 유효한 근거였을 것이다. 또 이러한 사업이 당시 최고 학부에서 이른바 '근대 학문'의 세례를 받은 이들에 의해 이루어졌다. 이러한 의미에서 『朝鮮史』 편찬으로 대변되는 조선사편수회의 사업은 식민권력의 부름을 받은 '근대 역사학' 전공자·전문가들에 의해 그것이 요구하는 '사료의 실증성'을 보증할 수 있는 식민지 아카이

브의 구축이라고 할 수 있을 것이다.

1945년 해방은 식민통치와 함께 조선의 역사를 일본사의 일부분으로 사고하는 방식 또 이를 위한 역사 편찬 사업의 종언을 고하는 것이었지만 장기간에 걸친 방대한 사업의 영향력은 한일 양국에서 이후에도 확인된다. 1945년 이후 『朝鮮史』 편찬자들은 조선의 역사에 대한 연구경험이 있었던 만큼 일본의 대학에 자리잡고 전후 일본에서의 한국사 연구를 주도하게 되며, 일본내 한국사 연구의 주도권을 쥐게 된다. 이들의 시각과 연구가 긍정적이든 부정적이든 일본인들의 한국관 형성에 커다란 영향을 끼쳤음은 물론이다. 이들은 과거 식민통치에 대해서는 유감을 표하면서도 한국의 국사편찬위원회(國史編纂委員會)는 조선사편수회의 유산을 이어 받아 발전한 것이며, 『朝鮮史』가 객관적인 편년체를 채택한 만큼 한국의 연구수준의 향상에도 기여했다고 평가하였다. 더군다나 1980년대까지도 한국사를 전공하던 일본의 연구자들은 자신이 『朝鮮史』에 의지하여 조선왕조실록을 읽었으며, 『朝鮮史』가 있어 사료를 읽는데 매우 도움이 된다고 밝힐 만큼 『朝鮮史』의 영향력은 막강한 것이었다.[1]

한편 1946년 3월 23일 군정청령(軍政廳令)으로 발족한 국사편찬위원회의 전신인 국사관(國史館)은 조선사편수회가 소장하고 있던 사료를 접수하

1_1980년대 초반 일본인 학자들은 한국의 國史編纂委員會에 대해 다음과 같은 인식을 보였다.

田中: 지금 韓國의 國史編纂委員會는 완전히 朝鮮史編修會의 有産을 이어 받아 그 위에서 事業을 발전시켰다고 해도 좋지 않을까요?

中村: 그것은 朝鮮史編修會의 일을 引繼할 수 있었습니다. (강조는 인용자)

또한 1980년 당시 東京大學 교수인 田中建夫는 자신은 『朝鮮史』에 의지하여 조선왕조실록을 읽었다고 밝히자 高崎經濟大學教授였던 北島万次도 자신 역시 마찬가지라며 동조했는데, 이러한 면을 볼 때 일본의 한국사 연구자들은 상당기간 『朝鮮史』를 통해 한국의 사료를 확인했다고 하겠다.(이상의 사항은 中村榮孝, 앞의 논문, 1981, pp.47~52.)

며 시작되었다. 더군다나 해방 이후 전쟁이라는 혼란기를 거치며 역사 연구를 위한 사료에의 접근이 어려운 상황에서 『朝鮮史』는 한동안 한국사 연구를 위해 이용할 수 있는 가장 빠르고 유용한 수단일 수밖에 없었다.

식민주의 역사학은 1960년대 이래 그 극복이 학계의 현안으로 대두된 이래 지금까지도 언급되고 있으며, 그 침략성과 역사 왜곡의 측면은 밝혀졌다. 그렇지만 당시 역사편찬과 관련하여 가장 큰 사업인 『朝鮮史』 편찬 사업에 대해서는 침묵하거나 식민지에 대한 제국의 역사편찬으로서의 침략성만 반복적으로 언급되어 왔다. 물론 『朝鮮史』의 편찬 과정에서 개최된 회의에서 관계자들의 발언이나 사료채방의 실태를 보면 식민권력을 등에 업은 역사편찬으로서의 일방성이 엿보일 뿐만 아니라 편찬 관계자들 역시 조선의 역사에 대한 부정적인 시각을 내면화하고 있었다. 그렇지만 사업의 최종 결과물인 『朝鮮史』는 최대한 무미건조하게, 비록 편찬자로 대변되는 제국의 시각에서 사료의 배제가 분명히 존재했겠지만, 수록된 사료는 비교와 교정의 과정을 거쳐 수록한다는, 지배를 숨긴 채 '실증'에 충실한 모습을 띠고 있다. 한편 『朝鮮史』가 사료집 혹은 색인집 성격의 책자라는 것은, 그것이 일반인 독자를 위한 것이라기 보다는 연구자들을 위한 것임을 의미한다. 현재에도 사료집이나 특정 주제에 대한 사료 발췌물들 혹은 사료 목록들이 그러하듯이 『朝鮮史』는 사회에 널리 확산되기는 어렵지만 연구자들 사이에서는 두고두고 활용할 수 있는 책자이다. 이러한 의미에서 『朝鮮史』는 확산성은 낮지만 지속성은 매우 높은 것이라 하겠다. 1945년 이후에도 일본에서만이 아니라 한국에서도 『朝鮮史』는 한동안 이용될 수밖에 없었을 것이다. 지금과 같은 사료에 대한 데이터베이스는 고사하고 사료에 대한 접근조차 어려웠을 시절에 『朝鮮史』는 연구를 위한 사료에 접근할 수 있는 몇 안되는 수단일 수밖에 없었던 것이다.

이는 식민지기 일본인 연구자들의 한국사 연구에 대해 그 침략성을 밝히고 역사 왜곡의 문제점을 강조하는 것만으로는 그 실체에 도달할 수 없음을 시사하는 것이기도 하다. 침략성을 드러내는 '사관(史觀)'의 측면만이 아닌 근대 역사학이 요구하는 방법인 실증을 위한 '사료(史料)'의 측면, 또 역사 연구의 지속·전개를 보장하는 각종 제도적 측면 등에 식민주의 역사학의 또 다른 얼굴이 잠재해 있음을, 또 그렇기 때문에 식민주의 역사학에 대한 접근 역시 과거와는 다른, 새로운 방식을 모색해야 한다는 것을 말해주는 것이다.

이 연구는 『朝鮮史』 편찬이라는 식민지기 최대의 역사 편찬 사업을 고찰하기 위한 것이었다. 그렇지만 사료에 대한 확인과 정리의 수준을 넘어섰는지는 의문이다. 『朝鮮史』 편찬 사업의 의미는 그것이 가지고 있는 침략성과 더불어 식민주의 역사학 = 일본의 근대 역사학의 성립과 전개·변화라는 흐름 속에서 위치시키고 고찰할 때, 이와 동시에 1945년 이후 한국과 일본의 학계를 직시할 수 있을 때 보다 선명해 질 수 있기 때문이다. 하지만 역으로 여기서 서술한 사항들이 식민주의 역사학을 사고하는 데에 참고점이 될 수 있으리라는 것에서 이 연구의 의미가 있을 것이다.

▌참고 문헌 ▌

1. 자료

1) 연보, 관보, 신문, 잡지

「朝鮮總督府官報」, 『京城帝國大學一覽』, 『(京城帝大) 史學會報』
『京城日報』, 『東亞日報』, 『每日申報』, 『時代日報』, 『朝鮮日報』,
『奇怪』, 『新人』, 『文敎の朝鮮』, 『靑丘學叢』.

2) 단행본

신채호, 『讀史新論』.
박은식, 『大東古代史論』, 『夢拜金太祖』, 『韓國痛史』.
김택영, 『韓國歷代小史』, 1922.
안 확, 『朝鮮文明史』, 1923.
朴海默, 『(半萬年)朝鮮歷史』, 德興書林, 1923.
장도빈, 『朝鮮歷史要領』, 1924.
권덕규, 『朝鮮留記』, 1924.
尹瑢均, 『尹文學士遺稾』, 朝鮮印刷株式會社, 1933.
吉田東伍, 『日韓古史斷』, 1893.
井上馨, 『世外井上公傳』 5, 井上馨侯傳記編纂會, 1935.
小松綠, 『朝鮮倂合之裏面』, 中外新論社, 1920.
朝鮮硏究會, 『新朝鮮』, 1916.
朝鮮總督府, 『朝鮮圖書解題』, 1915.
朝鮮總督府, 『朝鮮圖書解題』, 1919.
黑板勝美, 『國史の硏究 - 各說の部』, 文會堂書店, 1918.
______, 『國史の硏究 - 總說の部』, 文會堂書店, 1918.
內藤湖南, 『內藤湖南全集』, 筑摩書房, 1976.
白鳥庫吉, 『白鳥庫吉全集』, 岩波書店, 1971.
今西龍, 『檀君考』, 靑丘說叢, 1929.
______, 『朝鮮史の栞』, 1935.
三浦周行, 『日本史の硏究』, 1922.
稻葉岩吉, 『朝鮮民族史』, 朝鮮史學會, 1925.
______, 『朝鮮文化史硏究』, 1925.
瀨野馬熊, 『瀨野馬熊遺稿』, 1936.

朝鮮總督府,『施政二十五年史』, 1935.
朝鮮總督府 中樞院,『朝鮮舊慣制度調査事業概要』, 1938.
朝鮮史編修會,『朝鮮史』第1編 第1卷 ~第6編 第4卷, 1932~1938.
__________,『近代朝鮮史硏究』, 朝鮮史編修會硏究彙纂 第1輯, 1944.
__________,『朝鮮統治史論稿』, 朝鮮史編修會硏究彙纂 第2輯, 1944.
維新史料編纂事務局,『概觀 維新史』, 1940.
朝鮮總督府 朝鮮史編修會編, 編輯部 譯,『朝鮮史編修會事業概要』, 시인사, 1985.
東京大學史料編纂所,『東京大學史料編纂所史 史料集』, 2001.
친일반민족행위 진상규명위원회,『친일반민족행위관계사료집』V, 선인, 2009.

3) 회의록, 복명서, 각종 서류

『齋藤實文書』
中樞院 調査資料,『朝鮮舊慣及制度沿革ノ調査』.
中樞院 調査資料,『朝鮮舊慣及制度沿革ノ調査』第2册.
取調局,『四色ニ關スル調査』, 1911.
朝鮮史編修會,『(朝鮮史編修會)委員會議事錄, 1925-28』.
__________,『大正15年以降 編修打合會書類綴』.
__________,『昭和5年 12月 編修打合會議事錄』.
__________,『朝鮮史編修會要覽』, 1930.
__________,『朝鮮史編纂委員會 委員會議事錄』.
__________,『慶尙南道史料採訪復命書』.
__________,『東京市史料採訪復命書』.
__________,『濟州島·對馬島史料採訪復命書』.
__________,『平安南道料採訪復命書』.
__________,『平安南北道史料採訪復命書』.
__________,『忠淸南北道史料採訪復命書』.
__________,『內閣文庫朝鮮關係史籍調査復命書』.
__________,『全羅北道史料採訪復命書』.
__________,『慶尙北道·忠淸南北道史料採訪復命書』.
__________,『京畿道史料採訪復命書』.
__________,『江原道史料採訪復命書』.
__________,『忠淸北道史料採訪復命書』.
__________,『咸鏡南道史料採訪復命書』.
__________,『黃海道·平安南道史料採訪復命書』.
__________,『全羅南道史料採訪復命書』

__________, 『忠淸南道史料採訪復命書』
__________, 『東京·京都·足利·日光·靜岡·山口地方史料採訪復命書』.
__________, 『黃海道史料採訪復命書』.
__________, 『平安南北道·支那史料採訪復命書』.
__________, 『慶尙北道史料採訪復命書』.
__________, 『慶尙北道忠淸南道史料採訪復命書』.
__________, 『咸鏡南北道史料採訪復命書』.
__________, 『京都市史料採訪復命書』.
__________, 『忠淸南道·全羅南北道史料採訪復命書』.
__________, 『慶尙南北道史料採訪復命書』.
__________, 『東京·京都·廣島·山口史料採訪復命書』.
__________, 『吉林·新京·旅順·大連·奉天史料採訪復命書』.
__________, 『北支及中支出張復命書』.
__________, 『朝鮮史編修會退職者履歷書綴』.
__________, 『朝鮮史編修會事業概要』, 1938.
__________, 『朝鮮史編修會退職子履歷書綴』.
朝鮮總督府 中樞院 編, 『古記錄文書蒐集ニ關スル件』, 1923.
朝鮮總督府, 『朝鮮古蹟調查報告 - 大正5年度』, 1916.
朝鮮總督府, 『朝鮮半島史編成ノ要旨及順序』, 1916.
朝鮮總督府, 『朝鮮半島史編成ノ要旨及順序』, 1916.
朝鮮總督府, 『朝鮮總督府參事官分室關係書類』 1·2.
『朝鮮半島史資料調查濟書目』
『朝鮮半島史資料調查中書目』

4) 연구자들의 연구 논문

崔南善, 「稽古箚存」, 『靑春』14, 1918.
_____, 「古朝鮮에 있어서의 政治規模」, 『朝鮮學報』1, 1930.
_____, 「壇君及其硏究」, 『別乾坤』3-2, 1928.
_____, 「壇君小考」, 『朝鮮』186, 1930.
宋鎭禹, 「思想改革論」, 『學之光』5, 1915.
申奭鎬, 「屛虎是非に就いて」(上)·(下), 『靑丘學叢』1·3, 1930·1931.
吳祥根, 「朝鮮史의 各時代」, 『學之光』12, 1917.
尹瑢均, 「高麗毅宗朝に於ける鄭仲夫亂の素因とその影響」, 『靑丘學叢』2, 1930.
申奭鎬, 「屛虎是非に就いて」(上)(下), 『靑丘學叢』1, 1930·1931.
_____, 「己卯士禍の由來に關する一考察」, 『靑丘學叢』20, 1935.

久米邦武,「合併にあらず復古なり」,『經濟』14, 1910.
星野恒,「歷史上より觀たる日韓同域の復古と確定」,『歷史地理 朝鮮號』, 日本歷史地理學會, 三省堂書店, 1910.
黑板勝美,「大同江附近の史蹟」,『朝鮮彙報』, 朝鮮總督府, 1916.
______,「同化の第一義は鮮人の改名に在り - 朝鮮人を日本式の姓名に改めよ」,『朝鮮公論』65, 1918.
______,「偶語」,『歷史地理 朝鮮號』, 日本歷史地理學會, 1910.
______,「朝鮮の歷史的觀察」,『朝鮮』78, 朝鮮總督府, 1921.
今西龍,「朝鮮平壤郡大同江南の古墳」,『東京人類學會雜誌』25-293, 1910.
______,「日韓上代文化と其關係に就て」,『朝鮮』31·32, 朝鮮雜誌社, 1910.
______,「新羅 舊都 慶州의 地勢와 그 遺蹟遺物」,『東洋學報』1-1, 1911.
______,「朝鮮といふ名稱に就て」,『朝鮮』38, 朝鮮雜誌社, 1911.
______,「和寧の名稱に就て」,『朝鮮』41, 朝鮮雜誌社, 1911.
______,「大同江南の古墳と樂浪王氏との關係」,『東洋學報』2, 東洋協會調査部, 1912.
______,「朝鮮と西藏の類似せる俗話」,『朝鮮及滿洲』57・58, 1912.
______,「慶州所藏玉笛考」,『考古學雜誌』3-4, 1912.
______,「眞番郡考」,『史林』1-1, 京都帝國大學 文學部 史學研究會, 1916.
______,「'朝鮮古蹟圖譜'」,『史林』1-2, 京都帝國大學 文學部 史學研究會, 1916.
______,「海東高僧傳に就きて」,『史林』3-3, 京都帝國大學 文學部 史學研究會, 1918.
______,「朝鮮慶州邑城に就て」,『史林』3-4, 京都帝國大學 文學部 史學研究會, 1918.
______,「任那に就て」,『朝鮮彙報』, 1918.
______,「加羅疆域考」,『史林』4-3·4, 京都帝國大學 文學部 史學研究會, 1919.
______,「己汶伴跛考」,『史林』7-4, 京都帝國大學 文學部 史學研究會, 1922.
三浦周行,「日韓の同化と分化」,『歷史地理 朝鮮號』, 日本歷史地理學會, 1910.
______,「朝鮮史の將來」,『朝鮮及滿洲』124, 1917.
______,「朝鮮人は同化すべきや」,『民族と歷史』6-1, 1921.
秋浦秀雄,「高麗肅宗朝に於ける鑄錢動機に就て」(上)(中)(下),『青丘學叢』7·8·9, 1932.
______,「高麗光宗朝に於ける國際事情を檢覈す」,『青丘學叢』12, 1933.
川口卯橘,「大藏經板求請と日鮮の交涉」,『青丘學叢』3, 1931.
黑田省三,「所謂服部傳石衛門朝鮮陣覺書に就いて」,『青丘學叢』17, 1934.
______,「義順館迎詔圖に就いて」,『青丘學叢』18, 1934.
______,「封册日本正使李宗成の奔還に就いて」(上),『青丘學叢』20, 1935.
______,「封册日本正使李宗成の奔還に就いて」(下),『青丘學叢』24, 1936.
末松保和,「太平御覽に引かれた倭國に關する魏志の文に就いて」,『青丘學叢』1, 1930.
______,「魏志倭人傳解釋の變遷(投馬國を中心として)」,『青丘學叢』2, 1930.

________, 「高句麗攻守の形勢」, 『青丘學叢』5, 1931.
________, 「高麗文獻小錄(三國史記)」(1), 『青丘學叢』6, 1931.
________, 「高麗文獻小錄(三國遺事)」(2), 『青丘學叢』8, 1932.
________, 「高麗文獻小錄(新編諸宗教藏總錄)」(3), 『青丘學叢』12, 1933.
________, 「新羅王代考略」, 『青丘學叢』9, 1932.
________, 「逸新羅竅興寺鐘銘釋文」, 『青丘學叢』11, 1933.
________, 「日本上世紀年考批判」, 『青丘學叢』13, 1933.
________, 「新羅諸王紀年存疑」, 『青丘學叢』14, 1933.
________, 「新羅昌林寺無垢淨塔願記について」, 『青丘學叢』15, 1934.
________, 「百濟の故地に置かれた唐の州縣について」, 『青丘學叢』19, 1935.
________, 「梁書新羅傳の啄評について」, 『青丘學叢』25, 1936.
________, 「書評 朝鮮史 第1編 第1卷」, 『青丘學叢』9, 1932.
________, 「書評 朝鮮史 第3編 第1卷·第2卷」, 『青丘學叢』11, 1933.
________, 「書評 朝鮮史 第4編 第1卷」, 『青丘學叢』11, 1933.
周藤吉之, 「麗末鮮初に於ける農莊に就いて」, 『青丘學叢』17, 1934.
________, 「鮮初に於ける奴婢の辨正と推刷とについて」(上), 『青丘學叢』22, 1935.
瀬野馬熊, 「近世史」, 『朝鮮史講座 要項號』, 朝鮮史學會, 1923.
________, 「燕山朝の二大禍獄」, 『青丘學叢』3, 1931.
________, 「李朝實錄所在の移動に就て」, 『青丘學叢』4, 1931.
________, 「李朝宣祖修正實錄と顯宗改修實錄に就いて」, 『青丘學叢』10, 1932.
園田庸次郎, 「英艦「アルセスト」及び「リラ」號の東航」, 『青丘學叢』18, 1934.
田川孝三, 「瀋獄問題に就いて」(上), 『青丘學叢』17, 1934.
________, 「辛未定州城攻圍圖に就いて」, 『青丘學叢』16, 1934.
田川孝三ほか, 「座談會 先學を語る - 田保橋潔 先生」, 『東方學』65, 1983.
田保橋潔, 「鬱陵島 その發見と領有」, 『青丘學叢』3, 1931.
________, 「鬱陵島の名稱に就いて(補)(坪井博士の示教に答ふ)」, 『青丘學叢』4, 1931.
________, 「清同治朝外國公使の覲見」, 『青丘學叢』6, 1931.
________, 「李太王丙寅洋擾と日本國の調停」, 『青丘學叢』11, 1933.
________, 「丙子修信使とその意義」, 『青丘學叢』13, 1933.
________, 「壬辰役雜考(第1回)」, 『青丘學叢』14, 1933.
________, 「近代日鮮關係史の一節(公使駐京及び國書捧呈に就いて)」, 『青丘學叢』15, 1934.
________, 「明治維新期に於ける對州藩財政及び藩債に就いて」, 『青丘學叢』16, 1934.
________, 「壬午政變の研究」, 『青丘學叢』21, 1935.
中村榮孝, 「朝鮮經濟史雜考」(1), 『青丘學叢』1, 1930.
________, 「滿鮮關係の新史料(清太宗朝鮮征伐に關する古文書)」, 『青丘學叢』1, 1930.

_______,「歴史上の開城」,『青丘學叢』2, 1930.
_______,「太平記に見えた高麗人來朝の記事に就いて」,『青丘學叢』4, 1931.
_______,「鮮初受圖書人考」(上)(下),『青丘學叢』7·8, 1932.
_______,「鮮初の文獻に見えた日本の地名に就いて」(上),『青丘學叢』9, 1932.
_______,「鮮初に於ける歳遣船定約」(上),『青丘學叢』10, 1932.
_______,「高麗史節要の印刷と傳存」,『青丘學叢』11, 1933.
_______,「漢江と洛東江」,『青丘學叢』12, 1933.
_______,「慕夏堂金忠善に關する史料について」,『青丘學叢』12, 1933.
_______,「所謂朝鮮王族金光の送還に就いて」,『青丘學叢』13, 1933.
_______,「蘭船の朝鮮漂者と日鮮の交渉」,『青丘學叢』23, 1936.
_______,「朝鮮史の編修と朝鮮史料の蒐集 - 朝鮮總督府 朝鮮史編修會の事業」,『日鮮關係史の研究』, 1969.
_______「朝鮮史と私」,『日本歴史』400, 1981.
丸亀金作,「元·高麗關係の一齣(瀋王に就いて)」,『青丘學叢』18, 1934.
_______,「高麗の十二漕倉に就いて」(1)(2),『青丘學叢』21·22, 1935.
_______,「鳥嶺小考」,『青丘學叢』25, 1936.
稲葉岩吉,「朝鮮民族と族譜」1·2,『朝鮮研究』2-9·10, 1929.
_______,「兼山 洪憙氏の訃」,『青丘學叢』19, 1935.
_______,「內鮮文化の差別」1~5,『警務彙報』311~315, 1932.
_______,「滿鮮不可分の史的考察」,『支那社會史研究』, 1922.
_______,「滿鮮史體系の再認識」(上)(中1)(中2)(下),『青丘學叢』11~14, 1933.
_______,「麗末鮮初に於ける家禮傳來及び其意義」,『青丘學叢』23, 1936.
_______,「予が滿鮮史研究課程」,『稲葉博士還曆記念滿鮮史論叢』, 1937.
_______,「日鮮文化の歴史的差別」,『朝鮮文化史研究』, 1925.
_______,「朝鮮民族と族譜」,『朝鮮』128, 朝鮮總督府, 1926.
_______,「朝鮮史研究の過程」;『世界史大系』11, 平凡社, 1935.
_______,「朝鮮社會史の一斷面」,『朝鮮文化史研究』, 1925.
_______,「朝鮮社會の諸問題」『朝鮮』268, 1937.
_______,「朝鮮의 領土問題, 民族問題 及 鮮滿文化關係에 就하야」(1)(2),『朝鮮』121·122, 1927.
_______,「朝鮮の文化問題」,『支那社會史研究』, 1922.
_______,「朝鮮の傳說及思想の解放について」,『朝鮮文化史研究』, 1925.
_______,「朝鮮ノ族譜ニ就テ」上·下,『東亞經濟研究』10-2·3, 1926.
_______,「編纂の朝鮮史に就て」,『警務彙報』333, 1934
_______,「咸鏡道の地方色」,『警務彙報』336, 1934.

2. 연구 성과

1) 단행본

고길희, 『하타다 다카시』, 지식산업사, 2005.

國史編纂委員會, 『國史編纂委員會史』, 1990.

권오성, 이태진, 최원식 編, 『自山安廓國學論著集』 2, 여강출판사, 1994.

김동명, 『지배와 저항, 그리고 협력』, 경인문화사, 2005.

김택현, 『서발턴과 역사학 비판』, 박종철출판사, 2003.

노태돈 편 『단군과 고조선사』, 사계절, 2000.

朴杰淳, 『식민지 시기의 역사학과 역사인식』, 경인문화사, 2004.

송기호, 『발해를 다시 본다』, 주류성, 1999.

_____, 『동아시아 역사분쟁』, 솔, 2007.

李基白, 『國史新論』, 泰成社, 1961.

李萬烈, 『清日戰爭과 韓日關係』, 一潮閣, 1985.

李萬烈, 『韓國近代歷史學의 理解』, 文學과 知性社, 1981.

이지원, 『한국 근대 문화사상사 연구』, 혜안, 2007.

趙東杰, 『現代 韓國史學史』, 나남출판, 1998.

조인성 외, 『일제시기 만주사·조선사 인식』, 동북아역사재단, 2009.

中村榮孝, 『朝鮮 - 風土·民族·傳統』, 吉川弘文館, 1971.

최석영, 『일제의 동화이데올로기의 창출』, 서경문화사, 1997.

崔錫榮, 『일제의 동화이데올로기의 창출』, 서경문화사, 1998.

崔惠珠, 『滄江金澤榮의 韓國史論』, 한울, 1996.

韓永愚, 『朝鮮後期史學史研究』, 一志社, 1989.

Jürgen Osterhammel 著, 박은영·이유재 譯, 『식민주의』, 역사비평사, 2006.

Peter Duus, *The Abacus and The Sword,* University of California Press, 1995.

Stefan Tanaka, *Japan's Orient: rendering pasts into history,* 1993. (박영재·함동주譯, 『일본 동양학의 구조』, 문학과지성사, 2004.)

江上波夫 編, 『東洋學の系譜』 1·2, 1994.

駒込武 著, 오성철·이명실·권경희 譯, 『식민지제국 일본의 문화통합』, 역사비평사, 2008.

東京大學百年史編纂委員會編, 『東京大學百年史 部局史』4, 1987.

藤井讓治·礪波護 編, 『京大東洋學の百年』, 京都大學學術出版會, 2002.

旗田巍 著, 李基東 譯, 『日本人의 韓國觀』, 一潮閣, 1983.

旗田巍 編, 『シンポジウム 日本と朝鮮』, 勁草書房, 1969.

小熊英二 著, 조현설 譯, 『단일민족신화의 기원』, 소명출판, 2003.

베네딕트 앤더슨 著·윤형숙 譯, 『상상의 공동체 - 민족주의의 기원과 전파에 대한 성찰』, 나남출판사, 2002.
永原慶二·鹿野政直 編著, 『日本の歴史家』, 日本評論社, 1978.
永原慶二 著, 하종문 譯, 『20세기 일본의 역사학』, 삼천리, 2011.
保坂祐二, 『日本帝國主義의 民族同化政策 分析』, J&C, 2002.
坂本太郎, 『日本の修史と史學』, 至文堂, 1983.

2) 논문

권태억, 「1904~1910년 일제의 한국 침략 구상과 '시정개선'」, 『韓國史論』31, 서울대학교 국사학과, 1994.
_____, 「1910년대 일제 식민통치의 기조」, 『韓國史研究』124, 韓國史研究會, 2004.
_____, 「1920, 30년대 일제의 동화정책론」, 『韓國史論』53, 서울대학교 국사학과.
_____, 「동화정책론」, 『歷史學報』172, 歷史學會, 2001.
_____, 「일제 식민통치의 기조」, 『일제식민지배의 구조와 성격』, 경인문화사, 2005.
金光林, 「日鮮同祖論 - その實体と歴史的展開」, 東京大 博士學位論文, 1998.
金性玟, 「朝鮮史編修會의 組織과 運用」, 『한국민족운동사연구』3, 한국민족운동사학회, 1989.
金泳鎬, 「韓國史 停滯性論의 克復의 方向」, 『亞細亞』, 1969.
金容燮, 「日本·韓國에 있어서 韓國史敍述」, 『歷史學報』31, 1966.
金義煥, 「田保橋潔教授의 韓國學上의 功過檢討」, 『韓國學』11, 중앙대학교 한국학연구소, 1976.
김종식, 「1919년 일본의 조선문제에 대한 정치과정」, 『韓日關係史研究』26, 2007.
金泰雄, 「1910년대 前半 朝鮮總督府의 取調局·參事官室과 '舊慣制度調査事業'」, 『奎章閣』16, 1993.
_____, 「日帝 强占 初期의 奎章閣 圖書 整理 事業」, 『奎章閣』18, 1995.
_____, 「日帝强占期 京城帝國大學의 奎章閣 관리와 所藏資料 활용」, 『奎章閣』33, 2009.
김동명, 「일본제국주의의 식민지 지배체제의 재편 - 3·1운동 직후 조선에서의 동화주의 지배체제의 확정」, 『韓日關係史研究』9, 1998.
김윤정, 「조선총독부 중추원 연구」, 숙명여자대학교 박사학위논문, 2009.
김정인, 「3국의 민족운동 관련 역사인식 분석」, 『한·중·일 3국의 근대사 인식과 역사교육』, 고구려연구재단, 2005.
_____, 「동아시아 공동역사교재 개발, 그 경험의 공유와 도약을 위한 모색」, 『동아시아에서 역사인식의 국경 넘기』, 아시아 평화와 역사연구소, 2008.
김종식, 「1919년 일본의 조선문제에 대한 정치과정 - 인사와 관제개혁을 중심으로」, 『韓日關係史研究』26, 2007.
남상호, 「근대 地方史誌 편찬과 鄕土意識」, 『근대일본의 제문제』, 경기대학교 출판부, 2006.
박걸순, 「日帝下 日人의 朝鮮史研究 學會와 歷史(高麗史) 歪曲」, 『한국독립운동사연구』6, 독립기

념관, 1992.
_____, 「喜田貞吉의 韓國觀 비판」, 『國史館論叢』100, 2002.
朴光賢, 「京城帝國大學と「朝鮮學」」, 名古屋大學大學院人間情報學硏究科 博士學位論文, 2002.
박미경, 「三品彰英의 한국신화 연구 고찰」, 『일본학연구』25, 2008.
朴成壽, 「六堂 崔南善硏究; '自列書'의 分析」, 『國史館論叢』28, 國史編纂委員會, 1991.
_____, 「편년사료의 문제점과 극복을 위한 제안 - 조선사편수회 편 『朝鮮史』를 중심으로」, 『한국학 편년사료대계』, 한국정신문화연구원, 1997.
박성진, 「한말-일제하 사회진화론 연구」, 한국정신문화연구원 박사학위논문, 1998.
박찬승, 「다보하시 기요시(田保橋潔)의 근대한일관계사 연구에 대한 검토」, 『한국근현대사연구』67, 2013.
박찬홍, 「滿鮮史觀에서의 한국고대사 인식 연구」, 『韓國史硏究』29, 2007.
_____, 「白鳥庫吉과 '滿鮮史學'의 성립」, 『동북아역사논총』26, 2009.
_____, 「『朝鮮史』(朝鮮史編修會 編)의 편찬체제와 성격 - 제1편 제1권(朝鮮史料)를 중심으로」, 『史學硏究』99, 2010.
_____, 「『朝鮮史』(조선사편수회 편) 제2편(신라통일시대)의 편찬 방식과 성격 - 『삼국사기』「신라본기」와의 비교를 중심으로」, 『先史와 古代』45, 2015.
송기호, 「민족주의사관과 발해사」, 『역사비평』58, 역사문제연구소, 2002.
_____, 「중국의 한국고대 빼앗기 공작」, 『역사비평』65, 역사문제연구소, 2003.
송완범, 「식민지 조선의 黑板勝美와 修史사업의 실상과 허상」, 『동북아역사논총』26, 2009.
愼鏞廈, 「한말 일제시기의 檀君思想과 獨立運動」, 『증보판 檀君 - 그 이해와 자료』, 서울대학교 출판부, 2001.
오영섭, 「朝鮮光文會 硏究」, 『韓國史學史學報』3, 2001.
우남숙, 「한국 근대사에서의 사회진화론 수용 양식 -장지연 · 박은식 · 신채호를 중심으로」, 『한국정치외교사논총』21-1, 1999.
윤선태, 「'통일신라'의 발명과 근대역사학의 성립」, 『新羅文化』29, 2007.
윤소영, 「호소이 하지메(細井肇)의 조선 인식과 '제국의 꿈'」, 『한국근현대사연구』45, 2008.
李基白, 「事大主義論의 問題點」, 『亞細亞』, 1969.
李島相, 「日本의 韓國 侵略論理와 植民主義史學」, 2001, 단국대학교 박사학위논문.
李萬烈, 「近現代 韓日關係硏究史 - 日本人의 韓國史硏究를 中心으로」, 『한일역사공동연구보고서』4, 한일역사공동연구위원회, 2005.
이승일, 「조선총독부의 '조선도서 및 고문서'의 수집·분류 활동」, 『기록학연구』4, 2001.
_____, 「1910, 20년대 조선총독부의 법제정책 - 조선민사령 제11조 '관습'의 성문화를 중심으로」 『東方學志』126, 2004.
李英美, 「朝鮮統監府における法務補佐官制度と慣習調査事業」(1)~(5), 『法學志林』98, 法政大學法學志林協會, 2001.

李英華,「崔南善의 歷史學 硏究」, 韓國精神文化硏究院 博士學位論文, 2002.
李龍範,「韓國史의 他律性論 批判」,『亞細亞』, 1969.
이정빈,「미시나 쇼에이의 문화경역 연구와 만선사 인식」,『일제시기 만주사·조선사 인식』, 동북아역사재단, 2009.
李智媛,「1910년대 新知識層의 國粹觀과 國粹保存運動」,『歷史敎育』84, 2002.
李泰鎭,「黨派性論批判」,『韓國史 市民講座』1, 1987.
_____,「安廓의 生涯와 國學世界」,『歷史와 人間의 對應』, 한울, 1985.
이태훈,「1920년대초 자치청원운동과 維民會의 자치 구상」,『역사와 현실』39, 2001.
이홍기,「日帝의 中等學校 재편과 朝鮮人의 대응(1905~1931)」, 서울대학교 석사학위논문, 1998.
장 신,「3·1운동 직후 잡지『동원』의 발간과 日鮮同源論」,『역사와 현실』73, 한국역사연구회, 2009.
_____,「일제하 日鮮同祖論의 대중적 확산과 素盞嗚尊 신화」,『역사문제연구』21, 역사문제연구소, 2009.
_____,「조선총독부의 朝鮮半島史 편찬사업 연구」,『동북아역사논총』23, 동북아역사재단, 2009.
_____,「경성제국대학 사학과의 磁場」,『역사문제연구』26, 2013.
_____,「일제말기 同根同祖論의 대두와 내선일체론의 균열」,『인문과학』54, 2014.
장영숙,「李王職의『高宗純宗實錄』편찬사업과 그 실상」,『사학연구』116, 2014.
전상숙,「1920년대 사이토오(齋藤實) 총독의 조선통치관과 '내지연장주의'」,『담론201』11-2, 2008.
丁曉淑,「〈稽古箚存〉을 통해본 崔南善의 古代史論」,『奎章閣』6, 1982.
정구복,「조선 후기 사학사의 성격」,『韓國史學史學報』15, 2007.
정상우,「1910년대 일제의 지배논리와 조선지식인층의 인식」,『韓國史論』46, 2001.
_____,「1910~20년대 일제 관학자의 朝鮮研究 - 黑板勝美, 鳥居龍藏, 今西龍을 중심으로」,『韓國研究センター年報』8, 九州大學校 韓國韓國研究センター, 2008.
_____,「1910~1915년 조선총독부 촉탁의 학술조사사업」,『역사와 현실』68, 2008.
_____,「稻葉岩吉의 '滿鮮史' 체계와 '朝鮮'의 재구성」,『歷史敎育』116, 2010.
_____,「滿鮮史와 日本史의 위상」,『韓國史學史學報』28, 2013.
_____,「『朝鮮史』(朝鮮史編修會 간행) 편찬 사업 전후 일본인 연구자들의 갈등 양상과 새로운 연구자의 등장」,『사학연구』116, 2014.
정연태,「朝鮮總督 寺內正毅의 韓國觀과 植民統治」,『韓國史硏究』124, 韓國史硏究會, 2004.
정욱재,「『東史年表』의 간행과 그 의미」,『장서각』9, 2003.
崔在錫,「三國史記 初期記錄은 과연 造作된 것인가 - 소위 '文獻考證學'에 의한 三國史記批判의 正體」,『韓國學報』38, 1985.
_____,「今西龍의 韓國古代史論批判」,『韓國學報』46, 1987.

_____, 「日本古代國家研究 - 百濟와 大和倭와의 관계」, 『韓國學報』55, 1989.
_____, 「津田左右吉의 日本古代史論批判」, 『民族文化研究』23, 1990.
_____, 「任那歪曲史 批判 - 지난 150년간의 대표적 日本史學者들의 지명 왜곡 비정을 중심으로」, 『겨레문화』6, 1992.
崔惠珠, 「1920년대 金澤榮의 중국에서의 한국사 서술」, 『史學研究』53, 1997.
_____, 「한말의 고구려·발해 인식」, 『한국독립운동사연구』23, 2004.
_____, 「일제강점기 조선연구회의 활동과 조선인식」, 『한국민족운동사연구』42, 2005.
_____, 「일제강점기 青柳綱太郎의 조선사 연구와 '内鮮一家論'」, 『한국민족운동사연구』49, 2009.
_____, 「한말 일제하 재조일본인의 조선고서 간행사업」, 『大東文化研究』66, 2009.
河棕文, 「일본의 역사교과서 왜곡의 바로 보기」, 『한국근현대사연구』18, 한국근현대사학회, 2001.
하지연, 「다보하시 기요시(田保橋潔)의 『근대일선관계의 연구』와 한국근대사 인식」, 『崇實史學』31, 2013.
한긍희, 「1935~37年 日帝의 '心田開發'정책과 그 성격」 『韓國史論』35, 서울대학교 국사학과, 1996.
韓永愚, 「1910年代의 民族主義的 歷史敍述」, 『韓國文化』1, 1980.
_____, 「韓國 近代歷史學과 朝鮮時代史 理解」, 『인문과학의 새로운 방향』, 서울대학교 출판부, 1984.
洪以燮, 「植民地的 史觀의 克復」, 『亞細亞』, 1969.
현명철, 「일본 지방사연구의 현황과 과제」, 『지방사와 지방문화』1, 1998.
加藤友康, 「東京大學 史料編纂所에 있어서의 史料蒐集과 史料集의 編纂」, 『東亞細亞 歷史編纂의 傳統과 各國의 史料研究·編纂』, 2002.
高橋潔, 「關野貞を中心とした朝鮮古蹟調查行程 - 1909年~1915年」, 『考古學史研究』9, 京都 木曜クラブ, 2001.
宮地正人, 「史料編纂所の歷史とその課題」, 『歷史學と史料研究』, 東京大學 史料編纂所, 2003.
吉田光男, 「일본에서의 한국 중·근세사 연구교육기반」, 『한일역사 공동연구보고서』3, 2005.
東京大學百年史編纂委員會編, 「史料編纂所」, 『東京大學百年史 部局史』, 1987.
瀧澤規起, 「稻葉岩吉과 滿鮮史」, 『韓日關係史研究』19, 2003.
寺內威太郎, 「'滿鮮史'研究と稻葉岩吉」, 『植民地主義と歷史學』, 2004.
三ッ井崇, 「'日鮮同祖論'의 학문적 기반에 관한 시론 - 한국병합 전후를 중심으로」, 『韓國文化』33, 서울大學校 韓國文化研究所, 2004.
箱石大, 「維新史料編纂會の成立過程」, 『栃木史學』15, 國學院大學栃木短期大學史學會, 2001.
세키네 히데유키, 「한일합병 전에 제창된 일본인종의 한반도 도래설」, 『日本文化研究』19, 2006.

小路田泰直, 「國史の誕生と『大日本編年史』編纂の中止」, 『歷史學と史料研究』, 東京大學 史料編纂所, 2003.

水野直樹, 「조선 식민지 지배와 이름의 차이화 - '내지인과 혼동하기 쉬운 이름'의 금지를 중심으로」, 『사회와 역사』59, 2001.

永島廣紀, 「日本統治期の朝鮮における〈史學〉と〈史料〉」, 『歷史學研究』795, 歷史學研究會, 2004.

櫻澤亞伊, 「'滿鮮史觀'の再檢討 - '滿鮮歷史地理調査部'と稻葉岩吉を中心として」, 『現代社會文化研究』39, 2007.

______, 「이나바 이와키치의 '만선불가분론'」, 『일제시기 만주사·조선사 인식』, 동북아역사재단, 2009.

井上直樹, 「近代 日本의 高句麗史 - '滿鮮史'·'滿洲史'와 關聯해서」, 『고구려발해연구』18, 2004.

______, 「日露戰爭後の日本の大陸政策と「滿鮮史」」, 『洛北史學』8, 2006.

______, 『帝國日本と'滿鮮史'ー大陸政策と朝鮮·滿洲認識』, 塙書房, 2013.

李成市, 「黑板勝美(구로이타 가쯔미)를 통해 본 식민지와 역사학」, 『韓國文化』23, 1999.

林直樹, 「今西龍と朝鮮考古學」, 『青丘學術論集』14, 韓國文化研究振興財團, 1999.

田中隆二, 「兼山 洪憙의 생애와 활동」, 『韓日關係史研究』5, 1996.

______, 「兼山 洪憙의 유학사상과 일본유학관·역사관」, 『지역과 역사』4, 1997.

▌영문 초록 Abstract▐

Korean History compiling project of the Government General of Joseon and The Compilation of the 'Joseonsa'

Japan, which had been a late imperialist country, underwent modernization and imperialization almost at the same time. This is also true in the academic sphere, so the process of the diffusion of "colonial history" as we say was the process of the development of "modern history" in Japan.

Before the colonialization of Korea, the Japanese historians had researched the Korean history and after the compulsory occupation, the Government General of Korea(朝鮮總督府) led the research of Korean history. That is, the narrating 'History of the Korean Peninsula'(朝鮮半島史) was planned from 1915. This was aimed describing that Japan and Korea were 'family members' and that politically confused Korea was stabilized by colonization based on reliable historical materials. However, the lack of competence of the Japanese academic for the study of Korean history and the change of Korean society after the 3·1 Movements, the plan was suspended in the 1920s.

Since then, the history compilation project of the Japanese Government General of Korea was replaced by the Compilation Committee of

Joseon History(朝鮮史編纂委員會, 1922) and the Compilation Organization of Joseon History(朝鮮史編修會, 1925) which succeeded it. The professional historians who had majored in history at the Imperial University were flowing into the Compilation Organization. These historians had worked for 16 years in the Compilation Organization and 35 volumes of the 'Joseosa'(『朝鮮史』) were published. However, the Compilation Organization concentrated on collecting historical materials, not historical narrating, and a huge amount of historical materials were summarized and presented in the 'Joseonsa'. This was an extremely realized form of 'positivism' required by 'modern history'. In other words, the Government General abandoned historical narrating to rationalize invasion and colonial rule, and changed the project by collecting and publishing historical materials.

What is the meaning of collection and compilation of historical materials as a history compilation for colonies? Interestingly, the Government General of Taiwan's historical compilation project was also same way, and the history compilation project of the Government General of Joseon and Taiwan had imitated the history compilation method of the Japanese government after the Meiji Restoration. Through collection and publication of historical materials, Meiji government took control of the 'positivity' required by 'modern history'. After all, historical research by such historical materials, especially the description of regional histories was guaranteed by collection and compilation of historical materials by the central government, historical researches including regional histories were subordinate to the central government. In this sense, the history compilation project of the Government General had opened the possibility of falling into Korean history to the 'local history' of the empire - apart from original intention - in the long term.

Meanwhile, the historical events and materials posted in the 'Joseonsa' were selected from a vast amount of historical materials. But there is nothing about the selection criteria of historical materials for compiling the 'Joseonsa'. By the way, historical materials utilized for the compilation of the 'Joseonsa' are in agreement with historical materials arranged for 'the Survey Project of Korean Traditional Customs and Regimes'(舊慣制度調査事業) and the narrating 'History of the Korean Peninsula'. Moreover, when considering the shortage of time for compiling the 'Joseonsa' and the illiteracy of Japanese historians to decipher Korean style Chinese, despite the differences in compilation purpose and form, it is presumed that the historical materials arranged for past projects and know-how to organize historical materials were utilized for the compilation of the 'Joseonsa'. This shows that the 'Joseonsa' was also under the influence of criteria for selecting historical materials of past projects such like 'the Survey Project of Korean Traditional Customs and Regimes', the narrating 'History of the Korean Peninsula'. In other words, the criteria of selecting historical materials for compiling the 'Joseonsa' seems to represent primarily the various institutional matters of Korea(the Survey Project of Korean Traditional Customs and Regimes') and the negative figure of Korean history.(the narrating 'History of the Korean Peninsula')

In conclusion, the Compilation Organization of Joseon History could be said a colonial - archive that concentrated on the collection and publication of historical materials. For this reason, the stakeholders of the Compilation Organization were able to proclaim 'a fair academic standpoint' from time to time. And historical materials compiled and arranged by the power of the empire in the circumstances where Korean researchers were hard to touch historical materials in the division and war after 1945 could be preserved and used.

▌색 인▌

〈인명(일본〉

(ㅅ)

(ㅇ)

〈인명-조선〉

〈서명〉

ARI Monograph Series 32

Korean History compiling project of the Government General of Joseon and The Compilation of the 'Joseonsa'

First Published 2018
by The Asiatic Research Institute at Korea University
145 Anam-ro, Seongbuk-gu, Seoul 136-701, Korea
www.asiaticresearch.org

아연동북아총서 32

조선총독부의 역사 편찬 사업과 조선사편수회

1판1쇄 | 2018년 11월 5일

지은이 | 정상우
펴낸이 | 이종화
펴낸 곳 | 아연출판부
등록 | 2000년 5월 24일 제6-376호
주소 | 서울시 성북구 안암로 145 고려대학교 아세아문제연구소(136-701)
전화 | 02-3290-1600 팩스 | 02-923-4661
홈페이지 | www.asiaticresearch.org

값 20,000원

ISBN 979-11-89273-05-7
ISBN 978-89-90769-29-9 (세트)

이 도서의 국립중앙도서관 출판시도서목록(CIP)은 e-CIP 홈페이지(http://www.nl.go.kr/ecip)에서
이용하실 수 있습니다(CIP제어번호: CIP2018034517).